Globalisierung, Integration und effiziente Finanzpolitik in Europa

Europäische Hochschulschriften
Publications Universitaires Européennes
European University Studies

Reihe V
Volks- und Betriebswirtschaft

Série V   Series V
Sciences économiques, gestion d'entreprise
Economics and Management

Bd./Vol. 2987

PETER LANG
Frankfurt am Main · Berlin · Bern · Bruxelles · New York · Oxford · Wien

Norbert Geiger

Globalisierung, Integration und effiziente Finanzpolitik in Europa

Zur Aufgabenverteilung zwischen der Europäischen Union und den EU-Mitgliedstaaten aus allokativer Sicht

PETER LANG
Europäischer Verlag der Wissenschaften

Bibliografische Information Der Deutschen Bibliothek
Die Deutsche Bibliothek verzeichnet diese Publikation in der
Deutschen Nationalbibliografie; detaillierte bibliografische
Daten sind im Internet über <http://dnb.ddb.de> abrufbar.

Zugl.: Hagen, Fernuniv., Diss., 2002

Gedruckt auf alterungsbeständigem,
säurefreiem Papier.

D 708
ISSN 0531-7339
ISBN 3-631-50934-0

© Peter Lang GmbH
Europäischer Verlag der Wissenschaften
Frankfurt am Main 2003
Alle Rechte vorbehalten.

Printed in Germany 1 2 3 4 5   7

www.peterlang.de

Meiner Familie

Inhaltsverzeichnis:

Vorwort

Die vorliegende Arbeit ist Ende 2001 fertiggestellt worden. Seither sind rd. 15 Monate vergangen, in denen die ökonomische und politische Integration in der Europäischen Union nicht stehen geblieben ist. Die Liste der neuen Entwicklungen ist aber so lang, dass eine Berücksichtigung aller Veränderungen eine umfassende Revision der Arbeit erfordert hätte, die verschiedene Stellen aus ihrem damaligen Gesamtkontext herausgerissen und die Verständlichkeit der Arbeit insgesamt beeinträchtigt hätte, ohne doch an ihren Kernaussagen etwas zu ändern. Aus diesem Grunde und weil es interessant erscheint, die zentralen Thesen der Arbeit im Lichte der neueren Entwicklungen zu betrachten -noch besteht aus heutiger Sicht kein Bedarf, einzelne Thesen zu revidieren- soll die ursprüngliche Fassung der Arbeit beibehalten und dieser die folgende summarische Darstellung der wichtigsten Neuerungen in der Union vorangestellt werden.

Die wichtigsten Entwicklungen im Hinblick auf die weitere Integration in der Europäischen Union während der vergangenen rd. 15 Monate waren/sind:

(1) Einigung über die EU-Osterweiterung
Auf ihrem Kopenhagener Gipfel im Dezember 2002 haben sich die EU-Staats- und Regierungschefs mit den Vertretern der "Kandidatenländer" Estland, Lettland, Litauen, Polen, Tschechische Republik, Slowakei, Ungarn, Slowenien, Malta und Zypern auf einen Beitritt zum 01. Mai 2004 geeinigt (den weiteren Kandidatenländern Rumänien und Bulgarien wurde eine eindeutige Perspektive für einen Beitritt im Jahre 2007 gegeben, während die Aufnahme konkreter Beitrittsverhandlungen mit der Türkei ab dem Jahre 2004 an die Erfüllung bestimmter Kriterien geknüpft wurde). Damit ist die EU-Osterweiterung zwar noch nicht formal vollzogen. Denn über die Frage, ob es zur Erweiterung der Gemeinschaft "en bloc" entsprechend den ausgehandelten Beitrittsverträgen kommt, haben zunächst die fünfzehn derzeitigen Mitgliedstaaten in ihrem nationalen Ratifizierungsverfahren (mit oder ohne Volksbefragung) zu entscheiden; scheitert die Ratifizierung auch nur in einem dieser Länder, so geht sie in ihrer Gesamtheit nicht über die Bühne (anders ist die Lage bei den Beitrittsanwärtern; hier hat jeder der zehn Anwärter der ersten Runde nur für sein Land mit der Ratifizierung darüber zu entscheiden, ob er das ausgehandelte Beitrittsangebot akzeptiert). Gleichwohl wird man aus heutiger Sicht davon ausgehen können, dass in den derzeitigen EU-Mitgliedstaaten trotz nicht weniger kritischer Stimmen die politischen Mehrheiten für eine Zustimmung zur Osterweiterung zustande kommen werden.

(2) Die Verfehlung/Aufweichung der Maastrichter Konvergenzkriterien
Seit die Bundesregierung im Februar 2002 einen "blauen Brief" wegen einer drohenden Überschreitung der 3,0 %-Defizitgrenze im Sinne der Maastrichter Konvergenzkriterien (vgl. Art. 104 EGVertrag) im Ecofin-Rat der EU-Finanzminister gerade noch abwenden konnte -mittlerweile ist gegen Deutschland und Frankreich das im Stabilitätspakt vorgesehene Verfahren wegen Überschreitung der Defizitgrenze im Jahre 2002 eingeleitet worden und zeichnet sich ab, dass beide Länder (sowie Portugal, Italien und Griechenland) im Jahre 2003 die 3,0 %-Defizitgrenze erneut überschreiten

werden- ist die Debatte über die mittelfristige Ausrichtung der Wirtschaftspolitik in der Europäischen Union entbrannt. Schien die Diskussion über die Aufweichung der Konvergenzkriterien in Zeiten einer wirtschaftlichen Stagnation oder drohenden Rezession in der EU bis vor wenigen Monaten noch ein Tabuthema, so fordern nun immer mehr Politiker in der EU ein Abrücken von den starren Defizitregeln, wenn die gesamtwirtschaftliche Situation in Europa dies gebietet. Losgetreten wurde die Debatte in der Öffentlichkeit ausgerechnet durch den Präsidenten der EU-Kommission Romano Prodi, der in einem wohldosierten Interview in der französischen Zeitung "Le Monde" im Oktober 2002 den Stabilitäts- und Wachstumspakt schlichtweg als "dumm" bezeichnet hatte. Dass die Forderung nach einem Aufweichen der Konvergenzkriterien keineswegs auf die politische Ebene beschränkt ist, sondern mittlerweile auch namhafte Ökonomen sich dieser Forderung anschließen, zeigen etwa die Vorschläge der "European Economic Advisory Group" (EEAG), einer Gruppe führender europäischer Ökonomen, der u.a. auch die deutschen Professoren Leibfritz und Sinn angehören, dass Länder mit niedrigem Gesamt-Schuldenstand künftig in Krisenzeiten ihr Staatsdefizit auch über die Schwelle von 3,0 % des Bruttoinlandsprodukts hinaus ausdehnen können sollen, um in Phasen einer drohenden Rezession mehr Raum für eine aktive Stabilisierungspolitik zu geben.

(3) Einsetzung eines (Verfassungs)Konvents "zur Zukunft Europas"
Am 28. Februar 2002 hat der europäische Verfassungskonvent unter dem Vorsitz des früheren französischen Staatspräsidenten Valery Giscard d'Estaing seine Arbeit aufgenommen.
Der Europäische Konvent soll nach der Erklärung der EU-Regierungschefs auf ihrem Laeken-Gipfel im Dezember 2001 "die Handlungsfähigkeit der Europäischen Union sichern und die Union demokratischer, transparenter und effizienter machen". Er wird den Regierungschefs voraussichtlich zum Jahresende 2003 einen Verfassungsentwurf vorlegen. Darin sollen die Zuständigkeiten zwischen der Europäischer Union und den Mitgliedstaaten neu verteilt und Antworten auf die Fragen gesucht werden, welche institutionellen Veränderungen erforderlich sind, um der auf 25 gestiegenen Zahl der Mitgliedstaaten gerecht zu werden und wie die institutionelle Architektur der Union künftig aussehen soll (Stichworte: Stärkung der Rechte des Europäischen Parlaments? Direktwahl des Kommissionspräsidenten? Ein Außenminister für die Europäische Union? Wahl eines mehrjährig amtierenden EU-Ratspräsidenten durch die Regierungschefs entsprechend Schröder-Chirac-Vorschlag vom Februar 2003?).
Nach den bislang vorliegenden Erkenntnissen wird der aus 66 stimmberechtigten Mitgliedern (überwiegend Abgeordnete der nationalen Parlamente und des Europaparlaments; daneben 39 nicht stimmberechtigte Vertreter der Beitrittsanwärter) bestehende Konvent der von ihm vorzubereitenden Konferenz der Regierungschefs u.a. vorschlagen (vgl. etwa die Ausführungen Giscard d'Estaings in seinem Artikel „Eine klare und kreative Verfassung für Europa" in der Süddeutschen Zeitung vom 14. Januar 2003, S. 9),
- das Subsidiaritätsprinzip einer politischen Kontrolle zu unterwerfen (wobei der Konvent es für genügend erachtet, den nationalen Parlamenten diese Kontrolle zu überlassen)
- die Verträge der Europäischen Gemeinschaften zu vereinfachen; an die Stelle von vier schwer lesbaren Verträgen soll ein einziger Vertrag -die Europäische Verfassung-

treten; darüber hinaus soll die Art und Weise, wie die Europäische Union ihre Entscheidungen trifft und umsetzt, gestrafft, die Zahl der verschiedenen Instrumente, mit denen die Union Recht setzt, von bislang zehn auf die Hälfte reduziert werden - zur besseren Bekämpfung des internationalen Verbrechens eine präzise Definition grenzüberschreitender Schwerstkriminalität in die Verfassung zu schreiben; dies soll ermöglichen, ein gemeinschaftliches Strafrecht zu erarbeiten, das auf diese Art der Kriminalität anwendbar wäre - der EU-Charta der Grundrechte Verfassungsrang zu geben.

Hingegen ist hinsichtlich der institutionellen Veränderungen derzeit noch nicht absehbar, in welche Richtung die Vorschläge des Konvents im Einzelnen zielen werden.

(4) Reform der Strukturfonds ab 2007
Zur Zeit wird innerhalb der Union heftig über die Frage einer Reform der EU-Strukturfonds vor dem Hintergrund der EU-Osterweiterung und der damit verbundenen deutlichen Zunahme der Empfängerregionen nach heutigen Förderkritierien diskutiert. Während einige der aktuellen Geberländer durch eine Änderung der Förderkriterien die EU-Hilfen künftig auf eine geringere Zahl von Empfängerregionen begrenzen möchten und beispielsweise Großbritannien eine Beschränkung der EU-Strukturpolitik auf die Neumitglieder der Gemeinschaft und eine gleichzeitige Renationalisierung der Regionalpolitik in den bisherigen Mitgliedsländern fordert, möchten vor allem Spanien, Portugal und Griechenland als derzeitige Hauptempfänger der EU-Strukturfondsmittel am status quo der Förderung festhalten. Die Debatte dürfte im Rahmen der Diskussion um den neuen Finanzrahmen der Union für den Zeitraum 2007-2013 erheblich an Vehemenz gewinnen. So möchte Deutschland, das einerseits den größten Nettobeitrag zum EU-Haushalt leistet, dessen fünf ostdeutsche Bundesländer jedoch zugleich zu den größten Empfängern von Brüsseler Subventionen zählen, die Strukturmittel für die Finanzperiode 2007-2013 auf einen Betrag von maximal 250 Mrd. Euro beschränken, während die EU-Kommission aus heutiger Sicht mit einem Bedarf für die erweiterte Union von 300-320 Mrd. Euro rechnet. Zusätzliche Brisanz erhält die Diskussion durch die Tatsache, dass nach Untersuchungen des Haushaltsausschusses des Europaparlaments der Betrag an nicht abgerufenen EU-Haushaltsmitteln bis Mai 2002 auf insgesamt 110,5 Mrd. Euro angestiegen ist (Tendenz: weiter steigend), wovon auf die EU-Strukturfondsmittel mit 82,7 Mrd. Euro der Löwenanteil entfällt (vgl. A. Oldag: „EU bleibt auf 110,5 Milliarden Euro sitzen." In: Süddeutsche Zeitung vom 28. 05. 2002, S. 25).

(5) Zunehmende Integration und Regionalentwicklung
In einer Studie aus dem Jahre 2002 zur Frage nach den Auswirkungen der fortschreitenden ökonomischen Integration in der EU auf den Konzentrationsgrad der ökonomischen Aktivitäten der Regionen auf einen oder wenige Wirtschaftssektoren kommt das Zentrum für Europäische Wirtschaftsforschung in Mannheim (ZEW) zu dem Schluss, dass die Randregionen im Durchschnitt eine deutlich größere Spezialisierung auf einen oder wenige Wirtschaftszweige aufweisen und gleichzeitig in der Regel geprägt sind "durch eine höhere Arbeitslosenquote, einen geringeren Anteil an der nationalen Beschäftigung, eine geringere Anzahl von Patenten sowie ein niedrigeres Niveau von Bruttoanlageinvestitionen" (vgl. C. Stirböck: "Schlechte Kar-

ten für die Peripherie". In: EUmagazin 1-2/2003, S. 35 f. Vgl. auch dies.: Kern-regionen profitieren von Wachstumsbranchen". In: Eumagazin 3/2003, S. 30 f.).
Daraus sei zwar noch kein zwingender kausaler Zusammenhang ableitbar, doch zeichneten sich offenbar (Zentrums)Regionen mit einer i.d.R. gleichmäßigen Verteilung von Kapital durch eine bessere ökonomische Performance aus als (Rand)Regionen mit höherer Investitionsspezialisierung.
Darüber hinaus sei ein "signifikanter Einfluss der verstärkten Liberalisierung des Kapitalverkehrs und der gewachsenen ökonomischen Offenheit erkennbar" (Stirböck, aaO). Mit der zunehmenden Integration der Märkte könne daher die Diversifikation der wirtschaftlichen Aktivität der Regionen weiter abnehmen. Dies wiederum würde die Regionen anfälliger für asymmetrische Schocks machen und könnte so die Kluft zwischen stark spezialisierten (Rand)Regionen und weniger spezialisierten (Zentrums)Regionen weiter vergrößern.
Damit scheinen die Untersuchungsergebnisse des ZEW den Prognosen der neo-klassischen Regional- und Wachstumstheorien hinsichtlich der zeitlichen Entwicklung der regionalen Divergenzen deutlich zu widersprechen.

(6) Harmonisierung der Energie- und Zinsbesteuerung in der EU
Nach mehr als sechsjährigen Verhandlungen haben die europäischen Finanzminister auf ihrer Brüsseler Tagung vom 19.-21. März 2003 eine Einigung über eine gemeinsame Energiesteuer erzielt. Ziel ist, den Energieverbrauch in Europa zu senken und zum Klimaschutz beizutragen. Die Vereinbarung sieht vor, dass die bestehenden Mindeststeuersätze für Benzin, Diesel und Heizöl erhöht und darüber hinaus erstmals gemeinsame Mindestsätze für Gas, Kohle und Strom festgesetzt werden. Die Regelung, die allerdings zahlreiche Ausnahmebestimmungen und Übergangsfristen enthält (so wurde den Mitgliedstaaten freigestellt, den privaten und beruflichen Ver-brauch unterschiedlich hoch zu besteuern und bestimmte Unternehmen von der Energiesteuer zu befreien, wenn sich diese im Gegenzug zu einzelnen Umwelt-maßnahmen und einem sparsamen Energieverbrauch verpflichten), bedeutet, dass EU-Länder wie Spanien, Österreich und Belgien ihre Verbrauchsteuern erhöhen müssen, während etwa für Deutschland, das den Energieverbrauch bereits relativ hoch besteuert, sich praktisch nichts ändert.

Dagegen ringt die EU derzeit -Stand Ende März 2003- weiter um einen formellen Beschluß zur harmonisierten Zinsbesteuerung ausländischer Kapitalerträge.
Zwar hat der Rat der EU-Wirtschafts- und Finanzminister bereits auf seiner Sitzung am 21. Januar 2003 im Grundsatz eine Einigung über die künftige Besteuerung von Zinseinkünften erzielt, die vorsieht, dass mit Ausnahme Luxemburgs, Belgiens und Österreichs ab 2004 alle EU-Staaten (einschließlich der künftigen Mitgliedstaaten ab ihrem Beitritt) in einen gegenseitigen automatischen Informationsaustausch über grenzüberschreitende Zinszahlungen an ausländische natürliche Personen eintreten, während die drei „Abweichler" ab demselben Zeitpunkt eine Quellensteuer auf grenz-überschreitende Zinszahlungen an natürliche Personen erheben (die zunächst 15 %, ab 2007 20 % und ab 2010 35 % betragen soll) und ab 2010 dem Informationsaustausch beitreten sollen, wenn es bis dahin gelingt, mit der Schweiz, Liechtenstein u.a. europäischen Steueroasen Vereinbarungen über einen gegenseitigen Informations-austausch zu treffen.

14

Doch ist die formelle Verabschiedung der Richtlinie auf dem o.g. Brüsseler Treffen der EU-Finanzminister überraschend am Veto der italienischen Regierung gescheitert, die die Einigung in der Steuerfrage mit dem Entgegenkommen der anderen Mitgliedstaaten bei italienischen Strafzahlungen für eine zu hohe Milchproduktion verknüpfen wollte -und damit scheiterte.

(7) Einigung über CO_2 -Emissionshandel
Auf ihrer Tagung im Dezember 2002 einigten sich die EU-Umweltminister nach langem Tauziehen, die Vorgaben des Kyoto-Protokolls hinsichtlich einer Reduzierung des CO_2 -Ausstoßes in der EU vornehmlich durch einen Handel mit Emissionsrechten umzusetzen. Dem Kyoto-Protokoll zufolge muss die EU ihren CO_2 -Ausstoß bis 2012 um acht Prozent verringern -gemessen an den Werten des Jahres 1990. Die von den EU-Umweltministern verabschiedete Richtlinie sieht vor, das Ziel des Klimaschutzprotokolls mit marktwirtschaftlichen Instrumenten zu erreichen. Durch den Handel mit Emissionszertifikaten sollen finanzielle Anreize gesetzt werden: Unternehmen, die bereits auf umweltfreundliche Technologien gerüstet haben, werden entsprechend belohnt; sie können ihre überschüssigen CO_2 -Zertifikate an einer Art Börse verkaufen. Unternehmen, die die zulässige Höchstmenge des CO_2 -Ausstoßes überschreiten, müssen dagegen entweder in schadstoffmindernde Technologien investieren, Emissionslizenzen bei der Konkurrenz kaufen oder Geldbußen bezahlen. Startjahr für den Emissionshandel soll 2005 sein, wobei den Mitgliedstaaten die Mög-lichkeit zugestanden wurde, bis Ende 2007 einzelne Anlagen oder Branchen von einer Teilnahme am Emissionshandel auszunehmen. Bei einer Überschreitung der Nutzungsrechte müssen die Mitgliedstaaten ab 2005 mit Sanktionen rechnen: Abgestuft werden dann Strafen fällig in Höhe von 40 Euro, ab 2007 100 Euro pro ausgestoßener Tonne .
Der Markt für CO_2 -Zertifikate wird auf ein jährliches Volumen von weltweit rd. 50 Mrd. Euro geschätzt. Dabei dürfte auf die EU bei einem erwarteten Ausstoß von etwa zwei Milliarden Tonnen CO_2 in 2007 ein Marktanteil von schätzungsweise 15 Mrd. Euro entfallen (vgl. ZEW in Eumagazin 3/2003, S. 32 f.).

(8) Reform der EU-Fusionskontrolle
Am 11. Dezember 2002 hat EU-Wettbewerbskommissar Mario Monti mit der neuen Fusionskontrollverordnung das bis dahin größte Reformpaket in der Geschichte der europäischen Fusionskontrolle präsentiert. Das Reformpaket soll -zumindestzweierlei bewirken: zum einen eine schnellere und flexiblere Genehmigungspraxis, die bei Wahrung von Wettbewerb und Verbraucherinteressen zur weltweiten Konkurrenzfähigkeit europäischer Unternehmen beitragen soll; zum andern, dass auch schwierige Fusionsentscheidungen besser fundiert und damit juristisch wasserdichter werden als in der Vergangenheit. Zu diesem Zweck strebt die neue Fusionsverordnung auf mehreren Feldern ein weitaus höheres Maß an Flexibilität zugunsten fusionswilliger Unternehmen an (vgl. im einzelnen Schur, U.: Reform der Fusionskontrolle - Flexiblere Koordinaten. In: Eumagazin 1-2/2003, S. 46 f.): So ist nunmehr vorgesehen, geplante Zusammenschlüsse im Einklang mit dem Subsidiaritätsprinzip von der jeweils am besten platzierten Behörde -Kommission oder nationale Kartellämterprüfen zu lassen, wobei fusionswillige Unternehmen künftig zunächst selbst entscheiden dürfen, ob sie die geplante Fusion von Brüssel oder den nationalen Behörden

prüfen lassen wollen. Des weiteren sollen die Unternehmen stärker als bislang im Verfahren selbst zum Zuge kommen, indem etwa Zusammenschlüsse bereits vor Abschluss einer verbindlichen Vereinbarung angemeldet werden können, den Unternehmen zu einem möglichst frühen Zeitpunkt Akteneinsicht gewährt wird oder die Kommission an entscheidenden Verfahrenspunkten häufiger mit den direkt beteiligten Unternehmen zusammenkommt, um die anstehenden Sachprobleme und etwaige Lösungsansätze zu erörtern. Und schließlich sollen bei der Gesamtwürdigung eines Zusammenschlusses etwaige fusionsbedingte Effizienzvorteile stärker berücksichtigt werden; als Voraussetzung für deren Vorliegen gilt, dass die Vorteile den Verbrauchern direkt zugute kommen, wesentlich und nachprüfbar sind sowie rechtzeitig eintreten. Dabei liegt die Beweislast bei den betroffenen Unternehmen, die darlegen müssen, dass die Vorteile so erheblich sind, dass dadurch die negativen Auswirkungen des Zusammenschlusses auf den Wettbewerb aufgewogen werden.

Die vorliegende Arbeit ist als Dissertation im Sommer 2002 von der wirtschaftswissenschaftlichen Fakultät der Fernuniversität Hagen angenommen worden. Die Fertigstellung der Arbeit wäre nicht möglich gewesen ohne die nachhaltige Unterstützung meines Doktorvaters, Herrn Prof. Dr. Volker Arnold, dem ich an dieser Stelle noch einmal herzlichst danken möchte. Die Zusammenarbeit mit ihm war für mich nicht nur fachlich, sondern auch menschlich eine große Bereicherung. Mein Dank gilt auch Herrn Prof. Dr. Helmut Wagner für die Übernahme des Zweitgutachtens und Herrn Prof. Dr. Alfred Endres für die Mitwirkung am Promotionsverfahren.
Bedanken möchte ich mich auch bei Herr Dr. Altenburg und Frau Brenken vom Lehrstuhl für Volkswirtschaftslehre, insbesondere Finanzwissenschaft, bei Prof. Dr. Arnold sowie Herrn Dr. Berger vom Lehrstuhl für Volkswirtschaftslehre, insbesondere Makroökonomik, bei Prof. Dr. Helmut Wagner für ihre Unterstützung bei der Vorbereitung auf die Disputation.
Schließlich, aber nicht zuletzt, möchte ich meiner Familie einschließlich meinen Eltern danken, die die Fertigstellung der Arbeit mit viel Geduld ertragen und mich in mehreren schwierigen Phasen zum Weitermachen ermuntert hat.

A Einführung

I. Weltwirtschaftlicher Globalisierungsprozeß und Europäische Integration als neue Rahmenbedingungen nationaler Finanzpolitik

In einem jüngst erschienen Artikel für das Handelsblatt mit der Überschrift „Ordnungspolitik für die globale Wirtschaft" schrieb der Tübinger Volkswirtschaftsprofessor Joachim Starbatty zur weltwirtschaftlichen Globalisierung und ihrem Einfluß auf die nationale und europäische Wirtschaftspolitik (vgl. Handelsblatt vom 19. 06. 2001, S. 8):
„Was bewirkt Globalisierung? Im Grundsatz wird man sich auf zweierlei einigen können: Erstens: Globalisierung ist unvermeidlich und im Prinzip wohlfahrts-schaffend. Zweitens: Der Preis dafür ist die Schmälerung nationaler Kompetenz."
Daraus ergäben sich weitreichende Folgen für die nationalstaatliche und europäische Finanz- und Wirtschaftspolitik.
Für Starbatty ist Globalisierung „im Kern ... die Kombination von Freihandel und modernen Informationstechnologien" und „mit einem hohen Maß an Transparenz und Wettbewerbsintensität" verbunden. Es sei unbestreitbar, daß der ungehinderte Tausch und die darauf aufbauende Arbeitsteilung die Wohlfahrt aller Tauschpartner steigere und über die Spezialisierung auch die gesamtwirtschaftliche Wohlfahrt, was sowohl im nationalen wie auch im internationalen Kontext gelte. Genauso unbestreitbar sei aber auch, daß die Wohlfahrtsmehrung über Globalisierung nur über einen Prozeß des ständigen Suchens nach besseren Lösungen zu erzielen sei und dieser Prozeß laufend alte Strukturen zerstöre und neue aufbaue; das bedeute, daß es nicht nur Globali-sierungsgewinner, sondern auch -verlierer gebe.
Weil dies so sei, seien die Regierungen der Nationalstaaten heute stärker als in der Vergangenheit in der Verantwortung, die Effizienz der eigenen Finanz- und Wirtschaftspolitik kritisch zu hinterfragen und in die Attraktivität des eigenen Standorts zu investieren (was letztlich den Interessen der eigenen Bevölkerung diene). Zwar verliere „der Regelsetzer Nationalstaat" durch die weltwirtschaftliche Globali-sierung sein Monopol, „weil Kapital und Industrieunternehmen abwandern"; dies unterminiere nach Meinung liberaler Ökonomen jedoch nicht das Primat nationaler Wirtschaftspolitik, sondern lege nur deren Fehler rascher offen und verbiete im Grundsatz langwierige Lern- und Anpassungsprozesse.
Bezogen auf die Mitgliedstaaten der Europäischen Union werfe die Einschränkung der nationalen Finanzautonomie gleichzeitig die Frage auf, „ob gute ordnungspolitische Konzepte nicht besser im Rahmen der EU oder sogar nur hier zu realisieren seien."
Immerhin könne eine in sich geschlossene EU gemeinsamen Politiken wirksamer Geltung verschaffen als nationale Regierungen. Doch sieht Starbatty die von Vertretern der EU erhobene Forderung, nationale finanzpolitische Kompetenzen auf Ebene der Union „als sicheren Hafen vor den Stürmen der Globalisierung" zu zentralisieren, nicht als das geeignete Mittel an, um dem zunehmenden internationalen Wettbewerbsdruck zu begegnen. Denn es sei zweifelhaft, ob auf zentraler Ebene Probleme effizienter als auf nationaler Ebene gelöst werden könnten: Zum einen sei die Art und Weise, wie Regierungen Probleme angingen, traditionell bedingt zwischen den Staaten völlig unterschiedlich; die von der EU gefundenen Lösungen seien Kompromisse und würden den Vorstellungen keines Mitgliedstaates wirklich gerecht.
Zum andern würden zentralistische Problemlösungen in Bereichen, über deren

künftige Entwicklung wenig gesicherte Erkenntnisse vorliegen, von vorne herein die Möglichkeit, verschiedene Lösungsansätze zu entwickeln und daraus den besten auszuwählen, vereiteln. Schließlich würden zentrale Problemlösungen die Gefahr beinhalten, daß Bürger -und Regierende- ihre Vorstellungen darin nicht wiederfinden und den Entscheidungsweg nicht nachvollziehen könnten.

Am 02. 05. 2001 nahm Starbattys Münchner Kollege Hans-Werner Sinn in einem Gastkommentar mit dem Titel „Ein Plädoyer für die Freizügigkeit" im Handelsblatt (S. 10) zum Thema EU-Osterweiterung und den damit vermutlich verbundenen Bevölkerungswanderungen wie folgt Stellung:
„Nach der Osterweiterung der EU ist sicherlich mit einer erheblichen Zuwanderung zu rechnen. Es wäre aber verfehlt, aus der schieren Größe des Wanderungsvolumens einen möglichen Politikbedarf herleiten zu wollen. ... Solange man das Optimum nicht beziffern kann, läßt sich aus den prognostizierten Wanderungszahlen keine Empfehlung für die Migrationspolitik herleiten.
Vom Grundsatz her ist die Zuwanderung eines Teils der osteuropäischen Bevölkerung für Deutschland und für die osteuropäischen Beitrittsländer eine gute Sache. Sofern sie nämlich durch die Lohndifferenzen zwischen den Ländern angetrieben wird, führt die freie Wanderungsentscheidung für alle Länder zu Wohlfahrtsgewinnen. Das Herkunftsland gewinnt, weil der Lohnzuwachs der Einwanderer die Wanderungs-kosten übersteigt, und das Zielland gewinnt, weil ihr Lohn unter der Wertschöpfung liegt, die sie erzeugen. ...
Zwei Probleme darf man aber nicht übersehen. Erstens kann es sein, daß die Zuwande-rung auf einen verkrusteten Arbeitsmarkt mit starren Löhnen trifft und deshalb Einheimische in die Arbeitslosigkeit verdrängt. Zweitens ist nicht auszuschließen, daß ein Teil der Zuwanderung nicht nur durch Lohndifferenzen, sondern auch durch Differenzen in den Sozialsystemen angetrieben wird. ... Besonders problematisch ist eine Verfälschung der Wanderungen durch das Sozialsystem. Die Geschenke des umverteilenden Staates führen zu einem Übermaß an Zuwanderung und bergen die Gefahr einer Erosion der westeuropäischen Sozialstaaten, weil sich diese Staaten zur Verhinderung von Armutswanderungen in einen Abschreckungswettbewerb ver-stricken könnten. ...
Die Europäische Union hat auf deutsches Drängen zur Vermeidung möglicher Probleme eine fünfjährige Übergangsfrist vorgeschlagen, während deren die Zuwanderung kontingentiert werden soll. Das ist eine vertretbare ... Entscheidung ...
Zudem sollten aber die steuerfinanzierten Sozialleistungen in den westeuropäischen Ländern während einer Wartezeit nach der Einwanderung begrenzt werden, um so die fiskalische Nettobilanz der Einwanderer zum Ausgleich zu bringen und die künstlichen Wanderungsanreize durch die Sozialabgaben zu verhindern."

Was ist die Quintessenz aus den zitierten Abhandlungen?
Offenbar die Erkenntnis, daß die durch eine steigende weltwirtschaftliche Verflechtung und die voranschreitende europäische Integration bewirkte Erhöhung der internationalen Güter- und Faktormobilität die Rahmenbedingungen nationaler Finanz- und Wirtschaftspolitik nachhaltig verändert, den Wettbewerbsdruck zwischen den Nationalstaaten erhöht hat: augenscheinlich müssen die Regierungen der Nationalstaaten bei finanz- und wirtschaftspolitischen Entscheidungen nunmehr in

verstärktem Maße mögliche Wanderungsreaktionen mobiler Güter und Produktions-
faktoren berücksichtigen und sind in ihrem Handeln nicht mehr im selben Maße
autonom wie in der Vergangenheit. Dies gilt sowohl für die Gestaltung der nationalen
Sozial- und Arbeitsmarktsysteme (vgl. die oben zitierten Ausführungen Sinns), als
auch für die Gestaltung der Steuer-, Wettbewerbs-, Strukturpolitik etc. Ein Beispiel:
Nimmt die Mobilität der Bemessungsgrundlage nationaler Steuern (Güter, Kapital, z.
T. Arbeit) kontinuierlich zu, so wächst damit der Druck auf die Regierungen der
Nationalstaaten, durch eine entsprechende Steuerpolitik mobile Steuerbasen im Land
zu halten oder anzulocken.

Dabei verändert sich gerade für die Staaten in der Europäischen Union das
wirtschaftliche Umfeld besonders drastisch: Hat die Union gerade erst vor wenigen
Jahren, mit der Schaffung des Europäischen Binnenmarktes zum 01. 01. 1993, eine
völlig neue Stufe der Integration (verstanden als ein Zusammenwachsen von
Volkswirtschaften, vgl. z.B. Ohr 1993, 29) erreicht und beginnt erst jetzt, seine
tatsächlichen Auswirkungen zu erfahren, so steht mit der Vollendung der Wirtschafts-
und Währungsunion (WWU) zwischen 12 ihrer Mitgliedstaaten schon der nächste
„Quantensprung" auf dem Wege einer weiteren ökonomischen Verflechtung der
Volkswirtschaften im Zentrum der EU an. Kann der derzeitige Fahrplan eingehalten
werden, so wird darüber hinaus die Union zum 01. 01. 2004 um ein halbes Dutzend
neuer Mitgliedstaaten (Ungarn, Polen, Estland, Tschechische Republik, Slowenien und
Zypern) mit insgesamt rd. 63 Millionen Einwohnern erweitert werden, und mit einem
knappen Dutzend weiterer Staaten werden Verhandlungen über eine Aufnahme zu
einem späteren Zeitpunkt geführt.

Was bedeutet das für die künftige Finanz- und Wirtschaftspolitik der Staaten? Wird
die Verstärkung der Wettbewerbsintensität zwischen den Nationalstaaten zu einer
Polarisierung in Globalisierungs- (bzw. Integrations-) gewinner und -verlierer führen?
Oder werden nationale Regierungen auf den zunehmenden Verlust ihrer wirtschafts-
politischen Autonomie mit einer verstärkten Zusammenarbeit auf supranationaler
Ebene oder einer Übertragung nationaler Kompetenzen auf supranationale Institu-
tionen (wie die Europäische Union) reagieren und so den zwischenstaatlichen
Fiskalwettbewerb zu beschränken versuchen? Und wenn ja, in welchem Umfang ist
eine supranationale Kooperation von Nationalregierungen im Sinne einer
Koordinierung ihrer Wirtschaftspolitiken oder die Übertragung wirtschaftspolitischer
Kompetenzen auf supranationale Organisationen aus Sicht des einzelnen Staates und
aus gesamtwirtschaftlicher Sicht überhaupt sinnvoll? Diesen und ähnlichen
Fragestellungen soll -bezogen auf die Mitgliedstaaten der Europäischen Union- in der
vorliegenden Arbeit nachgegangen werden.

II. Zentrale Fragestellung der Arbeit und Abgrenzung des Untersuchungs-
gegenstandes

Der vorangegangene Abschnitt hat die Veränderung der Rahmenbedingungen für
nationale Finanz- und Wirtschaftspolitik vor dem Hintergrund eines zunehmenden
weltwirtschaftlichen Globalisierungs- und des fortschreitenden europäischen
Integrationsprozesses *aus der Sicht der (europäischen) Nationalstaaten* angesprochen.
Ändert man den Blickwinkel und betrachtet Globalisierungs- und Integrationsprozeß

stattdessen aus der Sicht des Europäischen Union als einer supranationalen Organisation so können die Ausführungen des vorangegangenen Abschnitts zu folgender zentraler Fragestellung der vorliegenden Arbeit verdichtet werden:

Welche Aufgaben öffentlicher Gewalt im Gebiet der Europäischen Union sollten angesichts des fortschreitenden Globalisierungsprozesses und des erreichten Standes der europäischen Integration von der zentralen europäischen Ebene, d. h. den Organen der Europäischen Union, wahrgenommen werden?

Dabei soll die optimale Verteilung öffentlicher Aufgaben zwischen europäischer Zentralgewalt und nationalstaatlicher Ebene ausschließlich aus allokativer Sicht bestimmt werden. Das bedeutet, daß distributions- und stabilitätspolitische Überlegungen im weiteren Verlauf dieser Arbeit grundsätzlich ausgeklammert bleiben.

Die Suche nach der optimalen Verteilung allokationspolitischer Aufgaben zwischen verschiedenen Ebenen der öffentlichen Gewalt wirft die Frage der Effizienz staatlichen Handelns auf den verschiedenen Ebenen auf. In Kap. B wird dieser Frage nachgegangen. Dabei stellen sich mindestens drei Fragen:

Erstens: Was bedeutet der Begriff der Effizienz staatlichen Handelns, wie kann sie gemessen werden und welche Rechtfertigung liefern Effizienzgesichtspunkte für staatliches Handeln in einem marktwirtschaftlich organisierten Wirtschaftssystem? Diesem Fragenkomplex wird in Kap. B I. und II. nachzugehen sein.

Zweitens: Warum bedarf es aus Effizienzgesichtspunkten überhaupt eines mehrgliedrigen Staatsaufbaus zur Wahrnehmung öffentlicher Aufgaben? Vgl. dazu Kapitel B III der Arbeit.

Und drittens: Worin bestehen -ganz allgemein und losgelöst von der konkreten Einzelaufgabe- die Vorteile einer Wahrnehmung staatlicher Aufgaben auf unterer, d.h. dezentraler, bzw. auf höherer, d.h. zentraler, Ebene in einem mehrgliedrigen, föderalen Staatsgebilde? Diese Frage soll in Kap. B IV. summarisch beantwortet werden.

Allerdings besitzt die Europäische Union derzeit (noch?) nicht den Charakter eines föderalen Bundesstaates; im Verhältnis der Aufgabenverteilung zwischen Europäischer Union und der zentralen Ebene ihrer Mitgliedstaaten ist deshalb nicht die Frage relevant, welche Aufgaben staatlicher Gewalt auf die oberste Ebene einer Föderation übertragen werden sollen, sondern aus welchen Gründen rechtlich selbständige Staaten wirtschaftlich miteinander kooperieren und ggf. nationale Hoheitsbefugnisse an eine gemeinsam gebildete zentrale Stelle übertragen sollten. Deshalb werden in Kap. B V. die Vorteile und Grenzen der verschiedenen Stufen ökonomischer Integration zu einer präföderalen Verbindung wie der Europäischen Union summarisch benannt. Dabei wird eine zusätzliche Eingrenzung des Untersuchungsgegenstandes der Arbeit vorgenommen: Im Mittelpunkt der weiteren Arbeit sollen die aus den Wirkungen der Marktintegration, d.h. der zunehmenden Verflechtung der nationalen Güter- und Faktormärkte hin zu einem gemeinsamen Binnenmarkt, abzuleitenden Implikationen im Hinblick auf die optimale Aufgabenverteilung zwischen europäischer und nationalstaatlicher Ebene stehen. Demgegenüber sollen die spezifischen Problematiken der institutionellen ökonomischen Integration in Form der anstehenden Wirtschafts- und Währungsunion und die daraus resultierenden Politikimplikationen nicht Gegenstand der weiteren Untersuchungen sein.

In den Kap. C und D werden die aus wirtschaftstheoretischer Sicht der Europäischen Union zuzuweisenden Allokationsaufgaben besprochen. Dabei soll es nicht so sehr darum gehen, die bestehenden Theorieansätze zur optimalen Verteilung staatlicher Aufgaben zwischen verschiedenen Ebenen öffentlicher Gewalt weiterzuentwickeln als vielmehr darum, die wichtigsten Theorien darzustellen und daraus die nicht immer leicht zu ziehenden Schlußfolgerungen im Hinblick auf die konkrete Wirtschaftspolitik und Aufgabenverteilung in der Verfassungswirklichkeit der Europäischen Union zu ziehen.

Die ökonomische Theorie des Staates kennt zwei grundsätzliche Ansätze zur Aufteilung der staatlichen Aufgaben zwischen den verschiedenen Ebenen öffentlicher Gewalt: (1) Den fiskalföderalistischen, der als Weiterentwicklung der Theorie der öffentlichen Güter um eine räumliche Dimension verstanden werden kann und in der Mehrzahl seiner Publikationen der normativen Theorie zuzurechnen ist: den staatlichen Entscheidungsabläufen wird keine spezielle Beachtung geschenkt, vielmehr wird unterstellt, daß aus diesen keine besonderen Probleme im Hinblick auf die effiziente Organisationsstruktur bzw. Aufgabenverteilung in einem mehrgliedrigen Staatswesen resultieren, d.h. das Verhalten der staatlichen Entscheidungsträger wird als das eines „benevolenten Diktators" projiziert; dieser Ansatz wird im folgenden zur Verdeutlichung auch als fiskalföderalistisch-wohlfahrtstheoretischer bezeichnet und in Kapitel C behandelt.

(2) Die Modellierung der Regierungen als wohlwollende Agenten, deren Entscheidungen das Ziel einer Maximierung der Vorteile für die Bürger ihrer Jurisdiktionen zugrunde liegt, ist jedoch stark simplifizierend und versperrt den Blick auf das tatsächliche Verhalten politischer Entscheidungsträger und verantwortlich handelnder Bürokraten und Interessengruppenvertreter im Staat. Die Public-Choice Theorie des Staates (Neue Politische Ökonomie) versucht, zu einer realistischeren Sicht der politischen Entscheidungsabläufe zu gelangen, indem sie das Verhalten der Menschen auch im politischen Raum als grundsätzlich rational und eigennutzorientiert beschreibt und politische Entscheidungsvorgänge als Tauschprozesse über „politische Güter" interpretiert. In wieweit aus einer solchen Sichtweise der politischen Vorgänge Veränderungen in der Beurteilung der optimalen Aufgabenverteilung gegenüber der fiskalföderalistischen Sicht resultieren (können), wird in Kap. D erläutert.

Zurück zum fiskalföderalistischen Standpunkt des Kap. C. Aus fiskalföderalistisch-wohlfahrtstheoretischer Sicht gilt im Verhältnis zwischen zentraler und dezentraler Aufgabenwahrnehmung das Primat der dezentralen Aufgabenerfüllung; dies wird in Anbetracht des präföderalen Charakters der Europäischen Union im Verhältnis zwischen europäischer und nationalstaatlicher Ebene erst recht zu gelten haben und wird als politischer Wille ausdrücklich im Subsidiaritätsprinzip des Art. 5 EGV hervorgehoben (vgl. Kap. C I.). Eine Wahrnehmung öffentlicher Aufgaben auf zentraler, d.h. hier europäischer, Ebene kommt aber -aus allokativer Sicht- vor allem in folgenden drei Fällen in Betracht: Erstens, um europaweite öffentliche Güter bereitzustellen. Zweitens beim Vorliegen positiver und negativer externer Effekte, also um „Spillovers" zu berücksichtigen. Und drittens, wenn bei der Bereitstellung öffentlicher Güter auf zentraler Ebene Kostenvorteile aufgrund von steigenden Skalenerträgen gegenüber einer dezentralen Bereitstellung anfallen.

Mit der wettbewerbsrechtlichen Sicherung der vier Binnenmarktfreiheiten und der Herstellung der Kompatibilität transeuropäischer Netze werden in Kap. C II. 1. zwei Aufgaben als öffentliche Güter mit europaweitem Wirkungskreis identifiziert, die in unmittelbarem Zusammenhang mit dem Europäischen Binnenmarkt stehen. Aber auch die Sicherung des wirtschaftlichen und sozialen Zusammenhalts in der Gemeinschaft, die Kohäsion, ist eine Aufgabe, die in einem engen Zusammenhang mit dem Europäischen Binnenmarkt steht (C II. 1.3.); denn dessen Vorteile, die vor allem in der verstärkten internationalen Arbeitsteilung und den Skalenerträgen einer hohen Ausbringungsmenge für einen großen Absatzmarkt liegen, wären gefährdet, wenn die weniger wohlhabenden Mitgliedstaaten und Regionen aus diesem Binnenmarkt auszubrechen drohten, weil sie an dessen Wohlstandsgewinnen nicht in angemessenem Umfang beteiligt werden. Damit erhält die interregionale Umverteilung innerhalb der Europäischen Union neben der distributionspolitischen eine allokationspolitische Komponente. Allerdings ergibt sich aus allokativer Sicht erst dann ein Rechtfertigungsgrund für staatliches Eingreifen, wenn sich die wirtschaftliche Entwicklung der Mitgliedstaaten und Regionen der EU nicht ohnehin als Folge der fortschreitenden Integration in einem realwirtschaftlichen Konvergenzprozeß (im Sinne eines Ausgleichs der Entwicklungsunterschiede zwischen den Regionen) befindet bzw. ein Konvergenzprozeß zwar stattfindet, aber so langsam abläuft, daß dies die Unzufriedenheit der rückständigen Regionen nicht beseitigen kann. Deshalb ist zu untersuchen, welche Aussagen über die künftige wirtschaftliche Entwicklung der Regionen die empirischen Forschung (C II.1.3.2.) und die theoretischen Modelle (C II. 1.3.3.) bereithalten.

Die öffentlichen Aufgaben „Außen- und Verteidigungspolitik", „Umwelt- und Klimaschutz" und „Forschungs- und Technologiepolitik" (C II.2.) sind durch erhebliche positive oder negative externe Effekte gekennzeichnet, zu deren Internalisierung eine Wahrnehmung dieser Aufgaben durch die europäische Ebene in Betracht kommt. Allerdings sind vor allem im Bereich des Umweltschutzes die externen Effekte häufig auf das Gebiet eines oder weniger Anrainerstaaten beschränkt und muß deshalb aus Subsidiaritätsgesichtspunkten hinterfragt werden, ob nicht anstelle einer Übertragung nationaler hoheitlicher Befugnisse auf eine übergeordnete Ebene eine Internalisierung der externen Effekte durch kooperative Verhandlungen auf dezentraler Ebene möglich ist. Im Bereich der Schaffung und Bereitstellung transeuropäischer Verkehrs-, Energie- und Telekommunikationsnetze ist ebenfalls mit der Existenz von Spillover-Effekten zu rechnen; darüber hinaus könnte aber gerade im Bereich der transeuropäischen Netze auch die Existenz von Skalenerträgen für eine zentrale Bereitstellung durch die europäische Ebene sprechen (vgl. Kap. C II. 2.3.).

Ein Sonderfall von Spillover-Effekten sind die Allokationsverzerrungen, die aus der wachsenden Mobilität von Gütern und Faktoren resultieren. Der externe Effekt besteht hier darin, daß Steuersätze, Sozialsysteme, Infrastrukturausstattung etc. eines Landes über die Möglichkeit von Wanderungsreaktionen von Gütern und Faktoren die Faktorakkumulation in anderen Ländern beeinflussen -und diese damit zu finanzpolitischen Reaktionen zwingen- können. Mobilitätsinduzierte Spillover-Effekte können vor allem im Bereich der Kapital- (C III.2.), aber auch bei der Arbeitskräfte-(C III.3.) und Güterallokation (C III.4.) auftreten. Da die Ergebnisse der diesbezüglichen theoretischen Modelle und der daraus abzuleitenden Politikimplikationen stark von dem jeweils gewählten Modellrahmen, insbesondere den darin modellierten Annahmen hinsichtlich des Verhaltens der Nationalregierungen und ihren Einflußnahmemöglichkeiten auf die Allokation der mobilen Güter und Faktoren abhängen, wird bei der Darstellung der Mobilitätsfolgen jeweils zwischen zwei wesentlichen Verhaltensannahmen unterschieden: zum einen der, daß die Staaten myopisch in dem Sinne handeln, daß sie mögliche Wanderungsbewegungen bzw. Veränderungen der Faktorpreise als Reaktion auf ihre eigenes Verhalten ausschließen; zum andern der, daß sich die Staaten strategisch im spieltheoretischen Sinne verhalten und mögliche Reaktionen der mobilen Faktoren und Güter in ihrem eigenen Verhalten berücksichtigen. Staaten, die die Allokation der Güter und Faktoren und ihren Preis als gegeben hinnehmen, können auch als klein, Staaten, deren Verhalten entsprechende (in ihrem Kalkül antizipierte) Veränderungen der genannten Größen bewirken kann, als große Staaten bezeichnet werden.

Die Wanderungsreaktionen des wichtigsten Teils des Faktors Kapital, der unternehmerischen Direktinvestitionen, führen zu der in Wissenschaft und Politik derzeit vielfach diskutierten Problematik des internationalen Steuerwettbewerbs und der ihm zugesagten schädlichen Folgen im Hinblick auf die gesamtwirtschaftliche Kapitalallokation, die Bereitstellung öffentlicher Güter, die Erosion des Sozialsysteme u.a. (C III.2.2.). Ausgehend von den theoretischen Modellen des Kap. C III.2.2. ist aber zunächst fraglich, ob in der Realität überhaupt ein nennenswerter Steuerwettbewerb um den mobilen Faktor Kapital besteht und ob von ihm tatsächlich die benannten Gefahren ausgehen. Erst wenn beide Fragen positiv beantwortet sind (was in Kap. C III.2.3. geschieht), kann über die geeigneten Schritte zur Eindämmung des Steuerwettbewerbs nachgedacht werden; in Kap. C III.2.4. werden drei solche Schritte diskutiert: Erstens die internationale Harmonisierung der erhobenen Kapital(=Unternehmens)steuer, d.h. ihrer Sätze, Bemessungsgrundlagen und Erhebungsmethoden; zweitens der -möglichst viele Staaten einbeziehende- Übergang zum „reinen" Wohnsitzprinzip der Kapitalbesteuerung; und drittens die Einführung einer Cash-flow- oder zinsbereinigten Unternehmenssteuer.

Während man glaubt, die negativen Folgen eines Wettbewerbs der Nationalstaaten um den bei weitem mobilsten Faktor Kapital durch eine internationale Koordination der Steuerpolitiken oder eine unilaterale Änderung des nationalen Steuersystems wirksam beschränken zu können, ist zur Beseitigung der (mobilitätsbedingten) Ineffizienzen der internationalen Arbeitskräfte- (=Haushalts)allokation ein interjurisdiktioneller Finanzausgleich erforderlich (C III. 3.). Fraglich ist nur, ob ein solcher automatisch stattfindet bzw. freiwillig zwischen den Jurisdiktionen geleistet wird oder ob es des Eingreifens einer übergeordneten Ebene (d.h. der Europäischen Union) bedarf, um die notwendigen Transferleistungen zu organisieren und durchzuführen. Bei einer steigenden Zahl beteiligter Jurisdiktionen dürfte vor allem die Problematik des free-rider-Verhaltens eine entscheidende Rolle spielen.

Anders als im Bereich der direkten Steuern hat im Bereich der indirekten, d. h. hier: der Gütersteuern, in den vergangenen Jahr(zehnt)en innerhalb der Europäischen Union eine weitgehende Harmonisierung der Bemessungsgrundlagen und Erhebungsverfahren und z. T. auch der Steuersätze stattgefunden. Allerdings führt das EU-weit angewendete Mischsystem aus Ursprungsland- und Bestimmungslandprinzip bei der Umsatzbesteuerung zu einer Reihe allokativer Verzerrungen, die den Ruf nach einem Übergang zu einem System der reinen Bestimmungsland- oder der reinen Ursprungslandbesteuerung aufkommen lassen; da erstere in einem gemeinsamen Binnenmarkt faktisch nicht umsetzbar ist, bleibt nur der Rückgriff auf die Ursprungsland-besteuerung. Diese führt aber tendenziell zu einer Verschärfung des Steuerwett-bewerbs im Bereich der Güterbesteuerung; ob daraus eine weitere Harmonisierung der Mehrwertsteuersätze innerhalb der Europäischen Union resultieren sollte, wird in der wissenschaftlichen Literatur kontrovers diskutiert (vgl. Kap. C III.4.3.).

Ist die effiziente Verteilung der allokationspolitischen Aufgaben zwischen europäischer und nationalstaatlicher Ebene aus fiskalföderalistischer Sicht erfolgt, so stellt sich die Frage, ob aus den Erkenntnissen der Neuen Politischen Ökonomie die Notwendigkeit einer Veränderung dieser Aufgabenverteilung ableitbar ist (Kap. D). Nach der Neuen Politischen Ökonomie ist die Existenz diskretionärer Handlungs-spielräume als Folge von Informationsasymmetrien zwischen politischem Agent und Prinzipal eine Hauptursache für Ineffizienzen politischer Entscheidungen im unitaristischen Staat. Diese können im Verhältnis zwischen Politiker und Wähler entstehen, wenn der Prozeß der Informationsgewinnung über die Parteiprogramme aufwendig, der Parteienwettbewerb begrenzt und der Zeitraum zwischen den Wahlen lang ist (vgl. Kap. D I. 1.), aber auch im Verhältnis zwischen staatlicher Bürokratie (als Agent) und Politikern (als Prinzipal), wenn die Bürokratie eigennützige Ziele wie das der Budgetmaximierung verfolgt und für die Politik aufgrund des Wissensvor-sprungs der Bürokratie und des public good-Charakters der Bürokratiekontrolle eine vollständige Überwachung bürokratischen Handelns nicht möglich oder nicht erstrebenswert ist. Ein weiterer Grund für die Ineffizienz politischer Entscheidungen ist die Existenz privater und öffentlicher Interessengruppen und ihr Einfluß auf die Politik: Je interessanter das Gut, das eine Interessengruppe in den politischen Tausch-prozeß einbringen kann -etwa eine hohe Zahl von Wählerstimmen oder finanzielle Zuwendungen für die Parteien- um so mehr werden ihre Anliegen Gehör finden. Je stärker die Partikularinteressen einzelner Gruppen berücksichtigt werden, um so weniger werden tendenziell die Interessen der Allgemeinheit berücksichtigt (D I.2). Während mit zunehmendem Dezentralisierungsgrad tendenziell die Informations-möglichkeiten über -und die Einflußnahmemöglichkeiten auf- die politischen Pro-gramme steigen, die Abwanderungsoption an Bedeutung gewinnt, die Möglichkeit der Bündelung „angenehmer" und „unliebsamer" Programmpunkte in ein und demselben politischen Programm sinkt und die unmittelbare Verantwortlichkeit durch eine größere Zahl von Wahlen (nämlich zum nationalen und zu den regionalen Parla-menten) wächst, steigen gleichzeitig die Kosten der Entscheidungsfindung, nimmt ten-denziell der Anteil der Staatsbediensteten an der Gesamtbevölkerung -und mit ihm deren Einfluß als Nachfrager hoher Staatsbudgets- zu und wird die Entstehung von Interessengruppen gefördert (vgl. Kap. D II). Ob Dezentralisierung per Saldo zu einer Steigerung der Effizienz politischer Entscheidungen führt, kann damit nicht generell, sondern allenfalls für die jeweils konkret zur Entscheidung anstehende Aufgabe beurteilt werden.
Eine solche Beurteilung wird hinsichtlich der in Kap. C genannten Aufgaben in Kap. D III. und IV. vorgenommen. Dabei wird sich zeigen, daß die Ansätze der Neuen Politischen Ökonomie zwar eine Reihe zusätzlicher, interessanter Aspekte aufwerfen, offenbar aber keine *grundsätzliche* Neubewertung der in Kap. C II. und III. vorge-nommenen Aufgabenverteilung zwischen europäischer und mitgliedstaatlicher Ebene

erlauben. Jedoch soll nicht verhehlt werden, daß die Berücksichtigung politökonomischer Argumente eher für eine Dezentralisierung als für eine Zentralisierung öffentlicher Aufgaben spricht.

Während in Kap. C und D besprochen wird, wie eine effiziente Verteilung öffentlicher Aufgaben zwischen europäischer und nationaler Ebene aus effizienztheoretischer Sicht auf der Grundlage fiskalföderalistischer und politökonomischer Aspekte aussehen *soll*, wird in Kap. E die derzeitige tatsächliche Aufgabenverteilung, d.h. die Ausgaben- und Einnahmenseite des EU-Haushalts, einer kritischen Würdigung unterzogen.

Will man den Status quo der EU-Finanzverfassung einer effizienzorientierten Betrachtung unter Berücksichtigung der Erkenntnisse der beiden vorangegangenen Kapitel C und D unterziehen, so kann dies systemimmanent geschehen, das heißt, ohne die Grundkonzeption der historisch gewachsenen Ausgaben- und Einnahmenstruktur in Frage zu stellen. Bereits dabei werden sich eine Reihe von erheblichen Mängeln des gegenwärtigen Einnahmen-/Ausgabensystems offenbaren (Kap. E III.1. und 3.). Eine kritische Analyse kann darüber hinausgehend aber auch die grundlegenden Konstruktionsmerkmale des Gemeinschaftshaushalts auf den Prüfstand stellen und die Frage aufwerfen, für welche der gegenwärtig der Europäischen Union übertragenen Aufgaben überhaupt aus fiskalföderalistischer bzw. politökonomischer Sicht eine entsprechende Kompetenz begründet werden kann (Kap. E III. 2.) und ob das faktisch bestehende System der Finanzierung der Gemeinschaftsaufgaben über Beiträge der Mitgliedstaaten durch andere Finanzierungsformen, insbesondere eine autonome EU-Steuer, ersetzt werden sollte (E III.4.).

Zentrale Ergebnisse dieser Analyse werden sein, daß für die beiden größten Ausgabenblöcke der gegenwärtigen EU-Finanzverfassung, die Gemeinsame Agrarpolitik mit dem in Art. 33 EGV formulierten fundamentalen Ziel, die Produktivität der Landwirtschaft zu steigern und dadurch die Versorgung der Bevölkerung sicherzustellen, und die EU-Strukturpolitik *in ihrer derzeit fast ausschließlich betriebenen Form als regionale Strukturpolitik mit zweckgebundenen Mittelzuweisungen* keine Zuständigkeit der europäischen Ebene begründet werden kann (da beide nicht den Charakter europaweiter öffentlicher Güter haben) und daß das gegenwärtige System der Finanzierung von Gemeinschaftsaufgaben durch Beiträge der Mitgliedstaaten mit dem der Föderalismustheorie entstammenden Prinzip der institutionellen Kongruenz nicht zu vereinbaren ist.

Diese Ergebnisse schlagen sich in Kap. F in der Forderung nach einer Renationalisierung der Gemeinsamen Agrarpolitik und der regionalen Strukturpolitik (F I.) und der Erhebung einer autonomen EU-Steuer als gemeinschaftlichem Finanzierungsinstrument (F IV.) nieder.

Aus den Erkenntnissen der fiskalföderalistischen und der politökonomischen Analyse der Kap. C und D ist ferner die Forderung nach einer Kompetenzübertragung an die Europäische Union für drei große, ausgabenwirksame Aufgabenblöcke abzuleiten:

Erstens zur Bereitstellung öffentlicher Güter mit europaweitem Wirkungskreis, zur Internalisierung der über die Grenzen eines Landes hinausgehenden Wirkungen nationaler Politik, wenn eine solche durch Verhandlungen der betroffenen Staaten nicht möglich ist, und zur Nutzung von Kostenvorteilen aufgrund von Skalenerträgen bei der zentralen Bereitstellung öffentlicher Güter. Dies sind die bereits in Kap. C II.1.1.-1.3. und 2. genannten Aufgaben (vgl. Kap. F II.1.).

Zweitens die Steuerung interregionaler Finanztransfers zur Sicherung des wirtschaftlichen und sozialen Zusammenhalts in der Europäischen Union als Sonderfall eines öffentlichen Gutes (F II.2.).

Und drittens die Steuerung von Arbeitskräftewanderungen innerhalb der Union im Sinne einer effizient(er)en gesamtwirtschaftlichen Bevölkerungsallokation durch die Organisation und Durchführung eines interjurisdiktionellen Finanzausgleichs zwischen (gemessen an der Ausstattung mit anderen Faktoren) (bevölkerungs)reichen und (bevölkerungs)armen Staaten bzw. Regionen.

Als nicht ausgabenwirksamer, aber deshalb nicht minder wichtiger Aufgabenbereich ist der Union ferner die Verantwortung für eine erfolgreiche Kooperation ihrer Mitgliedstaaten untereinander und mit den wichtigsten außereuropäischen Volkswirtschaften (USA, Japan, Kanada, südostasiatische Staaten usw.) auf dem Gebiet der Kapitalbesteuerung sowie für eine verzerrungsfrei(er)e Gestaltung des allgemeinen Güterhandels (durch den Übergang zum Ursprungslandprinzip der Umsatzbesteuerung) zu übertragen (F III.).

Die Finanzierung der genannten Aufgaben ist durch die Erhebung einer autonomen EU-Steuer sicherzustellen (F IV.1.). Dabei bietet sich aus den eben dort dargestellten Gründen vor allem die Erhebung eines EU-Zuschlags auf die europaweit harmonsierte MwSt-Bemessungsgrundlage an. Darüber hinaus wäre zur Durchführung umverteilungsmotivierter und wanderungsinduzierender Transferleistungen die Erhebung einer objektbezogenen Steuer auf den Faktor Boden durch die Europäische Union zu diskutieren.

Im Rahmen einer Reform des derzeitigen EU-Einnahmesystems tritt auch die Frage auf, in wieweit der europäischen Ebene die Möglichkeit der Finanzierung einzelner Aufgaben der Union durch Kreditaufnahme offenstehen sollte. In Kap. F IV. 4.3. wird diese Frage einer kritischen Würdigung unterzogen.

Die Arbeit schließt in Kap. G mit einer Zusammenfassung der wesentlichen Ergebnisse und einer Diskussion der Frage nach der weiteren Entwicklung der Europäischen Union, die ihrerseits einen entscheidenden Einfluß auf die künftige Aufgabenverteilung in der Union haben wird. Wird erstere wie in der Vergangenheit im wesentlichen im Gleichschritt zwischen den Mitgliedsstaaten verlaufen? Oder ist mit dem Instrumentarium der „verstärkten Zusammenarbeit" im Vertrag von Amsterdam (1997) und seiner Erweiterung im Vertrag von Nizza (2000) der Grundstein für ein Europa der verschiedenen Geschwindigkeiten bzw. ein Europa der offenen Partnerschaften (CEPR 1995, 58 ff.) gelegt worden?

B Die Effizienz staatlichen Handelns
I. Rechtfertigung staatlichen Handelns in marktwirtschaftlich organisierten Wirtschaftssystemen

In einem marktwirtschaftlichen System, das den einzelnen Wirtschaftssubjekten die ökonomische Entscheidungsgewalt zuweist, „also eine dezentrale Lenkung über den Marktmechanismus und eine Ausrichtung der Produktion an den individuellen Bedürfnissen vorsieht" (Peffekoven 1992, 487), bedarf staatliches Handeln der besonderen Rechtfertigung. Nach Musgrave (1994, 5 ff.) hat staatliche Wirtschaftspolitik drei Hauptaufgaben wahrzunehmen:

(a) Zunächst soll der Staat dafür sorgen, daß die volkswirtschaftlichen Ressourcen in diejenigen Verwendungen geführt werden, die eine bestmögliche Ausrichtung der Produktion an der Bedürfnisstruktur der Konsumenten bei einer maximalen Produktion an Gütern und Dienstleistungen erlauben (Allokationsfunktion). Diese „bestmögliche Bedürfnisbefriedigung" wird unter bestimmten Voraussetzungen durch den Preismechanismus des Marktes gewährleistet.

Allerdings können Situationen eintreten, in denen der Markt die Allokationsaufgabe nur unzureichend oder überhaupt nicht erfüllt. In diesen Fällen sog. Marktversagens kann staatliche Aktivität erforderlich werden, um zu einer Verbesserung der Faktor- und Güterallokation im Sinne einer besseren Bedürfnisbefriedigung zu gelangen. Wellisch (1999, 55 ff.) und andere (vgl. etwa Brümmerhoff 1992, 49 ff. sowie Samuelson und Nordhaus 1998, 327f., 410ff.) unterscheiden im wesentlichen vier Fälle allokativen Marktversagens: (1) Sinkende Durchschnittskosten, monopolistische Situationen und andere Beeinträchtigungen des vollkommenen Wettbewerbs; (2) die Existenz öffentlicher Güter im weitesten Sinne; (3) die Existenz externer Effekte; (4) das Vorliegen unvollständiger Informationen in einer Welt mit Unsicherheit und hohem Risiko.

Aus Marktversagen wächst eine potentielle Rolle des Staates, d. h. Marktversagen *kann* staatliches Eingreifen rechtfertigen. Marktversagen allein ist aber noch kein hinreichender Grund für einen korrigierenden Staatseingriff, da die Unvollkommenheiten des Marktes mit den potentiellen immanenten Defiziten staatlichen Handelns infolge etwa einer ausufernden Bürokratie und mangelnder Leistungsanreize der staatlichen Entscheidungsträger verglichen werden müssen (Wellisch 1999, 55 und Vorwort).

(b) Aber auch wenn der Markt eine bestmögliche Bedürfnisbefriedigung der Bürger gewährleistet, kann aus verteilungspolitischen Erwägungen staatliches Eingreifen geboten sein, wenn das Marktergebnis und die aus ihm resultierende Einkommensverteilung als „ungerecht" empfunden wird (Distributionsfunktion). Die Frage nach der „gerechten" Einkommensverteilung ist freilich politisch äußerst umstritten und wissenschaftlich nicht eindeutig zu beantworten.

(c) Schließlich soll sich der Staat um einen Ausgleich zyklischer Schwankungen bemühen: er soll Vollbeschäftigung, Preisniveaustabilität, ein angemessenes Wirtschaftswachstum sowie ein außenwirtschaftliches Gleichgewicht sichern (Musgrave a.a.O. 6) und damit jene Konjunkturschwankungen ausschalten, die -so wird behauptet- durch den Marktmechanismus allein zumeist nicht verhindert werden können (Peffekoven a.a.O. 496).

Im Vordergrund der vorliegenden Arbeit wird die Analyse stehen, wie in einem föderalen Staat -bzw. einem präföderalen Staatenbund wie der Europäischen Union- die Verteilung der *Allokationsaufgabe* zwischen den verschiedenen Ebenen hoheitlicher Gewalt befriedigend gelöst werden kann. Verteilungs- und stabilitätspolitische Aspekte sollen dagegen nur insoweit behandelt werden, als sie einen unmittelbaren Einfluß auf die optimale Faktor- oder Güterallokation ausüben (können).

II. Effizienz und Verteilungsgerechtigkeit als Beurteilungsmaßstäbe staatlichen Handelns

Das ökonomische Grundproblem besteht in der Knappheit der Ressourcen, die für die Befriedigung menschlicher Bedürfnisse herangezogen werden können. Weil die zur Verfügung stehenden Ressourcen nicht zur Befriedigung aller Bedürfnisse der Menschen in einer Volkswirtschaft ausreichen, müssen Kriterien gefunden werden, nach denen die Aufteilung der Ressourcen auf alternative Verwendungsmöglichkeiten erfolgen soll.
In dieser Arbeit werden zwei Kriterien benutzt werden, anhand derer wirtschaftliche Zustände analysiert und staatliches Handeln beurteilt werden sollen: Das Kriterium der Effizienz und das der Verteilungsgerechtigkeit.

Die Frage, was unter Effizienz staatlichen Handelns und unter einer effizienten Allokation zu verstehen sei, kann nicht in einem einzigen Satz beantwortet werden. Zu unbestimmt und kontrovers interpretierbar ist der Effizienzbegriff, als daß eine einheitliche und vor allem werturteilsfreie Definition möglich wäre. Indessen können zumindest verschiedene, einigermaßen gängige Begriffsmerkmale unter das Effizienzkriterium subsumiert werden.
In einer ersten Annäherung an den Effizienzbegriff schreibt Pfähler (1984, 89): „Mit „Effizienz staatlicher Tätigkeit" als Ziel ist im Rahmen einer paretianischen wohlfahrtsökonomischen Betrachtungsweise gemeint, daß (1) ein benevolenter, in Übereinstimmung mit selbstbestimmten Individualpräferenzen handelnder und durch demokratische Prozesse legitimierter Staat (2) seine Tätigkeiten auf interpersonelle und -temporale (Re-)Allokationen volkswirtschaftlicher Ressourcen abstellt, die das PARETO-Effizienzkriterium erfüllen."

Das in dieser Definition beinhaltete Konzept der Pareto-Optimalität (vgl. V. Pareto 1906) als Effizienzmaßstab umfaßt zumindest zwei Werturteile:
Zum einen soll sich -als Ausdruck eines liberal-demokratischen Staatsverständnisses- die gesellschaftliche Rangordnung an der individuellen Beurteilung und Reihung ökonomischer Zustände orientieren, d. h. die *individuellen Präferenzen* sind Grundlage der Bewertung. Dies bedeutet, daß nur die Wohlfahrt der einzelnen Wirtschaftssubjekte und nicht (allein) die der Träger staatlicher Politik für die soziale Wohlfahrt

von Bedeutung sein soll (sog. individualistischer Ansatz), und ferner, daß nur die einzelnen Wirtschaftssubjekte selbst und nicht der Staat autonom darüber befinden sollen, welche Determinanten in welcher Weise ihre individuelle Wohlfahrt bestimmen (Selbstbestimmungskriterium).

Zum anderen soll ein Zustand A einem Zustand B vorzuziehen sein, wenn mindestens ein Individuum den Zustand A höher und kein anderes Individuum den Zustand A niedriger bewertet als Zustand B *(Pareto-Prinzip)*. Ein volkswirtschaftlicher Zustand ist dann optimal im Sinne Paretos, wenn ausgehend von diesem kein Individuum besser gestellt werden kann, ohne daß gleichzeitig mindestens ein anderes Individuum schlechter gestellt wird, d. h. wenn durch eine Reallokation von Gütern und/oder Faktoren zwischen Konsumenten, Produzenten und/oder Nutzungsperioden nicht möglich ist, den Nutzen einer Person zu erhöhen, ohne den Nutzen mindestens einer anderen Person zu reduzieren (Wellisch 1999, 8 f.). Ist ein Pareto-optimaler Zustand erreicht, ist die Allokation der Ressourcen effizient, die Volkswirtschaft erreicht, bildlich gesprochen, die Nutzenmöglichkeitsgrenze. Pareto-Optimalität schließt notwendigerweise Effizienz auf der Input-Seite, d. h. kostenminimale Produktion, und auf der Output-Seite, d. h. ein optimales Niveau und eine optimale Struktur des Angebots an öffentlichen und privaten Gütern im Hinblick auf die Konsumentenwünsche, ein. Ob allerdings eine Pareto-optimale Allokation auch gerecht ist, d. h. eine gerechte Wohlfahrts- oder Einkommensverteilung impliziert, ist eine ganz andere Frage. Effizienz- von Gerechtigkeitsproblemen zu trennen, ist ein wesentliches Anliegen der paretianischen Wohlfahrtsökonomik (Pfähler aaO, 89).

So eindeutig die beschriebenen Normen in der Theorie der paretianischen Wohlfahrtsökonomik auch erscheinen, so schwierig gestaltet sich ihre Anwendbarkeit in der Praxis.

Dies gilt erstens für das paretianische Modell des liberal-demokratischen Staates mit seinem individualistischen Ansatz und die Forderung nach der Verwirklichung des Selbstbestimmungsprinzips. Denn zum einen darf bezweifelt werden, ob die individuellen Präferenzen jeweils zweifelsfrei ermittelt und in eindeutiger Weise in eine kollektive Präferenzfunktion aggregiert werden können. Die Arbeiten von Arrow (1963) und Sen (1979) scheinen dies zu widerlegen. Zum anderen legen die Erkenntnisse der in Kap. D zu behandelnden Public Choice-Theorie die Vermutung nahe, daß häufig nicht die Wohlfahrt der Gesamtbevölkerung, sondern die der Politiker, Parteien, Bürokraten, Interessenverbände etc. die relevante Zielgröße staatlichen Handelns darstellt und das Wohl der Bürger allenfalls eine strategische Variable bei der Verfolgung von Eigeninteressen der Träger staatlicher Politik bildet.

Dies gilt zweitens aber auch für das Pareto-Prinzip selbst. Denn die von diesem unterstellte Separierbarkeit von Effizienz- und Gerechtigkeitsfragen ist nur in der Theorie, nicht aber in der Praxis möglich. Sie setzt als idealtypische, d. h. first-best-order-, Bedingungen voraus, „daß neben den technischen und ökonomischen Restriktionen keine zusätzlichen institutionellen Restriktionen das Handeln der Wirtschaftssubjekte beschränken" und „daß das Verteilungsproblem mithilfe allokationsneutraler Pauschalsteuern und -transfers, d. h. durch Bewegungen entlang der Wohlstandsgrenze, gelöst werden kann" (Pfähler aaO, 92). In der Realität gibt es aber in der Regel keine Pauschalsteuern, während andererseits eine Vielzahl institutioneller Beschränkungen besteht. Die Analyse realer Zustände „erfordert mithin

„second-best"- Ansätze, die -zumindest im nicht-trivialen Fall von Wirtschaftssubjekten mit unterschiedlichen Präferenzen und/oder Einkommen bzw. Fähigkeiten-
keine strikte Trennung von Effizienz- und Gerechtigkeitsfragen mehr zulassen. ...
Größe und Verteilung des Kuchens, Effizienz und Gerechtigkeit, sind in diesen
Ansätzen faktisch und logisch untrennbar vermischt"(Pfähler aaO, 93).

Aber auch wenn die geschilderten Schwierigkeiten einer mangelnden Separierbarkeit
effizienz- und verteilungspolitischer Aspekte und einer mangelnden Realisierbarkeit
des individualistischen Ansatzes in seiner Reinform nicht existierten, wäre mit der
oben gefundenen Definition des Effizienzbegriffs noch nichts über die praktische
Anwendbarkeit des Effizienzkritriums ausgesagt. Dieser könnten nämlich vor allem
Probleme der empirischen Meßbarkeit entgegenstehen. Das wird deutlich, wenn man
die möglichen Ursachen eines allokativen Marktversagens analysiert (vgl. Pfähler aaO,
96 ff.):
Die zentrale Frage der Marktversagenstheorie ist, in welchen Fällen das Marktsystem
zu keiner Pareto-optimalen Allokation führt. Legt man den oben beschriebenen Ansatz
individueller Vorteilsmaximierung zugrunde, so werden Pareto-relevante Wohlfahrts-
verbesserungen in einem Marktsystem dann nicht wahrgenommen, wenn die
Marktparteien Pareto-relevante Vorteile (a) nicht erkennen oder (b) zwar erkennen,
aber als nicht lohnend erachten oder (c) sie einzeln erkennen und als lohnend erachten,
sich aber gemeinsam in einem *„Gefangenendilemma"* befinden. Allokatives
Marktversagen löst meist den Ruf nach staatlichem Eingreifen aus. Ob der Staat, wenn
er zur Intervention aufgerufen ist, auch tatsächlich zu einer zielführenden Intervention
in der Lage ist, kann allerdings nicht a priori beantwortet werden. Soll der Staat im
Interesse des Allokationsziels intervenieren, so setzt dies zwingend voraus, daß er die
Möglichkeit hat, die von den Marktparteien nicht kontrahierten Pareto-relevanten Netto-
vorteile zu erkennen und als lohnend einzuschätzen und durch staatliches Handeln den
Marktteilnehmern ein Gefangegenendilemma zu ersparen. Dies wiederum bedeutet,
daß der Staat über bessere Informationen verfügen muß als die privaten
Marktteilnehmer. Er muß -über nicht-marktliche Mechanismen- Einsicht in die wahren
Präferenzen der Bürger und die wahren sozialen Grenzkosten bekommen. Diese
Einsicht zu gewinnen, stößt jedoch häufig auf genau dasselbe Problem an dem nicht-
ideale Märkte im wesentlichen scheitern: das *„free-rider"-Problem.*
Dieses besteht im wesentlichen aus zwei Teilaspekten: zum einen sind Nutznießer
positiver externer Effekte oder rein öffentlicher Güter bzw. Verursacher negativer
Externalitäten in aller Regel nicht bereit, freiwillig zur Finanzierung der Bereitstellungskosten beizutragen, weil Zahlungsunwillige nicht von der Nutzung
ausgeschlossen bzw. an der Schädigung gehindert werden können. Zum anderen sind
Nutznießer öffentlicher Güter oder positiver externer Effekte (bzw. durch negative
externe Effekte Geschädigte) oder auch wegen sinkender Durchschnittskosten staatlich
regulierte Anbieter nicht bereit, ihre wahren Präferenzen oder Kosten zu offenbaren,
weil sie sich von einer Täuschung über diese individuelle Vorteile erhoffen können.

Die Frage ist nun, wie der Staat das „free-rider"-Problem lösen will. Zwar ist er dem
Markt hinsichtlich des erstgenannten Aspekts insoweit überlegen, als er über
steuerliche Zwangsmittel verfügt und damit nicht auf freiwillige Finanzierungs-
bereitschaft angewiesen ist, im Hinblick auf den zweitgenannten Aspekt sieht er sich

jedoch den selben Problemen gegenüber wie der Markt. Auch der Staat kann seine Bürger nicht zwingen, ihre wahren Präferenzen zu offenbaren. Er kann nur versuchen, durch die Schaffung ökonomischer oder politischer Anreizmechanismen die privaten Wirtschaftssubjekte in Entscheidungssituationen zu versetzen, in denen es sich lohnt, ihre Präferenzstrukturen offenzulegen. An Vorschlägen für derartige Anreizmechanismen mangelt es nicht (vgl. etwa Bradford und Hildebrandt (1977), Clarke (1971) und (1980), Groves (1973), Tideman und Tullock (1976) sowie Tideman (1977)). Ihnen allen ist aber gemein, daß sie von teilweise sehr engen Prämissen ausgehen und deshalb nur von Fall zu Fall ermittelt werden kann, ob der Einsatz eines bestimmten Mechanismus Erfolg verspricht.[1]

Das Effizienzkriterium der Allokation sagt, wie mehrfach erwähnt, noch nichts darüber aus, ob ein einmal gefundener Zustand einer paretooptimalen Ressourcenaufteilung auch als volkswirtschaftlich erwünscht anzusehen ist. Zu ungleich könnte die Verteilung der Ressourcen sein, als daß diese von der breiten Masse der Bevölkerung akzeptiert würde und damit politisch mehrheitsfähig wäre, so daß die Forderung nach einer aus allokativer Sicht nicht wünschenswerten Ressourcenumverteilung entstehen könnte. Die Allokationsaufgabe steht dann in einem potentiellen Konflikt mit der Verteilungsfunktion des Staates, ebenso wie das Effizienzkriterium in einen Interessengegensatz zum Kriterium der Verteilungsgerechtigkeit treten kann.

Von diesem potentiellen Interessengegensatz unabhängig ist die Frage, inwieweit nach dem Pareto-Prinzip selbst staatliche Umverteilungspolitik zu rechtfertigen ist. Unterstellt man beispielsweise, daß die reichen Individuen aus Angst vor Kriminalität, sozialen Unruhen, Arbeitskämpfen etc. die Armen zu unterstützen bereit sind, so ist staatlich organisierte Umverteilung auch im Interesse der Reichen. Ebenso kann man sich vorstellen, daß reiche Menschen altruistisch gegenüber ärmeren Mitbürgern eingestellt sind. Altruismus bedeutet hier, daß der Nutzen der Reichen gesteigert werden kann, wenn der Nutzen der Armen steigt. Staatliche *Umverteilung* kann dann als *öffentliches Gut* interpretiert werden (vgl. dazu auch Wellisch 1999, 64).[2]

Was im interpersonellen Verhältnis gilt, mag in ganz analoger Weise auch in interregionalen Kontext gelten: So kann eine extrem ungleiche interregionale Einkommensverteilung in erheblichem Umfang Arbeitskräfte-, d. h. Haushaltswanderungen auslösen, die zu einer gesamtwirtschaftlich suboptimalen Faktor- und Güterallokation führen. Umverteilung in Form von interregionalen Transferzahlungen kann derartige Faktorwanderungen möglicherweise unterbinden.

---

[1] Einen -nicht abschließenden- Überblick über verschiedene Anreizmechanismen zur Präferenzoffenbarung und ihre Grenzen bieten neben Pfähler (aaO, 101 ff.) u. a. Arnold (1992, 99 ff.) und Wellisch (1999, 187 ff.).

[2] In eine ähnliche Richtung zielt der versicherungstheoretische Ansatz Sinns (1997(2)), nach dem ein bestimmtes Maß an staatlicher Absicherung via Umverteilung im Rahmen des Sozialstaates bei genereller Risikoaversität der Wirtschaftssubjekte zu einer Verbesserung der gesamtwirtschaftlichen Risikoallokation führt. Hierauf wird in Kap. C II.1.4.1. noch einzugehen sein.

III. Effiziente Staatsgröße und föderaler Staatsaufbau

In den vorangegangenen Abschnitten sind die Fragen nach der Rechtfertigung staatlichen Handelns und nach den Beurteilungsmaßstäben für dieses Handeln aufgeworfen worden. Mit der Beantwortung dieser Fragen ist aber noch keine Aussage darüber getroffen, welche Größe und welche innere Organisationsstruktur der Staat als Träger des Gewaltmonopols und Anbieter nichtmarktlicher Leistungen aufweisen sollte, damit er die ihm zugewiesenen Aufgaben optimal erfüllen kann. Dies soll im folgenden erörtert werden.

Aufgabe des produktiven Staates ist aus allokativer Sicht, für die bestmögliche Befriedigung der Bedürfnisse seiner Einwohner entsprechend ihren Präferenzen durch die Gestaltung der Rahmenbedingungen für die private -marktwirtschaftliche- Wirtschaftätigkeit und durch die Bereitstellung solcher Güter zu sorgen, die von den privaten Wirtschaftssubjekten gemeinsam genutzt werden können, die aber nicht durch den Markt angeboten werden, weil z.b. ein Ausschluß Zahlungsunwilliger von der Nutzung nicht oder nicht vollständig möglich ist. Zentrale Handlungsmaxime bei der Bereitstellung öffentlicher Güter und ihrer Finanzierung ist nach herrschender wirtschaftswissenschaftlicher Meinung das *Prinzip der institutionellen Kongruenz*, nach dem Nutznießer-, Entscheidungsträger- und Kostenträgerkreis der Bereitstellung übereinstimmen sollen, bzw. das aus diesem unmittelbar abzuleitende *Prinzip der fiskalischen Äquivalenz*, demzufolge Gesamt(steuer)leistung der Bürger und Gegenleistung des Staates einander entsprechen sollen. Institutionelle Kongruenz besteht z.B., wenn die Infrastruktureinrichtungen eines Landes ausschließlich von den Bürgern dieses Landes genutzt und bezahlt werden und wenn die Politiker sich für die Infrastrukturentscheidungen vor diesen Bürgern rechtfertigen müssen. Inkongruenz besteht dagegen dann, wenn ein Teil der Einrichtungen einer Gebietskörperschaft von Einwohnern einer anderen Gebietskörperschaft bezahlt werden muß oder unentgeltlich genutzt werden kann.

Das Prinzip der institutionellen Kongruenz ist eine notwendige Bedingung für eine Pareto-optimale Bereitstellung öffentlicher Güter. So eindeutig aber das Prinzip in der Theorie auch erscheinen mag, so schwierig ist seine Anwendung in der Realität. Denn die Beantwortung der Frage nach der optimalen Größe eines staatlichen Hoheitsgebildes -gemessen an der Zahl der Einwohner- wirft bereits dann erhebliche Probleme auf, wenn die öffentliche Hand auch nur ein Kollektivgut bereitstellen muß, wie anhand des folgenden Modells verdeutlicht werden soll (vgl. dazu etwa Flatters u. a. (1974), Stiglitz (1977), Rubinfeld (1987) und Wildasin (1987) sowie vor allem Arnold 1992, 277 ff.):

Betrachtet sei eine Region, in der ein einziges Gut G produziert wird, das entweder als individuell verbrauchbares Konsumgut X oder als kollektiv nutzbares Konsumgut Y von den Einwohnern der Region in Anspruch genommen werden kann, wobei die Grenzrate der Transformation zwischen beiden Gütern eins betrage. Es gilt dann:

$$G = X + y \tag{1}$$

G werde durch den Einsatz der beiden Produktionsfaktoren Arbeit N und Boden L hergestellt. Die in der Region vorhandene Bodenmenge ist nicht vermehrbar, so daß $L = \bar{L}$ gilt. Jeder Bewohner biete unelastisch genau eine Einheit des homogenen

Faktors Arbeit an, dessen Grenzproduktivität positiv und abnehmend sei. Die entsprechende Produktionsfunktion $G = G(N, \bar{L})$ (2)
sei linear-homogen in den beiden Inputs und weise die üblichen Eigenschaften auf: $\partial G / \partial N \succ 0$ und $\partial^2 G / \partial N^2 \prec 0$.

Die Bewohner der Region seien in allen relevanten Merkmalen identisch. Der Nutzen U eines repräsentativen Haushalts werde bestimmt durch den Konsum des privaten Gutes X und des lokalen Kollektivgutes Y, so daß seine Nutzenfunktion beschrieben werden kann durch $U = U(x, y)$, mit den üblichen Annahmen abnehmender Grenznutzen in x und y.

Eine effiziente Allokation ergibt sich durch Lösung des folgenden Optimierungsproblems:

$Max: U(x, y)$ (3.1.)

u.d.N.: $G = G(N, \bar{L})$ und $G = Nx + y$ (3.2.)

Die Lösung der Optimierungsausgabe erfolgt zweistufig (vgl Arnold 1992, 279 ff.): Zunächst wird für eine gegebene Einwohnerzahl $\bar{N}$ und damit für ein gegebenes Arbeitskräftepotential die Bedingung für die effiziente Bereitstellung des öffentlichen Konsumgutes in der Region abgeleitet. Sodann wird die Bedingung für die effiziente Einwohnerzahl und damit die effiziente Regionengröße bestimmt.

Es ist damit zunächst das Maximum der folgenden Lagrange-Funktion zu bestimmen.

$Z = U(x, y) + \lambda \left[G(\bar{N}, \bar{L}) - \bar{N}x - y \right]$ (4)

Nullsetzen der ersten Ableitungen nach x, y und λ ergibt als Bedingungen erster Ordnung für ein Maximum:

$\partial Z / \partial x = \partial U / \partial x - \lambda \cdot \bar{N} = 0$ (5.1.)

$\partial Z / \partial y = \partial U / \partial y - \lambda = 0$ (5.2.)

$\partial Z / \partial \lambda = G(\bar{N}, \bar{L}) - \bar{N}x - y = 0$ (5.3.)

(woraus als Bedingung für die effiziente Bereitstellung des öffentlichen Gutes $N(\partial U / \partial y) / (\partial U / \partial x) = 1$ folgt).

Zwecks Bestimmung der effizienten Regionengröße wird die indirekte Zielfunktion des oben formulierten Optimierungsproblems ermittelt. Löst man das Gleichungssystem (5.1.)-(5.3.) nach den endogenen Variablen, so erhält man:

$x = x(N, \bar{L})$ und $y = y(N, \bar{L})$

Dabei gilt, wie sich durch totales Differenzieren der rechten Seite des Gleichungssystems (5.1.)-(5.3.) und Anwendung der Cramerschen Regel zeigen läßt:

$\partial x / \partial N \prec 0$ und $\partial y / \partial N \succ 0$

Die indirekte Nutzenfunktion lautet damit:

$U\left[x(N, \bar{L}), y(N, \bar{L}) \right] = U(N, \bar{L})$

Nach Anwendung des Enveloppen-Theorem ergibt sich dann als Bedingung für die effiziente Regionengröße:

$\partial G(N, \bar{L}) / \partial N = x(N, \bar{L})$ (6)

die unter Berücksichtigung von $dU^* / dN = \lambda \cdot (\partial G / \partial Nx), N \cdot x = G - y$ und

$G - N \cdot (\partial G / \partial N) = (\partial G / \partial L) \cdot \bar{L}$ und damit $dU^* / dN = \dfrac{\lambda}{N}(y - \dfrac{\partial G}{\partial L} \bar{L})$ auch geschrieben

werden kann als $y(N, \bar{L}) = \dfrac{\partial G}{\partial L}(N, \bar{L}) \cdot \bar{L}$ (7)

Aus Gleichung (6) folgt, daß eine Zuwanderung so lange vorteilhaft ist, wie $\partial G / \partial N \succ x$ gilt. Denn in diesem Fall produziert ein Zuwanderer mehr von dem universell verwendbaren Gut, als er selbst davon in Form des individuell verbrauchbaren Gutes in Anspruch nimmt. Der Überschuß kann entweder für die Erhöhung der Menge des öffentlichen oder des privaten Gutes verwendet werden, was beides das Nutzenniveau in der Region erhöht. Im umgekehrten Fall, d.h. wenn $\partial G / \partial N \prec x$ gilt, produziert ein Zuwanderer weniger als er selbst von dem individuellen Konsumgut verbraucht. Das geht aber nur, wenn der Verbrauch dieses Gutes bei allen anderen eingeschränkt oder die Menge des öffentlichen Konsumgutes reduziert wird. In beiden Fällen sinkt das Nutzenniveau in der Region.

Gleichung (7) kann wie folgt interpretiert werden:
-Durch die Bereitstellung des öffentlichen Konsumgutes ergeben sich Agglomerationsvorteile. Kommt es nämlich zur Zuwanderung, so steigt bei den üblichen Annahmen hinsichtlich der Nutzenfunktionen der Einwohner die Menge des öffentlichen Konsumgutes an und dieses Mehr steht allen in der Region bereits ansässigen Bürgern ebenfalls zur Verfügung, weshalb deren Nutzenniveau ansteigt.
- Durch die Zuwanderung wird allerdings der Faktor Boden im Verhältnis zur Arbeit immer knapper. Die damit einhergehende Senkung der Grenzproduktivität der Arbeit stellt den entsprechenden Agglomerationsnachteil dar.[1]

In der Realität stellt der produktive Staat nun aber nicht nur ein einziges Kollektivgut, sondern ein ganzes Bündel an öffentlichen Gütern und Leistungen bereit. Da sich für viele dieser Leistungen jeweils ein anderer Nutzerkreis und Kostenverlauf i.S.d. vorangegangenen Ausführungen ergeben werden, würde die konsequente Anwendung des Prinzips der institutionellen Kongruenz darauf hinauslaufen, daß für jede öffentliche Leistung ein eigener Club gebildet werden müßte. Auf diese Weise würde ein flexibles System sich überlappender Gebietskörperschaften oder Clubs ohne hierarchische Rangordnung entstehen, in dem der einzelne Bürger entsprechend seinen Präferenzen Mitglied wäre. Allerdings stehen einem solchen System überlappender Clubs bzw. Gebietskörperschaften Kosten- und Praktikabilitätsüberlegungen entgegen. Denn mit zunehmender Zahl von Gebietskörperschaften steigen in der Regel die Koordinations- und Verwaltungskosten sowie die Opportunitätskosten in Form entgangener Verbundvorteile und Skalenerträge bei der Bereitstellung öffentlicher Güter. Zudem dürften die Einwohner bzw. Clubmitglieder nur begrenzt in der Lage und willens sein, die von den verschiedenen Zweckverbänden zu leistenden Aufgaben politisch mitzugestalten und deren Effizienz zu kontrollieren (so zurecht etwa Thomas 1997, 164). Damit ist die Zahl der realisierbaren Gebietskörperschaften zwangsläufig auf eine relativ überschaubare Größe beschränkt und gleichzeitig mit der Frage nach der optimalen Größe eines Staates die Frage seines Aufbaus angesprochen.

---

[1] Allerdings ist keineswegs sichergestellt, daß überhaupt eine positive und endliche Regionengröße $0 \prec N^* \prec \infty$ existiert. Voraussetzung dafür ist nämlich, daß bzgl. Gleichung (6) $\partial^2 G / \partial N^2 \prec \partial x / \partial N$ bzw. im Hinblick auf Gleichung (7) $\partial^2 G / \partial \bar{L} \partial N \succ \partial y / \partial N$ gilt. Unter den im hier verwendeten Modell getroffenen Annahmen ist dies nicht zwangsläufig gewährleistet. Im weiteren Verlauf der Arbeit soll jedoch unterstellt werden, daß eine endlich und effiziente Regionengröße existiert.

Jeder Staat kann demzufolge nur aus einer sehr geringen Zahl hierarchischer Hoheitsebenen mit einer jeweils relativ begrenzten Zahl räumlich verteilter Verwaltungseinheiten bestehen. Das wirtschaftspolitische Problem besteht nun darin, die unter Effizienzgesichtspunkten bestmöglichen Regelungen im Hinblick auf die Zahl und Größe der staatlichen Entscheidungsebenen, die Kompetenz- und Aufgabenverteilung zwischen ihnen und die Zusammenarbeit der verschiedenen Entscheidungsebenen zu finden. Das Prinzip der institutionellen Kongruenz kann bei Lösung dieses Problems nur in sehr beschränktem Umfang Hilfe leisten, nämlich insofern als es -ausgehend von einem bestehenden konstitutionellen Zustand- einen Beurteilungsmaßstab für die Zuweisung öffentlicher Aufgaben an bestimmte Hoheitsebenen liefert, falls Kosten und optimaler Nutzerkreis der öffentlichen Aufgaben bekannt sind. Weder aber kann aus dem Kongruenzprinzip unmittelbar auf die optimale Zahl der staatlichen Hierarchieebenen geschlossen werden noch ist in der Realität die Ermittlung von Kosten und Nutzen der Zuweisung einer öffentlichen Aufgabe an eine bestimmte Hierarchieebene möglich. Das Kongruenzprinzip ist deshalb um weitere, den Staatsaufbau und die Kompetenzverteilung zwischen verschiedenen Verwaltungsebenen regelnde Kriterien zu ergänzen. Als solche werden insbesondere das Föderalismusprinzip und das Subsidiaritätsprinzip herangezogen.
Föderalismus bedeutet -schlagwortartig- Vielfalt in der Einheit. Wesentlich „ist die Eigenständigkeit der Glieder und der Gesamtheit bei gleichzeitiger Verbindung", wobei Eigenständigkeit und Verbindung „keine absoluten, sondern -aufeinander bezogene- relative Größen" darstellen. So verstanden „soll Föderalismus einen Ausgleich zwischen Gesamtheit und Gliedern herstellen und bewahren" und steht somit „zwischen Unitarismus/Zentralismus und Partikularismus/Separatismus, die eine Auflösung der Glieder in der Gesamtheit bzw. der Gesamtheit in selbständige Einheiten anstreben" (Magiera 1994). Föderalismus kann als *kompetitiver* oder als *kooperativer* ausgestaltet sein. Kompetitiver (=Wettbewerbs-) Föderalismus entsteht tendenziell immer dann, wenn einer unterstaatlichen Verwaltungseinheit alle zur Wahrnehmung einer öffentlichen Aufgabe erforderlichen Teilkompetenzen zuge-wiesen werden, so daß die Gebietskörperschaft autonom handeln kann.[1] Werden dagegen Vollkompetenzen aufgeteilt und unterschiedlichen Verwaltungsebenen zugeordnet, führt dies zu Formen des kooperativen Föderalismus, weil eine Ebene ihre Aufgaben nur in Zusammenarbeit mit den Trägern der übrigen Teilkompetenzen erfüllen kann. Kooperativer Föderalismus ist stärker als kompetitiver auf das Ziel der Wahrung „einheitlicher Lebensverhältnisse" (vgl. Art. 72 GG) ausgerichtet (Biehl 1994, 109).
Zur Verwirklichung der Aufgabe, einheitliche Lebensverhältnisse im gesamten Staatsgebiet zu wahren bzw. zu schaffen, trägt in der Bundesrepublik Deutschland maßgeblich das Instrument des (horizontalen und vertikalen) Finanzausgleichs bei.
Der Begriff *Finanzausgleich* umfaßt in einem weiteren Sinn die Regelung der Aufgaben-, Ausgaben und Einnahmenverteilung zwischen allen gebietskörper-schaftlichen Ebenen in einem föderativen Staatswesen (Peffekoven 1992, 535). Unter

---

[1] Von den Anhängern eines kompetitiven Föderalismusverständnisses wird vor allem der innovationsfördernde Charakter dezentraler Kompetenzen betont. Dezentrale Zuständigkeiten erlaub-ten eigenständige Suchprozesse der untergeordneten Körperschaften nach neuen Problemlösungen. Dieser föderale trial and error-Prozeß könne sich positiv auf die Innovationstätigkeit des öffentlichen Sektors auswirken (vgl. etwa Lenk und Schneider 1999, 412 sowie Heinemann 2001, 220).

einem *passiven Finanzausgleich* wird die Zuordnung von Aufgaben und (damit auch) Ausgaben nach ökonomischen Kriterien auf unterschiedliche föderale Ebenen verstanden, während beim *aktiven Finanzausgleich* von einer bereits gegebenen Aufgabenverteilung ausgegangen und lediglich diskutiert wird, wie die Einnahmen den einzelnen Gebietskörperschaften zugewiesen werden sollen. Selbst bei effizienter Ausgestaltung des passiven und aktiven Finanzausgleichs verbleibt oft aufgrund divergierender ökonomischer Entwicklungen ein Korrekturbedarf, der durch Zuweisungen zwischen Gebietskörperschaften, den Finanzausgleich im engeren Sinn, bewerkstelligt werden soll. Ein solcher Finanzausgleich i.e.S. läßt sich auf drei Arten verwirklichen (vgl. etwa Peffekoven aaO, Andel 1992, 458, Grüske und Walthes 1994):

(1) *Horizontaler Finanzausgleich*: Die reichen Gebietskörperschaften einer Ebene leisten Finanztransfers an die armen Gebietskörperschaften.

(2) *Vertikaler Finanzausgleich* (mit horizontalem Effekt): Arme Gebietskörperschaften erhalten von der übergeordneten föderalen Ebene zusätzliche Finanzmittel (oder mehr Finanzmittel als reiche Gebietskörperschaften) zugewiesen.

(3) Kombination aus horizontalem und vertikalen Finanzausgleich

Die Regelungen des Finanzausgleichs beziehen sich üblicherweise auf die (Finanz-) Beziehungen verschiedener Gebietskörperschaften einer Volkswirtschaft (nationaler Finanzausgleich). Die genannten Finanzausgleichskonzepte sind jedoch prinzipiell nicht auf den nationalen Bereich beschränkt, sondern können in entsprechender Weise auf die (Finanz-)Beziehungen zwischen mehreren Volkswirtschaften, z. B. die der Mitgliedstaaten der supranationalen Organisation Europäische Union, übertragen werden. Ausgangspunkt für die Finanzausgleichsanalyse wäre dann die Frage, welche Funktionen die Mitgliedstaaten der EU-Ebene zuweisen sollen, damit nationale und gesamteuropäische Aufgaben möglichst effizient gelöst werden können (passiver Finanzausgleich). Der aus der Beantwortung dieser Frage resultierende Grad an Zentralität bzw. Dezentralität bestimmt dann die konkreten Anforderungen zur Finanzausstattung der Europäischen Union (aktiver Finanzausgleich).

Während der Föderalismus ein Organisationsprinzip für die Gliederung des Gemeinwesens in verschiedene Einheiten darstellt, steht das *Subsidiaritätsprinzip* als Verteilungsprinzip für die Aufgaben und Befugnisse auf die verschiedenen Ebenen, für die „Zuordnung der öffentlichen Aufgaben in einem gegliederten Gemeinwesen" (Magiera aaO, 81). Das Subsidiaritätsprinzip impliziert, daß die jeweils übergeordnete (zentrale) Ebene eine Aufgabe nur dann an sich ziehen darf, wenn diese nicht von der untergeordneten (dezentralen) Ebene mindestens ebenso gut erfüllt werden kann. Dahinter steht die effizienztheoretische Überlegung, daß eine dezentrale Aufgabenwahrnehmung in der Regel eine bessere Berücksichtigung individueller Interessen erlaube und somit -unter Zugrundelegung eines individualistischen Nutzenansatzes wie von der paretianischen Wohfahrtsökonomik gefordert (vgl. dazu den vorangegangenen Abschnitt B II)- nutzensteigernd wirke. Das Subsidiaritätsprinzip ist aber eine Leerformel, wenn nicht explizit für den jeweiligen Aufgabenbereich die Gründe aufgezeigt und gegeneinander abgewogen werden, die für und gegen eine Zentralisierung oder Dezentralisierung sprechen. Diese Gründe gilt es im folgenden Abschnitt IV herauszuarbeiten.

IV. Vorteile dezentraler und zentraler Finanzpolitik im föderalen Nationalstaat aus effizienztheoretischer Sicht im Überblick

Zugunsten einer weitgehenden Dezentralisierung öffentlicher Aufgaben in einem föderalen Staat werden in der wirtschaftswissenschaftlichen Literatur vor allem drei Gründe vorgetragen:

1. Die Berücksichtigung regional unterschiedlicher Präferenzen

Die dezentralisierte Bereitstellung öffentlicher Güter erlaubt nach Ansicht ihrer Befürworter eine bessere Berücksichtigung der persönlichen Präferenzen der Bürger entsprechend dem individualistischen Nutzenansatz (vgl. oben Abschnitte II. und III.) als ein zentralisiertes Angebot. Einen Begründungsansatz für diese These liefert das noch an anderer Stelle zu besprechende voting feet-Modell Tiebouts (1956), einen anderen das sog. Dezentralisierungstheorem von Oates (1972). Letzteres besagt folgendes. Wenn eine öffentliche Leistung in abgeschlossenen Teilräumen ohne Spillover-Effekte angeboten werden kann und wenn deren Erzeugungsgrenz- und -durchschnittskosten bei jedem Outputniveau in jedem Teilraum die gleichen sind unabhängig davon, ob die Leistung zentral oder dezentral hergestellt wird, dann ist es immer effizienter oder zumindest gleich effizient, wenn regionale Regierungen die an die jeweilige Nachfrage angepaßten Leistungsbündel bereitstellen, als wenn eine Zentralregierung einen einheitlichen Output -wie groß dieser auch sei- bereitstellt (vgl. etwa Blankart 1998, 527). Die Argumentation von Oates kann -etwas verein-fachend- anhand der folgenden Darstellung eines Zwei-Gruppen-zwei-Güter-Modells nachvollzogen werden (vgl. zu den folgenden Ausführungen u.a. Wust 1981, 23 ff):

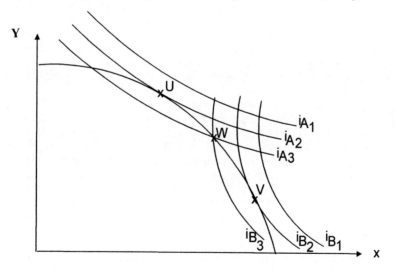

Abb. 1: Das Dezentralisierungstheorem von Oates
(nach Wust 1981)

Es möge ein öffentliches Gut y angeboten werden, das jeweils allen Bürgern einer bestimmten Bevölkerungsgruppe A oder B in gleichem Maße zur Verfügung steht. Die Gruppenangehörigen können das Gut gemeinsam und ohne Rivalität nutzen. Die Konsumenten entscheiden zwischen dem privaten Gut x und dem öffentlichen Gut y. Beide Bevölkerungsgruppen A und B besitzen unterschiedliche gesellschaftliche Wohlfahrtsfunktionen die sich durch die Indifferenzkurvensysteme i_A und i_B beschreiben lassen.

Können die Wirtschaftssubjekte selbst über das Angebot der Güter x und y entscheiden, das sie allein in ihrer Gruppe nutzen und finanzieren, so ergeben sich zwei gruppenspezifische Pareto-Optima in den Punkten U und V. Ist eine unabhängige Entscheidung beider Gruppen unzulässig und kann nur ein einheitliches Güterangebot geschaffen werden, so wird entweder nach dem Mehrheitsprinzip Punkt U oder V realisiert (je nachdem, welche Gruppe A oder B sich durchsetzt) oder ein „Kompromißpunkt" wie z.B. W gewählt. Eine räumlich dezentrale Versorgung mit dem öffentlichen Gut würde die gleichzeitige Realisierung beider Punkte U (für Gruppe A) und V (für Gruppe B) erlauben und damit mindestens eine Bevölkerungsgruppe besser stellen, ohne daß die andere Gruppe Wohlfahrtsverluste hinnehmen müßte.

Als zwingende Begründung für regionale Autonomie vermag das Dezentralisierungstheorem nur unter den sehr restriktiven Annahmen des Modells -intraregionale Homogenität, aber interregionale Divergenz der individuellen Präferenzen, Vernachlässigung interregionaler spillovers und jeder Art von Skalenerträgen, Unmöglichkeit der räumlichen Differenzierung bei zentralstaatlicher Bereitstellung des Leistungsangebots- zu dienen. Gerade was den letztgenannten Punkt angeht, spricht jedoch zunächst nichts dagegen, daß auch die Zentralregierung regional differenzierte Güterbündel anbieten kann. Das Dezentralisierungstheorem per se liefert kein überzeugendes Argument für regionale Bereitstellungsautonomie.

Ein solches könnte sich aber dann ergeben, wenn die Regionalregierungen besser als die Zentralebene über die Bürgerpräferenzen informiert sind. Tatsächlich wird behauptet, daß der Informationsfluß zwischen den Bürgern und der Zentralebene allein schon aufgrund der größeren räumlichen Distanz ein längerer, kostspieligerer und mit weit mehr Unsicherheiten behafteter sei als der zur Regionalebene. Daher habe die Zentralebene die Bereitstellungsentscheidungen unter größerer Unsicherheit über die Bürgerpräferenzen zu treffen als dezentrale Organisationseinheiten. Je heterogener die unterstaatlichen Verwaltungseinheiten sind, um so schwerer werde es, die Präferenzen exakt zu ermitteln. Es bestehe daher die Gefahr, daß sich zentrale Instanzen eher an Durchschnittswerten orientieren und regionale Differenzierungen nicht in ausreichendem Maße vornehmen. Voraussetzung dieser Argumentation ist natürlich, daß die unterstaatlichen Kollektive aus in sich selbst relativ homogenen, aber untereinander, d.h. von Kollektiv zu Kollektiv, relativ unterschiedlichen Gruppen bestehen. Ist dies aber, wie etwa von Frey (1977), Kirsch (1980) und anderen behaupten, tatsächlich der Fall, so könne angenommen werden, daß sowohl die Suchkosten politischer Entscheidungsträger als auch die Informations- und Partizipationskosten der Bürger im politischen Prozeß (einschließlich der Kosten der Informationsübermittlung an die politischen Agenten) mit zunehmender Zentralisierung der Entscheidungskompetenzen ansteigen. Wird diese Argumentation akzeptiert, so folgt aus ihr eine *informationstheoretische* Begründung für das Dezentralisierungstheorem und eine Rechtfertigung für eine stärker dezentralisierte Entscheidungsautonomie.

2. Dezentralisierung als staatliches Entdeckungsverfahren

Zugunsten einer weitgehenden Dezentralisierung staatlicher Entscheidungsbefugnisse wird oftmals auch das Argument vorgetragen, die regionalen Einheiten würden „als Experimentierstätten für Innovationen fungieren, die in einem trial-and-error-Prozeß auf längere Sicht neue Wege und Methoden zur besseren und kostengünstigeren Produktion von Kollektivgütern hervorbringen" (so Pitlik 1997, 191 unter Berufung auf Oates 1972 und Frey 1977). Föderalismus und Dezentralisierung könnten so betrachtet als Entdeckungsverfahren für institutionelle Neuerungen -analog der Hayekschen Idee vom privaten Wettbewerb als Entdeckungsverfahren- dienen (Blankart 1998, 526). Unternehmerischer Wettbewerb erzeugt nach Hayek (1968) Anreize zur Entwicklung neuer Produkte oder Produktionsverfahren und zur Imitation der erfolgreichen Neuerungen. Je größer die Zahl der selbständigen Unternehmen, der Wettbewerbsdruck und der staatliche Patentschutz für erfolgreiche Unternehmer, um so größer sei die Chance, daß langfristige Quantensprünge in der technologischen Entwicklung erzielt werden. Auf den staatlichen Bereich übertragen würde dies bedeuten, daß ein möglichst unreglementierter interregionaler System- und Standortwettbewerb am ehesten die Gewähr dafür bietet, daß auf Dauer die besten politischen Konzepte zur Durchsetzung gelangen.

Die Probleme einer Übertragung der Hayekschen Idee auf dem politischen Sektor liegen jedoch auf der Hand. So wird insbesondere geltend gemacht, daß der Anreizmechanismus für Systemverbesserungen im staatlichen Bereich allein schon daran kranke, daß ein fehlender Patentschutz -d.h. der Schutz vor unentgeltlichen Nachahmungen- Innovationen im öffentlichen Bereich der Konkurrenz jederzeit zugänglich mache. Da die positiven Konsequenzen von Portfolioentscheidungen zwischen risikoreichen und risikoarmen öffentlichen Investitionen über alle Gebietskörperschaften einer Föderation streuten, die Kosten von Fehlinvestitionen aber nur von den Einwohnern der investierenden Gebietskörperschaft zu tragen wären, werde die Position der Innovatoren geschwächt. Deshalb finde auf regionaler Ebene eine systematische Verzerrung zugunsten risikoarmer – aber nicht unbedingt fortschrittlicher – Projekte statt (Rose-Ackerman 1980). Zudem dürften die in der Regel erheblich größeren Unterschiede in den äußeren Rahmenbedingungen die unmodifizierte Imitation erfolgreicher staatlicher Regelungen und Systeme durch andere Jurisdiktionen in weit weniger Fällen erlauben als dies im Bereich der Nachahmung unternehmerischer Produkte oder Verfahren der Fall ist. Schließlich verschwinden, anders als im Unternehmenssektor, im Standortwettbewerb weniger erfolgreiche Regionen nicht einfach vom Markt, sondern bleiben bestehen und müssen zumeist im Gegenteil aufgrund bestehender Einstandsverpflichtungen zwischen den Mitgliedern einer Föderation von den übrigen Regionen alimentiert werden, so daß auch aus diesem Grund der Anreizmechanismus für Politiker, nach erfolgreichen Systemlösungen zu suchen, eingeschränkt sein kann.

3. Interregionaler Standortwettbewerb und die Stärkung des politischen Haftungsprinzips

Nach Pommerehne (1977, 298 f.; vgl. auch Thomas 1997, 169 ff.) liegt der eigentliche Vorteil dezentraler Politik in einer geringeren Mediatisierung der Politik und in der Stärkung des politischen Haftungsprinzips. Die Wirtschaftssubjekte könnten in dezentralen Einheiten in höherem Maße als bei zentraler Politik ihre Unzufriedenheit über staatliche Maßnahmen zum Ausdruck bringen und somit die politischen Amtsinhaber dazu bringen, die erwünschte Politik durchzuführen. Dahinter steht die der Public Choice-Theorie (vgl. dazu Kap. D) entstammende Überlegung, daß sich die Regionalregierungen wahltaktisch verhalten, d.h. um ihre Wiederwahl bemüht sind. Im einfachsten Fall wird sich die Bereitstellung öffentlicher Güter bei einfacher Mehrheitsentscheidung an den Präferenzen des Medianwählers orientieren. Sind dann die Präferenzen interregional relativ heterogen, dürfte der Anreiz zur regionalen Differenzierung des öffentlichen Güterangebots mit zunehmender Zentralisierung abnehmen. Zwar könnte theoretisch auch eine Zentralregierung ein regional weitgehend differenziertes Güterbündel anbieten. Die Frage ist nur, warum sie dies tun sollte. Denn mit zunehmender Zentralisierung und somit sinkender Bürgernähe wächst die Marginalisierung des Wählereinflusses und sinkt die Rechenschaftspflicht gegenüber dem einzelnen Wähler. Somit steigt unabhängig davon, ob die Zentralebene über die notwendigen Informationen hinsichtlich der regionenspezifischen Präferenzen verfügt, mit zunehmender Gebietsgröße die Wahrscheinlichkeit, daß auch große Minderheiten, die eine andere Präferenzstruktur aufweisen als die politikbestimmende Mehrheit, im Abstimmungsverfahren überstimmt werden.

Durch den interregionalen Staatenwettbewerb erhält das Haftungsprinzips dezentraler Politik eine zusätzliche Dimension. Er zwingt die regionalen Entscheidungsträger dazu, durch effiziente Politikmaßnahmen mobile Faktoren zu halten bzw. zu attrahieren. Und er ermöglicht es den Wählern, die Erfolge oder Mißerfolge der Politik in ihrer Wohnsitzregion mit der in anderen Regionen zu vergleichen. Ein solcher Vergleich ist vor allem deshalb wichtig, weil die Wähler für gewöhnlich nur unvollständig über die Kosten und Nutzen öffentlicher Maßnahmen informiert sind und dazu neigen, beide nicht objektiv gegeneinander abzuwägen. Das gilt vor allem dann, wenn -wie in der Regel der Fall- nicht nur über einzelne politische Maßnahmen zu entscheiden ist, sondern über ein ganzes Maßnahmenpaket abgestimmt wird. Der Standortvergleich auf dezentraler Ebene stimuliert somit einen Effizienztest der jeweiligen Wirtschaftspolitiken. Der aus der daraus resultierenden Gefahr des politischen Protests -in Form der Abwanderung in andere Regionen oder der Abwahl der herrschenden Regierungspartei- folgende Wettbewerbsdruck veranlaßt die regionalen Amtsträger, nach Verbesserungen im Angebot öffentlicher Leistungen zu streben.

Das im vorangegangenen Abschnitt B III. angesprochene Prinzip der institutionellen Kongruenz verlangt, daß sich in jeder Gebietskörperschaft der Kreis der Nutznießer staatlicher Leistungen mit dem der Entscheidungsträger und Steuerzahler zu decken habe.[1] Sofern die Wirkungen regionaler Politik auf das Hoheitsgebiet der einzelnen Gebietskörperschaft beschränkt bleiben und diese die von ihr bereitzustellenden Leistungen effizient produzieren und bereitstellen kann, folgt daraus, daß jede Gebietskörperschaft zunächst einmal nur sich selbst finanziert und Finanzbeziehungen zwischen den Gebietskörperschaften, insbesondere in Form von interregionalen Finanzausgleichsleistungen, nicht bestehen. Finanzpolitische Kooperationen dezentraler Gebietskörperschaften oder gar die Einschaltung einer höheren Verwaltungsebene können aber nach allgemeiner wirtschaftswissenschaftlicher Meinung dann sinnvoll und auch aus Sicht der institutionellen Kongruenz gerechtfertigt sein, wenn

---

[1]Voraussetzung hierfür ist ein hinreichendes Maß an finanzieller Selbständigkeit, d.h. insbesondere eine entsprechend große Steuerautonomie der Gebietskörperschaften.

interregional vergleichbare Leistungen durch die einzelne Gebietskörperschaft nur erheblich kostenintensiver produziert und angeboten werden können als bei kollektiver oder zentralstaatlicher Bereitstellung (1) oder wenn finanzpolitische Entscheidungen regionaler Gebietskörperschaften externe Effekte in anderen Gebietskörperschaften (2) oder -als Spezialfall externer Effekte- Migrationsbewegungen mobiler Faktoren (3) auslösen.

1. Skalenerträge und Zentralisierungsgebot

Ein Argument für das Erfordernis finanzpolitischer Kooperationen regionaler Gebietskörperschaften -verbunden mit entsprechenden Zahlungen- oder die Forderung nach einem Tätigwerden der übergeordneten Verwaltungsebene beruht auf der Überlegung, daß bestimmte öffentliche Leistungen in größeren Einheiten kostengünstiger bereitgestellt werden können als in kleinen. Grund für solche Kostenverläufe können zum einen zunehmende Skalenerträge in der Produktion -d.h. größere Outputmengen verursachen geringere Durchschnittskosten, weil effizientere Produktionsverfahren angewendet oder höhere Auslastungen erzielt werden können- zum anderen zunehmende Skalenerträge in der Nutzung öffentlicher Güter sein, wenn diese von einem zusätzlichen Personenkreis ohne Mehraufwand genutzt werden können. Gegen eine Aufgabenwahrnehmung durch überregionale Verwaltungseinheiten oder Entscheidungsgremien im Zusammenhang mit steigenden Skalenerträgen oder -was damit gleichbedeutend ist- sinkenden Durchschnittskosten wird jedoch vor allem eingewendet, daß steigende Skalenerträge nur dann für die Entscheidung über die Größe eines Kollektivs relevant seien, wenn öffentliches Angebot auch öffentliche Produktion bedeute. Das sei aber häufig nicht der Fall. Meist brauche eine kleine Region ein öffentliches Gut nicht selbst zu produzieren, sondern könne mit einer anderen (größeren) Region oder einem Privatunternehmen kontrahieren und das betreffende Gut in dem von ihr gewünschten Umfang bereitstellen lassen (vgl. z.B. Wissenschaftlicher Beirat beim Bundesministerium der Finanzen 1992, 43). Diese Kritik ist zwar im Ansatz richtig, greift jedoch vielfach zu kurz. Denn abgesehen davon, daß bei verschiedenen hoheitlichen Leistungen wie der äußeren und inneren Sicherheit die Beauftragung gewinnorientierter Privater oder eigene Ziele verfolgender anderer Gebietskörperschaften aus der Natur der Sache heraus problematisch ist, können, wie etwa Blankart betont, vor allem „versunkene Kosten in der Produktion oder die Intangibilität der Dienstleistung [intangible oder wenig tangible Dienstleistungen sind solche, deren Qualität sich am Produktionsergebnis nicht ablesen und deshalb nicht vertraglich festhalten läßt, wie z.B. Sonderschulen, Pflegeheime, Polizeischutz u.a., Anm. N.G.] dafür verantwortlich sein, daß Verträge mit Dritten nicht mit hinreichender Zuverlässigkeit funktionieren" (Blankart, C. 1998, 530), sich also ein Wettbewerb unter Anbietern öffentlicher Leistungen nicht durchführen läßt. Kann eine bestimmte öffentliche Leistung auch von einer großen Region nicht allein, sondern nur im Verbund von mehreren Regionen angeboten werden, so dürften zudem mit zunehmender Zahl von beteiligten Regionen die Schwierigkeiten, einen gerechten und stabilen Interessenausgleich zu finden, immer größer werden, so daß aus diesem Grunde die Aufgabenübertragung an eine höhere Verwaltungsebene gerechtfertigt sein kann.

2. Spillover-Effekte und deren Internalisierung

Als weiteres Argument für zentralstaatliche Eingriffe im Bereich der Allokationsaufgabe -sei es durch zentrale Aufgabenerfüllung oder durch einen zentralstaatlich
gesteuerten Finanzausgleich- wird häufig die Existenz interregionaler externer Effekte
ins Feld geführt.

Externe Effekte zwischen politischen Einheiten (Gemeinden, Bundesländern etc.)
können z.B. auftreten, wenn eine Region ihren Einwohnern ein Kollektivgut zur
Verfügung stellt (z.B. eine Straße oder kulturelle Einrichtungen), das auch von den
Bewohnern anderer Regionen genutzt werden kann, oder wenn die Umweltverschmutzung, die von einem industriellen Ballungsgebiet ausgeht, auch die Umweltbedingungen in der Nachbarregion verschlechtert. Da wirtschaftliche Entscheidungsträger in ihren ökonomischen Überlegungen in aller Regel nur interne Kosten und
Erträge berücksichtigen, führen Externalitäten zu allokativen Verzerrungen: externe
Erträge führen tendenziell zu einem kleineren, externe Kosten zu einem größeren als
dem gesamtwirtschaftlich optimalen Produktionsvolumen.

Zur Internalisierung externer Effekte im Sinne einer Berücksichtigung ihrer sozialen
Kosten oder Erträge im Entscheidungskalkül des Verursachers scheinen unter den in
Theorie und Praxis diskutierten Lösungsansätzen vor allem zwei auf den öffentlichen
Sektor, d.h. das Verhältnis zwischen verschiedenen Gebietskörperschaften,
übertragbar (vgl. hierzu ausführlich Fritsch u.a. 2000, 119 ff.): die Pigou-Steuer oder -
subvention und die Verhandlungslösung im Sinne von Coase.

Der Grundgedanke der insbesondere in der Umweltpolitik diskutierten Pigou-Lösung[1]
besteht darin, die Verursacher externer Kosten (Nutzen) so zu besteuern (subventionieren), daß die sozialen und privaten Grenzkosten bei der gesamtwirtschaftlich
optimalen Ausbringungsmenge identisch sind. Für die Erreichung eines Allokations-
optimums ist dabei nicht erforderlich, das Steueraufkommen dem Geschädigten
zukommen zu lassen bzw. die von sozialen Zusatzkosten Begünstigten den
Subventionsbetrag zahlen zu lassen (Fritsch u.a. aaO, 129).[2]

Das Kernproblem der Pigou-Steuer ist jedoch die Quantifizierung und monetäre Bewertung eines schädigenden Effekts; erst dann läßt sich der optimale Steuersatz ermitteln. Hierzu reicht die Kenntnis der bewerteten Schäden in einer unkorrigierten
Ausgangslage allein nicht aus. Vielmehr werden, um die sozialen Grenzkosten im
Optimum zu bestimmen, „Informationen über den gesamten Verlauf der privaten und
sozialen Grenzkosten, sowie der Nachfrage nach umweltschädigenden Gütern benötigt" (Hartwig, aaO, 140). Selbst wenn das Informationsproblem befriedigend gelöst
werden könnte, wäre jedoch zweifelhaft, ob das Aufkommen der Pigou-Steuer dem
Geschädigten in vollem Umfang zufließen sollte, da dies ihn veranlassen könnte, seine
eigenen Bemühungen zur Schadensminimierung einzustellen oder seine Schädigungen
zu übertreiben, um möglichst hohe Ausgleichszahlungen zu erhalten (Baumol, 1972).

---

[1] Nach A. C. Pigou (1932), insb. S. 192 ff.

[2] Da der Endverbraucher das letzte Glied in der Verursacherkette der Umweltschädiger bildet, ist eine
Überwälzung der Steuer auf den Produktpreis nicht nur unschädlich, sondern sogar erwünscht, vgl.
Hartwig, 1992,139.

Die von R. Coase (1960) vorgeschlagene Verhandlungslösung geht demgegenüber von der Überlegung aus, daß durch eine Kooperation zwischen den Betroffenen die privaten an die sozialen Grenzkosten angenähert werden, sofern die von den Externalitäten betroffenen Parteien die Verursacher der Externalitäten und den Schaden kennen. Wichtig dafür ist die Schaffung exklusiver Eigentumsrechte an jenen Gütern, die stärker genutzt werden als es ihren gesellschaftlichen Knappheitsrelationen entspricht. Dabei ist es im Idealfall unerheblich, ob die Eigentumsrechte dem Absender eines externen Effekts oder seinem Empfänger zugestanden werden, entscheidend ist nur, daß eine eindeutige Zuordnung besteht.

Fügt z. B. ein Unternehmen A einem anderen Unternehmen B einen Schaden zu, indem es bei der Produktion eines Gutes a entstehende Schadstoffe in einen Fluß leitet, dessen Verschmutzung die Produktion des von B hergestellten Gutes b beeinträchtigt und ist A rechtlich dazu verpflichtet (Schädigerhaftung), die schädigende Handlung zu unterlassen, Umweltschutzinvestitionen durchzuführen oder B Schadenersatz zu leisten, so wird A dem B das Recht auf Schadstoffemission abkaufen, so lange der dafür pro Schadenseinheit zu leistende Ersatz geringer ist als die zusätzlichen Kosten, die A durch eine Produktionseinschränkung oder zusätzliche Umweltschutzmaß-nahmen entstünden. B wird hingegen so lange bereit sein, eine Kompensationszahlung für die schädigende Handlung zu akzeptieren, wie der pro Schadenseinheit gezahlte Betrag seine dadurch verursachten Wohlfahrtseinbußen zumindest deckt. Eine Kooperation zwischen beiden Unternehmen wird zu einer „gleichgewichtigen" Kompensationszahlung X führen.

Genauso gut wäre allerdings möglich, das Nutzungsrecht am sauberen Flußwasser von Anfang an nicht B, sondern A zuzuweisen, d.h. A das Recht zur Gewässerver-schmutzung einzuräumen. Nützt A dieses Recht durch das Einleiten von Schadstoffen in den Fluß aus, so entstehen daraus Kosten für B (Bau von Abwasserkläranlagen etc.). Um diese Kosten zu verringern, wird B dem A eine Kompensationszahlung dafür bieten, daß A seine schädigenden Handlungen einschränkt. A wird hierzu bereit sein, solange die an A pro abgebauter Schadstoffeinheit geleistete Zahlung die für A damit entstehenden Beseitigungskosten übersteigt. Mit zunehmender Schadstoffreduzierung muß dieser Betrag größer werden, weil die Grenzkosten der Schadensbeseitigung wachsen. B wird solange zu Kompensationszahlungen bereit sein, wie der pro reduzierter Schadenseinheit zu entrichtende Ausgleich niedriger als die ihm aus der Umweltverschmutzung erwachsenden (Grenz)Kosten sind. In einer Verhandlung werden sich A und B wiederum auf den „gleichgewichtigen" Kompensationsbetrag X einigen.

Unabhängig von der Zuordnung der Eigentumsrechte erbringt damit nach Coase die Verhandlung zwischen den Betroffenen in beiden Fällen den gleichen Umfang an „optimalen" Schadstoffemissionen, oder allgemein: an (negativen) externen Effekten.[1]

---

[1] Eine vor allem in der Umweltökonomik zunehmend an Bedeutung gewinnende Fortentwicklung von Elementen des Coase-Ansatzes, verbunden mit Elementen des sog. Preis-Standard-Ansatzes, stellt die Internalisierung externer Effekte mit Hilfe handelbarer Schädigungsrechte (Zertifikate) dar (vgl. etwa Fritsch u.a. 2000, 145 ff.). Das Konzept der handelbaren Schädigungsrechte beruht darauf, daß ein entsprechender Entscheidungsträger als Vertreter der Geschädigten (z. B. der Staat) den Umfang der tolerierbaren Schädigung festlegt und für dieses als zulässig erachtete Volumen Rechte auf Schä-digung definiert. Nur wer ein solches Schädigungsrecht besitzt, ist zur Schädigung in einem ent-sprechenden Umfang während der Geltungsdauer des Schädigungsrechts berechtigt.

Voraussetzung für dieses Ergebnis ist allerdings, daß (1) die Zahl der Beteiligten gering und ein Trittbrettfahrerverhalten ausgeschlossen ist (wenn es für den Einzelnen lohnend ist, sich gar nicht an Verhandlungen zu beteiligen, um kostenlos in den Genuß von Verbesserungen zu gelangen, bleiben oft als ultima ratio Zwangsmitgliedschaften mit fest vorgegebenen Kostentragungsanteilen); (2) die Einkommenseffekte Null sind (die Verteilung der Eigentumsrechte muß ohne Einfluß auf die jeweilige Nachfrage sein); (3) keine Transaktionskosten im Zusammenhang mit der Anbahnung, Aushandlung, Durchführung und Kontrolle von Vereinbarungen anfallen; (4) der Inhaber des Eigentumsrechts sich nicht strategisch verhält (z.B. könnte ein Schädiger, der das Recht zu umweltschädigenden Emissionen hat, versuchen, möglichst neue und hohe Schäden zu verursachen, um damit den Geschädigten zu Nachverhandlungen zu bewegen). Diese Voraussetzungen werden in der Praxis jedoch in vielen Fällen kaum zu realisieren sein.[1]

Auf den öffentlichen Sektor übertragen bedeutet eine Internalisierung der von der Politik einer Körperschaft auf das Gebiet einer anderen Körperschaft ausstrahlenden externen Effekte mit Hilfe des Pigou-Ansatzes, daß eine beiden Körperschaften übergeordnete Staatsebene bei negativen Externalitäten von der schädigenden Körperschaft eine Abgabe zu erheben, bei positiven Externalitäten der Nutzen erzeugenden Körperschaft Zahlungen zu leisten hat, deren Höhe nach der Differenz zwischen den der einzelnen Körperschaft erwachsenden Kosten bzw. Nutzen und den gesamtwirtschaftlichen Kosten bzw. Nutzen zu bestimmen ist.

Auch im Wege kooperativer Verhandlungen kann eine Internalisierung der zwischen politischen Einheiten bestehenden externen Effekte zustande kommen. So wäre etwa denkbar, daß die von öffentlichen Unternehmen der Region A verursachten Beeinträchtigungen der Umwelt in Region B (um bei dem dargestellten Beispiel zu bleiben:

Die Schädigungsrechte können bei Einführung entweder versteigert oder auch unentgeltlich an die bereits ansässigen Schädiger entsprechend der Höhe ihres bisherigen Schädigungsvolumens verteilt werden. Entscheidend ist dabei, daß die Rechte übertragbar bzw. handelbar sind, da sich nur unter dieser Bedingung ein Markt für die Rechte herausbilden kann. Werden die Rechte gehandelt, so bildet sich durch das Zusammenspiel von Angebot und Nachfrage ein Gleichgewichts-Zertifikatskurs heraus, der einen Maßstab für die Knappheit des betreffenden Umweltgutes darstellt.
Da durch die mit den Zertifikaten definierten zulässigen Emissionsmengen direkt eine bestimmte maximale Belastung vorgegeben wird, ist die Treffsicherheit der Zertifikatslösung als sehr gut einzustufen. Dabei paßt sich der Preis der Zertifikate bei konstantem Volumen der Schädigungsrechte „automatisch" an sich wandelnde Rahmenbedingungen (z. B. Veränderung der Anzahl der Schädiger) an. Soll der Umfang des insgesamt zulässigen Schädigungsvolumens von Zeit zu Zeit überprüft und soweit erforderlich revidiert werden, so käme u. U. eine zeitliche Befristung der Schädigungsrechte in Betracht.
[1] Zudem greift die kooperative Verhandlungslösung insoweit zu kurz, als die Verteilung der Eigentumsrechte pauschal als allokationsneutral angesehen wird. Wie etwa Arnold (1984, insbesondere 121 ff., 1992, 317 ff.) darlegt, muß, um die gemeinsame Produktionsmöglichkeitenkurve und damit ein Allokationsoptimum erreichen zu können, bei den Verhandlungen über die Höhe der Ausgleichszahlungen stets auch die Frage nach den komparativen Kostenvorteilen bei einer grenzüberschreitenden Leistungsbereitstellung gestellt werden. Sollen diese Kostenvorteile -dort wo sie auftreten- genutzt werden, so ist hierfür eine ganz bestimmte Form der Arbeitsteilung und damit zusammenhängend u. U. eine ganz bestimmte Verteilung der Eigentumsrechte zwischen Schädiger und Geschädigtem erforderlich.

z. B. die Verschmutzung des gemeinsamen Grenzflusses zur Region B durch Einleitung von Abwässern) durch die Vereinbarung von Ausgleichszahlungen von A an B im Wege kooperativer Verhandlungen internalisiert werden, wenn A die Schädigerhaftung trifft. Oder verschiedene Kommunen vereinbaren von vorne herein die Mitfinanzierung einer öffentlichen Einrichtung der Kommune A durch die anderen Kommunen, deren Bewohner die Einrichtung (z. B. ein Schwimmbad) ebenfalls nutzen können.

Dabei hat die Verhandlungslösung nach Coase gegenüber dem Pigou-Ansatz den Vorteil, daß sie idealerweise keines Eingreifens einer übergeordneten Staatsebene bedarf und damit dem o.g. Subsidiaritätsprinzip für das Verhältnis zwischen mehreren staatlichen Ebenen Rechnung trägt (vgl. dazu noch Kap. C I.).

Allerdings bestehen die oben dargestellten Mängel der Pigou- und der Coase-Verhandlungslösung auch bei einer Internalisierung externer Effekte im Verhältnis zwischen politischen Einheiten. Aufgrund dieser Mängel stellen in der Praxis häufig weder die Pigou-Steuer noch die Coase-Verhandlungslösung -ebensowenig wie verschiedene andere Vorschläge- geeignete Ansätze zum angemessenen Ausgleich externer Effekte dar. Damit stellt sich wiederum die Frage, inwieweit zentralstaatliche Eingriffe erforderlich sind, externe Effekte zwischen Regionen hinreichend zu berücksichtigen.

3. Effizienzverluste durch Binnenwanderungen

Weicht die Faktorausstattung oder die wirtschaftliche Entwicklung der Regionen in einer Föderation deutlich voneinander ab, so löst dies häufig Wanderungen der privaten Haushalte und Unternehmen aus armen in die vergleichsweise wohlhabenden Regionen aus. Derartige Binnenwanderungen sind aus allokativer Sicht dann unerwünscht, wenn die Deglomerationsnachteile in den armen und die Agglomerationsnachteile in den reichen Regionen etwaige Vorteile der Wanderung übersteigen. Um solche Wanderungen zu unterbinden -oder um allokativ erwünschte Binnenwanderung zu initiieren- wird zumeist die Forderung nach verhaltenskorrigierenden Transferzahlungen zwischen den Regionen erhoben. Stellvertretend hierfür ist etwa die folgende Aussage des Wissenschaftlichen Beirats beim Bundesfinanzministerium (1992, 45): „Wenn allerdings die Unterschiede in der Ausstattung mit (immobilen) Produktionsfaktoren zwischen den einzelnen Regionen erheblich sind, lassen sich Finanzausgleichsregelungen auch allokativ begründen. Sie hätten dann den Zweck, die Grenzerträge bestimmter Produktionsfaktoren (wie der Infrastruktur) anzugleichen und ineffiziente Faktorbewegungen zu verhindern".

Allerdings ist keineswegs gewährleistet, daß zwischen den Regionen ein Transfer auf freiwilliger Basis stattfindet. Mag ein solcher Transfer im Falle zweier Regionen noch relativ wahrscheinlich sein, da beide Regionen von den dadurch induzierten oder verhinderten Haushaltswanderungen profitieren, so wird mit zunehmender Zahl der in einer Föderation bestehenden Gliedstaaten die Realisierung solcher Transfers auf freiwilliger Basis immer unwahrscheinlicher. Beispielsweise kommt einer übervölkerten Region A, die einen Transfer an eine andere Region B leistet, um dort das Nutzen- (=Wohlstands-) Niveau zu erhöhen, der Vorteil des Transfers nicht allein zugute, da das steigende Wohlstandsniveau auch Bewohner anderer (übervölkerter) Regionen veranlassen wird, nach Region B einzuwandern. Versuchen deshalb potentielle Geberregionen, die Verteilung der durch die Transfers bewirkten Lasten durch Verhandlungen zu regeln, so scheitern solche Verhandlungen bei einer größeren Zahl von beteiligten Regionen oftmals am Trittbrettfahrerverhalten einzelner oder mehrerer Verhandlungspartner (vgl. Stiglitz 1983, 39, Arnold 1992, 297 f.). In solchen Fällen wird die Einschaltung einer übergeordneten Ebene häufig die einzige Möglichkeit sein, um die aus allokativer Sicht notwendigen Transfers zwischen den Regionen einer Föderation zu bewirken.

V. Vorteile und Grenzen ökonomischer Integration in der Europäischen Union

Im vorangegangenen Abschnitt IV. sind die Vor- und Nachteile zentraler Finanzpolitik in einem föderalen Nationalstaat aus effizienztheoretischer Sicht summarisch dargestellt worden. Als wesentliche Nachteile zentraler gegenüber einer dezentralen Finanzpolitik wurden benannt: Die Nichtberücksichtigung regional unterschiedlicher Präferenzen, die fehlende Möglichkeit eines Systemvergleichs unterschiedlicher dezentraler Lösungen sowie die aus einer größeren Wählerdistanz herrührende schwerere Kontrollierbarkeit der politischen Entscheidungen. Mögliche Vorteile zentraler Finanzpolitik, d. h. mögliche Gründe für eine Wahrnehmung staatlicher Aufgaben auf zentraler Ebene, können aus der Existenz von Skalenerträgen resultierende Kosteneinsparungen bei der Bereitstellung öffentlicher Güter, die Möglichkeit der Internalisierung externer Effekte sowie die Notwendigkeit der Steuerung eines interregionalen Finanzausgleichs zur Verbesserung der räumlichen Allokationseffizienz sein.

Im folgenden Abschnitt V. soll nun die zentrale Ebene des Nationalstaates verlassen und der Frage nachgegangen werden, ob es ökonomische, vor allem effizienztheoretische, Gründe gibt, warum Staaten im Rahmen supranationaler Zusammenschlüsse miteinander kooperieren sollten. Damit ist die Frage der wirtschaftlichen Integration von Staaten angesprochen.
Unter *Integration* kann ganz allgemein die Verbindung einer Vielheit zu einer Ganzheit, d. h. die Entstehung einer Gemeinschaft durch Zusammenschluß mehrerer Teile (Mitglieder) verstanden werden. *Regionale Integration* bezeichnet demzufolge das räumliche Zusammenwachsen bislang unverbundener Teileinheiten zu einem Ganzen und regionale *ökonomische Integration* ein Zusammenwachsen bislang getrennter Volkswirtschaften zu einem gemeinsamen Wirtschaftsraum -wobei noch nichts darüber ausgesagt ist, auf welchem Wege ein solches Zusammenwachsen erfolgen soll. Allerdings ist ökonomische Integration nicht Selbstzweck, „sondern ein *Mittel*, um bestimmte andere Ziele wie ökonomische Effizienz, Wohlfahrtssteigerung oder auch stärkere politische Interdependenzen zu erreichen". Sie ist „jedenfalls dann" als rational anzusehen, „wenn damit tatsächlich anhaltende Effizienzgewinne und Wohlfahrtszuwächse erzielt werden können" (Ohr 1993, 29 f. unter Verweis auf Robson 1990).

Regionale ökonomische Integration kann grundsätzlich auf zweierlei Wegen erfolgen, die häufig auch miteinander einhergehen (vgl. Pelkmans 1997, 3 ff): durch Öffnung und gegenseitigen Austausch über nationale Güter- und Faktormärkte -als *Markt-*

integration bezeichnet- oder durch die Harmonisierung und Vereinheitlichung wirtschaftspolitischer Bestimmungen und Maßnahmen und die gemeinsame Eingliederung in neue zentrale Institutionen -sog. *institutionelle Integration.*
Formen der Marktintegration sind (vgl. etwa Balassa 1962, 2 f. El-Agraa 1990, 1 f. Robson 1990, 2 f.) die Schaffung einer
-Präferenzzone (den Integrationspartnern werden für bestimmte Gütergruppen Handelspräferenzen eingeräumt)
-Freihandelszone (zwar bleiben die jeweiligen nationalen Außenhandelsregulierungen gegenüber Drittstaaten bestehen, doch werden alle tarifären und nichttarifären Hemmnisse im Güterhandel innerhalb des Integrationsraums abgebaut)
-Zollunion (zusätzlich zu den Maßnahmen einer Freihandelszone wird eine gemeinsame Aussenhandelspolitik gegenüber Drittstaaten praktiziert) sowie die Errichtung eines
-Gemeinsamen Marktes (zusätzlich zur Liberalisierung des Güterhandels werden administrative Beschränkungen der Mobilität der Produktionsfaktoren zwischen den Partnern aufgehoben; dies beinhaltet die Liberalisierung des Kapitalverkehrs, die Freizügigkeit der Arbeitskräfte und die Niederlassungsfreiheit der Unternehmen, aber auch eine gewisse Angleichung der ökonomischen Rahmenbedingungen durch Kooperationen in den Bereichen der Steuer- und Wettbewerbspolitik).
Ziel der Marktintegration ist die „Steigerung der ökonomischen Effizienz und der gesamtwirtschaftlichen Wohlfahrt im Integrationsgebiet" durch eine „Öffnung der Märkte und den unbeschränkten Wettbewerb der Nachfrager" (Ohr 1993, 32, Ohr und Gruber 2001, 4 m. w. H.). Dies beinhaltet bezogen auf den Gemeinsamen Markt als höchste Stufe der Marktintegration im einzelnen (Ohr und Gruber 2001, 17 ff., Lang und Stange 1994, 160 ff. m. w. H.):
-eine Verbesserung der Allokation der Produktionsfaktoren im Integrationsgebiet (wird der Kapital- und Arbeitskräfteverkehr liberalisiert, so können Produktionsfaktoren, die bislang in Verwendungen mit niedriger Grenzproduktivität eingesetzt waren, in Bereiche mit höherer Grenzproduktivität abwandern. Hiermit erhöht sich die wirtschaftliche Effizienz im Integrationsgebiet. Bei vollständiger Mobilität der Produktionsfaktoren kommt es zudem innerhalb des Integrationsgebietes zu einer Angleichung der Grenzprodukte und damit der Löhne und Zinssätze)
-eine Effizienzsteigerung der Produktion im Zuge einer zunehmenden Spezialisierung entsprechend den bestehenden komparativen Kostenvorteilen
-die Ausnutzung von Massenproduktionsvorteilen durch eine Ausdehnung der Absatzmärkte
-die Erhöhung des technischen Fortschritts und der Produktivität als Folge zunehmenden Wettbewerbs
-eine größere Produktvielfalt zugunsten der Verbraucher
-u. U. die Verbesserung der terms of trade im Zuge einer verbesserten Handelsposition gegenüber Drittstaaten.
Ein wesentliches Problem der Marktintegration wird demgegenüber in den mit einer Zunahme des Standortwettbewerbs (als Folge der mit der Marktöffnung steigenden Faktor- und Gütermobilität) vermeintlich verbundenen Gefahren einer Unterversorgung mit öffentlichen Gütern, einer Erosion des Sozialstaates sowie Kapitalfehlallokationen (vgl. dazu noch ausführlich Kap. C III.2). gesehen.

Im Gegensatz zur Marktintegration, die als ein auf freiwilliger Basis und von unten her ablaufender Prozeß der ökonomischen Verflechtung von Staaten verstanden werden kann, bedeutet der Prozeß der institutionellen Integration „ein politisch „von oben" angestrebtes Verbinden von Volkswirtschaften durch ein gemeinsames Eingliedern unter zentrale, supranationale Institutionen"; er verläuft über eine „Vergemein-schaftung institutioneller Regelungen und Politiken" und ist anders als die Markt-integration nicht durch Deregulierung und Liberalisierung, sondern durch Zentrali-sierung und gemeinsame Regulierung gekennzeichnet: über eine fortschreitende Harmonisierung und Zentralisierung von Entscheidungen soll es „zu einem Abbau von Reibungsverlusten (z.B. durch eine Verringerung von Transaktionskosten, Infor-mationskosten oder Kosten der Risikoabsicherung), hierdurch zu einer Intensivierung der wirtschaftlichen Verflechtungen und damit wiederum zu Effizienzsteigerungen und Wohlfahrtsgewinnen kommen." (Ohr und Gruber 2001, 4 f.).

Als Stufen der institutionellen Integration können unterschieden werden (vgl. etwa Ohr 1993, 32 f., Ohr und Gruber 2001, 1):

-Gemeinsame Marktordnung (in bestimmten problembehafteten Wirtschaftssektoren wird versucht, einheitliche wirtschaftliche Rahmenbedingungen wie identische Wett-bewerbsregeln, einheitliche Absatzpreise, Produktionskontingente oder Abnahme-garantien zu setzen)

-Wirtschaftsunion (diese ist durch vier Grundelemente gekennzeichnet: --einen gemeinsamen Markt mit freiem Personen-, Waren-, Dienstleistungs- und Kapitalverkehr --eine gemeinsame Wettbewerbspolitik und sonstige Maßnahmen zur Stärkung der Marktmechanismen --gemeinsame Politiken zur Strukturanpassung und Regionalentwicklung --eine Koordinierung der makroökonomischen Politiken, ein-schließlich verbindlicher Regeln für die Haushaltspolitik)

-Währungsunion bzw. Wirtschafts- und Währungsunion (aufbauend auf einer Wirtschaftsunion oder aber auch unabhängig von einer solchen wird eine gemeinsame Währungspolitik eingeführt; dies bedeutet entweder ein System unwiderruflich fester Wechselkurse zwischen den einzelnen Mitgliedswährungen oder die Einführung einer einheitlichen gemeinsamen Währung; in beiden Fällen muß eine Zentralisierung der geldpolitischen Entscheidungen stattfinden).[1]

Als potentielle Wohlfahrtswirkungen einer Währungsunion mit gemeinsamer Währung und einer zentralisierten gemeinschaftlichen Geld- und Währungspolitik als höchste Stufe der institutionellen ökonomischen Integration werden genannt (vgl. Ohr 1993, 38 ff.; Ohr und Gruber 2001, 23 ff.):

-Vermeidung von Kapitalfehllenkungen aufgrund von Wechselkursspekulationen und

---

[1] Während mit dem Gemeinsamen Markt ein Höchstmaß an Institutionenwettbewerb im Sinne eines Wettbewerbs der immobilen Faktoren (z.B. gebundenes Realkapital, Infrastruktur, Steuersystem, öffentliche Güter, soziales Netz, Währungsstabilität) um die mobilen Faktoren (Direktinvestitionen, Arbeitskräfte) verbunden ist, bedeutet die Einführung einer Wirtschafts- und Währungsunion keine Liberalisierungsfortschritte, sondern zusätzlichen Interventionismus und Zentralismus (vgl. Ohr 1993, 32 f.).

Kapitalverkehrsbeschränkungen[1]
-Verbesserung der Kapitalmobilität und Senkung der Transaktionskosten von Handels-
und Kapitalbeziehungen (Wegfall der Kosten des Währungsumtauschs, der Kosten
einer Absicherung gegen Wechselkursrisiken und der Kosten der Informations-
beschaffung über künftige Wechselkursänderungen)
-Reduktion nationaler Risikoprämien durch Ausschaltung des Wechselkursrisikos (der
Abbau der Risikoprämien kommt insbesondere den Mitgliedsländern zugute, die zuvor
eine Schwachwährung hatten, indem sie nunmehr notwendiges Kapital zu geringeren
Zinsen attrahieren können).
Den potentiellen Wohlfahrtswirkungen einer Wirtschafts- und Währungsunion stehen
als mögliche Nachteile u. a. die Gefahr einer schwereren Bekämpfbarkeit realwirtschaftlicher Angebots- und Nachfrageschocks -z. B. kann ein asymmetrischer Nach-
frageschock in einem einzelnen Land bei Bestehen einer Wirtschafts- und Währungsunion nicht mehr durch eine Abwertung der heimischen Währung abgefedert werden-
und eines free-rider-Verhaltens einzelner nationaler Regierungen im Hinblick auf eine
(preis)stabilitätsorientierte Wirtschaftspolitik gegenüber.

Eine in gewisser Weise mit der Unterscheidung zwischen Marktintegration und
institutioneller Integration verwandte, aber mit dieser doch nicht identische Differenzierung zwischen verschiedenen Formen der ökonomischen Integration ist die
zwischen einer Integration durch Systemwettbewerb und einer solchen durch
Standardisierung oder „Konstruktion" (Theurl und Meyer 2001, 76 ff.). Dabei geht es
um die Frage, ob im Zuge des Integrationsprozesses nationale Wirtschaftsordnungen
indirekt miteinander in Wettbewerb treten oder ob einheitliche Standards vereinbart
werden. Während im ersten Fall die zu vereinbarenden „Spielregeln" so ausgestaltet
werden, daß private Wirtschaftssubjekte bei ihren Entscheidungen zwischen
verschiedenen nationalen Systemen wählen können, werden im zweiten Fall einheitliche Rahmenbedingungen durch Harmonisierung oder Vergemeinschaftung hergestellt,
also Wahlmöglichkeiten abgebaut. Der Systemwettbewerb wirkt im wesentlichen über

---

[1] Freie Konvertierbarkeit der Währungen und unbeschränkter Kapitalverkehr sind notwendige
Voraussetzungen, um die positiven, allokationsverbessernden Integrationswirkungen der Kapitalmobilität vollständig nutzen zu können. Falsche Marktsignale können aber auch gesetzt werden, wenn
bei unbeschränkter Konvertibilität der Währungen und freier Kapitalmobilität Kapitalbewegungen vor
allem spekulativ beeinflußt werden und „falsche" Wechselkursveränderungen hervorrufen. Zwar kann
der Übergang zu einem System fester Wechselkurse über die Verringerung solcher Wechselkursrisiken den Handels- und den Kapitalverkehr u. U. effizienter gestalten. Dennoch sind auch bei
festen Wechselkursen Fehlallokationen des Kapitals infolge spekulativer Finanzanlageentscheidungen
nicht ausgeschlossen: Bei unterschiedlicher wirtschaftlicher Entwicklung, insbesondere bei anhal-
tenden Inflationsunterschieden zwischen den beteiligten Ländern, kann eine nominale
Wechselkursstabilität zu gravierenden *realen* Wechselkursveränderungen und damit zu Falsch-
bewertungen führen, die allokative Fehlentwicklungen im Außenhandel und im Kapitalverkehr
auslösen können. In einem System fester Wechselkurse und damit fortbestehender nationaler
Währungen kann dann die Wiedereinführung von Kapitalverkehrsbeschränkungen oder gar eine
Devisenbewirtschaftung durch einzelne Länder zum Schutz vor Fehlentwicklungen nicht völlig
ausgeschlossen werden. Anders in einer Währungsunion: hier ist die Freizügigkeit des Geld- und
Kapitalverkehrs praktisch nicht mehr einzuschränken und durch die Vereinheitlichung wesentlicher
monetärer Rahmenbedingungen ist den Nationalstaaten die Möglichkeit genommen, durch eine
eigenständige Geldpolitik die internationalen Kapitalströme zu beeinflussen (vgl. Ohr und Gruber
2001, 23 f).

Arbitrageprozesse, indem nationale Politiker als Gestalter institutioneller Rahmenbedingungen auf Ab- oder Zuwanderungen wirtschaftlicher Aktivitäten reagieren bzw. diese in ihren Handlungen antizipieren (müssen). Dadurch werden nicht nur die politischen Akteure diszipliniert, sondern es entstehen darüber hinausgehend auch Anreize zur Entwicklung neuer Problemlösungen. Integration durch Standardisierung bzw. Konstruktion basiert demgegenüber auf den Kompromissen von Verhandlungslösungen der Integrationsteilnehmer und „leidet darunter, daß diese heterogenen Präferenzen privater Wirtschaftssubjekte nur bedingt gerecht werden können, daß ein Entdeckungsverfahren für neue Lösungen ausgeschlossen wird und daß das erforderliche Wissen nicht in aureichendem Maße vorhanden ist" (Theurl und Meyer 2001, 77). Integration durch Konstruktion wird immer mit einem hohen Institutionalisierungsgrad verbunden sein.

Im Rahmen des europäischen Integrationsprozesses sind beide Strategien anzutreffen. Die Schaffung des Gemeinsamen Binnenmarktes mit seinen vier Grundfreiheiten und den damit zusammenhängenden Maßnahmen (Abbau von Kapitalverkehrsbeschränkungen, teilweiser Übergang zum Ursprungslandprinzip der Güterbesteuerung, Formulierung einer gemeinsamen Wettbewerbspolitik u. a.) ist eindeutig der Wettbewerbsstrategie der Europäischen Union zuzuordnen. Demgegenüber sind die sektoralen Politiken der Union ebenso wie die Wirtschafts- und Währungsunion und bestimmte Ansätze zur Koordinierung der nationalen Makrowirtschaftspolitik in die Rubrik „Integration durch Konstruktion" einzugruppieren (Theurl und Meyer S. 78).

Ob in einem integrierten Wirtschaftsraum wie dem gemeinsamen Binnenmarkt oder einer Wirtschafts- und Währungsunion eher die potentiellen Integrationsvorteile oder -gefahren überwiegen, hängt in entscheidender Weise von der optimalen Abgrenzung des Integrationsgebietes ab. Aus der ökonomischen Theorie der Clubs (grundlegend: Buchanan 1965 und Olson 1965) können gewisse Aussagen über die optimale Abgrenzung von Integrationsräumen abgeleitet werden: Danach wird, ähnlich wie bei der Bestimmung der optimalen Regionen- oder Staatengröße, die optimale Größe eines „Clubs" durch die Übereinstimmung von Grenzerträgen und Grenzkosten eines zusätzlichen Mitglieds bestimmt.

Die Mitgliedschaft in einem Integrationszusammenschluß ermöglicht die Teilhabe an den Clubgütern. Die Herstellung der Clubgüter ist mit Kosten für die Schaffung der hierfür notwendigen institutionellen Regeln verbunden, die zum einen von der Zahl der Mitglieder, zum andern aber auch von der „Qualität" dieser Mitglieder abhängen.[1]

---

[1] So müßten innerhalb des Gebietes einer Währungsunion die Vorteile fester Wechselkurse überwiegen, während gegenüber Drittländern die Vorteile flexibler Wechselkurse dominieren sollten. Zugleich müßte innerhalb der Währungsunion eine Geld- und Währungspolitik definierbar sein, die zu allen Mitgliedern gleich gut paßt. Dafür muß gewährleistet sein, daß die ökonomischen Rahmenbedingungen in den einzelnen Ländern dieselbe Geldpolitik erfordern und daß die gemeinsame Geldpolitik auch in allen Mitgliedsländern der Währungsunion die gleichen realwirtschaftlichen Wirkungen entfaltet. Sehr heterogene volkswirtschaftliche Strukturen und Entwicklungen könnten bei einheitlichem monetären Rahmen allenfalls durch eine hohe Flexibilität der relativen Preise und/oder eine hohe Mobilität der Produktionsfaktoren kompensiert werden, weil der Wechselkurs als Puffer zur Abfederung unterschiedlicher realwirtschaftlicher Entwicklungen entfällt. Sind jedoch Mobilitäts- oder Flexibilitätsgrenzen vorhanden, so besteht die Gefahr, daß Verwerfungen entstehen oder sich verfestigen (vgl. dazu näher Ohr 1993, 33 ff. sowie Ohr und Schmidt 2001, 433 ff.).

Nach Ohr und Gruber (2001, 34 in Anschluß an Padoan 1997) setzt sich der Grenzertrag aus der Aufnahme eines weiteren Mitglieds in die Integrationsgemeinschaft im wesentlichen aus drei Komponenten zusammen:

Erstens aus einer positiven fixen Komponente, die bedeutet, daß a priori der Beitritt eines zusätzlichen Mitglieds einen positiven Grenzertrag für die Gemeinschaft beinhaltet. Gründe dafür können z. B. positive Wohlfahrtseffekte der Handelsschaffung, eines verstärkten Wettbewerbs und damit verbundener Effizienzsteigerungen, einer besseren Allokation von Arbeit und Kapital, der Realisierung von Skalenerträgen, der Möglichkeit eines erleichterten Technologietransfers oder der Stärkung der Wirtschaftsmacht in der Konfrontation mit anderen Wirtschaftsblöcken sein.

Zweitens aus einer negativ mit der Anzahl der Clubmitglieder korrelierten Komponente, die besagt, daß die positiven Grenzerträge mit zunehmender Clubgröße sinken. Je größer die Gemeinschaft schon ist, um so geringer ist die zusätzliche Handelsschaffung durch neue Mitglieder und die Vergrößerung der Machtposition des Wirtschaftsblocks auf den Weltmärkten und um so stärker sind mögliche Skalenerträge bereits ausgeschöpft.

Drittens aus einer positiv mit der Einkommensentwicklung in der Gemeinschaft korrelierten Komponente; dahinter steht die Überlegung, daß die Probleme einer eventuell auftretenden Divergenz der Einkommensentwicklungen infolge der Integration um so geringer seien, je höher die Wachstumsraten insgesamt sind, da unterschiedlich hohe, aber positive Wachstumsraten eher zu verkraften seien als Konstellationen wirtschaftlicher Stagnation oder eines Einkommensrückgangs in einzelnen Ländern.

Auch die Grenzkosten einer Cluberweiterung werden im wesentlichen durch drei Elemente bestimmt:

Erstens durch die einmaligen oder dauerhaften Fixkosten für die durch eine Aufnahme neuer Mitglieder erforderlich werdenden institutionellen Veränderungen.

Zweitens durch mit wachsender Mitgliederzahl steigende Grenzkosten der Aufnahme, die ihren Grund in einer schwieriger werdenden Konsensfindung haben (negative Effekte der Überfüllung des Clubs). Diese Kosten sind um so höher, je mehr alte und neue Mitglieder in ihren wirtschaftlichen Strukturen und wirtschaftspolitischen Zielvorstellungen divergieren und je umfangreicher der gemeinschaftliche Regelungsbedarf ist.

Drittens durch das Einkommensgefälle zwischen den bisherigen Mitgliedsländern und dem Einkommen des potentiellen Neumitglieds. Der Beitritt eines unterdurchschnittlich entwickelten Landes zur Integrationsgemeinschaft erfordert in der Regel zusätzliche Transferzahlungen von Seiten der bisherigen Mitglieder und damit Wohlfahrtsverluste.

Insgesamt wird das Verhältnis zwischen dem Grenzertrag und Grenzkosten aus der Aufnahme eines neuen Mitglieds in die Integrationsgemeinschaft entscheidend durch den Homogenitätsgrad in den wirtschaftlichen Verhältnissen zwischen den Altmitgliedern und dem Neumitglied bestimmt.

Nach dieser summarischen Darstellung der wichtigsten Erscheinungsformen und Wirkungen wirtschaftlicher Integration im allgemeinen soll es in den folgenden Kapiteln C bis F ganz konkret darum gehen, den Stand des *europäischen* Integrationsprozesses mit seinen potentiellen Vorteilen, aber auch Gefahren, darzustellen und eine diesem Integrationsstand angemessene Verteilung der fiskalpolitischen Aufgaben zwischen der Europäischen Union und ihren Mitgliedstaaten zu bestimmen. Dabei sei an dieser Stelle eine entscheidende Einschränkung für den weiteren Gang der Arbeit vorgenommen: Gegenstand der weiteren Ausführungen dieser Arbeit soll die Beschreibung der Wirkungen der *Marktintegration* und der daraus folgenden Politikimplikationen sein. Hingegen sollen die spezifischen Problematiken der Europäischen Wirtschafts- und Währungsunion und die daraus zu ziehenden politischen Schlußfolgerungen, von Ausnahmen abgesehen, nicht in die weitere Betrachtung einbezogen werden.

C Die Aufgabenzuweisung an die Europäische Union – eine Sollanalyse aus fiskalföderalistisch-wohlfahrtstheoretischer Sicht

I. Präföderaler Charakter der Europäischen Union und Subsidiaritätsprinzip

Im vorangegangenen Kapitel ist versucht worden, herauszuarbeiten, von welchen ökonomischen Kriterien die Verteilung wirtschaftspolitischer Kompetenzen zwischen zentraler und gliedstaatlicher Ebene in einem föderalen Staatswesen geleitet werden sollte. Die Beantwortung dieser Frage steht im Zentrum der traditionellen Theorie des Fiskalföderalismus, die die Effizienzeigenschaften eines föderal strukturierten Staates mit denen eines unitaristischen Staates vergleicht und zu deren wesentlichen Eckpfeilern das Prinzip der institutionellen Kongruenz und das Subsidiaritätsprinzip zählen.

Während das Prinzip der institutionellen Kongruenz, demzufolge öffentliche Aufgaben-, Ausgaben- und Einnahmenkompetenzen grundsätzlich der Ebene zuzuordnen sind, auf der der Kreis der Nutznießer und Zahler einer öffentlichen Leistung und der Kreis der entsprechenden Entscheidungsträger möglichst deckungsgleich sind, die generelle Richtschnur für die Aufgabenverteilung im föderalen Staat darstellt (deren Umsetzung eine notwendige Bedingung für eine effiziente Bereitstellung öffentlicher Güter ist), stellt das Subsidiaritätsprinzip eine Entscheidungsregel dar, wie die Kosten und Nutzen einer zentralen Lösung im Vergleich zu jener einer dezentralen Lösung *im Zweifelsfall* zu bewerten sind: das Subsidiaritätsprinzip impliziert in seiner allgemeinen Form, daß alle Aufgabenbereiche dezentralisiert werden sollten, falls keine überzeugenden Gründe vorgebracht werden können, die eine Übertragung der Verantwortlichkeit auf eine übergeordnete Ebene rechtfertigen.[1]

Eine Übertragung der traditionellen Theorie des Fiskalföderalismus auf den Prozeß der europäischen Integration ist nicht ohne Einschränkungen möglich, weil der EU bislang mehrere Voraussetzungen fehlen, die für entwickelte Staatswesen typisch sind. Dazu zählen vor allem eine innere Staatsverbundenheit, eine eigene Steuerautonomie und

---

[1] Das Subsidiaritätsprinzip trägt der Tatsache Rechnung, daß die Nachfrage nach staatlichen Leistungen in den einzelnen Regionen und Kommunen einer Föderation z.T. sehr unterschiedlich ist bzw. sein kann. An diese Nachfrageunterschiede soll sich das staatliche Angebot jeweils anpassen. Eine an der örtlichen Nachfrage orientierte Leistungserstellung ist am besten durch eine Dezentralisierung von Entscheidungen zu erreichen, wodurch gewährleistet wird, daß die Nachfrager -oder ihre parlamentarischen Vertreter- selbst über Art und Umfang des öffentlichen Leistungsangebots und über die Verteilung der dadurch entstehenden finanziellen Belastungen abstimmen können.

Durch die Anwendung des Subsidiaritätsprinzips wird der Wettbewerbsgedanke auf das staatliche Handeln übertragen. Die einzelnen Gliedstaaten einer Föderation sollen um die mobilen Faktoren konkurrieren: Je besser das regionale Angebot auf die Nachfrage der mobilen Faktoren zugeschnitten ist, desto attraktiver wird der Standort für geplante Ansiedlungen oder Zuwanderungen. Diese erhöhen das Steueraufkommen und das erleichtert wiederum die Verbesserung des regionalen Angebots.

Die konsequente Umsetzung des Subsidiaritätsprinzips und des aus ihr resultierenden Modells des Wettbewerbsföderalismus kann jedoch dazu führen, daß die ökonomische Entwicklung innerhalb einer Föderation kontinuierlich auseinanderdriftet. Dies kann als extrem ungerecht empfunden werden, wenn die natürlichen Standortbedingungen der Regionen von vorne herein sehr unterschiedlich waren/sind und kann zu interregionalen Verteilungskämpfen führen, die den Zusammenhalt in der Föderation als Ganzer gefährden. Um einer solchen Tendenz vorzubeugen, ist über interregionale Transferleistungen im Sinne eines kooperativen Föderalismus die wirtschaftliche Entwicklung der Regionen zumindest bis zu einem bestimmten Grad zum Ausgleich zu bringen (vgl. hierzu Biehl 1994, Magiera 1994, Lenk und Schneider 1999 und ausführlich Kap. C II.1.4.).

die Existenz einer dem Parlament verantwortlichen Zentralregierung. Für die EU in ihrem derzeitigen Integrationsgrad „steht somit nicht zur Diskussion, welche staatlichen Funktionen den verschiedenen Ebenen eines wohldefinierten föderalen Staatsgebildes zu übertragen sind". Vielmehr geht es derzeit noch darum, „ausgehend von einem Szenario eines zusammenwachsenden Wirtschaftsraums mit zunehmend grenzüberschreitenden Interdependenzen die Unzulänglichkeiten dezentraler Politikkoordination zu hinterfragen, um erst dann zu untersuchen, ob aus Effizienzgründen die Schaffung einer Zentralinstanz zur Herbeiführung der zwischenstaatlichen Koordination ... notwendig ist. Dabei müssen auch die Politikineffizienzen der Zentralinstanz berücksichtigt werden" (Thomas 1997, 161).

Trotz dieses Unterschiedes lassen sich die im vorangegangenen Abschnitt benannten Argumente für eine zentrale bzw. dezentrale Aufgabenerfüllung in wesentlichen Zügen auf das Verhältnis zwischen der Europäischen Union und ihren Mitgliedstaaten übertragen. Anhand dieser Argumente ist sodann unter Zuhilfenahme geeigneter Beurteilungsmaßstäbe bzw. Referenzkriterien bei jeder Einzelaufgabe zu entscheiden, ob diese zweckmäßigerweise von der EU-Zentralebene oder den Regierungen ihrer Mitgliedstaaten wahrgenommen werden sollte. Als grundlegende Referenzkriterien sind dabei wiederum das Prinzip der institutionellen Kongruenz und das Subsidiaritätsprinzip heranzuziehen. Dabei muß wegen des präföderalen Charakters der Europäischen Union letzterem noch stärker als in einer Föderation die entscheidende Rolle bei Zweifelsfragen hinsichtlich der Interpretation der Gemeinschaftskompetenzen zufallen. Daß dies auch die Regierungen der meisten Mitgliedstaaten so sehen, zeigen die wiederkehrenden Äußerungen ihrer Repräsentanten in der jüngeren Vergangenheit. Um so erstaunlicher ist deshalb, daß das Subsidiaritätsprinzip zwar im EU-Vertrag kodifiziert worden ist, die praktische Reichweite dieser Kodifizierung aber mannigfaltigen Interpretationen zugänglich ist.

Kodifiziert ist das Subsidiaritätsprinzip in dem durch den Vertrag von Maastricht (1992) neu geschaffenen und den Vertrag von Amsterdam (1997) konkretisierten Art. 3b (inzwischen Art. 5) EGV, in dem es heißt:

Die Gemeinschaft wird innerhalb der Grenzen der ihr in diesem Vertrag zugewiesenen Befugnisse und gesetzten Ziele tätig.

In den Bereichen, die nicht in ihre ausschließliche Zuständigkeit fallen, wird die Gemeinschaft nach dem Subsidiaritätsprinzip nur tätig, sofern und soweit die Ziele der in Betracht gezogenen Maßnahmen auf Ebene der Mitgliedstaaten nicht ausreichend erreicht werden können und daher wegen ihres Umfangs oder ihrer Wirkungen besser auf Gemeinschaftsebene erreicht werden können.

Die Maßnahmen der Gemeinschaft gehen nicht über das für die Erreichung der Ziele dieses Vertrags erforderliche Maß hinaus.

Mit dieser Formulierung wird allerdings noch kein verfassungsrechtliches Gestaltungsprinzip vorgegeben.

Denn zum einen stellt das Subsidiaritätsprinzip keine Kompetenzverteilungs- sondern nur eine Kompetenzausübungsregel dar, berührt also nicht den Mechanismus, durch den Kompetenzen der Gemeinschaft zugeordnet werden, sondern regelt nur die Art und Weise, wie geteilte Kompetenzen ausgeübt werden sollen (Koenig und Pechstein 1995, 60). Auch gilt die in Art. 5 S. 2 EGV normierte Nachweispflicht der

Notwendigkeit für gemeinschaftliches Tätigwerden nur im Bereich der konkurrierenden, hingegen nicht für den nirgendwo explizit definierten Bereich der ausschließlichen Zuständigkeiten; und im Bereich der konkurrierenden Gemeinschaftskompetenzen gibt die Formulierung des Art. 5 S. 2, wonach die Gemeinschaft nur tätig werden kann, wenn die Vertragsziele durch die Mitgliedstaaten „nicht ausreichend" und auf Gemeinschaftsebene „besser" erreicht werden können, keine klaren Kriterien an die Hand, mit denen eine sachgerechte Kompetenzausübung oder eine wirksame Abwehr gemeinschaftlicher Regelungsansprüche möglich wäre (vgl. etwa Weidenfeld 1994, 17).[1]

Zum andern fehlen im EG-Vertrag Richtlinien zur Beurteilung der Effektivität und der in Art. 5 S. 3 normierten Verhältnismäßigkeit von Mitteln und Zielen. Vielmehr zwingt nach Auffassung des EUGH die wachsweiche Ausformulierung des Subsidiaritätsprinzips die Rechtsprechung dazu, dem Europäischen Gesetzgeber ein weites Ermessen bei der Frage des „Ob" und des „Wie" seines Tätigwerdens zuzugestehen und nur bei eindeutigen und evidenten Überschreitungen des in Art. 5 S. 2 und 3 EGV implementierten Rahmens einen Verstoß gegen das Subsidiaritätsprinzip festzustellen.

Neben die formalrechtlichen Schwierigkeiten im Umgang mit dem Subsidiaritätsprinzip tritt die psychologische Komponente. Denn wie Weidenfeld (aaO) treffend konstatiert, beläßt die Formulierung des Art. 5 S. 2 EGV „die Entscheidung in der Zuständigkeitsfrage der subjektiven Beurteilung der Organe und Entscheidungsträger, denen ein natürliches Interesse an einer systematischen und restriktiven Anwendung des Prinzips nicht von vornherein unterstellt werden kann." Dies gilt in erster Linie für Kommission und Europäisches Parlament. Aber auch der Ministerrat bleibt häufig der Versuchung ausgesetzt, „auf dem europäischen Umweg regieren zu können, ohne auf die Mitwirkung der nationalen Verfassungsorgane angewiesen zu sein" (Möschel 1995, 234).

Wenn trotz dieser in der Realität bestehenden Schwierigkeiten im Umgang mit dem Subsidiaritätsprinzip in den nun folgenden Abschnitten versucht wird, anhand der Referenzkriterien institutionelle Kongruenz und Subsidiaritätsprinzip eine optimale Verteilung staatlicher Aufgaben zwischen der Europäischen Union und ihren Mitgliedstaaten zu finden, soll einer solchen Analyse allerdings nicht das beschriebene „Zerrbild" des Subsidiaritätsprinzips in der Verfassungswirklichkeit zugrunde gelegt, sondern mit dem seiner Implementierung zugrundeliegenden Werturteil ernst gemacht werden, daß bei Abwägung der voraussichtlichen Kosten und Nutzen einer dezentralen oder zentralen Zuordnung einer öffentlichen Aufgabe im Zweifelsfall der dezentralen Lösung der Vorzug gebührt und die Beweislast für die Vorteilhaftigkeit einer zentralen Aufgabenwahrnehmung bei den Zentralisierungsbefürwortern liegt.[2]

---

[1] Nach Theurl und Meyer (2001, 64 f. m.w.H.) ist der Bedingung einer ausreichenden Aufgabenerfüllung durch die Mitgliedstaaten i.S.d. Art. 5 EGV Genüge getan, wenn diese dazu in der Lage sind. Nicht erforderlich sei, daß sie die Aufgabe bereits erfüllen. Unklar ist allerdings, wie viele der Mitgliedstaaten „nicht in der Lage" sein müssen, die Aufgabe besser oder genauso gut zu erfüllen, damit eine Zuständigkeit der Europäischen Union begründet wird. Die Aufgabenerfüllung durch die Union muß gemäß Europäischem Rat deutliche Vorteile bringen, damit sie als besser einzuschätzen ist. Die Konkretisierung der „Deutlichkeit" der Vorteile ist allerdings noch nicht gewährleistet.

[2] Das impliziert, daß eine Zentralisierung nur dann zu rechtfertigen ist, wenn der Nachweis erbracht werden kann, daß damit signifikante Wohlfahrtgewinne verbunden sind (so zurecht Thomas aaO, 177).

II. Die Bereitstellung öffentlicher Güter mit supranationaler Bedeutung

Unter Berücksichtigung der im vorangegangenen Abschnitt abgeleiteten Referenz-kriterien zur Aufgabenverteilung zwischen EU-Zentralebene und Mitgliedstaaten ist die Verantwortlichkeit für die Bereitstellung öffentlicher Güter mit supranationaler Bedeutung der EU-Ebene zuzuweisen, wenn hinsichtlich der Reichweite alle oder mehrere Mitgliedstaaten von der Wirkung des öffentlichen Gutes betroffen sind und darüber hinaus nicht zu erwarten ist, daß eine dauerhafte dezentrale Lösung durch Kooperation auf Ebene der Mitgliedstaaten zustande kommt. Ersteres ist vor allem dann der Fall, wenn, wie etwa die Binnenmarktfreiheiten, das öffentliche Gut seiner Natur nach von vornherein ein gesamteuropäisches ist, wenn mit der Bereitstellung eines öffentlichen Gutes in erheblichem Umfang Kosteneinsparungen verbunden sind oder wenn die von einem nationalen Gut ausgehenden positiven oder negativen Wirkungen deutlich über die nationalen Grenzen hinausgehen; letzteres insbesondere dann, wenn wegen der Vielzahl der involvierten Mitgliedstaaten oder der Gegensätzlichkeit der betroffenen Interessen die Kosten einer dezentralen Ver-handlungslösung gegenüber den damit verbundenen Vorteilen unverhältnismäßig hoch sind oder wegen der zu erwartenden Anreize zu einem free-rider-Verhalten die Stabilität eines etwaigen Verhandlungsgleichgewichts von vorne herein nicht allzu groß erscheint. Ob die genannten Voraussetzungen erfüllt sind, ist freilich für jedes einzelne öffentliche Gut separat zu prüfen -wobei aus Subsidiaritätsgründen im Zweifel einer dezentralen Lösung der Vorrang gebührt. Dies soll im folgenden für die wichtigsten Bereiche öffentlicher Aufgaben geschehen.

1. Europaweite öffentliche Güter
1.1. Außen-und Verteidigungspolitik sowie innere Sicherheit

Nach H.-W. Sinn (1994) sind wegen ihres hohen Öffentlichkeitscharakters und den bei einer gemeinschaftlichen oder zentralen Aufgabenwahrnehmung möglichen Kosten-einsparungseffekten die Bereiche Verteidigungspolitik und Außenpolitik gegenüber Drittstaaten geradezu Paradebeispiele für über die nationalen Zuständigkeiten hinaus-gehende Aufgabenfelder, die zudem aufgrund der bei ihnen auftretenden Anreize zu einem free-rider-Verhalten nicht allein im Wege dezentraler Kooperation zwischen den EU-Mitgliedstaaten gelöst werden können: „Da militärische Konflikte zwischen den westeuropäischen Ländern ausgeschlossen sind, bieten die Verteidigungsausgaben eines jeden Mitgliedslandes nicht nur für dieses Land selbst, sondern auch für alle anderen Länder Schutz gegen äußere Bedrohungen. Für das einzelne Land entsteht daraus ein starker Anreiz, eine Trittbrettfahrerposition einzunehmen und sich auf die Verteidigungsanstrengungen anderer Länder zu veranlassen. Die relativ geringen pro-Kopf-Ausgaben der kleineren Länder im Verteidigungsbereich[1] belegen die Stärke dieses Anreizes sehr deutlich, denn je kleiner ein Land ist, desto kleiner ist sein Anteil an dem Gesamtnutzen, den es durch seine Verteidigungsausgaben erzeugt, desto stärker ist das einzelstaatliche Nutzen-Kosten-Kalkül verzerrt" (Sinn aaO, 12 f.).
Sinns Argumentation knüpft damit in wesentlichen Teilen an die Tradition der Arbeiten von Olson und Zeckhauser (1966), Sandler (1977), Sandler und Forbes

---

[1] Diese Aussage wird durch verschiedene Studien, so u.a. von Olson und Zeckhauser (1966) eindeutig gestützt.

(1980), Murdoch und Sandler (1982 und 1984), sowie Cornes und Sandler (1986, 259 ff.), die sich vor allem mit dem öffentlichen Gut-Charakter der NATO beschäftigen, an. Danach weist Verteidigungspolitik vor allem als Abschreckungspolitik, und hier vor allem als nukleare Abschreckungspolitik, die beiden Eigenschaften auf, die ein rein öffentliches Gut auszeichnen: Nichtrivalität und Nichtausschließbarkeit in der Nutzung: Wenn die militärische Stärke eines Verteidigungsbündnisses erst einmal groß genug ist, einen von außen geführten Erstschlag zu überstehen und einen verheerenden Vergeltungsschlag zu führen, ist die genaue Größe, d. h. Mitgliederzahl des Verteidigungsbündnisses unerheblich; wenn die nukleare Abschreckung einmal funktioniert, kann einzelnen beitrittsunwilligen Staaten der Schutz des Verteidigungsbündnisses häufig allein schon aufgrund ihrer räumlichen Nähe zum Bündnis nicht entzogen werden (Nichtausschließbarkeit): „A nuclear attack on Canada would kill millions in the United States because of fallout, misses, and wind direction. Clearly, the United States could not watch a Canadian attack and fail to retaliate; thus, deterrence ist nonexcludable to the Canadians"(Cornes und Sandler 1986, 259 ff.). Gleichzeitig schränkt die Aufnahme weiterer Mitglieder, die über keine Nuklearwaffen verfügen, in das Verteidigungsbündnisses den Schutz der bisherigen Mitglieder in keinerlei Weise ein (Nichtrivalität).

Allerdings stellt sich die Frage, welche eigenständige Rolle eine europäische Außen- und Verteidigungspolitik in Anbetracht der Einbindung der meisten westeuropäischen Staaten in die NATO spielen soll. Der Unionsvertrag von Maastricht (ABl C 191, 1 ff. vom 27. 7. 1992) hat mit seinem Titel V (Art. 11-28) die Grundlagen für eine „Gemeinsame Außen- und Sicherheitspolitik" (letztere verstanden als *äußere* Sicherheit) geschaffen, als deren Endziel u.a. eine „gemeinsame Verteidigung" steht (vgl. Art. 17). Dahinter steckt das erkennbare Bemühen, der EU sukzessive eine ihrer weltwirtschaftlichen Machtstellung entsprechende politische Machtposition zu verschaffen und ihr eine gegenüber den Vereinigten Staaten und der „pax americana" (Sinn aaO, 13) unabhängige Position zu sichern. In der Tat dürften zum einen regional und sachlich mitunter sehr unterschiedliche Interessen und Präferenzen der Europäer und der Nordamerikaner für eine gewisse Eigenständigkeit der europäischen Außen- und Verteidigungspolitik sprechen. Zum andern kann, anders als die nukleare Verteidigung, der Bereich der *konventionellen* Verteidigung durchaus ein Gut mit teilrivalem Charakter sein: wenn z.B. im Bereich der konventionellen Waffen das Verteidigungsbündnis um flächengroße oder militärisch eher schwache Staaten erweitert wird, könnte die Notwendigkeit, Truppenkontingente aus den bisherigen Bündnisstaaten abzuziehen und in den neuen Bündnisstaaten zu stationieren, entstehen. Damit würde sich der Schutz der bisherigen Bündnisstaaten u.U. erheblich reduzieren (Sandler 1977). Je stärker die USA in Zeiten sich wandelnder weltpolitischer Bedrohungen ihre Truppen auf dem amerikanischen Kontinent sowie im pazifischen und asiatischen Raum konzentrieren, um so stärker werden diese Truppen künftig in Europa fehlen und um so mehr müssen die Europäer selbst für ihre Sicherheit sorgen. Je mehr sie dies gemeinsam machen, um so eher dürften Kosteneinsparungen durch die Zusammenlegung nationaler Verwaltungsorganisationen, gemeinsame Projekte militärischer Forschung usw. möglich sein.

Der Begründung einer gemeinsamen Außen- und Verteidigungspolitik der EU ist jedoch das Argument entgegengehalten worden, daß eine Übertragung nationaler Kompetenzen im Bereich dieser die Autonomie der Staaten besonders berührenden

Felder ein solches Integrationsniveau -möglicherweise die Schaffung einer politischen Union- voraussetze, wie dieses derzeit weder vorhanden ist, noch in absehbarer Zeit politisch realisierbar erscheint. Die zwischen den EU-Staaten traditionell bestehenden erheblichen verteidigungspolitischen Präferenzunterschiede ließen allenfalls Raum für dezentrale Kooperationen im Rahmen der Westeuropäischen Verteidigungsunion (WEU) und der NATO, nicht aber für eine Zentralisierung von Kompetenzen bei der Europäischen Union (vgl. etwa Thomas, 1997, 196). Zwar ist dieser Meinung zuzugeben, daß die Übertragung nationale Hoheitsbefugnisse auf dem Feld der Außen- und Sicherheitspolitik einen Kernbereich nationalstaatlicher Autonomie berührt. Das bedeutet zunächst aber nur, daß die Übertragung von Hoheitbefugnissen in der Außen- und Sicherheitspolitik auf eine supranationale Organisation wie die EU mit einer entsprechenden (gesamt)politischen Integration und einer stärkeren Demokratisierung ihrer Entscheidungsabläufe Hand in Hand gehen sollte. Wer das desolate außenpolitische Auftreten der untereinander uneinigen und insgesamt konzeptionslosen EU-Mitgliedstaaten in der jüngeren Vergangenheit auf dem Balkan, also praktisch vor der Haustüre der Europäischen Union verfolgt hat, wird kaum umhin können, die Effizienz dezentraler Kooperationen zwischen den EU-Staaten im Verteidigungsbereich in Frage zu stellen und für eine Gemeinsame Außen- und Sicherheitspolitik der Union einzutreten. Dabei soll und kann es nicht darum gehen, die Außen- und Sicherheitspolitik der EU-Mitgliedstaaten insgesamt zu zentralisieren und das diplomatische und militärische Personal der Zentralgewalt der Europäischen Union zu unterstellen, sondern es muß in erster Linie darum gehen, die über die nationalen Interessen der einzelnen Mitgliedstaaten hinausgehenden, gesamteuropäischen Belange auf dem Feld der Außen- und Verteidigungspolitik zu bündeln und gegenüber den NichtEU-Staaten als politische Einheit aufzutreten. Dies muß zwar auch den militärischen Konfliktfall mit einbeziehen, doch könnte hier die Regelung -ähnlich der derzeitigen Regelung bei der NATO- dergestalt aussehen, daß die EU kaum eigene Truppen unterhält, sondern die Streitkräfte der Mitgliedstaaten in Friedenszeiten unter nationalem Oberbefehl verbleiben und nur im Krisenfall (dessen Feststellung dem Europäischen Parlament vorbehalten bleiben sollte) der Oberbefehl über die dann aus nationalen Kontingenten zu bildende Einsatztruppe dem derzeit so bezeichneten Hohen Kommissar für die Gemeinsame Außen- und Sicherheitspolitik zu übertragen wäre.

Ein größerer Mittelbedarf der Europäischen Union ist mit der Wahrnehmung einer so verstandenen Aufgabe nicht verbunden.

Als eine in engem Zusammenhang mit der Außen- und Sicherheitspolitik der Gemeinschaft einerseits und dem Europäischen Binnenmarkt andererseits stehende weitere Aufgabe der Europäischen Union ist die Förderung und Koordinierung der Zusammenarbeit der Mitgliedstaaten im Bereich der inneren Sicherheit (einschließlich der Justiz) anzusehen und zwar vor allem aus zwei Gründen:
Einmal hat das außenpolitische Auftreten eines Landes oft sehr unmittelbare Auswirkungen auf die innere Sicherheit dieses Landes; man denke an die jüngste Auseinandersetzung der Regierungen der USA und der europäischen Staaten mit dem Problem des internationalen Terrorismus. Wenn der EU die Verantwortung für die Koordinierung der nationalen Außen- und Sicherheitspolitik in Fragen von supranationalem Interesse übertragen werden soll, müßte ihr konsequenterweise auch

die Verantwortung für eine Koordinierung der Politik der inneren Sicherheit übertragen werden, soweit es um Sicherheitsfragen von supranationalem Interesse geht. Zum anderen haben sich durch die Öffnung der europäischen Binnengrenzen für den ungehinderten Waren-, Dienstleistungs-, Kapital- und Personenverkehr die Möglichkeiten der organisierten Kriminalität bei fast allen Verbrechensarten verbessert. Dem muß durch eine Koordinierung der EU-Mitgliedstaaten auf dem Feld der Verbrechensbekämpfung begegnet werden. Angesichts der Vielzahl der in eine solche Zusammenarbeit einzubeziehenden Mitgliedstaaten -nämlich alle 15- und der oftmals recht verschiedenen Formen der Verbrechensprävention und -bekämpfung in den Mitgliedstaaten dürften einer dezentralen Kooperation in diesem Bereich Grenzen gesetzt und eine zentrale Koordination der nationalstaatlichen Aktivitäten durch die Europäische Union geboten sein.

Die von der Union dafür benötigten finanziellen Mittel wären indes verhältnismäßig gering.

1.2. Wettbewerbsrechtliche Sicherung der vier Binnenmarktfreiheiten

In der einschlägigen finanzwissenschaftlichen Literatur herrscht heute weitgehend Einigkeit darüber, daß die wettbewerbsrechtliche Sicherung der vier Grundfreiheiten (freier Waren-, Dienstleistungs-, Kapital- und Personenverkehr) eine unabdingbare Voraussetzung für das Funktionieren des Europäischen Binnenmarktes und damit ein europaweit öffentliches Gut darstellt, dessen Bereitstellung -auch- im Verantwortungsbereich der EU-Zentralebene liegen sollte (vgl. statt vieler Caesar 1996 (1), Teutemann 1992, Döring 1994).

Die Beseitigung von Mobilitätshindernissen innerhalb Europas impliziert eine Intensivierung des innergemeinschaftlichen Wettbewerbs. Um diesen Wettbewerb funktionsfähig[1] zu erhalten, sind einerseits Maßnahmen gegen private Unternehmensstrategien zu ergreifen, die auf wettbewerbsbeschränkende Vereinbarungen und Verhaltensweisen sowie auf den Mißbrauch einer marktbeherrschenden Stellung hinauslaufen; zum andern ist dafür zu sorgen, daß nicht nationale Beihilfen an Unternehmen oder Branchen, die einem verschärften Wettbewerb ausgesetzt sind, in einer den innergemeinschaftlichen Handel beeinträchtigenden und den inner-

---

[1] In Anlehnung an Kantzenbach (1967) können fünf ökonomische Funktionen unterschieden werden, die ein funktionsfähiger Wettbewerb erfüllen soll:
- Sicherung einer marktleistungsgerechten Einkommensverteilung, d. h. Schutz vor Ausbeutung durch Marktmacht
- Steuerung der Zusammensetzung des Güterangebots gemäß den Käuferpräferenzen (Konsumentensouveränität)
- Lenkung der Produktionsfaktoren in ihre produktivsten Einsatzmöglichkeiten (optimale Faktorallokation)
- Anpassung von Produkten und Produktionskapazitäten an eine sich ständig ändernde Nachfragestruktur und Produktionstechnik (Anpassungsflexibilität) sowie
- Stimulierung des technischen Fortschritts in Gestalt neuer Produkte und Produktionsmethoden

gemeinschaftlichen Wettbewerb verzerrenden Weise gewährt werden.[1] Dabei ist zwar auch im Wettbewerbsbereich das Subsidiaritätsgebot des Art. 5 EGV zu beachten.

---

[1] Die wettbewerbsrechtlichen Regelungen umfassen im einzelnen (vgl. dazu ausführlich Schmidt 2001, 368 ff.):
- Das Verbot horizontaler und vertikaler Wettbewerbsbeschränkungen gem. Art. 81 EGV
Nach Art. 81 Abs. 1 EGV sind alle Vereinbarungen zwischen Unternehmen, Beschlüsse von Unternehmensvereinigungen und aufeinander abgestimmte Verhaltensweisen verboten, die geeignet sind, den Handel zwischen den Mitgliedstaaten zu beeinträchtigen und eine Verhinderung, Einschränkung oder Verfälschung innerhalb des Gemeinsamen Marktes bezwecken oder bewirken.
- Das Verbot der mißbräuchlichen Ausnutzung einer beherrschenden Stellung auf dem Gemeinsamen Markt oder einem wesentlichen Teil desselben durch ein oder mehrere Unternehmen, soweit dadurch der Handel zwischen den Mitgliedstaaten beeinträchtigt werden kann, Art. 82 EGV.
Art. 82 EGV stellt kein generelles Monopolisierungsverbot dar, wodurch die Erlangung einer marktbeherrschenden Stellung untersagt wird. Entscheidend ist vielmehr der Mißbrauch der marktbeherrschenden Stellung.
Zum Spektrum der Behinderungsstrategien, die in der bisherigen Anwendungspraxis des Art. 82 erfaßt sind, zählen:
--- Kampfpreisunterbietungen zur Verdrängung der Konkurrenten auf schon beherrschten oder auf dritten Märkten
--- Boykott- und Lieferverweigerungen
--- Preisdiskriminierungen
--- Ausschließlichkeitsbindungen sowie Kopplungsgeschäfte.
- Die europäische Fusionskontrollverordnung (EFKVO) von 1990
Durch die europäische Fusionskontrolle wurde eine bis dato bestehende bedeutende Lücke geschlossen, da der Wettbewerb im Gemeinsamen Markt nicht nur durch die Verhandlungs- und Behinderungsstrategie, sondern auch durch die Konzentrationsstrategie infolge von Fusionen behindert werden kann. Danach sind Unternehmenszusammenschlüsse, die eine beherrschende Stellung begründen oder verstärken, durch die ein wirksamer Wettbewerb im Gemeinsamen Markt oder in einem wesentlichen Teil desselben erheblich behindert wird, für unvereinbar mit dem Gemeinsamen Markt zu erklären. Allerdings setzt das Tatbestandsmerkmal einer gemeinschaftsweiten beherrschenden Stellung voraus, daß
--- der weltweite Gesamtumsatz aller beteiligten Unternehmen mehr als 2,5 Mrd. Euro beträgt
--- der Gesamtumsatz aller beteiligten Unternehmen in mindestens drei Mitgliedstaaten jeweils 100 Mio. Euro beträgt
--- in jedem von mindestens drei der erfaßten Mitgliedstaaten der Gesamtumsatz von mindestens zwei beteiligten Unternehmen jeweils mehr als 25 Mio. Euro beträgt und
--- der gemeinschaftsweite Gesamtumsatz von mindestens zwei beteiligten Unternehmen jeweils 100 Mio. Euro übersteigt.
- Die europäische Beihilfenkontrolle gem. Art. 87 EGV
Art. 87 Abs. 1 EGV statuiert ein umfassendes Verbot für „staatliche und aus staatlichen Mitteln gewährte Beihilfen gleich welcher Art, die durch die Begünstigung bestimmter Unternehmen oder Produktionszweige den Wettbewerb verfälschen oder zu verfälschen drohen, ... soweit sie den Handel zwischen Mitgliedstaaten beeinträchtigen."
In Anlehnung an den Wortlaut des Art. 87 EGV hat die Europäische Kommission folgende Abgrenzung des Beihilfenbegriffs entwickelt:
--- Beihilfenzahler sind unmittelbare Gebietskörperschaften, öffentliche Finazierungseinrichtungen oder sonstige Einrichtungen, zu denen auch öffentliche Unternehmen zählen können
--- die Mittel müssen direkt oder indirekt aus den öffentlichen Haushalten stammen
--- unabhängig von der Art der Beihilfe tritt eine Begünstigungswirkung infolge der Übertragung öffentlicher Mittel ein
--- die Beihilfen müssen bestimmte Unternehmen oder Produktionszweige selektiv begünstigen
Die Wirkung der Beihilfe wird vor allem durch das Begünstigungskriterium erfaßt, das sich in der Form beschreiben läßt, daß durch die staatliche Maßnahme ein individueller Vorteil, meist finanzieller

Doch wird sich eine erfolgreiche Wettbewerbspolitik nicht allein auf nationale Maßnahmen und dezentrale Vereinbarungen zwischen den Mitgliedstaaten beschränken können. Denn ohne eine zentrale Koordinierung nationaler Wettbewerbspolitiken dürften die Anreize auf Seiten der Mitgliedstaaten häufig überhand nehmen, eine Trittbrettfahrerposition zu beziehen und allein von Liberalisierungsmaßnahmen der anderen profitieren zu wollen, ohne im Gegenzug die eigenen Märkte in gleichem Maße zu öffnen. Die Kosten einer damit einhergehenden bzw. verbleibenden Segmentierung des Binnenmarktes sind als derart hoch einzustufen, daß eine Verantwortlichkeit der Europäischen Union für den Binnenmarkt legitimiert werden kann (so zurecht Thomas 1997, 196 m. w. H.).

1.3. Kompatibilität transeuropäischer Netze

Die zuletzt genannten Probleme eine Marktsegmentierung treten derzeit noch in einem ganz anderen Bereich auf und führen zu erheblichen Effizienzverlusten im Hinblick auf das Funktionieren des europäischen Binnenmarktes, nämlich im Bereich von Netzwerken im Verkehrs-, Energie- und Kommunikationssektor.[1]
Politische und wirtschaftliche Integration in Europa verlangen in zunehmendem Maße auch grenzüberschreitende Verkehrsnetze, Energieversorgungsleitungen und Kommunikationsleistungen. Demzufolge sind die nationalen Netze aufeinander abzustimmen: "Hochgeschwindigkeitszüge sollten nicht an nationalen Grenzen halt machen, weil unterschiedliche Stromfrequenzen die Weiterfahrt verhindern. Ein dichtes Straßennetz sollte die immer enger kooperierenden ökonomischen Zentren verbinden. Dänische Firmen sollten Erdgas aus Holland und Elektrizität aus Frankreich beziehen können. Deutsche Lastwagen sollten nicht unter italienischen Brücken stecken bleiben und irische Computer sollten in der Lage sein, mit griechischen zu kommunizieren." (Sinn 1994, 16 f.).
Allerdings stellt sich dabei die Frage, ob nicht schon der freie Wettbewerb der Anbieter zu einer befriedigenden Lösung von Standardisierungsproblemen führt und es insoweit eines Eingreifens der europäischen Zentralebene überhaupt bedarf. Sicherlich können sowohl freie Märkte als auch bilaterale Verhandlungen zwischen benachbarten Ländern in vielen Fällen funktionierende Netzwerke hervorbringen. Doch weisen beide Lösungen erhebliche Mängel auf (vgl. Sinn aaO):
So bergen Marktlösungen die Gefahr, daß ein zu geringes Maß an Koordinationsaktivitäten hervorgebracht wird und führen tendenziell zu einer suboptimalen Netzwerkgröße, da die Koordinationsaktivitäten der Unternehmen Eigenschaften eines öffentlichen Gutes haben. Für die Unternehmen kann es durchaus rational sein, sich nicht um eine Koordination zu bemühen, weil sie dadurch Verluste erleiden: „Sie

---

Art, an bestimmte Unternehmens- oder Produktionszweige gewährt wird. Diese Begünstigungen beziehen sich in der Hauptsache auf die Kostenstruktur bzw. die Verbesserung der Finanzlage der jeweiligen Unternehmen. Hierzu zählen vor allem Zuschüsse, die Vergabe zinsvergünstigter Darlehen, Befreiungen von Steuern und Abgaben, Ermäßigungen des Steuersatzes und der Steuerschuld, Übernahmen von Bürgschaften, die preiswerte Überlassung von Grundstücken und Gebäuden, die Lieferung von Gütern und Dienstleistungen zu Vorzugskonditionen sowie die staatliche Beteiligung am Kapital von Unternehmen.

[1] Einen guten Überblick über die Inkompatibilitäten der nationalen Netzwerke innerhalb des Gebiets der Europäischen Union geben Ewers und v. Stackelberg (1998) sowie Knieps (1996) für den Bereich der Verkehrsnetze und Knieps (1998) für den Bereich der Telekommunikationspolitik.

würden ja nur die derzeitige Segmentierung der Märkte aufheben, die ihnen die Möglichkeit bietet, Monopolgewinne zu erwirtschaften" (Sinn, 17).

Die Nationalstaaten wiederum können sich zwar aus eigenem Antrieb zu Verhandlungen bereitfinden, doch ist mangels institutioneller Rahmenbedingungen für solche Verhandlungen die Lösungsfindung häufig sehr beschwerlich und zeitraubend. Da die nationalen Regierungen die Opportunitätskosten des Zeitaufwandes für einen intensiven Verhandlungsprozeß häufig nicht in adäquater Weise berücksichtigen, werden die nationalen Präferenzen zwischen dezentraler und zentraler Lösung häufig zugunsten der dezentralen Verhandlungslösung verzerrt.

In Anbetracht dieser Defizite dezentraler Lösungsversuche wird man deshalb nicht vollständig auf die Koordination einer -mit entsprechenden Umsetzungskompetenzen ausgestatteten- zentralen europäischen Institution verzichten können, um die unterschiedlichen nationalen Netze in den Bereichen Verkehr, Energie und Kommunikation in einem sinnvollen Maß kompatibel zu machen.

1.4. Kohäsion als gesamteuropäisches Gut?
1.4.1. Notwendigkeit der Kohäsion aus allokativer Sicht

In den vorangegangenen Abschnitten II.1.2. und 1.3. sind mit der wettbewerbsrechtlichen Sicherung der vier Binnenmarktfreiheiten und der Herstellung der Kompatibilität der grenzüberschreitenden Verkehrs-, Energie- und Telekommunikationsnetze zwei Aufgaben als öffentliche Güter mit europaweitem Wirkungskreis identifiziert worden, die in unmittelbarem Zusammenhang mit dem europäischen Binnenmarkt stehen. Im folgenden wird mit dem wirtschaftlichen und sozialen Zusammenhalt in der Gemeinschaft, der Kohäsion, und dem diesen bedingenden realwirtschaftlichen Konvergenzprozeß ein weiterer Aufgabenbereich von gesamteuropäischem Interesse ermittelt, der durch den zusammenwachsenden europäischen Binnenmarkt zwar nicht seine Rechtfertigung, wohl aber eine besondere Dimension erhält. Dahinter steht nicht nur die an Gerechtigkeitsmaßstäben orientierte verteilungspolitische Überlegung, daß ein weiteres Auseinanderdriften des Wohlstandsniveaus der EU-Regionen im Zuge des fortschreitenden Globalisierungs- und des europäischen Inetgrationsprozesses gegenüber den Bewohnern der rückständigen Regionen „moralisch" nicht zu vertreten ist, sondern auch handfeste allokationspolitische Interessen, wie die folgenden Überlegungen zeigen:

(1) Liegt der wesentliche ökonomische Vorteil des europäischen Binnenmarktprogramms in der Schaffung eines großen, einheitlichen Absatzmarktes, der es erlaubt, die Vorteile der internationalen Arbeitsteilung und Skalenerträge einer hohen Ausbringungsmenge in vollem Umfang zu nutzen,[1] ist aber die Nutzung dieser Vorteile dann gefährdet, wenn die weniger wohlhabenden Mitgliedstaaten und Regionen aus dem Binnenmarkt-„Verbund" auszubrechen drohen, falls sie an dessen Wohlstandsgewinnen aus ihrer Sicht nicht angemessen beteiligt werden, so kann die Zahlung interjurisdiktioneller Umverteilungsleistungen an die weniger wohlhabenden

---

[1] So etwa der Monti-Bericht der Europäischen Union (Europäische Kommission 1997) mit zahlreichen weiteren Hinweisen.

Regionen, um diese „bei der Stange" zu halten, auch für die reichen, ausgleichsleistenden Jurisdiktionen gegenüber einer Nichtverwirklichung des Binnenmarktes die im Sinne des Pareto-Kriteriums vorzugswürdige Alternative sein.

(2) Ein damit zusammenhängendes aber nicht deckungsgleiches effizienztheoretisches Argument für interregionale Umverteilungsleistungen in der EU liegt in deren friedenssichernder Wirkung. In diesem Sinne können Finanzhilfen an die ärmeren Länder als eine Art Prämie betrachtet werden, die die reicheren Regionen für die Erhaltung politischer Stabilität und sozialen Friedens in Europa zu zahlen bereit sind,[1] die sich allein schon dann lohnt, wenn ihr die Ersparnis an Verteidigungsausgaben zum Schutz vor einer gegenseitigen Bedrohung der europäischen Staaten gegenübergestellt wird. (Sinn 1994, 95).

(3) Einen weiteren Rechtfertigungsgrund für interjurisdiktionelle Umverteilungsleistungen innerhalb der Europäischen Union liefert der versicherungstheoretische Ansatz Sinns. Nach Sinn (1997 (2), 29 ff.) sind Umverteilung und eine im Sinne des Effizienzkriteriums optimale Allokation keine wesensnotwendigen Gegensätze, sondern wegen des jeder interpersonellen und/oder interregionalen Umverteilung innewohnenden Versicherungsschutzes letztendlich „zwei Seiten derselben Medaille." Ebenso wie der Wohlfahrtsstaat durch interpersonelle Umverteilung in Form der Sozialversicherung, direkter Einkommenstransfers, die Bereitstellung öffentlicher Güter, zu deren Finanzierung Reiche in stärkerem Maß herangezogen werden als Arme, u.ä. den -unterstellt- risikoaversen privaten Wirtschaftssubjekten einen Versicherungsschutz bietet, den private Versicherungen nicht oder nur in unzureichendem Maße anbieten,[2] bietet nach Sinn interregionale Umverteilungspolitik des Zentralstaates nach im Vorhinein festgelegten Regeln den Regionen einer Föderation die Sicherheit, daß ihnen in einer wirtschaftlichen Notlage beigestanden wird, was bei den als ebenfalls risikoavers unterstellten Regionalregierungen zu einer Nutzenerhöhung führt. Zwar kann nach Sinn wie bei der interpersonellen auch im Bereich der interregionalen Umverteilung ein „Zuviel" an Umverteilung zu Effizienzverlusten führen: denn wo -wie dies etwa als Argument gegen den derzeit geltenden bundesdeutschen Finanzausgleich vorgebracht wird- zentralstaatliche Umverteilung in Gleichmacherei ausartet, kann diese die Bereitschaft der Regionalregierungen zu einer wettbewerbsorientierten Finanzpolitik untergraben bzw. zu dem Versuch führen, die Kosten von Wahlgeschenken an die eigenen Bürger über die interjurisdiktionelle Solidargemeinschaft in andere Regionen zu exportieren. Doch bedeutet dies nicht, daß aus Effizienzgesichtspunkten auf interregionale Umverteilung gänzlich verzichtet werden sollte, sondern nur, daß diese auf ein vernünftiges, die Bereitschaft zu finanzpolitisch effizientem Verhalten der Regionalregierungen förderndes Maß zu begrenzen und in der Sache an die Einhaltung bestimmter finanzpolitischer Kriterien im Hinblick auf die regionalstaatliche Ausgaben- und Einnahmenpolitik zu binden ist.

---

[1] In ähnlicher Weise sieht Arnold (1996) ein bestimmtes Maß an interpersoneller Umverteilung als öffentliches Gut an, dessen „Bereitstellung" auch im Interesse der Bezieher höherer Einkommen liegt und dazu dient, den inneren Frieden zu erhalten und dadurch das Marktsystem zu stabilisieren.

[2] So wird etwa das Risiko, daß die angeborenen und im Lauf der Kindheit erworbenen Eigenschaften eines Individuums nicht ausreichen, um im späteren Berufsleben Erfolg zu haben, von privaten Assekuranzen nicht versichert.

1.4.2. Stand der regionalen Divergenzen in Europa und Ansätze zu ihrer Erklärung

Im vorangegangenen Abschnitt ist versucht worden, effizienztheoretische Rechtfertigungsgründe für interregionale Umverteilungsleistungen zum Ausgleich bestehender Disparitäten zwischen den Regionen der Europäischen Union zu finden. Mit der Beantwortung der Frage des „ob" ist allerdings noch keine Aussage über das gebotene Volumen redistributiver Ausgleichsleistungen getroffen. Dieses hängt entscheidend davon ab, wie hoch das tatsächliche Ausmaß der regionalen Divergenzen im Gebiet der Europäischen Union ist und wie sich diese Disparitäten vor dem Hintergrund des fortschreitenden Integrationsprozesses entwickeln werden.

Der regionale Entwicklungsstand wird in der Europäischen Union im wesentlichen anhand zweier Kriterien ermittelt: dem pro-Kopf-BIP -zumeist gemessen in sog. Kaufkraftstandards (KKS)- und der Arbeitslosenquote. Verglichen mit den stärksten wirtschaftlichen Konkurrenten, den USA, Japan und Kanada, sind die regionalen Disparitäten innerhalb der Europäischen Union enorm: So betrug das durchschnittliche pro-Kopf-BIP in den 10 reichsten Regionen (NUTS-2-Ebene)[1] der Union 1997 mehr als das Dreifache der 10 ärmsten Regionen, während die entsprechenden Faktoren in den USA und Japan nur bei Werten von etwa 2 bzw. 1,5 lagen. Beim Indikator Arbeitslosigkeit sind diese Disparitäten noch um ein Vielfaches größer: lag die durchschnittliche Arbeitslosenquote in den 10 Regionen der Gemeinschaft mit den geringsten Arbeitsmarktproblemen bei unter 3,6 %, so betrug sie in den 10 am stärksten von Arbeitslosigkeit betroffenen Regionen mit 28,1 % fast das Achtfache dieses Wertes (vgl. Europäische Kommission 1999 (2), Tab. 2, 13).
Freilich sagen derartige Vergleiche noch nichts über die zeitliche Entwicklung der regionalen Disparitäten aus. Betrachtet man die wichtigsten empirischen Studien zur Regionalentwicklung in der Europäischen Union (vgl. z. B. Barro und Sala-i-Martin 1991 und 1995, Neven und Gouvette 1995, Bröcker 1998, Martin 1998), so kommen diese nahezu übereinstimmend zu dem Ergebnis, daß zwischen den Regionen der heutigen EU seit den fünfziger Jahren die Streuung der Unterschiede in den pro-Kopf-Einkommen abgenommen hat und die Einkommen in den ärmeren Regionen um durchschnittlich 2 % p. a. schneller gewachsen sind als in den reichen Regionen. Dabei

---

[1] Um europäische Gebiete statistisch vergleichbar erfassen zu können, müssen sie zunächst plausibel geographisch abgegrenzt werden. Die EU bedient sich hierzu der sogenannten NUTS-Ebenen-Klassifizierung (NUTS = nomenclature des unites territoriales statistiques), einem in EU-Veröffentlichungen häufig verwendeten Begriff. Die NUTS-Klassifizierung wird als standardisierter Rahmen für die Analyse wirtschaftlicher und sozialer Entwicklungen innerhalb der EU genutzt. Sie beruht im wesentlichen auf historisch gewachsenen institutionellen räumlichen Gliederungen. Unterschieden werden im wesentlichen drei Ebenen, die je nach Mitgliedstaat mit administrativen Ebenen identisch sein können. In Deutschland sind die Regionen der NUTS 1-Ebene die Bundesländer, die Regionen der NUTS 2-Ebene die Regierungsbezirke und die der NUTS 3-Ebene die Landkreise. Aufgrund der Tatsache, daß die Gebiete der verschiedenen NUTS-Ebenen weitgehend historisch entstanden sind, werden die Statistiken aber erheblich verzerrt. Zwar sind die meisten von ihnen hinsichtlich Größe und Bevölkerung vergleichbar, doch fällt auch eine ganze Reihe aus dem Rahmen, wie an einem Beispiel aus dem Bereich der NUTS 2-Ebene dokumentiert sei: die Region Ile-de-France hat 40mal so viele Einwohner wie das österreichische Burgenland und 90mal soviele wie das italienische Aostatal, dabei sind alle drei Regionen der Nuts 2-Ebene zugehörig (vgl. Kohl und Bergmann 1998, 86 f.).

gingen Phasen einer Beschleunigung des Konvergenzprozesses einher mit Phasen eines generell hohen Wirtschaftswachstums, woraus die Schlußfolgerung gezogen wurde, daß ein positives makroökonomisches Umfeld den Konvergenzprozeß eindeutig fördert, während sich in Phasen eines generell geringen Wirtschaftswachstums der Konvergenzprozeß deutlich verlangsamt. Aus diesem Grunde ist in den 80er Jahren der Konvergenzprozeß etwas ins Stocken geraten, wohingegen die Konvergenzdynamik zu Beginn der 90er Jahre wieder leicht zugenommen hat. Während die regionalen Divergenzen in den pro-Kopf-Einkommen somit im Zeitablauf gesunken sind, sind sie bezogen auf die Arbeitslosenzahlen in den vergangenen 10 Jahren konstant geblieben oder sogar leicht gestiegen (Europäische Kommission 1999 (2)); in wieweit die gerade in der jüngeren Zeit angelaufenen Qualifizierungsprogramme in den ärmeren Regionen diesen Trend umzukehren vermögen, bleibt abzuwarten.

Dies ist, grob gesprochen, auch schon die Quintessenz aus allen bisherigen empirischen Studien zur Regionalentwicklung in der Europäischen Union. Das ist nicht allzu viel und neueres Zahlenmaterial, das beispielsweise einen halbwegs zuverlässigen Trend über den Einfluß des Binnenmarktprogramms auf die wirtschaftliche Entwicklung in den einzelnen Regionen bis Ende der 90er Jahre erkennen ließe, liegt derzeit noch nicht vor. Vor diesem Hintergrund fällt eine empirisch fundierte Prognose über die künftige Regionalentwicklung in der EU naturgemäß sehr schwer, zumal die Europäische Währungsunion und der rapide fortschreitende weltwirtschaftliche Globalisierungsprozeß die Rahmendaten, unter denen „Wirtschaften" bislang in Europa stattgefunden hat, beträchtlich verändern werden. Um so wichtiger scheint aber, die Erklärungsansätze der wirtschaftswissenschaftlichen Forschung zur Regionalentwicklung zu bemühen, um aus diesen möglicherweise eine gewisse Evidenz für die künftige Entwicklung der regionalen Disparitäten in der Union -und gegebenenfalls das Erfordernis einer regionalen Umverteilungspolitik- herleiten zu können. Dies soll im folgenden Abschnitt 1.4.3. geschehen.

1.4.3. Theoretische Erklärungsansätze zur künftigen Regionalentwicklung in Europa

Der Begriff der *regionalen Entwicklung* ist sehr vielschichtig und mehrdeutig. Er repräsentiert ein Konglomerat verschiedener wirtschaftlicher, sozialer, politischer und anderer Aspekte, die je nach den Wertvorstellungen von verschiedenen Menschen unterschiedlich zusammengesetzt werden.[1] Im folgenden soll unter „regionaler Entwicklung" ausschließlich die wirtschaftliche Entwicklung einer Region -letztere verstanden als subnationales Teilgebiet eines oder mehrerer Staaten innerhalb des

---

[1] Vgl. Maier und Tödtling 1996, 35. Nach Nohlen und Nuscheler (1992) soll der Begriff „Regionalentwicklung" folgende Elemente umfassen: 1. Wachstum 2. Arbeit 3. Gleichheit/Gerechtigkeit 4. Partizipation 5. Unabhängigkeit/Eigenständigkeit. Der Human Development Index der Vereinten Nationen zur Kategorisierung von Entwicklungsländern umfaßt neben dem pro-Kopf-BSP die Lebenserwartung und den Bildungsstand der Bevölkerung (vgl. United Nations 1992). Zu weiteren Definitions- und Abgrenzungsmerkmalen der Begriffe „Entwicklung" und Entwicklungsländer" vgl. z.B. H. Wagner 1997(1), 4 ff., Mikus 1994, 3 ff., Glismann u.a. 1987, 20 ff. und Maier und Tödtling 1996, 21 ff. mit zahlreichen weiteren Hinweisen.

einheitlichen Wirtschaftsraums Europäische Union- erfaßt werden, die in Anlehnung an die Maßstäbe der EU-Kommission zur Beurteilung der regionalen Disparitäten -pro-Kopf-Einkommen und Arbeitslosenquote- gemessen wird. Dabei sollte eines klar sein: Zwar dürfen die Begriffe „Entwicklung" und „Wirtschaftswachstum" nicht gleichgesetzt werden, doch ist eine nachhaltige ökonomische Entwicklung ohne Wirtschaftswachstum schwerlich vorstellbar. Denn durch reine Umverteilung allein kann kein dauerhafter Entwicklungsprozeß, wie auch immer dieser definiert sein mag, aufrechterhalten werden (Wagner 1997, (1), 3.). *Regionalpolitik* kann verstanden werden als aktiver Eingriff in das Wirtschaftsgeschehen zugunsten bestimmter Regionen mit dem Ziel, die politische Akzeptanz fortschreitender Integration auf nationaler oder supranationaler Ebene zu erhöhen, in der Hoffnung, schmerzliche Anpassungsprozesse dämpfen zu können (Krieger-Boden 1995, 193).

In Anbetracht der kaum mehr überschaubaren Fülle theoretischer Arbeiten fällt jede auch nur halbwegs systematische und in sich logische Einteilung der Erklärungsansätze zur Regionalentwicklung naturgemäß sehr schwer. Dennoch erweist sich, wie noch zu sehen sein wird, der Versuch einer gewissen Systematisierung durchaus als fruchtbar, weil einmal viele der heute gebräuchlichen Theorien ihre historischen Vorgänger haben und nur aus diesem historischen Kontext heraus vollends verständlich sind und weil zum andern die in der Sekundärliteratur gewählten Bezeichnungen für und hergestellten Verbindungen zwischen bestimmten Theoriegebäuden so unterschiedlich bzw. mißverständlich sind, daß zunächst einmal klar sein muß, was mit einer Bezeichnung gemeint ist, bevor das Gemeinte beschrieben werden kann.

Als Systematisierungskriterien kommen unter Berücksichtigung des zu Ende des vorangegangenen Abschnitts beschriebenen Analysezwecks im wesentlichen in Betracht:

(1) Konvergenz- vs. Divergenzthese:
Das wichtigste Unterscheidungskriterium zwischen den verschiedenen Entwicklungstheorien ist im Hinblick auf die daraus zu ziehenden Schlußfolgerungen und Politikempfehlungen natürlich die Frage, ob für die Zukunft mit einer Annäherung des Entwicklungsstandes der Regionen gerechnet werden kann oder ob von einem weiteren Auseinanderdriften der Regionalentwicklungen auszugehen ist. Ersteres wird im Grundsatz von den meisten der in der neoklassischen Tradition stehenden Theorien angenommen, letzteres u.a. von Vertretern der sog. Standorttheorien, der Polarisationstheorien und der Neuen Wachstumstheorie für möglich, wenn nicht sogar für wahrscheinlich gehalten.

(2) Statische vs. dynamische Theorien
Während manche Modelle der Regionalentwicklung aus dem Vergleich verschiedener (Gleichgewichts)Zustände Schlußfolgerungen über die zwischenzeitlich ablaufenden Anpassungsprozesse zu ziehen versuchen, endogenisieren andere Modelle den Entwicklungsprozeß in der Zeit durch die Erfassung zeitlicher Veränderungsraten von ursprünglichen Bestandsgrößen und die Beschreibung der Ursachen dieser Veränderungen.

(Weitgehend) statische Theorien der Regionalentwicklung sind z. B. die Standorttheorien und die Außenhandelstheorien, während wachstumstheoretische Ansätze dynamischer Natur sind.

(3) Partialansätze vs. globale Erklärungstheorien

Zahlreiche Erklärungsansätze zur Regionalentwicklung, so z. B. die unter 1.4.3.2.3. behandelten Polarisationstheorien, zeichnen kein in sich konsistentes Theoriengebilde der Regionalent-wicklung insgesamt, sondern versuchen bewußt, nur Teilaspekte regionaler Divergenzprozesse herauszugreifen und zu erklären, während andere Ansätze wie die neoklassische Außenhandels- und die neoklassische Wachstums-theorie ein geschlossenes theoretisches Fundament zur Darstellung globaler Ent-wicklungen in der Zeit liefern können.

(4) Induktiver vs. deduktiver Ansatz

Während bestimmte Erklärungsansätze wie die neoklassische Theorie aus einem Satz von Annahmen mithilfe modelltheoretischer Rechnungen allgemeingültige Aussagen zur wirtschaftlichen Entwicklung herzuleiten versuchen, ziehen etwa wiederum die unter 1.4.3.2.1. beschriebenen Ansätze sowie die Polarisationstheorien ihre Erkennt-nisse zu wesentlichen Teilen aus empirischen Untersuchungen von Fallstudien.

Werden die verschiedenen Systematisierungskriterien miteinander kombiniert, so könnte daraus etwa folgende Klassifizierung der Theorien zur Regionalentwicklung resultieren (vgl. Abb. 2):

Theorien der Regionalentwicklung

Statische Theorien			Dynamische Theorien	
Standorttheorien	Außenhandelstheorien	Regionalaspekte der	Partialanalytische Ansätze	Wachstumstheorien
-Theorie der Land-	-Theorie der kompara-	-Theorie der öffent-	-Theorie der langen	-neoklassisches
nutzung (v. Thünen)	tiven Kostenvorteile	lichen Güter und der	Wellen (Kondratieff)	Wachstumsmodell
-Industriestandort-	(Ricardo)	-Theorie des Institutio-	-Produktzyklus-Hypo-	(Solow u.a.)
theorie (Weber)	-Faktorproportionen-	nenwettbewerbs	these (Hirsch, Vernon)	
-Theorie der zentra-	theorem			Konvergenzthese
len Orte (Christaller)	(Heckscher/Ohlin)			
-Theorie der Markt-				
netze (Lösch)	Konvergenzthese			-Polarisationstheo-
				rien (Myrdal,
Divergenzthese	- neue Außenhandels-			Hirschman u. a.)
	theorie (Krugman,			-neue Wachstums-
	Venables, Helpman			theorie (Lucas,
	u. a.)			Romer u. a.)
	Divergenzthese			
	- neue ökonomische			
	Geographie			Divergenzthese
	(Krugman, Venables,			
	Puga u. a.)			
	Divergenz oder Konvergenz			

Anmerkung: Da verschiedene der genannten Theorien sich nicht eindeutig zugunsten der Konvergenz- oder der Divergenzthese aussprechen, sondern nur die Bedingungen nennen, die aus ihrer Sicht für einen konvergente oder divergente Regionalentwicklung ausschlaggebend sind (und allenfalls eine Prognose abgeben, welchen Entwicklungstrend sie für wahrscheinlicher halten) und da sich zudem die Ergebnisse der meisten Theorien sehr schnell grundlegend ändern, wenn eine oder mehrere der ihnen zugrundeliegenden Prämissen aufgegeben werden, ist auf das o. g. Gliederungskriterium „Konvergenz- vs. Divergenzthese" bewußt verzichtet worden. Wenn dennoch einer der beiden Begriffe unter den meisten Theorien genannt wird, so soll dies nicht den falschen Eindruck erwecken, daß das entsprechende Theoriengebäude nur eine konvergente oder divergente Entwicklung zuläßt, sondern eine grobe Vorstellung davon geben, welche Entwicklung aus der Sicht der jeweiligen Theorie für wahrscheinlicher gehalten wird.

Abb. 2: Theorien der Regionalentwicklung im Überblick

1.4.3.1. Statische Theorien
1.4.3.1.1. Die Standorttheorien

J. H. v. Thünen (1826) der als Begründer der Regionalökonomie bezeichnet werden kann, hat als erster systematisch unterschiedliche Standortbedingungen im Raum untersucht und ausgehend von deduktiven Ansätzen versucht, die Verteilung von Wirtschaftsaktivitäten im Raum in konzentrischen Kreisen empirisch nachzuweisen. Da insbesondere die Transportkosten mit allen ihren direkten und indirekten Folgen eine tragende Rolle für die wirtschaftliche Entwicklung der Regionen spielen, gibt es bestimmte optimale Standorte für bestimmte Produktionszweige, d. h. bestimmte Nutzungsarten der immobilen Faktoren (v. Thünens Untersuchung konzentriert sich auf verschiedene Formen der agrarischen Nutzung des Faktors Boden). V. Thünen hat damit ein erstes Zentrum-Peripherie-Modell entwickelt, an dem das Entstehen unterschiedlicher Verdichtungsgrade ökonomischer Aktivitäten gezeigt wird. Seine Grundideen wurden sehr viel später insbesondere von der neuen ökonomischen Geographie wieder aufgegriffen.[1]

Auch A. Weber (1909) stellt die Transportkosten in den Mittelpunkt seiner Industriestandortanalysen. Drei Faktoren beeinflussen nach Weber die industrielle Standortwahl rohstofforientierter Produktionsbetriebe: die Transportkosten, die Arbeitskosten und Agglomerationswirkungen. Die Standortfaktoren werden als Kostenvorteile definiert. In drei sukzessiven Schritten ermittelt Weber zunächst den Standort minimaler Transportkosten und untersucht dann „Deviationen" (Schätzl 1998, 35) von diesem Transportkostenminimalpunkt aufgrund der Einflußgrößen Arbeitskosten und Agglomerationsvorteile.

Absatzorientierte Ansätze der Standorttheorie, deren wichtigste Vertreter W. Cristaller (1933) und A. Lösch (1939) waren, stellen dagegen das Problem in den Vordergrund, Produkte unter möglichst geringen Transportkosten an eine räumlich verstreute Nachfrage zu bringen. Sie richten ihren Blick nicht mehr auf ein vorgegebenes Zentrum, sondern ihre Anbieter haben es mit überregionalen, lokal unverdichteten Märkten zu tun. Transportkostenminimierung führt in diesem Fall zu komplexeren Vernetzungen der individuellen Unternehmensansiedlung, aber auch zu einem räumlich stärker gleichverteilten Industriebesatz (Franzmeyer 2001, 274)[2].

Insgesamt zeichnen die Standorttheorien damit differenzierte räumliche Siedlungsstrukturen auf mikroökonomischer Basis. Die damit verbundene Ungleichverteilung der Wirtschaftsaktivitäten im Raum liefert aber kein Motiv für

---

[1] Vgl. beispielsweise die ausdrückliche Bezugnahme auf v. Thünen an mehreren Stellen bei Krugman 1991.

[2] Während aber Cristaller in seiner Theorie der zentralen Orte eine hierarchische Struktur der räumlichen Ordnung der Wirtschaft beschreibt, die durch ein System von Orten unterschiedlicher Zentralitätsklassen gekennzeichnet ist und dabei zu dem Ergebnis kommt, daß jeweils Orte gleicher Zentralitätsordnung funktional identisch hinsichtlich der Zahl der angebotenen Güter, der Struktur des Warenkorbs und der Größe des Marktgebietes sind, versucht Lösch in seiner Theorie der Marktnetze die räumliche Verteilung der Produktionsstandorte und von Produktspezialisierungen zu erklären. Im System der Marktnetze werden nur im gemeinsamen Mittelpunkt der Netze alle Güter produziert. Im übrigen können Orte gleicher Größe unterschiedliche Funktionen erfüllen, d. h. sich spezialisieren; gleichzeitig müssen Orte höherer Zentralität nicht notwendigerweise alle Funktionen der Orte niedrigerer Zentralität umfassen, so daß es nicht nur zu einem Güterstrom von Großstädten in kleinere Orte, sondern auch von Lieferungen in umgekehrter Richtung kommt.

regionalpolitisches Handeln des Staates, weil keinerlei Aussagen über unterschiedliche Einkommens- und Beschäftigungsverhältnisse getroffen werden. Auch eine allokationspolitische Notwendigkeit für staatliche Regionalpolitik besteht nicht, weil es sich bei dem sich ergebenden Siedlungsgefüge um einen optimalen Zustand handelt (vgl. Krieger-Boden 1995, 196).

1.4.3.1.2. Die Außenhandelstheorien

Ein weiterer wichtiger Theoriestrang für die Erklärung regionaler Entwicklungen ist die Außenhandelstheorie mit den aus ihr folgenden Implikationen für den interregionalen Handel einer Wirtschaftsgemeinschaft.
Sie versucht seit D. Ricardos (1817) *Theorie der komparativen Kostenvorteile* die internationale (interregionale) Arbeitsteilung aus unterschiedlichen Ressourcenknappheiten und damit Produktionskosten zu erklären. Spezialisierung in Verbindung mit Handel führt zu höherem Einkommen als vollständige Eigenversorgung bei partiell suboptimalen Produktionskosten.[1] Nach dem *Faktorproportionentheorem* von E. Heckscher (1919) und B. Ohlin (1931) können komparative Kostenunterschiede in unterschiedlichen Faktorausstattungen, genauer gesagt: in unterschiedlichen Knappheitsproportionen der Faktoren (bei Heckscher und Ohlin Arbeit und Kapital), zweier Nationen oder Regionen begründet liegen, so daß trotz identischer Produktionstechnologien der Handel zwischen ihnen für beide wohlfahrtssteigernd wirkt: durch Handel gleichen sich die Faktorpreise zwischen beiden Regionen vollständig aus, auch wenn annahmegemäß die Faktoren nicht wandern. In Verbindung mit der neoklassischen Theorie vom abnehmenden Grenzertrag impliziert die unterschiedliche Faktorausstattung zugleich einen Prozeß der realen Einkommenskonvergenz, weil der Grenzertrag des knapperen Faktors höher ist als der des reichlicher vorhandenen.[2] Die für die Politik daraus zu ziehenden Schlußfolgerungen sind, daß es einer aktiven Regionalpolitik nicht bedarf: da bei vollständiger Liberalisierung des Güterhandels der Marktprozeß für ein interregionales Allokationsoptimum sorgt, sind keine effizienzsichernden Eingriffe erforderlich; und da der Handel ursprünglich räumlich unterschiedliche Faktorentgelte zum Ausgleich bringt, läßt sich auch die Notwendigkeit interregionaler Umverteilungspolitik nicht ohne weiteres begründen.[3]

---

[1] Die Höhe der Vorteile kann allerdings von Land zu Land sehr unterschiedlich sein und so zumindest theoretisch auch zur räumlichen Ungleichverteilung wirtschaftlicher Aktivitäten führen.

[2] Der Ausgleich der Faktoreinkommen tritt also auch bei völliger Faktorimmobilität ein: die Immobilität der Produktionsfaktoren wird ersetzt durch vollständige Mobilität der mit ihrem Einsatz hergestellten Güter. Tritt, wie in verschiedenen Erweiterungen des Heckscher-Ohlin-Modells unterstellt, zusätzlich (partielle) Faktormobilität auf, wird der Prozeß des Faktorpreisausgleichs noch beschleunigt.

[3] Allerdings ist der interregionale Ausgleich der Faktorpreise in dem Extremfall vollständiger räumlicher Spezialisierung ausgeschlossen. Dieser Fall tritt ein, wenn die Unterschiede in den Faktorproportionen beider Regionen einen kritischen Grenzwert überschreiten. Verfügt eine Region über sehr viel weniger von einem Faktor als eine andere Region, dann wird sie sich vollständig auf Produkte spezialisieren, zu deren Herstellung dieser Faktor kaum benötigt wird. Ein Faktorpreisausgleich kommt dann nicht zustande und ein regionalpolitisches Eingreifen wäre ggf. aus Umverteilungsaspekten heraus zu rechtfertigen (vgl.etwa Krieger-Boden 1995, 196 f.).

Die traditionelle, „neoklassische" Außenhandelstheorie geht davon aus, daß sich der industrielle Warenhandel auf atomistischen Wettbewerbsmärkten abspielt und das Muster der internationalen Spezialisierung allein von komparativen Kostenunterschieden bestimmt ist. Damit können viele der international und national stattfindenden Güteraustauschprozesse erklärt werden, aber eben nicht alle, so insbesondere nicht der intraindustrielle Handel. Diese Lücken versucht die sog. neue Handelstheorie, die etwa zeitgleich mit der neuen Wachstumstheorie und auf den selben Grundlagen wie diese in den 80er Jahren entstanden ist (vgl. etwa Helpman und Krugman 1985 sowie Venables 1985), zu schließen, indem sie entgegen den Annahmen der traditionellen Außenhandelstheorie auch Marktunvollkommenheiten zuläßt und den intraindustriellen Handel mit hochdifferenzierten, heterogenen Industriegütern, bei deren Produktion Skalenerträge stark ins Gewicht fallen, in den Mittelpunkt stellt.[1]

Bei zunehmenden Skalenerträgen ist es, so die neue Außenhandelstheorie, von Vorteil, die Produktion bestimmter Güter an nur einem oder wenigen Standorten zu konzentrieren und von dort aus andere Standorte zu beliefern, auch wenn diese keine komparativen Nachteile bei der Herstellung der Güter haben. Wegen der Unvollkommenheit der Märkte können die unter Skalenerträgen produzierenden Unternehmen Monopolrenten kassieren, die über die Entlohnung der eingesetzten Faktoren hinausgehen. Diese Renten gehen zu Lasten der Standorte, die die betroffenen Güter importieren (somit ist eine Angleichung der Faktoreinkommen nicht mehr zwangsläufig). Deshalb ist das Wohlfahrtsmaximum der Gesamtökonomie nicht unbedingt identisch mit dem Wohlfahrtsmaximum der einzelnen Volkswirtschaften (Krieger-Boden, 1995 203). Häufig hängt es von rein historischen Zufällen ab, in welchem von mehreren denkbaren Standorten die Produktion bestimmter Güter konzentriert wird. Aufgrund von Skalenerträgen haben aber einmal entstandene industrielle Zentren eine Tendenz der Selbsterhaltung oder sogar Ausdehnung.

Vor diesem Hintergrund müssen regional- und handelspolitische Eingriffe neu bewertet werden: sie können gerechtfertigt sein, um nicht natürlich gegebene, sondern durch historische Zufälligkeiten begründete und sich selbst erhaltende Standortnachteile einer Region auszugleichen und die Region dabei zu unterstützen, durch die Verbesserung ihrer Industriestruktur auf einen günstig(er)en Entwicklungspfad zu gelangen. Gleichzeitig könnten bei offensichtlich divergenter Einkommensentwicklung regionalpolitische Maßnahmen unter Umverteilungsaspekten sinnvoll sein.[2]

Aufbauend auf den Erkenntnissen der neuen Außenhandelstheorie bezieht die neue ökonomische Geographie (vgl. etwa Krugman 1991 und 1998; Venables 1996; Fujita und Thisse 1996; Ottaviano und Puga 1997) die räumliche Dimension von Wirtschaftsräumen in die Betrachtung ein und berücksichtigt den Einfluß der Faktor-

---

[1] Das heißt nicht, daß die neue Außenhandelstheorie komparative Vorteile als eine Bestimmungsgröße internationalen Handels ignoriert; nur sieht sie diese nicht als die alleinige Ursache des Handels an, sondern ergänzt diese durch die o. g. Faktoren.
Im übrigen ist es wichtig zu betonen, daß die neue Außenhandelstheorie nicht aus einem einheitlichen Modellansatz besteht, sondern die Realität mit einer Vielzahl unterschiedlicher Modelle abzubilden versucht (vgl. H. Wagner 1997, 153 f.).
[2] Zur grundlegenden Kritik an der neuen Außenhandelstheorie vgl. z. B. Wagner 1997, 116 ff.,154f. m.w.H.

mobilität und der Faktorakkumulation. Dementsprechend werden Agglomerationstendenzen nicht mehr nur als das Ergebnis einer gegebenen Faktorausstattung
gesehen, sondern die Faktorausstattung selbst wird endogenisiert und ist dann
ihrerseits das Resultat von Agglomerationstendenzen. In einem zirkulär-kumulativen
Prozeß können sich so Agglomerationstendenzen selbst verstärken, doch können auch
Deglomerationstendenzen auftreten, die ebenfalls zirkulär-kumulativ verlaufen
können (vgl. dazu näher Krieger-Boden 1999, 236 f.).
Für die Herausbildung von Entwicklungszentren sind im wesentlichen drei Parameter
ausschlaggebend: „Sufficiently strong economies of scale; ...sufficiently low costs of
transportation; ... a sufficiently large share of „footloose" production not tied down by
natural ressources" (Krugman 1991, 21 f.). Zentripetal wirkende Kräfte sorgen dann
für eine Erhaltung bzw. Verstärkung dieser Zentren; sie sind an die Existenz unvollkommener Märkte gebunden und treten auf, wenn Größenvorteile vorliegen -dies
können unternehmensinterne Skalenerträge (wie Massenproduktionsvorteile oder
Lernkurveneffekte), brancheninterne Lokalisationsvorteile (wie ein branchenspezi-
fischer Absatzmarkt, ein hohes Fachkräfteangebot oder eine große Zuliefererdichte)
oder branchenexterne Urbanitätsvorteile (z. B. spillover- oder spread-Effekte aus
anderen Branchen) sein- oder wenn Produkte inhomogen sind und Konsumenten
gleichzeitig eine Präferenz für Produktvielfalt haben.[1] Den zentripetalen Kräften
stehen allerdings zentrifugal wirkende entgegen; dies sind vor allem immobile
Produktionsfaktoren und Ballungskosten (mit zunehmendem Agglomerationsgrad
steigen sowohl die Preise der immobilen Faktoren als auch die Ballungskosten), aber
auch eine gleichmäßige Bevölkerungsverteilung (weil diese zu verstreuten Absatz-
märkten führt) und ein hoher Homogenitätsgrad der Produkte (denn er fördert den
Preiswettbewerb im Zentrum, der ein Ausweichen an die Peripherie lohnend macht)
(Krieger-Boden 1999, 237).
Welche der Kräfte -zentripetale oder zentrifugale- letztendlich dominieren, ist nicht
vorgegeben, sondern hängt entscheidend vom Integrationsgrad einer Wirtschaft ab.
Dieser wiederum findet seinen Niederschlag in der Höhe der Transportkosten, so daß
sinkende Transportkosten als Ausdruck eines steigenden Integrationsgrades verstanden werden können und umgekehrt. Dabei spielen die Transportkosten eine ambi-
valente Rolle (Krugman 1991; Krugman und Venables 1995): Sind sie sehr hoch, so
befindet sich jede Region in einem Zustand der kostenbedingten Autarkie. Erst das
Absinken der Transportkosten erlaubt die Aufnahme von Handel und damit Integration. In dieser Situation ermöglichen die gesunkenen Transportkosten durch die
Wahl eines zentralen Standortes das Ausnutzen von Skalenerträgen und Externalitäten. Sinken die Transportkosten jedoch weiter und steigen gleichzeitig die
Ballungskosten, so können die zentrifugalen Kräfte die Oberhand gewinnen, und es
wird für Unternehmen interessant, die Absatzmärkte der Zentren von Produktions-
stätten in ursprünglich peripheren Regionen aus zu bedienen. Dadurch würde eine
eher konvergente regionale Einkommensentwicklung im Zuge zunehmender Integration gefördert werden.
In welcher der beiden Phasen sich der europäische Integrationsprozeß gegenwärtig
befindet, ist nach Ansicht der Vertreter der neuen ökonomischen Geographie

---

[1] Die Preiselastizität der Nachfrage ist dann gering. An die Stelle eines Preiswettbewerbs tritt ein
Wettbewerb um Absatzgebiete, der am leichtesten von einem zentralen Standort aus mit einem bereits
bestehenden großen heimischen Markt geführt werden kann (vgl. Fujita und Thisse 1996).

ungewiß: auch wenn z. B. Krugman (1991, 97 f.) durch die seinerzeit bevorstehende Schaffung des europäischen Binnenmarktes eher die Chance eines Konvergenz-prozesses sah, war er sich dessen absolut nicht sicher („I would suppose that we are now on the good side of the U, not the bad" -nach Ansicht der neuen ökonomischen Geographie hat der Integrationsprozeß von Wirtschaftsräumen den Verlauf einer umgekehrten U-Kurve, Anm. N.G.- ... but we cannot be sure"). Eindeutig wären hingegen die Empfehlungen aus Sicht der neuen ökonomischen Geographie, auf welche Weise die Europäische Union den Konvergenzprozeß vorantreiben könnte: vor allem durch die Verbesserung der Infrastruktur in den peripheren Regionen müßten die Transportkosten so weit gesenkt werden, daß die zentrifugalen Kräfte das Übergewicht gewinnen.

1.4.3.1.3. Regionalaspekte der Theorie der öffentlichen Güter und der Theorie des Institutionenwettbewerbs

Anders als bei den bisher dargestellten Theorieansätzen zur Regionalentwicklung steht bei den raumrelevanten Aspekten der Theorie der öffentlichen Güter das Handeln des Staates selbst, d.h. die räumliche Dimension staatlicher Leistungs-bereitstellung, im Mittelpunkt der Analyse. Raumrelevant im Hinblick auf den re-gionalen Konvergenz- (oder Divergenz-)prozeß ist die Theorie der öffentlichen Güter insoweit, als der Staat in einer arbeitsteiligen Wirtschaft durch die Bereitstellung bestimmter Vorleistungen zum Produktionsprozeß (die Infrastruktur), die durch Private aus verschiedenen Gründen nicht bereit gestellt werden können, für eine effiziente Allokation der Ressourcen und eine ausgewogene Entwicklung der Volks-wirtschaft zu sorgen hat (vgl. Franzmeyer 2001, 275 f., Krieger-Boden 1995, 200f.) Wird Infrastruktur zum Engpaßfaktor für die wirtschaftliche Entwicklung einer Volkswirtschaft, so kann diese ihr Entwicklungspotential nicht voll ausschöpfen. Des-halb ist es die -allokationspolitische- Aufgabe der Regionalpolitik, die Entwicklungs-potentiale einer jeden Region festzustellen und Engpässe im Infrastrukturangebot zu beseitigen (vgl. etwa Giersch 1963, 393 ff.).
Die herkömmliche Theorie der Infrastruktur ist in jüngerer Zeit erweitert worden durch die Theorie des Institutionenwettbewerbs. Im Mittelpunkt der Untersuchung steht dabei die Wettbewerbsfähigkeit eines Landes oder einer Region, verstanden als die Fähigkeit, besser als andere Länder Wachstumskräfte freizulegen und zu stärken und knappe, räumlich mobile Produktionsfaktoren anzuziehen, die komplementär zu den immobilen Faktoren gebraucht werden. Die Attraktivität der Standorte für mobile Faktoren „wird von den immobilen Faktoren bestimmt -von den physischen Produk-tionsfaktoren einerseits, die in der Regel dem privaten Sektor angehören und in einer Marktwirtschaft nicht direkt gelenkt werden können, und von den Institutionen andererseits, die durch die Politik gestaltet werden können" (Krieger-Boden 1995, 207 in Anlehnung an Siebert und Koop 1990 und Siebert 1992). Als Institutionen in diesem Sinne sind nicht nur Behörden oder öffentliche Einrichtungen, sondern beispielsweise auch die Ausgestaltung des Steuer-, Bildungs-, Sozialversicherungs-systems etc. einer Volkswirtschaft zu verstehen. Dabei wird es nicht a priori ein Optimum der Institutionen geben, eher wird sich ein solches erst aus dem Wettbewerb der Standorte, dem Wettbewerb als Entdeckungsverfahren im Sinne Hayeks (1968)

ergeben. Für die Regionalpolitik bedeutet dies, daß durch eine entsprechende Gestaltung der steuer-, wettbewerbs-, arbeits- und sozialrechtlichen Bestimmungen, die Bereitstellung „harter" und „weicher" Infrastrukturfaktoren u.a. mehr ein leistungs- und investitionsfreundliches Klima in den jeweiligen Regionen geschaffen werden muß.

1.4.3.1.4. Der produktionseffizienztheoretische Ansatz Homburgs (1993)

In seinem 1993 erschienen Artikel „Eine Theorie des Länderfinanzausgleichs-Finanzausgleich und Produktionseffizienz" versucht S. Homburg der Frage nachzugehen, inwieweit interregionale Finanztransfers zur Sicherung räumlicher Produktionseffizienz in einer föderalistisch organisierten Volkswirtschaft sinnvoll bzw. erforderlich sind. Obgleich die Arbeit Homburgs keine grundsätzlich neuen Ideen vermittelt, erscheint sie doch vor allem deshalb interessant, weil sie verschiedene Aspekte der oben beschriebenen Theorien der Regionalentwicklung, so vor allem Teile der neoklassischen Gleichgewichts- und Außenhandelstheorie (bezogen auf den Faktorpreisausgleich zwischen Regionen) und die raumrelevanten Aspekte der Theorie der öffentlichen Güter, miteinander kombiniert und dabei zu interessanten Politikimplikationen gelangt.

Das zentrale Problem bei der Beurteilung von Konvergenzprozessen in der ökonomischen Entwicklung unterschiedlich ausgestatteter Regionen und des Erfordernisses eines -effizienzorientierten- Finanzausgleichs liegt für Homburg in der Frage begründet, ob die karge Ausstattung vieler armer Regionen mit öffentlicher Infrastruktur und mobilen privaten Faktoren einen vorübergehenden Ungleichgewichtszustand während eines längeren Anpassungsprozesses zu einem stabilen Wachstumsgleichgewicht verkörpert oder ein Gleichgewichtsphänomen darstellt, das Ausdruck einer u.U. bereits seit Jahrzehnten bestehenden, gewachsenen Differenz in den natürlichen Standortqualitäten -z. B. den Rohstoffen- verschiedener Regionen ist. Erst wenn die genannte Frage in dem Sinne entschieden ist, daß regionale Wohlstandsunterschiede Ausdruck eines noch vorhandenen, aber im Zeitablauf geringer werdenden, Ungleichgewichts in der wirtschaftlichen Entwicklung von Regionen sind, besteht ein Rechtfertigungsgrund, den andernfalls allzu langwierigen und ineffizienten Anpassungsprozeß durch zentralstaatliche Eingriffe, insbesondere Finanzausgleichsleistungen und den Abbau interregionaler Mobilitäts- und Handelshemmnisse, zu beschleunigen. Als Beispiel für diesen Fall nennt Homburg die ungleiche Infrastrukturausstattung der west- und ostdeutschen Bundesländer, während für ihn die unterschiedliche Infrastrukturausstattung und wirtschaftliche Entwicklung insgesamt innerhalb der westdeutschen Länder ein Gleichgewichtsproblem darstellt, das Ausdruck natürlicher Standortunterschiede ist und die Notwendigkeit eines interregionalen Finanzausgleichs nicht zu begründen vermag.

Kernpunkt des Modells von Homburg ist die Untersuchung des Zusammenhangs zwischen Infrastruktur, Steuerkraft und Sozialprodukt in einer Föderation. Dieser Zusammenhang ist ein dreifacher: Erstens ist das regionale Sozialprodukt eine wachsende Funktion der regionalen Infrastruktur. Zweitens ist das regionale Steueraufkommen eine steigende Funktion des regionalen Sozialproduktes. Und drittens ist die regionale Infrastruktur eine wachsende Funktion der regionalen Steuerkraft, sofern sie in einem System ohne Transferleistungen alleine durch dieses Steueraufkommen finanziert wird. Diese Zusammenhänge finden ihren Ausdruck in folgendem Gleichungssystem:

$$Y_i = F(\overline{L_i}, K_i, G_i) \qquad (1.1.)$$
$$t \cdot Y_i = \delta \cdot G_i \qquad (1.2.)$$
$$(1-t) \cdot F_K^i = r + \delta \qquad (1.3.)$$

Dabei bezeichne Y_i das Sozialprodukt der Region i, L_i die in Effizienzeinheiten gemessene Menge des immobilen privaten Faktors Land in der Region i, K_i den mobilen Produktionsfaktor Kapital, G_i die Infrastrukturausstattung der Region i, t den für alle Regionen einheitlichen Steuersatz, δ die ebenso für alle Regionen einheitliche Abschreibungsquote auf den vorhandenen Infrastrukturbestand, r den Faktorlohn (Zinssatz) für den privaten Produktionsfaktor Kapital und F (.) die in allen Regionen einheitliche Produktionsfunktion.

Das Gleichungssystem repräsentiert den stationären Gleichgewichtszustand einer Region. In diesem Zustand werden die zu allokativen Zwecken vereinnahmten Steuern nicht zum Aufbau neuer Infrastruktur, sondern ausschließlich zur Finanzierung der Abschreibungen, $\delta \cdot G_i$, auf den vorhandenen Infrastrukturbestand verwendet. Die Frage ist nun, ob der beschriebene Zusammenhang zwischen Infrastruktur, Steuerkraft und Sozialprodukt bewirken kann, daß eine -gemessen an ihrer anfänglichen Infrastrukturausstattung- arme Regionen aus eigener Kraft, d.h. ohne korrigierenden Finanzausgleich, ein Niveau erreichen kann, wie es reiche Regionen bereits vorzuweisen haben.

Die Antwort Homburgs lautet: ja. Voraussetzung für eine räumlich effiziente Allokation sei eine einheitliche Grenzproduktivität der Infrastruktur in allen Regionen; denn bei gegebenen Produktionsverhältnissen, konstanten Skalenerträgen und der Existenz immobiler Produktionsfaktoren sei genau eine räumliche Aufteilung der privaten mobilen Produktionsfaktoren im Raum effizient; die Faktorproduktivität der privaten mobilen Produktionsfaktoren sei ihrerseits eine wachsende Funktion der örtlichen Infrastruktur.

Das in (1.1.) - (1.3.) beschrieben System tendiere nun von selbst, ohne zentralstaatlich organisierten Finanzausgleich, auf einen Zustand hin, in dem die Grenzproduktivität der Infrastruktur in allen Regionen gleich ist; denn Regionen mit einer *unterdurchschnittlichen* Infrastrukturintensität pro Bodeneinheit (G_i / L_i) wiesen bei abnehmenden Grenzerträgen eine *überdurchschnittliche* Infrastrukturproduktivität (Y_i / G_i) auf; sie erwirtschafteten damit Haushaltsüberschüsse und könnten diese für die Akkumulation weiterer Infrastruktur verwenden, bis der beschriebene stationäre Zustand erreicht ist[1]. Die Effizienz des stationären Marktgleichgewichts könnte -unter den getroffenen Prämissen- allenfalls durch die staatliche Finanzpolitik selbst beeinträchtigt werden, dann nämlich, wenn in einem Staat räumlich differenzierte Steuern auf die mobilen Produktionsfaktoren erhoben würden [2]. Deshalb habe die zentralstaatliche Finanzpolitik einen in der gesamten Föderation einheitlichen Steuersatz t

---

[1] Unterschiede in den Sozialprodukten pro Flächeneinheit sind somit für Homburg allein Ausdruck natürlicher Standortvorteile.

[2] Denn aus Gleichung (1.3.): $(1-t_i) \cdot F_K^i = r + \delta$ für alle i und aus $t_i > t_j$ folgt unmittelbar $F_K^i > F_K^j$

festzulegen, der so zu wählen sei, daß der Grenzertrag der Infrastruktur (F_G^i) mit ihren Grenzkosten übereinstimme. [1]
Demgegenüber ist nach Homburg der Anpassungspfad hin zum stationären Gleichgewichtszustand in aller Regel ineffizient und erfordert einen allokativ bedingten interregionalen Transfer: Bei ungleichgewichtigen Anfangsausstattungen mit Infrastruktur könne das gemeinsame Sozialprodukt der Regionen gesteigert werden. Die Begründung dafür ist folgende: Unterscheiden sich zwei ansonsten gleiche Regionen alleine durch ihre anfängliche Infrastrukturausstattung G_i^0, mit $G_1^0 > G_2^0$, so folgt in einem System ohne Finanzausgleichsleistungen aus der Budgetrestriktion der Region i

$$G_i = t \cdot Y_i^0 + (1-\delta)G_i^0 \qquad (1.4.)$$

sofort, daß die Region 1 auch in der Folgeperiode besser mit Infrastruktur ausgestattet ist. Denn zum einen ist bereits der Anfangsbestand der Infrastruktur in Region 1 größer (sofern δ<100 %), zum anderen erhält die Region 1 ein höheres Steueraufkommen, da das örtliche Sozialprodukt Y_1^0 eine steigende Funktion der Infrastruktur ist. Durch ein einfaches Induktionsargument kann nun gezeigt werden, daß Region 1 in allen Folgeperioden eine größere Infrastrukturausstattung haben wird als Region 2, bis der stationäre Zustand erreicht ist. Sofern aber die Infrastrukturausstattung der Region 1 während des gesamten Anpassungsprozesses besser ist, muß die Grenzproduktivität der Infrastruktur dort in jeder Periode geringer sein, wohingegen Effizienz eine räumlich einheitliche Grenzproduktivität in jeder Periode erfordert. Der gesamte Anpassungsprozeß verläuft somit ineffizient: Das gemeinsame Sozialprodukt beider Regionen kann erhöht werden, indem durch einen Finanzausgleich Infrastruktur aus Region 1 nach Region 2 verschoben wird.

Insgesamt lassen sich die Hauptergebnisse der Arbeit Homburg wie folgt zusammenfassen: Erstens erfordert räumliche Effizienz eine einheitliche Grenzproduktivität der öffentlichen Infrastruktur in allen Regionen. Zweitens verletzt ein föderales System ohne Finanzausgleich diese Effizienzbedingung, wenn die Anfangsbestände der öffentlichen Infrastruktur regional verschieden sind. Drittens nähert sich die räumliche Verteilung der Infrastruktur automatisch dem effizienten Zustand, wenn man einheitliche Steuersätze unterstellt. Viertens dominiert ein System interregionaler Transferleistungen im Sinne eines horizontalen Finanzausgleichs andere Maßnahmen zum Ausgleich regionaler Wohlfahrtsunterschiede wie Steuerpräferenzen, Steuerautonomie oder autonome Verschuldung regionaler Gebietskörperschaften.

Die Frage, die sich aus dem Ansatz Homburgs im Hinblick auf den Konvergenzprozeß innerhalb der europäischen Union und das Erfordernis einer -effizienzorientierten- europäischen Regionalpolitik ergibt, ist nun, ob die in der EU gegenwärtig bestehenden Ausstattungs- und Wohlfahrtunterschiede der Regionen Ausdruck überkommener natürlicher Standortvor- und -nachteile und somit als gegeben hinzunehmen sind oder ob nicht zumindest bis zur Schaffung des europäischen Binnenmarktes ein Integrationsstand herrschte, bei dem von einem einheitlichen, dem Modell Homburgs entsprechenden Wirtschaftsraum nicht die Rede sein und demzufolge ein diesem einheitlichen Wirtschaftsraum immanenter Konvergenz-

---

[1] Aus der Erkenntnis, daß im Produktionsoptimum der Preis jedes Faktors seinem Grenzprodukt entspricht und der Annahme, Kapital- und Infrastrukturgüter seien untereinander homogen, also jederzeit austauschbar, folgt als Lösung des Optimierungsproblems

$\max \sum [Y_i - (r+\delta) \cdot (K_i + G_i)]$ unmittelbar $F_K^i = F_G^i = r + \delta$ für alle i.

prozeß (so die Regionen über keine natürlichen Standortnachteile verfügen) bislang überhaupt nicht stattfinden konnte. Die Frage dürfte relativ eindeutig im Sinne der zweiten Alternative zu beantworten sein.[1]

1.4.3.2. Dynamische Theorien
1.4.3.2.1. Partialanalytische Ansätze

Während sich die komparitiv-statischen Theorien der Regionalentwicklung auf den Vergleich verschiedener (Gleichgewichts)Zustände konzentrieren, ohne den Anpassungsprozeß zwischen diesen Zuständen im einzelnen zu analysieren, spielt bei den dynamischen Theorien die Analyse der zeitlichen Veränderung ökonomischer Größen und ihrer Ursachen eine entscheidende Rolle. Es vermag deshalb nicht zu verwundern, daß die dynamischen Theorien der Regionalentwicklung mittlerweile eine größere Bedeutung erlangt haben als die statischen.

Die ältesten dynamischen Theorien zur wirtschaftlichen Entwicklung sind eine Reihe von partialanalytischen Ansätzen, die versuchen, bestimmte historisch beobachtbare Entwicklungen als Abfolge langfristiger räumlicher Differenzierungsprozesse zu erklären. Sie betonen, daß sich die Wirtschaft in einem ständigen Strukturwandel befindet. Im Zuge dieses wirtschaftlichen Transformationsprozesses kommt es zu intraregionalen, interregionalen und internationalen Verlagerungen ökonomischer Aktivitäten. Als entscheidende Antriebskraft der Transformation der Wirtschaft wird häufig der *technische Fortschritt* angesehen, d. h. die Bereitstellung neuer Produkte und Dienstleistungen bzw. die Entwicklung neuer Produktionsverfahren oder Organisationsformen.[2] Obgleich die Partialansätze sich auf die Erklärung einzelner empirisch belegbarer Entwicklungen beschränken und demzufolge nicht den Anspruch einer allgemeingültigen Entwicklungstheorie erheben können, haben einige von ihnen doch erhebliche Bedeutung für die weitere Entwicklung der Wachstumstheorien erlangt. Die beiden wichtigsten sollen deshalb im folgenden in der gebotenen Kürze dargestellt werden.

Nach der im wesentlichen auf Kondratieff (1926) zurückgehenden sog. Theorie der langen Wellen treten in regelmäßigen zeitlichen Abständen grundlegende technische Neuerungen (Basisinnovationen) in gehäuftem Maße in einem bestimmten Wirtschaftsraum auf und lösen dort lange Wachstumsschübe aus. Die Basis-

---

[1] Allerdings kann eine Reihe der Modellprämissen Homburgs erheblich in Zweifel gezogen werden -was natürlich auch den Aussagegehalt des Modells einschränkt. Dies betrifft neben den Annahmen stetig abnehmender Grenzerträge in den akkumulierbaren Faktoren und durchgängig konstanter Skalenerträge der Produktionsfunktionen vor allem die Hypothese räumlich undifferenzierter Faktorintensitäten und auch ansonsten räumlich völlig identischer Rahmenbedingungen (insbes. gleiche Steuersätze) sowie die Nichtberücksichtigung externer Effekte. Weiterhin problematisch sind die Annahmen eines freien Wettbewerbs mit der Möglichkeit des jederzeitigen und kostenlosen Marktein- und -austritts, der hohen Preisflexibilität der Faktornachfrage und einer ebenso hohen Faktormobilität sowie die völlige Ausklammerung des Verhaltens der Regionalregierungen und der privaten Wirtschaftssubjekte (Haushaltswanderungen, Konsumentscheidungen u.a.); schließlich die Annahme der vollkommener Homogenität (im Sinne problemloser Austauschbarkeit) von Infrastruktur- und privaten Kapitalgütern.
[2] Vgl. Schätzl 1998, 193.

innovationen schaffen als Produktinnovationen neue Wachstumsindustrien und bewirken als Prozeßinnovationen tiefgreifende Veränderungen in den bereits bestehenden Wirtschaftszweigen. Zwar konzentrieren sich bei jeder langen Welle, deren Dauer bislang zwischen 50 und 60 Jahren lag, die ökonomische Aktivitäten auf wenige Zentren, doch entstehen gleichzeitig eine weltweit charakteristische industrielle Standortstruktur und eine ebenso charakteristische Vernetzung der Standorte über die Mobilität von Gütern und Produktionsfaktoren. Der Abschwung beginnt, wenn die Innovationskraft der neuen Technologie erschöpft und eine gewisse Marktsättigung eingetreten ist. Beim Übergang von der einen Welle zur nächsten kommt es zu einer großräumigen Verlagerung des Schwerpunktes der ökonomische Aktivitäten, deren Gründe u.a. darin liegen, daß die Zentren der alten Welle nicht den Standortanforderungen der neuen Wachstumsindustrien genügen -das gilt insbesondere für die Ausstattung mit Infrastruktur und Humankapital für den speziellen Wirtschaftszweig- und daß Großunternehmen, Gewerkschaften und öffentliche Verwaltungen in den etablierten Kernregionen im Laufe der Zeit verkrusten und deshalb längst überfällige Anpassungsprozesse unterbleiben.[1]

Der Produktzyklus-Hypothese (vgl. dazu etwa Hirsch 1967, Vernon 1979, Tichy 1991(1)) zufolge besitzen die Produkte nur eine begrenzte Lebensdauer, während der sie einen mehrphasigen Lebenszyklus durchlaufen. Für jede dieser Lebenszyklusphasen bestehen phasenspezifische Standortanforderungen, so daß sich im Laufe des Lebenszyklus eines Produktes der betriebswirtschaftlich optimale Produktionsstandort verschiebt. So ist die Entwicklungsphase eines neuen Produkts in aller Regel sehr humankapitalintensiv und erfordert hohe F&E-Investitionen; qualifizierte Arbeitskräfte, universitäre und außeruniversitäre Forschungseinrichtungen und Risikokapital sind aber vornehmlich in urbanindustriellen Zentren zu finden. In der Wachstumsphase verlagert sich das Schwergewicht der Innovationen auf den Produktionsprozeß. Gleichzeitig verringert sich die Humankapitalintensität und es steigt die Sachkapitalintensität der Produktion. In jeder Reifephase bewirken Standardisierung der Produktionsverfahren, eine steigende Sachkapitalintensität und ein sich verschärfender Qualitäts- und Preiswettbewerb funktionale Standortspaltungen und Betriebsverlagerungen in das Hinterland des Zentrums, in die Peripherie oder auch in Billiglohnländer. Aufgrund der spezifischen Standortvorteile errichten dort auch neu auf den Markt drängende Konkurrenten ihre Betriebe. Im Lebenszyklus eines Produktes verschiebt sich somit der optimale Produktionsstandort in der Regel von Zentrum in Richtung Peripherie, d.h. „es besteht eine Tendenz zur intraregionalen, interregionalen und internationalen Dezentralisierung der Produktion" (Schätzl 1993, 35).[2]

---

[1] Auf Europa bezogen war in der Vergangenheit eine Südwanderung des Wirtschaftszentrums beim Übergang von der einen langen Welle zur nächsten festzustellen. Ausgangszentrum der ersten langen Welle, der industriellen Revolution um 1800 mit Erfindungen in den Bereichen Dampfkraft, Textil- und Eisenindustrie war Manchester, während die zweite Welle (Eisenbahn, Dampfschiff, Eisen- und Stahlindustrie, ca. 1850) neben England einen Produktionsschwerpunkt im Ruhrgebiet und im Saarland hatte und es im Lauf der dritten (Automobilindustrie, chemische Industrie, Elektrizität, ca. 1900) und der vierten Welle (Elektronik, Petrochemie) zu einer Verlagerung der Wachstumsdynamik in das Rhein-Main- und das Rhein-Neckar-Gebiet sowie in die Ballungsregionen München und Mailand kam (Schätzl 1993, 31).

[2] Allerdings liegt in dieser Tendenz weder ein Automatismus - so werden Gewerkschaften, Unternehmer und Politiker in den Zentren meist versuchen, die Abwanderung von „reifen" Produkten und damit von Arbeitsplätzen zu verhindern - noch unterliegen alle Güter einem „raumwirksamen"

Zwar können nach den beschriebenen Partialansätzen erhebliche räumliche Einkommensunterschiede auftreten, gleichzeitig werden aber Möglichkeiten für regionale Aufholprozesse gesehen. Das Ergebnis des Wettbewerbs ist damit nicht vorbestimmt, die Stellung einer Region nicht unwiderruflich festgelegt. Die Beurteilung der Notwendigkeit für regionalpolitische Eingriffe unter Umverteilungsaspekten ist deshalb schwierig; abhängig vom konkreten Einzelfall ließen sich regionalpolitische Maßnahmen rechtfertigen, die das endogene Entwicklungspotential der Region stärken und so die Wettbewerbschancen der Region verbessern. Aus allokationspolitischer Sicht wären hingegen regionalpolitische Maßnahmen nicht geboten, da der permanente Wettbewerb, unter dem sich die wirtschaftliche Entwicklung vollzieht, für Effizienz sorgt.

1.4.3.2.2. Das neoklassische Wachstumsmodell

Die im vorangegangen Abschnitt beschriebenen Partialansätze können in vielen Einzelfällen eine plausible ex-post Erklärung für regionale Entwicklungen auf der Grundlage eines umfangreichen empirischen Datenmaterials zu liefern. Was diese Paritalansätze jedoch nicht zu leisten vermögen, ist ein globales Entwicklungsbild einer offenen Föderation auf der Basis eines in sich konsistenten Theoriegebildes zu zeichnen, aus dem einigermaßen zuverlässige Prognosen über die zukünftige wirtschaftliche Entwicklung der Gliedstaaten abzuleiten wären. Den Anspruch, solche Prognosen geben zu können, erhebt jedoch die neoklassische Wachstumstheorie, die im folgenden in vereinfachter Form beschrieben werden soll.

Das Grundmodell der neoklassischen Wachstumstheorie geht auf Solow (1956) zurück und ist vergleichsweise einfach konstruiert.[1] Solow geht von einer Volkswirtschaft

---

Produktlebenszyklus. Insbesondere Güter, deren Produktion an den Standort von Rohstoffen gebunden ist, Produkte, die im wesentlichen nur für den lokalen Markt des Agglomerationsraumes hergestellt werden sowie Güter, zu deren Herstellung in besonderer Weise qualifiziertes Humankapital sowie spezialisierte Dienstleistungen oder F&E-Einrichtungen erforderlich sind, über die nur Ballungsräume verfügen, folgen im allgemeinen nicht dem oben geschilderten Produktlebenszyklus.
Im Kontext der Europäischen Union werden als empirische Belege für die räumlichen Wirkungen der Produktzyklus-Hypothese die Standortverlagerungen der Textilindustrie und der Automobilindustrie aus dem Zentrum in die Randstaaten der Union (vor allem Portugal und Spanien) während der vergangenen rd. eineinhalb Jahrzehnte angeführt. Auch zur Erklärung der Anpassungsprobleme von Altindustrieregionen (Ziel: Nr. 2-Regionen) wird vielfach die Produktlebenszyklus-Hypothese - wenngleich nicht in ihrer oben beschriebenen räumlichen Wirkung einer Produktionsstandortverlagerung- als Erklärungsmuster herangezogen: wegen der -historisch gewachsenen- oft einseitigen Ausrichtung der Wirtschaftstätigkeit auf eine oder wenige Schlüsselbranchen, z.B. die Montanindustrie, die ihren Wachstumszenit längst überschritten haben und sich nunmehr in einer Stagnations- oder Niedergangsphase befinden, sind viele der einstmals florierenden Industrieregionen in der wirtschaftlichen Entwicklungsdynamik weit hinter jene Regionen zurückgefallen, die über ein Branchenmix mit einem hohen Anteil vergleichsweise junger, in der Wachstums- oder Reifephase befindlicher Industriezweige (Telekommunikationstechnik, Biotechnologie, Pharmaindustrie, neue Energien u.a.) verfügen (vgl. dazu ausführlich Hamm und Wienert 1990, 40 ff).
[1] Die folgende Darstellung des Solow-Modells folgt im wesentlichen H. Wagner 1997, 69 ff. Dies beinhaltet, daß zunächst auf die Darstellung von Bevölkerungswachstum und Abschreibungen auf den Kapitalbestand verzichtet wird, um die Argumentationskette möglichst einfach zu halten. Sehr

aus, die die Faktoren Arbeit (N) und Kapital (K) verbindet, um ein einziges homogenes Gut Y herzustellen. Dieses Gut kann von den Haushalten konsumiert oder von Unternehmen als feste Ausstattung benutzt, d.h. kostenlos in eine Kapitaleinheit umgewandelt, werden. Die Technologie, mit der Y produziert wird, weist konstante Skalenerträge und abnehmende Erträge hinsichtlich der einzelnen Inputs auf.[1] Technischer Fortschritt wird in der neoklassischen Theorie als exogen gegeben angesehen. Er wird außerhalb des Wirtschaftssystems bestimmt und fällt, um ein geflügeltes Wort zu übernehmen, „wie Manna vom Himmel". Formal kann dies dadurch ausgedrückt werden, daß der technische Fortschritt (A) als Funktion der Zeit spezifiziert wird. In der gesamtwirtschaftliche Produktionsfunktion möge der technische Fortschritt dann als rein arbeitsvermehrender Faktor integriert werden. Die Arbeitsproduktivität wachse über die Zeit hinweg exogen, so daß $1/A(t)$ Arbeitseinheiten zum Zeitpunkt t erforderlich sind, um die Produktion durchzuführen, für die zum Zeitpunkt t=0 eine Arbeitseinheit benötigt wurde. Aber nicht nur das technische Wissen wird als exogen determiniert angesehen, sondern auch das Angebot an Arbeit. Nur der Kapitalbestand wird innerhalb des Modells, also endogen, bestimmt. Die aggregierte Produktionsfunktion ist dann:

$$Y_t = F(K_t, A_t \cdot N)^2 \tag{1}$$

Ist F (.) konkav und linear-homogen und steigt A monoton mit der Zeit, so kann die Technologie auch in der folgenden Form beschrieben werden:

$$y = f(k) \equiv F(k,1) \text{ mit } f'(k) > 0 \text{ und } f''(k) \leq 0 \tag{2}$$

wobei y(=Y/AN) den Output pro effektiver Arbeitseinheit und k(=K/AN) die eingesetzte Kapitalmenge pro effektiver Arbeitseinheit bezeichnen.

Außerdem sei vereinfachend angenommen, daß die Arbeitsproduktivität mit der konstanten Rate λ wächst:

$$A_t = e^{\lambda t} \tag{3}$$

und daß jeder Haushalt einen konstanten Anteil s seines gesamten Einkommens spart, so daß die gesamtwirtschaftliche Ersparnis sY beträgt:

$$S = s \cdot Y \tag{4}$$

Die Ersparnisse werden allesamt benutzt, um Investitionen zu finanzieren, die zum Kapitalstock der Wirtschaft beitragen, so daß gilt:

$$S = I = \Delta K \text{ bzw. } \Delta K = s \cdot Y \tag{5}$$

bzw. unter Berücksichtigung von (1) und (2)

$$\Delta K = s \cdot A \cdot N \cdot f(k) \tag{6}$$

(6) zusammen mit (2) und (3) ergibt unter Berücksichtigung der Wachstumsrate von k:[3]

$$\Delta k = sf(k) - \lambda k \tag{7}$$

übersichtliche Darstellungen des Solow-Modells bieten auch L. Arnold 1997, 48 ff. sowie Maier und Tödtling 1996, 62 ff.

[1] Eine im neoklassischen Modell häufig verwendete Funktion, die diesen Annahmen entspricht, ist die Cobb-Douglas-Produktionsfunktion der Form $Y = a_o \cdot V_1^{a_1} \cdot ... V_m^{a_m}$ mit $0 \leq a_i \leq 1, \sum a_i = 1;$ $i=1,....m$

[2] Das Zeitargument t soll im folgenden weggelassen werden, wenn Mißverständnisse ausgeschlossen sind.

[3] Diese ist hier $(\Delta K / K) - (\Delta A / A) - (\Delta N / N)$, mit $(\Delta N / N) = 0$ und $(\Delta A / A) = \lambda$.

was die Entwicklung des Kapitals pro effektiver Arbeitseinheit (=Effizienzeinheit) beschreibt.[1]
Darin bezeichnet sf(k) die Sparfunktion und λk die Investitionen, die erforderlich sind, um k konstant zu halten.
Haben beide Funktionen den in Abb. 3 skizzierten Verlauf, was wegen der Annahme eines mit wachsendem Kapitalbestand abnehmenden Grenzprodukts des Kapitals anzunehmen ist, so tendiert das Modell zu einem langfristigen Gleichgewichtszustand (Steady State) bei k^* hin, was sich wie folgt zeigen läßt:

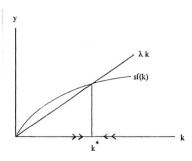

Abb. 3: Gleichgewicht im Solow-Modell mit konstanter Sparquote (nach H. Wagner aaO, 71)

Ist sf(k) größer als λk, so steigt k gemäß Gleichung (7), ist sf(k) kleiner als λk, so fällt k. Bei einem kleineren Kapitalbestand (pro effektiver Arbeitseinheit), d.h. einer geringeren Kapitalintensität (in Effizienzeinheiten), als k^*, übersteigt die Ersparnis -und damit die tatsächlichen Investitionen- die Investitionen, die bei gegebener Wachstumsrate λ der Arbeitsproduktivität erforderlich wären um die Kapitalintensität konstant zu halten, mit der Folge, daß die Kapitalintensität k steigt. Liegt der Kapitalbestand pro effektiver Arbeitseinheit über k^*, so reichen die bei gegebener Sparquote tatsächlich realisierten Investitionen nicht mehr aus, um mit der Wachstumsrate der Arbeitsproduktivität Schritt zu halten, die Kapitalintensität sinkt. Im Punkt k^* gilt hingegen sf(k)=λk, d.h. die tatsächlichen Investitionen entsprechen den erforderlichen um k konstant zu halten, weshalb sich die Wirtschaft vom Punkt k^* aus weder in Richtung auf ein kleineres, noch in Richtung auf ein größeres k hin zubewegen wird. Da k im Steady State eine Konstante ist, muß K langfristig mit derselben Rate λ wachsen, wie die Arbeitsproduktivität A, wenn -wie oben unterstellt- das Bevölkerungswachstum Null beträgt. Demgemäß wird auch die langfristige Wachstumsrate des pro-Kopf-Einkommens durch λ beschrieben, das als exogene Konstante die Geschwindigkeit des technischen Fortschritts ausdrückt.[2]

---

[1] Sollen Abschreibungen auf den Kapitalbestand und ein Bevölkerungswachstum $\neq 0$ im Modell von Solow berücksichtigt werden, so braucht in Gleichung (7) nur λ als Summe aus der Rate des technischen Fortschritts, der Bevölkerungsrate und der Abschreibungsquote interpretiert werden.
[2] Etwas überraschend ist, daß die gleichgewichtige Wachstumsrate ganz offensichtlich unabhängig von der Sparquote s ist. Eine Erhöhung der Sparquote verschiebt die sf(k)-Kurve in Abb. 3 aufwärts. Der Steady State verschiebt sich dann nach rechts, die gleichgewichtige Kapitalintensität und die gleichgewichtige Arbeitsproduktivität (jeweils in Effizienzeinheiten) steigen also, die langfristige

Ohne technischen Fortschritt kann das Wachstum in einer durch das obige Solow-Modell beschriebenen Wirtschaft nicht auf Dauer aufrecht erhalten werden. Dies zeigt sich besonders anschaulich, wenn das Modell wie folgt verändert wird: Neben der Annahme eines konstanten Arbeitseinsatzes sei nunmehr unterstellt, es gäbe keinen technischen Fortschritt. Um den Kapitalbestand zu erhöhen, muß die Wirtschaft investieren. Investiert werden kann nur, was zuvor produziert und nicht konsumiert, also gespart wurde. Wiederum sei die Sparquote s konstant, so daß sich die Investitionen als fixer Prozentsatz der Produktionshöhe ergeben mögen, d.h. I = sY. Allerdings sei nunmehr angenommen, daß in jeder Periode ein bestimmter Anteil des vorhandenen Kapitalbestandes als veraltet bzw. unbrauchbar abzuschreiben ist. Investitionen sind dann auch notwendig, um den abgeschriebenen Kapitalteil zu ersetzen. Wird vereinfachend angenommen, daß in jeder Periode der vorhandene Kapitalbestand mit derselben Quote abgeschrieben wird, so gilt für den Kapital-zuwachs bzw. die Nettoinvestition einer bestimmten Periode:

$$I_n = s \cdot Y - \delta \cdot K \tag{8}$$

Erhöht sich nun der Kapitalstand der Wirtschaft, so geht mit der Zunahme des Kapitalbestandes auch ein Anstieg der Abschreibungen einher. Da das Grenzprodukt der zusätzlichen Kapitaleinheit mit dem Anstieg des Kapitalbestandes allerdings abnimmt, flacht sich einerseits der Anstieg der Produktionshöhe, andererseits wegen der fixen Sparquote aber auch jener der Ersparnisse ab. Damit wächst zwar mit zunehmendem Kapitalbestand der Bedarf an Ersatzinvestitionen, wegen des beschränkten Sparkapitals können aber die Investitionen ab einem bestimmten Punkt damit nicht mithalten. Somit wird ein Punkt erreicht, ab dem der Kapitalbestand und damit das pro-Kopf-Einkommen der Arbeitskräfte nicht mehr weiter wächst.

Dieser Zusammenhang kann sehr leicht graphisch anhand der obigen Abbildung 3 dargestellt werden, wenn die dortige Gerade nun nicht mehr als Darstellung der Funktion λk, sondern von δK und die gekrümmte Linie nicht mehr als Graph der Funktion sf(k), sondern als sY interpretiert wird und auf der Abszisse anstelle der Kapitalintensität k nunmehr der Kapitalbestand K abgetragen wird (jetzt mit K^* als gleichgewichtigem Schnittpunkt der Kurven δK und sY). Wie sich zeigt, wird bei K^* die Grenze des Wachstums erreicht und kehrt die Wirtschaft bei zufälligen Abweichungen von K^* automatisch wieder zu diesem Punkt zurück: bei einem kleineren Kapitalbestand als K^* übersteigen die Investitionen die Abschreibungen, so daß der Kapitalbestand wächst. Liegt der Kapitalbestand über K^*, so reichen die Investitionen nicht mehr aus, um die Abschreibungen zu ersetzen, so daß der Kapitalbestand sinkt. Wirtschaften mit einem Kapitalbestand unter K^* wachsen also, und zwar tendenziell um so stärker, je weiter sie unter dem Gleichgewichtspunkt K^* liegen, Wirtschaften mit einem Kapitalbestand über K^* schrumpfen hingegen.

Dies impliziert gleichzeitig einen Ausgleichstendenz in der Entwicklung von Regionen einer föderal organisierten Wirtschaft (vgl. Maier und Tödtling 1996, 67): Weist von zwei Regionen, die über jeweils dieselben Investitions- und Abschreibungskurven sY und δK verfügen, die Region 1 einen höheren Kapitalbestand K_1 aus als Region 2, so wächst Region 2 schneller als Region und beide tendieren auf jenen Punkt zu, der durch den Gleichgewichtskapitalbestand K^* beschrieben wird. Diese Tendenz ist unabhängig davon, ob bzw. in welchem Maße zwischen den Regionen Faktoren oder

---

Wachstumsrate bleibt aber unverändert bei λ. Allerdings führt die Erhöhung der Ersparnis vorübergehend zu beschleunigtem Wachstum.

Güter ausgetauscht werden und allein die Folge des jeweils regionsinternen Prozesses der endogenen Bestimmung des Kapitalbestandes. Durch interregionale Mobilität der Produktionsfaktoren werden aber die Konvergenztendenzen in der realwirtschaftlichen Entwicklung der Regionen verstärkt: Angenommen, eine Föderation bestünde aus zwei Regionen, die die gleiche Produktionstechnologie verwenden, von denen aber eine -Region 1- aufgrund einer exogenen Störung kapitalintensiver produziert als die andere. Werden entsprechend neoklassischer Annahme die Produktionsfaktoren nach ihrem Grenzprodukt entlohnt, wird in Region 1 der Lohnsatz über jenem in Region 2 liegen, der Kapitalzins darunter, weil auch das Grenzprodukt der Arbeit in Region 1 höher, das des Kapitals niedriger ist als in Region 2. Damit besteht ein Anreiz für die Arbeitskräfte, von Region 2 nach Region 1 zu wandern, während umgekehrt Kapital von Region 1 nach Region 2 wandern wird. Diese Wanderungsbewegungen führen aber dazu, daß sich die Faktoreinsatzverhältnisse -und damit die Entlohnung der Faktoren- in beiden Regionen anzugleichen beginnen. Der Prozeß kommt erst zum Stillstand, wenn keine Unterschiede mehr in Lohnhöhe und Kapitaleinsatz zwischen den Regionen bestehen. Dieser Ausgleichsprozeß durch Faktorwanderung läuft zusätzlich zu dem oben beschriebenen Ausgleichsprozeß durch Kapitalakkumulation ab und verstärkt diesen: Dadurch, daß Kapital in die relativ arbeitsintensive Region abfließt, wird das dort ohnehin stärkere Kapitalwachstum weiter beschleunigt. Der umgekehrte Mechanismus bremst die Kapitalakkumulation in der kapitalintensiveren Region zusätzlich ein.

Für die regionale Wirtschaftspolitik hat das neoklassische Modell weitreichende Konsequenzen: Treffen seine Annahmen zu, tendiert die Wirtschaft auch ohne politische Eingriffe auf eine ausgeglichene Entwicklung zu. Die Aufgabe der regionalen Wirtschaftspolitik besteht darin, für das Zutreffen der Annahmen der Neoklassik -u.a. atomistische Konkurrenz auf allen relevanten Faktor- und Gütermärkten, vollkommene Flexibilität der Preise, perfekte Information der Wirtschaftssubjekte über alle relevanten Preise, Nutzenmaximierungsstreben aller Wirtschaftssubjekte, Abwesenheit externer Effekte, Nichtvorhandensein öffentlicher Güter- zu sorgen. Die Wirtschaftspolitik soll die Mobilität von Arbeit und Kapital erhöhen, Mobilitätsschranken wie administrative Hindernisse oder Markteintrittsbarrieren abbauen und den Informationsfluß zwischen den Regionen verbessern. Darüber hinaus gehende Eingriffe in den Wirtschaftskreislauf sind zu vermeiden, da diese die Entwicklung auf einem optimalen Zustand der Wirtschaft hin -nach neoklassischer Vorstellung tendiert die Wirtschaft unter bestimmten Voraussetzungen, deren Vorliegen die Neoklassik unterstellt, automatisch zu einem Pareto-optimalen Zustand- nur stören und so zu Wohlfahrtsverlusten führen.

1.4.3.2.3. Die Polarisationstheorien

Aus dem Solow-Modell unter Darstellung optimalem Wachstums folgt (Wagner 1997(1), 78 f.):
(1) Es kann in einer solchen Welt keine dauerhaften Unterschiede in den Wachstumsraten über Volkswirtschaften hinweg geben, d.h. die steady-state-Wachstumsrate ist in allen Ländern dieselbe, wenn alle Länder Zugang zu denselben

Technologien haben. Letzteres wird jedoch in der traditionellen Wachstumstheorie implizit unterstellt; denn die Annahme exogenen technischen Fortschritts läßt sich nicht vereinbaren mit systematischen Unterschieden im Zugang zu diesen Technologien.

(2) Es kann nur dann permanente Unterschiede in den Einkommens*niveaus* geben, wenn die Volkswirtschaften sich in ihren Präferenzen (insbesondere in ihren subjektiven Zeitpräferenzen) oder in ihren Steuersystemen unterscheiden.

Der Gleichgewichtstendenz des neoklassischen Modells steht die Erfahrung gegenüber, daß im Wirtschaftsleben prosperierende und stagnierende Sektoren und Regionen nebeneinander bestehen, zwischen denen es oft erhebliche Einkommens- und Preisunterschiede gibt. Insbesondere die Analyse der Entwicklungsprobleme der Dritten Welt, aber auch die Auseinandersetzung mit den Erfahrungen in langfristig benachteiligten Gebieten wie den peripheren Regionen der Europäischen Union oder mit Problemsektoren wie der Landwirtschaft, der Schwerindustrie oder dem Schiffsbau haben Zweifel an den ausgleichenden Kräften des Marktes geweckt, wie sie von der Neoklassik betont werden.

Aus dieser Auseinandersetzung mit der Neoklassik sind die Polarisationstheorien entstanden. Allerdings handelt es sich hierbei nicht um ein in sich konsistentes Theoriengebilde im eigentlichen Wortsinn, sondern vielmehr um eine im Laufe mehrerer Jahrzehnte entstandene, induktiv[1] -d.h. als Ergebnis detaillierter empirischer Untersuchungen- gewonnene Ansammlung von entwicklungsbezogenen Argumenten mit einigen gemeinsamen Charakteristika.

Den Polarisationsansätzen liegt die Vorstellung ungleichgewichtiger und divergierender Entwicklungspfade zugrunde. Dies wird im wesentlichen mit folgenden Argumenten begründet:

-Produktionsfaktoren werden als heterogen und zumindest teilweise immobil angesehen. Zudem erfolgen Faktorwanderungen nicht uniform, sondern selektiv. Dadurch können Produktionsfaktoren nicht vollständig substituiert werden, wodurch eine Tendenz zum Ausgleich von Faktorpreisen behindert wird.

-Die Märkte sind nicht durch vollständige Konkurrenz sondern durch Externalitäten, Monopole und Oligopole geprägt.

-Informationen, insbesondere solche über technische und organisatorische Inovationen sind nicht automatisch sofort und überall frei verfügbar, sondern breiten sich oft erst mit erheblichen zeitlichen Verzögerungen im Raum aus.

So argumentiert Perroux (z.B. 1950, 1955, 1961) in seinen sektoralen Polarisations- modellen, daß wirtschaftliches Wachstum nicht gleichmäßig erfolgt, sondern seinen Ursprung in einer sogenannten „motorischen Einheit" hat. Eine motorische Einheit ist ein Wirtschaftssektor, der überdurchschnittlich stark wächst und durch seine starke Verflechtung mit anderen Sektoren diese beeinflußt. Auf diese Art treibt die motorische Einheit die Entwicklung der gesamten Volkswirtschaft voran. Die

---

[1] Damit erscheinen ihre Argumente zwar weniger abstrakt als die Annahmen der Neoklassik, sind aber einer modelltheoretischen Formulierung und Ableitung von Implikationen schwerer zugänglich. Erst in den letzten Jahren wurden einige polarisationstheoretische Argumente im Rahmen der neuen Wachstumstheorie (vgl. im folgenden 1.4.3.2.4.) aufgegriffen und in das formale Gerüst der neoklassischen Ökonomik integriert.

motorische Einheit unterscheidet sich von den anderen Wirtschaftssektoren vor allem durch ihre Größe und Dominanz, ihre starke Verflechtung mit anderen Sektoren sowie ihr starkes Wachstum. Ihre Impulse entstehen vor allem auf zwei Arten (vgl. dazu etwa auch Maier und Tödtling 1996, 87):

1. Durch die Realisierung interner und externer Ersparnisse, d.h. positiver interner und externer Effekte. Bestehen solche, so führt das Wachstum der motorischen Einheit zu niedrigeren Stückkosten und damit automatisch zu einer Stärkung ihrer ohnehin schon starken Position. Durch die zunehmende Marktmacht und wachsende -auch politische- Bedeutung kann sie ihre Dominanz gegenüber anderen Sektoren der Wirtschaft kontinuierlich ausbauen. Durch die Expansion der motorischen Einheit erhöht sich ihr Bedarf an Inputfaktoren und an Vorprodukten, wodurch sie den Wachstumsimpuls auf andere Wirtschaftssektoren überträgt.

2. Durch Innovationen. Die Größe und Dominanz der motorischen Einheit ist aus polarisationstheoretischer Sicht der wesentliche Faktor für ihre Fähigkeit zur Innovation. Durch Produkt- und Prozessinnovationen verbessert die motorische Einheit ihren Vorsprung gegenüber anderen Wirtschaftssektoren, was sich in einer Monopolrente im Sinne Schumpeters niederschlägt, die es der motorischen Einheit wiederum erleichtert, weitere Innovationen zu finanzieren. Auf diese Art trägt auch der Innovationsprozess dazu bei, die Dominanz der motorischen Einheit zu festigen.

Zwar übt die motorische Einheit auf die übrige Wirtschaft auch Anstoßeffekte aus, doch überwiegen in der Regel die negativen Wirkungen, die etwa darin bestehen, daß die motorische Einheit den anderen Sektoren aufgrund ihrer Dominanz Produktionsfaktoren entzieht, ihre Marktmacht zu deren Nachteil durchsetzt, oder deren Innovationsfähigkeit hemmt.

Eine ähnliche Entwicklung wie Perroux im Hinblick auf die sektoralen Divergenzen einer Volkswirtschaft konstatieren Myrdal (1957) und Hirschman (1958) hinsichtlich ihrer regionalen Unterschiede: Durch Skalenerträge, externe Effekte und monopolistische bzw. oligopolistische Strukturen verbessern zufällige Wachstumsimpulse die Chancen für zukünftiges Wachstum in einer Region bzw. verschlechtern zufällige Wachstumshemmnisse die Chancen für die Zukunft. Durch intersektorale Verflechtungen und durch Externalitäten breiten sich positive wie negative Impulse auf andere Sektoren der Region aus. Besondere Bedeutung kommt auch hierbei den Innovationen zu, die einer Region einen Entwicklungsvorsprung vor anderen Regionen verschaffen können.

Anders als die neoklassische Wachstumstheorie, nach der sektorale oder regionale Wachstumsunterschiede Angleichungsprozesse auslösen, die die abweichende wirtschaftliche Größe wieder auf ihren Gleichgewichtswert zurück führen, werden bei Myrdal durch einen zirkulär verursachten kumulativen Prozeß einmal entstandene regionale Entwicklungsunterschiede im Laufe der Zeit verstärkt. Die durch die zirkulär kumulativen Prozesse verstärkten Entwicklungsunterschiede zwischen Regionen werden auch durch Interaktionen zwischen den Regionen nicht ausgeglichen (Maier und Tödtling aaO, 90). Der wichtigste Grund hierfür liegt darin, daß die Produktionsfaktoren heterogen sind und die einzelnen Teile auf die Anreize zum interregionalen Transfer unterschiedlich reagieren. So belegen etwa im Bezug auf den Faktor Arbeit zahlreiche Studien, daß die Mobilität von Arbeitskräften mit Alter, Bildungsniveau und anderen sozioökonomischen Charakteristika z.T. sehr stark variiert. Arbeitskräfte mit höherer Bildung und jüngere Arbeitnehmer sind in der Regel mobiler als dies bei Arbeitnehmern mit einer geringeren Ausbildung bzw. älteren Arbeitnehmern der Fall ist. Damit wird eine prosperierende Region in aller Regel junge gut ausgebildete Arbeitskräfte anziehen, während in ihrer wirtschaftlichen Entwicklung stagnierende Regionen häufig mit einer überalterten, relativ schlecht ausgebildeten Bevölkerungsstruktur zu kämpfen haben und ihr gerade jene Bevölkerungsgruppen fehlen, die für den Aufholprozeß erforderlich wären. Gleiches gilt für den Faktor Kapital. Agglomerationsvorteile und das Wachstum der Nachfrage in den prosperierenden Regionen versprechen hohe künftige Gewinne und führen zu Investitionen. Durch diese steigt die regionale Nachfrage, was weitere Investitionen auslöst usw. Trotz der wegen des höheren Einkommens in aller Regel höheren Spareigung in der prosperierenden Region wird zu wenig gespart, um den Kapitalbedarf für die Investitionen zu befriedigen. Es fließt daher Sparkapital aus den stagnierenden Regionen in die prosperierenden Regionen ab. Die Faktoren wandern also nach den Argumenten der Polarisationstheorie in die genau entgegengesetzte Richtung wie von der Neoklassik vorher gesagt.

Da der Marktmechanismus nicht zu einem Ausgleich sondern zu einer Verschärfung von Entwicklungsunterschieden führt, ist nach Ansicht der Polarisationstheoretiker die Wirtschaftspolitik aufgerufen, den Polarisationskräften entgegen zu wirken und eine Angleichung der Entwicklungsunterschiede zu bewirken. Maßnahmen in diese Richtung sind etwa die steuerliche Förderung des Kapitaltransfers in entwicklungsschwache Regionen oder staatliche Restriktionen zur Eindämmung der Abwanderung aus diesen Regionen, selektive Handelsbarrieren zur Begrenzung der negativen Auswirkungen des freien Handels, sowie staatliche Investitionen (insbesondere im Verkehrs- und Kommunikationsinfrastruktur -sowie im Ausbildungsbereich), um in den wirtschaftsschwachen Regionen die private Nachfrage zu stimulieren und so einen positiven, zirkulär kumulativen Prozeß in Gang zu setzen (Myrdal 1974, 44).

Während Myrdal, Hirschman und Perroux die polarisierende Wirkung des Entwicklungsprozesss generell recht negativ einschätzen, sind die Vertreter der sogenannten Wachstumspolkonzepte zwar in ihrem Urteil über die tatsächlichen Folgen divergierender wirtschaftlicher Entwicklungen für die rückständigen Regionen insoweit optimistischer als sie darauf vertrauen, daß bei ausreichender Wirtschaftskraft eines Zentrums die von diesem zweifellos auch ausgehenden, in die wirtschaftsschwachen Regionen hineinstrahlenden, positiven Entwicklungsimpulse über die negativen Effekte eines Entzugs qualifizierter Arbeitskräfte, innovativen Potentials und Kapitals, negativer Umwelteinflüsse, einer verschärften Konkurrenz durch die Unternehmen des Zentrums usw. dominieren. Doch erkennen auch sie die regional polarisierende Tendenz des wirtschaftlichen Wachstumsprozesses an.

Die Wachstumspolargumentation geht im wesentlichen auf Arbeiten von Boudeville und Lasuèn zurück, die die Entwicklungsfunktion eines Wachstumspols direkt mit dem Muster eines Systems von städtischen Agglomerationen verbunden sehen. Ein Wachstumspol benötigt für seine Entstehung die Agglomerationsvorteile einer Stadt und die Vielfalt der dort geballten Funktionen. Um Wachstumsimpulse in das Umland weiter zu geben, muß die Stadt außerdem in ein funktional verflochtenes, hierarchisches Siedlungssystem eingebettet sein. Wachstumsimpulse springen dann von

Städten höchster Zentralität zu denen der nächsten Zentralitätsstufe usw. Lasuèn (1973) versteht die Entwicklung der Wirtschaft und die Muster städtischer Siedlungen eines Landes als die zeitlichen und räumlichen Spuren eines Prozesses der Adoption von Innovationen.

Indem die Städte aufgrund ihrer Ballung von Aktivitäten und des bereits bestehenden Entwicklungsvorsprungs neue Innovationen leichter aufnehmen, empfangen sie stärkere Entwicklungsimpulse als periphere ländliche Regionen und können so ihren Vorsprung festigen und ausbauen. Auch in den Wachstumspolkonzepten nehmen Innovationen also eine zentrale Rolle ein: Die Ballung von Aktivitäten führt zu Innovationen, der daraus resultierende Entwicklungsvorsprung zieht seinerseits weitere Aktivitäten an und verstärkt so die Agglomeration. Entwicklungsschwache Regionen sind weniger gut in der Lage, Innovationen aufzunehmen und haben daher schlechtere Voraussetzungen für die zukünftige Entwicklung.

Da Innovationen in immer rascherer Folge entstehen und sich aufgrund früherer Innovationen auch immer rascher ausbreiten, ergibt sich daraus ein grundlegendes Dilemma der Entwicklungspolitik. Sie hat die Wahl zwischen zwei Übeln (Maier und Tödtling aaO, 97):

1. Sie kann versuchen, Innovationen möglichst rasch aufzunehmen, um am globalen Entwicklungsprozeß teilzuhaben. Die entwickelten Zentren des Landes werden damit aber Innovationen aufnehmen, obgleich die vorangegangene Innovation sich noch gar nicht im gesamten Land ausgebreitet hat. Das Ergebnis ist eine fortschreitende Polarisierung zwischen den entwickelten und weniger entwickelten Gebieten des Landes.

2. Sie kann versuchen, die Aufnahme von Innovationen in den entwickelten Zentren solange hinaus zu zögern, bis sich die vorangegangene Innovation im ganzen Land gleichmäßig ausgebreitet hat. Damit koppelt sich das Land aber vom globalen Entwicklungsprozeß ab und fällt insgesamt in seiner Entwicklung zurück.

1.4.3.2.4. Die neue Wachstumstheorie

Obgleich die Polarisationstheorien ursprünglich als Gegenpol zu den oft zweifelhaften Annahmen und Ergebnissen der Neoklassik entwickelt wurden, hat ihre Kritik zunächst keine besondere Resonanz erfahren. Dies lag vor allem daran, daß die Polarisationsargumente immer nur in Form recht unscharfer verbaler Argumente vorgebracht wurden und nie in ein umfassendes mathematisches Konzept integriert werden konnten. Erst seit Mitte der 80er Jahre sind Arbeiten entstanden, die diese Kluft überbrücken können. Sie werden unter dem Begriff „neue Wachstumstheorie" zusammengefaßt. Die neue Wachstumstheorie stellt in gewissem Sinne eine Synthese zwischen Neoklassik und Polarisationstheorie dar, insofern als sie polarisations-theoretische Argumente aufgreift und in das neoklassische Wachstumsmodell inte-griert.

Ausgangspunkt der neuen Wachstumstheorie ist die offenkundige Hauptschwäche des neoklassischen Modells, das technischen Fortschritt nicht erklären kann und als eine exogene Größe darstellen muß. Dies ist vor allem deshalb problematisch, weil technischer Fortschritt der einzige Mechanismus im traditionellen Modell der Neoklassik ist, der längerfristig einen Anstieg der pro-Kopf-Einkommen herbeiführen kann. Die traditionelle Wachstumstheorie verfehlt damit ihr eigentliches Ziel, langfristiges Wachstum zu erklären.

Eine solche Vorgehensweise wäre dann vertretbar, wenn technischer Fortschritt auf mehr oder weniger zufällige Erfindungen zurückginge die außerhalb des Wirtschaftssystems entstehen. Dem stehen jedoch die weitreichenden, in erheblichen Ausgabenvolumina zum Ausdruck kommenden, Forschungs- und Entwicklungsaktivitäten aller wesentlichen Industrienationen und ein empirisch belegbarer Zusammenhang zwischen der Höhe der F & E-Aufwendungen eines Landes und den von ihm realisierten Erfindungen und Innovationen entgegen. Wenn aber die Realität darauf hindeutet, daß technischer Fortschritt nicht wie von der Neoklassik propagiert ein mehr oder weniger zufälliges Produkt ist, sondern unter Einsatz von Ressourcen produziert werden kann, sollte die Frage, wie technischer Fortschritt entsteht und aufgrund welcher Überlegungen und Entscheidungskalküle er produziert wird, Teil einer allgemeinen Wirtschaftstheorie sein und nicht von ihr als exogen angenommen werden. Die neue Wachstumstheorie versucht diese Lücke des neoklassischen Wachstumsansatzes zu schließen und den technischen Fortschritt modellendogen zu erfassen.

Bei dem Versuch, die Produktion technischen Fortschritts in das formale Gerüst der neoklassischen Theorie zu integrieren, stößt man auf die Schwierigkeit, daß das Produkt Technologie in erheblichem Maße Eigenschaften öffentlicher Güter aufweist, die den Anforderungen widersprechen, die das neoklassische Modell an Güter stellt. Mit anderen Worten: die Produktion technischen Fortschritts ist von starken externen Effekten geprägt und der gesellschaftliche Nutzen einer Innovation geht über den einzelwirtschaftlichen Nutzen ihres Entwicklers hinaus. Dies hat zur Konsequenz, daß der Produzent einer Innovation nicht den gesamten Nutzen seiner Erfindung in bare Münze umwandeln kann und daher weniger Ressourcen dafür aufwenden wird, als gesamtwirtschaftlich sinnvoll und wünschenswert wäre.[1]

Die Entwicklungsrichtungen der neuen Wachstumstheorie sind mittlerweile so vielfältig, daß im Rahmen dieser Arbeit auch nicht annähernd ein Überblick über die einzelnen Modellvarianten gegeben werden kann. Üblicherweise (vgl. statt vieler Wagner, 1997, 55ff., 1998, 49ff. sowie Bröcker 1994) werden jedoch zwei Grundzweige der neuen Wachstumstheorie unterschieden:

a) Die sogenannten learning-by-doing-Modelle (vgl. z.B. bereits Arrow 1962 sowie Lucas 1988), bei Bröker (1994) als Externalitätenmodelle bezeichnet, sehen technischen Fortschritt als die unbeabsichtigte und nicht belohnte Folge der Erfahrungen bei der Produktion neuer Kapitalgüter an und messen der Humankapitalbildung eine zentrale Rolle für die wirtschaftliche Entwicklung bei. Es wird angenommen, daß der Kapitalstock neben den privaten Grenzerträgen, für die weiterhin ein abnehmender Verlauf unterstellt wird, auch externe Grenzerträge aufweist, die der gesamten Volkswirtschaft zufallen und die als Folge eines Lernprozesses entstehen, oder es wird angenommen, daß Arbeitskräfte eben doch agglomerierbare Faktoren seien, zwar nicht im Sinne einer physischen Vermehrung der Arbeitskräfte, aber im Sinne einer Vermehrung des in ihnen verkörperten Humankapitals. In diesem Sinne

---

[1] Vgl. dazu noch Kap. C II.2.2. sowie Kap. F II.1. Der Nutzenabfluß kann sogar so groß sein, daß die Produktion einer bestimmten Innovation vollständig unterbleibt.

kann dann die neoklassische Produktionsfunktion mit ihren traditionellen Faktoren Arbeit und Kapital um einen zusätzlichen Produktionsfaktor H erweitert werden, der als Humankapital interpretiert wird. Die Produktionsfunktion ist dann in den traditionellen Faktoren Arbeit und Kapital weiterhin linear-homogen, sie weist jedoch für alle drei Faktoren steigende Skalenerträge auf. Durch den Zuwachs an Humankapital erhöhen sich auch die Produktivitäten von Arbeit und Kapital. Dieser Effekt kann so stark sein, daß der im neoklassischen Modell beschriebene Mechanismus des sinkenden Grenzprodukts des Kapitals, der schließlich jedes endogene Wachstum zum Erliegen bringt, außer Kraft gesetzt wird und ein langfristiger, endogen hervorgerufener Wachstumsprozeß stattfindet.

Das theoretische Problem der learning-by-doing-Modelle liegt allerdings darin, daß der zusätzliche Faktor H nicht entlohnt werden kann. Denn da unter der Annahme einer Konkurrenzwirtschaft die Faktoren Arbeit und Kapital weiter nach ihrem Grenzprodukt entlohnt werden, geht der gesamte Erlös für die Entlohnung dieser beiden Faktoren auf. Der Faktor H muß daher unentgeltlich zur Verfügung stehen, ansonsten würden die Unternehmen Verluste machen. Um diesem Dilemma zu entgehen, kann entweder die Lernerfahrung als außerhalb der Firmen, in denen die Produktion stattfindet (bzw. die die neuen Kapitalgüter anwenden), angesiedelt, die Vermehrung des Humankapitals als ein externer Effekt der Investition, angesehen werden.[1] Oder H wird als öffentliche Infrastruktur aufgefaßt, die vom Staat bereit gestellt und über Steuern finanziert wird (so Barro 1990).

b) Demgegenüber sehen die sog. Erfindungs- oder Innovationsmodelle (vgl. z.B. Grossman und Helpman 1989 und Romer 1990) technischen Fortschritt als einen kostspieligen und wohlüberlegten Prozeß, als die Folge eines zielgerichteten Einsatzes von Ressourcen, an. Die Erfindungsmodelle unterstellen für einen Teilbereich der Wirtschaft monopolistische Konkurrenz, die es erlaube, Monopolrenten zu realisieren und dadurch die Erforschung von Produktinnovationen zu finanzieren.

Nach Romer (1990) kann die Wirtschaft in drei Sektoren aufgeteilt werden: 1. den Forschungssektor 2. den Sektor für Zwischenprodukte und 3. den Sektor für Endprodukte. Der Forschungssektor produziert Anleitungen (Designs) zur Herstellung neuer Zwischenprodukte. Für jedes neue Design erhält sein Erfinder ein unbeschränktes Patent, das er an die Firmen des Sektors für Zwischenprodukte verkaufen kann. Diese verwenden die Designs, um neue Zwischenprodukte zu erzeugen. Auf dem Markt für Zwischenprodukte herrscht damit monopolistische Konkurrenz und die Produzenten der Zwischenprodukte können eine Monopolrente realisieren, durch die die Erforschung neuer Designs finanziert werden kann. Die neu entwickelten Zwischenprodukte gehen dann als Kapital in die Produktion von Endprodukten ein, wobei am Markt für Endprodukte vollkommene Konkurrenz herrscht (Maier und Tödtling 1996, 108). Der Anreiz, bewußt zu erfinden, und die Rentabilität von Zwischenprodukten hängen dabei von einer Reihe von Faktoren ab, so insbesondere vom institutionellen Rahmen einer Wirtschaft (Patentschutz, Forschungsförderung, steuerliche Begünstigungen usw.) und der Marktgröße.

---

[1] Damit wird mit der Erhöhung des Kapitalstocks durch Investitionen automatisch auch das Humankapital vermehrt, dieser zusätzliche Faktor wird jedoch von den Unternehmen nicht entlohnt.

Neben einer personenbezogenen Komponente technischen Wissens, die nur rivalisierend genutzt werden kann, sieht Romer eine personenunabhängige, nicht rivalisierende Komponente des technischen Wissens, die sich in der Zahl der verfügbaren Designs für Zwischenprodukte ausdrückt. Dieses Wissen über die Designs der Zwischenprodukte kann von mehreren Produzenten gleichzeitig genutzt und auch nicht geheimgehalten werden, weist also Eigenschaften eines öffentlichen Gutes auf. Nach den Vorstellungen Romers hängt die Produktion neuen technologischen Wissens von dem Volumen des eingesetzten personenabhängigen Wissens, also des Humankapitals, und des verfügbaren Bestands des personenunabhängigen Wissens ab. Anders als bei den traditionellen Produktionsfaktoren Arbeit und Kapital wo zuerst die produktivsten und dann die weniger produktiven Faktoren eingesetzt werden, besteht eine solche Reihenfolge abnehmender Grenzproduktivität beim Einsatz des technologischen Wissens nicht. Es werden nicht zuerst die produktivsten Erfindungen gemacht und später die weniger produktiven. Vielmehr baut die Erfindung eines neuen Produktes auf den Erfahrungen bei der Entwicklung früherer Produkte auf.

Dieser Prozeß der Akkumulation technologischen Wissens ist der Wachstumsmotor in Romers Modell. Die Wachstumsrate der Gesamtwirtschaft ist proportional zu der im Forschungssektor eingesetzten Menge an Humankapital, wobei auch die Aufteilung des Humankapitals zwischen dem Forschungssektor und den anderen Sektoren endogen im Modell bestimmt wird (Maier und Tödtling aaO 109).

In jüngerer Zeit ist versucht worden, die beiden genannten Zweige der Wachstumstheorie miteinander zu verbinden (vgl. dazu vor allem Young 1991). Denn es spricht vieles dafür, daß learning-by-doing in der Realität endlich und begrenzt ist und nicht per se Quelle eines dauerhaften Wachstums sein kann (vgl. etwa L. Arnold 1995, Kap. 2.3.1./4 sowie 13 mit zahlreichen Hinweisen auch auf empirische Studien).[1] Nur durch ein fortwährendes Angebot an neuen Erfindungen scheint in diesem Fall ein Lernprozeß aufrecht erhaltbar zu sein. Dies beeinträchtigt oder schmälert aber nicht die Notwendigkeit, den Lernprozeß selbst zu modellieren. Denn es ist anzuerkennen, daß learning-by-doing anscheinend ein empirisches Phänomen ist, das zu enormen Verbesserungen bestehender Technologien führt. Hinzu kommt, daß learning-by-doing offensichtlich die Anreize für weitere Erfindungen beeinflußt. Denn es ist anzunehmen, „daß eine dynamische Interaktion zwischen Lernen und Erfinden besteht: Lernen hängt ab von Erfindungen, insofern Lernen als die nicht intendierte Erforschung des endlichen produktiven Potentials erfundener Technologien betrachtet wird. Gleichzeitig hängt die Profitabilität kostspieliger Erfindungen vom Lernen ab,

---

[1] Natürlich wird man für einen gewissen Zeitraum fallende Lernkurven erwarten können. Wenn ein neuer technischer Prozeß zuerst erfunden wird, setzt schnelles Lernen ein, da mittels Erfahrung die produktive Möglichkeit dieses Prozesses erforscht wird. Nach einiger Zeit nähert man sich jedoch der inhärenten (physischen) Grenze der Produktivität einer Technologie. Das Lernen wird sich dann verlangsamen und letztlich zum Stillstand kommen (vgl. vor allem Baloff 1971). Wenn nicht technische Prozesse eingeführt werden ist es unwahrscheinlich daß learning-by-doing aufrecht erhalten werden kann (vgl. Wagner 1997, 56 Fußnote 58). Zu relativieren ist dieses Argument allerdings für technologisch rückständige Nationen. Solange im Ausland genügend Lernmöglichkeiten eröffnet worden sind und werden, kann ein technologisch rückständiges Land durch Lernen dieses ausländischen Wissens wachsen (L. Arnold aaO, 27).

insofern als die Produktionskosten abhängen von der aggregierten geschichtlichen Lernerfahrung einer Gesellschaft" (Wagner 1997, 56).

Young kommt in seinem oben zitierten Modell zu dem Ergebnis, daß der entscheidende diskriminierende Faktor technischen Fortschritts die Größe eines Marktes ist.[1] In kleinen Märkten ist die Profitabilität von Erfindungen gering, da die Kosten einer technischen Neuerung auf eine vergleichsweise geringe Zahl von Endprodukten umzulegen sind, während bei großen Märkten das Gegenteil der Fall ist.

Konsequenz der beschriebenen externen Effekte bzw. Marktmonopole der neuen Wachstumstheorie ist einmal, daß der Wachstumspfad der Marktlösung und der gesellschaftlich optimale Entwicklungspfad in aller Regel nicht mehr identisch sind, sondern auseinanderklaffen. In beiden oben kurz beschriebenen Modellvarianten lässt sich jeweils zeigen, daß die Wachstumsrate der Marktlösung niedriger als die gesellschaftlich optimale ist (Maier und Tödtling, aaO, 110): Im Externalitätenmodell berücksichtigen die einzelnen Unternehmer bei ihren Investitionsentscheidungen nicht, daß dabei auch Humankapital generiert wird, das auch anderen Unternehmen zur Verfügung steht. Dieser externe Effekt führt dazu, daß insgesamt zu wenig investiert wird. Im Erfindungsmodell von Romer (1990) führt einerseits das Monopol des Forschungssektors dazu, daß zu wenig von den Zwischenprodukten in der Produktion eingesetzt wird, weil ihr Preis die Grenzkosten überschreitet; andererseits bleibt der positive externe Effekt, der darin besteht, daß alle Unternehmen des Forschungssektors das zusätzliche technologische Wissen wegen des Nichtausschließbarkeit in der Produktion neuer Designs einsetzen können, unberücksichtigt.[2]

Zum anderen ist den Ansätzen der neueren Wachstumstheorie gemeinsam, daß die der Neoklassik innewohnende Tendenz zum interregionalen Ausgleich zusammenbricht. Dadurch, daß Regionen mit vielen Innovationen auch leichter neue Innovationen hervorbringen, kann ein kumulativer Prozeß entstehen, der den Ausgleich interregionaler Entwicklungsunterschiede verzögert oder letztere sogar verstärkt. Ob Entwicklungspfade im Zeitablauf konvergieren oder divergieren, kann von der Theorie nicht mehr eindeutig beantwortet werden, sondern wird zu einem empirischen Problem. Auch die Empirie gibt auf die Frage der Konvergenz oder Divergenz der regionalen Entwicklungspfade in Volkswirtschaften keine eindeutige Antwort. Zumindest eines scheint aber gewiß: Selbst die statistischen Arbeiten, die für bestimmte Volkswirtschaften oder Wirtschaftsräume eine Konvergenz der regionalen Entwicklung ermitteln, stellen eine wesentlich geringere Konvergenzgeschwindigkeit fest, als von der neoklassischen Wachstumstheorie prognostiziert wird.[3]

---

[1] Marktgröße und -öffnung sind damit auch der entscheidende diskriminierende Faktor für die wirtschaftliche Entwicklung von Regionen.

[2] In anderen Modellen der neuen Wachstumstheorie kann allerdings die Wachstumsrate der Marktlösung auch über dem gesellschaftlich optimalen Wachstumspfad liegen, vgl. hierzu etwa Grossman und Helpman (1991) sowie Aghion und Howitt (1992).

[3] So stellen etwa Barro und Sala-I-Martin in einer Reihe von empirischen Analysen für die Bundesstaaten der USA und die Regionen der Europäischen Union (vgl. etwa Barro 1991, Barro und Sala-I-Martin 1991, dieselben 1992 (1) 1992 (2) sowie 1995) fest, daß einkommensschwache Regionen schneller wachsen als einkommensstarke, daß aber erst nach etwa 35 Jahren der halbe Entwicklungsrückstand wettgemacht ist, während das neoklassische Wachstumsmodell hierfür nur einen Zeitraum von etwa 12 Jahren kalkuliert.

Damit stellt sich die Frage nach den Politikimplikationen der neuen Wachstumstheorie. Dies sind bezogen auf die Europäische Union:

Erstens: Verläuft, wie von der neuen Wachstumstheorie prognostiziert und durch die Ergebnisse empirischer Studien gestützt, die räumliche Entwicklung divergent oder zwar konvergent, aber mit einer wesentlich geringeren Konvergenzrate als in den Modellen der neoklassischen Wachstumstheorie angenommen, ist aber, wie in Abschnitt 1.4.1. erläutert, ein gewisses Maß an Konvergenz erforderlich, um den auch für die reichen EU-Mitgliedstaaten als wohlfahrtsteigernd ausgemachten Integrationsprozeß voran zu bringen oder aufrecht zu erhalten, so ist regionale Entwicklungspolitik nicht nur eine verteilungspolitische, sondern letztlich auch eine allokationspolitische Aufgabe.

Zweitens: Sind der Innovationsprozeß und seine Ausbreitung, verbunden mit der Akkumulation von Humankapital der entscheidende Motor des Wirtschaftswachstums, so müssen in den wirtschaftsschwachen Regionen die notwendigen Bedingungen für rentable Investitionen in technischen Fortschritt bzw. die Adaption technischer Errungenschaften geschaffen werden. Dies beinhaltet vor allem die Schaffung der physischen Voraussetzungen für die Adaption des in anderen Regionen entwickelten technischen Wissens in Form einer entsprechenden Kommunikationsinfrastruktur (Stichwort: Transeuropäische Netze), regionaler Forschungs- und Entwicklungseinrichtungen und -nicht zuletzt- einer entsprechenden Ausbildungsstruktur in den rückständigen Regionen; meist ist es nicht erforderlich, in den entwicklungsschwachen Regionen das Rad neu zu erfinden, doch müssen die entwicklungsschwachen Regionen, um beim Beispiel zu bleiben, die Möglichkeit haben, das Rad nachzubauen.

Drittens: die (Regional)Politik muß dafür Sorge tragen, daß die in weiten Teilen des Forschungs- und Entwicklungsbereichs auftretenden -positiven- Spillover-Effekte internalisiert und die Forschungs- und Entwicklungsaktivitäten damit in einem gesamtwirtschaftlich effizienten Maße betrieben werden. Diese Forderung hat zwei Dimensionen: zum einen sollten die Regionen durch Steuervergünstigungen, die möglichst kostenlose Bereitstellung staatlicher Ausbildungs- und F&E-Einrichtungen[1], die staatliche Beteiligung an privater Forschung usw. dafür sorgen, daß ihre Unternehmen genügend forschen. Zum andern sollte die EU-Zentralebene durch die Gewährung entsprechender Zuschüsse an die Regionalregierungen im Sinne einer Pigou-Subvention versuchen, die Spillover-Effekte regionaler und nationaler staatlicher Forschung zu internalisieren und zugleich, durch den Abbau noch bestehender Binnenmarkthemmnisse und eine damit einhergehende Vergrößerung der Absatzmärkte die Rentabilität forschungs- (und kapital-)intensiver Produkte zu verbessern.

1.4.3.3. Fazit

Der wirtschaftliche und soziale Zusammenhalt in der Europäischen Union, die Kohäsion, ist ein öffentliches Gut von gesamteuropäischem Interesse. Ein bestimmtes Maß an realwirtschaftlicher Konvergenz im Sinne eines Abbaus der -innerhalb der

---

[1] Letzteres vor allem im Bereich der Grundlagenforschung, die als besonders kapitalintensiv gilt, deren Ergebnisse aber erst nach einem Zeitraum von durchschnittlich sieben Jahren (Mansfield 1991, 5) eine praktische Verwertung erfahren.

Union z. T. erheblichen- regionalen Disparitäten bei den pro-Kopf-Einkommen, Arbeitslosenquoten usw. ist erforderlich, um den sozialen Frieden in der Union zu wahren und das „System" Europäischer Binnenmarkt zu stabilisieren. Inwieweit die sich verändernden ökonomischen Rahmenbedingungen der zunehmenden Globalisierung und eines fortschreitenden wirtschaftlichen und institutionellen Integrationsprozesses den realwirtschaftlichen Konvergenzprozeß eher fördern oder behindern, kann aufgrund der bislang vorliegenden Erkenntnisse aus empirischer Sicht noch nicht beantwortet werden. Deshalb gilt es, die verschiedenen Theorien der Regionalentwicklung zu bemühen, um daraus möglichst belastbare Aussagen über die Entwicklung der wirtschaftlichen Disparitäten in der Union und die daraus zu ziehenden Schlußfolgerungen für die Wirtschaftspolitik der Europäischen Union und ihrer Mitgliedstaaten zu erhalten.

Innerhalb der nicht mehr überschaubaren Fülle der Theorien und Erklärungsansätze zur Regionalentwicklung gibt es praktisch genauso viele, die eine Konvergenz der realwirtschaftlichen Entwicklung innerhalb der Europäischen Union bei fortschreitendem Globalisierungs- und Integrationsprozeß voraussagen, wie solche, die eher einen weiteren Anstieg der regionalen Divergenzen prognostizieren. Unter den Theorien der Regionalentwicklung haben aber in den letzten Jahrzehnten vor allem die dynamischen Theorien und hier besonders die neoklassische und die neue Wachstumstheorie eine herausragende Bedeutung erlangt, weil sich beide nicht auf die Erklärung einzelner real zu beobachtender Entwicklungen i. S. partial-analytischer Ansätze beschränken, sondern versuchen, ein in sich geschlossenes Theoriegebäude des Wachstumsprozesses von Volkswirtschaften oder integrierten Wirtschaftsräumen zu zeichnen und daraus auf deduktivem Wege Handlungsempfehlungen für die Wirtschaftspolitik abzuleiten.

Die neoklassische Wachstumstheorie sagt einen Abbau der regionalen Entwicklungsunterschiede eines einheitlichen Wirtschaftsraumes durch den Marktprozeß im Zeitablauf voraus und weist der Wirtschaftspolitik die Aufgabe zu, für das Vorliegen der erforderlichen Idealbedingungen auf den relevanten Faktor- und Gütermärkten wie vollkommene Konkurrenz, vollkommene Preisflexibilität, perfekte Information der Wirtschaftssubjekte, Abwesenheit externer Effekte usw. zu sorgen, sich aber im übrigen strikt aus dem Marktgeschehen heraus zu halten, da sie die Entwicklung der Gesamtwirtschaft hin zum Pareto-optimalen Zustand -der unter bestimmten Voraussetzungen automatisch erreicht wird- nicht positiv beeinflussen, sondern allenfalls stören kann.

Die engen, in der Realität nicht anzutreffenden Prämissen, des neoklassischen Wachstumsmodells und die seinen Prognosen offenkundig entgegenstehenden empirischen Befunde haben zur Herausbildung der Polarisationstheorien und in ihrer Folge der neuen Wachstumstheorie geführt, die eine wesentlich fundiertere Erklärung der realwirtschaftlichen Entwicklungen bietet. Die neue Wachstumstheorie sieht den technischen Fortschritt als die zentrale Größe für die wirtschaftliche Entwicklung von Staaten an und versucht, diesen in das Theoriegebilde der neoklassischen Wachstumstheorie zu integrieren. Bei aller Vielfalt der einzelnen Entwicklungsrichtungen der Theorie -genannt seien vor allem als die beiden Hauptzweige die learning-by-doing- und die Innovationsmodelle- stimmen die verschiedenen Ansätze doch in ihrer Kernaussage überein, nämlich der, daß der sich als „Marktlösung" ergebende Entwicklungspfad einer Volkswirtschaft aufgrund von Marktunvollkommenheiten (nicht internalisierte externe Effekte des technischen Fortschritts, Monopol(renten) des Forschungssektors u.a.) nicht mit dem gesellschaftlich optimalen Wachstumspfad übereinstimmt und daß die Marktlösung in einer räumlich strukturierten Wirtschaft nicht mehr automatisch zu einem Ausgleich der regionalen Entwicklungsunterschiede führt, sondern genauso gut eine Verstärkung der regionalen Divergenzen eintreten kann. Für die Politik bedeutet dies, daß staatliche Eingriffe in das Wirtschaftsgeschehen (auch) allokationspolitisch begründet, nämlich durch die Existenz von Marktunvollkommenheiten bedingt sein können. Aus regional-ökonomischer Sicht ist dabei vor allem von Bedeutung, inwieweit externe Effekte von Innovationen auch räumliche Externalitäten darstellen. Ist letzteres der Fall, ist eine regionale Entwicklungspolitik der staatlichen Zentralebene gerechtfertigt und vornehmlich mit dem Ziel zu betreiben, die Möglichkeiten des interregionalen Wissensaustausches zu verbessern.

2. Spillover-Effekte und Skalenerträge bei der Bereitstellung öffentlicher Güter

Waren die im vorangegangenen Abschnitt 1. behandelten öffentlichen Güter solche, bei denen eine Zuständigkeit der Europäischen Union aus der Natur der Sache, insbesondere aus dem unmittelbaren Zusammenhang mit dem Gemeinsamen Markt und den vier Binnenmarktfreiheiten, begründet werden konnte, so sind im folgenden solche Güter zu untersuchen, deren zentrale Produktion bzw. Bereitstellung Kostenvorteile aufgrund von Skalenerträgen erwarten läßt, sowie solche Güter, die ihrer Art nach in ihren Wirkungen weit über die nationalen Grenzen hinausstrahlen und bei denen eine dezentrale Bereitstellung ohne regulierende Vereinbarung über die tatsächliche Kostentragungspflicht gegen das Prinzip der institutionellen Kongruenz verstieße.[1]

2.1. Klima- und Umweltschutz als europäisches Gut

Eine saubere Umwelt, die Qualität der natürlichen Lebensgrundlagen und der Klimaschutz sind zumindest in wichtigen Teilbereichen öffentliche Güter von gesamteuropäischem Interesse. Die Qualität der Luft, der europäischen Meere und der grenzüberschreitenden Flüsse kann nur im Zusammenwirken aller betroffenen Staaten optimiert werden, weil lokale Schadstoffemissionen durch Wind und Wasserbewegungen in die Nachbarstaaten getragen werden.[2] Dies könnte für eine Zentralisierung von Aufgaben

---

[1] Ob im konkreten Fall zu erwarten ist, daß eine Vereinbarung über den Ausgleich grenzüberschreitender Nutzen oder Lasten im Wege dezentraler Verhandlungen zustande kommt, und eine solche gesamtwirtschaftlich effizient ist und Bestand hat oder ob eine Lösung des Spillover-Problems des Eingreifens einer europäischen Zentralinstanz bedarf, kann freilich nicht mit letzter Sicherheit gesagt werden. Dennoch soll im folgenden für die wichtigsten Güter mit ausgeprägten supranationalen Spillover-Effekten eine Prognose darüber gewagt werden, ob diese Effekte auf dezentralem Wege effizient und dauerhaft internalisiert werden können.

[2] Dabei ist der mangelnde Anreiz für ein einzelnes Land, zu einer angemessenen Umweltqualität beizutragen, wenn die Verschmutzungen grenzüberschreitenden Charakter haben, und stattdessen eine free-rider-Position einzunehmen nur verständlich. Ein Land, das seine grenzüberschreitenden Emissionen beschränkt, muß die kompletten Vermeidungskosten tragen, kann aber nur einen Bruchteil

im Bereich der Umweltpolitik auf europäischer Ebene sprechen. Dagegen spricht aber einmal, daß nicht nur die natürlichen Umweltbedingungen und Belastungsprofile der Umwelt, sondern auch die für die Umweltqualität maßgeblichen Einflußgrößen wie Wirtschafts- und Siedlungsstruktur, Industrialisierungsgrad, Ressourcenausstattung, Wirtschafts- und Finanzkraft usw. innerhalb Europas sehr stark divergieren, zum andern die offenbar gerade im Bereich der Umweltpolitik national sehr unterschiedlichen Methoden, mit den jeweiligen Problemen umzugehen. Es stellt sich deshalb die Frage, auf welcher Ebene öffentlicher Gewalt umweltpolitische Aufgaben sinnvollerweise wahrgenommen werden sollen. Nach Karl (1998, 1014 ff.) sollen „vor dem Hintergrund der ökonomischen Theorie des Föderalismus" vor allem vier Kriterien darüber entscheiden, ob eine „zentrale (europäische) oder dezentrale (Mitgliedstaaten) Kompetenzverteilung in der Umweltpolitik vorzuziehen ist":

(1) Die Aufgabenverteilung soll Möglichkeiten erweitern, die Präferenzen von Wirtschaftssubjekten zu berücksichtigen (Konsumentensouveränität). Je verschiedener die Nutzenvorstellungen zwischen und in den Staaten der Europäischen Union sind, desto mehr bieten dezentrale Ansätze eine Chance, diesen Rechnung zu tragen (vgl. Kap. B IV).

(2) Effizienzmindernde Externalitäten können für eine Aufgabenwahrnehmung auf zentraler Ebene sprechen. Um ein gesamtwirtschaftlich optimales Maß an Umweltschutz zu erreichen, ist eine möglichst weitgehende Übereinstimmung von
-Entscheidungs-, Kosten-, Finanzierungs- und Nutzenräumen (territoriale Kongruenz)
-Nutznießern und Kostenträgern der Bereitstellung von Umweltgütern (fiskalische Kongruenz)
anzustreben und sicherzustellen, daß negative oder positive externe Effekte von Umweltbeeinträchtigungen oder Umweltschutzmaßnahmen entsprechend ihrem grenzüberschreitenden Wirkungsgrad durch zwischenstaatliche Zahlungen internalisiert werden. Dabei ist unter Berücksichtigung des Subsidiaritätsgrundsatzes vorrangig zu prüfen, in wieweit eine Internalisierung externer Effekte durch dezentrale Kooperationen (Ausgleichszahlungen) zwischen den betroffenen Mitgliedstaaten möglich ist.[1]

(3) Umweltpolitische Aufgaben sollten cet. par. auf der Ebene wahrgenommen werden, auf der sie die geringsten Kosten (Entscheidungs-, Produktions-, Verwaltungs- und Transaktionskosten) erzeugen. Kosten können beispielsweise in Form von „Absprachekosten" bei bi- und multilateralen Verhandlungen anfallen -und dürften mit der Anzahl der beteiligten Parteien zunehmen- oder in Form von Frustrationskosten, wenn bei zentralisierter Entscheidung Individuen im Zuge von Mehrheitsvoten

---

der gesamten Vorteile aus einer solchen Politik genießen. Der mitunter wesentlich größere Vorteil kommt den Nachbarstaaten zugute. Unter diesen Umständen stellt sich jeder einzelne Staat aus individueller Sicht am besten, wenn er selbst eine Trittbrettfahrerposition einnimmt und anderen Staaten die Vorreiterrolle überläßt (Sinn 1994,14).
[1] Hierbei ist nach Arnold (1984, 115; 1993, 79) zu beachten, daß sich kooperative Verhandlungslösungen bei der Bereitstellung öffentlicher Güter nicht auf die Verteilung der Finanzierungslasten beschränken dürfen -sondern es muß, da bei der Leistungsbereitstellung komparative Kostenvorteile auftreten, die an diesen Vorteilen orientierte Arbeitsteilung zwischen den betroffenen Ländern ebenfalls vereinbart werden.

majorisiert werden).[1]

(4) Die Aufgabenverteilung soll Spielräume für innovative Prozesse schaffen und erweitern. Dies spricht in der Regel für eine Kompetenzdezentraliserung, weil dezentrale Suchprozesse Vielfalt, eine hohe Chancenauswertung und Risikodiversifizierung versprechen.

Legt man die genannten Kriterien zugrunde, so könnten aus effizienztheoretischer Sicht vor allem folgende Gründe für eine Übertragung umweltpolitischer Aufgaben/Zuständigkeiten auf die europäische Ebene sprechen:

(1) Ineffizienzen der Internalisierung externer Effekte bei dezentralen Verhandlungslösungen

Treten zwischen zwei oder mehreren Staaten negative oder positive Spillover-Effekte in Form grenzüberschreitender Umweltbelastungen oder grenzüberschreitender Wirkungen von Umweltschutzmaßnahmen auf, so ist unter Berücksichtigung des Subsidiaritätsgrundsatzes zunächst in jedem Einzelfall zu prüfen, ob diese durch Kooperationen (Ausgleichszahlungen) zwischen den betroffenen Staaten angemessen internalisiert werden können. Die Erfolgsaussichten dezentraler Verhandlungslösungen werden in der einschlägigen finanzwissenschaftlichen Literatur kontrovers beurteilt:

Die Chancen einer effizienten dezentralen Verhandlungslösung grundsätzlich positiv sieht z.B. Thomas (1997, 197), nach dessen Meinung sich die meisten Probleme grenzüberschreitender Umweltverschmutzung auf wenige betroffene Staaten reduzieren und deren Anreiz zur Verständigung auf dezentraler Ebene allein schon deshalb groß ist, weil sie in aller Regel über den Bereich des Umweltschutzes hinaus durch ein vielfältiges Beziehungsgeflecht miteinander verbunden sind.

Demgegenüber sehen etwa Hartwig (1992) sowie Fritsch, Wein und Ewers (2001) die Möglichkeiten, im Wege einer dezentralen Verhandlungslösung zu einer effizienten Bereitstellung des öffentlichen Gutes Umwelt zu kommen, als eher gering an, und zwar auch dann, wenn im Sinne des Coase-Theorems Eigentumsrechte und Haftungsregeln eindeutig zugeordnet sind:

Denn zum einen setze eine effiziente Internalisierung durch Verhandlungen voraus, daß die tatsächlichen externen Kosten eines Eingriffs zumindest den Betroffenen bekannt und den einzelnen Absendern und Empfängern genau zurechenbar sind, was aber gerade im Umweltbereich in der Regel nicht der Fall ist.

Zum andern würden von den Umwelteingriffen eines Landes in vielen Fällen eben nicht nur ein oder zwei, sondern eine wesentlich größere Zahl von Anlieger- und Drittstaaten betroffen; mit einer zunehmenden Zahl an involvierten Staaten stiegen aber in der Regel nicht nur die mit einer Verhandlungslösung einhergehenden Transaktionskosten (Kosten der Anbahnung, Aushandlung, Durchführung und Kontrolle einer Vereinbarung) sehr rasch auf ein prohibitives Maß an, sondern auch die Anreize

---

[1]Auch die Verwaltungskompetenz ist dort anzusiedeln, wo umweltpoltische Ziele zu den geringsten Kosten realisiert werden können. Da mit wachsender Zahl beteiligter staatlicher Ebenen die Verwaltungskosten steigen, sind mit einer Dezentralisierung in der Regel Kostennachteile verbunden. Dezentrale Verantwortung für die laufende Verwaltung umweltpolitischer Aufgaben ist dann problemlos möglich, wenn weder Unteilbarkeiten noch zunehmende Skalenerträge vorliegen. Bei zunehmenden Skalenerträgen und Unteilbarkeiten verspricht zentrale Bereitstellung Kostenvorteile.

der Staaten zu einem Trittbrettfahrerverhalten: „Die mangelnde Ausschlußmöglichkeit beim Umgang mit Umweltgütern veranlaßt die Beteiligten innerhalb der jeweiligen Gruppe der Schädiger oder Geschädigten, ihre wahren Kosten- und Nutzenpositionen in den Verhandlungen nicht zu offenbaren. Bei Schädigerhaftung werden die Geschädigten ihre individuellen Belastungen übertreiben, um einen möglichst großen Anteil an den Kompensationszahlungen des Schädigers zu erhalten. Besteht ein Schädigungsrecht, untertreiben die Geschädigten ihre individuellen Belastungen, um Kompensationszahlungen für eine Schadensverringerung auf andere Mitglieder ihrer Gruppe zu überwälzen. Ähnliche Überlegungen gelten für die Schädiger, so daß trotz gemeinsamer Interessen an einer Verhandlungslösung solche Verhandlungen am Eigennutz und mangelnden Vertrauen in das Verhalten der anderen scheitern werden." (Hartwig aaO, 143).

Schließlich bestehe auch bei nur wenigen Beteiligten für die jeweiligen Inhaber der Rechtstitel ein Anreiz zu strategischem Verhalten: „Besitzen die Schädiger das Eigentumsrecht, werden sie versuchen, möglichst neue und hohe Schäden zu verursachen, um damit neue Verhandlungstatbestände zu schaffen und günstige Verhandlungspositionen gegenüber den Geschädigten zu erreichen. Können die Geschädigten mit Ausweichstrategien reagieren, scheitern zwar die Verhandlungen. Die Schädiger stehen sich dadurch jedoch nicht schlechter als vorher. Besitzen die Geschädigten das Eigentumsrecht an den Umweltgütern, besteht für sie ein Anreiz zur Schadensübertreibung. Durch eine Verhandlungslösung wird dann der optimale Schadensumfang unterschritten und von den umweltbelasteten Gütern eine zu geringe Menge produziert. Generell besteht schließlich der Anreiz für alle Betroffenen, Monopolsituationen zu erreichen, um ihre Verhandlungsposition zu verbessern." (Hartwig aaO, 143).

Gegen das Argument der Einnahme einer Trittbrettfahrerposition oder strategischen Verhaltens einzelner Staaten hat vor allem Wellisch (1992 (1)) vorgetragen, die Möglichkeit der freien Wohnsitzwahl impliziere, daß das Nutzenniveau, das ein Bürger der Europäischen Union durch sein Einkommen auf der einen Seite und die Qualität der Umwelt auf der anderen Seite erlangt, in jedem Ort der Union zwangsläufig gleich sei. Denn jede Ungleichheit würde sofort durch entsprechende Wanderungsprozesse, die zur Änderung der Löhne und Mieten führt, eliminiert: Kennt die Regierung eines Landes diese Implikation der freien Wohnsitzwahl, so werde sie bei ihrem Bestreben, den Nutzen ihrer Staatsbürger zu maximieren, implizit auch den Nutzen der Bürger anderer Staaten maximieren und alle Vor- und Nachteile aus ihrer Politik korrekt gegeneinander abwägen.

Ohne an dieser Stelle im einzelnen auf den Gedankengang von Wellisch einzugehen (dies soll in Kap. C III. 3.3. im Rahmen der Diskussion des Modells von Myers (1990) geschehen, der sich in ganz anderem Zusammenhang einer ähnlichen Argumentation bedient), sei mit Sinn (1994, 14 f.) festgestellt, daß die dem Ansatz von Wellisch zugrundeliegenden Annahmen zu restriktiv sind, als daß aus ihm die Entbehrlichkeit einer gesamteuropäischen Umweltpolitik abgeleitet werden könnte. Dies betrifft einmal die Unterstellung, daß Wanderungen der Haushalte kostenlos erfolgen. Gibt es Wanderungskosten, so „findet ein Ausgleich der zu erlangenden Nutzenniveaus über die Grenzen hinweg nicht statt, und nationale Umweltpolitiker tun weiterhin gut daran, nur die Belange der Bürger ihres Landes zu vertreten" (Sinn aaO, 15). Dies betrifft zum andern aber auch die Annahme eines myopischen Verhaltens der Nationalregierungen. Es wird im Sinne Nash-Verhaltens unterstellt, daß jede National-regierung ihre optimale Umweltpolitik in der Annahme bestimmt, daß ihre Ent-scheidungen keinen Einfluß auf die Umweltpolitik der anderen Staaten habe. In Wahrheit wird jedoch jede Veränderung der Schadstoffemissionen eines Landes -in der Regel gegenläufige (Sinn, aaO, 15)- Anpassungsreaktionen der anderen Länder hervorrufen. Werden diese von einem Land in seinem Entscheidungskalkül antizipiert, besteht die Gefahr, daß eine Reduktion schädigender Handlungen von vorne herein unterbleibt.

Faßt man zusammen, so wird man vermuten müssen, daß eine effiziente Inter-nalisierung externer Effekte durch dezentrale Kooperationen der betroffenen Staaten häufig, vor allem dann, wenn wie etwa im Bereich des Klimaschutzes oder der Verschmutzung der Weltmeere, eine Vielzahl von Staaten betroffen ist, nicht gelingen wird und deshalb für diese Fälle eine Regulierungszuständigkeit der Europäischen Union fordern müssen (daß aus fiskalföderalistischer Sicht der dezentralen Ver-handlungslösung der Vorzug gebührt und zunächst zu versuchen ist, eine solche zu erzielen, wurde bereits betont). Um die Wahrscheinlichkeit dezentraler Ver-handlungslösungen zu erhöhen und einen gewissen „Wildwuchs" in Form des Ausnutzens von Machtpositionen einzelner Mitgliedstaaten zu Lasten effizienter Lösungen zu verhindern, sollte zudem der EU die Aufgabe übertragen werden, „allgemeine Regeln für die Internalisierung grenzüberschreitender Externalitäten zu formulieren (z. B. Haftungsprinzip, polluter pays principle), um einen Ordnungs-rahmen für die Kooperation der Mitgliedstaaten zu schaffen" (Karl, aaO, 1034).

(2) Das Ziel, die Funktionsfähigkeit des europäischen Binnenmarktes zu sichern
Eine gemeinschaftliche Umweltpolitik wird häufig auch als Voraussetzung gesehen, um die Vorteile des Binnenmarktes zu realisieren und das von diesem angestrebte Integrationsziel zu erreichen, und zwar vor allem aus drei Gründen (vgl. Karl aaO, 1012 und 1038 ff.):
(a) Soweit nationale Umweltschutzbestimmungen im Bereich der Anlagen-, Produkt-, und Entsorgungsstandards, des Transportwesens, der Unternehmensansiedlungspolitik usw. unmittelbaren Einfluß auf die Faktormobilität und den Waren- und Dienst-leistungsverkehr innerhalb der Europäischen Union haben, kann eine Harmonisierung erforderlich sein, um durch Vereinheitlichung für einen reibungslosen Faktor- und Güterhandel zu sorgen und damit die Skalenerträge und Versorgungsvorteile eines großen Absatzmarktes nutzen zu können. Dabei sind die etwaigen Funktionsvorteile des Binnenmarktes den Nachteilen einer Nichtberücksichtigung regional unter-schiedlicher Präferenzen im Hinblick auf Umweltstandards gegenüberzustellen.
(b) Nationale Umweltpolitik kann durch wohlverstandene Sorge um die Gesundheit der Bürger begründet sein, sie kann in vielen Fällen aber auch zugunsten protek-tionistischer Interessen auf den Güter- und Faktormärkten instrumentalisiert werden. Da der Schutz gegen Wettbewerbsbeschränkungen „als ein supranationales (euro-päisches) öffentliches Gut interpretiert werden kann" (Karl aaO, 1039 unter Verweis auf Klodt u.a. 1992, 177), gleichzeitig aber auch die hinter einer umweltpolitischen Maßnahme stehende Intention der Nationalstaaten sowie der Subsidiaritätsgrundsatz berücksichtigt werden müssen, scheint bei Verdacht wettbewerbsbeschränkenden Verhaltens grundsätzlich eine zweistufige Prüfung angezeigt: zum einen ist die Um-weltpolitik der Mitgliedstaaten von seiten der Europäischen Union dahingehend zu

kontrollieren, ob sie den allgemeinen Wettbewerbsregeln widerspricht; zum andern ist im Einzelfall zu prüfen, ob zum Schutz vor Wettbewerbsbeschränkungen eine Harmonisierung der nationalen Umweltpolitiken notwendig ist.

(c) Schließlich wird eine Zuständigkeit der Europäischen Union in Umweltfragen gefordert, um auf einem Gemeinsamen Binnenmarkt Entwicklungen in Richtung auf eine „ruinöse" Umweltkonkurrenz zu vermeiden: Kapital- und Unternehmenswanderungen sorgten dafür, daß die Umweltschutzmaßnahmen in den Mitgliedstaaten wegen der Angst von Kapitalverlusten und Unternehmensabwanderungen im Wettbewerb zueinander stehen. Im Verlaufe dieses Wettbewerbsprozesses würden umweltintensive Industrien in Regionen abwandern, die vergleichsweise geringe umweltpolitische Standards setzen. Einheitliche Umweltstandards in ganz Europa sollen dann verhindern, daß der Wettbewerb der Mitgliedstaaten um mobile Faktoren und Unternehmensansiedlungen dazu verleitet, die Umweltstandards kontinuierlich zu reduzieren und auf diese Art die Umwelt in den Mitgliedstaaten irreversibel zu zerstören.

Ob die Gefahr einer ruinösen Umweltkonkurrenz und, wenn ja, die Notwendigkeit einer Harmonisierung von Umweltstandards tatsächlich besteht, ist freilich überaus umstritten und nach ähnlichen Kriterien zu beurteilen wie die in Abschnitt III.2. zu behandelnde Frage eines ruinösen Steuerwettbewerbs.

(3) Koordinationsorientierte Begründung

Umweltpolitische Kompetenzen der Europäischen Union könnten auch mit der Begründung hergeleitet werden, daß andere Politikbereiche, vor allem bereits gemeinschaftlich betriebene Fachpolitiken wie Agrar-, Regional-, Verkehrs- und Infrastrukturpolitik, positive und negative Umwelteffekte besitzen und damit eine Koordinierung mit der Umweltpolitik erfordern, die häufig effizienter und kostengünstiger auf europäischer als auf mitgliedstaatlicher Ebene vorgenommen werden könne.

Darüber hinaus könnten sich Effizienzsteigerungen und Kosteneinsparungen durch eine Bündelung nationaler Umweltinteressen und deren Vertretung durch die Europäische Union auch insoweit ergeben, als es um die Erhaltung von Umweltgütern geht, die über den Raum der Europäischen Union hinausgehen. Der Bereich des Klimaschutzes ist hierfür ein Paradebeispiel. Eine die Belange ihrer Mitgliedstaaten vertretende Europäische Union hat bei internationalen Klimaschutzkonferenzen vermutlich ein wesentlich größeres politisches Gewicht in die Waagschale zu werfen, als die Summe ihrer -möglicherweise untereinander uneinigen- Mitgliedstaaten.

2.2. Forschungs- und Technologiepolitik

Noch stärker als im Umweltbereich stellt sich die Problematik der effizienten Internalisierung externer Effekte im Forschungs- und Entwicklungsbereich. Denn zum einen ist im Forschungs- und Entwicklungsbereich die regionale -und sektorale- Streuung positiver Spillover- Effekte größer als in jedem anderen Politikbereich: technisches Wissen ist hochmobil und kann in aller Regel relativ gut adaptiert werden, auch sind viele technische Errungenschaften in den verschiedensten Sektoren gewinnbringend verwendbar. Zum andern können häufig noch weniger als im

Umweltbereich die tatsächlichen Wirkungen von Forschungs- und Entwicklungsergebnissen erfaßt bzw. gemessen werden. Weil darüber hinaus in vielen Teilbereichen des Forschungs- und Entwicklungssektors erst erhebliche Investitionen vorgenommen werden müssen, bis eine erforderliche „kritische Masse" an F&E-Aktivitäten initiiert ist und ferner die Rückflüsse aus F&E-Investitionen oftmals erst nach Jahren zu erwarten sind, besteht die Gefahr, daß gerade Forschungs- und Entwicklungsanstrengungen in einem gesamtwirtschaftlich zu geringen Umfang unternommen werden. Dies gilt sowohl im privatwirtschaftlichen als auch im einzelstaatlichen Bereich.

Es ist deshalb immer wieder gefordert worden, private Forschung und Entwicklung stärker durch staatliches Engagement zu unterstützen und einzelstaatliche Aktivitäten stärker auf zentraler Ebene zu koordinieren. Dagegen wird im Verhältnis zwischen privater und staatlicher Ebene vor allem geltend gemacht, daß bei sog. „marktnahen" privaten Forschungsaktivitäten zur Erreichung eines effizienten Forschungsmaßes ausreichend ist, durch entsprechende Regelungen des Patent- und gewerblichen Rechtsschutzes die Möglichkeit der privaten Aneignung der Investitionserträge zu schaffen (während viele der marktfernen privaten Forschungsaktivitäten entweder ohnehin bereits auf staatlicher Ebene betrieben werden oder gerade wegen ihres mangelnden ökonomischen Nutzens keine staatliche Unterstützung erfahren sollten, vgl. z. B. Maennig und Wagner 1994) und im Verhältnis zwischen einzel- und zentralstaatlicher Kompetenzverteilung, daß zentralstaatliche Vorgaben die Entfaltung freien Wettbewerbs -verstanden als Entdeckungsverfahren- nicht nur zwischen Unternehmen, sondern auch zwischen Nationalstaaten hemmen, indem sie auf interventionistischem Wege die Forschungsschwerpunkte und ihre räumliche Verteilung diktieren und somit letztlich die Entwicklung alternativer Lösungsansätze für ein Problem von vorne herein verhindern.

Vor allem das zuletzt genannte Argument ist nicht leicht von der Hand zu weisen. Dennoch mehren sich die Stimmen derjenigen, die glauben, in bestimmten Bereichen der Forschungs- und Entwicklungspolitik nicht auf eine Beteiligung der Europäischen Union verzichten zu können, und zwar aus folgenden Gründen:

-Erstens übersteigen in verschiedenen Wirtschaftssektoren wie der Luft- und Raumfahrttechnik, der Nuklearforschung sowie Teilbereichen der Humanmedizin und Gentechnik die Kosten der Forschung und Entwicklung nicht nur die finanziellen Möglichkeiten auch großer Unternehmen, sondern sogar die einzelner Staaten.

-Zweitens, und dies ist quasi der Gegenstandpunkt zum oben genannten Argument der Wettbewerbseinschränkung, können durch eine (zentral)staatliche Koordination dezentraler Forschungs- und Entwicklungsaktivitäten erhebliche Kosteneinsparungen in Form der Vermeidung aufwendiger Doppelforschung erzielt werden, die in anderen, auch Forschungs-, Bereichen nutzenbringender eingesetzt werden könnten.

-Drittens könnten durch einen zentral gesteuerten, systematischen Austausch von Forschungsergebnissen erhebliche Synergieeffekte erzielt werden.

-Schließlich, nicht zuletzt, gibt es Teilbereiche der Forschung und technologischen Entwicklung, wie insbesondere die Grundlagenforschung, in denen zwar erhebliche, auch grenzüberschreitende, externe Effekte zu erwarten sind, in denen aber gerade kein Patentschutz die gefundenen Ergebnisse schützt und in denen ein kommerzieller Nutzen wenn überhaupt, dann erst in ferner Zukunft anfällt, so daß hier im besonderen die Gefahr besteht, daß privatwirtschaftlich und einzelstaatlich zu wenig in diese Aktivitäten investiert wird.

Zwar sprechen diese Argumente zunächst nur dafür, daß nationale Forschungs- und Entwicklungspolitik der Abstimmung und Koordination bedarf, und noch nicht zwangsläufig dafür, daß diese Koordination durch Einschaltung und kostenmäßige Beteiligung der Europäischen Union zu erfolgen habe. Da, wie oben dargelegt, aber gerade im Forschungs- und Entwicklungsbereich, und hier vor allem in der Grundlagenforschung, die regionale Streuung von Spillover-Effekten besonders groß und die Meßbarkeit dieser Effekte schwierig ist, wird eine aus fiskalföderalistischer Sicht grundsätzlich vorzugswürdige, dezentrale Kooperationslösung durch Abstimmung zwischen den beteiligten Staaten häufig nicht zustande kommen oder nicht von Dauer sein.

Zusammenfassend muß deshalb gesagt werden, daß gerade der Bereich der Forschungs- und Entwicklungspolitik nicht ohne eine -konkurrierende- Zuständigkeit der Europäischen Union auskommen dürfte. Ob dabei der Union über die Internalisierung externer Effekte hinaus noch weitere Aufgaben übertragen werden sollten und welcher Mittelbedarf sich daraus ggf. ergibt, wird in Kap. F II.1. in groben Zügen erörtert.

2.3. Transeuropäische Netze

In Kap. C II.1.3. ist die Kompatibilisierung der bestehenden nationalen Verkehrs-, Energie- und Telekommunikationsnetze als öffentliches Gut von gesamteuropäischem Interesse identifiziert worden. Dabei ist von der -sicherlich zutreffenden- Prämisse ausgegangen worden, daß die Bereitstellung von Infrastruktureinrichtungen in der EU primär im Verantwortungsbereich der einzelnen Mitgliedstaaten liegt bzw. liegen muß. Jedoch könnten verschiedene Gründe für eine Beteiligung der EU beim Aufbau von (grenzüberschreitenden) Infrastruktureinrichtungen sprechen:

(1) Das Äquivalenzargument

Die Realisierung der mit dem europäischen Binnenmarkt potentiell verbundenen Vorteile, so u.a. die Nutzung von Skalenerträgen durch größere Absatzmärkte sowie eine stärkere Spezialisierung und Arbeitsteilung aufgrund einer höheren Faktormobilität, ist eine Aufgabe von gesamteuropäischem Interesse. Die (effiziente) Bereitstellung der für den ungehinderten Güter-, Faktor- und Informationsaustausch erforderlichen (Infrastruktur-)Einrichtungen in der gesamten Union ist eine unabdingbare Voraussetzung zur Umsetzung dieser Aufgabe. Allerdings sind gerade die besonders rückständigen, peripheren Regionen bzw. Mitgliedstaaten in der Union (vor allem Griechenland, Portugal, z. T. auch Spanien) häufig nicht in der Lage, aus eigener Kraft allein die zur Errichtung der grenzüberschreitenden Infrastruktur erforderlichen Mittel aufzubringen. In diesen Fällen erscheint es gerechtfertigt und auch im Interesse der reichen Mitgliedstaaten der Union, die rückständigen Peripherieregionen beim Aufbau der grenzüberschreitenden Infrastrukturverbindungen mit dem Zentrum der Gemeinschaft zu unterstützen.

(2) Spillover-Effekte

Darüber hinaus könnte die Existenz weitreichender Spillover-Effekte gerade im Infrastrukturbereich eine Übertragung von Zuständigkeiten auf die europäische Ebene nahelegen. Bei der Berechnung der erforderlichen Netzwerkkapazitäten werden vor allem die typischen Transitregionen der Union regelmäßig die Vorteile hoher Aufnahmevolumina und zügiger Durchlaufzeiten ihrer grenzüberschreitenden Infrastruktureinrichtungen für andere, d. h. Zentrums- und Peripherie-, Regionen in ihren Entscheidungskalkülen nicht berücksichtigen, so lange sie selbst aus diesen Vorteilen keinen unmittelbaren Nutzen ziehen können.

Ein solcher könnte sich allerdings ergeben, wenn (was unter Subsidiaritätsgesichtspunkten grundsätzlich vorzugswürdig ist) im Wege bilateraler oder multilateraler Kooperationen Zahlungen an die Transitregionen vereinbart werden können, durch die die externen Effekte großer Netzwerkkapazitäten internalisiert werden. Wichtige Voraussetzung für das Zustandekommen einer solchen Kooperation sind zum einen geringe Transaktions- und Informationskosten, zum andern die Bereitschaft zur Kooperation, „also der Verzicht auf die Ausbeutung der (potentiellen) Verhandlungspartner durch spezifische Verhandlungs- und Machtkonstellationen, verbunden mit dem Bewußtsein, daß sich die Beteiligten sonst in eine Dilemmasituation hineinmanövrieren" (Thomas 1997, 199). Mit zunehmender Zahl der beteiligten Verhandlungspartner steigen jedoch die Transaktions-, Informations- und Kontrollkosten sowie die Möglichkeiten des Aufbaus und der Ausnutzung von Verhandlungsmacht oder der Einnahme einer Trittbrettfahrerposition häufig so rasch an, daß in Anbetracht der Zahl der in eine entsprechende Kooperation einzubeziehenden Mitgliedstaaten deren Zustandekommen bzw. dauerhafter Bestand fraglich ist.

Eine andere Beurteilung könnte sich aber dann ergeben, wenn die transeuropäischen Infrastrukturnetze zunehmend den Charakter von Clubgütern mit der Möglichkeit der (partiellen) Ausschließbarkeit nicht Zahlungswilliger bekommen. Besteht nämlich die Möglichkeit der Exklusion derjenigen von der Nutzung eines Gutes, die nicht bereit sind, für diese zu bezahlen, so kann dessen Bereitstellung einem marktähnlichen Bereitstellungsprozeß überlassen werden, da Präferenzoffenbarungs- und Trittbrettfahrerprobleme entfallen. Nach Grossekettler (1985) ermöglichen gerade bei den netzgebundenen Infrastrukturen technologische und institutionelle Neuerungen mittlerweile in vielen Bereichen wirtschaftlich vertretbare Ausschließungsmöglichkeiten, die sowohl eine zentrale Bereitstellung öffentlicher Infrastruktureinrichtungen als auch eine Bereitstellung von Infrastruktureinrichtungen durch die öffentliche Hand überflüssig machen. Allerdings fragt sich, ob die Ergebnisse der von Grossekettler in erster Linie für die kommunale bzw. regionale Ebene angestellten Analyse auch auf die supranationale Ebene übertragen werden können. Stellt man die teilweise extrem hohen Vorfinanzierungskosten und langen Amortisationszeiträume vieler infrastruktureller Großprojekte in Rechnung, so werden die Nationalregierungen häufig wenig Interesse verspüren, ohne eine vorherige Kooperationsvereinbarung die positiven externe Effekte großer Netzwerke für andere Regionen in ihren Kapazitätsplanungen zu berücksichtigen und stattdessen eher nach Wegen suchen, wie sie die Nutzung der dann enger bemessenen Netzwerke auf ihre eigenen Bürger beschränken können.[1]

---

[1] Dies gilt um so mehr, wenn mit der Infrastrukturnutzung Umweltbelastungen verbunden sind. So ruft vor allem der europäische Straßenverkehr in den Transitländern der EU zusätzliche Externalitäten dadurch hervor, daß „die Transitländer nicht nur ihre Infrastruktur, sondern zudem ihr Emissionsauf-

Insgesamt wird man a priori weder pauschal sagen können, daß Spillover-Effekte im Bereich transeuropäischer Infrastrukturnetze eine zentrale Kompetenz der europäischen Ebene für deren Auf- und Ausbau begründen, noch daß dies nicht der Fall ist, sondern in jedem Einzelfall unter Berücksichtigung des Subsidiaritätsprinzips zu entscheiden haben, ob eine effiziente Internalisierung externer Effekte durch dezentrale Kooperationslösungen oder durch eine erfolgreiche Exklusion nicht Zahlungswilliger von der Nutzung eines Infrastrukturgutes möglich ist.

(3) Skalenerträge
Schließlich könnte die Auffassung vertreten werden, daß aufgrund von bei netzgebundener Infrastruktur in hohem Maße anfallenden Fixkosten eine Bereitstellung dieser Einrichtungen durch die zentrale Ebene mit erheblichen Skalenerträgen gegenüber einer dezentralen Bereitstellung verbunden wäre.
Ein solches Argument ist im Verhältnis zwischen kommunaler und regionaler Ebene sicherlich in vielen Fällen richtig. Jedoch ist auf den Bereich der transeuropäischen Netze übertragen kaum ein Fall denkbar, wo die zentrale Bereitstellung eines Netzwerks durch die europäische Ebene gegenüber einer Zerstückelung in mehrere nationale, wenn auch miteinander kompatible, Netzwerkeinheiten mit erheblichen Skalenerträgen verbunden wäre. Allenfalls in Ausnahmebereichen, wie einer mehrere europäische Ballungszentren miteinander verbindenden Magnetschwebebahn nach Art des deutschen Transrapid, die mit erheblichen Planungs- und Entwicklungskosten verbunden ist, könnten sich Skalenerträge einer gemeinsamen Planung und Entwicklung durch mehrere Mitgliedstaaten gegenüber einer Aufteilung in verschiedene nationale Parts ergeben. Dabei wird sich aber die gemeinsame Planung und Entwicklung auf die Beteiligung zunächst einiger weniger Mitgliedstaaten reduzieren, zwischen denen dann Kooperationen auf dezentraler Ebene möglich erscheinen, wie etwa das Beispiel Ärmelkanaltunnel gezeigt hat.[1]

III. Mobilitätsinduzierte Spillover-Effekte: zur Effizienz dezentraler Steuerpolitik bei hoher Faktor- und Gütermobilität

Am Ende von Kap. B IV. ist anhand des Beispiels Haushaltswanderungen die interregionale Mobilität von Faktoren und Gütern als eine in der Literatur häufig diskutierte Gefahr für die Effizienz dezentraler Finanzpolitik angesprochen worden. Im folgenden Abschnitt III. soll nun genauer untersucht werden, ob eine hohe Faktor- und Gütermobilität tatsächlich zu Effizienzverlusten führen muß, die ein zentralstaatliches Tätigwerden erforderlich machen, oder ob unter bestimmten Voraus-

---

nahmepotential zur Verfügung stellen." Partizipieren die Transitländer dann kaum oder nur unterdurchschnittlich an den wirtschaftlichen Vorteilen des Güter- oder Faktortransports, droht „die latente Gefahr, daß es für sie eine dominante Strategie ist, sich durch Zugangsbeschränkungen gegenüber den Umweltbelastungen des Transitverkehrs zu schützen, ohne die im transnationalen Verkehrsnetz auftretenden wirtschaftlichen Folgen zu berücksichtigen", wenn es nicht gelingt, parallel zu einem System des road pricing, das die Kapazitätsausnutzung von Verkehrssystemen steuert, ein enviroment pricing einzuführen, dessen Aufgabe es wäre, die regionenspezifischen Umweltbelastungen des Verkehrs den Nutzern der Infrastruktur zuzurechnen (vgl. dazu näher Karl 1997, 1070).
[1] Letzteres ist darüber hinaus ein wichtiges Beispiel für die Möglichkeit der Einbeziehung Privater in die Finanzierung beim Vorliegen von Clubguteigenschaften (vgl. dazu Klodt u. a. 1992).

setzungen dezentrale Finanzpolitik auch bei hoher Mobilität zu gesamtwirtschaftlich effizienten Allokationen führen kann. Die dabei zugrundegelegte Sichtweise ist die wohlfahrtsökonomische. Die Wohlfahrtsökonomik abstrahiert -weitgehend- von den in der Realität stattfindenden Entscheidungsprozessen und modelliert Regierungen als wohlwollende Agenten, deren Entscheidungen das Ziel der Maximierung der Vorteile für die Bürger ihrer Jurisdiktion zugrunde liegt. Eine solche Sichtweise ist zwar stark simplifizierend und versperrt den Blick für das Dilemma der Organisation im Staat, erlaubt jedoch, Kriterien aufzustellen, anhand derer die Effizienz staatlicher Finanzpolitik im idealtypischen Fall beurteilt werden kann. In Kapitel D wird sodann erörtert, inwieweit sich die Erkenntnisse der Wohlfahrtsökonomik im Hinblick auf die Effizienz dezentraler Finanzpolitik bei Mobilität verändern, wenn der politische Entscheidungsprozeß in die Betrachtung staatlichen fiskalischen Handelns einbezogen und letzteres nicht weiterhin als ausschließlich benevolent unterstellt wird.

Entsprechend der Gewichtung in der wirtschaftswissenschaftlichen Literatur wird dabei der Schwerpunkt der Betrachtung staatlichen Handelns ganz überwiegend auf der Einnahmeseite des Staatshaushalts (und hier fast ausschließlich bei der Steuerpolitik) liegen. Das scheint vor allem dadurch gerechtfertigt, daß die Einnahmenseite in weit weniger starkem Maße als die Ausgabenseite des Staatsbudgets Restriktionen außerhalb der Finanzpolitik unterliegt.

Bevor in den Abschnitten III.2.-4. die Möglichkeiten und Grenzen dezentraler Steuerpolitik bei hoher Mobilität anhand verschiedener theoretischer Modelle dargestellt werden, soll im folgenden zunächst ein kursorischer Überblick über die in der finanzwirtschaftlichen Praxis wichtigsten Formen der Besteuerung grenzüberschreitender Faktor- und Güterbewegungen gegeben werden.

1. Internationale Besteuerungsprinzipien im Überblick

Nach den allgemeinen Regeln des Völkerrechts kann jeder Staat eine Steuerpflicht begründen, wenn hierfür persönliche oder sachliche Anknüpfungspunkte bestehen. In bezug auf die persönliche Steuerpflicht kommen vor allem drei Besteuerungsprinzipien in Betracht (vgl. etwa Homburg 2000 (1), 243 f.):
- Nach dem *Wohnsitzprinzip* ist eine natürliche Person in dem Staat steuerpflichtig, in dem sie ihren Wohnsitz oder gewöhnlichen Aufenthalt hat, bei juristischen Personen kommt es zumeist auf den Geschäftssitz an.
- Beim *Nationalitätsprinzip* ist eine natürliche Person in dem Staat steuerpflichtig, dessen Staatsangehörigkeit sie besitzt.
- Gemäß dem *Quellenprinzip* ist eine -natürliche wie juristische- Person in dem Staat steuerpflichtig, aus dem ihr Einkommen stammt.
Zur Abgrenzung der sachlichen Steuerpflicht sind international zwei Prinzipien gebräuchlich:
- Nach dem *Welteinkommensprinzip* wird, sofern eine persönliche Steuerpflicht besteht, der Steuerpflichtige mit seinem Welteinkommen veranlagt.

- Beim *Territorialprinzip* wird, sofern eine persönliche Steuerpflicht besteht, der Steuerpflichtige nur mit dem Einkommen veranlagt, das er auf dem Gebiet des betreffenden Staates erwirtschaftet hat.

Das international gebräuchliche Nebeneinander der obigen Prinzipien wirkt kollisionsbegründend: in ihm ist eine Doppelbesteuerung grenzüberschreitender Sachverhalte von vorne herein angelegt, weil jeder Staat seine originäre Besteuerungskompetenz sehr weit faßt. Eine Kollision könnte vermieden werden, wenn alle Staaten im Bereich der persönlichen Steuerpflicht genau eines der drei beschriebenen Prinzipien anwenden würden, und zwar alle dasselbe. Zumindest auf ertragsteuerlichem Gebiet ist dies aber nicht der Fall. Stattdessen greifen die beteiligten Staaten auf die Regelungen des internationalen Doppelbesteuerungsrechts zurück, um die durch die Überschneidung der genannten Prinzipien auftretenden Ungereimtheiten nachträglich zu beseitigen.

Das Doppelbesteuerungsrecht soll sowohl die Doppelbesteuerung als auch die Nullbesteuerung verhindern und damit den Grundsatz der Einmalbesteuerung verwirklichen.[1] Dies kann in folgender Form geschehen (vgl. etwa Homburg 2000 (1) 246 ff.):
- Nach der *Anrechnungsmethode* rechnet der Wohnsitzstaat die im Quellenstaat gezahlte Steuer auf die inländische Steuerschuld an.
- Bei der *Freistellungsmethode* stellt der Wohnsitzstaat das im Ausland erzielte Einkommen oder der Quellenstaat das im Inland erzielte Einkommen steuerfrei.
- Mit der *Abzugsmethode* erlaubt der Wohnsitzstaat den Abzug der im Quellenstaat gezahlten Steuer von der inländischen Bemessungsgrundlage.
Die Anrechnungsmethode kommt in Wohnsitzstaaten zur Anwendung, die auf Grundlage des Welteinkommensprinzips besteuern. Bei der Anrechnungsmethode kann der Wohnsitzstaat die im Quellenstaat gezahlte Steuer voll anrechnen oder die Anrechnung auf die Höhe der anteiligen inländischen Steuer begrenzen (Teilanrechnung).[2] Mit der Vollanrechnung wird die Belastung ausländischer Einkünfte auf das Inlandsniveau herauf- oder herabgeschleust, während sich bei der Teilanrechnung (bei der u. U. ein Anrechnungsüberhang verbleibt, d. h. ein Teil der im Ausland gezahlten Steuern nicht angerechnet wird) stets der jeweils höhere Steuersatz zur Anwendung gelangt.[3]
Anders als die Anrechnung, die in der Praxis fast ausschließlich im Wohnsitzstaat vorgenommen wird, erfolgt die Freistellung im Wohnsitzstaat oder im Quellenstaat. Besteuert der Wohnsitzstaat auf der Grundlage des Territorialprinzips, kommt es zu einer verdeckten Freistellung, weil unter dem Territorialprinzip im Ausland erwirt-

---

[1] Allerdings gibt es kein völkerrechtliches Verbot der Doppelbesteuerung; deren Beseitigung ist deshalb keine juristische Notwendigkeit, sondern ein Zwischenziel, das an den Oberzielen effizienter und gerechter Besteuerung gemessen werden muß (so zurecht Homburg 2000 (1), 246).

[2] Gewährt der Wohnsitzstaat nur die Teilanrechnung, dann kann er die Höchstbetragsregelung darüber hinaus auf jeden einzelnen Quellenstaat beziehen, aus dem die Einkünfte stammen oder auf die ausländischen Einkünfte insgesamt (Homburg aaO, 247).

[3] Zwei Sonderformen der Anrechnungsmethode bilden die indirekte und die fiktive Anrechnung. Indirekte Anrechnung bedeutet, daß eine Muttergesellschaft mit Sitz im Inland auch die von ihrer Tochter im Ausland gezahlten Steuern anrechnen lassen kann. Bei der fiktiven Anrechnung werden im Ausland nicht gezahlte Quellensteuern auf die inländische Steuerschuld angerechnet.

schaftetes Einkommen ohnehin nicht steuerbar ist. Die Freistellung bewirkt, daß ausländisches Einkommen im Wohnsitzstaat als nicht vorhanden gilt.[1]

Allerdings greifen die beschriebenen Methoden zur Verhinderung der Doppelbesteuerung nur subsidiär im Verhältnis zwischen jenen Ländern, die kein sog. Doppelbesteuerungsabkommen (DBA) geschlossen haben. Letzteres (d.h. kein DBA) ist aber im Verhältnis der wichtigsten Industrienationen untereinander eher die Ausnahme. So hat etwa Deutschland allein auf dem Gebiet der Einkommensteuer mittlerweile über 70 DBA mit anderen Staaten, darunter praktisch allen großen Staaten und wichtigen Handelspartnern, vereinbart. Zwar weisen die einzelnen DBA wichtige Detailunterschiede auf, doch folgen sie zumeist dem von der OECD entwickelten Musterabkommen (OECD-MA; vgl. dazu OECD 1992), das sich in der Praxis weitgehend als Verhandlungsgrundlage durchgesetzt hat. Das OECD- Musterabkommen unterscheidet ähnlich wie das deutsche Einkommensteuergesetz zwischen verschiedenen Einkunftsarten und regelt im Kern das Besteuerungsrecht des Quellenstaates. Im Normalfall darf der Quellenstaat Einkünfte aus Grundvermögen, Unternehmensgewinnen, selbständiger oder nichtselbständiger Arbeit voll, Dividenden und Zinsen beschränkt und Lizenzgebühren gar nicht besteuern. Die Aufgabe der Vermeidung einer Doppelbesteuerung liegt ausschließlich beim (Wohn)Sitzstaat, der gemäß Art. 23 OECD-MA zwischen der Freistellungsmethode (Art. 23 A OECD-MA) und der Anrechnungsmethode (Art. 23 B OECD-MA) wählen kann. Das Musterabkommen läßt den Partnerstaaten die Wahl zwischen beiden Methoden, wobei es durchaus vorkommt, daß einer der Staaten die Anrechnungsmethode und der andere die Befreiungsmethode wählt. Deutschland besteuert Unternehmensgewinne grundsätzlich auf der Grundlage der Freistellungsmethode,[2] während mehr als die Hälfte seiner Vertragspartner -darunter vor allem die angelsächsischen Staaten- die Anrechnungsmethode gewählt haben. Die deutsche Freistellung erfolgt im Rahmen der Einkommensteuer stets unter Progressionsvorbehalt (Homburg 2000 (2), 25).

Das Außensteuerrecht umfaßt Maßnahmen, die das „originäre" Doppelbesteuerungsrecht aus fiskalischen oder anderen Gründen beschränken. Es richtet sich zum einen gegen Mißbräuche des Doppelbesteuerungsrechts, zum andern gegen Investitionen in Steueroasen und kann national kodifiziert oder bereits Bestandteil eines Doppelbesteurungsabkommens sein. Hauptquelle des deutschen Außensteuerrechts ist das Außensteuergesetz (AStG), dessen wichtigste Steuererweiterungsnormen sind (vgl. Homburg 2000 (1), 255ff):
- Dealing at arm´s length- Klausel (§ 1 AStG): Wenn ein Inländer und eine ihm nahestehende ausländische Person im Rahmen ihrer Geschäftsbeziehungen Bedingungen vereinbaren, die zwischen unabhängigen Dritten nicht vereinbart worden wären, bleiben hieraus resultierende Minderungen der inländischen Einkünfte steuerlich außer Betracht.

---

[1] Die Freistellung erfolgt häufig unter dem Vorbehalt, daß der Quellenstaat das Einkommen besteuert (sog. subject to tax clause) und kann entweder unbeschränkt oder unter Progressionsvorbehalt erfolgen; im letztgenannten Fall sind die ausländischen Einkünfte zwar steuerfrei, werden aber bei der Ermittlung des Durchschnittsteuersatzes berücksichtigt.

[2] Was zu einer steuerlichen Privilegierung ausländischer Aktivitäten führt, vgl. etwa Homburg 2000 (2), 37.

- Erweiterte beschränkte Steuerpflicht (§§ 2 bis 5 AStG): Bislang unbeschränkt steuerpflichtige natürliche Personen, die ihren Wohnsitz in ein Niedrigsteuerland verlegen, aber weiterhin wesentliche wirtschaftliche Interessen im Inland haben, werden unter bestimmten Voraussetzungen nicht nur mit ihren inländischen, sondern mit ihren gesamten Einkünften der deutschen Steuerpflicht unterworfen.

- Wegzugsbesteuerung (§ 6 AStG): Bestimmte Anteile einer natürlichen Person an einer inländischen Kapitalgesellschaft unterliegen im Falle des Wegzugs dieser Person ins Ausland auch dann der Veräußerungsbesteuerung des § 17 EStG, wenn diese Anteile gar nicht veräußert werden.

- Hinzurechnungsbesteuerung (§§ 7 bis 14 AStG): Sie erweitert den Katalog der steuerpflichtigen Einkünfte um Einkünfte, die durch passiven Erwerb einer niedrig besteuerten ausländischen Gesellschaft (Zwischengesellschaft) anfallen. Derartige Zwischeneinkünfte werden als ausgeschüttet fingiert und dem im Inland Steuerpflichtigen entsprechend seinem Anteil am Nennkapital der Gesellschaft zugerechnet.

Doppelbesteuerungen können aber nicht nur bei der grenzüberschreitenden Erzielung von Faktoreinkommen auftreten, sondern auch bei internationalen Warenbewegungen. Dies ist dann der Fall, wenn der Exportstaat (in der Steuerliteratur gemeinhin als *Ursprungsland* bezeichnet) eine Gütersteuer (spezielle Gütersteuer und/oder allgemeine Mehrwertsteuer) als Produzentensteuer erhebt, ohne Rücksicht darauf, ob ein Gut im Inland verbraucht oder exportiert wird, und der Importstaat *(Bestimmungsland)* seinerseits sowohl die inländischen Produzenten als auch die Importeure zur Entrichtung einer Gütersteuer verpflichtet. Zur Vermeidung einer Doppelbesteuerung kommen hier grundsätzlich zwei Möglichkeiten in Betracht:
- Nach dem *Bestimmungslandprinzip* gewährt der Exportstaat beim Grenzübertritt eine Steuerbefreiung, während der Importstaat besteuert. Das Herabschleusen und anschließende Heraufschleusen des Preises wird als *Grenzausgleich* bezeichnet.
- Beim *Ursprungslandprinzip* gewährt der Importstaat eine Steuerbefreiung für Importe. Es findet kein Grenzausgleich statt.
Ein wesentlicher Unterschied zwischen beiden Prinzipien besteht darin, daß bei Geltung des Bestimmungslandprinzips die Verbraucher im Importstaat mit der Steuer ihres Staates belastet werden und im internationalen Kontext eine Angleichung der *Nettopreise* stattfindet, während beim Ursprungslandprinzip die Verbraucher im Importstaat mit der Steuer des Exportstaates belastet werden und es zu einer internationalen Angleichung der *Bruttopreise* der Güter kommt. Ein anderer Unterschied besteht in der Verteilung des Steueraufkommens: Unter dem Bestimmungslandprinzip erhält der Importstaat, unter dem Ursprungslandprinzip der Exportstaat das Steueraufkommen.
Im Hinblick auf die Mehrwertsteuer galt innerhalb der Europäischen Union seit 1967 das Bestimmungslandprinzip. Mit der Entwicklung des Gemeinsamen Marktes ohne innergemeinschaftliche Grenzkontrollen ist die Grundlage für eine generelle Anwendung des Bestimmungslandprinzips entfallen. Seit 1.1.1993 gilt eine Übergangsregelung, die zum 31. 12. 1996 auslaufen sollte, jedoch so lange in Kraft bleibt, bis sich die Mitgliedstaaten auf eine endgültige Lösung geeinigt haben (was derzeit noch völlig offen ist). Die wesentlichen Eckpunkte der Übergangsregelung sind:
- Lieferungen eines im EU-Gemeinschaftsgebiet ansässigen Unternehmers ins Nicht-EU-Ausland (sog. Drittlandsgebiet) unterliegen der Nullsatzbesteuerung, so daß

grundsätzlich eine vollständige Entlastung von der Mehrwertsteuer des Ursprungs-
lands stattfindet. -

- Einfuhren aus dem Drittlandsgebiet unterliegen der *Einfuhrumsatzsteuer*. Ihre Sätze
entsprechen den nationalen Mehrwertsteuersätzen.

Im Verhältnis zum Drittlandsgebiet gilt demnach das Bestimmungslandprinzip.

- Einfuhren aus dem übrigen Gemeinschaftsgebiet unterliegen der *Steuer auf den
innergemeinschaftlichen Erwerb*, deren Sätze ebenfalls mit den nationalen Steuersätzen übereinstimmen, sofern der Lieferer ein Unternehmer ist und der Erwerber ein
Unternehmer oder eine juristische Person.

- Bei innergemeinschaftlichen Abhollieferungen durch natürliche Personen, die *keine
Unternehmer* sind, kommt grundsätzlich (Ausnahme: Erwerb neuer Fahrzeuge) das
Ursprungsland-, bei innergemeinschaftliche Versendungslieferungen das Bestimm-
ungslandprinzip zur Anwendung.

2. Dezentrale Finanzpolitik und Kapitalmobilität
2.1. Vorbemerkungen

Die vergangenen Jahrzehnte sind durch eine drastisch zunehmende Globalisierung der
Faktor- und Gütermärkte gekennzeichnet. Dies gilt einmal für den Waren- und Dienst-
leistungsverkehr; so hat sich zwischen 1969 und 1999 das Außenhandelsvolumen der
Bundesrepublik Deutschland fast verneunfacht, während im selben Zeitraum das
Bruttoinlandsprodukt nur um das rd. Sechseinhalbfache gestiegen ist.[1] Dies gilt aber
auch für den Bereich der privaten Produktionsfaktoren. So haben sich bei dem
mobilsten Faktor Kapital die deutschen Exporte allein im Zeitraum zwischen 1990 und
1999 um mehr als das Dreieinhalbfache auf über 650 Mrd. DM und die ausländischen
Kapitalanlagen in Deutschland im selben Zeitraum sogar um das Sechseinhalfache auf
über 593 Mrd. DM erhöht.[2]

Die zunehmende Faktor- und Gütermobilität kann u.U. vorhandene Verzerrungen der
weltwirtschaftlichen Allokationseffizienz beseitigen, sie kann möglicherweise aber
auch neue Ineffizienzen schaffen oder vorhandenen Ineffizienzen verstärken. Sie wird
deshalb die Regierungen der Nationalstaaten und ihrer Gliedstaaten nicht gleichgültig
lassen. Bedeutet doch der Zuzug eines mobilen Produktionsfaktors eine Erhöhung
ihrer volkswirtschaftlichen Produktionsmöglichkeiten. So lange diese größer ist als die
mit dem Zuzug des Faktors verbundenen (Ballungs)Kosten, ist die Faktorzuwanderung
vorteilhaft und die Regierungen werden versuchen, den mobilen Faktor zu attrahieren.
Letzteres geschieht durch das Versprechen einer möglichst hohen Entlohnung.
Bezogen auf den Faktor Kapital bedeutet dies, daß die um seine Zuwanderung
buhlenden Regierungen den Kapitalbesitzern eine hohe Nettorendite in Aussicht
stellen. Diese wiederum hängt einmal von der Produktivität des Kapitals in der ihm
konkret zugedachten Einsatzform ab, die ihrerseits in aller Regel durch das Volumen
der bereitgestellten Komplemetärfaktoren, insbesondere des staatlichen Infrastruktur-
angebots beeinflußt wird. Zum andern hängt die Nettokapitalrendite von der Höhe der
Steuer ab, die die jeweilige Regierung auf die Kapitaleinkommen erhebt.

---

[1] Vgl. Statistiches Jahrbuch der Bundesrepublik Deutschland, verschiedene Jahrgänge. Durch den
Beitritt der neuen Bundesländer ergeben sich keine wesentlichen Verzerrungen der o. g. Relationen.
[2] Vgl. Sachverständigenrat, Jahresgutachten 2000/01, Tabelle 53*.

Die Nationen und Regionen stehen damit in einem Fiskalwettbewerb um den mobilen Faktor Kapital. Dieser wird sich in den nächsten Jahren noch verstärken, wenn in zusammenwachsenden Wirtschaftsräumen wie der Europäischen Union die Wechselkurse zwischen den einzelnen Gebietskörperschaften stabilisiert werden oder im Rahmen von Währungsunionen Wechselkursrisiken zur Gänze entfallen.

Grenzüberschreitende Kapitalwanderungen finden in zweierlei Formen statt: in Form von Finanzinvestitionen und in Form sog. Direktinvestitionen. Unter Direktinvestitionen versteht die Deutsche Bundesbank und im Anschluß an diese der Sachverständigenrat Finanzbeziehungen zu in- oder ausländischen Unternehmen, an denen der Investor mehr als 20 vH (seit 1999: 10 vH) der Anteile oder Stimmrechte unmittelbar hält; allerdings ist diese Definition im internationalen Sprachgebrauch keinesweges anerkannt (vgl. ifo-Institut 1996, 9 ff.). Im Folgenden sollen unter grenzüberschreitenden Direktinvestitionen alle Geldflüsse ins Ausland verstanden werden, mit denen dort zum Zwecke der Gewinnerzielung eigene Betriebsstätten aufgebaut oder Beteiligungen an bestehenden Unternehmen erworben werden sollen und unter Finanzinvestitionen Geldflüsse, mit denen ausländische Wertpapiere erworben werden sollen, um Zinsen oder Dividenden zu erwirtschaften.

Die deutsche Praxis der Doppelbesteuerungsabkommen bewirkt bei Steuerinländern üblicherweise, daß die im Ausland entstandenen Gewinne aus Direktinvestitionen nach dem *Quellenprinzip* besteuert und bei der Steuererhebung in Deutschland vollständig oder unter Progressionsvorbehalt freigestellt oder angerechnet werden. Maßgeblich ist bei den Doppelbesteuerungsabkommen in der Regel das Betriebsstättenprinzip, wonach das Quellenland nur die der Betriebsstätte in seinem Gebiet zurechenbaren Gewinne besteuern darf.

Demgegenüber werden Zinsen und Dividenden aus Finanzanlagen im Ausland nach der deutschen Doppelbesteuerungsabkommenspraxis zumeist nach dem Wohnsitzprinzip besteuert. Allerdings bestehen je nach Land z. T. erhebliche Probleme bei der vollständigen Erfassung von ausländischen Zins- und Dividendeneinkünften. Oft existieren nämlich keine Kontrollmitteilungen der Banken an die Finanzbehörden, und die Auskunftspflichten zwischen einzelnen Staaten sind nicht umfassend geregelt, so daß gerade ausländische Einkünfte aus Finanzkapitalvermögen relativ leicht der Besteuerung im Wohnsitzland des Steuerpflichtigen entzogen werden können.

Das Volumen der deutschen Direktinvestitionen (verstanden hier als *20 %iger* Anteilsoder Stimmenbesitz) im Ausland lag im Jahre 1999 bei rd. 182 Mrd. DM, das der ausländischen Direktinvestitionen in Deutschland bei etwa. 96 Mrd. DM, woraus ein Nettokapitalexport aus Direktinvestitionen von rd. 85 Mrd. DM resultiert (vgl. Sachverständigenrat, Jahresgutachten 2000/01, Tab. 21). Das Volumen der Kapitalströme aus Zinsen und Dividenden beträgt in Deutschland (wie auch in den meisten anderen Staaten, vgl. etwa die Zahlen bei Sinn (1997 (1), 676 ff.) ein Vielfaches desjenigen aus Direktinvestitionen.

Dennoch sind die realwirtschaftlichen Konsequenzen aus solchen reinen Finanztransaktionen in aller Regel von erheblich geringerer Bedeutung als die der länderübergreifenden Direktinvestitionen. Denn wenn ein deutscher Bürger einen Teil seiner Ersparnisse bei Banken in Luxemburg oder Liechtenstein anlegt, heißt das noch lange nicht, daß dieses Kapital auch in Realinvestitionen in diesen Ländern fließt und damit für die deutsche Wirtschaft zwangsläufig verloren ist. Vielmehr werden die liechtensteiner und luxemburger Banken versuchen, das ihnen anvertraute Geld in möglichst sichere und gewinnträchtige Investitionsprojekte zu stecken; und diese können genauso gut in Deutschland liegen wie z. B. in den USA oder Frankreich. Ganz anders sieht es bei den Direktinvestitionen aus. Ist hier das Kapital erst einmal im Ausland investiert, so ist es wesentlich schwerer wieder von dort abzuziehen und i.d.R. zumindest kurz- bis mittelfristig der deutschen Volkswirtschaft entzogen. Aufgrund dieser Überlegungen wird sich die folgende Analyse der Wirkungen der Kapitalmobilität im wesentlichen auf den Bereich der Direktinvestitionen konzentrieren.

Die folgenden Ausführungen beginnen in Abschnitt 2.2.1. mit der Beschreibung des Standardmodells des interjurisdiktionellen Standortwettbewerbs, dem Steuerwettbewerb um Direktinvestitionen in einer Gesamtökonomie kleiner, identischer Gebietskörperschaften. Das Ergebnis der Modellanalyse wird sein, daß die Regierungen im Steuerwettbewerb öffentliche Güter in einem zu geringen Maße bereitstellen, wenn das Aufkommen aus der Besteuerung der übrigen, immobilen, Faktoren zur Finanzierung der aus Sicht eines zentralen Planers effizienten Kollektivgutmenge nicht ausreicht.

Der Modellrahmen des Abschnitts 2.2.1. fußt auf zwei Annahmen, die zumindest für den Bereich der Europäischen Union als sehr kritisch anzusehen sind: der Annahme, daß die Jurisdiktionen so klein sind, daß die von ihnen ausgelösten Kapitalbewegungen den sich auf dem vollkommenen Kapitalmarkt der Gesamtökonomie bildenden einheitlichen Zinssatz nicht beeinflussen, und der Annahme einer identischen Größe der Jurisdiktionen. Werden sie aufgegeben und durch realistische Annahmen ersetzt (Abschnitt 2.2.2.), zeigt sich, daß im Cournot-Nash-Steuerspiel nicht zwangsläufig nur eine Unterversorgung, sondern auch eine Überversorgung mit öffentlichen Konsumgütern auftreten kann. Auch in diesem Fall werden aber die Bedingungen für eine gesamtwirtschaftlich effiziente Kapitalallokation verletzt.

Ist die von Teilen der Theorie vorhergesagte Erosion der Unternehmensbesteuerung als Ergebnis der fortschreitenden Globalisierung auch in der finanzpolitischen Realität beobachtbar? Dieser Frage versucht der daran anschließende Abschnitt 2.3. nachzugehen. Das Ergebnis dieser Untersuchung wird sein, daß in den vergangenen eineinhalb bis zwei Jahrzehnten ein erheblicher Rückgang der Spitzensteuersätze der Einkommen- und der Körperschaftsteuer, aber insgesamt nur ein vergleichsweise moderater Rückgang der -richtigerweise heranzuziehenden- steuerlichen Effektivbelastung von Unternehmen zu verzeichnen war, daß jedoch für die Zukunft mit einem sehr deutlichen Rückgang auch der Effektivbelastung zu rechnen ist.

Was sind die Konsequenzen aus den theoretischen Erkenntnissen und empirischen Daten im Hinblick auf die Finanzpolitik eines einzelnen Staates und der Europäischen Union? Drei grundsätzliche Politikoptionen kommen in Betracht:
Erstens: Die Beschränkung des interjurisdiktionellen Kapitalsteuerwettbewerbs durch eine (weitgehende) Harmonisierung der Unternehmenssteuersätze und der Bemessungsgrundlagen. Eine Steuerharmonisierung führt, wie Homburg (1999, 2000 (2)) in einem Modell kleiner Staaten und Arnold (2001) in einem Modell großer, strategisch handelnder Staaten zeigen, per se zu einer Wohlfahrtsverbesserung. Sie stellt jedoch einen sehr weitgehenden Eingriff in die Finanzautonomie der Nationalstaaten dar und kann, wie etwa Fuest (1995 (1)) veranschaulicht, zu einer Verlagerung des

interjurisdiktionellen Fiskalwettbewerbs auf eine andere Ebene wie den Infrastruktur-bereich und dort zu Nachteilen führen, die den mit einer Steuerharmonisierung möglicherweise verbundenen Wohlfahrtsgewinn überkompensieren.

Zweitens: Der Übergang zur -möglichst weltweiten- Anwendung des Wohnsitz-prinzips bei der Unternehmensbesteuerung. Seine konsequente Umsetzung würde jedoch eine Vollanrechnung der im Ausland gezahlten Steuern auf die inländische Steuerschuld und damit bei einer höheren ausländischen als inländischen Steuerschuld eine nicht im Interesse des Inlands liegende Subventionierung von Kapitalexporten bedeuten und könnte zudem zu so erheblichen zwischenstaatlichen Verschiebungen des internationalen Steueraufkommens führen, daß mancher Nationalstaat dem Übergang zum Wohnsitzprinzip ohne kompensierende Transferzahlungen kaum zustimmen würde.

Drittens: Von Teilen der finanzwissenschaftlichen Literatur (vgl. etwa Sinn 1995) wird der Übergang zu einem System der Cash-flow-Besteuerung von Unternehmen mit der Möglichkeit einer Sofortabschreibung von (Neu)Investitionen als probates Mittel zur Eindämmung des Standortwettbewerbs um Unternehmensansiedlungen angesehen. Die im Falle eines Übergangs zur Cash-flow-Steuer auf internationaler Ebene kurzfristig kaum zu bewältigenden Harmonisierungsprobleme würden nach Ansicht ihrer Verfechter nicht entscheidend gegen die Einführung der Steuer sprechen, da auch ihre einseitige Einführung durch ein einzelnes Land für dieses Land von erheblichem Vorteil wäre. Allerdings würde die Einführung der Cash-flow-Steuer oder der ihr sinnverwandten zinsbereinigten Unternehmenssteuer kurz- und mittelfristig zu erheblichen Steuerausfällen führen, die erst einmal an anderer Stelle kompensiert werden müßten; die Einführung könnte zudem aus steuersystematischen Gründen ver-mutlich nur im Rahmen einer „konsumorientierten" Neuordnung des gesamten Steuersystems erfolgen.

2.2. Der internationale Steuerwettbewerb um unternehmerische Direktinves-titionen aus theoretischer Sicht
2.2.1. Der Steuerwettbewerb kleiner offener Volkswirtschaften

1. Das Modell

Das folgende Modell baut auf den Arbeiten von Zodrow und Mieszkowski (1986), Bucovetsky (1991), Wilson (1991), De Pater und Myers (1994) und Arnold (1997 (1), 2000) auf.

Eine Modellwirtschaft bestehe aus i kleinen, identischen Jurisdiktionen.

Der insgesamt in der Modellwirtschaft vorhandene Kapitalbestand $\overline{K}$ sei fix vorgegeben und zwischen den Gebietskörperschaften völlig mobil. In jeder der Jurisdiktionen leben N_i Einwohner. Diese bieten in der Jurisdiktion, in der sie wohnen, jeweils eine Einheit Arbeit an. Wanderungen zwischen den Gebietskörperschaften seien ausgeschlossen, so daß $N_i = \overline{N}_i$ gilt.

Die Produktionsbedingungen der Modellökonomie seien wie folgt beschrieben: In jeder der Gebietskörperschaften werde das Gut G unter Verwendung der gleichen substitutionalen Produktionsfunktion

$$G_i = F_i(K_i, \overline{N}_i) \qquad\qquad i = 1,...,m \qquad\qquad (1)$$

hergestellt, wobei K_i den Kapital- und N_i den Arbeitseinsatz in der i-ten Gebietskörperschaft bezeichnen. Die Produktionsfunktion sei linear-homogen, so daß

$$F_i(K_i, \overline{N}_i) = F_i^N \cdot \overline{N}_i + F_i^K \cdot K_i \qquad\qquad (2)$$

mit $\partial F_i(K_i, N_i) / \partial K_i \equiv F_i^K > 0$ und $\partial F(K_i, N_i) / \partial N_i \equiv F_i^N > 0$

gilt. Weiterhin gelte: $\partial^2 F / \partial N_i \partial K_i > 0$ (i = 1,...,m).

Das Gut G lasse sich ohne Kosten über die Grenzen der Gebietskörperschaften transportieren. Die innerhalb der jeweiligen Grenzen verfügbare Menge des Gutes kann entweder direkt für den privaten Konsum verwendet oder in ein nur den Einwohnern der jeweiligen Gebietskörperschaft zur Verfügung stehendes öffentliches Konsumgut umgewandelt werden. Der Einfachheit halber sei angenommen, daß sich aus einer Einheit des universell verwendbaren Gutes G immer eine Einheit des privaten oder eine Einheit des öffentlichen Konsumguts gewinnen lasse, die Grenzrate der Transformation zwischen beiden Konsumgütern sei mithin eins.
Alle Einwohner der Modellwirtschaft mögen dieselben Nutzenfunktionen

$$U_i = U(x_i, y_i) \qquad\qquad (3)$$

aufweisen, wobei x_i die Menge des privaten Konsumgutes bezeichnet und y_i die den Einwohnern der i-ten Gebietskörperschaft zur gemeinsamen Nutzung kostenlos zur Verfügung stehende Menge des öffentlichen Konsumgutes.
Da in der Gesamtwirtschaft nicht mehr verbraucht werden kann als das, was vorher produziert worden ist, muß ferner gelten:

$$\sum_{i=1}^{m} G_i = \sum_{i=1}^{m} \overline{N}_i \cdot x_i + \sum_{i=1}^{m} y_i \qquad\qquad (4)$$

2. Die Effizienzbedingungen

Die Bedingungen für gesamtwirtschaftliche Effizienz erhält ein zentraler Planer durch Lösen der folgenden Optimierungsaufgabe:

$$max: \quad \sum_{i=1}^{m} \overline{N}_i \cdot U_i(x_i, y_i)$$

$$udN: \quad \sum_{i=1}^{m} F_i(K_i, \overline{N}_i) - \sum_{i=1}^{m} \overline{N}_i \cdot x_i - \sum_{i=1}^{m} y_i = 0 \quad \text{und} \quad \sum_{i=1}^{m} K_i = \overline{K}$$

Nullsetzen der ersten Ableitungen der zugehörigen Lagrange-Funktion nach x_i, y_i und K_i ergibt nach einigen Umformungen als *notwendige Bedingungen für ein Maximum*:

$$\overline{N}_i \cdot \frac{\partial U_i / \partial y_i}{\partial U_i / \partial x_i} = 1 \quad i=1,...,m \quad (5) \quad \text{und} \quad F_1^K = ... = F_m^K \qquad (6)$$

Nach (5) sollte die Bereitstellung des öffentlichen Konsumgutes in allen Gebietskörperschaften erfolgen.
(6) verlangt die Gleichheit der Grenzproduktivitäten des mobilen Faktors Kapital in allen Gebietskörperschaften.

3. Erfüllung der Effizienzbedingungen bei dezentraler Finanzpolitik?

Im folgenden sei unterstellt, daß die Gebietskörperschaften über weitgehende Finanzautonomie verfügen. Ferner seien die Gebietskörperschaften klein in dem Sinne, daß die von ihnen ausgelösten Kapitalbewegungen den sich am internationalen Kapitalmarkt bildenden Zinssatz nicht beeinflussen können. Für die einzelne Jurisdiktion gilt dann:

$$r = \bar{r} \tag{7}$$

Die Unternehmen der Gebietskörperschaften mögen versuchen, bei den für sie von den Märkten vorgegebenen (Brutto)Preisen w_i und r^b der Faktoren Arbeit und Kapital sowie dem ebenfalls als konstant angesehenen Güterpreis p_G des universell verwendbaren Gutes ihren Gewinn zu maximieren. Wird aus Vereinfachungsgründen p_G gleich eins gesetzt, so gelten in den Gewinnmaxima bei vollkommenem Wettbewerb die Bedingungen:

$$F_i^N (K_i, \overline{N}_i) = \overline{w}_i \qquad i = 1,...,m \tag{8}$$

$$F_i^K (K_i, \overline{N}_i) = \bar{r} + T_i = \bar{r}^b \qquad i = 1,...,m \tag{9}$$

wobei T_i der Steuersatz einer Mengensteuer auf den Kapitaleinsatz in der Jurisdiktion i ist.

Das Eigentum am fixen Kapitalbestand $\overline{K}$ der Gesamtökonomie sei gleichmäßig auf deren Bewohner verteilt. Bei gleichem Lohn aller Einwohner eines Landes und gleichem Kapitaleinkommen aller Bewohner der Gesamtwirtschaft lauten die Einkommensbeschränkungen der Einwohner der i-ten Gebietskörperschaft:

$$E_i = (\overline{w}_i - t_i) + \bar{r} \cdot (\overline{K}/\overline{N}) \quad \text{(mit } \overline{N} = \sum_{i=1}^{m} \overline{N}_i \text{)} \qquad i = 1,...,m \tag{10}$$

wobei t_i den Steuersatz einer Mengensteuer auf den Arbeitseinsatz der Einwohner des i-ten Landes bezeichnet. Die sich auf den Faktormärkten ergebenden Faktorpreise sowie den Preis des privaten Konsumgutes, der annahmegemäß dem Preis des universell verwendbaren Gutes entspricht, mögen die Einwohner jeder Gebietskörperschaft als individuell nicht beeinflußbar ansehen.

Streben die Einwohner der einzelnen Jurisdiktionen nach Nutzenmaximierung, so werden sie ihr gesamtes Nettoeinkommen für den Kauf des privaten Konsumgutes verwenden:

$$E_i = x_i \qquad i = 1, ...,m \tag{11}$$

Die Regierung jeder Gebietskörperschaft finanziere die für ihre Einwohner bereitgestellte Menge y_i des öffentlichen Konsumgutes zum einen durch die nach dem *Wohnsitzprinzip* erhobene Steuer t_i auf das Arbeitseinkommen der Einwohner und zum andern durch die nach dem *Quellenprinzip* erhobene Steuer T_i auf die in den Unternehmen der Gebietskörperschaft entstandenen Kapitaleinkommen (mit Freistellung der Kapitaleinkommen im Wohnsitzland der Einkommensbezieher). Die Budgetbeschränkung der Regierung lautet dann:

$$y_i = T_i \cdot K_i + t_i \cdot \overline{N}_i \qquad i = 1,...,m \tag{12}$$

Da die Regierungen wiedergewählt werden wollen, versuchen sie, den Nutzen ihrer Einwohner, bei annahmegemäß identischen Nutzenfunktionen: den Nutzen eines repräsentativen Einwohners, zu maximieren. Da ihre Budgets stets ausgeglichen sein sollen, können sie entweder die Steuersätze oder die Ausgaben für das öffentliche Konsumgut und einen der beiden Steuersätze als Entscheidungsvariablen wählen. Im folgenden sei unterstellt, daß sie sich für die Steuersätze entscheiden. Weiterhin möge jede Regierung im Sinne eines Cournot-Nash-Verhaltens unterstellen, daß die jeweils anderen Regierungen auf eigene Steuersatzänderungen nicht reagieren. Unter Berücksichtigung der Tatsachen, daß aus (9) $K_i = K_i(T_i)$ (mit $dK / dT_i = 1 / F_i^{KK} < 0$) und aus der Linear-Homogenität der Produktionsfunktion $F_i = F_i^N \cdot N_i + F_i^K \cdot K_i$ folgt, ergibt sich das zugehörige Optimierungsproblem der Regierung der i-ten Gebietskörperschaft durch Einsetzen der Bedingungen (7) – (12) in die Zielfunktion (3) als:

$$max\ (t_i, T_i)\ U \left\{ \frac{F_i\left[K_i(T_i), \overline{N}_i\right] + r \cdot \left[N_i \dfrac{\overline{K}}{\overline{N}} - K_i(T_i)\right] - T_i \cdot K_i(T_i)}{\overline{N}_i} - t_i, T_i \cdot K_i(T_i) + t_i \cdot \overline{N}_i \right\} (13)$$

Zur Auswertung des Optimierungsproblems seien im folgenden zwei Fälle unterschieden:
(1) Können die Regierungen der dezentralen Gebietskörperschaften die Bereitstellung des öffentlichen Konsumgutes sowohl durch die Besteuerung des Kapitaleinsatzes in ihrem Hoheitsgebiet als auch durch die Besteuerung des Arbeitseinsatzes ihrer Einwohner finanzieren, so ergeben sich durch Nullsetzen der ersten Ableitungen von (13) nach T_i und t_i und Umformen die folgenden Bedingungen für einen effizienten Einsatz des steuerpolitischen Instrumentariums:

$$\overline{N}_i \cdot \left(\frac{\partial U / \partial y_i}{\partial U / \partial x_i}\right) = 1 / \left(1 + \frac{dK_i}{dT_i} \cdot \frac{T_i}{K_i}\right)\ i = 1,...,m\ (14)^1\ \text{und}\ \overline{N}_i \cdot \left(\frac{\partial U / \partial y_i}{\partial U / \partial x_i}\right) = 1\ i = 1,..,m\ (15)$$

(14) und (15) sind nur dann simultan erfüllt, wenn von allen Regierungen

$T_i = 0\quad (i = 1,...,m)$

gesetzt wird. Im Cournot-Nash-Gleichgewicht des Steuerspiels werden die Regierungen der dezentralen Jurisdiktionen den mobilen Faktor Kapital also nicht besteuern, sie werden vielmehr die gesamte Last der Finanzierung des öffentlichen Konsumgutes dem immobilen Produktionsfaktor Arbeit aufbürden. Ein solches Vorgehen führt, wie der Vergleich von (15) und (5) zeigt, in der Gesamtwirtschaft zu einer effizienten Bereitstellung des öffentlichen Konsumgutes. Da sich außerdem im Cournot-Nash-Gleichgewicht die Unternehmen in allen Jurisdiktionen an dem für alle gleichen Zinssatz des gemeinsamen Kapitalmarktes orientieren, stimmen auch die Grenzproduktivitäten des Kapitals in allen Jurisdiktionen überein, so daß auch die Effizienz der internationalen Kapitalallokation gewährleistet ist.

---

[1] Die Elastizität $(dK_i / dT_i)/(T_i / K_i)$ im Nenner des Bruches auf der rechten Seite von (14) gibt an, wie sich die in der i-ten Gebietskörperschaft verfügbare Kapitalmenge ändert, wenn der lokale Kapitalsteuersatz *isoliert* geändert wird. Sie ist negativ, d. h. bei einer Erhöhung des Steuersatzes fließt Kapital aus der entsprechenden Gebietskörperschaft ab.

(2) Ist in den Jurisdiktionen der Modellwirtschaft eine Nullbesteuerung des Kapitals aus rechtlichen oder tatsächlichen Gründen nicht möglich und muß deshalb auf die Besteuerung des Kapitaleinkommens zurückgegriffen werden, kommt es hingegen -in der Regel- zu einer doppelten Ineffizienz:

(a) Zum einen ergibt sich für $T_i > 0$, wie ein Blick auf Bedingung (14) zeigt (die rechte Seite von (14) ist dann größer als eins und damit größer als die Grenzrate der Transformation) in allen Gebietskörperschaften der Modellwirtschaft eine *Unterversorgung mit dem öffentlichen Konsumgut.* Dies kann anhand der folgenden, bei Sinn (1997(1), 681 und Homburg (2000 (2), 21) entlehnten Abbildung veranschaulicht werden:

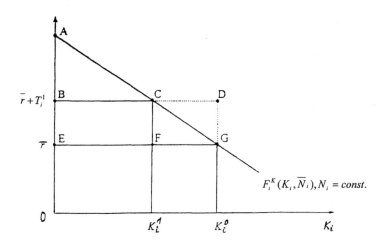

Abb. 4: Die Besteuerung des mobilen Faktors Kapital in einer kleinen offenen Volkswirtschaft

In Abbildung 4 gibt die Fläche $0K_i^0GA$ unter der Grenzproduktivitätsfunktion die von dem universell verwendbaren Gut G mit den Faktormengen $(K_i, \overline{N}_i)$ in der Jurisdiktion i herstellbare Menge an. Das Produktionsergebnis fließt den Kapitaleigentümern in der Gesamtökonomie in Form von Kapitaleinkommen (Fläche $0K_i^0GE$) und den Bewohnern der Jurisdiktion i in Form von Arbeitseinkommen (Dreieck AEG) zu. Diese Einkommen können voll für den privaten Konsum genutzt werden, wenn in der Jurisdiktion i nichts von dem öffentlichen Konsumgut hergestellt wird. Möchte die Regierung der Jurisdiktion etwas von dem öffentlichen Gut bereitstellen und erhebt sie zu dessen Finanzierung eine Kapitalsteuer mit dem Steuersatz T_i^1, so führt diese Steuer dazu, daß Kapital in Höhe der Strecke $K_i^1K_i^0$ aus Jurisdiktion i abfließt. Nach der Steuererhebung sind nur noch K_i^1 Einheiten Kapital in Jurisdiktion i beschäftigt. Bei den Kapitaleinkommen entstehen hierdurch keine Verluste, da das in andere

Jurisdiktionen abgeflossene Kapital dort zu demselben Zinssatz $\bar{r}$ dasselbe Einkommen wie zuvor erbringt. Dagegen geht das Arbeitseinkommen um EBCG auf ABC zurück, da aufgrund der schlechteren Kapitalausstattung die Arbeitsproduktivität sinkt. Dem Rückgang der Arbeitseinkommen entspricht eine Verminderung der privaten Konsummöglichkeiten in gleicher Höhe. Dem steht zwar Konsumgewinn durch die Bereitstellung des öffentlichen Gutes in Höhe der Fläche EFCB gegenüber, dennoch bleibt ein Nettokonsumverlust in Höhe von FGC.

(b) Zum anderen wird, wenn die Annahme identischer Jurisdiktionen aufgegeben wird, in der Regel auch die Bedingung (6) für eine effiziente Kapitalallokation in der Gesamtökonomie verletzt sein. Denn wegen (9) $F_i^K(K_i, \bar{N}_i) = \bar{r} + T_i$ gilt $F_1^K = ... = F_m^K$ nur dann, wenn in allen Gebietskörperschaften derselbe Kapitalsteuersatz erhoben wird. Das wird bei unterschiedlicher Jurisdiktionengröße oder unterschiedlichen Produktionsbedingungen in den Jurisdiktionen kaum der Fall sein. Bei unterschiedlichen Gleichgewichtssteuersätzen weichen jedoch auch die Grenzproduktivitäten des Kapitals in den Jurisdiktionen voneinander ab.

Fraglich ist, ob die gefundenen Ergebnisse auch dann Bestand haben, wenn anstelle eines öffentlichen Konsumgutes ein (lokal) öffentliches, die Produktivität des Faktors Kapital erhöhendes, Infrastrukturgut angeboten wird. Dies ist, wie Zodrow und Mieszkowski (1986, 362 ff.) dargelegt haben, in dem hier zugrunde gelegten Modellrahmen grundsätzlich der Fall.

Dagegen hängt nach Oates und Schwab (1988) und Wellisch (1995) die Effizienz dezentraler Steuerpolitik im interjurisdiktionellen Wettbewerb um den mobilen Faktor Kapital entscheidend von der Verwendungsform der Kapitalsteuereinnahmen ab. Dienten diese der Finanzierung öffentlicher Vorleistungen und steige mit zunehmendem Bereitstellungsniveau an öffentlichen Vorleistungen die Kapitalproduktivität, so steige damit auch die Kapitalnachfrage der Unternehmen in der betreffenden Jurisdiktion. Erfolge die Inanspruchnahme öffentlicher Faktoren proportional zum eingesetzten Kapital, so erfülle eine Kapitalsteuer die Funktion einer öffentlichen Gebühr für deren Inanspruchnahme. In dem Maße, wie Steuern als Preise für öffentliche Infrastruktur zu interpretieren seien, würden sie von den Unternehmen akzeptiert, und insoweit sei es aus Sicht der einzelnen Regionen rational, Steuern auf mobile Faktoren zu erheben (Wellisch aaO, 74, 84 ff.).[1]

In der geschilderten Form ist die Effizienzthese freilich wenig überzeugend. Denn Infrastruktur wird hier als öffentlich bereitgestelltes privates Gut betrachtet, das in

---

[1] Die Effizienzthese kann anhand der obigen Abb. 4 dargestellt werden (vgl. Sinn 1997 (2), 16). Sei $\bar{r}$ jetzt die vorgegebene Nettorendite des Kapitals in Jurisdiktionen mit einer funktionierenden Infrastruktur. Angenommen, pro Einheit Kapital entstünden Infrastrukturkosten im Umfang BE, so daß die gesamten Infrastrukturkosten bei einem Kapitaleinsatz der Höhe K_i^o der Größe der Fläche BDGE entsprechen. Dann ist es für die betrachtete Jurisdiktion nicht sinnvoll, auf die Erhebung einer Quellensteuer zu verzichten, selbst wenn sie eigentlich die Möglichkeit hätte, den immobilen Faktor zu besteuern. Der Grund dafür ist folgender: Zahlt der immobile Faktor Arbeit die Steuer, so beträgt das Nettoarbeitseinkommen AGE-BDGE, also ACB-CDG. Wird T_i^l = BE gesetzt, so verringert sich der Kapitaleinsatz auf K_i^l, die Infrastruktur wird vom Kapital selbst finanziert, und das Einkommen des nun nicht mehr besteuerten Faktors Arbeit beträgt jetzt ACB. Es ist im Umfang des Dreiecks CDG größer, als wenn der Faktor Arbeit die Steuer zahlen müßte.

einem festen Verhältnis zum mobilen Faktor Kapital eingesetzt werden muß, ohne daß allerdings erläutert wird, warum ein solches Gut überhaupt durch die öffentliche Hand bereitgestellt wird oder werden müßte. In Wirklichkeit ist die staatliche Infrastruktur jedoch ein unreines öffentliches Gut mit einer mehr oder minder stark ausgeprägten Nutzungsrivalität. Steuerpreise in Form von Äquivalenzgebühren kann der Staat nicht für den *Verbrauch* bestimmter Mengeneinheiten an Infrastruktur erheben, sondern nur für die *Nutzung* als solche und diese Nutzung verursacht keine Produktionskosten, sondern Ballungskosten in Form einer Behinderung anderer Nutzer (vgl. Sinn 1997 (2), 16).

2.2.2. Der Steuerwettbewerb großer Volkswirtschaften mit unterschiedlicher Faktorausstattung

2.2.2.1. Dezentrale Bereitstellung eines öffentlichen Konsumgutes

Im vorangegangenen Abschnitt ist die Effizienz dezentraler Finanzpolitik bei hoher Kapitalmobilität untersucht worden. Dem dabei gewählten Modellansatz lagen zwei Annahmen zugrunde, die sowohl für den Bereich der Europäischen Union als auch die Weltwirtschaft insgesamt zumindest fragwürdig sind: die Annahme kleiner Regionen in dem Sinne, daß die einzelne Region durch finanzpolitische Entscheidungen den sich auf dem Weltkapitalmarkt bildenden Zinssatz nicht beeinflussen kann und die Annahme identischer Regionengröße im Sinne einer identischen Faktorausstattung. Im Folgenden soll untersucht werden, wie die abgeleiteten Aussagen zu modifizieren sind, wenn beide Annahmen durch realitätsnähere ersetzt werden.

Ausgegangen sei dazu vom Modellrahmen des Abschnitts 2.2.1. mit folgenden Modifikationen: Die Gesamtwirtschaft bestehe nunmehr aus zwei großen Jurisdiktionen, deren Regierungen durch finanzpolitische Entscheidungen den sich auf dem Kapitalmarkt der Gesamtökonomie bildenden Gleichgewichtszinssatz beeinflussen können. Die in Abschnitt 2.2.1. abgeleiteten Bedingungen (5) und (6) für gesamtwirtschaftliche Effizienz ändern sich dadurch naturgemäß nicht.

In das Modell soll jetzt der Kapitalmarkt der Gesamtwirtschaft explizit durch die Gleichgewichtsbedingung

$$F_i^K(K_i, \overline{N}_i) - T_i = F_j^K(\overline{K} - K_i, \overline{N}_j) - T_j \qquad i,j = 1,2 \qquad i \neq j \tag{1}$$

integriert werden. Bedingung (1) besagt, daß das Kapital so lange zwischen den Jurisdiktionen wandert, bis die Nettorendite r_i in beiden Jurisdiktionen gleich ist.

Aus (1) ist zu ersehen, daß der Kapitaleinsatz in Jurisdiktion i jetzt auch vom Steuersatz in Jurisdiktion j abhängt:

$$K_i = K_i(T_i, T_j) \quad \text{mit} \quad dK_i / dT_i = 1/(F_i^{KK} + F_j^{KK}) < 0 \qquad i,j = 1,2 \qquad i \neq j \tag{2}$$

Aus der modifizierten Gewinnmaximierungsbedingung $F_i^K[K_i(T_i, T_j), \overline{N}_i] = r + T_i$ (i,j = 1,2 und i ≠ j) ist ferner ersichtlich, daß jetzt auch der Zinssatz eine Funktion der beiden Kapitalsteuersätze ist:

$$r = r(T_i, T_j) \quad \text{mit} \quad dr / dT_i = -(F_j^{KK} / F_i^{KK} + F_j^{KK}) < 0 \qquad i,j = 1,2 \qquad i \neq j \tag{3}$$

Die von der Regierung der i-ten Gebietskörperschaft zu lösende Optimierungsaufgabe lautet jetzt:

$$max \ (T_i, t_i): \quad U_i(x_i, y_i)$$

$$udN: \ F_i^N\left[K_i(T_i, T_j), \overline{N}_i\right] = w_i \quad F_i^K\left[K_i(T_i, T_j), \overline{N}_i\right] = r(T_i, T_j) + T_i \quad E_i = w_i - t_i + r(\overline{K}/\overline{N})$$

$$E_i = x_i \quad\quad y_i = T_i \cdot K_i(T_i, T_j) + t_i \cdot \overline{N}_i$$

Im Folgenden seien wiederum zwei Fälle unterschieden:

(1) Können die Jurisdiktionen zur Finanzierung des von ihnen bereitgestellten öffentlichen Konsumgutes sowohl den *Arbeitseinsatz* ihrer Bewohner *als auch* den *Kapitaleinsatz* in ihrem Hoheitsgebiet *besteuern*, so ergeben sich nach Einsetzen der Nebenbedingungen in die Zielfunktion und Nullsetzen der ersten Ableitungen nach T_i und t_i als Bedingungen erster Ordnung für ein Maximum (DePater und Myers 1994,70 ff.):

$$\overline{N}_i \frac{\partial U / \partial y_i}{\partial U / \partial x_i} = \frac{1 - \dfrac{1}{K_i}\dfrac{dr}{dT_i}\left[\overline{N}_i \dfrac{\overline{K}}{\overline{N}} - K_i\right]}{1 + (dK_i / dT_i) \cdot (T_i / K_i)} \quad \text{bei Ableitung nach } T_i \ (i,j = 1,2; i \neq j) \text{ und} \quad (4)$$

$$\overline{N}_i \frac{\partial U / \partial y_i}{\partial U / \partial x_i} = 1 \text{ bei Ableitung nach } t_i \quad\quad\quad (5)$$

Wird die rechte Seite von (4) gleich eins gesetzt, damit sie mit (5) kompatibel ist, und (2) und (3) beachtet, so folgt für die Kapitalsteuersätze in beiden Jurisdiktionen (DePater und Myers 1994, 71):

$$T_i = F_j^{KK}\left[\overline{N}_i(\overline{K}/\overline{N}) - K_i\right] >, < \text{ oder } = 0 \quad\quad\quad (6)$$

Werden die Steuersätze gemäß (6) festgelegt, so erfolgt die Bereitstellung des öffentlichen Konsumgutes in beiden Jurisdiktionen effizient. Sind beide Jurisdiktionen einander gleich, so folgt aus (6)

$$T_i = F_j^{KK}\left[\overline{N}_i(\overline{K}/\overline{N}) - K_i\right] = F_j^{KK}\left[\overline{N}_i(2K_i / 2\overline{N}_i) - K_i\right] = 0 \quad i = 1,2$$

In diesem Fall folgt aus der Gleichgewichtsbedingung (1) für den Kapitalmarkt

$$F_1^K = F_2^K$$

d. h. die internationale Kapitalallokation ist effizient.
Bei identischen Jurisdiktionen sind also beide Effizienzbedingungen erfüllt.

Sind die Gebietskörperschaften hingegen *nicht identisch*, d. h. gleich groß, werden wegen (6) in der Regel auch ihre Kapitalsteuersätze differieren. Bei $T_i \neq T_j$ ist jedoch, wie sich aus (1) ersehen läßt, die *gesamtwirtschaftliche Kapitalallokation nicht effizient*. Dies kann wie folgt erklärt werden: Die eckige Klammer auf der rechten Seite von (6) steht für die Differenz zwischen dem Kapitalbestand im Eigentum der Bewohner einer Gebietskörperschaft i und der in dieser Gebietskörperschaft bei der Produktion des Gutes G eingesetzten Kapitalmenge und somit für einen etwaigen Kapitalexport (bei positivem Klammerausdruck) oder -import (bei negativem

Klammerausdruck) der Gebietskörperschaft. Aus (6) folgt, daß die kapitalexportierende Gebietskörperschaft einen negativen (= Kapitalsubventionierung), die -importierende Gebietskörperschaft hingegen einen positiven Kapitalsteuersatz wählen wird, was sich folgendermaßen begründen läßt: Da die Regierungen wiedergewählt werden wollen, ist Ziel ihrer Aktivitäten die Nutzenmaximierung der ihrer Hoheitsgewalt unterstehenden Einwohner der jeweiligen Gebietskörperschaft. Nutzenmaximierung ist im gewählten Modellrahmen gleichbedeutend mit Einkommensmaximierung, und letzteres setzt sich zusammen aus dem Arbeiteinkommen und dem Kapitaleinkommen. Subventioniert die kapitalexportierende Jurisdiktion den Kapitaleinsatz, so steigt die Weltkapitalnachfrage und damit der Weltkapitalmarktzins. Dadurch steigen die Zinserträge und damit die Kapitaleinkommen der Bewohner der Gebietskörperschaft i. Zwar müssen die für eine Kapitalsubventionierung benötigten Mittel durch die Besteuerung der Arbeitseinkommen derselben Bewohner „erwirtschaftet" werden, doch ist der Einkommensverlust aus der Besteuerung des Faktors Arbeit per saldo geringer als der Einkommensgewinn aus dem gestiegenen Zinssatz, da die Bewohner der Gebietskörperschaft i Kapitaleinkommen nicht nur im Inland, sondern auch im Ausland erzielen -Körperschaft i betreibt also eine Art Steuerexport mit negativen Steuersätzen. Genau umgekehrt besteuert die kapitalimportierende Jurisdiktion den Kapitaleinsatz, um die Weltkapitalnachfrage und damit den Weltkapitalmarktzins zu senken. Das reduziert den Betrag, der an die ausländischen Kapitaleigentümer gezahlt werden muß. Die Kapitalbesteuerung bzw. -subventionierung dient im Modell den Gebietskörperschaften also nicht dazu, die Bereitstellung des öffentlichen Konsumgutes zu finanzieren (hierzu wird die Besteuerung der Arbeitseinkommen benutzt), sondern dazu, gezielt die internationale Kapitalallokation zu beeinflussen.

(2) Steht den Jurisdiktionen nur eine Steuer auf den Kapitaleinsatz zur Verfügung, so reduziert sich das Maximierungsproblem der Regierungen auf die Bestimmung des optimalen Kapitalsteuersatzes. Nullsetzen der ersten Ableitung nach T_i in der entsprechend modifizierten Zielfunktion ergibt wiederum Gleichung (4) als Bedingung erster Ordnung für ein Maximum. Diejenige Steuersatzkombination (T_i^*, T_j^*), die das Gleichungssystem (4) löst, ist das Cournot-Nash Gleichgewicht des nichtkooperativen Steuerspiels.
Sind beide Jurisdiktionen identisch, so gilt: $(\overline{K}/\overline{N})(\overline{N}_i/K_i)-1=0$ (i=1,2) und es kommt in beiden Jurisdiktionen zu einer Unterversorgung mit dem öffentlichen Konsumgut in dem Sinne, daß die Summe der marginalen Substitutionsraten zwischen dem privaten und dem öffentlichen Konsumgut größer als die entsprechende Grenzrate der Transformation ist, die annahmegemäß gleich eins ist (Arnold 1997 (1), 527 f. unter Bezugnahme auf Zodrow und Mieszkowski 1986, 359 und Wilson 1991, 429 f.). Da die identischen Jurisdiktionen gleiche Steuersätze festlegen werden, sind die Bruttozinssätze einander gleich, weshalb die Bedingung (6) aus Abschnitt 2.2.1. für eine effiziente Kapitalallokation in der Gesamtwirtschaft erfüllt ist.

Sind die beiden Gebietskörperschaften hingegen *unterschiedlich groß,* erheben die Regierungen unterschiedliche Steuersätze mit der Folge, daß die *Bedingung für eine effiziente internationale Kapitalallokation verletzt wird.* Gilt beispielsweise $\overline{N}_1 > \overline{N}_2$, so wird die größere Gebietskörperschaft eins einen höheren Steuersatz wählen. Dies läßt sich wie folgt begründen (Arnold aaO, 528): Die Elastizität des Kapitaleinsatzes im Hinblick auf den Steuersatz $(dK_i/K_i)/(dT_i/T_i)\,(i = 1,2)$ ist in der kleinen Gebietskörperschaft dem Betrag nach vergleichsweise groß, da der Abfluß von einer Kapitaleinheit auf eine vergleichsweise kleine Basis bezogen wird -eine einprozentige Erhöhung des Steuersatzes in der kleinen Gebietskörperschaft hat somit einen prozentual größeren Kapitalabfluß zur Folge als eine gleich große Erhöhung des Steuersatzes in der großen Gebietskörperschaft. Deshalb hat die kleine Gebietskörperschaft größere Opportunitätskosten bei der Bereitstellung öffentlicher Güter und einen geringeren Anreiz zur Steuererhöhung als die große Gebietskörperschaft.

Wegen der Steuersatzdifferenz muß dann, wie sich leicht zeigen läßt (Arnold aaO, 529), im Cournot-Nash Gleichgewicht $K_1/N_1 < K/N < K_2/N_2$ gelten, d.h. die kleine Gebietskörperschaft zwei ist mit relativ mehr Kapital ausgestattet als die große Gebietskörperschaft eins.

Für diesen Fall folgt aus Bedingung (4), daß im Gleichgewicht

$$\overline{N}_1(\partial U/\partial y_1)/(\partial U/\partial x_1) > 1 \quad \text{(4a)} \quad \text{und} \quad \overline{N}_2(\partial U/\partial y)/(\partial U/\partial x_2) > , < , \text{oder} = 1 \quad \text{(4b)}$$

gilt.

Vergleicht man (4a) mit der Effizienzbedingung (5) aus Abschnitt 2.2.1., so stellt man fest, daß es für die *große Gebietskörperschaft* eins auf jeden Fall bei der *Unterversorgung* mit dem öffentlichen Konsumgut bleibt.

In der kleinen Gebietskörperschaft zwei kann es dagegen durchaus zu einer *Überversorgung* mit dem öffentlichen Gut kommen, was wie folgt erklärt werden kann (Arnold aaO, 529 ff. m. w. H.):

Ausgegangen sei von einem (Gleichgewichts)Zustand, in dem die beiden Gebietskörperschaften noch nichts von dem öffentlichen Konsumgut bereitstellen und demzufolge auch noch keine Steuern erheben. Der den Kapitalmarkt räumende Zinssatz sei mit r^0 bezeichnet. In dieser Situation beschließe die Regierung der großen Gebietskörperschaft eins, eine bestimmte Menge des öffentlichen Konsumgutes herzustellen und erhebt zu dessen Finanzierung eine Steuer auf den Kapitaleinsatz ihrer Unternehmen mit dem Satz T_1^1. Dies bewirkt neben einem Rückgang des markträumenden (Netto)Zinssatzes auf r^1 (vgl. Gleichung (3)) einen Kapitalabfluß in die kleine Gebietskörperschaft zwei und dort eine Erhöhung der Kapitalintensität. Der mit lezterer einhergehende Anstieg der Arbeitsproduktivität führt in Gebietskörperschaft zwei zu einem höheren Arbeitseinkommen. Ein Teil dieses Mehreinkommens wird teilweise durch Kapitaleinkommensverluste kompensiert, die auf die Zinssenkung zurückzuführen sind, doch bleibt per Saldo eine Einkommenssteigerung. Diese kann, solange die Regierung der kleinen Gebietskörperschaft zwei nichts von dem öffentlichen Konsumgut bereitstellt, vollständig für den Erwerb des privaten Konsumgutes ausgegeben werden.

Die Regierung der kleinen Gebietskörperschaft zwei suche nun ihre optimale Antwort auf den Steuersatz T_1^1 der großen Gebietskörperschaft eins. Wählt sie den Steuersatz T_2^1 (mit $T_2^1 < T_1^1$), so sinkt der markträumende Zinssatz auf r^2 und Kapital fließt in einem gewissen Umfang in die Gebietskörperschaft eins zurück. Da aber $T_2^1 < T_1^1$ gilt, bleibt die kleine Gebietskörperschaft zwei Nettokapitalimporteur. Mit Steuereinnahmen $T_2^1 \cdot K_2^1$ finanziert ihre Regierung nunmehr die Bereitstellung des öffentlichen Konsumgutes. Erkauft wird dies einmal durch einen Rückgang des in der

Gebietskörperschaft zwei verdienten Kapitaleinkommens, zum anderen aber auch durch einen Rückgang des Arbeitseinkommens, der sich aus einer gesunkenen Arbeitsproduktivität aufgrund von Kapitalabwanderungen ergibt. Würde der Kapitaleinkommensverlust allein von den Einwohnern der kleinen Gebietskörperschaft zwei getragen, so würde der gesamte Einkommensverlust und damit der Rückgang der privaten Konsumgüterkäufe das Mehr an dem öffentlichen Konsumgut übersteigen, d.h. die Opportunitätskosten einer Bereitstellung des öffentlichen Konsumgutes in Gebietskörperschaft zwei wären wegen des sich aus der Kapitalabwanderung ergebenden excess burden größer als eins. Jedoch ist bei den Kapitaleinkommensverlusten zu beachten, daß sie zu einem Teil durch die Bewohner der großen Gebietskörperschaft eins getragen werden, da ein Teil des in der Gebietskörperschaft zwei eingesetzten Kapitals von diesen stammt. Es kommt insoweit zu einem Steuerexport von der kleinen in die große Gebietskörperschaft, in dessen Umfang der bereitgestellten Menge des öffentlichen Konsumgutes kein Rückgang der Menge des privaten Konsumgutes gegenübersteht. Welcher der beiden Effekte, d. h. der excess burden einer steuerinduzierten Kapitalabwanderung oder der positive Steuerexporteffekt, letztendlich überwiegt (und ob damit aus gesamtwirtschaftlicher Sicht eine Über- oder Unterversorgung mit öffentlichen Konsumgütern in Gebietskörperschaft zwei eintritt), hängt entscheidend von der als Antwort auf den Steuersatz der großen Gebietskörperschaft gewählten Höhe des Steuersatzes der kleinen Gebietskörperschaft zwei ab.

2.2.2.2. Dezentrale Bereitstellung öffentlicher Infrastruktur

Im vorangegangenen Abschnitt wurde analysiert, ob eine effiziente Bereitstellung öffentlicher Konsumgüter in einem Modell großer Staaten auf dezentraler Basis möglich ist, wenn die dezentralen Einheiten im Wettbewerb um den mobilen Faktor Kapital stehen. Die Antwort war: grundsätzlich nein, und zwar unabhängig davon, ob zur Finanzierung des öffentlichen Konsumgutes nur eine Steuer auf den mobilen Faktor oder sowohl eine Steuer auf den mobilen als auch eine solche auf die Einkommen des immobilen Faktors zur Verfügung steht.

In ihrem Artikel „Fiscal Competition and the Efficiency of Public Input" untersuchen Arnold und Fuest (1999), ob in einem dem Ansatz des vorangegangenen Abschnitts ähnlichen Modell zweier großer Gebietskörperschaften, deren Regierungen lokal öffentliche Konsumgüter und Zwischenprodukte bereitstellen, eine effiziente Bereitstellung öffentlicher Zwischenprodukte auf dezentraler Ebene möglich ist. Die Antwort lautet wiederum: grundsätzlich nein. Steht zur Finanzierung öffentlicher Güter nur eine Steuer auf den immobilen Faktor in Form einer Kopfsteuer zur Verfügung, verzerren die Regierungen der konkurrierenden Gebietskörperschaften die Bereitstellung des öffentlichen Zwischenprodukts, um den internationalen Kapitalmarktzins strategisch zu beeinflussen. Kann hingegen zusätzlich eine Steuer auf den mobilen Faktor Kapital erhoben werden, so wird die Bereitstellung öffentlicher Zwischenprodukte nicht verzerrt. In diesem Fall werden aber im Gleichgewicht unterschiedliche Kapitalsteuern erhoben, so daß die internationale Kapitalallokation ineffizient ist.

1.Das Modell

Das Modell von Arnold und Fuest entspricht dem des Abschnitts 2.2.2.1. mit folgenden Modifikationen:[1]
In jeder Gebietskörperschaft i existiere eine große Zahl von Unternehmen, die das universell nutzbare Gut G_i herstellen; der Preis von G_i sei auf eins normiert. G_i kann in ein lokal öffentliches Konsumgut Y_i oder ein öffentliches Zwischenprodukt Z_i umgewandelt werden, wobei die Grenzrate der Transformation zwischen je zwei Gütern eins betrage. Der Einfachheit halber sei die Zahl der Unternehmen in jeder Gebietskörperschaft ebenfalls auf eins normiert. Der Gewinn P_i des repräsentativen Unternehmens in der Gebietskörperschaft i betrage

$$P_i = F_i(K_i, \overline{N}_i, Z_i) - w_i \overline{N}_i - (r + T_i)K_i \quad \text{mit } F_i^K, F_i^N, F_i^B, F_i^{KZ} > 0, F_i^{KK}, F_i^{NN}, F_i^{ZZ} < 0; \quad (1)$$

F_i möge linear-homogen in den beiden privaten Faktoren Kapital und Arbeit sein, so daß gilt:

$$F_i(K_i, \overline{N}_i, Z_i) = F_i^N \cdot \overline{N}_i + F_i^K \cdot K_i \qquad i = 1,2 \quad (2)$$

Die Budgetrestriktion der privaten Haushalte lautet:

$$X_i = w_i + r\left[\overline{K}/(\overline{N}_1 + \overline{N}_2)\right] - t_i \qquad i=1,2 \quad (3)$$

DieBudgetrestriktion der Regierung lautet jetzt:

$$Y_i + Z_i = T_i K_i + t_i \overline{N}_i \qquad i = 1,2 \quad (4)$$

Das sich bei gegebenen Steuersätzen und einem gegebenen öffentlichen Ausgabenvolumen einstellende Gleichgewicht kann wie folgt beschrieben werden: Gewinnmaximierendes Verhalten des repräsentativen Unternehmens impliziert einen Faktoreinsatz gemäß der Grenzkostenpreisregel, d.h.

$$F_i^N = w_i \quad (5) \qquad \text{und} \qquad F_i^K = r + T_i \quad (6)$$

Unter Berücksichtigung der Tatsache, daß r der in der Gesamtwirtschaft einheitliche Zinssatz ist, kann mit Hilfe von (6) das Gleichgewicht auf dem internationalen Kapitalmarkt beschrieben werden als

$$F_i^K(K_i, Z_i, \overline{N}_i) - T_i = F_j^K(\overline{K} - K_i, Z_j, \overline{N}_j) - T_j \quad (i = 1,2; i \neq j) \quad (7)$$

Gleichung (7) definiert K_i implizit als Funktion der Kapitalsteuersätze und des Bereitstellungsniveaus des lokal öffentlichen Zwischenprodukts in den beiden Gebietskörperschaften, $K_i = K_i(Z_i, T_i, Z_j, T_j)$, mit $dK_i/dZ_i > 0, dK_i/dT_i < 0$ (i = 1,2; i ≠ j).
Ebenso ist der Gleichgewichtszinssatz eine Funktion der Kapitalsteuersätze und des Bereitstellungsniveaus des öffentlichen Zwischenprodukts in beiden Gebietskörperschaften, mit $dr/dZ_i > 0$ und $dr/dT_i < 0$ (i = 1,2; i ≠ j).

2. Die Effizienzbedingungen

Die Bedingungen für gesamtwirtschaftliche Effizienz ergeben sich durch Lösen der folgenden Optimierungsaufgabe:

---

[1] Die Notation weicht aus Gründen einer leichteren Vergleichbarkeit mit den Modellen der vorangegangenen Abschnitte z.T. von der Notation bei Arnold und Fuest ab.

$max\ U_1(X_1,Y_1)$ in X_1,X_2,Y_1,Y_2,Z_1,Z_2 und K_1 unter den Nebenbedingungen

$U_2(X_2,Y_2) \geq \overline{U}$ und

$F_1(K_1,Z_1,\overline{N}_1) + F_2(\overline{K} - K_1,Z_2,\overline{N}_2) - \overline{N}_1 X_1 - \overline{N}_2 X_2 - Y_1 - Y_2 - Z_1 - Z_2 \geq 0$

Als notwendige Bedingungen erster Ordnung ergeben sich wiederum die aus Abschnitt 2.2.1. bekannten Gleichungen

$\overline{N}_i \cdot (U_i^Y / U_i^X) = 1$ [1] und $\hspace{6cm}$ (8)

$F_i^K = F_j^K$ sowie zusätzlich $\hspace{6cm}$ (9)

$F_i^Z = 1 \quad (i = 1,2)$ $\hspace{6cm}$ (10)

Aus (10) folgt, daß das öffentliche Zwischenprodukt in einem Maße bereitgestellt werden sollte, daß seine Grenzproduktivität seinem Preis entspricht.

3. Erfüllung der Effizienzbedingungen bei dezentraler Finanzpolitik?

a. Kopfsteuer als einziges Steuerinstrumentarium

Ist die Erhebung einer Kopfsteuer das einzige den Gebietskörperschaften zur Verfügung stehende Instrumentarium zur Finanzierung der Bereitstellung öffentlicher Leistungen, so können die Bedingungen für eine optimale Politik der Jurisdiktion i bei gegebener Politik der Jurisdiktion j durch Maximierung der Funktion $U_i(X_i,Y_i)$ bezüglich Y_i, Z_i und t_i unter Beachtung der Budgetrestriktionen der privaten (3) und des öffentlichen Haushalts (4) und der Bedingung (2) für lineare Homogenität gewonnen werden. Als notwendige Bedingungen ergeben sich:

$\partial U / \partial t_i = -U_i^X + U_i^Y \overline{N}_i = 0 \quad (i = 1,2) \quad$ und $\hspace{3cm}$ (11)

$\partial U_i / \partial Z_i = U_i^X \left\{ (F_i^Z / \overline{N}_i) - (dr/dZ_i)[(K_i / \overline{N}_i) - (\overline{K}/(\overline{N}_i + \overline{N}_j))] \right\} - U_i^Y = 0 \, (i = 1,2) \hspace{1cm}$ (12)

Umformen von (11) ergibt mit $\overline{N}_i (U_i^Y / U_i^X) = 1$ $(i = 1,2)$ die Bedingung (8) für eine effiziente Bereitstellung des öffentlichen Konsumgutes. Unter Berücksichtigung von (8) kann (12) umgeformt werden zu

$F_i^Z - 1 = dr/dZ_i \left\{ K_i - \overline{N}_i \cdot \left[\overline{K}/(\overline{N}_i + \overline{N}_j) \right] \right\} \quad (i = 1,2) \hspace{3cm}$ (12 a)

Der bereits aus Abschnitt 2.2.2.1. bekannte Term in der geschweiften Klammer auf der rechten Seite von Gleichung (12 a) bezeichnet den Nettokapitalimport der Jurisdiktion i. Sind beide Jurisdiktionen symmetrisch, stellen sie das öffentliche Zwischenprodukt in einem Umfang bereit, daß $F_i^Z = 1$ gilt und somit im Sinne gesamtwirtschaftlicher Effizienz. Sind die Gebietskörperschaften verschieden und z. B. Körperschaft i der Nettokapitalimporteur, wird i das öffentliche Zwischenprodukt in einem Maß bereitstellen, daß $F_i^Z > 1$ gilt. Der Grund hierfür liegt darin, daß die kapitalimportierende Gebietskörperschaft i durch eine Reduzierung der von ihr angebotenen Zwischenproduktmenge unter das gesamtwirtschaftlich effiziente Maß ihren Kapitalbedarf reduziert, so daß wegen $dr/dZ_i > 0$ der Zinssatz fällt und die für

---

[1] Mit $U_i^Y = \partial U_i / \partial Y_i$ und $U_i^X = \partial U_i / \partial X_i$ $\quad$ i=1,2;

jede aus dem Ausland importierte Kapitaleinheit anfallenden Kosten sinken. Aus dem entgegengesetzten Grund wird die netto kapitalexportierende Körperschaft zuviel von dem öffentlichen Zwischenprodukt bereitstellen.

Die unterschiedlichen Folgen des interjurisdiktionellen Wettbewerbs im Hinblick auf die Effizienz der Bereitstellung öffentlicher Konsumgüter einerseits und öffentlicher Zwischenprodukte andererseits können damit erklärt werden (vgl. Arnold und Fuest aaO; siehe aber auch Richter und Wellisch 1993 und 1996), daß die Bereitstellung des öffentlichen Zwischenprodukts die Kapitalnachfrage beeinflußt und damit fiskalische Externalitäten (in diesem Fall: pekuniäre Externalitäten) hervorruft, während dies bei der Bereitstellung öffentlicher Konsumgüter nicht der Fall ist.

b. Kopfsteuer plus quellenprinziporientierte Kapitalsteuer als Finanzierungsinstrumentarien

Können die im Wettbewerb stehenden Gebietskörperschaften neben einer Kopfsteuer eine auf dem Quellenprinzip basierende Steuer auf den Kapitaleinsatz in ihrem Hoheitsgebiet erheben, so ergibt die Ableitung der Optimierungsaufgabe

$$max\, U_i(X_i,Y_i) = U_i\left\{\left[F_i - (r+T_i)K_i\right]/\overline{N}_i + r\left[\overline{K}/(\overline{N}_i+\overline{N}_j)\right] - t_i, \overline{N}_i t_i - Z_i + T_i K_i\right\} \qquad (13)$$

nach t_i, Z_i und T_i und Nullsetzen der ersten Ableitungen nach einigen Umformungen als notwendige Bedingungen für ein Maximum:

$$N_i(U_i^Y/U_i^X) = 1 \qquad i = 1,2$$

und damit die bereits bekannte Samuelson-Bedingung für eine gesamtwirtschaftlich effiziente Bereitstellung des öffentlichen Konsumgutes sowie mit

$$F_i^Z = 1 \qquad i = 1,2$$

die ebenfalls bekannte Bedingung für eine gesamtwirtschaftlich effiziente Bereitstellung des lokal öffentlichen Zwischenprodukts. Während die effiziente Bereitstellung des öffentlichen Konsumgutes auf dezentraler Ebene aus der Tatsache resultiert, daß zur Finanzierung von Y_i eine nichtverzerrende Steuer erhoben werden kann, folgt die Tatsache, daß nun auch das öffentliche Zwischenprodukt effizient bereitgestellt wird, aus dem Umstand, daß die Gebietskörperschaften jetzt mit der Kapitalsteuer ein wesentlich effizienteres Mittel besitzen, um die Terms of Trade des Kapitals zu beeinflussen. Die gleichgewichtige Kapitalsteuer ist nunmehr

$$T_i = F_j^{KK}\left\{N_i\left[\overline{K}/(\overline{N}_i+\overline{N}_j)\right] - K_i\right\} \qquad i = 1,2 \qquad (14)$$

Aus Bedingung (14) folgt, daß die kapitalexportierende Gebietskörperschaft einen negativen Steuersatz festlegt, d. h. Kapital subventioniert, wohingegen die kapitalimportierende Gebietskörperschaft einen positiven Kapitalsteuersatz festlegen wird.

Diese Erkenntnis entspricht dem bereits im vorangegangenen Abschnitt für die Bereitstellung öffentlicher Konsumgüter abgeleiteten Ergebnis. Was dort allerdings nur für das Angebot eines öffentlichen Konsumgutes gezeigt wurde, kann jetzt auf den Fall der Bereitstellung lokal öffentlicher Leistungen im allgemeinen erweitert werden. Obwohl der Einsatz öffentlicher Zwischenprodukte grundsätzlich als ein Instrument der strategischen Beeinflussung des Zinssatzes genutzt werden kann, wird dies nicht getan, wenn gleichzeitig eine Kapitalsteuer nach dem Quellenprinzip erhoben werden kann. In diesem Fall bleibt die Bedingung für die gesamtwirtschaftlich effiziente Bereitstellung des lokal öffentlichen Zwischenprodukts gewahrt -während die *internationale Kapitalallokation aufgrund lokal differierender Steuersätze verzerrt wird.*

2.3. Die Erosion der Kapitalbesteuerung in der wirtschaftlichen Realität

Im vorangegangenen Abschnitt 2.2. ist die in der finanzwissenschaftlichen Literatur z.T. sehr kontrovers diskutierte These, der mit dem fortschreitenden Globalisierungsprozeß einhergehende, sich verstärkende internationale Standortwettbewerb führe zu einer Erosion der Steuern auf mobile Basen -insbesondere den Faktor Kapital- und damit einer Reihe negativer ökonomischer Folgen, aus theoretischer Sicht erörtert worden. Während die Gruppe der Befürworter eines möglichst ausgeprägten Standortwettbewerbs die mit diesem verbundene Chance einer Steigerung der Effizienz von Finanzpolitik und Finanzverwaltung durch die Entdeckung neuer und besserer Einnahmen-Ausgabensysteme öffentlicher Budgets hervorheben und demgegenüber die Gefahr einer Flucht mobiler Steuerbasen oder die damit verbundenen Wohlfahrtsverluste als eher gering einstufen, sehen die der zunehmenden Globalisierung skeptischer gegenüberstehenden Autoren die damit vermeintlich verbundenen Gefahren -Verzerrungen der internationalen Kapitalallokation, die Unterversorgung mit öffentlichen Gütern, Verteilungskämpfe und den Abbau des Sozialstaates- als gravierend und gegenüber den potentiellen Nutzen eines verstärkten Wettbewerbs als durchschlagend an. Welcher von beiden Ansichten eher recht zu geben ist und welche wirtschaftspolitischen Konsequenzen daraus zu ziehen sind, wird entscheidend von dem tatsächlich beobachtbaren Ausmaß des internationalen Standort-, vor allem Steuerwettbewerbs abhängen. Hat der in den vergangenen Jahren rapide fortgeschrittene europäische und weltwirtschaftliche Integrationsprozeß einen entsprechend starken Steuerwettbewerb ausgelöst oder steht ein solcher bevor, so müßte dies in einer deutlichen Verringerung der Effektivbelastung mobiler Basen, insbesondere von Finanzkapital und unternehmerischen Direktinvestitionen, zum Ausdruck kommen oder es müßten aus der bisherigen Entwicklung Gründe erkennbar sein, warum zwar in der Vergangenheit noch kein gravierender Rückgang des Steueraufkommens mobiler Basen zu verzeichnen war, ein solcher aber für die Zukunft gleichwohl zu erwarten ist. Im folgenden soll deshalb der Frage nach der historischen und voraussichtlichen künftigen Entwicklung der Kapitalbesteuerung in den wichtigsten Industrienationen nachgegangen werden.

Zieht man die Entwicklung der Spitzensteuersätze der allgemeinen Einkommensteuer und der Körperschaftsteuersätze auf einbehaltene Gewinne heran, so scheint sich zumindest für die Europäische Union und ihre wichtigsten Konkurrenten die These eines durch den ökonomischen Integrations- und Globalisierungsprozeß ausgelösten Steuersenkungswettlaufs zu bestätigen. So haben, wie Tabelle 1 zeigt, mit Ausnahme Deutschlands sämtliche EU-Staaten und die wichtigsten außereuropäischen Industrienationen im Zuge teilweise sehr umfassender Reformen ihrer Steuersysteme die Spitzensteuersätze der Einkommensteuer und mit Ausnahme Italiens und Spaniens alle o.g. Staaten die Regelsätze ihrer Körperschaftsteuern zwischen 1986 und 1997 teilweise drastisch gesenkt -und weitere Steuersatzsenkungen sind seither erfolgt (wie in Deutschland aufgrund des im Jahre 1998 verabschiedeten StEntlG und des 2000 verabschiedeten StSenkG) oder stehen z. T. unmittelbar bevor.

Land[1]	Einkommensteuer -Spitzensteuersatz-[2]		Körperschaftsteuer -Regelsteuersatz-[3]	
	Niveau 1986 in %	Veränderungen 1986 bis 1997 in %	Niveau 1986 in %	Veränderungen 1986 bis 1997 in %
Belgien	72	-15,3	45	-6,0
Dänemark	45	-14,0	50	-16,0
Deutschland[4]	56	+1,0	56	-7,6
Finnland	51	-13,0	33	-5,0
Frankreich	65	-11,0	45	-11,7
Griechenland	63	-23,0	49	-9,0
Irland	58	-10,0	50	-12,0
Italien	62	-11,0	36	--
Luxemburg	57	-7,0	40	-7,0
Niederlande	72	-12,0	42	-7,0
Österreich	62	-12,0	30	-16,0
Portugal	.	.	42	-6,0
Spanien	66	-10,0	35	--
Schweden	50	-25,0	52	-24,0
Vereinigtes Königreich	60	-20,0	35	-2,0
Vereinigte Staaten	50	-10,4	46	-11,0
Japan	70	-20,0	43	-5,5
Kanada	34	-2,7	36	-7,0

[1] Steuersätze des Zentralstaates; Niveaus gerundet auf volle Prozentpunkte
[2] Persönliche Einkommensteuer
[3] Thesaurierungssatz; unterschiedliche Ausgestaltung der Systeme nicht berücksichtigt
[4] Für 1997 einschließlich Solidaritätszuschlag von 7,5 %

Tabelle 1: Tarifsätze bei der Einkommensteuer und der Körperschaftsteuer in ausgewählten Ländern 1986 bis 1997 (Quelle: Sachverständigenrat Jahresgutachten 1998/99, Tab. 72 in Anschluß an OECD)

Eine solche Schlußfolgerung wäre jedoch übereilt. Vor allem bei den Unternehmensteuern kann die alleinige Betrachtung von gesetzlichen Spitzen- oder Regelsteuersätzen leicht zu Fehldeutungen verleiten. Denn die ökonomisch letztlich relevante Größe ist die effektive Grenzbelastung von Investititonen; diese wird aber nicht allein durch die Höhe der Steuersätze bestimmt, sondern auch durch andere Elemente des Steuersystems wie Bewertungsvorschriften und Abschreibungsbedingungen. Viele Länder haben zwar in den letzten Jahren die Körperschaftsteuersätze gesenkt, gleichzeitig aber die Bemessungsgrundlagen deutlich verbreitert. Tabelle 2 stellt für eine Reihe von EU-Mitgliedstaaten die Veränderung der effektiven steuerlichen Grenzbelastung von Investitionen zwischen 1980 und 1991 dar. Dabei zeigt sich -überraschenderweise- daß, obwohl sich die Grenzbelastung in den verschiedenen Ländern teilweise sehr stark verändert hat, sie insgesamt nur relativ gering gesunken ist. Von einem *eindeutigen* Abwärtstrend bzw. einem Steuersenkungswettlauf kann insoweit jedenfalls nicht gesprochen werden.

Land	1980	1991
Belgien	18,0	8,0
Dänemark	6,0	16,0
Deutschland	54,0	16,0
Frankreich	28,0	8,0
Großbritannien	-10,0	18,0
Italien	8,0	16,0
Irland	-2,0	2,0
Luxemburg	34,0	28,0
Niederlande	16,0	20,0
Portugal	26,0	14,0
Spanien	8,0	18,0
Durchschnitt	16,9	14,9
Standardabweichung	17,1	6,6

Tabelle 2. Effektive Grenzsteuersätze auf Investitionen in der EU 1980 und 1991 (in %)
Quelle: Haufler (1999) auf der Grundlage von Ursprungsdaten und Berechnungen des Ruding-Reports (1992)

Allerdings müssen auch die Zahlen der Tabelle 2 mit Vorsicht interpretiert werden. Zum einen sind aufgrund vielfältiger methodischer Probleme die effektiven Grenzsteuerbelastungen nur bedingt miteinander vergleichbar. Zum andern dürften seit Beginn der 90er Jahre die Grenzbelastungen noch einmal merklich zurückgegangen sein; das lassen jedenfalls die in den 90er Jahren in zahlreichen wichtigen Industriestaaten durchgeführten Unternehmensteuerreformen vermuten, die sicherlich nicht vorgenommen wurden, um die Gesamtbelastung der Unternehmen zu erhöhen.[1]

---

[1] So wird in der Begründung zu dem am 1.1.1994 in Kraft getretenen Standortsicherungsgesetz der Bundesrepublik Deutschland ausdrücklich auf die „Verbesserung der steuerlichen Rahmenbedingungen in den meisten wichtigen Industriestaaten" und die daraus resultierende „Verschlechterung der relativen Wettbewerbsposition Deutschlands" hingewiesen (vgl. Jahreswirtschaftsbericht 1994 der Bundesregierung, Bundeswirtschaftsministerium 1994, 37).

Neben den nominellen und effektiven Steuersätzen wird häufig auch die Entwicklung des Anteils der Unternehmenssteuern am Sozialprodukt oder am Gesamtsteueraufkommen als Indikator für den tatsächlichen Umfang und die Auswirkungen des Steuerwettbewerbs herangezogen. Wie Tabelle 3 zeigt, ist der Anteil des Unternehmensteueraufkommens sowohl am Bruttoinlandsprodukt als auch am Gesamtsteueraufkommen mit Ausnahme Italiens in allen G7-Staaten zwischen 1980 und 1994 merklich zurückgegangen (und in Italien vermutlich nur deshalb nicht, weil man dort drastische Steuererhöhungen als das einzige Mittel ansah, um sich schrittweise dem Verschuldungskriterium des Maastricht-Vertrages im Hinblick auf den geplanten Beitritt zur Wirtschafts- und Währungsunion annähern zu können). Auf der anderen Seite fällt es schwer, aufgrund der Zahlen der Tabelle 3 schon von einem regelrechten Steuersenkungswettlauf und der Erosion mobiler Basen zu sprechen, zumal nach den Berechnungen von Fuest und Huber (1999) z. B. in den USA der Anteil des Unternehmensteueraufkommens am Gesamtsteueraufkommen und am Bruttoinlandsprodukt von 1994 bis 1996 leicht zugenommen hat und für die OECD-Länder insgesamt von 1980 bis 1996 -moderat- gestiegen ist.

Land	Anteil der Gewinnsteuern am Gesamtsteueraufkommen (in %)		Anteil der Gewinnsteuern am BIP (in %)	
	1980	1994	1980	1994
Kanada	11,6	6,6	3,7	2,4
Frankreich	5,1	3,7	2,1	1,6
Deutschland	5,5	2,9	2,1	1,1
Italien	7,8	8,9	2,7	3,7
Japan	21,8	14,8	5,5	3,2
Großbritannien	8,3	8,0	2,9	2,7
USA	10,8	8,9	2,9	2,5

Tabelle 3: Die internationale Entwicklung des Unternehmensteueraufkommens 1980-1994
Quelle: Braunerhjelm u.a. 2000, Tab. 6.1. sowie eigene Berechnungen.

Was folgt aus den bisherigen Feststellungen im Hinblick auf das Problem des internationalen Steuerwettbewerbs? Besteht ein solcher überhaupt in einem nennenswerten Umfang und sind die aus ihm resultierenden, oben beschriebenen Gefahren überhaupt aktuell -mit der Notwendigkeit eines staatlichen Eingreifens? Für die Vergangenheit können beide Fragen nur sehr bedingt bejaht werden. Für die Zukunft ist allerdings verstärkte Vorsicht geboten.
Denn erstens dürfte der eigentliche Auslöser für die in der Vergangenheit erfolgten Reformen der Unternehmensbesteuerung in den meisten Staaten weniger die Einsicht in die innere Ineffizienz der bestehenden Unternehmenssteuersysteme, als vielmehr die von einer Senkung der Einkommensspitzen- und Körperschaftregelsteuersätze ausgehende Signalwirkung für aus- und inländische Unternehmen im Hinblick auf zu treffende Investitions- und Standortentscheidungen gewesen sein. So schreibt die Bundesregierung in ihrem Jahreswirtschaftsbericht 1995 (Bundeswirtschaftsministerium 1995, 33): „Die internationale Erfahrung zeigt, daß Steuersätze im Rahmen des Standortwettbewerbs eine wichtige Signalwirkung entfalten." In der Vergangenheit

gingen, wie erwähnt, Steuersatzsenkungen in aller Regel mit einer deutlichen Verbreiterung der Bemessungsgrundlage einher. Doch können Bemessungsgrundlagen nicht beliebig ausgedehnt werden und scheint der in vielen Ländern bislang bestehende Spielraum nahezu ausgeschöpft. Wenn in der Zukunft von einigen Staaten eine neue Runde der Steuersatzsenkungen eingeläutet wird, um neuerliche Signale für potentielle Investoren zu setzen, so wird der damit per se einhergehende Schwund der Steueraufkommen früher oder später nicht mehr durch eine Verbreiterung der Bemessungsgrundlagen abgefangen werden können.

Zweitens ist davon auszugehen, daß der Steuerwettbewerb aufgrund bestehender Hindernisse in der Vergangenheit noch nicht seine volle Wirkung entfalten konnte, sich dies aber zumindest in Europa in den nächsten Jahren deutlich ändern wird: Die bislang veröffentlichten Studien zur Entwicklung der Steuersätze, Effektivbelastungen oder Steueraufkommen erstrecken den Beobachtungszeitraum größtenteils nur bis zum Beginn, bestenfalls zur Mitte der 90er Jahre. Die Europäische Union ist aber erst zum 1.1.1993 in ihre erste wirklich bedeutende Integrationsphase, die Errichtung des Gemeinsamen Binnenmarktes, eingetreten und die nächste, vermutlich noch bedeutendere Integrationsphase, die Schaffung der Wirtschafts- und Währungsunion, steht in ihrer effektiven Umsetzung erst noch bevor. Wie Studien von Feldstein und Horioka (1980), Dooley u.a. (1987), French und Poterba (1991) und Gordon und Bovenberg (1996) zeigen, waren aufgrund bestehender institutioneller Hindernisse, von Informationsnachteilen ausländischer gegenüber inländischen Investoren an den Kapitalmärkten der verschiedenen Länder, sowie nicht zuletzt von Währungsrisiken die Kapitalströme zwischen den wichtigsten Industriestaaten bis Ende der 80er/Anfang der 90er Jahre noch relativ gering. Sie haben seither jedoch beträchtlich zugenommen und tun dies offenbar weiterhin, wie nicht zuletzt verschiedene Untersuchungen des ifo-Instituts (1996), Cluses (1999) und des Sachverständigenrates (Jahresgutachten 2000/01, Tab. 21 und 53*) belegen -und zwar sowohl hinsichtlich des Kapitalverkehrs insgesamt als auch für den Bereich der Direktinvestitonen im Besonderen: So ist etwa der Umfang der Kapitalverflechtungen zwischen den Industrieländern Deutschland, Frankreich, Großbritannien, USA und Japan von 137 Mrd. Dollar 1983 auf 622 Mrd. Dollar 1993 gestiegen (ifo-Institut 1996, Tab. 1*). Ferner ist das Volumen der Kapitalausfuhren in Deutschland von 182 Mrd. DM 1990 auf 650 Mrd. DM 1999, das der Kapitaleinfuhren im selben Zeitraum von 92 Mrd. DM auf 593 Mrd. DM gewachsen. Und schließlich hat der Umfang deutscher Direktinvestitionen im Ausland von 34 Mrd. DM 1990 auf 85 Mrd. DM 1999, derjenige der ausländischen Direktinvestitionen in Deutschland im selben Zeitraum sogar von 4 auf 96 Mrd. DM zugenommen (Sachverständigenrat 2000/01 Tab. 53*). Das deutlich gestiegene und mit vollständiger Realisierung der Wirtschafts- und Währungsunion vermutlich weiter steigende Volumen der internationalen Kapitalströme legt die Vermutung nahe, daß auch die Bemühungen der Nationalstaaten, diese Ströme anzulocken, zugenommen haben bzw. weiter zunehmen werden. Ein wichtiges Mittel, Kapitalströme zu attrahieren, ist aber nun einmal eine Verbesserung der steuerlichen Rahmenbedingungen, denen der Faktor Kapital unterliegt (und dabei übrigens nicht nur die Steuersätze und Bemessungsgrundlagen, sondern auch die in keiner offiziellen Statistik erfaßten Steuerabsprachen zwischen nationalen Fisci und großen Unternehmen sowie die Intensität der Verfolgung und Durchsetzung bestehender Steueransprüche).

Was sind die daraus abzuleitenden politischen Handlungsempfehlungen? Sicherlich nicht die, in einen überzogenen Aktionismus zu verfallen und gleichsam das Kind mit dem Bade auszuschütten: regional unterschiedliche Steuersätze können Ausdruck regional unterschiedlicher Präferenzen im Hinblick auf das gewünschte Bereitstellungsvolumen an öffentlichen Gütern und ein bestimmtes Maß an dezentralem Standortwettbewerb mag durchaus sinnvoll sein, um die Effizienz nationaler oder regionaler Steuersysteme zu steigern. Auf der anderen Seite können die Regierungen der Nationalstaaten aber auch nicht tatenlos zusehen, bis der steuerwettbewerbliche Anpassungsdruck eines Tages so stark wird, daß sie entweder bei einer Aufrechterhaltung ihrer Steuersätze für potentielle Investoren unattraktiv werden oder ihre Steuersätze so weit senken müssen, daß das von der einheimischen Bevölkerung erwünschte Maß an öffentlichen Gütern (einschließlich eines bestimmten Volumens an staatlicher Umverteilung) nicht mehr bereitgestellt werden kann. Dies gilt insbesondere für Staaten, die in ihrer wirtschaftlichen Entwicklung hinterherhinken und in hohem Maße auf Steuereinnahmen zum Auf-/Ausbau ihrer Infrastruktur angewiesen sind. Es ist also nach Wegen zu suchen, wie der sich aller Voraussicht nach verschärfende internationale Steuerwettbewerb so weit begrenzt werden kann, daß der Gefahr eines Ausverkaufs öffentlicher Leistungen und einer Erosion des Sozialstaates, aber auch einer Verzerrung der gesamtwirtschaftlich effizienten Kapitalallokation, wirksam begegnet werden kann, ohne gleichzeitig Effizienzsteigerungen der nationalen Steuersysteme zu bestrafen. Drei potentielle Wege, den internationalen Steuerwettbewerb zu beschränken, sind:
1. Die Steuerharmonisierung bei Fortgeltung des Quellenlandprinzips.
2. Die konsequente Umsetzung des Wohnsitzprinzips bei der Kapitalbesteuerung.
3. Der Übergang zu einem System der Cash-flow- oder zinsbereinigten Unternehmensbesteuerung.
Sie sollen im folgenden Abschnitt 2.4. auf ihre Wirkungen hin untersucht werden.

2.4. Schlußfolgerungen für die künftige Unternehmensbesteuerung in Europa
2.4.1. Steuerharmonisierung unter dem Quellenlandprinzip?

In Abschnitt 2.2. ist die Frage der Effizienz dezentraler Finanzpolitik bei hoher Kapitalmobilität im Hinblick auf die Bereitstellung öffentlicher Güter anhand verschiedener Literaturmodelle diskutiert worden. Dabei hatte sich gezeigt, daß in einer Modellwirtschaft mit kleinen Ländern, die den sich am Weltkapitalmarkt bildenden Zinssatz nicht beeinflussen können,
- das öffentliche Konsumgut im Cournot-Nash-Gleichgewicht in allen Ländern allein durch die Besteuerung der immobilen Produktionsfaktoren finanziert wird
- die Bereitstellung des öffentlichen Konsumgutes jeweils effizient erfolgt
- die internationale Kapitalallokation ebenfalls effizient ist
wenn die Länderregierungen die Bereitstellung des öffentlichen Konsumgutes sowohl durch die Besteuerung des Kapitaleinsatzes in ihrem Hoheitsgebiet als auch durch die Besteuerung der Einkommen, die den immobilen heimischen Faktoren zufließen, finanzieren können. Reicht hingegen das Aufkommen der Steuern auf die Einkommen der immobilen Faktoren zur Finanzierung der gesamtwirtschaftlich effizienten Menge

des öffentlichen Gutes nicht aus oder können die Regierungen zur Finanzierung des öffentlichen Konsumgutes von vorne herein nur auf eine Quellensteuer auf das in ihrem Hoheitsgebiet entstehende Kapitaleinkommen zurückgreifen, so
-kommt es im Gleichgewicht eines Cournot-Nash-Wettbewerbs in allen Ländern zu einer Unterversorgung mit dem öffentlichen Konsumgut
- ist die internationale Kapitalallokation nur dann effizient, wenn alle Länder identisch sind und die jeweiligen Regierungen deshalb denselben Steuersatz wählen.
In einer Modellwirtschaft zweier großer Jurisdiktionen unterschiedlicher Größe
- sind die im Cournot-Nash-Gleichgewicht festgelegten Steuersätze voneinander verschieden
- kommt es bei der Bereitstellung des öffentlichen Konsumgutes in der großen Jurisdiktion zu einer Unterversorgung mit dem öffentlichen Konsumgut, während in der kleinen Jurisdiktion auch das Gegenteil eintreten kann
- ist wegen der unterschiedlichen Kapitalsteuersätze die internationale Kapital-allokation ineffizient
falls die beiden Regierungen nur eine Quellensteuer auf das in ihrem Hoheitsgebiet entstehende Kapitaleinkommen erheben können und
- werden im Gleichgewicht beide Steuerinstrumente eingesetzt (wobei die Regierung der kapitalimportierenden Jurisdiktion den Kapitaleinsatz in ihrem Gebiet besteuert, die der kapitalexportierenden Jurisdiktion hingegen subventioniert)
- erfolgt die Bereitstellung des öffentlichen Konsumgutes effizient
- erfolgt dagegen wegen der unterschiedlichen Kapitalsteuersätze die internationale Kapitalallokation ineffizient
falls die beiden Regierungen zusätzlich auch die den immobilen heimischen Faktoren zufließenden Einkommen besteuern können.
Die Frage ist dann, welche Möglichkeiten bestehen, die beschriebenen Ineffizienzen dezentraler Finanzpolitik bei hoher Kapitalmobilität durch steuerpolitische Kooperation der betroffenen Jurisdiktionen zu beseitigen oder abzumildern. Zu denken wäre zunächst an eine internationale Harmonisierung der Steuersätze der Quellensteuer auf die Kapitaleinkommen.

Sind die Jurisdiktionen einer Modellwirtschaft klein in dem Sinne, daß die einzelne Jurisdiktion den sich auf dem Weltkapitalmarkt bildenden Zinssatz nicht beeinflussen kann, so führt nach Homburg (2000 (2)) eine Quellensteuersatzharmonisierung zu Effizienzverbesserungen im paretianischen Sinn. Sie bringt jedoch eine Reihe von Nachteilen mit sich, die diesen Schritt zur Einschränkung des Steuerwettbewerbs letztlich als fragwürdig erscheinen lassen:

Homburg betrachtet eine Welt mit n kleinen, offenen Staaten, die aus Darstellungs-gründen, aber ohne Verlust der Allgemeingültigkeit der Aussagen zu zwei Länder-gruppen zusammengefaßt werden, dem Inland und dem Ausland. Auf allen inner- und zwischenstaatlichen Märkten bestehe vollständige Konkurrenz. Im Inland produzieren die Unternehmen das nach Abzug von Abschreibungen berechnete Realeinkommen $f(k)$ unter Einsatz immobiler Faktoren und des mobilen Faktors Kapital k. Die inländischen Konsumenten besitzen das Realvermögen s. Analog produzieren aus-ländische Unternehmen das Realeinkommen $f(k^*)$, und die ausländischen Konsumen-ten besitzen das Realvermögen s^*.

s und k bzw. s^* und k^* sind Bestandsgrößen, und in geschlossenen Volkswirtschaften müßte $s = k$ bzw. $s^* = k^*$ gelten. Bei weltwirtschaftlicher Integration werden diese Bedingungen durch die schwächere Anforderung $s + s^* = k + k^*$ ersetzt. Diese Gleichgewichtsbedingung definiert einen international einheitlichen realen Zinssatz r und den zugehörigen Zinsfaktor $1 + r$. Letzterer stimmt auf Seiten der Konsumenten mit der Grenzrate der Substitution zwischen Gegenwarts- und Zukunftskonsum und, weil der Zinssatz r der Grenzproduktivität des Kapitals entspricht, auf Seiten der Produzenten der Grenzrate der Transformation zwischen Gegenwarts- und Zukunftsproduktion überein. Dasselbe gilt analog im Ausland, so daß das Marktgleichgewicht folgende Effizienzeigenschaften aufweist:

- Die Grenzraten der Substitution inländischer und ausländischer Konsumenten stimmen überein (Konsumeffizienz bzw. Kapitalimportneutralität).

- Die Grenzraten der Transformation inländischer und ausländischer Unternehmen stimmen überein (Produktionseffizienz bzw. Kapitalexportneutralität).

- Die Grenzraten der Substitution und der Transformation stimmen in jedem Staat paarweise überein (intertemporale Effizienz).

Produktionseffizienz bedeutet, daß das Welteinkommen $f(k) + f(k^*)$ nicht durch Kapitalwanderungen zwischen den Staaten gesteigert werden kann. Konsumeffizienz bedeutet, daß inländische und ausländische Konsumenten keinen Vorteil von direkten Tauschvorgängen haben, weil sie auf einem Punkt entlang der Kontraktkurve der Edgeworth-Box operieren. Intertemporale Effizienz schließlich bedeutet, daß der Konsumentennutzen nicht durch zeitliche Verschiebungen, d.h. erhöhte oder verminderte Investition, gesteigert werden kann. Das Marktgleichgewicht ist somit Pareto-optimal oder erstbest.

Angenommen, jeder Staat stelle ein lokal öffentliches Gut g bzw. g^* in einem exogen gegebenen Umfang bereit, zu dessen Finanzierung er neben einer Steuer auf ökonomische Reingewinne Steuern auf die Kapitaleinkommen erheben kann -und zur Erfüllung der Budgetrestriktion erheben muß.

Im Sinne effizienzorientierter Besteuerung werden die Staaten zunächst ökonomische Reingewinne voll besteuern (Homburg 1999, 5f sowie 2000 (2), 12). Für die darüber hinaus erforderliche Besteuerung der Kapitaleinkommen kommen folgende Formen in Betracht:

Erstens kann das Inland bei seinen Konsumenten eine Kapitaleinkommensteuer mit dem Satz τ erheben. Hierdurch vermindert sich die Rendite aus Sicht der inländischen Sparer von r auf $(1 - \tau) \cdot r$. Analog sinkt die Rendite aus Sicht der ausländischen Sparer bei Einführung einer Kapitaleinkommensteuer mit dem Satz τ^* auf $(1 - \tau^*) \cdot r$.

Zweitens kann das Inland bei seinen Unternehmen eine Quellensteuer mit dem Satz t pro Kapitaleinheit erheben. Hierdurch steigen die Kapitalkosten aus Sicht der inländischen Unternehmen von r auf $r + t$, sofern die Renditeforderung der Konsumenten unverändert r beträgt. Analog steigen die Kapitalkosten ausländischer Unternehmen bei Einführung einer Quellensteuer mit dem Satz t^* auf $r + t^*$.

Die Einführung dieser Steuern (je eine Kapitaleinkommensteuer und Quellensteuer pro Land) bewirkt erstens, daß die Grenzraten der Transformation zwischen gegenwärtiger und zukünftiger Produktion im Inland und Ausland auseinanderfallen, wenn die Quellensteuersätze differieren ($t \neq t^*$). Weil die inländischen und ausländischen Unternehmen die Grenzproduktivitäten des Kapitals an unterschiedliche Kapitalkosten anpassen, entsteht eine Produktionsineffizienz. Diese Ineffizienz äußert sich darin, daß das Welteinkommen bei $f(k) \neq f(k^*)$ durch eine Kapitalverschiebung an den Ort des höheren Grenzertrags gesteigert werden kann. Das Welteinkommen ist demnach nicht maximiert.

Zweitens werden sich die Grenzraten der Substitution zwischen Gegenwarts- und Zukunftskonsum im Inland und Ausland unterscheiden, wenn die Sätze der Kapitaleinkommensteuern differieren ($\tau \neq \tau^*$).Weil die inländischen und ausländischen Konsumenten die Grenzraten der Substitution an unterschiedliche Nettozinsfaktoren anpassen, entsteht eine Konsumineffizienz.

Drittens stimmen auch innerhalb der Staaten die Grenzraten der Substitution und der Transformation nicht mehr überein (allerdings ist diese intertemporale Ineffizienz bei der Besteuerung von Kapitaleinkommen unvermeidlich und tritt auch in der geschlossenen Volkswirtschaft auf).

Besteuern In- und Ausland nach dem reinen Wohnsitzprinzip in Verbindung mit dem Welteinkommensprinzip, d.h. es wird eine Kapitaleinkommensteuer mit dem Satz τ bzw. τ^*, aber keine Quellensteuer erhoben, so sind die inländischen Sparer mit Nettozinsen von $(1-\tau)\cdot r$ auf Inlands- bzw. Auslandsanlagen konfrontiert. Für die ausländischen Sparer beträgt der entsprechende Satz $(1-\tau^*)\cdot r$. Bei nicht harmonisierten Wohnsitzsteuern sind diese Nettozinsen verschieden, doch ist die Grenzproduktivität des Kapitals weltweit einheitlich (es gilt $r = f'(k) = f'(k^*)$, d.h. es herrscht Produktionseffizienz), da aufgrund des Welteinkommensprinzips kein Sparer einen steuerlichen Anreiz hat, sein Kapital lieber im Inland als im Ausland anzulegen.

Besteuern dagegen In- und Ausland nach dem Quellenprinzip, gilt im arbitragefreien Gleichgewicht $r = f'(k) + t = f'(k^*) + t^*$. Demzufolge stellt sich aus Sicht der Sparer ein einheitlicher Zinssatz r ein (und es herrscht Konsumeffizienz), während die Grenzproduktivitäten des Kapitals bei nicht harmonisierten Quellensteuersätzen verschieden sind.

Eine Besteuerung nach dem Wohnsitzprinzip führt also bei nichtharmonisierten Steuersätzen zu Konsumverzerrungen, während eine Besteuerung nach dem Quellenprinzip bei nichtharmonisierten Steuersätzen jene Produktionsverzerrungen hervorruft, die bereits in Abschnitt 2.2. beschrieben wurden. Dort war zur Finanzierung des öffentlichen Konsumgutes -neben einer Kopfsteuer- eine Quellensteuer auf den Kapitaleinsatz erhoben worden, während eine Kapitaleinkommensteuer nach dem Wohnsitzprinzip nicht zur Verfügung stand.

Wie Homburg (1999, 14 ff., 2000(2), 53 ff.) zeigt, *können die von der Quellensteuer ausgehenden Produktionsverzerrungen durch eine Quellensteuersatzharmonisierung beseitigt werden.* Die Weltwirtschaft erreicht in diesem Fall, bildlich gesprochen, den Rand der Produktionsmöglichkeitenkurve:

Dazu sei angenommen, die Welt umfasse zwei Ländertypen, das Inland und das Ausland, mit jeweils n kleinen Staaten und bestehe für zwei Perioden. Die stetig differenzierbaren Nutzenfunktionen der inländischen Konsumenten lauten $u(c_1, c_2)$, wobei c_i den Konsum der i-ten Periode bezeichne. Jeder Konsument maximiere seine Nutzenfunktion unter den Nebenbedingungen

$$c_1 + s = e \text{ und } c_2 = (1+\rho)\cdot s + (1-\varphi)\cdot\pi \tag{1}$$

wobei e eine exogene Anfangsausstattung und $\rho = r\cdot(1-\varphi)$ den Nettozins symbolisiert. π entspricht dem Reingewinneinkommen und $\varphi \leq 1$ den Steuersatz auf Reingewinne. Die inländischen Unternehmen maximierten den in der zweiten Periode entstehenden Reingewinn

$$\pi = f(k) - (r+t) \cdot k \tag{2}$$
wobei f eine stetig differenzierbare Inada-Produktionsfunktion repräsentiere.
Die Budgetrestriktion des Inlands lautet:
$$(r-\rho) \cdot s + t \cdot k + \varphi \cdot \pi = g \tag{3}$$
Demnach werden die exogenen Staatsausgaben g durch eine Kapitaleinkommensteuer $r-\rho$, eine Quellensteuer t und eine Reingewinnsteuer φ gedeckt. Die gesamte Staatstätigkeit finde in der zweiten Periode statt.

Bei analogen Annahmen über das Ausland sind international zweitbeste Steuersysteme[1] Lösungen der Optimierungsaufgabe
$$\max(\rho, \rho^*, \varphi, \varphi^*, t, t^*): \qquad W(u, u^*)$$
u.d.N. $c_1 + k + c_1^* + k^* \le e + e^*$ und $c_2 + g + c_2^* + g^* \le f(k) + k + f(k^*) + k^*$ (4)
Im zweitbesten Steuersystem werden die Reingewinne vollständig besteuert und darüber hinaus, falls erforderlich, verzerrende Steuern erhoben.
Aus der Optimierungsaufgabe der Konsumenten ist ersichtlich, daß die Nutzenniveaus streng monoton wachsende Funktionen $u(\rho, (1-\varphi) \cdot \pi)$ bzw. $u^*(\rho^*, (1-\varphi^*) \cdot \pi^*)$ der Nettozinssätze und der Nettoreingewinne sind. Die Nutzenniveaus hängen nicht von den Quellensteuersätzen t und t^* ab, da die Reingewinne vollständig besteuert werden.
Bei gegebenen ρ und ρ^* können die Staaten durch Wahl der Quellensteuersätze t und t^* jede Kapitalallokation (k, k^*) mit $k + k^* = s + s^* = const.$ erzeugen, ohne daß sich die Konsumentennutzen und -entscheidungen ändern (Lemma 1).
Dies folgt unmittelbar aus den Inada-Eigenschaften der Produktionsfunktion. Das Zweitbestproblem (4) ist demnach äquivalent zum folgenden Optimierungsproblem, bei dem die Staaten unmittelbar die Kapitalallokation bestimmen, statt sie indirekt durch Wahl der Quellensteuersätze zu beeinflussen:
$$\max(\rho, \rho^*, \varphi, \varphi^*, k, k^*) \qquad W(u, u^*) \quad \text{unter den Nebenbedingungen aus (4)} \tag{5}$$
Ausgehend von einer Kapitalallokation (k_0, k_0^*) mit $f'(k_0) \succ f'(k_0^*)$ gibt es, wie Homburg (aaO) zeigt, eine Kapitalallokation (k, k^*) so daß gilt (Lemma 2):
$$f(k) + f(k^*) \succ f(k_0) + f(k_0^*) \quad \text{und } k + k^* \prec k_0 + k_0^* \tag{6}$$
Aus Lemma 1 und Lemma 2 folgt dann in Verbindung mit den Gewinnmaximierungsbedingungen $f'(k) = r + t$ und $f'(k^*) = r + t$, daß das internationale Steuersystem genau dann zweitbest ist, wenn $t = t^*$ gilt.[2]

---

[1] Ein Steuersystem heißt international zweitbest, wenn es die Summe der insgesamt entstehenden Verzerrungen minimiert. Hinter dieser Aussage steckt die Vorstellung weltwirtschaftlicher Effizienz als einem Ziel, das die Staaten in einem kooperativen Ansatz anstreben. Kooperation umfaßt dabei die Wahl eines gemeinsamen Steuersystems, die Harmonisierung von Steuersätzen sowie etwaige zwischenstaatliche Transfers. Vom international erstbesten Steuersystem unterscheiden sich die Lösungen der Maximierungsaufgabe (4) dadurch, daß die Staaten nicht unmittelbar Konsumgrößen und Arbeitsangebote setzen können, sondern in Kauf nehmen müssen, daß die von den Privaten gewählten Größen steuerlich verzerrt sind.

[2] Beweis: Angenommen, $t \ne t^*$ sei international zweitbest. Wegen der o.g. Gewinnmaximierungsbedingungen sind unterschiedliche Quellensteuersätze gemäß Lemma 1 äquivalent zur Wahl einer Kapitalallokation mit $f'(k) \ne f'(k^*)$. Laut Lemma 2 existiert nun eine andere Kapitalallokation, die weniger Investitionen in der ersten Periode erfordert und mehr Output in der zweiten Periode erbringt. Aufgrund der Stetigkeit aller Funktionen können die Nettozinsen bei Wechsel zu dieser anderen Kapitalallokation ohne Verletzung der Nebenbedingungen in (5) etwas erhöht werden. Weil die Konsumentennutzen streng monoton in den Nettozinsen wachsen, werden hierdurch alle Konsumenten

Allerdings bringt die Harmonisierung der Quellenbesteuerung von Kapitaleinkommen nach Homburg (2000 (2)), u.a. (vgl. etwa Fuest 1995 (1), 1995 (2), 71 ff., Wissenschaftlicher Beirat beim Bundesfinanzministerium 1999) eine Reihe von Nachteilen mit sich, die ihre Eignung als Instrument zur Eindämmung des Steuerwettbewerbs selbst für den politisch äußerst unwahrscheinlichen Fall, daß eine Harmonisierung nicht nur auf europäischer, sondern *auf internationaler Ebene gelingt*, als fraglich erscheinen lassen:

Zum einen, so Homburg (aaO), bestehe der Kernbaustein eines Systems weltweiter Quellenbesteuerung darin, daß Kapitaleinkommen dort besteuert werden, wo sie entstehen -nämlich in den Unternehmen- und beim Empfänger freigestellt werden. Nach dem Quellenprinzip erhobene Steuern stellten nicht auf die persönliche Leistungsfähigkeit eines Steuerpflichtigen ab, sondern auf die sachliche Leistungsfähigkeit der Quelle. Hierin liege ein fundamentaler *Widerspruch zur Konstruktionsidee der Einkommensteuer*, der *verhindere*, daß Kapitaleinkommensteuern *progressiv* ausgestaltet werden könnten (denn bei progressivem Tarif hätte jeder Steuerpflichtige Anreiz und Gelegenheit, die Gesamtbelastung seines Einkommens durch Verteilung der Quellen auf möglichst viele Staaten zu mindern) und bei der notwendigen proportionalen Ausgestaltung der Kapitaleinkommensteuer die Staaten vor das Dilemma stelle, entweder entgegen dem Prinzip der synthetischen Einkommensteuer Kapitaleinkommen anders zu besteuern als die nicht nach dem Quellenprinzip besteuerten Einkommensanteile oder auf die Steuerprogression insgesamt zu verzichten.

Zum anderen seien mit der konsequenten Umsetzung des Quellenprinzips in zunehmendem Maße *steuersystematische* Schwierigkeiten verbunden, die daraus resultierten, daß das Quellenprinzip begrifflich Einkunftsquellen voraussetzt, die örtlich radizierbar sind; seine konsequente Anwendung scheitere dann, sobald Einnahmen und Ausgaben auseinanderfallen (Wiss. Beirat, S. 102 f.). Die genannte Voraussetzung ist bei der klassischen Betriebsstätte, die z.B. Rohstoffe und Fertigprodukte verkauft, schon heute nur ausnahmsweise erfüllt, und die Entwicklung moderner Kommunikationsformen sowie das Entstehen virtueller Märkte lassen es nach Ansicht des Wissenschaftlichen Beirats beim BFM (1999, 102) erst recht als fraglich erscheinen, ob die örtliche Radizierung von Einnahmen und Ausgaben künftig gelingen wird.

Ferner verleite das System der harmonisierten Quellenbesteuerung bei einer zunehmenden Zahl beteiligter Staaten und vergleichsweise geringen Kontroll- und Sanktionsmöglichkeiten der Staatengemeinschaft einzelne Staaten zu einem *Trittbrettfahrerverhalten*: wie bereits in Abschnitt 2.2.1. gezeigt wurde, handelt jeder Staat individuell rational, wenn er keine Quellensteuern erhebt -auch wenn ein solches Verhalten unter dem Aspekt der Welteinkommensmaximierung nicht optimal sein mag. Schon durch eine geringfügige Steuersatzsenkung kann er zusätzliches Kapital in einem Umfang attrahieren, daß seine Steuereinnahmen in erheblichem Umfang wachsen. Mehr noch: Weil eine großzügige Definition der Bemessungsgrundlage oder eine laxe Erhebungstechnik ökonomisch wie Steuersatzsenkungen wirken, können Staaten auch bei einem formalen Festhalten an den harmonisierten Steuersätzen aus dem Steuerverbund ausbrechen und zusätzliches Kapital anlocken.

Darüber hinaus bedeute eine Harmonisierung der Quellensteuersätze einer Kapitalsteuer für jeden Einzelstaat einen erheblichen Verlust *nationaler Steuerautonomie*.

---

bessergestellt. Demnach kann $t \neq t^*$ nicht zweitbest sein. Aus dem gleichen Grunde folgt, daß für $t = t^*$ das Steuersystem zweitbest ist.

Bedenkt man, daß die Demokratie aus einem Steuerbewilligungsrecht der Bürger entstanden ist, erscheine die Übertragung derart wichtiger Teile der Steuerhoheit auf überstaatliche Verwaltungsebenen als äußerst fragwürdig.[1]
Und schließlich könne eine Begrenzung des interjurisdiktionellen Standortwettbewerbs auf einem wichtigen Feld, dem der mobilen Steuerbasen zu einer *Verlagerung des Wettbewerbs* auf andere Felder, insbesondere die staatlichen Infrastrukturausgaben, führen und dort Effizienzverzerrungen bewirken, die die durch eine Einschränkung des Steuerwettbewerbs per se ausgelösten Wohlfahrtsgewinne u. U. übersteigen. Dies soll anhand des folgenden Modells von Fuest (1995 (1)) gezeigt werden:[2] Fuest wählt für seinen Ansatz das Modell einer Volkswirtschaft mit n identischen Jurisdiktionen, die im Wettbewerb um mobile Faktoren stehen. Es gebe drei Faktoren: einen in seinem regionalen Bestand fest vorgegebenen Faktor wie Land oder immobile Arbeitskräfte (L), privates Kapital als interregional mobilen Faktor (K) sowie ein öffentliches, produktivitätserhöhendes Zwischenprodukt, das keine Ballungskosten verursacht und allen privaten Unternehmen ohne Nutzungsgebühren zur Verfügung steht (Infrastrukturbestand I). Die Produktionsfunktion F (L, K, I) einer Region i[3] möge steigende Skalenerträge und im übrigen folgende Eigenschaften aufweisen:

$$F_K > 0 \quad F_I > 0 \quad F_{KK} < 0 \quad F_{II} < 0 \quad F_{KI} > 0 \quad F_{KK}F_{II} - F_{KI}^2 > 0$$

Weitere einschränkende Annahmen hinsichtlich der Eigenschaften der Produktionsfunktion bestehen nicht; insbesondere ist die Ableitung von F nach L nicht entscheidend für die Bedingungen zweiter Ordnung, da das Angebot von L regional unflexibel ist.
Kapital wird von den Jurisdiktionen nach dem *Quellenprinzip* besteuert. Interjurisdiktionelle Kapitalmobilität verlangt dann, daß das Kapitaleinkommen nach Steuern in allen Regionen dem -einheitlichen- Zinssatz entspricht. Der Gesamtkapitalbestand der Föderation ist fest vorgegeben und entspricht der Summe der bei den einzelnen Haushalten vorhandenen Kapitalbestände.
Der öffentlich bereitgestellte Faktor I wird mithilfe eines speziellen Humankapitalfaktors H produziert, der von den privaten Haushalten angeboten wird und z.B. als technisches Wissen (Grundlagenforschung) interpretiert werden könnte, das allen Unternehmen einer Region zugänglich ist. Wie K sei auch H interregional mobil, aber für die Föderation als ganzes fest vorgegeben. Aus Vereinfachungsgründen möge jeweils eine Einheit H in eine Einheit I überführt werden können, so daß auch der Infrastrukturbestand der Volkswirtschaft als ganzes fest vorgegeben ist. Will eine

---

[1] Vgl. dazu auch das Bundesfinanzministerium in seinem Finanzbericht 1999 (181): „Die Finanz- und Steuerpolitik ist grundsätzlich Aufgabe der Mitgliedstaaten. Ihre Gestaltung ist untrennbarer Bestandteil der Budgetautonomie der nationalen Parlamente. Die Bundesregierung und die Regierungen der meisten anderen EU-Mitgliedstaaten geben daher einem Wettbewerb der Steuersysteme gegenüber einer Harmonisierung der direkten Steuern nach wie vor den Vorzug. ... Dies schließt selbstverständlich punktuelle Harmonisierungsmaßnahmen auch im Bereich dieser Steuern nicht aus. Es sollte sich aber um Maßnahmen handeln, mit denen Hindernisse für das Funktionieren des Binnenmarktes ... beseitigt werden. ... Dabei sollte eine unter Binnenmarktaspekten nicht vertretbare Wettbewerbsverzerrung nachgewiesen sein und das Subsidiaritätsprinzip respektiert werden" (Hervorhebungen N. G.).
[2] Die Symbolik wurde soweit erforderlich und möglich der des Abschnitts 2.2.1. angepaßt.
[3] Auf den Index i für die einzelne Region sei im folgenden verzichtet.

Regionalregierung Infrastruktur bereitstellen, muß sie für jede Einheit Infrastruktur den gleichen, festen Faktorpreis p_I für den Erwerb von H bezahlen.

Durch die von den einzelnen Regionen jeweils erhobenen Kapitalsteuern und angebotenen Infrastrukturleistungen werden die interregionale Kapitalallokation, der einheitliche Zinssatz und der ebenfalls einheitliche Preis für die Herstellung öffentlicher Infrastruktur festgelegt. Dabei seien die Regionen annahmegemäß *klein* in dem Sinne, daß sie durch ihre Aktionen weder den zuletzt genannten Faktorpreis noch den einheitlichen Zinssatz der Föderation beeinflussen können.

In die Nutzenfunktion eines repräsentativen Haushalts gehen drei Argumente ein: ein lokales öffentliches Konsumgut Y ohne grenzüberschreitende spillover-Effekte, ein privates Konsumgut X, dessen Verbrauch besteuert wird -wobei die Steuerlast der Konsument zu tragen hat - sowie ein weiteres privates Konsumgut X^N, das nicht besteuert werden kann. Mit der regionalen Produktionsfunktion F kann sowohl das öffentliche als auch die beiden privaten Konsumgüter hergestellt werden, wobei die Transformationsrate zwischen zwei Gütern jeweils eins betrage. Die Nutzenfunktion verlaufe quasi-konkav und weise die üblichen neoklassischen Eigenschaften auf.

Die Haushalte beziehen Einkommen aus drei Quellen: in Form von Zinseinkünften auf die exogen gegebenen Sparvermögen, Einkommen aus dem Einsatz des Faktors Humankapital sowie Nettoeinkommen aus der Rente des immobilen Faktors L abzüglich deren Besteuerung. In die Budgetrestriktion der Regionalregierung gehen auf der Einnahmenseite Steuern auf die Renten des immobilen Faktors, auf den Konsum des privaten Konsumgutes X sowie auf den mobilen Faktor Kapital ein, auf der Ausgabenseite Aufwendungen für die Bereitstellung des lokal öffentlichen Konsumgutes sowie die regionale Infrastruktur. Da die Steuer auf den immobilen Faktor in Form einer -vermeintlich unverzerrenden- Pauschalsteuer ausgestaltet sein soll, während die Konsumsteuer die Nachfrage nach privaten Gütern und die Kapitalsteuer die privaten Investitionsentscheidungen verzerrt, mögen die Regionalregierungen zunächst versuchen, das mögliche Aufkommen aus der Besteuerung der immobilen Faktoren voll auszuschöpfen, also die Rentenerträge letztendlich konfiskatorisch zu besteuern. Allerdings reiche die Pauschalsteuer zur Deckung des regionalen Ausgabenbedarfs nicht vollständig aus, so daß zusätzlich eine Konsumsteuer auf das Gut X erhoben werden muß.

Die Regionalregierungen verfolgen das Ziel, den Nutzen ihrer Haushalte unter Beachtung der regionalstaatlichen Budgetrestriktion sowie der o.g. Bedingungen mit Hilfe ihres öffentlichen Güter- und Infrastrukturangebotes sowie ihres Steuerinstrumentariums zu maximieren.

In einem solchen Modell wird dann im Wettbewerbsgleichgewicht das lokal öffentliche Konsumgut nach folgender Bedingung angeboten:

$$V_E / V_Y = \frac{1 + (t^X \cdot X_{t^X} / X)}{1 - t^X \cdot X_Y} \tag{1}$$

wobei X_{t^X} und X_Y den Verbrauch des besteuerten privaten Konsumgutes X in Abhängigkeit von der Entwicklung des Konsumsteuersatzes t^X und des öffentlichen Güterangebotes Y bezeichnet und V_y sowie V_E die partiellen Ableitungen der indirekten Nutzenfunktion V (q, Y, E) nach Y und dem Einkommen des repräsentativen Haushalts E^1.

Nach (1) ist der Grenznutzen des öffentlichen Gutes gleich seinen Grenzkosten, wenn die Konsumsteuer die marginale Einkommensquelle der regionalen Haushalte ist. Ob im Wettbewerbsgleichgewicht der Grenznutzen des öffentlichen Gutes den Grenznutzen der Einkommen der privaten Haushalte übersteigt oder nicht, hängt von den Wirkungen des öffentlichen Güterangebotes auf den privaten Verbrauch ab[2].

Ein weiteres Ergebnis der Analyse von Fuest ist, *daß im globalen Wettbewerbsgleichgewicht der optimale Kapitalsteuersatz in den Regionen gleich Null ist,*

$$t^{K^*} = 0 \qquad\qquad (2)$$

resultierend aus der Tatsache, daß Kapitalsteuern grundsätzlich private Investitionen zurückdrängen.

Ferner werden im Wettbewerbsgleichgewicht die Regionen lokal öffentliche Infrastruktur in dem Umfang bereitstellen, bei dem die Grenzproduktivität der Infrastruktur F_I genau deren -marginalen- Anschaffungskosten p_I entspricht, was sich durch die Bedingung

$$F_I + t^K \cdot K_I = p_I \quad (\text{wobei } t^K \cdot K_I = 0) \qquad\qquad (3)$$

ausdrücken läßt[3].

Falls jedoch die Regionen nicht mehr frei über die Wahl ihrer Steuersätze entscheiden können, sondern durch zentralstaatliches Diktat oder im Rahmen einer interregionalen Steuerharmonisierung gezwungen sind, einen Kapitalsteuersatz größer als Null zu wählen, haben die Regionen nach Gleichung (3) eine Anreiz, ihre Infrastrukturausstattung auf ein Maß auszudehnen, bei dem die Grenzkosten öffentlicher Infrastruktur (p_I) deren Grenzprodukt (F_I) überschreiten -und damit über das gesamtwirtschaftlich optimale Maß hinaus.

Wird nun in dem beschriebenen theoretischen Ansatz Fuests im Wege einer Steuerharmonisierung ein positiver einheitlicher Kapitalsteuersatz in allen Regionen eingeführt oder werden die bis dahin bestehenden frei gewählten Steuersätze auf ein

---

[1] q steht in der indirekten Nutzenfunktion für den Verbraucherpreis des besteuerten privaten Konsumgutes, das ist der -von Fuest auf 1 normierte- Produzentenpreis zuzüglich der auf das Gut erhobenen Konsumsteuer.

[2] Steht das öffentliche Gut in einer Komplementärbeziehung zu dem besteuerten privaten Konsumgut, so mögen die zusätzlichen Konsumsteuereinnahmen und die damit einhergehende Erhöhung des Angebots an öffentlichen Konsumgütern, die Mehrbelastung (excess burden) ausgleichen, die sich aus einer Verzerrung des Konsums zwischen besteuertem und nichtbesteuertem privaten Gut ergibt. Ist das öffentliche Konsumgut hingegen ein Substitut zu den privaten Verbrauchsgütern, so ist die linke Seite in Gleichung (1) in jedem Fall kleiner eins.

[3] Der Hintergrund dafür ist folgender: Jede Region versucht, den Einsatz des öffentlichen Faktors in ihrem Gebiet zu optimieren. Das Einsatzoptimum wird an dem Punkt erreicht, wo der Grenznutzen aus der Bereitstellung des öffentlichen Faktors seine Grenzkosten deckt. Der Grenznutzen des öffentlichen Faktors für den regionalen Haushalt liegt in einer produktivitäts- und damit faktorlohnerhöhenden Wirkung auf die anderen Faktoren und ist ein zweifacher: zum einen erhöht eine Verbesserung der regionalen Infrastrukturausstattung die Rente des immobilen Faktors und damit cet.par. das daraus resultierende Steueraufkommen. Zum anderen lockt ein steigendes Infrastrukturangebot mobiles Kapital aus anderen Regionen an und erhöht damit bei positiven Steuersätzen die Kapitalsteuereinnahmen der Region.

Im Wettbewerbsgleichgewicht ist jedoch nach den obigen Ausführungen (vgl. Gleichung (2)) der regionale Kapitalsteuersatz gleich Null. Gleichung (3) ist im Wettbewerbsgleichgewicht deshalb nur dann erfüllt, wenn $F_I = p_I$ gilt.

einheitliches, höheres Niveau angehoben, um entweder die regionale Infrastruktur-ausstattung verbessern oder die verzerrende Konsumsteuer senken zu können, so hat dies zwei Effekte: Zum einen sinkt die Nettokapitalrendite, d.h. der einheitliche Nettokapitalzinssatz in der Föderation. Hinzu kommt aber ein zweiter, negativer Effekt: Dadurch, daß die im Standortwettbewerb stehenden Regionen via Steuer-harmonisierung eines Wettbewerbsinstrumentes, nämlich der Wahl der (Kapital-) Steuersätze, beraubt werden, werden sie nun nach alternativen Wegen suchen, auf denen sie mobile Faktoren aus anderen Regionen anlocken können; eine Verbesserung der Infrastrukturausstattung erhöht cet.par. die Produktivität und damit die Entlohnung der privaten Faktoren. Regionen haben deshalb einen Anreiz, ihr Infrastrukturangebot auszudehnen. Da sich jedoch jede Region in gleicher Weise verhält und keine der annahmegemäß kleinen Regionen mit etwaigen Reaktionen der übrigen Regionen auf ihre Politik rechnet, wird eine solche Politik keiner Region einseitige Vorteile in Form von Kapitalzuwanderungen bescheren. Die einzige Folge des „Nullsummenspiels" wird vielmehr ein Anstieg der Anschaffungskosten p_l für Infrastrukturgüter sein, da bei erhöhter Staatsnachfrage und -annahmegemäß- gesamtwirtschaftlich fixem Angebot der Markt für Infrastrukturgüter nur über einen Preisanstieg zu einem neuen Gleichgewicht finden kann. Der zuletzt genannte Effekt der Steuerharmonisierung kann sogar so sehr an Gewicht gewinnen, daß die Gesamtwirkung der Harmonisierung eine negative ist[1].

2.4.2. Übergang zum Wohnsitzlandprinzip?

Hält man die im vorangegangenen Abschnitt 2.4.1. geäußerten Bedenken gegen eine harmonisierte Quellensteuer auf den Kapitaleinsatz für durchschlagend, so könnte

---

[1] Während in einem Modell ohne produktiven öffentlichen Faktor die Einführung einer harmonisierten Quellensteuer auf mobiles Kapital deshalb grundsätzlich positiv ist, weil damit bei gleichbleibendem öffentlichen Güterangebot eine Senkung des Steuersatzes und damit der Mehrbelastung (excess burden) einer verzerrenden Konsumsteuer auf einzelne Produkte ermöglicht wird, kann bei Einbeziehung öffentlicher Faktoren in das Modell der durch die Steuerharmonisierung ausgelöste Kostenanstieg des öffentlichen Faktors so hoch sein, daß der der Regionalregierung insgesamt zur Verfügung stehende Budgetspielraum trotz Kapitalsteuererhöhung nicht wächst, sondern sinkt und damit zu einem Wohlfahrtsverlust in der Region führt: Zwar steigen durch die Steuererhöhung die Staatseinnahmen, doch kann durch eine Kostenexplosion im Infrastrukturbereich der Anstieg bei den Staatsausgaben noch höher ausfallen. Ist dies der Fall, so müssen zum Ausgleich des Staatsbudgets entweder die in ihrer Wirkung verzerrenden Konsumsteuern erhöht oder das Angebot des öffentlichen Konsumgutes zurückgeschraubt werden, d.h. die Differenz $Y - t^x \cdot X$ sinkt. Zwar führt eine Reduktion von $Y - t^x \cdot X$ -via Erhöhung des Faktorpreises p_l- zu einem Anstieg des für private Konsumzwecke zur Verfügung stehenden Einkommens der Haushalte in demselben Maße; doch ist damit gleichwohl per Saldo ein Wohlfahrtsverlust für die Region verbunden, wenn, wie unter den Modellannahmen hergeleitet, im Ausgangsgleichgewicht der soziale Nutzen öffentlicher Mittel den sozialen Grenznutzen privater Einkommen übersteigt. Ob eine koordinierte Steuererhöhung tatsächlich zu einem Wohlfahrtsverlust führt, ist freilich ungewiß und hängt entscheidend vom Homogenitätsgrad der Produktionsfunktion ab (Fuest, aaO 490): Bei einem Homogenitätsgrad der aggregierten regionalen Produktionsfunktion von kleiner eins in den beiden Faktoren K und I bleibt der Wohlfahrtseffekt einer koordinierten Kapitalsteuererhöhung positiv, bei einem Homogenitätsgrad von 1 ist der Wohlfahrtseffekt Null, bei nichthomogenen Funktionen kann der Wohlfahrtseffekt durchaus negativ sein.

erwogen werden, die Quellensteuer durch eine nach dem Wohnsitzprinzip (in Verbindung mit dem Welteinkommensprinzip) erhobene Kapitaleinkommensteuer zu ersetzen.[1] Nach dem Wohnsitzprinzip erhobene Kapitaleinkommensteuern sind im obigen Modell Homburgs *produktionseffizient,* auch wenn ihre Steuersätze international nicht harmonisiert werden, die Weltwirtschaft produziert auf ihrer Nutzenmöglichkeitsgrenze.

Weitere Vorteile einer konsequenten Anwendung des Wohnsitzprinzips gegenüber dem Quellen(land)prinzip liegen nach Ansicht des Wissenschaftlichen Beirates beim Bundesfinanzministerium (1999, 100,101 ff.,111) in den darin zu erwartenden *Steuermehreinnahmen* für ein Hochsteuerland (erstens zahlten die Steuerinländer unmittelbar den Unterschiedsbetrag zwischen ausländischer und inländischer Steuer an den Fiskus, zweitens dürfte aufgrund des Wegfalls der Schere zwischen ausländischer und inländischer Steuerbelastung die Inlandsinvestition zunehmen und damit auch das Aufkommen sonstiger Steuern, insbesondere der Lohnsteuer), die bei gleichbleibendem öffentlichen Leistungsangebot eine Senkung der Steuersätze erlauben würde, seiner *steuersystematischen Konformität* (während etwa das Quellenprinzip begrifflich Einkunftsquellen voraussetzt, die örtlich radizierbar sind und seine konsequente Anwendung scheitert, sobald Einnahmen und Ausgaben geographisch auseinanderfallen, hängt bei einer Besteuerung nach dem Wohnsitzprinzip die Belastung des Pflichtigen allein von der Summe seiner weltweit erzielten Einkommen ab) und der Tatsache, daß es eine Besteuerung nach der individuellen Leistungsfähigkeit ermöglicht (so ist eine progressive Besteuerung des Gesamteinkommens mit dem Wohnsitzprinzip vereinbar, während das Quellenprinzip eine allgemeine Steuerprogression auch dann ausschließt, wenn die Freistellung unter Progressionsvorbehalt erfolgt[2]). Weil auch das Wohnsitzprinzip so ausgestaltet werden kann, daß es die Kapitalverkehrsfreiheit und die Niederlassungsfreiheit nicht behindert, steht es zudem mit dem europäischen Gemeinschaftsrecht in Einklang.

Werden die Steuersätze einer Kapitaleinkommensteuer international harmonisiert, so ist damit lediglich eine interjurisdiktionelle Umverteilung, aber keine Effizienzverbesserung im Sinne des Pareto-Kriteriums verbunden: Angenommen, das Inland und das Ausland seien zwei ansonsten identische Staaten, das Inland habe aber ein größeres Budget durch Steuern zu finanzieren als das Ausland ($y \succ y^*$). Unter dem Wohnsitzprinzip muß das Inland eine höhere Kapitaleinkommensteuer erheben ($\tau \succ \tau^*$), so daß Inländer im Vergleich zu den Ausländern schlechter gestellt sind. Eine Harmonisierung der Kapitaleinkommensteuer unter dem Wohnsitzprinzip bedeutet, daß der Steuersatz im Inland gesenkt und im Ausland erhöht wird. Bei ursprünglich ausgeglichenen Staatsbudgets ist diese Harmonisierung nur möglich, wenn das Ausland gleichzeitig einen zwischenstaatlichen Transfer an das Inland zahlt. Dadurch

---

[1] Gleichbedeutend mit der ausschließlichen Besteuerung nach dem Wohnsitzprinzip wäre unter dem Gesichtspunkt der Produktionseffizienz die Erhebung einer international nicht harmonisierten Quellensteuer neben einer Kapitaleinkommensteuer plus Anrechnung der gezahlten Quellensteuer auf die Kapitaleinkommensteuer.

[2] So etwa Wissenschaftlicher Beirat aaO, 100. Diese Aussage gilt nicht, wenn der Steuerpflichtige in jedem Quellenstaat unter Progressionsvorbehalt besteuert wird. Hierbei müßte sein Welteinkommen jedoch in allen Quellenstaaten ermittelt werden, womit der Hauptvorteil des Quellenprinzip hinfällig wäre.

steigt der Nutzen der Inländer -sie werden geringer besteuert- während der Nutzen der Ausländer sinkt -sie werden höher besteuert.

Eine Besteuerung nach dem Wohnsitzprinzip verstößt bei nicht harmonisierten Steuersätzen gegen das Prinzip der Konsumeffizienz bzw. Kapitalimportneutralität. Dies rechtfertigt nach Homburg (2000 (2), 18 f.) aber keine Harmonisierung der nach dem Wohnsitzprinzip erhobenen Steuersätze. Denn zum einen sei das die Bedeutung der Kapitalimportneutralität hervorhebende Argument, daß Investoren aus Hochsteuerländern mit Investoren aus Niedrigsteuerländern im Ausland kaum konkurrieren könnten (eine Besteuerung nach dem Wohnsitzprinzip also den Wettbewerb verzerre) falsch, weil es die Opportunitätskosten der Investoren vernachlässige.[1] Zum andern erscheine die Bedeutung der beim Wohnsitzpinzip auftretenden Konsumineffizienz eher gering, wenn man bedenkt, daß eine ganz ähnliche Konsumineffizienz bei persönlich differenzierten Grenzsteuersätzen auch in geschlossenen Volkswirtschaften auftritt: auch die progressive Besteuerung führt aus Sicht des Pflichtigen zu unterschiedlichen Nachsteuerrenditen, und doch käme niemand auf den Gedanken, allein deshalb die Aufgabe der Steuerprogression zu fordern (Homburg 2000 (1), 283). Auf die Frage der Richtigkeit der von einem Teil der Literatur geäußerten Meinung, bei der Abwägung der Ziele Produktionseffizienz gegen Konsumeffizienz spielten die Elastizitäten von Investition und Ersparnis eine entscheidende Rolle und die Investitionselastizität sei erheblich höher als die Elastizität der Ersparnis (vgl. etwa Gardner 1992, 53 f., a.A. aber z.B. Tanzi 1995, 77) kommt es deshalb nicht mehr entscheidend an.

---

[1] Dies sei anhand des folgenden Beispiels erläutert (Homburg aaO): Die Investoren A und B können mit einem bestimmten Investitionsprogramm Bruttorenditen in Höhe von 8 v.H. bzw. 5 v.H. erzielen. Gibt es keine Steuern und wird das Projekt wettbewerblich versteigert, kommt A zum Zug, weil er das höhere Gebot macht. Angenommen, A werde nun mit 50 v. H. besteuert, während B keinerlei Steuern zu zahlen hat. Die erreichbaren Nettorenditen betragen 4 v. H. bzw. 5 v.H. Dennoch erhält A weiterhin den Zuschlag, weil er einen Preis bis zur Bruttorendite von 8 v.H. bietet.

Der interpersonelle Vergleich von Nettorenditen, der zunächst die Vermutung nahelegt, ein niedrig besteuerter Investor habe Wettbewerbsvorteile, ist irrelevant: Der hoch besteuerte Investor erhält zwar eine relativ geringe Nettorendite, hat aber auch entsprechend niedrige Opportunitätskosten, weil alle seine Alternativen ebenfalls hoch besteuert werden.

Die Besteuerung nach dem reinen Wohnsitzprinzip weist aber nach Arnold (2000, 109 ff.) in ihrer praktischen Ausgestaltung zwei andere, gravierende Nachteile[1] auf:

(1) Das Wohnsitzprinzip wird in der Realität meist (anders aber z. B. in der Bundesrepublik Deutschland) über die sog. Anrechnungsmethode verwirklicht. Eine Anrechnung ausländischer Steuern durch den Wohnsitzstaat, also ein Abzug dieser Steuern von der inländischen Steuerschuld, stellt die dort ansässigen Steuerpflichtigen so, als hätten sie alle Einkünfte im Inland erzielt. Ein solches Vorgehen führt dazu, daß sich im Marktprozeß die Bruttorenditen von Kapitalanlagen in allen Ländern angleichen. Damit dieser Prozeß der Angleichung der Bruttorenditen auch tatsächlich abläuft, ist es erforderlich, daß die Finanzbehörden des Kapitalimportlandes denjenigen des Kapitalexportlandes Kontrollmitteilungen über die Höhe des erzielten Kapitaleinkommens[2] zukommen lassen. An der Weitergabe dieser Informationen hat das Kapitalimportland jedoch kein Interesse, im Gegenteil: kann der Kapitalimporteur im Vertrauen darauf, daß es keine Kontrollmitteilung geben wird, die Besteuerung im Wohnsitzland durch Nichtdeklaration vermeiden, so steigt dadurch die Attraktivität des Kapitalimportlandes. Ist davon auszugehen, daß sich ein lückenloses System internationaler Kontrollmitteilungen nicht durchsetzen lassen wird, so bleibt es faktisch beim Quellenprinzip mit Freistellung.

---

[1] Als weiterer Mangel des Wohnsitzprinzips wird häufig angeführt, daß bei ihm anders als beim Quellenprinzip ein Zusammenhang zwischen den Leistungen, die der Quellenstaat gegenüber ansässigen Unternehmen erbringt, und den Steuern, die er von den Unternehmen erhält, nicht mehr hergestellt werden könne. Öffentliche Infrastrukturleistungen würden auch von Kapitaleigentümern finanziert, die selbst nicht die Vorteile der lokalen Infrastruktur nutzen können, da sie ihr Kapital in einer fremden Gebietskörperschaft investiert haben. Die Regionen bzw. Nationalstaaten hätten geringere Anreize, öffentliche Vorleistungen bereitzustellen, denn die Kapitalerträge würden unversteuert in andere Gebietskörperschaften fließen (vgl. etwa Pitlik 1997, 116). Das Argument vermag nach Ansicht des Wissenschaftlichen Beirats beim Bundesfinanzministerium (1999, 58 f.) vor allem aus zwei Gründen nicht zu überzeugen: zum einen unterliege das Gros der Wertschöpfung auch bei Anwendung des Wohnsitzprinzips ausschließlich der Besteuerung im Quellenstaat. Dies gilt insbesondere hinsichtlich der Arbeitslöhne und ortsfester Renten. Der Unterschied zwischen beiden Prinzipien betrifft hauptsächlich die steuerliche Behandlung von Unternehmensgewinnen. Entsteht der Gewinn im Quellenstaat aber durch Verwertung von Kapital oder Know-how, das im Wohnsitzstaat unter Inanspruchnahme der dortigen Infrastruktur geschaffen wurde, so ließe sich mit demselben Recht ein äquivalenztheoretisch begründeter Ansatz des Wohnsitzprinzips konstruieren. Auch die Tatsache, daß im allgemeinen der Wohnsitz- und nicht der Quellenstaat dem Kapitaleigentümer sozialen Schutz gewährt, begründe einen zumindest partiellen Steueranspruch des Wohnsitzstaates. Zum anderen sei eine Äquivalenzfinanzierung nur bei individuell oder gruppenmäßig zurechenbaren Leistungen geboten und nicht bei öffentlichen Gütern, die allen Unternehmen gemeinsam zur Verfügung gestellt werden. Im Falle individueller Zurechenbarkeit seien nicht Steuern, sondern Gebühren oder Marktpreise das geeignete Finanzierungsinstrument.

[2] Hierbei teilt der Quellenstaat dem Wohnsitzstaat mit, welche Kapitaleinkünfte den im Wohnsitzstaat ansässigen Personen zugeflossen sind. Die Mitteilung erfolgt in standardisierter Form und grundsätzlich auf der Grundlage der Gegenseitigkeit. Der Informationsaustausch hat die Bekämpfung der internationalen Steuerhinterziehung zum Ziel; er umfaßt Mitteilungen über grenzüberschreitende Kapitaleinkünfte innerhalb des Gemeinschaftsgebiets sowie Mitteilungen über Zahlungen in das und aus dem Drittlandsgebiet. Anders als im Fall der Quellenbesteuerung vermag der Wohnsitzstaat zu überprüfen, ob sich sein Partner an die Vereinbarung hält: Im Rahmen steuerlicher Außenprüfungen, die der Wohnsitzstaat bei den bei ihm ansässigen Unternehmen oder Privatpersonen durchführt, zeigt sich, ob für ausländische Einkünfte aus dem betreffenden Staat Kontrollmitteilungen vorliegen (vgl. Wissenschaftlicher Beirat beim Bundesfinanzministerium 1999, 46 f.).

Allerdings sollten sowohl die Tatsache, daß mit den USA die weltweit größte Volkswirtschaft (und ein großer Kapitalim-porteur) bereits seit Jahren regelmäßige Kontrollmitteilungen versendet, als auch der Umstand, daß sich die EU-Staats- und Regierungschefs auf ihrem Gipfel in Santa Maria da Feira am 19./20. Juni 2000 nach jahrelangem Streit im Grundsatz auf eine europaweite Lösung der Zinsbesteuerung geeinigt haben, die im Kern die Verab-schiedung einer Richtlinie über gegenseitige Kontrollmitteilungen zwischen den Mitgliedstaaten binnen zweier Jahre vorsieht und innerhalb der EU Zuversicht besteht, in diese Lösung auch Nicht-EU-Staaten einbeziehen zu können, Anlaß zu der Hoffnung geben, daß vielleicht doch in absehbarer Zeit eine vergleichsweise dichte Erfassung ausländischer Zinseinkünfte möglich sein wird.[1]

(2) Eine konsequente Umsetzung des Wohnsitzprinzips erfordert eine Vollanrechnung der im Ausland gezahlten Steuern im Inland. Besteuert das Ausland höher als das Inland, bedeutet das Prinzip der Vollanrechnung ausländischer Steuern, daß die inländische Regierung den Kapitalexport subventionieren und damit die eigene Steuerbasis schmälern würde. Dies kann aber nicht in ihrem Interesse liegen. Werden entsprechend gängiger Praxis ausländische Steuern deshalb nicht voll, sondern nur bis zur Höhe der fiktiven Inlandssteuer angerechnet (Teilanrechnung), entsteht ein Anrechnungsüberhang und es unterbleiben die genannten Kapitalexporte mit der Konsequenz, daß sich die Bruttorenditen zwischen den verschiedenen Ländern nicht angleichen werden. Erfolgt nur eine Anrechnung der im Ausland gezahlten Steuer bis zur Höhe der fiktiven Steuerschuld im Wohnsitzland, so wird faktisch wieder das Quellenprinzip mit Freistellung angewandt.
Bei dieser Argumentation sind allerdings folgende Aspekte zu beachten.

---

[1] Wem diese Beurteilung zu optimistisch erscheint, weil z. B. Luxemburg seine Zustimmung zur Einführung von Kontrollmitteilungen daran geknüpft hat, daß auch Drittländer wie die Schweiz, Liechtenstein, Monaco und Andorra künftig entsprechende Mitteilungen versenden, und die Schweiz signalisiert hat, daß sie eine Aufhebung des Bankgeheimnisses nicht plane, dem sei zum einen die Frage entgegengehalten, wie lange sich gerade die genannten Staaten wohl einem massiven wirtschaftlichen Druck der Europäischen Union entgegenstellen können (Liechtenstein, Monaco und Andorra beabsichtigen dies offenbar auch nicht unbedingt) und zum andern das Argument, daß wenn man die fehlenden Erfassungsmöglichkeiten ausländischer Zinseinkünfte bei einer Besteuerung von Kapitaleinkommen nach dem Wohnsitzprinzip beklagt, man bitte auch die wirtschaftlich nicht minder bedeutsamen Möglichkeiten der Verschleierung *inländischer* Zins- und sonstiger Kapitaleinkünfte, die in Deutschland vor allem durch die „heilige Kuh" des Bankgeheimnisses (vgl. § 30 a Abgabenordnung) massiv gefördert werden, sehen sollte. Ferner sei darauf hingewiesen, daß der Anreiz zur Verschleierung ausländischer und inländischer Zinseinkünfte wesentlich davon abhängen wird, mit welchen Sätzen dieser Einkünfte besteuert werden. Eine ähnliche Einschätzung wie die vorliegende Arbeit trifft der Wissenschaftliche Beirat beim Bundesfinanzministerium (1999, 92), wo es heißt: „Demgegenüber könnte ein institutionalisierter erweiterter Informationsaustausch auf Ebene der Europäischen Union Besteuerungslücken, die in der Praxis immer verbleiben werden, auf ein akzeptables Maß zurückführen. Der Informationsaustausch muß grenzüberschreitende Faktor-zahlungen innerhalb des Gemeinschaftsgebiets sowie Zahlungen in das und aus dem Drittlandsgebiet erfassen, sofern sich Teile des Drittlandsgebiets, wie etwa die Schweiz, nicht ebenfalls beteiligen. *Natürlich können Personen im Einzelfall weiterhin Steuern verkürzen, etwa durch Verbringung von Bargeld ins Drittlandsgebiet. Dies wird allerdings seltener auftreten als die heute verbreitete Hinterziehung durch schlichtes „Vergessen".* Im freiheitlichen Staat kann international Hinterziehung ebenso wenig ausgeschlossen werden wie nationale Hinterziehung (z.B. Schwarzarbeit), die quantitativ eine weit größere Rolle spielen dürfte." (Hervorhebung N.G.)

-Das beschriebene Dilemma, zwischen einem Anrechnungsüberhang bei grenzüberschreitenden Investitionen der heimischen Unternehmen und einer Subvention der Kapitalexporte wählen zu müssen, trifft von vorne herein nur einen Teil der Staaten, nämlich die Niedrigsteuerländer, und diese auch nur in seiner vollen Schärfe bei beträchtlichen Steuersatzunterschieden gegenüber dem Ausland. Je mehr sich aber, wie in den vergangenen Jahren zu beobachten war, die Steuersätze der großen Industriestaaten einander annähern, um so stärker verschwindet das Problem von selbst.

-Auch wenn die Niedrigsteuerländer im Verhältnis zum höher besteuernden Ausland das Teilanrechnungsverfahren wählen und deshalb Kapitalexporte unterbleiben, die gesamtwirtschaftlich und bei einer Vollanrechnung zu verzeichnen wären -mit der Folge, daß sich die Bruttorenditen zwischen den Ländern nicht vollständig angleichen, würde die Besteuerung von Unternehmensgewinnen nach dem Wohnsitzprinzip und der Methode der Teilanrechnung vermutlich noch immer für mehr Kapitalexportneutralität sorgen als die einheitliche Besteuerung nach dem reinen Quellenprinzip. Was die Tatsache anbetrifft daß, soweit durch ein Niedrigsteuerland das Wohnsitzprinzip mit Teilanrechnung gewählt wird, dies faktisch einer Anwendung des Quellenprinzips entspricht, dürfte damit keine Verschärfung des Steuerwettbewerbs verbunden sein, da die Quellenbesteuerung ja nicht im Niedrig-, sondern im Hochsteuerland erfolgt.

-Darüber hinaus wendet beispielsweise Deutschland zur Vermeidung der Doppelbesteuerung bei grenzüberschreitenden Einkünften bislang nicht die Anrechnungsmethode, sondern die Methode der Freistellung der im ausländischen Quellenstaat erzielten Einkünfte von der inländischen Steuerpflicht an. Würde, wofür etwa der Wissenschaftliche Beirat beim Bundesfinanzministerium (1999, 37) nachhaltig eintritt, Deutschland von der Freistellungs- zur Anrechnungsmethode übergehen,[1] weil die Freistellung ausländischer Einkünfte im Widerspruch zum Wohnsitzprinzip und zur Welteinkommensbesteuerung steht, so würden daraus nicht unerhebliche Steuermehreinnahmen resultieren, die bei gleichem Aufkommen eine deutliche Senkung des Steuertarifs erlauben würden. Dadurch könnte ein beträchtlicher Teil der derzeit noch bestehenden Anrechnungsüberhänge bei Investitionen ausländischer Unternehmen in Deutschland entfallen (Wissenschaftlicher Beirat aaO, 38).[2]

---

[1] Ökonomisch bedeutet ein solcher Übergang, daß in Deutschland ansässige Personen und Unternehmen keine steuerlichen Vorteile mehr aus Auslandsengagements ziehen können; jede etwaig geringere Besteuerung im Ausland wird im Zuge der Anrechnung aufgehoben. Vor allem punktuelle Vergünstigungen, die ausländische Staaten gezielt einsetzen, um Investitionen aus anderen Staaten anzulocken, laufen ins Leere. Dies gilt auch, wenn die Vergünstigungen bei der Bemessungsgrundlage ansetzen da bei der Anrechnungsmethode Auslandseinkünfte nach inländischem Steuerrecht ermittelt werden (Wissenschaftlicher Beirat aaO).

[2] Der Übergang von der Freistellungs- zur Anrechnungsmethode würde in der Konsequenz bedeuten, daß fast alle Doppelbesteuerungsabkommen (DBA) zwischen Deutschland und seinen wichtigsten Handelspartnern in wesentlichen Punkten zu ändern wären. Wegen der dabei zu erwartenden Schwierigkeiten -so bedeutet die Änderung eines DBA einen langwierigen Prozeß der Verhandlung und Paraphierung mit anschließender parlamentarischer Ratifizierung, weil es sich hierbei um einen völkerrechtlichen Vertrag handelt, ferner werden manche Partnerstaaten auf das deutsche Ansinnen, von der Freistellungsmethode zur Anrechnungsmethode überzugehen, mit Ablehnung reagieren, weil die Freistellung deutscher Auslandsinvestitionen für sie manche Vorteile bringt, und schließlich

-Schließlich könnte das beschriebene Dilemma bei der Anrechnung ausländischer Steuern durch ein Niedrigsteuerland durch den Übergang von der Anrechnungsmethode zu einem einheitlich praktizierten System der Freistellung von Auslandseinkünften durch den Quellenstaat, in dem die Einkünfte erzielt wurden, vermieden werden. Im Gegensatz zur Anrechnung, bei der die Vermeidung einer Doppelbesteuerung grundsätzlich dem Wohnsitzstaat obliegt, kann bei der Freistellungsmethode ja bekanntlich die Freistellung des im Quellenstaat erzielten Einkommens entweder durch den Wohnsitzstaat oder durch den Quellenstaat erfolgen. Allerdings kann, wie etwa Arnold (2001) und Homburg (1999) zeigen, gerade der Übergang von einem System unharmonisierter Quellensteuern zu einer nach dem Wohnsitzprinzip in Verbindung mit der Freistellung von Auslandseinkünften durch den Quellenstaat erhobenen Kapitaleinkommensteuer zu solchen Verschiebungen der bisherigen nationalen Steueraufkommen führen, daß trotz der mit einem solchen Übergang verbundenen gesamtwirtschaftlichen Effizienzsteigerung einzelne Länder deutliche Wohlfahrtsverluste in Kauf nehmen müßten und deshalb dem Übergang ohne kompensierende Ausgleichszahlungen nicht zustimmen werden:

Arnolds[1] Weltwirtschaft besteht, ähnlich wie im Modell des Abschnitts 2.2.2.1. aus zwei -unterschiedlich- großen Ländern, in denen jeweils eine gegebene Zahl an Einwohnern lebt. Wanderungen zwischen den Ländern seien nicht möglich. Jeder Einwohner biete in dem Land, in dem er wohnt, eine Einheit Arbeit unelastisch an. Die Weltwirtschaft sei darüber hinaus mit einer fixen Kapitalmenge ausgestattet. In jedem der beiden Länder werde ein universell verwendbares Gut G mit linear-homogenen Produktionsfunktionen F_i, die die üblichen Eigenschaften ($F_i^K \succ 0$ und $F_i^{KK} \prec 0$) aufweisen, hergestellt. Eine Einheit des universell verwendbaren Gutes möge ohne Kosten in eine Einheit eines privaten oder in eine Einheit eines öffentlichen

entstehen zeitliche Abstimmungsprobleme, wenn der Übergang zur Anrechnungsmethode mit steuerlichen Entlastungen der Unternehmen verbunden werden soll- empfiehlt der Wissenschaftliche Beirat beim Bundesfinanzministerium (1999, 49 f.) im Einklang mit der Wissenschaftlichen Literatur und Teilen der Politik den Erlaß eines sog. Vorschaltgesetzes, mit dem Deutschland einseitig den Ersatz der Freistellungs- durch die Anrechnungsmethode festschreibt. Das Vorschaltgesetz wäre innerstaatlich wirksam, es würde jedoch im Außenverhältnis einen Vertragsbruch bedeuten. Gleichwohl hält die Beiratsmehrheit den Erlaß eines Vorschaltgesetzes auch vor einer schrittweisen Neuverhandlung der DBA aus folgenden Gründen für sinnvoll (Wissenschaftlicher Beirat aaO):
-Der Kern jedes DBA bestehe in der Aufteilung von Besteuerungsrechten zwischen Quellen- und Wohnsitzstaat. An diesen Bestimmungen würde sich durch ein Vorschaltgesetz nichts ändern, insbesondere ergäbe sich keine Schmälerung der den Quellenstaaten zustehenden Steueraufkommen.
-Die Frage, auf welche Weise der Wohnsitzstaat bei gegebener Besteuerung des Quellenstaates die Doppelbesteuerung beseitigt, ob durch Freistellung oder Anrechnung, werde nach internationalem Steuerrecht als seine eigene Angelegenheit betrachtet.
-Häufig würden die Partnerstaaten verschiedene Methoden wählen, so daß der eine anrechnet, während der andere freistellt. Jene Partnerstaaten, die selbst anrechnen, und dies sei die Mehrzahl, dürften einen Übergang Deutschlands zur Anrechnung kaum als Affront empfinden.
-Staaten, die die deutsche Freistellung in der Vergangenheit durch bewußte Schaffung von Schlupflöchern ausgenutzt haben, seien kaum zu einer Abkommensrevision zu bewegen. In diesem Fall verblieben nur die Kündigung und ein nachfolgender Neuabschluß. Bis zum Inkrafttreten des neuen DBA entstünde aber ohne Vorschaltgesetz ein die deutsche Wirtschaft belastender DBA-freier Zustand.
[1] Die von Arnold verwendete Symbolik wurde teilweise verändert und an die der vorangegangenen Abschnitte angepaßt.

Konsumgutes transformiert werden können. Das private Konsumgut lasse sich ohne Kosten von einem in das andere Land transportieren. Die Nutzenfunktionen der Einwohner beider Länder seien identisch

$$U_i = U_i(x_i, y_i)$$

Die Regierungen der beiden Länder kaufen auf den wettbewerbsmäßig organisierten Märkten des universell verwendbaren Gutes G die Mengen y_i und stellen diese ihren jeweiligen Einwohnern ohne direktes Entgelt zur Verfügung. Zur Finanzierung der entsprechenden Ausgaben stehe ihnen eine Kopfsteuer t_i und eine Quellensteuer T_i auf das in ihren Grenzen bei der Produktion eingesetzte Kapital K_i zur Verfügung. Der Weltkapitalmarkt befinde sich im Gleichgewicht, wenn die Arbitragebedingung

$$F_1^K(K_1, \overline{N}_1) - T_1 = F_2^K(\overline{K} - K_1, \overline{N}_2) - T_2 \tag{1}$$

erfüllt ist. Dies wird durch den sich auf diesem Markt bildenden gleichgewichtigen Weltmarktzinssatz r gewährleistet.

Aus (1) erhält man: $K_i = K_i(T_1, T_2)$ mit $dK_i / dT_i \prec 0$ i=1,2 sowie
$r = r(T_1, T_2)$ mit $dr / dT_i \prec 0$ i=1,2

Nullsetzen der ersten Ableitungen nach x_i, y_i und K_i der zu maximierenden Lagrange-Funktion

$$L = U_1(x_1, y_1) + \lambda \left[U_2(x_2, y_2 - \overline{U}_2) \right] + \theta \left[F_1(K_1, \overline{N}_1) + F_2(\overline{K} - K_1, \overline{N}_2) - \overline{N}_1 x_1 - y_1 - N_2 x_2 - y_2 \right]$$

$$+ \delta \left[\overline{K} - K_1 - K_2 \right]$$

ergibt nach Umformen die bekannten Bedingungen für Pareto-Optimalität:

$$\overline{N}_i (U_i^y / U_i^x) = 1 \quad \text{i=1,2} \quad \text{und} \quad F_1^K(K_1, \overline{N}_1) = F_2^K(K_2, \overline{N}_2)$$

Die Regierungen der beiden Länder mögen danach streben, den Nutzen ihrer jeweiligen Einwohner durch Wahl der beiden Steuerinstrumente t_i und T_i zu maximieren.

Die Lösung des zugehörigen Optimierungsproblems

$$\max (T_i): \quad \left\{ F_i \left[K_i(T_1, T_2), \overline{N}_i \right] + r(T_1, T_2) \left[\overline{K}_i - K_i(T_1, T_2) \right] \right\} \text{ i=1,2}^1$$

ergibt die Bedingung erster Ordnung:

$$T_i = (\overline{K}_i - K_i) F_j^{KK} \quad \prec 0 \text{ für } (\overline{K}_i - K_i) \succ 0 \quad \succ 0 \text{ für } (\overline{K}_i - K_i) \prec 0 \quad \text{i=1,2 i} \neq \text{j}$$

Daraus ist ersichtlich, daß die Regierung des kapitalexportierenden Landes einen negativen Steuersatz wählt, d.h. sie subventioniert den Kapitaleinsatz in den Grenzen ihres Landes, während die Regierung des kapitalimportierenden Landes das in ihren Grenzen eingesetzte Kapital mit einem positiven Steuersatz belastet. Aus (1) folgt dann unmittelbar:

$$F_1^K(K_1, \overline{N}_1) \neq F_2^K(K_2, \overline{N}_2),$$

d.h. *die internationale Kapitalallokation ist ineffizient.*[2]

---

[1] Wobei $(\overline{K}_i - K_i) >, =, <$ 0 den Kapitalexport aus dem bzw. den Kapitalimport in das i-te Land angibt

[2] Der Grund hierfür liegt in dem bereits in Abschnitt 2.2.2.1. geschilderten Tatbestand, daß die beiden Regierungen im Cournot-Nash-Wettbewerb die Kapitalsteuersätze einsetzen, um den Weltkapital-marktzins r jeweils in ihrem Sinn zu beeinflussen. Subventioniert die Regierung des kapital-

Wie Arnold zeigt, kann die sich im Gleichgewicht ergebende Ineffizienz der internationalen Kapitalallokation durch eine Harmonisierung der Steuersätze der Quellensteuer auf die Kapitaleinkommen beseitigt werden. Eine entsprechende Vereinbarung zwischen den Regierungen der beiden Länder erfordert keine Transferzahlungen zwischen diesen, da beide Länder durch die Harmonisierung gewinnen. Allerdings kann im Modell von Arnold der Fall nicht ausgeschlossen werden, daß -je nach dem Größenverhältnis der beiden Länder und in Abhängigkeit von der Frage, welches von beiden Kapital exportiert und welches Kapital importiert- eine wechselseitig vorteilhafte Harmonisierung in der Vereinbarung eines gemeinsamen Subventionssatzes besteht. Die finanziellen Mittel für die Subventionierung des jeweiligen Kapitaleinsatzes müssen dann durch eine Erhöhung der Kopfsteuer aufgebracht werden.

Der Übergang von einer nichtharmonisierten Kapitalbesteuerung nach dem Quellenprinzip zu einer Besteuerung aller Kapitaleinkommen nach dem (reinen) Wohnsitzprinzip führt auch bei nichtharmonisierten Steuersätzen der Wohnsitzsteuer zu einer effizienten internationalen Kapitalallokation. Wie Abbildung 5 zeigt, ist aber der Übergang zum Wohnsitzprinzip der Kapitaleinkommensbesteuerung auf der Basis nichtharmonisierter Steuersätze nicht zwangsläufig für beide Länder vorteilhaft (vgl. Arnold aaO 17 f.):[1]

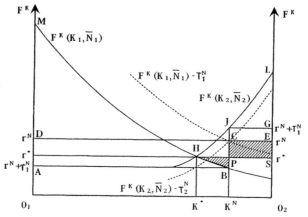

Abb.5: Steuersatzharmonisierung einer Quellensteuer und Übergang zum Wohnsitzprinzip bei asymmetrischem internationalen Steuerwettbewerb

exportierenden Landes den Kapitaleinsatz, so steigt dadurch die Weltkapitalnachfrage. Das erhöht den Weltmarktzinsatz und damit auch die Kapitaleinkommen, die im Ausland erzielt werden. Die Regierung des kapitalimportierenden Landes besteuert hingegen den Kapitaleinsatz, um die Weltkapitalnachfrage und damit auch den Weltkapitalmarktzinssatz zu senken.

[1] Ähnlich Homburg (1999), der in einem Modell zweier -kleiner- Länder zeigt, daß Wohlfahrtsgewinne aus der Harmonisierung von Steuern auf international mobiles Kapital bei Anwendung des Wohnsitzprinzips erheblich geringer ausfallen, „als allgemein angenommen" (S. 17). Insbesondere sind nach Homburg Kapitalmarktungleichgewichte unter dem Wohnsitzprinzip beschränkt Paretooptimal, so daß es niemals Wohlfahrtsgewinne für *beide Länder* geben könne. Die Kombination des Wohnsitzprinzips mit einer Steurharmonisierung (verbunden mit zwischenstaatlichen Transfers), entspreche einer reinen Umverteilung vom Niedrigsteuerland zum Hochsteuerland.

In Abb. 5 ist zum Ursprung O_1 mit der durchgezogenen Linie die Grenzproduktivitätsfunktion des Landes eins eingezeichnet. Die entsprechende Funktion des Landes zwei ist -um 180 Grad gedreht- zum Ursprung O_2 eingezeichnet. Der Abstand O_1O_2 entspreche dem insgesamt in der Modellwirtschaft vorhandenen Kapitalbestand. Der Einfachheit halber sei angenommen, der Weltkapitalbestand befinde sich vollständig im Eigentum der Bewohner des Landes eins. Die Regierung des Landes eins besteuert den Kapitaleinsatz in den Grenzen ihres Landes unter den Bedingungen des Cournot-Nash Wettbewerbs mit dem Satz $T_1^N \prec 0$. Die Regierung des kapitalimportierenden Landes zwei besteuert dagegen das zugeflossene Kapital mit dem Satz $T_2^N \succ 0$. Der Weltkapitalmarkt befindet sich beim Zinssatz r^N im Punkt C im Gleichgewicht, da dort die Arbitragebedingung (1) erfüllt ist. Der Betrag, der für die Subventionierung des Kapitaleinsatzes im Land eins aufzuwenden ist, entspricht der Fläche des Vierecks $ABCD$. Er muß neben dem Betrag, der zur Finanzierung der Bereitstellung des öffentlichen Konsumgutes erforderlich ist, durch die Kopfsteuer aufgebracht werden. Im Land zwei erbringt die Kapitalsteuer ein Aufkommen, das durch die Fläche des Rechtecks $CEGJ$ angegeben wird. Um diesen Betrag übersteigen die Kosten der Bereitstellung des öffentlichen Konsumgutes das Aufkommen der Kopfsteuer. Das für private und öffentliche Zwecke im Land eins insgesamt zur Verfügung Inländerprodukt V_1 wird durch die Summe der Flächen des Vierecks $O_1K^N BM$ und des Rechtecks $K^N O_2 EC$ angegeben. Das Inländerprodukt des Landes 2 V_2 entspricht der Fläche des Vierecks $CELJ$. Der durch die ineffiziente internationale Kapitalallokation verursachte Verlust an Weltsozialprodukt entspricht der Fläche des Dreiecks HBJ. Dieser Verlust würde durch die Vereinbarung der Anwendung des reinen Wohnsitzprinzips bei der Kapitalbesteuerung in beiden Ländern mit Steuerfreistellungen im jeweiligen Quellenland beseitigt. Das kleine Land zwei würde durch eine solche Vereinbarung auf jeden Fall gewinnen. Sein Einkommensgewinn durch die Zinssenkung von r^N auf r^*, die die Kapitalimporte verbilligen würde, wird durch die Fläche des Rechtecks $PSEC$ angegeben. Sein Anteil am Einkommensgewinn, der aus der Effizienzsteigerung resultiert, der diesem Land zufiele, entspräche der Fläche des Dreiecks HPJ. Bei Land eins stünde dagegen einem Zuwachs an Inländerprodukt auch ein entsprechender Verlust gegenüber. Das Inländerprodukt V_1 würde um den Teil des Effizienzgewinns ansteigen, der auf dieses Land entfiele, das wäre die Fläche des Dreiecks HBP. Gleichzeitig würden jedoch die im Ausland erzielten Kapitaleinkommen sinken -der entsprechende Verlust wird durch die Fläche des Rechtecks $PSEC$ angegeben. Ist die Fläche des Dreiecks HBP größer als diejenige des Rechtecks $PSEC$, so würde auch Land eins einen Nettogewinn verbuchen, gilt das Gegenteil, so würde Land eins einen Nettoverlust an Inländerprodukt erleiden. Damit im letztgenannten Fall Land eins der Einführung des Wohnsitzprinzips zustimmt, müßte Land zwei ihm dann einen Transfer anbieten, der diesen Verlust zumindest ausgliche.

Wenngleich somit wegen der dabei zu erwartenden deutlichen Verschiebungen in den Steueraufkommen der Übergang von einem System unharmonisierter Quellensteuern zu einem System der Wohnsitzbesteuerung mit Freistellung der im Ausland erzielten Einkünfte durch den Quellenstaat zur Zeit politisch eher schwer umsetzbar sein dürfte (die Zustimmung der einzelnen Länder zu einem solchen Übergang setzt vermutlich umfangreiche Transferzahlungen, die Einigung über diese langwierige politische

Verhandlungen, voraus) und deshalb die Anwendung des Wohnsitzprinzips nur in Verbindung mit der Anrechnungsmethode realisierbar erscheint, dürfte dies aus den oben genannten Gründen nicht entscheidend gegen einen Übergang von der Quellenbesteuerung zur Wohnsitzbesteuerung von Unternehmensgewinnen sprechen. Jedenfalls hält der Wissenschaftliche Beirat beim Bundesfinanzministerium die Problematik von Anrechnungsüberhängen bei Niedrigsteuerländern für insgesamt nicht so durchschlagend, daß seiner Ansicht nach aus diesem Grund auf einen Übergang vom Quellenprinzip der Kapitaleinkommensbesteuerung zu einer konsequenten Anwendung des Wohnsitzprinzips verzichtet werden müßte.

2.4.3. Einführung einer Cash-flow- oder zinsbereinigten Unternehmenssteuer?

Die mit einer konsequenten Umsetzung des Wohnsitzprinzips verbundenen bzw. zu erwartenden Koordinations- und Kooperationsprobleme auf internationaler Ebene werfen die Frage auf, ob ein einzelnes (Hochsteuer-)Land wie etwa die Bundesrepublik den internationalen Steuerwettbewerb nicht auch durch unilaterale Maßnahmen so weit beschränken kann, daß die in den vorangegangenen Abschnitten beschriebenen Gefahren vermieden werden können. Diese Frage wird vor allem im Zusammenhang mit zwei Vorschlägen in der wissenschaftlichen Literatur zur Neuorientierung der Unternehmensbesteuerung diskutiert, dem Vorschlag der Einführung einer Cash-flow-Steuer und der Empfehlung einer zinsbereinigten Steuer auf Unternehmensebene.

Ausgangspunkt der Überlegungen zur Cash-flow-Steuer war zunächst nicht die Suche nach einem Steuersystem, das den internationalen Steuerwettbewerb eindämmt, sondern das Problem der effizienten Ausgestaltung einer Steuer, die die unternehmerische Investitions- und Innovationstätigkeit stimuliert, die Kapitalversorgung der Unternehmen verbessert und die unternehmerischen Entscheidungen möglichst unverzerrt läßt. Diese Eigenschaften lassen sich -zumindest unter Modellbedingungen- durch ein Steuersystem verwirklichen, das bei der Besteuerung der Zahlungsüberschüsse der Unternehmen ansetzt. Die Befürworter eines solchen Steuersystems empfehlen den Ersatz der traditionellen Körperschaftsteuer durch eine sog. Cash-flow-Steuer, deren wesentliches Kennzeichen die Sofortabschreibung aller investiven Auszahlungen -auch für die Anschaffung immobiler Wirtschaftsgüter (Grund und Boden)- ist. Zwar unterscheiden sich die verschiedenen Vorschläge zur Einführung einer solchen Steuer zum Teil hinsichtlich der Abgrenzung der zu erfassenden Zahlungsströme[1]; so sollen nach dem vielzitierten Ansatz des sog. Maede-Kommittees (1978) de facto die Besteuerung einbehaltener Unternehmensgewinne abgeschafft und nur ausgeschüttete Dividenden[2] versteuert werden (S-Base Tax), während nach dem Plan von Kay und King (1978) nur der real-wirtschaftliche Zahlungsüberschuß einer Periode steuerlich erfaßt werden soll (R-Base-Tax) und nach dem Vorschlag etwa von Mc Lure und Zodrow (1991) real- plus finanzwirtschaftlicher Zahlungsüberschuß (R + F Base Tax). Doch schließen alle Vorschläge eine ertragsunabhängige Besteuerung

---

[1] Zu den verschiedenen Alternativen einer Cash-flow-Steuer vgl. etwa Swoboda (1991) sowie Sinn (1984).

[2] Unter Abzug möglicher Einzahlungen aus der Aufnahme neuer Beteiligungsmittel.

aus, implizieren einen sofortigen Verlustausgleich und sind durch einen linearen Steuertarif gekennzeichnet[1].

Die Möglichkeit der Sofortabschreibung der Investitionsausgaben eliminiert die Doppelbelastung der Ersparnis und vermeidet weitgehend jene Bewertungsprobleme, die die Einkommensbesteuerung vielfach unpraktikabel machen. Dadurch verändert sich das Verhältnis zwischen Fiskus und Steuerzahler im Hinblick auf neue Investitionen, d.h. solche Investitionen, die nach Einführung der Cash-flow-Steuer getätigt werden, ganz erheblich: „Aus der Besteuerung wird eine stille Partnerschaft, denn Sofortabschreibung bedeutet, daß sich der Fiskus entsprechend dem Steuersatz nicht nur am Gewinn, sondern auch an der Kapitalaufbringung beteiligt" (Andel 1992, 320). Das bedeutet: Stimmt das Wertgrenzprodukt der neu investierten Kapitalstockeinheit gerade mit ihren Nutzungskosten überein, so wird die Neuinvestition durch die Cash-flow-Steuer überhaupt nicht belastet. Dementsprechend werden auch aus ihr keine Steuereinnahmen erzielt. Übersteigt die interne Ertragsrate neu getätigter Investitionen hingegen den Marktzins, erwirtschaftet sie also eine ökonomische Rente (sog. inframarginales Projekt), so wird diese von der Cash-flow-Steuer erfaßt. Bleibt die interne Ertragsrate der neuen Investition unter dem Marktzins, ist hingegen durch einen sofortigen Verlustausgleich (oder eine vergleichbare Regelung) zu gewährleisten, daß sich der Fiskus auch an diesem Verlust beteiligt. Aus der Tatsache, daß von einer Cash-flow-Steuer nur ökonomische Renten erfaßt werden, aber Gewinne in Höhe der marktüblichen Verzinsung des eingesetzten Kapitals faktisch steuerfrei bleiben, wird abgeleitet, daß eine solche Steuer unter vollkommenen Marktbedingungen unabhängig von der Höhe des Steuersatzes und der Finanzierungsweise keine -wesentlichen- Wettbewerbsverzerrungen verursacht (vgl. etwa Swoboda 1991, 473 ff., Wagner und Schwinger 1991, 509, kritisch aber etwa Schneider 1989).

Auch unter dem Gesichtspunkt der Einnahmenstetigkeit während des Konjunkturverlaufs und der räumlichen Streuung des Aufkommens weist die Cash-flow-Steuer (nach Ansicht ihrer Befürworter) unverkennbare Vorzüge auf. Zum einen werde die als besonders konjunkturreagibel geltende private Investitionstätigkeit aus der Bemessungsgrundlage der Cash-flow-Steuer herausgenommen. Zum andern werde die Bemessungsgrundlage der Cash-flow-Steuer vom R-Base Typ als Differenz von Einnahmen aus Umsätzen und Ausgaben für Vorleistungen, Bruttoinvestitionen und Lohnkosten ermittelt, also letztendlich analog der Mehrwertsteuer, sofern diese um die Lohnkosten gekürzt wurde.[2]

Zusätzlich haben Cash-flow-Steuern den Vorteil, daß der mit ihnen verbundene administrative Aufwand weit geringer ist als bei den traditionellen Gewinnsteuern. Und zwar sowohl für den Fiskus als auch für die Unternehmen. Denn Steuerbilanzen würden mit ihnen im Extremfall ebenso obsolet wie Abschreibungstabellen für die verschiedensten Investitionsgüter. Ferner könnten Wertänderungen von Vermögens-

---

[1] Vgl. hierzu auch ZEW 1998, 55.

[2] Anderer Ansicht z.T. Rose (1991 (2), 207) mit der Begründung, die den Unternehmen gesetzlich garantierte Rückerstattung der mit den Lieferantenrechnungen gezahlten Vorsteuern habe praktisch zur Konsequenz, daß die Bemessungsgrundlage der Mehrwertsteuer materiell dem Umsatz entspreche. Weiterhin sei zu beachten, daß es bei der Cash-flow-Steuer keinen rechnungsmäßigen Ausweis von Vorsteuern gibt. Damit würden und könnten jene Unternehmen, die Vorprodukte und Investititonsgüter erstellen, die Cash-flow-Steuer nicht wie die Mehrwertsteuer als formalen Durchlaufposten behandeln, d.h. in ihren Absatzpreisen voll aufschlagen.

gegenständen unberücksichtigt bleiben. Es müssen „nur" die Zahlungsvorgänge der Unternehmen vollständig erfaßt werden.

Der eigentliche Vorteil einer Cash-flow-Steuer besteht jedoch im Rahmen des Untersuchungsgegenstandes dieser Arbeit darin, daß sie Steuern auf Kapital vor den „Erosionskräften des Fiskalwettbewerbs" (Sinn 1995, 245) zu schützen vermag: Ein Systemwechsel zur Sofortabschreibung bei gleichzeitigem Verzicht auf eine Fortsetzung der Abschreibung auf den vorhandenen Kapitalbestand würde bei stationären Firmen, die lediglich im Umfang der Abschreibung reinvestieren, keine Änderung der Steuerlast induzieren. Sie würde aber wachsende Firmen entlasten, weil auch die Nettoinvestitionen absetzbar sind, und schrumpfende Firmen belasten, weil die steuerliche Bemessungsgrundlage um die Abschreibung und mögliche Veräußerungserlöse wüchse. Bezogen auf grenzüberschreitende Investitionen und ihre Finanzierung bedeutet das: vorhandenes Kapital kann ohne Zahlung von Steuern nicht in andere Länder verlagert werden, doch neues Kapital bleibt, jedenfalls was Grenzinvestitionen betrifft, faktisch von der Steuer befreit (Sinn, aaO). Die Belastung der Desinvestition -wegen des „Fixsteuercharakters" des Abschreibungsverzichts auf den Kapitalaltbestand beeinträchtigt eine solche Belastung die „Allokationsoptimierung" nicht (vgl. Andel 1992, 320)- und die Begünstigung neuer Investitionen vermögen damit einen wesentlichen Beitrag zur Entschärfung des internationalen Steuerwettbewerbs zu leisten. Dies spräche dafür, im Rahmen eines koordinierten Vorgehens aller Mitgliedstaaten der Europäischen Union die herkömmliche Unternehmensbesteuerung gemeinschaftsweit durch ein an Zahlungsströmen orientiertes System der Cash-flow-Besteuerung in dem dargestellten Sinne zu ersetzen. Indessen sind die Chancen, ein solches System in absehbarer Zeit europaweit erfolgreich einführen zu können, in Anbetracht der aktuellen, weitreichenden Meinungsverschiedenheiten der EU-Mitgliedstaaten in beinahe allen wichtigen Fragen der direkten Besteuerung und des nach wie vor bestehenden Einstimmigkeitserfordernisses im Europäischen Rat bei allen Steuerfragen derzeit als eher gering einzustufen. Aber auch durch den einseitigen Übergang zu einem Cash-flow-System der Unternehmensbesteuerung könnte ein einzelner Staat wie Deutschland den internationalen Steuerwettbewerb für sich entschärfen: Zwar ist nicht auszuschließen, daß Staaten, die an der traditionellen Besteuerung des periodischen Reinvermögenszugangs festhalten, eine in Deutschland zulässige Sofortabschreibung aller investiven Ausgaben von der Steuerbemessungsgrundlage als Angriffspolitik werten und sich zunächst zu Gegenmaßnahmen -etwa durch steuerlichen Zugriff auf die nicht ausgeschütteten Gewinne in Deutschland ansässiger Tochterunternehmen von ausländischen Muttergesellschaften-veranlaßt sehen könnten[1]. Doch greift dieses Argument nicht, soweit es um potentielle Investitionen deutscher Unternehmen in Deutschland geht. Bei den Bemühungen um die Erhöhung der Attraktivität des Standorts Deutschland im internationalen Staatenwettbewerb scheint derzeit aber wichtiger, Investitionsverlagerungen deutscher Unternehmen in das Ausland zu verhindern, als ausländische Unternehmen zu einem Engagement in Deutschland zu bewegen. Zudem darf bei einem möglichen Engagement ausländischer Unternehmen in Deutschland weder die steuerliche Be-

---

[1] Sodaß es möglicherweise zu einer bloßen Verschiebung von Steueraufkommen deutscher Töchter ausländischer Muttergesellschaften ins Ausland käme, ohne daß dabei die Attraktivität des Standorts Deutschland wachsen würde.

handlung von Realinvestitionen -nur um diese geht es hier- losgelöst von den übrigen steuerlichen Rahmenbedingungen für das Unternehmen in Deutschland betrachtet werden, noch dürfen die steuerlichen Motive einer Realinvestition überbewertet und unabhängig von anderen Investitionsmotiven (z.B. Markterschließung und –integration, local content-Aspekte, technische Bedingungen, vorhandenes Arbeits-kräftepotential etc.) gesehen werden -ganz abgesehen davon, daß jede Reaktion des Auslands auch Gegenreaktionen Deutschlands provozieren könnte. Insgesamt geht es bei dem Vorschlag einer unilateralen Einführung einer Cash-flow-Steuer in der oben beschriebenen Form nicht darum, Deutschland zu einer Art Steueroase auszubauen, sondern darum, steuerlich bedingte Verzerrungen unternehmerischer Investitions-entscheidungen abzubauen.

Bei Einführung einer Cash-flow-Steuer auf Unternehmensebene wären jedoch einige Probleme zu erwarten, die ihre politische Realisierung auch in der Bundesrepublik als derzeit eher unwahrscheinlich erscheinen lassen[1]. Hierbei sind insbesondere die zu erwartenden *Anpassungsprobleme* an die vollkommen neue Art der unternehmerischen Gewinnermittlung sowie die bislang völlig ungeklärten Auswirkungen auf das *Steueraufkommen* zu nennen. Unter Modellbedingungen sind bei der Einführung einer Cash-flow-Steuer vor allem in den ersten Jahren massive Steuerausfälle für den Fiskus zu erwarten (die allerdings in den Folgejahren durch höhere Steueraufkommen kompensiert bzw. aufgrund steigender Investitionstätigkeit sogar überkompensiert werden dürften (so die Ansicht des ZEW 1998, 55)). Zwar würde durch einen Verzicht auf die Fortsetzung der Abschreibung auf den Kapitalaltbestand mit dem Zeitpunkt der Einführung der Cash-flow-Steuer dieses Problem zum Teil entschärft werden; da jedoch die Neuinvestitionen regelmäßig deutlich über den Abschreibungen liegen (so stieg in Deutschland der Kapitalstock im Unternehmensbereich nach Angaben des Sachverständigenrates (1999, Tz. 103) im Jahr 1998 trotz schwieriger Wirtschaftslage um rd. 1,7%), wäre noch immer ein erheblicher Steuerausfall zu erwarten - ganz abgesehen davon, daß ein sofortiger vollständiger Verzicht auf Abschreibungen auf den Kapitalaltbestand verfassungsrechtlich (Art. 14, 3, 2 GG) nicht unproblematisch wäre.

Eher als eine Cash-flow-Unternehmensteuer erscheint der erstmals von Boadway und Bruce (1984) in die Diskussion um ein investitionsneutrales Steuersystem eingebrachte Vorschlag einer zinsbereinigten Unternehmensgewinnsteuer realisierbar. Die zinskorrigierte Besteuerung auf Unternehmensebene kann als Fortentwicklung der

---

[1] Die Einführung einer Cash-flow-Steuer wird in der einschlägigen Literatur vor allem im Zusammenhang mit dem Quellenprinzip erörtert. In Verbindung mit dem Quellenprinzip diskutieren verschiedene Autoren noch weitere -vermeintliche- Nachteile der Cash-flow-Steuer (vgl. u.a. Jacobs und Spengel 1996, 115 f. m.w. H., Jacobs 1995, 126 ff., Schreiber 1994, 243). Doch ist die Verbindung der Cash-flow-Steuer mit dem Quellenprinzip keineswegs zwingend, wenngleich der Vorteil der einfacheren Gewinnermittlung bei der Cash-flow-Steuer in vollem Umfang nur bei gleichzeitiger Anwendung des Quellenprinzip genutzt werden kann (der wesentliche Vorteil des Quellenprinzips im internationalen Kontext besteht ja bekanntlich darin, daß es im Fall einer Vereinbarung zwischen den verschiedenen Staaten ohne Informationsaustausch auskommt) -und die vermeintlichen Nachteile des Cash-flow-Prinzips erweisen sich in Wirklichkeit als solche des Quellenprinzips. Deshalb soll auf diese Argumente hier nicht näher eingegangen werden.

Cash-flow-Besteuerung betrachtet werden. Dabei ermitteln Unternehmen den Gewinn in bisheriger Form, d.h. grundsätzlich durch Betriebsvermögensvergleich, ziehen jedoch kalkulatorische Eigenkapitalzinsen in Höhe des Produkts aus dem am Periodenanfang vorhandenen Eigenkapital und einem steuerlichen Korrekturzins („Schutzzins" genannt) als Betriebsausgabe vom steuerpflichtigen Gewinn ab. Unternehmensgewinne werden unabhängig von der Rechtsform *abschließend* auf der Unternehmensebene mit einem einheitlichen Satz versteuert. Werden statt Gewinnen Verluste erzielt, so dürfen diese verzinst vorgetragen werden.

Der Nutzen einer zinskorrigierten Besteuerung besteht darin, daß sie unter Modellbedingungen die gleichen Eigenschaften wie eine Cash-flow-Steuer aufweist, jedoch die Bedenken, die mit einer am Prinzip der Sofortabschreibung ausgerichteten Besteuerung verbunden sind, zum großen Teil vermeidet (vgl. etwa ZEW 1998, 62 f.): zwar wäre der auf das vorhandene Eigenkapital anzulegende Kalkulationszinssatz von der Finanzverwaltung vorzugeben und mittel- bis langfristig an die marktübliche Verzinsung für langfristige Kapitalüberlassungen anzupassen; doch könnte hierbei während einer Übergangszeit mit einer deutlich niedrigeren Korrekturverzinsung -das ZEW nennt einen Anfangszins von 1-2%- begonnen werden. Zum einen wären dann die in der Übergangszeit zu erwartenden Steuerausfälle geringer, zum andern könnte die Finanzverwaltung auf diese Weise Erfahrungen mit einer für Deutschland neuen Besteuerungskonzeption sammeln.

Entgegen der Notwendigkeit der Cash-flow-Besteuerung, die derzeitige Gewinnermittlung in eine reine Zahlungsüberschußrechnung zu transformieren, behielte eine zinskorrigierte Besteuerung zudem im wesentlichen das derzeitige Gewinnermittlungsrecht bei, wodurch die bei einer Umstellung auf eine zahlungsstromorientierte Gewinnermittlung zumindest kurzfristig zu erwartenden Anpassungsprobleme entfielen[1].

Die Vorteile einer zinsbereinigten Unternehmensteuer liegen nach Ansicht ihrer Befürworter (in Deutschland u.a. M. Rose, J. Lang, F.W. Wagner, E. Wenger) auf der Hand, vgl. statt vieler etwa Rose 1991 (2), 210 f. und 1996, 161 ff. sowie Wenger 1997, 127 ff.:
- Dies sei zum einen die tendenzielle[2] Finanzierungsneutralität, die aus der simultanen Berücksichtigung eines Zinsaufwandes sowohl für die Fremd- als auch für die Eigenfinanzierung resultiert. Die aktuelle Bevorzugung der Fremd- gegenüber der Eigenfinanzierung würde damit beseitigt. Zudem sichere die zinsbereinigte Unternehmenssteuer die Rechtsformneutralität, da sie alle Unternehmen mit dem gleichen Steuersatz und unter Anwendung derselben Gewinnermittlungsvorschriften belaste.
- Steuerliche Abschreibungen könnten im Hinblick auf rein fiskalische Ziele festgelegt werden, denn die Investitionsneutralität sei bei dieser Steuer immer gegeben, egal wie

---

[1] Im Gegensatz zur Cash-flow-Steuer vom R-Base Typ kann die zinsbereinigte Unternehmensgewinnsteuer zudem für Unternehmen aller Branchen gelten, für Banken und ähnliche Finanzintermediatäre ist also kein Sonderbesteuerungsverfahren notwendig. Denn die zinsbereinigte Unternehmenssteuer erfaßt auf Unternehmensebene nicht nur übermäßige und inframarginale Gewinne aus Realinvestitionen, sondern auch den die normale Kapitalverzinsung übersteigenden Teil der Rendite von Finanzinvestitionen.

[2] Da nicht der betriebsindividuelle, sondern ein für alle Unternehmen einheitlicher (kalkulatorischer) Eigenkapitalkostensatz berücksichtigt wird, ist zwar eine weitgehende, aber keine vollständige Finanzierungsneutralität der zinsbereinigten Unternehmensgewinnsteuer gewährleistet.

die steuerlichen Abschreibungen der Anschaffungskosten zeitlich verteilt werden. Mit anderen Worten: Da das jeweilige steuerliche Abschreibungsverfahren lediglich einen besonderen Liquiditätseffekt, nicht jedoch einen Rentabiltätseffekt hat, würde die zinsbereinigte Unternehmensgewinnsteuer die im derzeitigen System angelegten Verzerrungen aus beschleunigten Abschreibungsmöglichkeiten fast vollständig beseitigen[1].

-Die Neutralität hinsichtlich des gewählten oder gesetzlich zulässigen Abschreibungs-verfahrens gewährleiste zugleich, daß keiner der Produktionsfaktoren Arbeit und Kapital diskriminiert wird.

- Da die zinsbereinigte Unternehmensgewinnsteuer Investitionen unbelastet läßt, deren Gesamtkapitalrentabilität dem Normkapitalzins entspricht, werde eine Besteuerung der betrieblichen Substanz in Zeiten schlechter Erträge vermieden.

- Die zinsbereinigte Gewinnsteuer passe sich der Ertragssituation des Unternehmens optimal an. Bei steigender Leistungsfähigkeit steigt die Steuerbelastung allmählich. Verschlechtert sich die Ertragslage, so sinkt hiermit auch die Steuerbelastung. Damit entspräche die zinsbereinigte Gewinnsteuer dem verfassungsmäßigen Gebot der Besteuerung nach der wirtschaftlichen Leistungsfähigkeit.

-Die Zinsbereinigung führe unmittelbar dazu, daß rein inflationsbedingte Vermögens-veränderungen („Scheingewinne"), deren Besteuerung zu einer Aushölung des real investierten Vermögens führen würde, aus der Steuerbemessungsgrundlage eliminiert werden. Im Gegensatz zur gegenwärtigen Gewinnbesteuerung in Deutschland habe die zinsbereinigte Gewinnsteuer somit den Vorzug, daß sie die Investitionstätigkeit nicht beeinträchtigt, und zwar unabhängig davon, ob Preisniveaustabilität oder galoppieren-de Inflation herrscht.

Skeptiker sehen allerdings keine eindeutige effizienztheoretische Überlegenheit der zinsbereinigten gegenüber der traditionellen Einkommensteuer: Zwar sei es richtig, daß die zinsbereinigte Einkommensteuer intertemporale Entscheidungen, vor allem Konsum-Spar-Entscheidungen, weitgehend unverzerrt lasse.[2] Der Wegfall dieser Verzerrung werde aber (ähnlich wie bei der Cash-flow-Steuer) durch eine schmalere Bemessungsgrundlage erkauft, die Steuererhöhungen bei anderen Einkommensarten notwendig mache und dortige Verzerrungen verstärke. Hierzu gehörten nicht nur

---

[1] Zum formalen Beweis vgl. Wenger, E. (1983) sowie die folgende Argumentation von Blankart 1998, 281 f.: Bei jeder denkbaren Abschreibungsrate, so Blankart, sei sie nun vom Unternehmen selbst gewählt oder vom Staat festgesetzt, würden zwei steuerliche Effekte, der Abschreibungs- und der Eigenkapitalverzinsungseffekt entstehen, die sich bei jeder Abschreibungsrate genau die Waage hielten. Betrachte man ein Modell mit zwei Perioden, so entstehe im Fall einer Sofortabschreibung ein Abschreibungseffekt, weil das Unternehmen heute einen geringeren Gewinn ausweist und deshalb Steuern spart. Deren Gegenwert lege es zinsbringend am Kapitalmarkt an, weil es weiß, daß es morgen einen höheren steuerbaren Gewinn erzielen wird und daher mehr Steuern wird bezahlen müssen.
Der Vorteil aus der Abschreibung ginge zwar verloren, wenn das Unternehmen diese von heute auf morgen verschiebt. Dafür komme es in den Genuß des Eigenkapitalverzinsungseffektes. Durch die zurückgestellte Abschreibung bleibt ein größeres Eigenkapital im Unternehmen verbucht. Dieses werde kalkulatorisch verzinst und vom steuerbaren Gewinn abgesetzt. Der dadurch entstehende Steuervorteil sei genau so groß wie der verzinste Gewinn aus dem Abschreibungseffekt.
[2] Auch schaffe sie im Bereich grenzüberschreitend gezahlter Zinsen Kapitalexportneutralität, sofern auch das Ausland hierauf keine Steuern erhebt (andernfalls entstehen Anrechnungsüberhänge).

Arbeitseinkommen, sondern auch jene Teile des Kapitaleinkommens, die nicht Zinsen sind, insbesondere ökonomische Reingewinne. Sieht man die Zinseinkommen des Rentiers als eher statisches Element des Wirtschaftssystems, bedeute die Zinsbereinigung im Ergebnis eine Schonung dieses Bereichs zu Lasten des dynamischen Unternehmers, der mit seinem Erfindungsreichtum keine Normalverzinsung, sondern ökonomische Reingewinne anstrebt. Per Saldo könne nicht gesagt werden, ob die Effizienzvorteile der zinsbereinigten Einkommensteuer überwiegen oder die durch die Erhöhung anderer Steuern hervorgerufenen Verzerrungen (vgl. dazu etwa Homburg 2000 (1), 133 ff., 184 sowie Wissenschaftlicher Beirat beim BMF (1999, 78, 96)).

Im internationalen Kontext kann das Konzept der zinsbereinigten Unternehmensgewinnsteuer sowohl mit dem Quellenprinzip als auch mit dem Wohnsitzprinzip verbunden und einseitig oder durch internationale Vereinbarung eingeführt werden. Wird es auf unilateraler Basis z.B. in Deutschland eingeführt, so besteht wiederum die bereits im Zusammenhang mit der Cash-flow-Steuer beschriebene Gefahr, daß andere Industriestaaten einen solchen Systemwechsel als Angriffspolitik im Rahmen des internationalen Standortwettbewerbs werten und sich zur Ergreifung von Gegenmaßnahmen, etwa die steuerliche Schlechterstellung deutscher Töchter von ausländischen Muttergesellschaften durch eine Art Hinzu-rechnungsbesteuerung bei einbehaltenen Gewinnen, veranlaßt sehen könnten. Aus den bereits im Zusammenhang mit der Cash-flow-Besteuerung beschriebenen Gründen sollten die hiervon ausgehenden Gefahren zwar Ernst genommen, aber auch nicht überbewertet werden.

3. Dezentrale Finanzpolitik und Arbeitsmobilität
3.1. Vorbemerkungen

Im vorangegangenen Abschnitt III.2. ist die Frage der Effizienz dezentraler Finanzpolitik in Bezug auf den international bei weitem mobilsten Produktionsfaktor, den Faktor Kapital, anhand verschiedener Modelle ausführlich untersucht worden. Dabei hatte sich ergeben, daß dezentrale Finanzpolitik ohne zentralstaatliches Eingreifen in den meisten Fällen zu Ineffizienzen führt und daß Maßnahmen der internationalen Steuerkoordination (Steuersatzharmonisierung oder gemeinschaftlicher Übergang zum Wohnsitzprinzip der Besteuerung) Verbesserungen der gesamtwirtschaftlichen Allokationseffizienz bewirken können.

Verglichen mit der Mobilität des Faktors Kapital, die mittlerweile im Hinblick auf die räumliche Reichweite der Kapitalströme zu einem weltweiten Problem geworden ist und demzufolge *weltweite* Koordinierungsbemühungen erfordert, gilt die Mobilität des Faktors Arbeit hinsichtlich der Zahl der wanderungsbereiten Haushalte und der regionalen Dimension der Wanderungsbewegungen derzeit noch als relativ gering. Dennoch verdient das Phänomen der internationalen Arbeitskräftemigrationen nach Ansicht vieler Ökonomen in Deutschland und Europa schon heute besondere Aufmerksamkeit. Als Gründe dafür werden genannt (vgl. etwa Sinn 1995, 240 f.):

Zum einen sage eine vergleichsweise geringe Durchschnittsmobilität von Faktoren noch nicht viel über deren marginale Mobilität aus. Ähnlich wie das wettbewerbliche

Verhalten von Unternehmen weniger durch den Durchschnittsverbraucher als vielmehr durch die Präferenzen des marginalen Nachfragers bestimmt werde, ergäben sich für die Politik "Handlungsanreize und evolutorische Reformzwänge schon dann, wenn eine marginale Mobilität beachtet werden muß, wenn nur einige ökonomische Aktivitäten mobil sind" (Sinn 1995, 240).

Zum andern sei für die Effizienz dezentraler Finanzpolitik vor allem die Mobilität der Haushalte am oberen und unteren Ende der Einkommensskala von entscheidender Bedeutung: die Mobilität von Spitzenverdienern deshalb, weil sie die Träger jenes technischen Spezialwissens sind, dessen Verbindung mit den übrigen Produktionsfaktoren *eine* Quelle des ökonomischen Wachstums und der wirtschaftlichen Entwicklung von Regionen ist; die Mobilität von Menschen mit geringem Einkommen (Hilfsarbeiter, Arbeitslose, Sozialhilfeempfänger etc.) deshalb, weil ihre Zuwanderung häufig Maßnahmen der adversen Selektion bei den Regierungen der Regionen und Nationalstaaten auslöst. Wie empirische Studien belegen, ist aber die Arbeitsmobilität am oberen und z.T. auch am unteren Ende der Einkommensskala deutlich höher als die der Durchschnittsverdiener.

Schließlich stehe zu erwarten, daß die zunehmende Zahl von Immigranten aus Nicht-EU-Ländern auch die Mobilität in der EU nachhaltig beeinflußt: „Wer seine Heimat verlassen mußte und nun ein neues Zuhause in den Ländern der Gemeinschaft sucht, der wird keine starken Ortspräferenzen haben, sondern sich bei seiner Wanderungsentscheidung maßgeblich von der Höhe des Lebensstandards leiten lassen." (Sinn aaO, 241).

Die folgenden Kapitel werden sich zunächst mit den Folgen zunehmender Arbeitsmobilität in Modellen mit *„kleinen"* im Sinne *von myopisch handelnden und „großen", strategisch handelnden* Staaten beschäftigen (vgl. die folgenden Abschnitte 3.2. und 3.3.) und sodann anhand der Ergebnisse empirischer Studien den Versuch einer Einschätzung wagen, wie aktuell die aus den theoretischen Modellen ableitbaren Gefahren einer zunehmenden Arbeitskräfte- und damit Bevölkerungsmobilität für die wirtschaftliche Entwicklung einzelner Staaten bzw. Regionen zum gegenwärtigen Zeitpunkt tatsächlich sind (3.4.). Vorab aber einige einleitende Überlegungen zu den folgenden theoretischen Analysen:

Wie zunehmende Faktormobilität insgesamt ist auch eine steigende Arbeitsmobilität zunächst einmal positiv zu beurteilen, weil sie die gesamtwirtschaftliche Allokationseffizienz in einer Volkswirtschaft verbessern kann. Dazu sei Abb. 6 betrachtet, in der der Arbeitsmarkt einer kleinen offenen Volkswirtschaft dargestellt ist. Auf diesem sei das Arbeitsangebot (N_S) kurzfristig vollkommen unelastisch. Die Arbeitsnachfragekurve N_D habe dagegen einen „normalen" Verlauf. Das Gleichgewicht befindet sich im Punkt A. Die Volkswirtschaft möge nun von einem negativen Schock getroffen werden, der die Arbeitsnachfragekurve von N_D auf N_D' nach unten verschiebt. In Abhängigkeit von der Faktorpreisflexibilität und der Faktormobilität kann es dann eine Reihe möglicher Gleichgewichte geben:

Sind die Löhne vollkommen flexibel, fallen sie entlang der Abwärtsverschiebung der Arbeitsnachfragekurve, und ein neues Gleichgewicht wird im Punkt A' erreicht. Der Rückgang des Lohnniveaus wird Unternehmen (Kapital) aus anderen Regionen zu einer Zuwanderung veranlassen. Die Arbeitsnachfragekurve wird wieder nach oben verschoben, im Extremfall vollkommener Immobilität der Arbeitskräfte in der Region bis in die Ausgangslage N_D, so daß der neue Gleichgewichtspunkt mit dem alten Gleichgewicht A identisch ist.

Sind die Löhne dagegen vollkommen starr, wird das neue Gleichgewicht im Punkt A'' erreicht, bei dem die Arbeitslosigkeit gestiegen ist. Wegen der unveränderten Produktionskosten werden keine neuen Unternehmen (Kapital) in die Region zuwandern, es sei denn wegen der besonderen Attraktivität des großen Pools an unbeschäftigten Arbeitskräften. Dies ist aber kaum wahrscheinlich -wahrscheinlicher ist vielmehr, daß Arbeitskräfte aus der Region abwandern. Die N_S-Kurve verschiebt sich nach links, bis die Arbeitslosigkeit auf ihr ursprüngliches, niedrigeres Niveau gesunken ist. Wenn die Arbeitskräfte jedoch vollkommen *immobil* sind und keine neuen Unternehmen (Kapital) zuwandern, verfestigt sich die hohe Arbeitslosigkeit. Nach Blanchard und Katz (1992) und ihnen folgend Braunerhjelm u.a. (2000) ist dies genau das Szenario, das für die Staaten der Europäischen Union als kurz- bis mittel-fristige Folge negativer regionaler Schocks typisch ist.

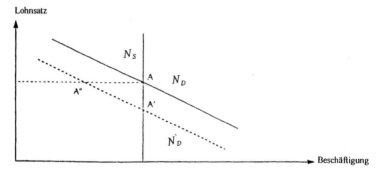

Abb. 6: Die Wirkungen eines Arbeitsnachfrageschocks (nach Braunerhjelm u.a. 2000, 56)

Auf lange Frist gesehen könnten die Folgen einer niedrigen Arbeitsmobilität für Europa sogar noch ernster werden, dann nämlich, wenn der fortschreitende Integrationsprozeß tatsächlich zu einer Zunahme der nationalen und internationalen Arbeitsteilung führt bzw. führen soll. Denn eine größere Arbeitsteilung und ein höherer Spezialisierungsgrad erfordern eine hohe Arbeitsmobilität und, weil es zu Verschiebungen der Faktor- und Güterpreisrelationen kommt, eine hohe Lohnflexibilität. Sind beide nicht zu erreichen, könnten die Wohlfahrtswirkungen der europäischen Integration weit hinter den Erwartungen zurückbleiben (Braunerhjelm u.a. 2000, 56).

Den Staaten der Europäischen Union müßte also grundsätzlich an einer Steigerung der nationalen wie der internationalen Arbeitsmobilität gelegen sein. Zunehmende Arbeitsmobilität wirft für die Effizienz dezentraler Finanz- und Wirtschaftspolitik aber auch mindestens drei Probleme auf oder verschärft diese:
(1) Das Einnahmenproblem:
Die Mobilität des Faktors Kapital hat in den letzten 15-20 Jahren zu einem weltweiten Rückgang der Kapitalsteuersätze geführt und ein Ende dieses Prozesses ist gegen-

wärtig noch nicht absehbar.[1] Sofern große Teile der Bevölkerung und somit ein Großteil der Steuerbasis immobil sind und die Regionen sich nicht sonder-lich in der Ausstattung mit fixen Faktoren unterscheiden, wirft ein Rückgang der Kapitalsteuersätze noch keine besonderen Effizienzprobleme auf. Die Bereitstellung öffentlicher Güter und die gesamtwirtschaftlich effiziente Verteilung des mobilen Faktors Kapital können nach wie vor sichergestellt werden. In dem Maße jedoch, wie die Arbeits- und Haushaltsmobilität steigt, wird es für die Mitgliedsstaaten schwieriger, zur Finanzierung des öffentlichen Güterangebots auf eine breite Steuerbasis zurückgreifen zu können. Migrationsinduzierte Ineffizienzen (Agglomerationsnachteile in der Zuwanderungs-, Deglomerationsnachteile in der Abwanderungsregion) können dann insoweit auftreten, als sich die Regionen wesentlich in ihrer Ausstattung mit dem fixen Faktor (z.B. Boden, natürliche Ressourcen) unterscheiden. Maßnahmen der interregionalen Steuerkoordination helfen in einem solchen Fall nicht weiter, weil die verhältnismässig reiche Jurisdiktion bei gleichem Steuersatz stets ein größeres öffentliches Güterangebot bereitstellen könnte als die arme Region, einer internen Anpassung der Steuerstruktur in Richtung auf eine stärkere Besteuerung des immobilen Faktors in der armen Region sind zumeist in rechtlicher oder tatsächlicher Hinsicht Grenzen gesetzt. Zur Beseitigung der migrationsbedingten Ineffizienzen bedarf es vielmehr eines *interregionalen Finanzausgleichs*. Ob dieser zwischen den betroffenen Regionen freiwillig oder gar automatisch erfolgt, oder ob es zu seiner Installation des Eingreifens einer Zentralinstanz bedarf, wird in den folgenden Abschnitten 3.2.1. und 3.3. noch ausführlich zu diskutieren sein.

(2) Das Steuerexportproblem:

Beim Steuerexport tragen die Bewohner anderer Jurisdiktionen einen Teil der Steuerlast einer Jurisdiktuion. Ein Beispiel hierfür ist die Besteuerung von Gütern nach dem Ursprungslandprinzip, die von Gebietsfremden gekauft werden, ein anderes die Besteuerung immobiler Faktoren, vor allem des Faktors Land, wenn ein Teil der immobilen Faktoren im Besitz Nicht-Gebietsansässiger ist. In beiden Fällen wird die Steuerlast auf Gebietsfremde überwälzt. Bei einer solchen Steuerüberwälzung besteht die Gefahr einer übermäßigen Ausdehnung des öffentlichen Güterangebots, da der Nutzen aus dem steuerfinanzierten öffentlichen Güterangebot voll in der Jurisdiktion verbleibt, die Kosten aber auch von den Bewohnern anderer Jurisdiktionen getragen werden müssen.

Die zunehmende Mobilität von Wirtschaftssubjekten wird für die Jurisdiktionen auch die Möglichkeit eines Steuerexports erhöhen. Denn Gebietsfremde werden vor allem dann einen Anreiz haben, Eigentum an fixen Faktoren in anderen Jurisdiktionen zu erwerben, wenn sie ihre -künftigen- Standort- oder Wohnortentscheidungen damit verbinden können, vgl. dazu Abschnitt 3.2.2.

(3) Externe Effekte:

Mobilität von Haushalten kann in noch weit stärkerem Maße als die Mobilität von Kapital externe Effekte erzeugen. Sie führt dazu, daß die Einwohner einer Jurisdiktion vermehrt auch die öffentlichen Güter anderer Jurisdiktionen wie z. B. Kultur- und Freizeiteinrichtungen, Hochschulen, Sporteinrichtungen etc., aber auch bestimmte

---

[1] Zwar ging die Reduzierung der Kapitalsteuersätze in den meisten Fällen einher mit einer Verbreiterung der Bemessungsgrundlage. Dennoch ergab sich als Nettoeffekt häufig eine Entlastung von der Kapitalbesteuerung, was in verschiedenen Staaten u.a. in einem Rückgang des Anteils der Gewinnsteuern am Gesamtsteueraufkommen zum Ausdruck kam/kommt (vgl. Abschnitt III.2.3.)

Sozialleistungen, in Anspruch nehmen können, ohne zu deren Finanzierung (adäquat) beizutragen. In solchen Fällen besteht die Gefahr, daß gesamtwirtschaftlich zu wenig von dem öffentlichen Gut bereitgestellt wird, weil die bereitstellende Jurisdiktion den Finanzierungskosten des öffentlichen Gutes nur den Nutzen ihrer eigenen Einwohner gegenüberstellt und die Jurisdiktionen, deren Einwohner in den Genuß der -positiven- externen Effekte kommen, keine Veranlassung sehen, das öffentliche Gut selbst bereit- zustellen. Abhilfe kann zumeist ein interregionaler Finanztransfer von der nutznießenden zur bereitstellenden Jurisdiktion bieten, durch den die Grenzkosten der Bereitstellung reduziert bzw. Grenzkosten und tatsächlicher Grenznutzen miteinander in Einklang gebracht werden. Dieser wird in Kapitel F II.3. zu diskutieren sein.

3.2. Arbeitsmobilität und dezentrale Finanzpolitik kleiner Staaten
3.2.1. Das Grundmodell von Boadway und Flatters (1982)

1. Der Modellrahmen

Gegeben sei in -partieller- Anlehnung an entsprechende Modelle von Boadway und Flatters (1982), Myers (1990) und Krelove (1993) eine Gesamtökonomie mit einer Vielzahl kleiner, autonomer Jurisdiktionen. Die i = 1,...,I Jurisdiktionen sind mit einem jeweils unterschiedlichen Bestand eines fixen Faktors Land L_i ausgestattet.

In der Gesamtökonomie leben N ($\sum N_i = N$), im Gegensatz zum vorangegangenen Abschnitt III.2.., nunmehr vollkommen mobile Haushalte mit identischen Präferenzen. Jeder Haushalt bietet unabhängig vom Lohnsatz eine Einheit Arbeit in seiner Wohnsitzregion unelastisch an.

In jeder Jurisdiktion i wird unter Verwendung der Produktionsfunktion $F_i(L_i, N_i)$ ($F_i^N > 0, F_i^{NN} < 0$) das Einheitsgut g_i hergestellt, das entweder als privates Konsumgut x_i oder als öffentliches Konsumgut y_i verwendet werden kann, wobei die Grenzrate der Transformation zwischen beiden Konsumgütern eins betrage.

Alle Haushalte der Modellwirtschaft verfügen über dieselbe, quasi-konkave, Nutzenfunktion $U_i = U_i(x_i, y_i / N_i^\alpha)$, wobei α ($0 \le \alpha \le 1$) den Öffentlichkeitsgrad des Kollektivgutes mißt (im Fall $\alpha = 0$ ist y_i ein rein öffentliches Gut, für $\alpha = 1$ herrscht vollständige Nutzungsrivalität und das öffentlich bereitgestellte Konsumgut hat den Charakter eines privaten Gutes).

Arbeit wird nach dem Wertgrenzprodukt entlohnt, die Entlohnung des fixen Faktors Land erfolgt residual, wobei die Landrente $R_i = F_i - N_i F_i^N$ beträgt. *Zunächst sei angenommen, daß diese gleichmäßig auf die Bewohner der Jurisdiktion i verteilt wird.*

Die Regierungen der Jurisdiktionen erheben zur Finanzierung des öffentlichen Güterangebots eine Kopfsteuer t_i (bei dem hier unterstellten unelastischen Arbeitsangebot entspricht die Kopfsteuer einer Lohnsteuer), die nach dem Wohnsitzprinzip, sowie eine Steuer υ_i auf Landrenten, die nach dem Quellenprinzip erhoben wird.

Die Budgetrestriktion für jeden Haushalt lautet dann:

$$x_i = F_i^N - t_i + R_i(1 - \upsilon_i)/N_i \qquad i = 1,...,I \qquad (1)$$

Die staatliche Budgetrestriktion in jeder Jurisdiktion lautet:

$$y_i = N_i t_i + \upsilon_i R_i \qquad\qquad i = 1,...,I \qquad\qquad (2)$$

(2) eingesetzt in (1) ergibt:

$$x_i = F_i^N - y_i / N_i + R_i / N_i$$

2. Die Effizienzbedingungen

Das aus gesamtwirtschaftlicher Sicht zu lösende Optimierungsproblem besteht darin, die mobilen Haushalte so auf die Jurisdiktionen zu verteilen, daß durch eine andere räumliche Allokation kein Haushalt mehr bessergestellt werden kann, ohne daß gleichzeitig ein anderer Nutzeneinbußen erleidet. Zugleich muß eine optimale Aufteilung des regionalen Outputs auf die Produktion und den Konsum des privaten und des öffentlichen Gutes entsprechend den Präferenzen der Haushalte bestimmt werden.

Zur besseren Übersicht der Darstellung wird im folgenden der Zwei-Regionen-Fall diskutiert. Die Analyse kann jedoch, wie Myers (1990) zeigt, ohne Einschränkung auch auf I Regionen erweitert werden. Wird diese Erweiterung formal nicht vorgenommen, so kann man sich stattdessen vorstellen, daß die Region 1 eine einzelne Region darstellt und die Region 2 für die Gesamtheit aller anderen Regionen steht. Analog argumentieren auch Boadway u.a. (1989). Bei der folgenden Analyse ist nicht entscheidend, aus wie vielen Regionen eine Gesamtwirtschaft formal besteht, sondern wie sich diese Regionen verhalten: Agieren die Regionen als reine „Anpasser" auf den internationalen Faktor- und Gütermärkten, indem sie Größen wie die internationalen Faktor- hier: Haushalts- Wanderungen als Datum hinnehmen und Veränderungen dieser Größen durch ihre eigene Politik nicht für möglich halten, so können diese Regionen als myopisch handelnd bezeichnet oder synonym dazu als kleine Regionen angesehen werden. Handeln die Regionen in dem Sinne zweckgerichtet, daß sie in ihren finanzpolitischen Entscheidungen -zumindestmögliche Reaktionen der international mobilen Faktoren, im Modell: mögliche Wanderungsreaktionen der mobilen Haushalte auf ihre Entscheidungen, berücksichtigen, d.h. zu antizipieren versuchen, so können die Regionen als strategisch handelnd oder synonym dazu als groß bezeichnet werden.

Die Bedingungen für globale Effizienz ergeben sich dann durch Lösen der folgenden Optimierungsaufgabe:

$$max\ (x_i, y_i, N_i): \qquad U_i(x_i, y_i / N_i^\alpha)$$

$$u.d.N.: \quad U_j(x_j, y_j / N_j^\alpha) = \overline{U}_j$$

$$F_i(\overline{L}_i, N_i) + F_j(\overline{L}_j, N_j) - N_i x_i - N_j x_j - y_i - y_j = 0$$

$$N_i + N_j - N = 0$$

Nullsetzen der ersten Ableitungen der zugehörigen Lagrange-Funktion nach x_i, y_i und N_i liefert nach einigen Umformungen als notwendige Bedingungen für ein Maximum:

$N_i^{1-\alpha} U_i^y / U_i^x = 1 \quad (i = 1,2) \quad$ und $\hspace{4cm}$ (3)

$F_i^N - x_i - \alpha y_i / N_i = F_j^N - x_j - \alpha y_j / N_j \quad (i,j = 1, 2; i \neq j) \hspace{1.5cm}$ (4)

(3) ist die Bedingung für eine effiziente Verteilung des regionalen Outputs zwischen dem privaten und dem öffentlichen Sektor (Bereitstellungseffizienz). Sie entspricht für $\alpha = 0$ der bereits aus den vorangegangenen Abschnitten bekannten Samuelson-Bedingung, nach der die Summe der Grenzraten der Substitution der Grenzrate der Transformation, die hier gleich eins ist, entspricht.
(4) ist die Bedingung für die effiziente räumliche Verteilung des mobilen Faktors Arbeit. Räumliche Effizienz ist dann gegeben, wenn das Grenzprodukt eines Arbeiters abzüglich dessen, was er an privatem Konsum und an der Nutzung des öffentlichen Gutes (bei $\alpha > 0$) in Anspruch nimmt, in allen Jurisdiktionen gleich ist.
Die im folgenden zu erörternde Frage ist nun, inwieweit beide Bedingungen bei dezentraler Finanzautonomie der Gebietskörperschaften erfüllt werden.

3. Erfüllung der Effizienzbedingungen bei dezentraler Finanzpolitik?

Dazu sei zunächst die aus Sicht der einzelnen Jurisdiktion optimale Bevölkerungsgröße abgeleitet. Hierbei sei unterstellt, daß die einzelne Jurisdiktion *klein ist in dem Sinne, daß sie jeden Einfluß ihrer finanzpolitischen Aktivitäten auf die gesamtwirtschaftlichen Faktorwanderungen ignoriert* -Boadway und Flatters (aaO, 616) bezeichnen ein solches Verhalten der Regionalregierungen als *myopisch*. Eine Regionalregierung steht dann vor dem Problem, die optimale Menge des öffentlichen Güterangebots bei gegebener regionaler Bevölkerungsaufteilung zu bestimmen.
Dies kann mithilfe der folgenden Funktion geschehen, die die Beziehung zwischen regionaler Bevölkerungsgröße und -maximalem- regionalen Nutzenniveau darstellt (Boadway und Flatters aaO, 617):

$$V_i(N_i) = \max(y) \, U_i \left[\frac{F_i(N_i, \overline{L}_i) - y_i}{N_i}, \frac{y_i}{N_i^\alpha} \right] \hspace{3cm} (5)$$

Der erste Term in der eckigen Klammer beschreibt den pro-Kopf-Konsum des privaten

Gutes, da gilt: $F_i(N_i, \overline{L}_i) = N_i x_i + y_i$.

Die V-Funktion bestimmt den maximalen Nutzenwert bei alternativen Bevölkerungsgrößen, wenn sich die Regionalregierung myopisch verhält, d.h. die Regionalregierung bestimmt zu jedem N_i-Wert den optimalen y_i-Wert, ohne dabei zu berücksichtigen, daß Wanderungen induziert werden können. Wird (5) hinsichtlich der Bevölkerungsgröße N_i maximiert, erhält man unter Berücksichtigung des Enveloppen-Theorems mit $dV_i / dN_i = \partial U_i / \partial N_i$ und unter Verwendung von (4):

$$V_i^N = U_i^x (F_i^N - x_i - \alpha y_i / N_i) \frac{1}{N_i} \hspace{3cm} (6)$$

Danach ist die optimale Bevölkerungsgröße $(V_i^N = 0)$ dann erreicht, wenn gilt:

$$F_i^N - x_i - \alpha y_i / N_i = 0 \hspace{3cm} (7)$$

Das Grenzprodukt der Arbeit ist dann gleich dem pro-Kopf-Konsum des privaten Guts einschließlich der durch die zusätzliche Überfüllung auftretenden Nutzenminderung bei der Inanspruchnahme des öffentlichen Gutes.

Die aus Sicht der Regionen optimale Bevölkerungsgröße ist jedoch nicht unbedingt die aus gesamtwirtschaftlicher Sicht optimale Bevölkerungsgröße der jeweiligen Region und auch nicht unbedingt diejenige, die bei vollkommener Haushaltsmobilität tatsächlich realisiert wird. Dies sei anhand des folgenden Falles demonstriert (vgl. Flatters, Henderson und Mieszkowski 1974, 107, Stiglitz 1977, 299 f. Arnold 1992, 294 ff.):

Angenommen, Jurisdiktion 1 verfüge über mehr Land oder eine größere Ausstattung mit natürlichen Ressourcen als Jurisdiktion 2. Dann kann Jurisdiktion 1 bei jeweils gleicher Einwohnerzahl einen größeren regionalen Qutput erwirtschaften. Demzufolge ist der pro-Kopf-Nutzen in 1 bei gleicher Einwohnerzahl höher als in 2. In Abb. 7 ist ein möglicher Verlauf der entsprechenden V-Funktionen für beide Jurisdiktionen eingezeichnet. Die Länge der Abszisse des zugehörigen Koordinatensystems gibt die Gesamtbevölkerung der Modellwirtschaft an, die Einwohnerzahl in der Jurisdiktion 1 wird von links nach rechts, die der Jurisdiktion 2 umgekehrt gemessen. An den Ordinaten werden die regionalen pro-Kopf-Nutzen abgetragen. Die jeweiligen regionalen Optima liegen nach dem Verlauf der entsprechenden V-Kurven bei N_1^* und N_2^*. Bei vollkommener Haushaltsmobilität wird aber das Migrationsgleichgewicht

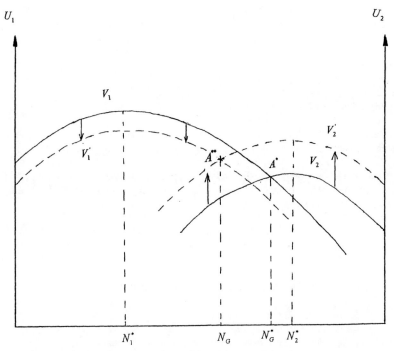

Abbildung 7: Ineffizientes Migrationsgleichgewicht bei dezentraler Finanzautonomie

N_G^* realisiert. So lange ausgehend von einem Punkt links von N_G^* das Nutzenniveau pro Kopf in Körperschaft 1 größer als in Körperschaft 2 ist, werden Haushalte von 2 nach 1 wandern. Dieser Migrationsprozeß kommt erst bei N_G^* bei gleichem interjurisdiktionellen Nutzenniveau zum Stillstand. Der umgekehrte Wanderungsprozeß findet statt, wenn man von einem Punkt rechts von N_G^* ausgeht: Dann werden so lange Haushalte von Region 1, wo ein niedrigeres pro-Kopf-Nutzenniveau als in Region 2 besteht, nach Region 2 wandern, bis in Punkt N_G^* ein Wanderungsgleichgewicht bei interregional gleichem Nutzenniveau erreicht ist. Im Punkt N_G^* sind beide Regionen gemessen am regionalen Optimum übervölkert ($N_G^* > N_1^*$, $N_G^* > N_2^*$). Gleichzeitig aber ist die Bevölkerungsverteilung im Migrationsgleichgewicht N_G^* ineffizient, denn es ist möglich, durch einen Realtransfer von Teilen des in Jurisdiktion 1 produzierten individuell verbrauchbaren Gutes nach Jurisdiktion 2 -in Abb. 7 dargestellt durch eine Verschiebung der V-Kurven hin zu den gestrichelten Linien V_1' und V_2'- ein alternatives Migrationsgleichgewicht N_G zu induzieren, in dem die Haushalte beider Jurisdiktionen gegenüber der Situation N_G^* bessergestellt sind. Da allerdings die annahmegemäß myopisch handelnden Gebietskörperschaften den Einfluß ihrer Politik auf die Wanderungsbewegungen der Haushalte nicht realisieren, besteht für sie kein Anreiz, freiwillig auf Konsummöglichkeiten zu verzichten und interjurisdiktionelle Transferleistungen zu erbringen.

Die Frage ist, warum der Migrationsprozeß bei myopischem Verhalten der Regionalregierungen und privaten Haushalte häufig zu einer ineffizienten Gleichgewichtslösung tendiert, bzw. in welchen Fällen das sich bei vollkommener Haushaltsmobilität ergebende Migrationsgleichgewicht zugleich das soziale Optimum darstellt. Zur Beantwortung dieser Frage seien zunächst die potentiellen migrationsbedingten Ineffizienzen analysiert (im folgenden unter a.) und sodann das sich bei dezentraler Finanzautonomie und myopischem Verhalten der Regionalregierungen ergebende Migrationsgleichgewicht mit dem Pareto-Optimum für die Gesamtwirtschaft verglichen (im folgenden unter b.).

a.) Nach Gleichung (4) müssen im gesamtwirtschaftlichen Optimum die Nettogrenznutzen aus Haushaltsmigrationen in allen Gebietskörperschaften gleich sein. Mit Hilfe von (6) kann berechnet werden, wie sich der maximale Nutzen für die in einer Jurisdiktion i ansässigen Haushalte ändert, wenn ein einzelner Haushalt zuwandert. Dazu wird die Ableitung der V-Funktion mit N_i multipliziert (Boadway und Flatters aaO, 620). Es gilt dann:

$$N_i V_i^N = U_i^x (F_i^N - x_i - a y_i / N_i) = U_i^x (F_i^N - F_i / N_i + (1-\alpha) y_i / N_i)$$

Dividiert man durch U_i^x, so erhält man unter Berücksichtigung von (1) und (2) aus (4) als alternativen Ausdruck für den Grenznutzen (GN) aus der Zuwanderung eines zusätzlichen Haushalts für die anderen Haushalte einer Jurisdiktion i bzw. *als Ausdruck dafür, was die anderen Haushalte in Jurisdiktion i bereit sind, für die Zuwanderung eines weiteren Haushalts an Konsum zu opfern*:

$$GN_i = N_i V_i^N / U_i^x = (1-\alpha) y_i / N_i - R_i / N_i \qquad i = 1, 2 \qquad (7a)$$

Dieser Grenznutzen besteht aus zwei Komponenten:
Die erste Komponente kann als *fiskalische Externalität* bezeichnet werden (Boadway und Flatters aaO, 621), die durch Zuwanderung eines Haushalts induziert wird. Sie kommt dadurch zustande, daß der neu hinzukommende Haushalt den Steuerpreis

y_i / N_i reduziert, abzüglich dessen was er an Überfüllungskosten durch Nutzungsrivalität (ausgedrückt durch $-(\alpha y_i / N_i)$) erzeugt.

Die zweite Komponente bezieht sich auf die *Rententeilung* („rent sharing") und kommt dadurch zustande, daß der neu hinzutretende Einwohner einen Anteil an der Landrente der Jurisdiktion erhält, wodurch der in der Jurisdiktion pro Kopf der Bevölkerung zur Verfügung stehende Landrentenanteil entsprechend sinkt.

b.) Um das Volumen der migrationsbedingten Ineffizienzen bestimmen zu können, wird nun das sich bei vollständiger Haushaltsmobilität und dezentraler Finanzautonomie ergebende Migrationsgleichgewicht mit dem gesamtwirtschaftlichen Pareto-Optimum verglichen. Das Migrationsgleichgewicht, das dadurch gekennzeichnet ist, daß für einen -marginalen- Haushalt eine Wanderung von einer Jurisdiktion in eine andere keine Nutzensteigerung mehr bringt, ist nämlich nur dann pareto-optimal, wenn auch der *gesamtwirtschaftliche Nettonutzen (NN)* aus der Wanderung eines Haushalts von einer Jurisdiktion in eine andere Null beträgt. Unter Verwendung von (7) ergibt sich für den gesamtwirtschaftlichen Nettonutzen (Boadway und Flatters aaO, 621):

$$NN = GN_i - GN_j = \left[(1-\alpha)y_i / N_i - (1-\alpha)y_j / N_j\right] - \left[R_i / N_i - R_j / N_j\right] \quad i,j = 1,2; \ i \neq j \qquad (8)$$

Diese Gleichung entspricht für den Fall NN = 0 der Bedingung (4) für räumliche Effizienz. Damit NN = 0 gilt, müssen sich die Differenzen aus den fiskalischen Externalitäten und den Rententeilungen gerade ausgleichen. Dies wird, wie Boadway und Flatters (aaO, 622) annehmen, aber nur ausnahmsweise der Fall sein.

Ist der gesamtwirtschaftliche Nettonutzen ungleich Null, so ist zur Herstellung globaler Effizienz ein interjurisdiktioneller Finanzausgleich dergestalt zu leisten, daß NN nach Durchführung der Transferleistungen gerade Null ist. Sei der zu leistende interjurisdiktionelle Transfer mit S bezeichnet, so muß gelten:

$$NN = \left[(1-\alpha)y_i - R_i + S\right]/N_i - \left[(1-\alpha)y_j - R_j - S\right]/N_j = 0 \quad \text{bzw.}$$

$$S_{ij} = \frac{N_i N_j}{N_i + N_j} \left[\frac{(1-\alpha)y_j}{N_j} - \frac{(1-\alpha)y_i}{N_i} + \left(\frac{R_i}{N_i} - \frac{R_j}{N_j} \right) \right] \quad i,j = 1, 2; \ i \neq j \ ^1 \qquad (9)$$

Weil die annahmegemäß myopisch handelnden Regionalregierungen den Einfluß ihrer finanzpolitischen Entscheidungen auf die Wanderungen der mobilen Arbeitskräfte und damit auch die räumliche Effizienz ignorieren, besteht für sie allerdings kein Anreiz, freiwillig effizienzsichernde Transferleistungen zu erbringen.

Das sich bei vollkommener Haushaltsmobilität und dezentraler Finanzautonomie einstellende Migrationsgleichgewicht ist deshalb in aller Regel gesamtwirtschaftlich ineffizient. In diesem Fall muss eine über den Regionalregierungen stehende Zentralinstanz korrigierend in den dezentralen Allokationsprozeß eingreifen und einen Finanzausgleich zwischen den Regionen organisieren und durchführen.

---

^{1} Im Falle $S_{ij} > 0$ ist ein entsprechender Transfer von Region i nach j, im Falle $S_{ij} < 0$ von Region j nach i zu leisten. Insgesamt ist der optimale Finanzausgleich so zu gestalten, daß er die Unterschiede in den fiskalischen Nettonutzen und in den pro-Kopf-Renten, jeweils gewichtet mit der Bevölkerung in der anderen Region, zum Ausgleich bringt.

4. Modellvariationen

An dem Ergebnis, daß das sich bei vollkommener Arbeitskräftemobilität und dezentraler Finanzautonomie einstellende Migrationsgleichgewicht in aller Regel gesamtwirtschaftlich ineffizient ist, ändert sich auch dann nichts, wenn nunmehr die bisherige Annahme der Rententeilung aufgegeben und stattdessen unterstellt wird, daß *jeder Haushalt unabhängig von seinem Wohnsitz in allen Jurisdiktionen über den gleichen Anteil 1/N an dem fixen Faktor Land verfügt:*

Zwar verändert sich in einem solchen Fall die Budgetrestriktion der privaten Haushalte in:

$$x_i = F_i^N - t_i + \left[R_i(1-\upsilon_i) + R_j(1-\upsilon_j)\right]/N \qquad (1')$$

bzw. unter Einbeziehung der staatlichen Budgetrestriktion (2) in:

$$x_i = F_i^N - y_i/N_i + \upsilon_i R_i/N_i + \left[R_i(1-\upsilon_i) + R_j(1-\upsilon_j)\right]/N \qquad i,j = 1, 2; i \neq j$$

und die Bedingung für einen effizienzsichernden Realtransfer zwischen den Jurisdiktionen in:

$$S_{ij} = \frac{N_i N_j}{N_i + N_j}\left[\frac{y_j(1-\alpha)}{N_j} - \frac{y_i(1-\alpha)}{N_i} + \left(\frac{\upsilon_i R_i}{N_i} - \frac{\upsilon_j R_j}{N_j}\right)\right] \qquad (9')$$

(wobei der Klammerausdruck ($\upsilon_i R_i/N_i - \upsilon_j R_j/N_j$) die interjurisdiktionelle Differenz im pro-Kopf-Steueraufkommen aus der Landrentenbesteuerung beschreibt), doch bleibt das Verhalten der Regionalregierungen ein myopisches im oben beschriebenen Sinne und ist es auch jetzt eher unwahrscheinlich, daß sich die interjurisdiktionelle Differenz aus der pro-Kopf-Ausstattung mit dem öffentlichen Gut ($y_j(1-\alpha)/N_j - y_i(1-\alpha)/N_i$) und jene im pro-Kopf-Aufkommen aus der Landrentensteuer gerade ausgleichen.

3.2.2. Modellerweiterungen: Kapitalmobilität, öffentliche Zwischenprodukte und Mobilitätshemmnisse

Das Grundmodell des vorangegangenen Abschnitts war vergleichsweise einfach konstruiert, um die daraus abzuleitenden Ergebnisse möglichst prägnant darstellen zu können. Es kann jedoch problemlos in verschiedene Richtungen erweitert werden, ohne daß dadurch die wesentlichen Aussagen oder die abgeleitete Struktur des effizienzsichernden Finanzausgleichs verändert würden. Wichtige Modellerweiterungen sind z. B. die Integration des privaten Faktors Kapital[1] als weiteren

---

[1] Der mobile Faktor Kapital kann vergleichsweise einfach in das Modell des Abschnitts 3.2.1. integriert werden, indem die regionale Produktionsfunktion nunmehr als $F_i = F_i(K_i, L_i, N_i)$ geschrieben und angenommen wird, daß K_i (i=1,2) entsprechend seinem Wertgrenzprodukt entlohnt wird. Das gesamtwirtschaftliche Maximierungsproblem des Abschnitts 3.2.1. würde sich dann dahingehend verändern, daß nunmehr nach den Gütern x_i und y_i (Bereitstellungseffizienz) und nach den mobilen Faktoren N_i und K_i (räumliche Effizienz) zu maximieren und als weitere Nebenbedingung $K_i + K_j - K = 0$ in den Optimierungsansatz aufzunehmen wäre.

mobilen Produktionsfaktor neben dem Faktor Arbeit, die Einführung eines -lokal-öffentlichen Faktors (Zwischenprodukts), der als staatliche Infrastruktur interpretiert werden kann, sowie die Einführung von Mobilitätsbarrieren im Hinblick auf den Faktor Arbeit durch die explizite Berücksichtigung unterschiedlicher Mobilitätsgrade der privaten Haushalte.

Ein Modell dezentraler Finanzpolitik bei hoher Faktormobilität, das die oben genannten Erweiterungen ebenfalls berücksichtigt, das aber aufgrund anderer Prämissen zu einer ganz anderen Zielrichtung interregionaler Finanzausgleichsleistungen kommt, wurde von Richter und Wellisch (1993; ähnlich dies. 1996 sowie Wellisch 1995) entwickelt.

Im Ansatz von Richter und Wellisch wird der Existenz von Wanderungsbarrieren im Hinblick auf den Faktor Arbeit durch die Modellierung zweier unterschiedlicher Haushaltstypen, vollkommen mobile und vollkommen immobile Haushalte, Rechnung getragen. Beide Haushaltstypen bestehen jeweils aus identischen Vertretern mit der üblichen quasi-konkaven Nutzenfunktion. Die Zahl der mobilen Haushalte ist für die gesamte Wirtschaft exogen vorgegeben. Jeder Haushalt bietet wiederum genau eine Einheit Arbeit an. Es sei angenommen, lediglich die immobilen Haushalte besäßen Land.

Neben den Faktoren Arbeit und Land wird der Faktor Kapital als weiterer privater Produktionsfaktor eingeführt, der als vollkommen mobil modelliert und nach seinem Wertgrenzprodukt entlohnt wird.

In der Modellwirtschaft existiere ferner eine exogen gegebene Anzahl identischer mobiler Unternehmen, die sich auf die Regionen verteilen.[1] In die identischen Produk-

---

Neben den Bedingungen (3) und (4) aus Abschnitt 3.2.1. würde sich als weitere notwendige Bedingung für ein Maximum ergeben: $F_i^K = F_j^K$
d.h. im gesamtwirtschaftlichen Optimum müßten auch die Grenzproduktivitäten des Faktors Kapital in beiden (allen) Regionen übereinstimmen.
Ob die Regionalregierungen in einem dezentralen Migrationsgleichgewicht (bezogen auf die Wanderungen *beider* mobiler Faktoren, Arbeit und *Kapital*) die Bedingungen für das gesamtwirtschaftliche Optimum erfüllen, hängt nunmehr zusätzlich von der Besteuerung des Faktors Kapital ab. Wird zusätzlich zu den Annahmen des Abschnitts 3.2.1. unterstellt, daß jeder Haushalt in der Gesamtwirtschaft unabhängig von seinem Wohnsitz über den selben Anteil 1/N am mobilen Faktor Kapital verfügt und jede Region eine Kapitalsteuer δ_i nach dem Quellenprinzip erhebt, so ist die rechte Seite der Budgetrestriktion (1) bzw. (1') des Abschnitts 3.2.1. um den Term
$\left[F_i^K (1 - \delta_i) K_i + F_j^K (1 - \delta_j)(\overline{K} - K_i) \right] / N$ zu ergänzen und die rechte Seite der Bedingung (9) bzw. (9') für einen effizienzsichernden Transfer zwischen den Regionen um den Term

$$\frac{N_i N_j}{N_i + N_j} \left(\frac{\delta_i F_i^K K_i}{N_i} - \frac{\delta_j F_j^K K_j}{N_j} \right)$$

der besagt, daß im Rahmen eines wanderungssteuernden Transfers Unterschiede in den regionalen Kapitalertragssteuereinnahmen auszugleichen sind.
[1] Damit unterscheiden Richter und Wellisch, anders als die meisten vergleichbaren Modelle zur Effizienz dezentraler Finanzpolitik in offenen Föderationen, explizit zwischen Kapital- und Unternehmensmobilität. Eine solche Unterscheidung ist dann relevant, wenn die Produktionsfunktionen der Unternehmen nicht linear-homogen sind und/oder öffentliche Vorleistungen angeboten werden, bei denen unvollkommene Nutzungsrivalität herrscht. Dann ist die effiziente Anzahl, Größe und räumliche Verteilung mobiler Unternehmen ein eigenständiges, von der Frage der effizienten räumlichen Verteilung der Produktionsfaktoren zu unterscheidendes, Problem (Richter und Wellisch 1993, 438).

tionsfunktionen der Unternehmen findet neben den privaten Faktoren Land, Arbeit und Kapital ein regional bereitgestellter, nur von den in der bereitstellenden Jurisdiktion ansässigen Unternehmen nutzbarer, öffentlicher Faktor Eingang. Die Bereitstellung des lokal öffentlichen Faktors verursache Kosten, die sowohl mit dem Versorgungsniveau als auch mit der Zahl der in der Jurisdiktion ansässigen Unternehmen steigen.

Die für alle Unternehmen der Jurisdiktion identische Produktionsfunktion F sei strikt konkav in den privaten Faktoren Land, Arbeit und Kapital. Ein Homogenitätsgrad von eins oder größer eins mag sich durch die Einbeziehung des regional öffentlichen Faktors ergeben. Für die im Modell von Richter und Wellisch hergeleiteten Ergebnisse kann die Frage des Homogenitätsgrades bzw. die Existenz von Größenvorteilen jedoch letztendlich offenbleiben.

Die Regionalregierungen maximieren annahmegemäß den Nutzen der immobilen Haushalte. Dies wird damit begründet, daß der Nutzen mobiler Haushalte durch eine einzelne Jurisdiktion nicht beeinflußt werden kann, dieser vielmehr durch das Migrationsgleichgewicht restringiert wird (Richter und Wellisch aaO, 436, 439). Der Nutzen eines Haushalts besteht aus dem Konsum eines privaten und eines regional öffentlichen Konsumgutes, dessen Nutzen durch Gebietsfremde ausgeschlossen ist. Die Bereitstellung des öffentlichen Konsumgutes verursache Kosten, die sowohl mit dem Versorgungsniveau als auch mit der Zahl der Nutznießer steigen.

Zur Finanzierung des öffentlichen Gutes und des öffentlichen Produktionsfaktors wird neben einer regionalen Lohnsteuer für die mobilen und immobilen Haushalte -mit vom Mobilitätsgrad abhängigen unterschiedlichen Steuersätzen- und einer pauschalen, standortabhängigen Unternehmenssteuer eine Steuer auf die Landrente erhoben.

Unter der Annahme vollkommener Faktormärkte und gewinnmaximierenden Verhaltens entlohnen die Unternehmen die Faktoren nach ihrem Wertgrenzprodukt.

Die Regionen seien klein in dem Sinne, daß sie sowohl die sich auf den Faktor- und Gütermärkten bildenden Preise als auch die Migrationen der Produktionsfaktoren und Unternehmen und die Politik der übrigen Regionen als gegeben hinnehmen.

Im gesamtwirtschaftlichen Optimum müssen die folgenden Bedingungen erfüllt sein:

(1) Die Samuelson-Bedingung für die effiziente Bereitstellung des lokal öffentlichen Gutes analog Gleichung (3) des vorangegangenen Abschnitts. Im Sinne Samuelsons muß die soziale marginale Zahlungswilligkeit den Grenzkosten entsprechen. Da gebietsexterne Nutzungen ausgeschlossen sind, ergibt sich die soziale Zahlungswilligkeit durch Summierung über die in der Region ansässigen Individuen.

(2) Die der Bedingung für die effiziente Bereitstellung des lokal öffentlichen Konsumgutes entsprechende Formel für die effiziente Bereitstellung des öffentlichen Faktors: die über alle regional ansässigen Unternehmen aufsummierten Grenzerträge produktiver öffentlicher Vorleistungen müssen deren Grenzkosten entsprechen.

(3) Die der Gleichung (4) des vorangegangenen Abschnitts entsprechende Bedingung für die effiziente räumliche Verteilung mobiler Haushalte sowie

(4) die dazu analoge Bedingung für die effiziente räumliche Verteilung von Unternehmen.

Der soziale Nettozuwachs, den die Ansiedlung eines Haushalts bzw. eines weiteren Unternehmens der Region verspricht, muß über alle Regionen zum Ausgleich gebracht werden. Sonst scheint es aus der Sicht eines zentralen Planers wünschenswert, Haushalte bzw. Unternehmen umzusiedeln. Der Nettozuwachs ergibt sich durch Saldierung von Erträgen und Kosten. Bei Haushalten bestimmt sich der Ertrag durch das Grenzprodukt der Arbeit. Dem stehen soziale Kosten in Gestalt des privaten Güterverzehrs und der marginalen Verdrängungskosten bei Nutzung teilrivaler öffentlicher Güter gegenüber. Auf Seiten der Unternehmen bestimmt sich der Ertrag durch den ökonomischen Gewinn. Diesem sind die bei der Bereitstellung öffentlicher Vorleistungen entstehenden Rivalitätskosten gegenüberzustellen.

(5) Schließlich die Bedingung für die effiziente räumliche Veteilung von Kapital. Effizienz verlangt hier, daß die Grenzproduktivitäten zwischen den Regionen zum Ausgleich gebracht werden.

Richter und Wellisch zeigen nun, daß unter bestimmten Voraussetzungen autonom handelnde Regionalregierungen die Bedingungen für globale Effizienz erfüllen, ohne daß verhaltenskorrigierende Transfers notwendig sind. Das ist nach Richter und Wellisch dann der Fall, wenn entweder der Faktor Land in einer Region vollständig im Besitz der ansässigen immobilen Haushalte ist oder die Landrenten konfiskatorisch besteuert werden können, da es in diesem Fall möglich sei, fiskalischen Bedarf über eine effiziente Landrentenbesteuerung zu befriedigen.[1] Die Regionalregierungen werden in diesem Fall mobile Unternehmen und Haushalte von sich aus effizient, und das heißt hier genau entsprechend den von ihnen ausgehenden Ballungskosten, besteuern. Steht jedoch der immobile Faktore nicht vollständig im Besitz der immobilen Einwohner der Region und ist -wie etwa aufgrund des Art. 14 GG in der Bundesrepublik Deutschland- eine konfiskatorische Besteuerung der Landrenten nicht möglich, so daß die Regionalregierungen nicht über die gesamte Landrente ihres Hoheitsgebietes verfügen können, so führen dezentrale Entscheidungen nach Richter und Wellisch nicht mehr zu einem globalen Effizienzgleichgewicht. Und zwar werden die Regionen mit einem hohen Landrentenabsorptionsdefizit mobile Haushalte und Unternehmen in einem, verglichen mit Regionen mit einem niedrigen Defizit, zu hohem Maße besteuern und den lokal öffentlichen Faktor in einem zu geringen Maße anbieten, so daß die Bedingungen für eine effiziente räumliche Verteilung mobiler Haushalte und Unternehmen und für eine effiziente Bereitstellung öffentlicher Zwischenprodukte verletzt werden. Der Grund dafür ist folgender: Die Bereitstellung des lokal öffentlichen Faktors steigert cet. par. die Produktivität des Faktors Land. Das gilt auch für den Zuzug mobiler Arbeitskräfte und mobiler Unternehmen. Bei unvollständiger Landrentenabsorption und einer Entlohnung der Faktoren entsprechend ihrem Grenzwertprodukt profitieren auch Gebietsfremde von dem Produktivitätswachstum. Dieser positive Effekt wird von den regionalstaatlichen Entscheidungsträgern, die annahmegemäß nur das Wohl der eigenen Bevölkerung im Auge haben, nicht internalisiert. Sie setzen deshalb in ihrem Entscheidungskalkül den Grenznutzen des lokal öffentlichen Faktors zu niedrig und die Differenz zwischen den (sozialen) Kosten und Erträgen einer Haushalts- oder Unternehmenszuwanderung zu hoch an.

Bemerkenswerterweise werden im Modell von Richter und Wellisch bei einem Landrentenabfluß nicht alle genannten Bedingungen für globale Effizienz verletzt. So bleibt zum einen eine räumlich effiziente Kapitalallokation gewahrt, da im Modell keine -verzerrenden- Kapitalsteuern erhoben werden. Zum anderen wird die Be-

---

[1] Allerdings steht diese Aussage u. a. unter dem Vorbehalt, daß die Regionen mobile und immobile Haushalte in ihrem Hoheitsgebiet unterschiedlich besteuern können. Für eine Differenzierung der persönlichen Besteuerung nach dem Mobilitätsgrad fehlt indes z.B. in der Verfassungswirklichkeit der Bundesrepublik Deutschland jeder Anhaltspunkt.

dingung für eine effiziente Bereitstellung des lokal öffentlichen Konsumgutes erfüllt. Der Grund dafür ist, daß bei der Bereitstellung lokal öffentlicher Güter die Erträge nur in der Region anfallen, da annahmegemäß nur die Einwohner die Güter nutzen können, anders als bei der Bereitstellung lokal öffentlicher Vorleistungen also keine positiven externen Effekte in Form erhöhter Landrenten entstehen. Zwar mag auch manches öffentliche Konsumgut, wie etwa der Bau eines Schwimmbades oder Golfplatzes, die Attraktivität eines Standortes in den Augen der Konsumenten erhöhen. Dieser Effekt kann jedoch nicht die Produktivität der immobilen Faktoren erhöhen, sondern ist rein pekuniärer Natur und folglich in der von Richter und Wellisch angestellten paretianischen Analyse zu vernachlässigen.

Die Konsequenz für Richter und Wellisch aus den beschriebenen Ineffizienzen ist die Forderung nach einem interjurisdiktionellen Finanzausgleich in Form verhaltens-korrigierender Transferzahlungen zwischen den Regionen: Sollen bei Existenz gebietsfremder Bodeneinkommen und der Unmöglichkeit einer konfiskatorischen Besteuerung von Landrenten dezentrale Entscheidungen globale Effizienz gewähr-leisten, muß ein verhaltenskorrigierender Transfer sicherstellen, daß sich die Regionalregierung so verhält, als ob die Landrente vollständig in der Region absorbiert würde, in der sie anfällt. Ein Transfer in Höhe der Differenz zwischen dem bei Erhebung der rechtlich maximal zulässigen Steuersätze verbleibenden Landrentenab-sorptionsdefizit einer Region und dem über alle Regionen gemittelten Absorp-tionsdefizit erfüllt nach Richter und Wellisch diese Bedingung. Regionen mit einem überdurchschnittlich hohen Landrentenabfluß sind dann Nettoempfänger von Finanztransfers, während Regionen mit relativ geringem Abfluß Nettozahler sind. Zwar hätte ein solchermaßen ausgestalteter Finanzausgleich nichts mit dem an der unterschiedlichen Finanzkraft orientierten bundesrepublikanischen Ausgleichssystem gemein, sondern würde dieses geradezu auf den Kopf stellen (ein hohes Landrentenab-sorptionsdefizit setzt nicht zuletzt ein entsprechend hohes Landrentenvolumen und dieses wiederum eine entsprechend reichliche Faktorausstattung einer Region voraus), doch dürfe dieser Umstand keine Rolle spielen: „Technisch ausgedrückt geht es in erster Linie um die Initiierung von Substitutionswirkungen und weniger um Einkommenseffekte" (S. 435).

3.3. Arbeitsmobilität und dezentrale Finanzpolitik großer Staaten

Im Grundmodell des Abschnitts 3.2.1. wurde ausgehend von der Annahme myopisch handelnder Regionalregierungen, die ihre Politikaktivitäten danach ausrichten, das Nutzenniveau der Haushalte in ihrem Hoheitsgebiet zu maximieren, ohne die durch ihre Aktivitäten ausgelösten Migrationsprozesse in ihrem Entscheidungskalkül zu berücksichtigen, die Frage der Effizienz dezentraler Finanzpolitik bei hoher Haushaltsmobilität erörtert. Dabei stellte sich heraus, daß das sich ergebende Migrationsgleichgewicht in der Regel gesamtwirtschaftlich suboptimal ist, es kommt also zu einem dezentralen Politikversagen.

Im folgenden soll die restriktive Annahme rein myopisch handelnder Regionalregierungen aufgegeben und stattdessen in Anlehnung an ein Modell von Myers (1990) angenommen werden, daß die Jurisdiktionen in dem Sinne strategisch handeln, daß sie bei ihren Entscheidungen auch die Migrationsreaktionen mobiler Haushalte berücksichtigen. Im hier verwendeten Modellrahmen soll es sich dann um *große* Jurisdiktionen, deren Verhalten mithilfe eines spieltheoretischen Ansatzes beschrieben wird, handeln.

Ausgegangen sei wiederum vom Modell des Abschnitts 3.2.1. mit der Maßgabe, daß die Gesamtwirtschaft nunmehr aus zwei großen Jurisdiktionen bestehe.[1] Anders als bei Boadway und Flatters (1982) rechnen jetzt die Regionalregierungen damit, daß ihre finanzpolitischen Aktivitäten Wanderungsreaktionen der privaten Haushalte auslösen (können). Letztere seien in das Modell integriert durch sogenannte Migrationsreaktionsfunktionen, die den Zusammenhang zwischen der regionalen Bevölkerungsentwicklung und dem Einsatz der regionalen Politikinstrumente beschreiben. Zu den Politikinstrumenten zählen grundsätzlich nicht nur Steuern zur Finanzierung der regional bereitgestellten öffentlichen Güter, sondern auch interregionale Transfers, die an andere Jurisdiktionen zum Ausgleich wanderungsbedingter Ineffizienzen geleistet werden können.

Es sei angenommen, daß sich die Regierungen der Jurisdiktionen *nichtkooperativ* verhalten und bei ihren Entscheidungen von einer gegebenen Politik in der jeweils anderen Jurisdiktion ausgehen. Wie am Ende des Abschnitts 3.2.1. unterstellt, seien Wohnsitz und Grundeigentum der privaten Haushalte voneinander getrennt, so daß die Bewohner der Jurisdiktion i Landeigentum in Jurisdiktion j besitzen können und umgekehrt. Anstelle der Landrentensteuer der vorangegangen Abschnitte werde nun eine Quellensteuer ω auf den Grundbesitz erhoben. Im übrigen mögen die Annahmen des Abschnitts 3.2.1. weiter gelten.[2] Die Budgetrestriktion für Jurisdiktion i lautet dann (Myers 1990, 111):

$$F_i(N_i, \overline{L}_i) - y_i - N_i x_i - N_j(R_i - \omega_i \overline{L}_i)/N + N_i(R_j - \omega_j \overline{L}_j)/N = 0 \quad i,j = 1,2. \tag{1}$$

Dabei gibt $N_j(R_i - \omega_i \overline{L}_i)/N$ mit i,j = 1,2 den Teil der Landrente in Jurisdiktion i an, der nach Abzug der Grundsteuer in die Jurisdiktion j abfließt. Das bedeutet, die regionale Produktion deckt den Konsum des privaten Gutes, des öffentlichen Gutes und interjurisdiktionelle Landrentenabflüsse ab. Aus (1) kann gleichzeitig die Budgetrestriktion der privaten Haushalte abgeleitet werden. Diese lautet:

$$x_i = (F_i - y_i - S_{ij} + S_{ji})/N_i, \text{ mit } S_{ij} = N_j(R_i - \omega_i \overline{L}_i)/N. \tag{2}$$

Die Regierungen der Jurisdiktionen stehen nun vor dem Problem, das Nutzenniveau ihrer Einwohner durch den Einsatz der Politikinstrumente y, dessen Höhe sich wiederum aus den regionalen Steuersätzen t_i und ω_i ergibt, und S zu maximieren. Dabei berücksichtigen sie, daß jede Veränderung ihrer Politik Wanderungsbewegungen der privaten Haushalte auslösen und daß sich letztlich, so Myers (aaO), bei vollkommener Haushaltsmobilität ein Migrationsgleichgewicht einstellen wird, das durch ein gleiches Nutzenniveau des marginalen „Wanderungshaushalts" in beiden Jurisdiktionen gekennzeichnet ist, d.h. $U_i = U_j$. Das Maximierungsproblem der einzelnen Jurisdiktion lautet dann (Myers, S. 112):

---

[1] Mansoorian und Myers (1993) zeigen, daß die im folgenden abgeleiteten Ergebnisse auch in einer Modellwirtschaft mit N Jurisdiktionen gelten, soweit sich die Jurisdiktionen in dem oben beschriebenen Sinne strategisch verhalten.

[2] Myers unterstellt aus Vereinfachungsgründen, daß hinsichtlich des öffentlichen Gutes keine Nutzungsrivalität besteht, d.h. $\alpha = 0$. Wegen der größeren Realitätsnähe soll im folgenden aber weiterhin $0 \le a \le 1$ sein.

$$\max(y_i, S_{ij}) \quad U_i\left[F_i(N_i, \overline{L}_i)/N_i - y_i/N_i - S_{ij}/N_i + S_{ji}/N_i, y_i/N_i^\alpha\right] \tag{3}$$

u.d.N. $U_i = U_j$ mit $y_i, S_{ij} \geq 0$, i,j = 1,2, i ≠ j.

Die Nebenbedingung $U_i = U_j$ bestimmt N_i als eine implizite Funktion (Migrationsreaktionsfunktion) der regionalstaatlichen Politikvariablen:

$$N_i = N_i(y_i, y_j, S_{ij}, S_{ji}) \tag{4}$$

Die Bevölkerungshöhe in Jurisdiktion i ist demzufolge von den Aktionsparametern der eigenen Regionalregierung i, y_i, S_{ij}, und jenen der Jurisdiktion j, y_j, S_{ji}, abhängig.
Die Kuhn-Tucker-Bedingungen des Optimierungsproblems (3) lauten:

$$\frac{\partial U_i}{\partial y_i} = \frac{U_i^y}{N_i^\alpha} - \frac{U_i^x}{N_i} + U_i^N \frac{dN_i}{dy_i} \leq 0 \qquad y_i \geq 0 \quad \text{und} \quad y_i \frac{\partial U_i}{\partial y_i} = 0 \tag{5}$$

$$\frac{\partial U_i}{\partial S_{ij}} = -\frac{U_i^x}{N_i} + U_i^N \frac{dN_i}{dS_{ij}} \leq 0 \qquad S_{ij} \geq 0 \quad \text{und} \quad S_{ij} \frac{\partial U_i}{\partial S_{ij}} = 0 \tag{6}$$

für i, j = 1,2, i ≠ j und mit

$$U_i^N = U_i^x(F_i^N - x_i)/N_i - U_i^y \frac{\alpha y_i}{N_i^{\alpha+1}} \tag{7}$$

Durch implizites Differenzieren können aus dem Migrationsgleichgewicht $U^i(x_i, y_i/N_i^\alpha) = U^j(x_j, y_j/N_j^\alpha)$ Veränderungen der Bevölkerung in Jurisdiktion i bei entsprechender Variation der eigenen Politikinstrumente abgeleitet werden:

$$\frac{dN_i}{dy_i} = \frac{U_i^x/N_i - U_i^y/N_i^\alpha}{U_i^N + U_j^N} \tag{8}$$

$$\frac{dN_i}{dS_{ij}} = \frac{U_i^x/N_i + U_j^x/N_j}{U_i^N + U_j^N} \tag{9}$$

Einsetzen von (8) in die Kuhn-Tucker-Bedingung (5) ergibt:

$$\frac{\partial U_i}{\partial y_i} = (U_i^y/N_i^\alpha - U_i^x/N_i)\left[1 - U_i^N/(U_i^N + U_j^N)\right] = 0$$

woraus folgt $\quad N_i^{1-\alpha} U_i^y / U_i^x = 1 \qquad$ i=1,2 $\tag{10}$

Dies ist die in Abschnitt 3.2.1. abgeleitete Bedingung (3) für die effiziente Bereitstellung öffentlicher Güter im globalen Wohlfahrtsoptimum.
Einsetzen von (9) in (6) ergibt im Nash-Gleichgewicht:

$$\frac{\partial U_i}{\partial S_{ij}} = -\frac{\partial U_j}{\partial S_{ji}} = 0 \tag{11}$$

Aus (9) folgt außerdem $dN_i/dS_{ij} = dN_j/dS_{ji}$.
Auflösen von (6) nach dN_i/dS_{ij} bzw. dN_j/dS_{ji} und Einsetzen zusammen mit (7) in das Ergebnis liefert mit

$$(F_i^N - x_i) - \frac{U_i^y}{U_i^x} N_i^{1-\alpha} \frac{\alpha y_i}{N_i} = (F_j^N - x_j) - \frac{U_j^y}{U_j^x} N_j^{1-\alpha} \frac{\alpha y_j}{N_j} \qquad (12)$$

bzw., da im dezentralen Cournot-Gleichgewicht die Samuelson-Bedingung für die Bereitstellung öffentlicher Güter erfüllt ist (vgl. (10)), mit

$F_i^N - x_i - \alpha y_i / N_i = F_j^N - x_j - \alpha y_j / N_j$

die Bedingung (4) aus Abschnitt 3.2.1. für eine effiziente Bevölkerungsverteilung in der Gesamtökonomie.

Somit ist bei vollkommener Mobilität und strategischem Verhalten der Regionalregierungen im Sinne von Cournot-Nash das dezentrale Gleichgewicht -selbst- bei Existenz von Überfüllungskosten ($\alpha \succ 0$), bei Erhebung von Steuern auf immobile Faktoren nach dem Quellenlandprinzip und einem Abfluß von Landrenten sozial effizient[1].

Unter Verwendung der Bedingung für den pro-Kopf-Konsum und der regionalen Budgetrestriktion erhält man die Formel für den optimalen interjurisdiktionellen Transfer. Sie entspricht derjenigen aus dem Maximierungsproblem der Zentralinstanz:

$$S_{ij} - S_{ji} = \frac{N_i N_j}{N_i + N_j} \left[\left(\frac{(1-\alpha)y_j}{N_j} - \frac{(1-\alpha)y_i}{N_i} \right) + \left(\frac{R_i}{N_i} - \frac{R_j}{N_j} \right) \right] \qquad (13)$$

Ein entsprechender Transfer wird im Modell von Myers von Region i an Region j freiwillig, gleichsam automatisch geleistet, ohne daß es dazu der Steuerung durch eine übergeordnete Zentralinstanz bedarf. Wären die Annahmen des Modells von Myers realistisch, so könnte das Modell als Rechtfertigung für die Idee des Wettbewerbs-föderalismus dienen.

So bemerkenswert das Ergebnis von Myers auf den ersten Blick auch erscheinen mag, so sehr relativiert sich dieses allerdings, wenn die dem Modell zugrundeliegenden Prämissen näher beleuchtet werden.

(1) Dies gilt zunächst für die bei Myers eingesetzten Steuern und damit die Finanzierung der in den Regionen bereitgestellten öffentlichen Güter. Zwar läßt Myers neben einer Quellensteuer auf den immobilen Faktor formal die *Möglichkeit der Erhebung einer wohnsitzabhängigen Kopfsteuer* zu. Wie sich aber zeigen läßt, wird eine solche Steuer auf den mobilen Faktor im Modell von Myers de facto gerade nicht erhoben:

Die Budgetrestriktion eines repräsentativen Haushalts in Jurisdiktion i lautet:

(a) $x_i = w_i + r - t_i$ mit

(b) $r = \frac{1}{N} \cdot \sum_{i=1}^{2} (R_i - \omega_i \bar{L}_i)$

---

[1] Der durch das Migrationsgleichgewicht induzierte Anreiz zur dezentralen Korrektur möglicher Ineffizienzen dominiert dabei die Ineffizienzen, die gewöhnlich mit fiskalischen Externalitäten, der Besteuerungsmethode und strategischen Interaktionen verbunden sind, Thomas 1997, 95.

(c) $w_i = F_i^N$ und

(d) $R_i = F_i - N_i \cdot F_i^N$

Weiterhin gilt: (e) $y_i = t_i N_i + \omega_i \overline{L_i}$

(b) bis (d) eingesetzt in (a) ergibt:

$x_i = F_i^N + R_i / N - \omega_i (\overline{L_i} / N) + (R_j - \omega_j \overline{L_j}) / N - t_i$ bzw.

$N_i x_i = F_i - F_i + N_i F_i^N + \dfrac{N_i}{N} R_i - \dfrac{N_i}{N} \omega_i \overline{L_i} + \dfrac{N_i}{N} (R_j - \omega_j \overline{L_j}) - t_i N_i$ bzw.

$N_i x_i = F_i - R_i + \dfrac{N_i}{N} R_i - \dfrac{N_i}{N} \omega_i \overline{L_i} + \dfrac{N_i}{N} (R_j - \omega_j \overline{L_j}) - t_i N_i + \omega_i \overline{L_i} - \omega_i \overline{L_i}$ bzw. unter Berücksichtigung von (e)

$N_i x_i = F_i - \dfrac{N_j}{N} R_i + \omega_i \overline{L_i} \left(\dfrac{N - N_i}{N} \right) + \dfrac{N_i}{N} \left(R_j - \omega_j \overline{L_j} \right) - y_i$ bzw.

$N_i x_i = F_i - \dfrac{N_j}{N} (R_i - \omega_i \overline{L_i}) + \dfrac{N_i}{N} (R_j - \omega_j \overline{L_j}) - y_i$ bzw.

$y_i = F_i - \dfrac{N_j}{N} (R_i - \omega_i \overline{L_i}) + \dfrac{N_i}{N} (R_j - \omega_j \overline{L_j}) - N_i x_i$

t_i ist in der letztgenannten Gleichung -die der Budgetrestriktion (1) entspricht-verschwunden, was nichts anderes bedeutet, als daß das öffentliche Konsumgut ausschließlich durch eine Steuer auf den immobilen Faktor Boden finanziert wird.

Reicht aber das Aufkommen aus der Bodensteuer zur Finanzierung des in den Regionen gewünschten Versorgungsniveaus nicht aus, so besteht auch im Modell von Myers die Gefahr einer Unterversorgung mit öffentlichen Gütern.

(2) Dies gilt vor allem aber auch im Hinblick auf die bei Myers unterstellten *Eigentumsverhältnisse an den Produktionsfaktoren.*[1] Das Ergebnis eines dezentralen Effizienzgleichgewichts unter Einschluß interjurisdiktioneller Transferleistungen stellt sich ein, weil das Modell von Myers gar kein anderes Ergebnis zuläßt. Ein

---

[1] Auch wenn vor allem seit der Schaffung des europäischen Binnenmarktes der Immobilienerwerb von EU-Bürgern und -Unternehmen in anderen Mitgliedstaaten beträchtlich zugenommen hat, entspricht das bei Myers abgebildete Szenario, daß jeder Haushalt in allen Regionen über den gleichen Anteil Land verfüge, wesentlich weniger der Realität als die Annahme im Ausgangsmodell von Boadway und Flatters (1982), daß Grundbesitz und Landeinkommen einer Region nur unter den Einwohnern *dieser* Region aufgeteilt seien.

effizienzsichernder Transfer von einer Gebietskörperschaft in eine andere wird nicht freiwillig und bewußt geleistet, sondern findet, wie z.B. Krelove (1992, 109 ff.) zeigt, gleichsam automatisch statt und ist letztendlich die Folge der Tatsache, daß der Bodenbesitz nicht auf die einheimische Bevölkerung beschränkt ist, in Verbindung mit dem sich in der betrachteten Modellökonomie von selbst ergebenden Migrationsgleichgewicht:

Wie aus den Gleichungen (1) und (2) folgt, entspricht, wenn die Eigentumsverhältnisse an den immobilen Faktoren dergestalt verteilt sind, daß jedem Bewohner ein N-tel des gesamten Bodenbestandes der Ökonomie gehört, bei effizienter Allokation der Ressourcenverbrauch in einer Jurisdiktion nicht der Gesamtproduktion in dieser Jurisdiktion. Der Prozeß, durch den der Ressourcentransfer zwischen den Regionen stattfindet, ist der Export von Bodeneinkommen aus einer Region in eine andere: in der vergleichsweise reichlich mit dem immobilen Faktor Boden ausgestatteten Region wird ein höheres Bodeneinkommen erzielt als in der ärmer ausgestatteten Region, und ein Teil dieses Einkommens wird aufgrund der Eigentumsverhältnisse von gebietsfremden Haushalten abgeschöpft. Jedoch steht denLandbesitzern nicht das gesamte Residualeinkommen $\sum_{i=1}^{2} R_i$ der Ökonomie zum privaten Verbrauch zur Verfügung, sondern nur das nach Abzug der Bodensteuer (oder Landrentensteuer) verbleibende Netto-Bodeneinkommen. Gesetzt den Fall, die Regionalregierungen sind sich der Migrationsreaktionen der mobilen Haushalte auf ihre finanzpolitischen Entscheidungen bewußt, können ihre Bodensteuersätze nicht nach der Gebietsangehörigkeit differenzieren und verfolgen mit ihrer Politik das Ziel der Nutzenmaximierung ihrer eigenen Bevölkerung. Dann ist sich jede Regionalregierung der Tatsache bewußt, daß die vollkommene Mobilität der privaten Haushalte stets für ein interjurisdiktionelles Migrationsgleichgewicht bei gleichem Nutzenniveau der privaten Haushalte in allen Regionen sorgt und für sie selbst demzufolge keine Möglichkeit besteht, sich -bzw. ihren Bewohnern- durch ihre Politik Vorteile gegenüber anderen Regionen zu verschaffen. Sie wird deshalb ihren Bodensteuersatz so wählen, daß damit der Nutzen ihrer eigenen Bevölkerung bei jeweils gegebener Politik in den anderen Jurisdiktionen maximiert wird, wohl wissend, daß dadurch gleichzeitig auch der Nutzen der übrigen Bevölkerung gemehrt wird. Da jede Jurisdiktion in dieser Weise handelt, wird auch bei nicht-kooperativem Verhalten der Regionalregierungen ein gesamtwirtschaftliches Effizienzgleichgewicht erzielt. In einer solchermaßen funktionierenden Wirtschaft werden damit zwar die Steuersätze bewußt gewählt, aber nicht die interjurisdiktionellen Transfers, d.h.: der von der Jurisdiktion i in die Jurisdiktion j fließende Strom ist kein von der Regionalregierung i an j überwiesener, bewußt geleisteter Transfer im Sinne einer interregionalen Finanzausgleichszahlung, sondern letztlich das Ergebnis der Endogenisierung einer Bodensteuer, die nach dem Quellenprinzip erhoben wird:

Als -direkte- Instrumentvariable stehen im Modell von Myers lediglich die Bodensteuer und das Versorgungsniveau mit dem regional öffentlichen Konsumgut zur Verfügung, wobei die Annahme des automatischen regionalstaatlichen Budgetausgleichs (vgl. (1)) letztendlich impliziert, daß die Regionen nur einen der beiden Parameter autonom steuern können.

Wesentliche Voraussetzung für das Ergebnis eines effizienten Migrationsgleichgewichts bei dezentraler Finanzpolitik ist im Modell von Myers die Möglichkeit der
Regulierung interjurisdiktioneller Landrentenflüsse durch einen Bodensteuerexport.
Wird die Prämisse Myers' hinsichtlich der Eigentumsverhältnisse am immobilen
Faktor dahingehend verändert, daß das Eigentum am Boden der Gesamtökonomie
nicht gleichmäßig auf alle Einwohner der Ökonomie verteilt ist, sondern der Boden
jeder Jurisdiktion sich ausschließlich im Eigentum der gebietsansässigen Bevölkerung
befindet und eine Bodensteuer (bzw. Landrentensteuer) ausschließlich von der
gebietsansässigen Bevölkerung erhoben werden kann, so fließt ohne weitere staatliche
Aktivität kein Realtransfer zwischen den Jurisdiktionen.[1] Ein solcher muß dann -in der
Regel- als horizontaler Finanzausgleich explizit zwischen den Jurisdiktionen vereinbart werden, wenn eine effiziente Verteilung der Gesamtbevölkerung N auf die
Jurisdiktionen verwirklicht werden soll.

(3) Ein drittes Problem betrifft die *Modellierung des regionalstaatlichen Verhaltens.*
Myers' Prämissen zum Verhalten der Regionen rufen insoweit Kritik hervor, als er
annimmt, daß jede Region zwar bei ihren finanzpolitischen Entscheidungen die
Migrationsreaktionen mobiler Haushalte berücksichtigt, sie gleichzeitig aber die
Politik der anderen Regionen als gegeben hinnimmt, davon ausgehend, daß sie diese
durch ihre eigenen Entscheidungen nicht beeinflussen kann. Das Ergebnis dieses
Verhaltens ist dann nach Myers ein paretooptimales, stabiles Cournot-Nash-
Gleichgewicht, bei dem jede Region ihre ursprünglichen Verhaltensannahmen ex post
bestätigt findet und in dem keine Region einen Anreiz sieht, vom gefundenen
Gleichgewichtszustand abzuweichen, da jedes Ausscheren nur ein neues, suboptimales
Migrationsgleichgewicht herbeiführen würde. Realistischerweise muß aber ange-
nommen werden, daß die Finanzpolitik eines großen Landes die Politik der anderen
Staaten zu beeinflussen vermag und daß sich die Regierung eines solchen Landes
durchaus ihrer wirtschaftspolitischen Machtstellung bewußt ist.

(4) Aber auch im Hinblick auf das *Verhalten der mobilen Haushalte* und seine
Einbeziehung in das regionalstaatliche Entscheidungskalkül weist das Modell von
Myers die Schwäche auf, daß in ihm von vorneherein - per definitonem - bestimmte
Migrationsreaktionen und daraus resultierende Gleichgewichtszustände ausgeschlossen werden. So zeigt Stiglitz (1977, 285 ff.) bezogen auf ein Zweiregionen-
modell, daß das aus den Migrationsfunktionen $N_i = N_i(y_i, y_j, S_{ij}, S_{ji})$ und
$N_j(y_i, y_j, S_{ij}, S_{ji})$ resultierende Wanderungsgleichgewicht paretoinferior und/oder
instabil sein kann, falls eine der Regionen *unterbevölkert* ist. Die Instabilität des
Wanderungsgleichgewichts kann weitere Migrationsreaktionen hervorrufen, die zu

---

[1] Dies wird deutlich, wenn man unter den geänderten Eigentumsverhältnissen den Gesamtverbrauch in
einer Region mit der Gesamtproduktion vergleicht. Für die Einkommensbeschränkung eines
repräsentativen Einwohners der i-ten Region gilt:

$$x_i = w_i + r - t_i = F_i^N + (R_i - \omega_i \overline{L_i}) / N_i - t_i = F_i^N + (F_i - F_i^N \cdot N_i - \omega_i \overline{L_i}) / N_i - t_i$$

$$\Rightarrow N_i x_i = F_i - \omega_i \overline{L_i} - N_i t_i \text{ bzw. da } y_i = \omega_i \overline{L_i} + N_i t_i \text{ gilt: } N_i x_i = F_i - y_i$$

woraus für die Gesamtproduktuktion $F_i(N_i, \overline{L_i})$ folgt: $F_i = N_i x_i + y_i$. Durch die entsprechende
Annahmenänderung hinsichtlich der Eigentumsverhältnisse wird das Modell also schlagartig so
verändert, daß es nunmehr zur Rechtfertigung der Idee des kooperativen Föderalismus herangezogen
werden kann.

einer weiteren Bevölkerungsabnahme bis hin zu einer völligen Entvölkerung in einzelnen Regionen führen können, falls der Nettonutzen einer Bevölkerungswanderung von Region i nach Region j zwischen beiden Regionen differiert. Abbildung 8 möge diese Situation verdeutlichen[1].

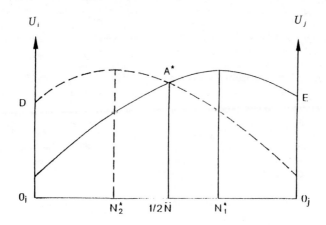

Abb.8: Instabiles Wanderungsgleichgewicht bei zu geringer Regionengröße

In Abb.8 stellt die Strecke $\overline{O_iO_j}$ die Gesamtbevölkerung einer Wirtschaft dar. Das pro-Kopf-Nutzenniveau in Abhängigkeit von der Einwohnerzahl ist für Region i durch die durchgezogene, für Region j durch die gestrichelte Linie dargestellt. Punkt A^* stellt ein mögliches Wanderungsgleichgewicht zwischen beiden Regionen dar, das auch pareto-optimal ist. Dieses Gleichgewicht ist jedoch instabil. Ist beispielsweise die Einwohnerzahl der Region i gleich ½ N + ε (ε > 0), so ist das Nutzenniveau der Region i größer als in Region j. Diese Nutzendifferenz führt dazu, daß weitere Bewohner der Region j in die Region i übersiedeln. Da bei diesen Wanderungen die Nutzendifferenz wächst, werden die Wanderungen solange anhalten, bis der Punkt E erreicht ist. Dieser Punkt ist ein stabiles Gleichgewicht, nur ist dieses Gleichgewicht nicht pareto-optimal, da in A^* ein höheres Nutzenniveau erreicht werden könnte.

Myers verdrängt demgegenüber von vornherein die Möglichkeit, daß aufgrund von interregionalen Nutzenunterschieden einer Bevölkerungswanderung instabile Zustände geschaffen und neue Migrationsreaktionen induziert werden, die zu einer weiteren Entvölkerung zu dünn besiedelter Gebiete führen, aus seinen Überlegungen, indem er lapidar feststellt (1990, S.112): "As Stiglitz (1977) has shown, this migration equilibrum might be unstable. The instability arises in the case of an underpopulated nation. The underpopulated nation is defined for the purposes of this paper as a situation, in which the Pareto optimal population distribution is characterized by equalized marginal net benefits being positive. The cause of the instability is

---

[1] Nach Arnold (1992, 296, 298).

straightforward: when there are too few individuals there are also too many regions. Through free mobility individuals may depopulate a region if they wish, in this case they will gain by doing so at least in a neighbourhood of the internal equilibrum .... I shall not focus on this problem."

Warum allerdings der Fall einer im Vergleich zur optimalen Bevölkerungszahl zu gering besiedelten Region und die damit verbundene Gefahr destabilisierender Migrationen in der Realität so selten auftreten sollte, daß er getrost aus der Betrachtung ausgeklammert werden kann, wird von Myers an keiner Stelle erläutert.

(5) Die Analyse von Myers geht von der *Annahme volllkommener Mobilität der privaten Haushalte* in der gesamten Ökonomie aus. Unter dieser Voraussetzung, verbunden mit Myers Prämissen hinsichtlich der Eigentumsverhältnisse, kommt ein effizientes Migrationsgleichgewicht bei dezentraler Finanzpolitik auch ohne zentralstaatliches Eingreifen zustande, weil aufgrund der von Myers getroffenen Verhaltensannahmen die Regionalregierungen letztendlich dasselbe Entscheidungsproblem internalisieren, dem sich auch die Zentralregierung gegenüber sieht: die Maximierung des Nutzens eines repräsentativen Haushalts in einer beliebigen Region i unter der Voraussetzung eines migrationsbedingten gleichen Nutzenniveaus der Haushalte in allen Regionen der Gesamtwirtschaft ($U_i = U_j$). Dies gilt, wie sich zeigen läßt (vgl. etwa Wellisch 1992 (1) und (2), 1994 und 1995, 35 f. sowie Thomas 1997, 96 ff.), sogar wenn von der Nutzung der im Rahmen des Modells bereitgestellten regional öffentlichen Güter externe Effekte in der Produktion oder im Konsum auf andere Regionen ausgehen.

Bei unvollkommener Haushaltsmobilität ist hingegen wie z.B. Thomas (1997, 101 ff.) und Wellisch (1995, 113 ff.) zeigen, im Modell von Myers die Äquivalenz zwischen dem Maximierungskalkül einer Zentral- und dem einer Regionalregierung unter der Nebenbedingung eines überall einheitlichen Migrationsgleichgewichts nicht mehr gegeben. Demzufolge haben die autonomen Regionalregierungen auch keinen Anreiz mehr, sich in einem gesamtwirtschaftlichen Sinne effizient zu verhalten. Bei Vorliegen interregionaler Spillover-Effekte führt dann die dezentrale Bereitstellung öffentlicher Güter im Myerschen Modell zu einem suboptimalen Bereitstellungsniveau.

Als Fazit bleibt festzuhalten: Das im Modell von Myers erzielte Ergebnis, daß dezentrale Finanzpolitik strategisch handelnder Jurisdiktionen bei vollkommener Haushalts- und damit Arbeitsmobilität zu gesamtwirtschaftlicher Allokationseffizienz führt, weil die Jurisdiktionen automatisch effizienzsichernde Transfers leisten, ist nur unter den engen Prämissen des Modells, insbesondere hinsichtlich der Eigentumsverhältnisse am immobilen Faktor Land, haltbar. Werden sie gelockert oder aufgegeben, findet zwischen den Jurisdiktionen kein automatischer effizienzsichernder Transfer statt. Ein solcher muß vielmehr -in der Regel- vereinbart werden, wenn eine effiziente Verteilung der Gesamtbevölkerung im Raum verwirklicht werden soll.
Ob ein effizienzsichernder Transfer zwischen den Regionen einer Volkswirtschaft auf der Basis freiwilliger Vereinbarungen zustande kommt, kann natürlich nicht a priori gesagt werden. Jedoch dürfte das Zustandekommen eines interregionalen Finanzausgleichs um so unwahrscheinlicher werden, je mehr Regionen zur Sicherung gesamtwirtschaftlicher Effizienz in einen solchen einzubeziehen sind. Denn mit zunehmender

Zahl beteiligter Regionen können die Verhandlungs-, Entscheidungs-, Verwaltungs- und Kontrollkosten dezentraler Absprachen sehr schnell ein prohibitiv hohes Maß erreichen und die Gefahr eines Trittbrettverhaltens einzelner oder mehrerer Regionen sehr groß werden. In solchen Fällen ist eine übergeordnete Ebene erforderlich, die die notwendigen Transfers zwischen den Regionen einer Gesamtwirtschaft organisiert und durchführt. Auf die Situation in der Europäischen Union bezogen bedeutet das, daß bei zunehmender Haushaltsmobilität innerhalb der Union ein System wanderungssteuernder, die gesamtwirtschaftliche Faktorallokation in der Union verbessernder, interregionaler Transferleistungen zu installieren ist, in das selbst wenn zur Ermittlung und Durchführung der effizienzverbessernden Transferleistungen auf die sehr hohe Aggregationsebene der Mitgliedstaaten[1] abgestellt wird, derzeit 15, künftig 21 oder noch mehr Verhandlungspartner einbezogen werden müßten. Die dabei entstehenden hohen Absprachekosten und ebenso hohen Anreize zur Einnahme einer free-rider-Position legen die Befürchtung eines Scheiterns dezentraler Verhandlungen oder des Hervorbringens ineffizienter Verhandlungsergebnisse nahe und lassen die Organisation und Durchführung eines migrationssteuernden europäischen Finanzausgleichs durch die Unionsebene angezeigt erscheinen.

Voraussetzung dafür ist allerdings, daß überhaupt die Notwendigkeit und Möglichkeit einer Steuerung von Arbeitskräftewanderungen innerhalb der Europäischen Union besteht; dies wiederum hängt davon ab, wie sich die Arbeitskräftemobilität in der Union mit fortschreitender Integration entwickelt hat bzw. künftig entwickeln wird. Dieser Frage ist im folgenden Abschnitt 3.4. nachzugehen.

3.4. Zum tatsächlichen Stand der Arbeitsmobilität in Europa

Betrachtet man die tatsächliche Entwicklung der Arbeitskräftemobilität innerhalb der Europäischen Union in den vergangenen Jahrzehnten, so stechen folgende Punkte ins Auge (vgl. Braunerhjelm u. a. 2000, Kap. 4):

Erstens: Obgleich sowohl die Einkommen als auch die Arbeitslosenquoten innerhalb Europas deutlich stärker differieren als innerhalb der USA, ist die Zahl der Arbeitskräftewanderungen in Europa wesentlich geringer als in den USA.

Zweitens: Sowohl die zwischenstaatliche als auch die innerstaatliche Arbeitsmobilität in Europa ist zwischen den frühen 70er und den 90er Jahren z. T. drastisch zurückgegangen -wobei der Nettostrom nach wie vor vom Süden in den Norden der Union verläuft. Dies kann kaum mit einer insgesamt zurückhaltenderen Einwanderungspolitik der Nationalstaaten erklärt werden, zumal mit der Schaffung des europäischen Binnenmarktes innereuropäische Migrationsbeschränkungen weggefallen sind.

Drittens: Die Wanderungsbereitschaft ist bei männlichen Arbeitnehmern höher als bei weiblichen und steigt mit zunehmendem Bildungsgrad deutlich an.

Viertens: Gerade beschäftigungslose Arbeitnehmer sind erstaunlich immobil; so wäre nach entsprechenden Umfragen nicht einmal ein Drittel der Arbeitslosen in Spanien und nur knapp die Hälfte der Arbeitslosen in Italien zu einem beschäftigungsbedingten Wohnsitzwechsel bereit gewesen. Gleichzeitig ist die Mobilität der arbeitslosen

---

[1] Und nicht z.B. auf die Ebene der NUTS2-Regionen.

Jugendlichen bzw. jüngeren Arbeitnehmer nicht signifikant höher als die der übrigen Arbeitslosen.[1]

Bei der Suche nach den Ursachen für die sowohl im internationalen als auch im historischen Vergleich relativ geringe Arbeitsmobilität in der EU kann weder die Entwicklung der Lohnunterschiede noch die der Unterschiede in den Arbeitslosenzahlen als Erklärung herangezogen werden. Wie erwähnt sind die regionalen Differenzen sowohl bei den (Arbeits-)Einkommen als auch bei den Arbeitslosenquoten innerhalb Europas merklich höher als innerhalb der USA; aber auch in ihrer historischen Entwicklung sind die Unterschiede in den Arbeitslosenquoten und Lohneinkommen innerhalb Europas in den vergangenen 20-25 Jahren nicht gesunken, sondern eher gestiegen.

Auch die Begründung, aufgrund kultureller und sprachlicher Barrieren sei die Mobilität in Europa geringer als in anderen Staaten oder Kulturkreisen überzeugt nicht: denn beide -vermeintlichen- Barrieren haben schon immer bestanden, so daß sie nicht den historischen Rückgang der Arbeitsmobilität in Europa zu erklären vermögen, im Gegenteil: trotz damals vermutlich größerer sprachlicher und kultureller Barrieren ist in den 50er und 60er Jahren die stattliche Zahl von 12 Millionen Menschen aus dem Süden Europas (einschließlich der Türkei) nach Nordeuropa zugewandert.

Schließlich können auch demographische Veränderungen wie etwa ein gestiegenes Durchschnittsalter der Arbeitsbevölkerung oder ein zunehmender Frauenanteil der Arbeitsbevölkerung den Rückgang der Arbeitsmobilität zwischen den frühen 70er und den 90er Jahren nicht stichhaltig darlegen: wie bereits oben für die Gruppe der beschäftigungslosen Arbeitnehmer erwähnt, spricht wenig für die Annahme einer deutlich höheren Arbeitsmobilität junger Arbeitnehmer; und weil sowohl ihr Anteil an der Arbeitsbevölkerung der südeuropäischen Länder als auch ihr Anteil an den Arbeitsmigranten in der Vergangenheit vergleichsweise gering war und auch geblieben ist, haben relative Veränderungen des Frauenanteils bei den Gesamtbeschäftigten oder den Migranten nur einen geringen Einfluß auf die Migrationszahlen insgesamt.

Eine überzeugendere Begründung liefert demgegenüber das in den bei Braunerhjelm u.a. (2000, 52) zitierten Studien von Pissarides und Wadsworth (1989), Bentolila und Dolado (1991) und Decressin (1994) gebrauchte Argument, daß wesentlich stärker als die Lohn- und Beschäftigungs*unterschiede* zwischen den Regionen oder Staaten die absoluten Lohn- und Beschäftigungs*niveaus* die Migrationsentscheidungen der europäischen Arbeitnehmer beeinflussen. Danach sind z. B. die gestiegenen Arbeitslosenzahlen für den Rückgang der Mobilität in Großbritannien, Spanien und Deutschland verantwortlich zu machen. Der unterstellte Wirkungsmechanismus ist dabei

---

[1] Dies ist nicht unbedingt ein Widerspruch zu den in Abschnitt 3.1. a.A. erwähnten Studien, nach denen die Arbeitsmobilität am unteren Ende der Einkommensskala z.T. höher ist als die der Durchschnittsverdiener. Denn die bei Braunerhjelm u.a. zitierten Studien beziehen sich in der Regel nur auf registrierte Arbeitslose und nur auf die einheimische Bevölkerung, nicht aber auf Personen, die bereits aus dem Arbeitslosenstatistiken herausfallen sowie auf Zuwanderer aus Nicht-EU-Staaten. Gerade für letztere dürfte aber Sinns These (1995, 241) gelten, daß diejenigen, die ihre Heimat verlassen haben, um ein neues Zuhause in den Ländern der EU zu suchen, innerhalb der Gemeinschaft keine allzu starken Ortspräferenzen haben und sich bei ihrer Wohnsitzwahl in erster Linie von der Höhe des voraussichtlichen Lebensstandards leiten lassen.

denkbar einfach: bei gegebenen interregionalen Lohn- und Arbeitslosigkeits-unterschieden bewirkt ein gesamtwirtschaftlich hohes Arbeitslosigkeitsniveau, daß es für Arbeitssuchende riskanter wird, von einer Region mit vergleichsweise hoher Arbeitslosenquote in eine Region mit vergleichsweise niedriger Arbeitslosenquote wandern, um dort eine Beschäftigung zu finden; dies führt bei risikoaversen Haushalten zu einer geringeren Migrationsneigung. Zusätzlich werden in einer Rezessionsphase schlechte Kreditmarktkonditionen und eine vergleichsweise restriktive Kreditvergabepolitik der Banken potentiellen Migranten eine Finanzierung ihrer oftmals erheblichen Umzugskosten erschweren.

In ähnlicher Weise könnte ungeachtet fortbestehender Lohnsatzunterschiede zwischen den Regionen ein Anstieg des Lohn- bzw. Wohlstandsniveaus in der potentiellen Abwanderungsregion die Abwanderungsbereitschaft der Arbeitskräfte reduzieren. Das allgemeine Wohlstandsniveau der Haushalte ist auch in den südlichen Regionen der Europäischen Union in den vergangenen Jahren so weit gestiegen, daß Arbeitskräfte aus reiner Armut allein kaum mehr zum Verlassen ihrer Wohnsitzregionen gezwungen sind. Wenn die Armut allein nicht mehr zur Migration zwingt, treten außerpekuniäre Nutzen und Kosten einer Migration und damit familiäre, soziale, kulturelle, religiöse und sprachliche Bindungen an die Heimatregion stärker in den Vordergrund.

Auch regionale Wohnungs- und Arbeitsmarktpolitiken können einen nicht zu unterschätzenden -Negativ-Einfluß auf die Wanderungsbereitschaft von Menschen ausüben. Ineffizienzen des Arbeitssuchprozesses, die Unfähigkeit oder Unwilligkeit der bislang als staatliches Monopol ausgestalteten Arbeitsvermittlungen, Arbeitssuchende mit Informationen über freie Stellen auch außerhalb des jeweiligen Arbeitsamtsbezirks zu versorgen, aber auch eine durch staatliche Wohnungspolitik geförderte hohe Eigenheimquote lassen tendenziell die Wanderungsbereitschaft sinken.

Schließlich wird auch die Ausgestaltung der staatlichen Sozialversicherungssysteme -die in Europa typischerweise üppiger ist als in den Vereinigten Staaten- für die Migrationsbereitschaft von Arbeitnehmern von Bedeutung sein. Dies gilt sowohl für die traditionelle Arbeitslosenversicherung als auch darüber hinausgehende Sozialleistungen wie Renten, die anderen Familienmitgliedern gewährt werden und mit denen diese gerade in den südeuropäischen Ländern häufig ihre arbeitslosen Verwandten alimentieren.

Wie wird sich vor dem Hintergrund der genannten Ursachen die Arbeitsmobilität innerhalb Europas in den nächsten Jahren entwickeln? Nach Braunerhjelm u. a. (2000, 57 ff.) beginnt derzeit ein Großteil der die Mobilität einschränkenden institutionellen Behinderungen abzubröckeln:

-Eine Verbesserung makroökonomischer Bedingungen und weitreichende Arbeitsmarktreformen dürften zu einem merklichen Rückgang der Arbeitslosenquoten führen. Die langfristigen Arbeitsmarktbedingungen haben bereits substantielle Verbesserungen in vielen europäischen Ländern bewirkt. Dies könnte einen positiven Wirkungsprozeß initiieren, bei dem der *Rückgang der Arbeitslosigkeit die Arbeitsmobilität steigert*, die ihrerseits die gesamtwirtschaftliche Ressourcenallokation verbessert, was zu einem weiteren Rückgang der Arbeitslosigkeit führt usw.

- Die mit dem Maastrichter Vertrag eingeführten Stabilitätskriterien werden es der regionalen Strukturpolitik schwer machen, die Wirkungen regionaler Schocks durch *permanente* Transferleistungen abzufedern und so den Anpassungsdruck auf Arbeitslose und Beschäftigte zu vermindern.

- Die Aufhebung des staatlichen Arbeitsvermittlungsmonopols in vielen Ländern könnte zu einer Effizienzsteigerung der Arbeitsvermittlung, insbesondere zu einem größeren Informationsfluß über freie Stellen in anderen Regionen führen.

-Der Abbau von Beschäftigungsschutzregelungen und die stärkere Betonung regionaler anstelle landesweiter Tarifverträge dürfte gerade in den südeuropäischen Ländern zu allgemein mehr Lohnflexibilität und einer schnelleren Anpassungsmöglichkeit der Löhne an regionale Schocks führen.

- Da Migrationswillige häufig noch durch ein knappes oder unerschwingliches Wohnungsangebot in den potentiellen Zuwanderungsregionen von Wanderungen abgehalten werden, werden Reformen des Wohnungsmarktes via Reduzierung der Mobilitätskosten eine Mobilitätserhöhung bewirken.

Untersuchungen in Italien und Spanien belegen, daß nicht zuletzt aufgrund dieser und ähnlicher institutioneller Veränderungen die Arbeitsmobilität in beiden Ländern seit Mitte der 90er Jahre wieder merklich gestiegen ist. In Großbritannien sind die regionalen Unterschiede in den Arbeitslosenquoten drastisch gesunken, was zum einen auf eine insgesamt niedrigere Arbeitslosenquote, zum andern aber auch auf tiefgreifende Arbeitsmarktreformen, die die intranationale Mobilität verbessert haben, zurückzuführen ist.

Vor allem folgende weitere Faktoren werden nach Braunerhjelm u. a. (aaO) die Mobilität *zwischen* den Mitgliedstaaten der Europäischen Union steigern:

- Die geplanten europaweiten Regelungen zur Erleichterung der Transfers erworbener staatlicher Renten- und sonstiger Sozialleistungsansprüche von einem EU-Land in ein anderes und zur Verkürzung des Unverfallbarkeitszeitraums erworbener Betriebsrentenansprüche.

- Der weitere Abbau sprachlicher und kultureller Barrieren durch eine stärkere „Europäisierung" der schulischen und universitären Ausbildung.

- Die gegenseitige Anerkennung ausländischer Diplome und sonstiger Zeugnisse in allen wichtigen Ausbildungszweigen.

- Die zunehmende Zahl außereuropäischer Immigranten in der EU, deren Mobilität aufgrund einer geringeren Bindung zu ihrer derzeitigen Wohnsitzregion von vorne herein wesentlich größer ist als die der in ihrer Wohnsitzregion verwurzelten EU-Bürger (vgl. dazu bereits Kap. III. 3.1.).

Schließlich, und nicht zuletzt, steht zu erwarten, daß die geplante EU-Osterweiterung um Staaten, deren Wohlstandsniveau deutlich unter dem der heutigen EU-Mitglieder liegt, trotz zunächst bestehender Wanderungsbarrieren (vgl. dazu bereits Kap. A I.) die Arbeitskräftemobilität in der Gemeinschaft erheblich erhöhen wird. Die diesbezüglichen Schätzungen gehen von Zuwanderungen aus den Beitrittsländern in das Gebiet der heutigen Union von einigen hunderttausend bis zu mehreren Millionen Menschen selbst bei zunächst eingeschränkter Freizügigkeit aus (vgl. dazu etwa die im Jahresgutachten 2000/01 (Tab. 48) des Sachverständigenrates zitierten Untersuchungen; kritisch hierzu aber Straubhaar 1997 unter Verweis auf die bei der EU-Süderweiterung in den 80er Jahren gemachten Erfahrungen).

4. Dezentrale Finanzpolitik und Gütermobilität
4.1. Vorbemerkungen

In den vorangegangenen Abschnitten ist die Effizienz dezentraler Finanzpolitik vor dem Hintergrund zunehmender Globalisierung infolge steigender Faktormobilität diskutiert worden. Dabei hatte sich gezeigt, daß dezentrale Finanzpolitik bei hoher internationaler Kapitalmobilität unter bestimmten Voraussetzungen zu Verzerrungen der gesamtwirtschaftlich optimalen Allokation führen und Maßnahmen internationaler Steuerharmonisierung oder -koordinierung erfordern kann, während die mit einer hohen internationalen oder interregionalen Arbeitsmobilität verbundenen Belastungen nationaler Steuersysteme den Ruf nach einem interregionalen bzw. internationalen Finanzausgleich laut werden lassen. Allerdings kann nicht nur die zunehmende Faktormobilität Probleme für die gesamtwirtschaftliche Effizienz in einem zusammenhängenden Wirtschaftsraum aufwerfen, sondern auch der stetig steigende internationale Handel mit Waren und Dienstleistungen. In den beiden folgenden Abschnitten 4.2. und 4.3. soll deshalb die Frage der Effizienz dezentraler Finanzpolitik bei hoher Gütermobilität erörtert werden. Dies geschieht zunächst anhand einer Analyse der Besteuerungswirkungen einer speziellen Gütersteuer auf ein einzelnes Gut und sodann anhand der Wirkungsanalyse einer allgemeinen Gütersteuer in Form einer „europäischen" Mehrwertsteuer. Dabei wird sich zeigen, daß die Effekte beider Steuern und der zur Vermeidung einer Doppelbesteuerung im internationalen Kontext angewandten Prinzipien sich deutlich voneinander unterschieden.

4.2. Die Erhebung spezieller Gütersteuern

Bei der Besteuerung internationaler Warenbewegungen tritt eine Doppelbesteuerung typischerweise in folgender Form auf: der Exportstaat erhebt eine -spezielle- Gütersteuer als Produzentensteuer ohne Rücksicht darauf, ob das Gut inländisch verbraucht oder exportiert wird. Gleichzeitig verpflichtet der Importstaat sowohl die inländischen Produzenten als auch die Importeure zur Entrichtung einer Steuer auf das Gut. Als Entflechtungsregel zur Vermeidung der Doppelbesteuerung kommt in diesem Fall die gemeinschaftliche Anwendung eines der beiden folgenden Prinzipien durch Exportstaat und Importstaat in Betracht: das Bestimmungslandprinzip oder das Ursprungslandprinzip.

Unter dem Bestimmungslandprinzip werden die Verbraucher im Importstaat mit der Steuer ihres Staates, unter dem Ursprungslandprinzip mit der Steuer des Exportstaates belastet. Das Bestimmungslandprinzip führt auch bei unterschiedlichen Steuersätzen zu einer Angleichung der *Nettopreise*, während das Ursprungslandprinzip eine Angleichung der *Bruttopreise* bewirkt. Das hat bei unterschiedlichen Gütersteuersätzen im In- und Ausland folgende Wirkungen: Angenommen, der Exportstaat besteuere das betrachtete Gut stärker als der Importstaat. Außerdem möge es zahlreiche unbesteuerte Güter geben, deren Preise in beiden Ländern übereinstimmen. Bei Anwendung des Bestimmungslandprinzips sind die Nettopreise in beiden Staaten gleich, während die Konsumenten im Exportstaat höhere Bruttopreise bezahlen.

Hierdurch entsteht eine *Konsumineffizienz* dergestalt, daß im Exportstaat gesamtwirtschaftlich zu wenig von dem entsprechenden Gut nachgefragt wird, während die

Produktion nicht verzerrt wird, oder anders formuliert: das Bestimmungslandprinzip gewährleistet *Importneutralität*, weil es den Importeuren egal ist, aus welchem Herkunftsland die Güter stammen. Bei Anwendung des Ursprungslandprinzips sind die Bruttopreise in beiden Staaten gleich, während die Produzenten im Exportstaat geringere Nettopreise erzielen. Hierdurch herrscht zwar Konsumeffizienz, gleichzeitig aber entsteht eine *Produktionsineffizienz* dergestalt, daß der Exportstaat gesamtwirtschaftlich zu wenig von dem entsprechenden Gut produziert. Mit anderen Worten: das Ursprungslandprinzip sichert *Exportneutralität*, weil es den Exporteuren egal ist, in welches Land sie liefern, nicht aber Importneutralität, weil es für die Importeure eine entscheidende Rolle spielt, aus welchem Land sie ihre Güter beziehen. Welche der beiden Ineffizienzen volkswirtschaftlich bedeutender ist, kann nicht mit Sicherheit gesagt werden. Empirisch spricht aber nach Ansicht der meisten Ökonomen vieles dafür, daß Produktionsineffizienzen bedeutender sind als Konsumineffizienzen.

Zudem bildet die Anwendung des Bestimmungslandprinzips und die damit einhergehende Produktionseffizienz für jedes Land im Hinblick auf die einzelstaatliche Effizienz eine dominante Strategie (vgl. etwa Homburg 2000 (1), 291): Seien mit p und t Nettopreis und Steuerbetrag im Ursprungsland (Exportstaat) und mit p^* und t^* dieselben Größen im Bestimmungsland bezeichnet. Aus Sicht des Bestimmungslandes sind Importe so lange vorteilhaft, wie der Importpreis unter den Kosten der heimischen Produktion liegt, d. h. $p^{im} < p^*$ gilt. Im Optimum gilt: $p^{im} = p^*$. Dieses Optimum wird bei steuerlicher Gleichbehandlung von Importen und heimischer Produktion realisiert, weil die inländischen Konsumenten bei Verzicht auf den Grenzausgleich bis zum Punkt $p^{im} = p^* + t^*$ importieren würden. Demzufolge muß das Bestimmungsland Importe wie eigene Produkte besteuern, und zwar unabhängig davon, ob der Importpreis eine etwaige ausländische Steuer enthält.

Aus Sicht des Ursprungslandes sind Exporte so lange vorteilhaft, wie die heimischen Produktionskosten unter dem Exportpreis liegen, also gilt: $p < p^{ex}$. Im Optimum gilt: $p = p^{ex}$. Das Optimum wird durch eine Steuerbefreiung für Exporte verwirklicht, weil die inländischen Produzenten bei Erhebung einer Exportsteuer t nur bis zum Punkt $p = p^{ex} - t$ exportieren. Dies gilt unabhängig davon, ob der Exportpreis durch ausländische Steuern verzerrt ist.

Als Fazit bleibt festzuhalten: Für das Ursprungsland ist die Steuerbefreiung optimal, für das Bestimmungsland die Besteuerung, so daß der Grenzausgleich ein Gleichgewicht in dominanten Strategien bildet.

4.3. Die Erhebung einer Umsatzsteuer als allgemeine Gütersteuer
4.3.1. Die Wirkungen der Umsatzsteuer in Modellwirtschaften mit kleinen Staaten

Die Ausführungen des vorangegangenen Abschnitts hatten ergeben, daß bei Erhebung einer speziellen Verbrauchsteuer auf ein einzelnes Gut die einheitlich Anwendung des Bestimmungslandprinzips für grenzüberschreitende Transaktionen keine Produktionsineffizienzen verursacht, wohl aber die Anwendung des Ursprungslandprinzips. Wäre dieses Ergebnis uneingeschränkt auf eine allgemeine Verbrauchsteuer wie die Mehrwertsteuer übertragbar, so könnte daraus die Forderung erwachsen, zur Ver-

meidung einer Doppelbesteuerung im internationalen Waren- und Dienstleistungsverkehr die nationalen Mehrwertsteuern einheitlich nach dem Bestimmungslandprinzip zu erheben.

Allerdings wird in der wissenschaftlichen Literatur vorgetragen, daß mit der
Entwicklung des Gemeinsamen Marktes zu einem Binnenmarkt ohne innergemeinschaftliche Grenzkontrollen die Grundlage für eine *generelle* Anwendung des Bestimmungslandprinzips bei der Erhebung einer allgemeinen Verbrauchsteuer entfallen ist
und die Wiedereinführung jedweder Kontrollinstrumente im grenzüberschreitenden
Waren- und Dienstleistungsverkehr -selbstverständlich- keine ernsthafte Option darstellt (vgl. etwa Homburg 2000 (1), 294 ff., Fuest 1995(2) und Sinn 1990). Folgt man
dieser Ansicht, stellt sich die Frage, ob bei der Besteuerung des grenzüberschreitenden
Güterhandels innerhalb des Gebiets der Europäischen Union zu einer generellen Anwendung des Ursprungslandprinzips oder zu einem Mischsystem aus Bestimmungs-
land- und Ursprungslandprinzip übergegangen werden sollte.

Die Europäische Union hat sich mit Abschaffung der Grenzkontrollen zum 1.1.1993
für letzteres entschieden. Die seither geltende Übergangsregelung besteuert den gesamten Handel mit NichtEU-Staaten und den kommerziellen (d.h. von Unternehmer zu
Unternehmer) innergemeinschaftlichen Handel weiterhin nach dem Bestimmungslandprinzip. Demgegenüber gilt für Direktkäufe der Konsumenten seit 1993 das Ursprungslandprinzip: Konsumenten können in anderen EU-Ländern Waren kaufen und
sie legal ohne weitere steuerliche Folgen in ihr Heimatland überführen. Ausnahmen
sind alleine Automobile und Versandhandelskäufe. Allerdings weist das Übergangssystem offensichtlich den gravierenden Mangel intersektoraler *Allokationsverzerrungen* auf, auf die etwa Sinn (1990) und Homburg (2000, 302 ff.) hinweisen: Da
nach dem geltenden EU-System für Vorprodukte bzw. Investitionsgüter de facto das
Bestimmungslandprinzip, bei Direktkäufen von Konsumenten hingegen das Ursprungslandprinzip gilt, werden bei national unterschiedlichen Mehrwertsteuersätzen
die Bedingungen für eine effiziente internationale Arbeitsteilung verletzt, weil sich die
Produzentenpreisrelationen zwischen Investitions- und Konsumgütern von Land zu
Land unterscheiden. Und *zwar begünstigt die EU- Übergangsregelung die Konsum-
güterbranchen von Niedrigsteuerländern und benachteiligt deren Zwischenprodukt-
branchen, während in Hochsteuerländern die Wirkung genau umgekehrt ist.* Um dies
zu sehen, sei folgendes Modell von Homburg (aaO, 298 ff. 302 ff.) betrachtet:

Die Weltwirtschaft bestehe aus zwei Staaten, die nach Maßgabe identischer linearer
Produktionsfunktionen mit der Steigung γ zunächst nur ein Gut, nämlich dasselbe
Konsumgut C (Inland) bzw. C^* (Ausland) herstellen. Sei mit N und N^* die
Beschäftigung im In- und Ausland bezeichnet. Arbeit sei der einzige
Produktionsfaktor und als international immobil angenommen, während das
Konsumgut international frei und kostenlos gehandelt werden kann. Weiterhin
bezeichne w den Geldlohn, p den Nettopreis des Konsumgutes und $q = (1+\theta) \cdot p$
dessen Bruttopreis, wobei θ der inländische Mehrwertsteuersatz ist. Die entsprechenden Auslandsgrößen heißen q^*, p^*, w^* und θ^*.[1] In einem Marktgleichgewicht
stimmen die Reallöhne w/p und w^*/p^* mit der Grenzproduktivität der Arbeit, also
der Zahl γ überein. Unter dem Bestimmungslandprinzip stimmen die Nettopreise
p und p^* international überein, während die Bruttopreise q und q^* nach Maßgabe der
nationalen Steuersätze voneinander abweichen, d. h.

---

[1] Alle Preise sind in derselben Währung ausgedrückt.

$$p/p^* = w/w^* = 1 \qquad q/q^* = (1+\theta)/(1+\theta^*) \qquad (1)$$

während unter dem Ursprungslandprinzip zwar die Bruttopreise international übereinstimmen, die Nettopreise aber nach Maßgabe der nationalen Steuersätze voneinander abweichen,

$$p/p^* = w/w^* = (1+\theta^*)/(1+\theta) \qquad q/q^* = 1 \qquad (2)$$

Zur Analyse der wirtschaftlichen Konsequenzen des EU-Mischsystems sei nun das Modell einer Weltwirtschaft mit zwei Gütern, C und Z betrachtet. Das Konsumgut C werde nach dem Ursprungslandprinzip, das Zwischenprodukt (Investitionsgut) Z nach dem Bestimmungslandprinzip besteuert. Mit N_C und N_Z als Beschäftigung in der Konsumgüterbranche bzw. Zwischenproduktbranche erzeuge das Inland die Gütermengen

$$C = f(N_C) \text{ und } Z = g(N_Z) \qquad (3)$$

Außerdem gelte:

$$N_C + N_Z = N \qquad (4)$$

wobei N die Gesamtbeschäftigung im Inland bezeichnet.

Die Gleichungen (3) und (4) definieren dann eine Transformationsfunktion, die anzeigt, welche Zwischenproduktmenge bei gegebener Konsumgutmenge im Inland technisch herstellbar ist. Im einzelstaatlichen Gewinnmaximum stimmt, wie sich zeigen läßt[1], der Absolutbetrag dieser Steigung *(dZ/dC)* mit dem Verhältnis der Nettopreise p_C/p_Z beider Güter überein. Bei analogen Annahmen über die Technologie im Ausland stimmt auch das dortige Nettopreisverhältnis mit der Steigung der -identischen- Transformationsfunktion überein, so daß für eine weltwirtschaftlich effiziente Produktionsstruktur gelten muß:

$$p_C/p_Z = p_C^*/p_Z^* \qquad (5)$$

Beim Konsumgut sind die Bruttopreise international ausgeglichen, während für die Nettopreise $p_C/p_C^* = (1+\theta^*)/(1+\theta)$ gilt, wie (2) für das Ursprungsland zeigt. Beim Zwischenprodukt sind dagegen die Nettopreise identisch, $p_Z = p_Z^* = 1$, und die Bruttopreise verschieden, wie (1) für das Bestimmungslandprinzip zeigt. Durch Division beider Gleichungen ergibt sich als Gleichgewichtsbedingung des EU-Mischsystems:

$$\frac{p_C}{p_Z} = \frac{1+\theta^*}{1+\theta} \cdot \frac{p_C^*}{p_Z^*} \qquad (6)$$

woraus folgt, daß z. B. für $\theta > \theta^*$ der relative Nettopreis der Konsumgüter im Inland unter, der relative Nettopreis der Zwischenprodukte dagegen über dem entsprechenden Nettopreis im Ausland liegt. Das heißt, daß die Hersteller von Konsumgütern im Hochsteuerland (Inland) einen Wettbewerbsnachteil gegenüber ihren ausländischen Konkurrenten, die inländischen Hersteller von Zwischengütern dagegen einen

---

[1] Vgl. Homburg aaO, 302.

relativen Wettbewerbsvorteil haben.[1]

Aufgrund der beschriebenen Allokationsverzerrungen ist von einem großen Teil der Literatur die Forderung nach einer Ersetzung des derzeit geltenden EU-Mischsystems durch ein sachgerecht gestaltetes Besteuerungssystem nach dem Ursprungslandprinzip erhoben worden. Denn ebenso wie das Bestimmungslandprinzip erfüllt die Besteuerung nach dem reinen Ursprungslandprinzip im beschriebenen Modell die Effizienzbedingung (5): Während beim Bestimmungslandprinzip die Nettopreise international übereinstimmen, unterscheidet sich bei Anwendung des Ursprungslandprinzips jeder inländische Nettopreis um den gemeinsamen Faktor $(1+\theta)/(1+\theta^*)$ vom entsprechenden ausländischen Nettopreis, wodurch der Faktor bei der Division p_C / p_Z herausgekürzt wird.

In der These einer weltwirtschaftlich effizienten Produktionsstruktur bei Anwendung des reinen Ursprungslandprinzip der Mehrwertbesteuerung als allgemeiner Gütersteuer liegt eine augenfällige Inäquivalenz zu der im vorangegangenen Abschnitt abgeleiteten Aussage, die Anwendung des Ursprungslandprinzips führe bei einer *speziellen* Gütersteuer zur Produktionsineffizienz. Der Hintergrund für diese Inäquivalenz erschließt sich, wenn man von Gleichung (2) ausgeht und exemplarisch unterstellt, daß der inländische Mehrwertsteuersatz höher als der ausländische ist, $\theta > \theta^*$. Aus Gleichung (2) folgt dann, daß der Nettopreis im hoch besteuerten Inland unter dem ausländischen Nettopreis liegt. In der Idealwelt des der Gleichung (2) zugrundeliegenden Modells liegt aber nicht nur der Nettopreis der Güter im Inland unter dem ausländischen Nettopreis, sondern in demselben Verhältnis auch der inländische Geldlohn und damit die Kosten der Unternehmen. Folglich wird die inländische Mehrwertsteuer unter dem Ursprungslandprinzip auf die inländischen Arbeitnehmer -allgemeiner gesprochen: die inländischen Produktionsfaktoren- rückgewälzt -während

---

[1] Der Meinung, daß das EU-Mischsystem eine Verzerrung der relativen Preise von Zwischenprodukten und Konsumgütern gemäß Gleichung (6) und damit eine verzerrte, international ineffiziente Produktionsstruktur bewirke, ist allerdings Genser (1999, 13 ff.) vehement entgegengetreten. Nach Genser gilt der in Gleichung (2) beschriebene Ausgleich der Konsumgüterpreise $(q=(1+\theta)\cdot p=(1+\theta^*)\cdot p^*=q^*)$ nur, wenn für in- und ausländische Konsumenten eine superiore Kaufoption für Cross border shopping ausgeschlossen wird. Diese bestehe im Einkauf von Konsumgütern, die im Hochsteuerland produziert wurden, über den Einzelhandel im Niedrigsteuerland. Es gebe aber aus ökonomischer Sicht keine stichhaltige Begründung dafür, daß Konsumgüter nicht gehandelt werden und über den nationalen Einzelhandel nur im Inland produzierte Konsumgüter angeboten werden. Wenn aber Konsumgüter aus dem Hochsteuerland im Niedrigsteuerland verkauft würden, stünde diese Kaufoption den Konsumenten beider Länder gleichermaßen offen. Die in Gleichung (6) beschriebene Produktionspreisverzerrung treffe damit nur für einen nicht haltbaren Spezialfall zu, der Cross border shopping auf Konsumgüter beschränkt, die im jeweiligen Einkaufsland produziert wurden, und der Reimporte von Konsumgütern ausschließt.

Abgesehen davon, daß das EU-Mischsystem auch in Gensers Modellwelt mit vollkommener Preisarbitrage insoweit unerwünschte ökonomische Wirkungen auslöst, als sich die Kaufakte aller Konsumenten im Hochsteuerland auf das Niedrigsteuerland konzentrieren und diesem damit das gesamte Mehrwertsteueraufkommen zufällt (während das Hochsteuerland völlig leer ausgeht) ist, wie Genser (aaO, 15, 24 ff.) selbst einräumt, nicht zu verkennen, daß in der Realität Transaktionskosten in den meisten Fällen eine ganz entscheidende Rolle im internationalen Güterhandel einnehmen (dies gilt vor allem bei den sog. Abhollieferungen; und dort, wo Transaktionskosten eine vergleichsweise untergeordnete Rolle spielen, nämlich im Versandhandel, wird auch durch das EU-Mischsystem der Verkauf von Unternehmer an Konsument dem Bestimmungslandprinzip unterworfen). Je größer die Bedeutung von Transaktionskosten, um so geringer sind die Anreize zu Cross border shopping und um so höher sind cet. par. die Allokationsverzerrungen des Mischsystems.

sie unter dem Bestimmungslandprinzip von der Gesamtheit der inländischen Anbieter auf die inländischen Konsumenten vorgewälzt wird.[1]

Mit einer etwaigen Entscheidung zugunsten des Ursprungslandprinzips bei der Besteuerung grenzüberschreitender Gütertransaktionen ist freilich noch nichts über dessen konkrete Ausgestaltung ausgesagt. So ist insbesondere im Hinblick auf den Abzug der im Kaufpreis enthaltenen Vorsteuer auf international gehandelte Zwischenprodukte, die in einen mehrstufigen Produktionsprozeß eingehen, eine Vielzahl von Gestaltungsformen denkbar -und die meisten von ihnen führen zu intersektoralen Preisverzerrungen. Zur Verdeutlichung dieser Behauptung sei in Anlehnung an Fuest (1995 (2), 56 ff.) beispielhaft ein deutsches Unternehmen betrachtet, das entweder mit einem inländischen Zwischenprodukt Z zum Nettopreis p_Z oder mit einem gleichwertigen französischen Zwischengut Z^* zum Preis p_Z^* ein Konsumgut C mit dem deutschen Absatzpreis q_C herstellt. Es sei angenommen, daß national einheitliche, zwischen beiden Ländern aber divergierende Mehrwertsteuersätze gelten. Auf dem Markt für Konsumgüter führt der internationale Handel beim Ursprungslandprinzip zu einer Angleichung der Bruttopreise, vgl. (2):

$$q_C / q_C^* = p_C(1+\theta)/p_C^*(1+\theta^*) = 1 \quad \text{bzw.} \quad p_C / p_C^* = (1+\theta^*)/(1+\theta)$$

Eine Verzerrung zwischen den Konsumgüter- und den Investitionsgütersektoren bleibt nur dann aus, wenn der internationale Handel von Investitions- d.h. Zwischengütern ebenfalls zu einer Angleichung der Bruttopreise führt, wenn also gilt:

$$q_Z / q_Z^* = p_Z(1+\theta)/p_Z^*(1+\theta^*) = 1 \quad \text{bzw.} \quad p_Z / p_Z^* = (1+\theta^*)/(1+\theta) \tag{1a}$$

Das tatsächliche Preisverhältnis für Zwischengüter ergibt sich jedoch aus dem Arbitragekalkül der Unternehmen, das seinerseits von den Möglichkeiten des Vorsteuerabzugs im Hinblick auf die von den Unternehmen erworbenen und in den Produktionsprozeß eingesetzten Zwischenprodukte abhängt. Fuest (aaO) unterscheidet folgende häufig diskutierten Kombinationsformen des Vorsteuerabzugs für inländische und importierte Zwischenprodukte:
1. Vorsteuerabzug für inländische Güter sowie bei importierten Gütern (Gemeinschaftsprinzip)
2. Vorsteuerabzug für inländische Güter und Bruttovorumsatzabzug für importierte Güter
3. Vorsteuerabzug für inländische Güter und Nettovorumsatzabzug für importierte Güter
4. Bruttovorumsatzabzug für inländische und importierte Güter (Sinn 1990)
5. Fiktiver Vorsteuerabzug für importierte Güter, Vorsteuerabzug für inländische Güter (Krause-Junk 1992)
und kommt zu folgenden Ergebnissen: Das sog. Gemeinschaftsprinzip verletze die Neutralitätsbedingung (1a) ebenso wie die vom Wissenschaftlichen Beirat beim Bundeswirtschaftsministerium (1986) vorgeschlagenen Kombinationsformen aus Vorsteuerabzug für inländische und Bruttovorumsatzabzug für importierte Güter bzw. aus

---

[1] Die realwirtschaftlichen Verhältnisse sind in beiden Fällen dieselben. Das ergibt sich aus der angenommenen Identität von inländischen Konsumenten und inländischen Arbeitnehmern. Der reale Nettolohn beträgt in beiden Fällen $\gamma/(1+\theta)$ im Inland und $\gamma/(1+\theta^*)$ im Ausland, wie aus den Gleichungen (1) und (2) ersichtlich ist.

Nettovorsteuerabzug für inländische und Nettovorumsatzabzug für importierte Güter. Die Verletzung der Neutralitätsbedingung (1a) werde dagegen vermieden, wenn, einem Vorschlag Sinns[1] folgend, nicht nur für ausländische, sondern auch für inländische Zwischengüter der Bruttovorumsatzabzug zur Anwendung kommt. In diesem Fall gilt für die Mehrwertsteuerschuld T:

$T = \theta(p_c \cdot C - (1+\theta) \cdot p_z \cdot Z)$ beim Einsatz des inländischen bzw.

$T = \theta(p_c \cdot C - (1+\theta^*) \cdot p_z^* \cdot Z^*)$ beim Einsatz des ausländischen Zwischenproduktes (7)

Für den Cash-Flow (CF) als Differenz aus dem Bruttopreis des Konsumgutes und dem Bruttopreis des Zwischenprodukts sowie der insgesamt gezahlten Mehrwertsteuer folgt dann[2]:

$$CF = p_c \cdot C - p_z \cdot Z + \theta^2 \cdot p_z \cdot Z \text{ bzw. } CF = p_c \cdot C - p_z \cdot Z^*(1-\theta)(1+\theta^*) \qquad (8)$$

Ein Arbitragegleichgewicht herrscht dann, wenn der Cash-Flow bei Einsatz des ausländischen Zwischenprodukts dem Cash-Flow bei Einsatz des inländischen Zwischenprodukts in der Herstellung des inländischen Konsumgutes C entspricht, oder, da der Nettoumsatz $p_c \cdot C$ in beiden Fällen gleich ist: der Einsatz des ausländischen Zwischenprodukts in der Herstellung des Konsumgutes C darf unter Einbeziehung der Mehrwertsteuerzahllast gerade genauso viel kosten wie der Einsatz des inländischen Zwischengutes unter Einbeziehung der Mehrwertsteuerzahllast. Die Arbitragebedingung lautet dann (unter der Voraussetzung, daß eine bestimmte Menge des Konsumgutes jeweils mit derselben Menge des inländischen wie des ausländischen Zwischenprodukts hergestellt werden kann):

$$p_z - \theta^2 \cdot p_z = (1+\theta^*)p_z^* - \theta(1+\theta^*)p_z^* \qquad (9)$$

Die Gleichung (9) erfüllt, wie sich durch Einsetzen leicht zeigen läßt[3], die Neutralitätsbedingung (1a) und verhindert damit Verzerrungen im internationalen Handel.

Jedoch stellt sich bei dieser Lösung das Problem, daß durch eine Vermehrung der Handelsstufen die Mehrwertsteuerlast verringert werden kann (Fuest aaO 60): Nimmt man etwa an, daß bei dem inländischen Gut ein Zwischenhändler eingeschaltet wird, der das Gut zum Preis P_H erwirbt und zum Preis P_V an das oben betrachtete Unternehmen verkauft, wobei der Einfachheit halber gelten soll: $P_Z < P_H < P_V < P_C$, so ergibt sich eine insgesamt gegenüber der Situation ohne Zwischenhändler um den

---

[1] Vgl. Sinn 1990, 496 und zuletzt 1995, 243.

[2] Der Cash-Flow bei Einsatz eines inländischen Zwischenproduktes ist:

$(1+\theta)p_c \cdot C - (1+\theta)p_z \cdot Z - \theta(p_c \cdot C - (1+\theta)p_z \cdot Z) = (1+\theta)p_c \cdot C - \theta p_c \cdot C - (1+\theta) \cdot$

$p_z \cdot Z + \theta(1+\theta)p_z \cdot Z = p_c \cdot C - [(1-\theta)(1+\theta)] \cdot p_z \cdot Z = p_c \cdot C - (1-\theta^2)p_z \cdot Z =$

$p_c \cdot C - p_z \cdot Z + \theta^2 \cdot p_z \cdot Z.$

Bei Einsatz eines ausländischen Zwischenproduktes in der Produktion des inländischen Konsumgutes C beträgt der Cash-Flow:

$(1+\theta)p_c \cdot C - (1+\theta^*)p_z^* Z^* - \theta(p_c \cdot C - (1+\theta^*)p_z^* \cdot Z^*) = (1+\theta)p_c \cdot C - \theta p_c \cdot C -$

$(1+\theta^*)p_z^* \cdot Z^* + \theta(1+\theta^*)p_z^* \cdot Z^* = p_c \cdot C - p_z^* \cdot Z^*(1+\theta^* - \theta - \theta \cdot \theta^*) = p_c \cdot C - p_z^* \cdot Z^* \cdot$

$(1-\theta)(1+\theta^*) = p_c \cdot C - p_z^* Z^* + \theta \cdot \theta^* p_z^* Z^*$

[3] Aus $p_z - \theta^2 \cdot p_z = (1+\theta^*)p_z^* - \theta(1+\theta^*)p_z^*$ folgt: $p_z(1-\theta^2) = p_z^*(1+\theta^*)(1-\theta)$. Daraus folgt weiter: $p_z(1-\theta)(1+\theta) = p_z^*(1-\theta)(1+\theta^*)$ und $p_z / p_z^* = (1+\theta^*)/(1+\theta)$

Betrag $\theta^2 P_H$ verringerte Steuerschuld, obwohl sich die Wertschöpfung nicht geändert hat.[1]

Nach dem Vorschlag von Krause-Junk (1992) würde der Importeur eines ausländischen Zwischenproduktes im innergemeinschaftlichen Handel nicht die tatsächlich vom ausländischen Exporteur in Rechnung gestellte Mehrwertsteuer als Vorsteuer abziehen, sondern jene fiktive Mehrwertsteuer, die er schulden würde, wenn er aus dem Inland beliefert worden wäre, während für inländische Zwischengüter der „normale" Vorsteuerabzug gilt. Für die Mehrwertsteuerschuld gilt dann:

$T = \theta(p_c \cdot C - p_z \cdot Z)$ beim Einsatz des inländischen und

$$T = \theta(p_c \cdot C - \frac{(1+\theta^*)}{(1+\theta)} p_z^* \cdot Z^*) \text{ beim Einsatz des ausländischen Zwischenproduktes} \quad (10)$$

Die Arbitragebedingung lautet dann:

$p_c \cdot C - p_z \cdot Z = p_c \cdot C - \frac{(1+\theta^*)}{(1+\theta)} p_z^* \cdot Z^*$ bzw. (nach entsprechender Kürzung):

$$p_z = \frac{(1+\theta^*)}{(1+\theta)} p_z^* \quad (11)$$

Dies entspricht genau der Bedingung (1a) für intersektorale Neutralität. Der Vorschlag von Krause-Junk -fiktiver Vorsteuerabzug für importierte Zwischengüter, Vorsteuerabzug für inländische Güter- vermeidet also ebenso wie der Vorschlag von Sinn eine Verzerrung zwischen Konsum- und Investitionsgüterpreisen. Im Gegensatz zu diesem vermeidet er jedoch auch eine vertikale Desintegration.

Im System des fiktiven Vorsteuerabzugs belastet die Mehrwertsteuer eines Hochsteuerlandes also nicht einseitig die Konsumgüter, sondern auch die Zwischenprodukte, so daß beide Branchen die Steuer auf die inländischen Faktoren rückwälzen können und keine Verzerrungen auftreten. Zudem würde die Gefahr bewußter Steuerexporte, die etwa bei Anwendung des Gemeinschaftsprinzips besteht[2], gebannt, so daß kein Verrechnungssystem errichtet werden muß (Homburg 2000 (1), 308).

Allerdings besteht ein Problem des Ursprungslandprinzips mit fiktivem Vorsteuerabzug darin, daß im Verhältnis zum NichtEU-Gebiet weiterhin das Bestimmungsland-

---

[1] Der Effekt des Bruttovorumsatzabzugs im o.g. Sinn ist also der verzerrenden Wirkung einer Allphasen-Bruttoumsatzsteuer gerade diametral entgegengesetzt.

[2] Das wesentliche Merkmal des von der EU-Kommission anstelle der geltenden Übergangsregelung vorgeschlagenen sog. Gemeinschafts- oder Binnenmarktprinzips besteht darin, daß kommerzielle innergemeinschaftliche Exporte beim Lieferer und beim Empfänger wie Inlandslieferungen behandelt werden: Der Lieferer wendet auf den Nettopreis den in seinem Land geltenden Mehrwertsteuersatz an und berechnet den entsprechenden Bruttopreis; der Empfänger zieht die in der Rechnung ausgewiesene Mehrwertsteuer als Vorsteuer ab, sofern die üblichen Voraussetzungen für den Vorsteuerabzug erfüllt sind. Anders als unter der Übergangsregelung unterliegen kommerzielle innergemeinschaftliche Exporte also nicht mehr der Nullsatzbesteuerung. Da aufgrund des grenzüberschreitenden Vorsteuerabzugs die „Kosten" einer nationalen Mehrwertsteuererhöhung nur zum Teil die heimischen Bürger belasten, zu einem anderen Teil aber über dortige Steuermindereinnahmen andere Mitgliedstaaten, hat bei Anwendung des Gemeinschaftsprinzips ohne die gleichzeitige Errichtung eines sog. Clearing-Systems zum Ausgleich innergemeinschaftlicher Steueraufkommensverschiebungen jeder Mitgliedstaat einen strategischen Anreiz, den nationalen Mehrwertsteuersatz zu erhöhen und einen Teil des Mehrwertsteueraufkommens zu exportieren.

prinzip gilt. Unternehmer aus Hochsteuerländern könnten den fiktiven Vorsteuerabzug deshalb umgehen, indem sie das übrige Gemeinschaftsgebiet durch Zwischenexport über das NichtEU-Gebiet beliefern (Homburg, aaO).[1] Nach einem Vorschlag in der Literatur (Lockwood u. a. 1994) soll die Lösung dieses Problems im Übergang zu einem asymmetrisch eingeschränkten Ursprungslandprinzip liegen: Dabei wenden die EU-Mitgliedsländer das Ursprungslandprinzip auch auf Ausfuhren in das NichtEU-Gebiet an, während NichtEU-Staaten weiterhin nach dem Bestimmungslandprinzip besteuern. Ausfuhren in das NichtEU-Gebiet werden demzufolge doppelt besteuert, während Einfuhren aus dem NichtEU-Gebiet steuerfrei bleiben. Wie Lockwood u. a. (aaO) zeigen, ist ein solches Prinzip im Idealfall aus allokativer Sicht äquivalent zum reinen Bestimmungsland- und zum reinen Ursprungslandprinzip.[2]

Die bisherige Analyse hat sich mit den allokativen Wirkungen einer separaten Gütersteuer in Form der Umsatzsteuer beschäftigt. Dabei hatte sich gezeigt, daß eine nach dem reinen Ursprungsprinzip erhobene Mehrwertsteuer der derzeit geltenden EU-Übergangsregelung in allokativer Hinsicht deutlich überlegen und zu einer nach dem Bestimmungslandprinzip erhobenen Mehrwertsteuer äquivalent ist. Gleichzeitig ist mit der Errichtung des Europäischen Binnenmarktes zum 01. 01. 1993 die generelle Anwendung des reinen Bestimmungslandprinzips im innergemeinschftlichen Handel

---

[1] Bei Lieferung eines Zwischenprodukts aus einem EU-Hochsteuerland in ein niedriger besteuerndes EU-Mitgliedsland ist im niedrigbesteuernden Empfängerland die Vorsteuer nur in Höhe des inländischen Mehrwertsteuersatzes abzugsfähig. Beim Zwischenexport über ein Drittland außerhalb der EU und anschließender Weiterlieferung aus dem Drittland ins niedrigbesteuernde EU-Mitgliedsland würde das Zwischengut zunächst beim Export ins Drittlandsgebiet von der Umsatzsteuer des Hochsteuerlandes und sodann bei Weiterlieferung aus dem Drittlandsgebiet ins niedrigbesteuernde EU-Empfängerland von der Steuer des Drittlandgebietes entlastet und nur noch mit der Steuer des EU-Empfängerlandes belastet.

[2] Nach dem asymmetrisch eingeschränkten Ursprungslandprinzip bildet eine bestimmte Gruppe von Ländern, z. B. die Staaten der Europäischen Union, eine Steuerunion und wendet das Ursprungslandprinzip auf den Handel sowohl zwischen Unionsländern als auch mit Drittstaaten an, während Drittstaaten weiterhin das Bestimmungslandprinzip (mit Grenzsteuerausgleich) anwenden. Aus der Sicht eines Mitgliedslandes der Steuerunion werden Exporte in Drittländer doppelt besteuert, im Ursprungs- und im Bestimmungsland. Auf der anderen Seite sind Importe aus einem Drittland ins Unionsgebiet steuerfrei, da das Exportland das Gut beim Grenzübertritt steuerfrei stellt, während das Empfängerland das Ursprungslandprinzip anwendet und demzufolge das Importgut ebenfalls nicht besteuert. Dennoch ist das asymmetrisch eingeschränkte Ursprungslandprinzip sowohl mit dem reinen Bestimmungsland- als auch dem reinen Ursprungslandprinzip äquivalent, weil beim Übergang vom Bestimmungsland- zum asymmetrisch eingeschränkten Ursprungslandprinzip die gleichgewichtigen Produzentenpreise in den Unionsländern genau um den Betrag der heimischen Mehrwertsteuer fallen, und zwar entweder über eine entsprechende Abwertung der heimischen Währung oder -wenn dies aufgrund starrer Wechselkurse im Verhältnis zum Drittlandsgebiet nicht möglich ist- durch eine Anpassung der Preise der immobilen Produktionsfaktoren.
Wie Lockwood u. a. (aaO) zeigen, gilt das genannte Äquivalenzmerkmal auch dann noch, wenn das Modell auf eine beliebige Zahl von Gütern und immobilen Faktoren erweitert wird, Transportkosten berücksichtigt und ein unvollkommener Wettbewerb auf den Märkten unterstellt wird.
Weil die Güter unter dem asymmetrisch eingeschränkten Ursprungslandprinzip die EU ohne Grenzausgleich verlassen würden und weil es für die EU-Bürger keinen Anreiz gäbe, doppelt besteuerte Güter außerhalb der Unionsgrenzen zu erwerben, wären an den Unionsgrenzen auch keine Grenzkontrollen aus steuerlichen Gründen notwendig. Demgegenüber müßten Drittstaaten für den Handel mit der EU Grenzkontrollen aufrechterhalten, um das Bestimmungslandprinzip realisieren und eine Steuerflucht ihrer Bürger durch cross-border shopping zu vermeiden.

faktisch unmöglich, zumindest aber problematisch geworden, wenn nicht der Binnenmarkt durch Grenzkontrollen neuerlich segmentiert und damit seine Vorteile zunichte gemacht werden sollen.[1] Vor diesem Hintergrund spricht vieles für den Ersatz des derzeit geltenden Mischsystems durch ein für den innergemeinschaftlichen Handel nach dem reinen Ursprungslandprinzip (mit fiktivem Vorsteuerabzug für importierte Güter) ausgestaltetes EU-Mehrwertsteuersystem.

Eine andere Beurteilung könnte sich nur dann ergeben, wenn erkennbar würde, daß die bislang erfolgte alleinige Betrachtung der Mehrwertsteuer bei Untersuchung der unterschiedlichen Besteuerungsprinzipien die realwirtschaftlichen Wirkungszusammenhänge soweit verkürzt bzw. verzerrt, daß die daraus gezogenen Schlüsse falsch wären. Die Frage ist also, in wieweit die gefundenen Ergebnisse zu relativieren sind, wenn, eingedenk der Tatsache, daß Güterkonsum und Güterproduktion nicht die einzigen verfügbaren Steuerbemessungsgrundlagen sind, an die Stelle einer separaten Analyse der finanzpolitischen Wirkungen einer ursprungs- oder bestimmungslandbasierten Gütersteuer die Analyse der Interaktionen von Güter-, Faktor- und Gewinnsteuern im Rahmen eines allgemeineren Gleichgewichtsmodells tritt.

Die praktische Relevanz der Fragestellung zeigt sich darin, daß sich mittlerweile eine ganze Reihe von Autoren mit den vermeintlichen Vorteilen des Bestimmungslandprinzips und den Möglichkeiten seiner Weiterexistenz trotz geänderter institutioneller Rahmenbedingunen innerhalb der Europäischen Union beschäftigt hat. Stellvertretend für sie zeigen Genser und Haufler (1996 und 1998; vgl. auch schon Genser 1996 sowie ders. 1999) daß im Modellrahmen einer kleinen offenen Volkswirtschaft mit immobilen Arbeitskräften und identischen, international mobilen Unternehmen, in der neben dem Konsum (Gütersteuer nach dem Bestimmungslandprinzip) die Produktion (Gütersteuer nach dem Ursprungslandprinzip) sowie die Lohneinkommen der Arbeitnehmer und die Unternehmensgewinne (Cash flow-Steuer) besteuert werden können, unter bestimmten Voraussetzungen eine bestimmungslandbasierte Mehrwertsteuer einer ursprungslandbasierten aus Effizienzgründen überlegen ist, da erstere ein eigenständiges Besteuerungsinstrument neben Lohn- und Gewinnsteuer darstellt, das trotz etwaiger Verzerrungswirkungen durch Cross border shopping die Wohlfahrtskosten der nationalen Steuerpolitik zu senken vermag, während letztere in ihrer Wirkung vollständig durch eine geeignete Kombination aus Lohn- und Gewinnsteuer ersetzt werden kann.[2]

---

[1] Zwar ist beispielsweise der Sachverständgigenrat (Jahresgutachten 1989, Tz. 429) der Auffassung, daß die Öffnung der Grenzen einer Beibehaltung des Bestimmungslandprinzips grundsätzlich nicht entgegensteht, er räumt er selbst ein, daß dann Probleme auftreten können, wenn grenzüberschreitende Leistungen nicht nur an umsatzsteuerpflichtige Unternehmen erfolgen, sondern auch an Empfänger, die nicht umsatzsteuerpflichtig sind, vor allem Verbraucher. Das ist aber genau der springende Punkt. Denn wenn die Möglichkeit einer legalen Steuerumgehung (durch Direktimport- und Reimportaktivitäten) besteht, ist davon auszugehen, daß sie auch genutzt wird.

[2] In ähnlicher Weise demonstriert Richter (1997), daß in einem Mehrländermodell mit mobilen Haushalten und mobilen Firmen die bestimmungslandbasierte Güterbesteuerung der ursprungslandbasierten überlegen ist, wenn es darum geht, die durch die Zuwanderung von Personen oder Firmen verursachten regionalen Stauungskosten zu internalisieren und hierzu nicht auf eine regionale Kopfsteuer zurückgegriffen werden kann, sondern die Internalisierung durch eine Kombination aus Profit- und Konsumsteuer (bestimmungslandbasierte Gütersteuer) oder aus Profit- und Produktionssteuer versucht werden muß; der Grund hierfür ist wiederum, daß eine bestimmungslandbasierte Gütersteuer einen zusätzlichen Wirkungszusammenhang erschließt, während eine ursprungslandbasierte Güter-

Allerdings dürfen, wie Genser und Haufler selbst anmerken (vgl. z. B. 1996, 429), die Ergebnisse ihres Modells nicht überbewertet werden. Denn zum einen verzichtet die Analyse von Genser und Haufler auf jeden Vergleich der potentiellen Verteilungswirkungen -sowohl innerhalb des betrachteten Landes selbst als auch im Verhältnis zwischen Inland und Ausland- einer bestimmungslandbasierten und einer ursprungslandbasierten Gütersteuer (allerdings können im Rahmen einer effizienzorientierten Wirkungsanalyse von Steuern Verteilungsaspekte auch nur insofern von Bedeutung sein, als sie unmittelbar das Verhalten von Individuen oder Regierungen beeinflussen und dadurch ihrerseits zu Allokationsverzerrungen führen). Zum andern sind einige der dem Modell von Genser und Haufler zugrundeliegenden Prämissen derart restriktiv, daß dadurch die Realitätsnähe des Modells erheblich in Frage gestellt bzw. die Allgemeingültigkeit der getroffenen Aussagen erheblich reduziert wird. Dies gilt einmal für die Annahme, daß die Eigentümer der Unternehmen der betrachteten Volkswirtschaft allesamt ausschließlich im Ausland sitzen, wodurch komplexe Einkommenseffekte von vorneherein ausgeschlossen werden. Dies gilt vor allem aber auch für die Modellierung eines Instruments, das punktgenau zur Besteuerung der Unternehmensgewinne -und nur dieser- eingesetzt werden kann. Die in der Realität bestehenden Unternehmenssteuern sind ein weit weniger zielgenaues Instrument, weil sie die Rückflüsse aus unternehmerischem Reinvermögen zusammen mit den Unternehmensgewinnen i.e.S. besteuern. Ein realistischeres Modell müßte deshalb Kapital als einen zweiten, international mobilen Produktionsfaktor in die Betrachtung mit einbeziehen. Wenn Kapitalrückflüsse und unternehmerische Reingewinne nur durch ein einziges gemeinsames Steuerinstrument erfaßt werden können, ist es nicht generell möglich, die Wirkungen einer nach dem Ursprungslandprinzip erhobenen Gütersteuer (Produktionssteuer) durch eine Kombination aus Lohnsteuer und Unternehmenssteuer zu ersetzen (Genser und Haufler 1996, 429), so daß insofern auch nicht von einer generellen allokativen Überlegenheit des Bestimmungslandprinzips gegenüber dem Ursprungslandprinzip gesprochen werden kann.

Hinzu kommt, daß das Bestimmungslandprinzip innerhalb der EU zu bestimmten allokativen Verzerrungen führen kann, die bei Anwendung des reinen Ursprungslandprinzips in dieser Form nicht auftreten würden: grundsätzlich ist nämlich allen bestimmungslandbasierten Mehrwertsteuersystemen, die *ohne Grenzkontrollen* auszukommen versuchen, gemein, daß sie den Konsumenten Anreize zu Direktimport- und Reimportaktivitäten bieten, wenn die damit zusammenhängenden Transaktionskosten entsprechend gering sind. Sind Direktimporte mit Transaktionskosten verbunden, so wird der Konsument diese in seinem Arbitragekalkül berücksichtigen. Aus ökonomischer Sicht verringern diese Cross border shopping- Kosten das für Konsumzwecke verfügbare Einkommen und stiften keinen direkten Nutzen, stellen also eine Ressourcenvergeudung dar. Der Arbitrageur wird allerdings so lange steigende Transaktionsgrenzkosten zu tragen bereit sein, wie er einen marginalen Nettowohlfahrtsgewinn durch den günstigeren Konsumentenpreis im Niedrigsteuerland erzielen kann. Im Arbitragegleichgewicht werden die Hochsteuerlandkonsumenten damit zumindest einen Teil ihrer Güterkäufe durch Direktimporte bestreiten, was zu einer Reduktion der Steuerbasis im Hochsteuerland führt. Wie Genser (1999, 25 f.) in einem einfachen Universalgutmodell mit Cross border shopping zeigt, steigen aber durch die

---

steuer gegenüber einer verfügbaren Profitsteuer (in Kombination mit einer ebenfalls verfügbaren, von Richter aber nicht explizit modellierten Lohnsteuer) dies nicht vermag.

Reduktion der Steuerbasis im Hochsteuerland und die Ressourcenabsorption der Konsumentenpreisarbitrage die Grenzkosten der Bereitstellung des öffentlichen Gutes und es tritt ein Wohlfahrtsverlust durch Unter-versorgung mit dem steuerfinanzierten Kollektivgut ein.

Diese Allokationsverzerrung kann, worauf Genser (aaO) hinweist, durch eine geeignet gestaltete ursprungslandbasierte Gütersteuer ausgeschaltet werden, weil der Anreiz zu steuerinduziertem Cross border shopping nicht besteht und die nationalen Steuersätze dem fiskalischen Bedarf entsprechend festgelegt werden können, ohne daß fiskalische Externalitäten auftreten. Daß aber selbst unter Einbeziehung dieser Allokationsverzerrung das Bestimmungslandprinzip dem Ursprungslandprinzip aus wohlfahrtstheoretsicher Sicht noch grundsätzlich überlegen sein soll, wie Genser und Haufler offenbar annehmen, scheint demgegenüber eher eine Spekulation als das Ergebnis einer eindeutigen theoretischen Analyse zu sein.[1]

Wenn nach den getroffenen Feststellungen das reine Ursprungslandprinzip aus wohlfahrtstheoretischer Sicht dem derzeit geltenden EU-Mischsystem eindeutig überlegen ist, so gebührt dem Ursprungslandprinzip der Vorrang vor dem EU-Mischsystem. Wenn gleichzeitig aus den genannten Erwägungen das Ursprungslandprinzip dem reinen Bestimmungslandprinzip selbst im Analyserahmen eines vergleichsweise umfangreichen „Optimalsteuer"modells offensichtlich nicht deutlich unterlegen ist, so sollte nicht durch die bei einem Übergang zum reinen Bestimmungslandprinzip wieder erforderlich werdenden Kontrollen der durch die Öffnung der Binnenmarktgrenzen zum 01.01.1993 erreichte Integrationsstand in Frage gestellt werden. Demgemäß gebührt unter den derzeit geltenden institutionellen Rahmenbedingungen innerhalb der Europäischen Union der Anwendung des Ursprungslandprinzips bei der Umsatzbesteuerung der Vorrang vor allen anderen Besteuerungsprinzipien.

Zu klären bleibt die Frage, ob im Rahmen einer nach dem Ursprungslandprinzip erhobenen Umsatzsteuer die Steuersätze der EU-Mitgliedstaaten unter Effizienzgesichtspunkten ganz oder teilweise zu harmonisieren sind.
Der gegenwärtige Stand der europäischen Harmonisierung im Bereich der Mehrwertsteuer stellt sich bekanntlich so dar, daß -bei weitgehend übereinstimmender Bemessungsgrundlage- seit dem 01.01.1993 ein europaweit einheitlicher Mehrwertsteuer-Mindestsatz von 15 % gilt.[2] An diesem sollte allein schon im Interesse des bislang politisch Erreichten und des weiteren Einigungsprozesses nicht gerüttelt werden. Inwieweit eine darüber hinausgehende Angleichung der Mehrwertsteuersätze

---

[1] Nach Fuest (1995 (2), 64) könnte für die Anwendung des Ursprungslandprinzips außerdem sprechen, daß der Belastung durch die Mehrwertsteuer staatliche Leistungen gegenüberstehen, die zur privatwirtschftlichen Wertschöpfung beitragen. Eine nach dem Ursprungslandprinzip erhobene Mehrwertsteuer könne daher als „Steuerpreis" betrachtet werden. Dem könnte allerdings entgegengehalten werden, daß die öffentliche Hand auch Leistungen bereitstellt, die den Grenznutzen des privaten Konsums erhöhen und damit eine Anwendung des Bestimmungslandprinzips, die ja den Konsumsteuercharakter der Mehrwertsteuer betont, ebenfalls mit dem Äquivalenzprinzip gerechtfertigt werden kann (so zurecht Fuest selbst aaO, Fußnote 133).

[2] Darüber hinaus kann jeder Mitgliedstaat für bestimmte Güter einen erniedrigten Mehrwertsteuersatz anwenden, der allerding 5 % nicht unterschreiten darf. Hierbei ist zu beachten, daß jeder Mitgliedstaat neben dem Normalsteuersatz nur *einen* ermäßigten Mehrwertsteuersatz anwenden darf.

erforderlich ist, erscheint aus derzeitiger Sicht allerdings fraglich. *Gegen* eine weitere Harmonisierung der Mehrwertsteuersätze innerhalb der Europäischen Union könnte zum einen die Tatsache *überlappender Bemessungsgrundlagen* zwischen der Mehrwertsteuer als indirekter Steuer und bestimmten direkten Steuern und die damit möglicherweise verbundenen Wirkungsgegensätze sprechen: Die innerhalb der Europäischen Union geltende Variante der Mehrwertsteuer, die sog. *Mehrwertsteuer vom Konsumtyp*, stellt das in einem Unternehmen erwirtschaftete Kapitaleinkommen von der Umsatzsteuer insoweit frei, als der Unternehmer die auf Kapitalgüter entfallende Vorsteuer sofort abziehen kann, belastet aber die sonstigen Einkommen. Das sind -neben Bodeneinkommen, unternehmerischen Reingewinnen u.a.- vor allem die Arbeitseinkommen. Diese werden aber bereits durch direkte Steuern (vor allem die Lohnsteuer) belastet. Da die Mehrwertsteuer und die direkten Steuern auf Arbeitseinkommen (teilweise) überlappende Bemessungsgrundlagen haben, könnte die Wirkung einer vollständigen Mehrwertsteuerharmonisierung durch eine gegengerichtete Anpassungsreaktion bei den direkten Steuern (soweit diese nicht harmonisiert sind) aufgehoben werden[1] (vgl. zur generellen Problematik ausführlich Homburg 2000 (1), § 26). Zum andern könnte gegen eine vollständige Vereinheitlichung der EU-Mehrwertsteuersätze die Tatsache unterschiedlicher Produktionsbedingungen sowie *divergierender Präferenzen* im Hinblick auf den Umfang des öffentlichen Budgets angeführt werden (Fuest 1995 (2), 64).[2]

Dagegen könnten, wie im folgenden Abschnitt erläutert wird, *für* eine weitere MwSt-Harmonisierung innerhalb der EU die möglichen Gefahren eines ineffizienten Steuerwettbewerbs sprechen.

4.3.2. Die Wirkungen der Umsatzsteuer in Modellwirtschaften mit großen Staaten

Die Wirkungen des Steuerwettbewerbs im Bereich der Güterbesteuerung sind in der wissenschaftlichen Literatur vor allem im Rahmen von Modellwirtschaften zweier oder weniger großer Staaten, deren Steuerpolitik einen nicht zu vernachlässigenden Einfluß auf die finanzpolitischen Entscheidungen anderer Staaten ausübt, und mithilfe des Analyseinstrumentariums der Spieltheorie dargestellt worden. Beispielhaft hierfür sind die Arbeiten von Mintz und Tulkens (1986) und DeCrombrugghe und Tulkens

---

[1] Senken die wohlhabenden Mitgliedstaaten als Reaktion auf eine harmonisierte Mehrwertsteuererhöhung ihre Lohnsteuersätze vor allem im Bereich des relativ mobilen Hochlohnsegments, so schadet dies den ärmeren Mitgliedstaaten u.U. mehr als ihnen eine Steuerharmonisierung im Bereich der MwSt nützt.

[2] Ob darüber hinaus, wie Fuest (aaO unter Bezugnahme auf Vaubel 1992, 33) meint, gegen eine Steuerharmonisierung im Bereich der Güterbesteuerung ins Feld geführt werden kann, daß eine optimale Steuerstruktur von den Angebots- und Nachfrageelastizitäten auf den Güter- und Faktormärkten abhängt und -da diese nicht in allen Ländern gleich sein dürften- deshalb auch unterschiedliche Steuerstrukturen sinnvoll sind, muß allerdings bezweifelt werden. Denn unterschiedliche Angebots- und Nachfrageelastizitäten im In- und Ausland könnten nach den entsprechenden Theorien zu einem Steuerexport im Bereich der Güterbesteuerung führen und die dadurch hervorgerufenen Externalitäten könnten gerade den Ruf nach einer Steuerharmonisierung im Bereich der Güterbesteuerung sinnvoll erscheinen lassen.

(1990) zu nennen, die in einem Modell zweier Staaten die Frage untersuchen, ob bei Anwendung des Ursprungslandprinzips nicht-kooperatives Verhalten der Staaten zu Pareto-effizienten Steuersätzen führt. Ihr Ansatz sei im folgenden in aller Kürze nachvollzogen.

Im Modell von Mintz und Tulkens (1986) und später von DeCrombrugghe und Tulkens (1990) stellen die beiden betrachteten Staaten je ein lokales öffentliches Gut her, zu dessen Finanzierung sie auf eine Gütersteuer auf das einzige private Gut zurückgreifen können. Zwar wählen die beiden Staaten den zur Finanzierung des öffentlichen Gutes erforderlichen Steuersatz unabhängig voneinander, doch wird mit der Festsetzung eines Steuersatzes gleichzeitig die Import- und Exportstruktur eines Landes verändert, da das private Gut zwischen den Ländern gehandelt wird. Da jedes Land als groß angesehen wird, kann es auch die Steuerbasis des anderen Landes beeinflussen. Mintz/Tulkens und DeCrombrugghe/Tulkens zeigen, daß in einem solchermaßen angelegten Modell unter bestimmten Voraussetzungen das nicht-kooperative Steuersatzgleichgewicht der Staaten Pareto-ineffizient ist. Die Begründung dafür ist folgende:

Ausgehend von einem nicht-kooperativen Marktgleichgewicht wird eine Region, die das private Gut per Saldo exportiert, von einer Steuererhöhung im anderen Land für dieses Gut im Wohlfahrtssinne stets profitieren. Der dabei auftretende Effekt wird als „public consumption effect" bezeichnet und kennzeichnet die zusätzlichen Steuereinnahmen aufgrund einer vergrößerten einheimischen Steuerbasis (es kann mehr besteuerte Ware exportiert werden) und dadurch möglicher höherer Staatsausgaben. Fraglich könnte sein, ob auch ein Importland von einer Steuererhöhung im Nachbarland profitiert. Tritt hier doch der von den Autoren so bezeichnete „private consumption effect" neben den soeben beschriebenen public consumption effect und konterkariert diesen (teilweise): die Steuer im Ausland vermindert die Importe ins Inland und führt zu einer veränderten Konsumstruktur im Inland. DeCrombrugghe und Tulkens zeigen nun, daß, abgesehen von dem Fall, daß alle Konsumenten nur im eigenen Land kaufen, der public consumption effect im Importland den private consumption effect stets dominiert: der durch die Steuererhöhung im Ausland bewirkte Importrückgang führt zu einem Nachfrageanstieg nach heimischen Produkten und vergrößert damit die Steuerbasis im Inland; die Wohlfahrtsgewinne aufgrund zusätzlicher, steuerfinanzierter Staatsausgaben sind für die einheimische Bevölkerung größer als der infolge der insgesamt gestiegenen Steuern eintretende Konsum- (und damit Wohlfahrts-) Verlust hinsichtlich des privaten Gutes.

Die nicht-kooperierenden Länder berücksichtigen in ihren finanzpolitischen Entscheidungen die beiden externen Effekte nicht. Sie setzen deshalb im nicht-kooperativen Marktgleichgewicht die lokalen Steuersätze und damit die öffentlichen Ausgaben im Sinne globaler Effizienz zu niedrig an. Ausgehend von einem solchen Gleichgewicht könnten durch eine gleichzeitige Erhöhung der Steuersätze beider Länder Effizienzsteigerungen erzielt werden. Doch sehen sich die Regierungen beider Länder in der Entscheidungssituation eines Gefangenendilemmas: da jedes Land am meisten davon profitiert, wenn zwar im Nachbarland die Steuersätze angehoben werden, es selbst aber seine Steuersätze unverändert läßt, hat jedes Land auch einen Anreiz, von der kooperativen Lösung abzuweichen und sich dadurch besser zu stellen.

Die Forderung im Anschluß an DeCrombrugghe/Tulkens bzw. Mintz/Tulkens für den Bereich der Europäischen Union könnte daher lauten, daß eine Europäische

Zentralebene die Gütersteuer-, insbesondere die Mehrwertsteuer-, -Sätze der EU-Mitgliedstaaten zu harmonisieren und Umgehungen durch die Mitgliedstaaten zu sanktionieren habe. Das setzt allerdings voraus, daß der mit einer harmonisierten Erhöhung der Steuersätze verbundene Ersatz privater durch öffentliche Konsumgüter in jedem Fall und in allen Ländern wohlfahrtserhöhend wirkt, wie von DeCrombrugghe und Tulkens bzw. Mintz und Tulkens unterstellt. Da sich die EU- Mitgliedstaaten bereits auf einen einheitlichen Mehrwertsteuer-Mindestsatz von 15 % verständigt haben, bedeutete dies, daß auch bei einer von diesem Satz aus weitergehenden Erhöhung der Mehrwertsteuer der damit verbundene trade off zwischen privatem und öffentlichem Konsum wohlfahrtssteigernd wirken müßte. Ob dem so ist und wo, diesen Gedanken weitergedacht, dann die Grenze der harmonisierten Mehrwertsteuererhöhung für die in eine weltwirtschaftliche Ordnung eingebundenen EU-Mitgliedstaaten realistischerweise läge, kann heute niemand beantworten. In Anbetracht dessen und angesichts der im vorangegangenen Abschnitt angeführten Argumente gegen eine -weitere- Mehrwertsteuerharmonisierung tut man vermutlich gut daran, den bisher erreichten Stand der Harmonisierung innerhalb der Europäischen Union zu begrüßen, gleichzeitig aber die Tatsache, daß anders als z. B. die Kapitalsteuersätze die Mehrwertsteuersätze in den vergangenen Jahren in Europa nicht gefallen, sondern eher gestiegen sind[1], als Indiz dafür nehmen, daß eine weitere Harmonisierung der EU-Mehrwertsteuersätze aus Steuerwettbewerbsgründen derzeit nicht erforderlich scheint.

Appendix zu Kapitel C: Konsumorientierte Besteuerung der privaten Haushalte

Der Vorschlag zur Ablösung der bisherigen Systeme der Unternehmensbesteuerung durch ein System der investitions-(Cash-flow-Steuer) bzw. zinsbereinigten Besteuerung wird in der finanzwissenschaftlichen Literatur zumeist nicht als selbständiger Schritt zur Verbesserung der Effizienz des Steuersystems in einem wichtigen Einzelpunkt diskutiert, sondern im allgemeinen in einem weitaus größeren Kontext, der eine grundlegende Neugestaltung der bestehenden nationalen Steuersysteme zum Gegenstand hat.

Gemeinsames Ziel der dahingehenden Ansätze ist die Abkehr vom tradierten System der Einkommensbesteuerung im Sinne des Schanz-Haig-Simons-Konzepts[2] und die Hinwendung zu einem Konzept der stärkeren Besteuerung des Konsums. Dahinter steht die steuersystematische Überlegung einer möglichst unmittelbaren Ziel-Mittel-Affinität im Hinblick auf den Einsatz des Steuerinstrumentariums (vgl. etwa Rose 1991 (1), 14 ff. und 1994, 424): Die Ausgabensteuer knüpft an das eigentliche Ziel der ökonomischen Aktivitäten, den Konsum an. Die Bereitstellung öffentlicher Güter für die Allgemeinheit erfordert einen entsprechenden Verzicht der Wirtschaftssubjekte auf privaten Konsum. Die endgültige Reallast jeder Steuer zur Finanzierung öffentlicher Güter, gleichgültig bei wem und in welcher Form sie erhoben wird, tritt stets bei natürlichen Personen als staatlich erzwungener Konsumverzicht und somit als

---

[1] Vgl. etwa Institut der deutschen Wirtschaft: Deutschland in Zahlen, verschiedene Jahrgänge, z. B. Ausgabe 2001, S. 128.

[2] Vgl. hierzu Schanz, G. (1896) sowie Haig, R.M. (1921).

persönlicher Nutzenverlust zutage. Somit sind die Konsumenten die einzigen Träger realer Steuerlasten. Werden Individuen über persönliche Steuern zum Konsumverzicht gezwungen, ist dieser Zusammenhang offensichtlich. Bei den Unternehmenssteuern ist der staatlich erzwungene Verzicht auf den Konsum zwar nicht gleich erkennbar. Sind derartige Steuern investitionsneutral, so vollzieht sich die Konsumbelastung jedoch in der Regel über eine Erhöhung der Güterpreise; haben Gewinnsteuern hingegen zur Folge, daß die Unternehmen ihre Investitionstätigkeit einschränken und damit die Erneuerung bzw. Erweiterung ihres Realkapitalstocks teilweise oder ganz unterlassen, so entspricht dies einem Verlust zukünftiger Konsummöglichkeiten. In beiden Fällen sind es also wiederum die Haushalte, die die Lasten der Gewinnbesteuerung in Form von Konsumverzichten zu tragen haben. Somit ließe sich über eine konsumorientierte Ausgestaltung der Bemessungsgrundlagen aller Steuern unmittelbar erreichen, „daß die ökonomische Wirkung und das ökonomische Ziel der Besteuerung übereinstimmen" (Rose 1994, 424).

Grundsätzlich gilt für jede Ziel-Mittel-Relation, daß die Zielwirksamkeit des Instrumenteinsatzes möglichst unmittelbar und punktgenau sein sollte. Ein rationales, gutes Steuersystem ist dann durch eine möglichst enge Verknüpfung von erforderlicher (angestrebter) Steuerwirkung und tatsächlicher Steuerwirkung -bei gegebenem Ressourcenverbrauch der Steuerverwaltung und hinreichender Kontrollierbarkeit der tatsächlichen Steuerwirkungen- gekennzeichnet (Rose 1991 (1), 15 f.). Die Frage, inwieweit ein konsumbasiertes Steuersystem diesem Anspruch gerecht wird, muß anhand jener grundlegenden Funktionen beantwortet werden, die Steuern in einer demokratisch-parlamentarisch geführten und marktwirtschaftlich organisierten Industriegesellschaft üblicherweise zugewiesen werden. Dies sind nach Rose (1991 (1), 15 ff., 1996, 148 ff.):

(1)   Die fiskalisch-administrative Funktion

Aus rein budget-administrativer Sicht kommt Steuern die Aufgabe zu, die Regierung mit den erforderlichen finanziellen Mitteln zur Erfüllung der Staatsaufgaben zu versorgen.

Unter diesem Aspekt ist weder ein einkommensorientiertes, noch ein konsumorientiertes Steuersystem gegenüber dem anderen eindeutig überlegen. Allerdings sind im Hinblick auf die Steuererhebung bei der Einkommensbesteuerung nach der Reinvermögenszugangstheorie aufgrund der erhebungstechnisch aufwendigen Vermögensbewertung höhere Kosten zu erwarten als bei einer Konsumbesteuerung, deren Bemessungsgrundlage aus leicht ermittelbaren und gut kontrollierbaren Zahlungsvorgängen gebildet wird.

(2)   Die ökonomische Funktion

Die ökonomische Funktion von Steuern besteht in erster Linie darin, durch Abschöpfung eines Teils der auf die Märkte gerichteten privaten Konsumkaufkraft Ressourcen der privaten Nutzung zu entziehen und damit für ihre staatliche Verwendung zu reservieren (Kaufkraftregulierungsfunktion), und zwar ohne gleichzeitig eine Veränderung der Produzentenpreise (der Index der Konsumentenpreise darf sich dagegen um den Steuerfaktor erhöhen) und ohne zusätzliche Arbeitslosigkeit hervorzurufen. Um das Problem der Ressourcenumlenkung durch Steuern effizient zu lösen, ist ein möglichst unmittelbarer und kontrollierbarer Zugriff auf die privaten Konsumausgaben erforderlich. Die mit einem einkommensbasierten Steuersystem der traditionellen Art verbundene Besteuerung von Unternehmensgewinnen sichert nach

Rose nicht die unmittelbare Übereinstimmung von tatsächlicher und gewünschter Steuerwirkung, d.h. die notwendige unmittelbare Abschöpfung privater Konsumkaufkraft: zwar seien auch die Reallasten von Gewinnsteuern letztendlich individuelle Konsumopfer. Aber Unternehmensgewinnsteuern führten in der Regel nicht unmittelbar zu einer Zurückdrängung des Konsums privater Güter. Vielmehr „entstehen die Güterlasten erst im Verlauf eines komplexen und empirisch kaum identifizierbaren Inzidenzprozesses bei irgendwelchen Konsumenten. Dies gilt in besonderem Maße für die Besteuerung jener Kapitaleinkommen, die der Finanzierung von Realinvestitionen dienen" (Rose 1991 (1), 21). Auch bei den Unternehmen erhobene spezielle Verbrauchsteuern und eine von den Unternehmen abzuführende allgemeine Mehrwertsteuer vom Konsumtyp hätten nicht immer die gewünschte Primärwirkung einer Abschöpfung privater Konsumnachfrage gleichen Umfangs: Könnten Unternehmen eine Umsatzsteuer aufgrund einer hohen Preiselastizität der Nachfrage nicht vollständig überwälzen, bliebe nicht ausgeschlossen, daß die involvierten Gewinneinbußen zu einer Einschränkung der Investitionstätigkeit führen. Am besten läßt sich die zur Realisierung der staatlichen Allokations- und Stabilitätsziele notwendige Zurückdrängung privater Konsumnachfrage nach Ansicht von Rose (aaO) demgegenüber durch eine direkte Besteuerung der von den Haushalten für den privaten Konsum gedachten Kaufkraft erreichen: „Das zweckmäßigste steuerliche Instrument zur realen Unterstützung der auf die Bereitstellung öffentlicher Güter, auf Inflationsvermeidung und auf Sicherung eines hohen Beschäftigungsstandes gerichteten Ziele ist also die u.a. auch von Schumpeter favorisierte jährliche Verbrauchseinkommensteuer. Hier stimmt die Steuerbasis mit der allokations- und stabilitätspolitischen Zielgröße nahezu überein, so daß wohl bestmögliche Voraussetzungen für die erforderliche Angleichung der tatsächlichen Steuerwirkungen an die funktionsgerechten Steuerwirkungen gegeben sind".

(3) Die redistributive bzw. sozialpolitische Funktion von Steuern

Hierbei geht es um die Abschöpfung eines Teils der Markteinkommen bzw. des Marktkonsums zur Versorgung einkommensschwacher und einkommensloser Bürger mit Konsumkaufkraft (soziale Sicherung). Diese finanzpolitische Aufgabe kann natürlich nur unter Berücksichtigung der unterschiedlichen individuellen Leistungsfähigkeit der Wirtschaftssubjekte verwirklicht werden, die sich wiederum in der Hauptsache in deren Konsummöglichkeiten ausdrückt. Die Quellen des Konsums liegen im Einkommen und im Vermögen der Wirtschaftssubjekte. Dabei ist jedoch zu beachten, daß sich Fragen der individuellen Leistungsfähigkeit nur auf der Basis eines Vergleichs von Konsumsituationen der Individuen über den gesamten Zeitraum der Verwendung eines einmal erzielten Einkommens -oder Vermögens- diskutieren lassen (Lebenskonsum). Das traditionelle Konzept der jährlichen Einkommensbesteuerung nach Schanz-Haig-Simons -im Sinne der Abschöpfung eines Teils des jährlichen Zuwachses an ökonomisch-finanzieller Verfügungsmacht- vernachlässigt den Umstand, daß der Planungszeitraum von Individuen nicht an ein bestimmtes Kalenderjahr gebunden ist, sondern zumeist darüber weit hinausgeht und Individuen heute sparen, um in der Zukunft zu konsumieren- wobei der Sparzins letztendlich die Entschädigung des Marktes für den Verzicht auf Gegenwartskonsum darstellt. Es wäre deshalb unter dem Gesichtspunkt der Berücksichtigung der individuellen Leistungsfähigkeit bei der Besteuerung das Sparen für den Zukunftskonsum steuerfrei zu lassen.

(4) Die (allgemein)politische Funktion von Steuern

Wenn den Bürgern bei ihren Wahlentscheidungen entsprechend dem Wicksellschen Entscheidungsprozeß ein Bündel alternativer Budgetprogramme mit einer jeweils unterschiedlichen Ausgaben-Steuer-Kombination zur Abstimmung vorgelegt wird, müssen sie, um eine rationale Entscheidung treffen zu können, über die auf sie jeweils zukommende Steuerlast möglichst vollständig informiert sein. Dieser Anforderung wird nach Rose (1991 (1), 22) das gegenwärtige System der Einkommensbesteuerung nicht gerecht, da der hierdurch betroffene Konsument in aller Regel nicht wisse, daß seine Steuertraglast weit über seiner Steuerzahlung liegt. Die diesbezügliche Fiskalillusion bestehe vor allem hinsichtlich der Körperschaftsteuer, der Einkommensteuer auf in Personengesellschaften zurückbehaltene Gewinne und der Gewerbesteuer. Damit fehle den Konsumenten und Wählern ein entscheidender Teil jener Informationsgrundlage, die sie benötigen, um über das Ausmaß der sich in den öffentlichen Finanzen niederschlagenden Staatsaktivitäten sinnvoll abstimmen zu können -und dies impliziere einen Effizienzverlust im Hinblick auf das politische Wahlsystem. Ein System der Konsumbesteuerung in „Reinform" würde dagegen jedem Bürger offenbaren, welche Konsumopfer ihm für die Bereitstellung öffentlicher Güter abverlangt werden.

Aus Sicht der funktionalen Effizienz, d.h. der grundlegenden Funktionen, die Steuern in einem repräsentativ-demokratischen und marktwirtschaftlich orientierten System zu erfüllen haben, ist nach den bisherigen Ausführungen ein konsumbasiertes Steuersystem keinesfalls schlechter, anscheinend sogar deutlich besser zu beurteilen als das traditionelle, derzeit in Deutschland geltende System der Einkommens- und Gewinnbesteuerung. Fraglich ist aber, wie beide Systeme im Hinblick auf die allokative lastenmäßige Effizienz (Entscheidungsneutralität) zu beurteilen sind. Ein Steuersystem ist im Hinblick auf die von ihm ausgehenden Lasten als effizient zu betrachten, wenn es nicht möglich ist, den erreichten Grad der Erfüllung aller Besteuerungsfunktionen mit einem geringeren Steuerlastniveau zu erreichen, d.h. wenn bei ihm die über die eigentliche Zahllast hinausgehenden Sonderlasten minimiert werden. Steuerliche Sonder- oder Zusatzlasten ergeben sich immer dann, wenn eine Steuer den Konsum bestimmter Güter, bestimmte Investitionsarten, den Einsatz bestimmter Produktionsfaktoren oder bestimmte Produktionsstandorte diskriminiert und dadurch die Entscheidungen der privaten Wirtschaftssubjekte (Konsumenten, Produzenten oder Investoren) verzerrt. Die Besteuerung verzerrt in solchen Fällen die relativen Güterpreise und die induzierten Reaktionen der Wirtschaftssubjekte verhindern eine gesamtwirtschaftlich effiziente Allokation der verfügbaren Ressourcen.

Auch unter dem Aspekt der lastenmäßigen Effizienz ist ein konsumbasiertes Steuersystem nach Ansicht seiner Befürworter (vgl. statt vieler Wenger 1997, 115 ff. Rose 1994, 425 ff., Schlicht 1984, 324 ff.) dem traditionellen System der Einkommensbesteuerung überlegen. Denn das traditionelle Einkommensteuersystem verzerre die Entscheidungen der privaten Wirtschaftssubjekte in mindestens zweierlei Hinsicht:

(1) Zum einen führe die traditionelle Einkommensteuer zu einer Doppelbelastung der Ersparnis, wenn die Ersparnis aus bereits versteuertem Einkommen gebildet wird und die Zinserträge nochmals belastet werden. Die dadurch bewirkte Diskriminierung des Zukunftskonsums gegenüber dem Gegenwartskonsums müsse in einer Marktwirtschaft zwangsläufig zu einer Beeinträchtigung der Investitionstätigkeit führen: müßten nämlich Zinseinkünfte in vollem Umfang versteuert werden, so genüge nicht mehr, wenn die Erträge einer Investition das Opfer des Konsumverzichts ausgleichen. Nur solche Investitionen, die darüber hinaus auch noch die Zinssteuer tragen könnten, erschienen aus der Sicht der Unternehmen vorteilhaft; andere Investitionen, die diese Zusatzbelastung nicht tragen könnten, würden aus steuerlichen Gründen nicht durchgeführt, auch wenn dies gesellschaftlich wünschenswert wäre. Die Belastung verringere den Nettoertrag der Ersparnis und bewirke einen Wohlfahrtsverlust, weil die marginale Zeitpräferenz und die Grenzproduktivität des Kapitals auseinanderfielen. Die Diskriminierung des Sparens würde noch verstärkt, wenn bei den versteuerten Zinserträgen keine Anpassung an die Inflation erfolge.[1] [2]

(2) Gleichzeitig verzerre die traditionelle Einkommensteuer die Wahl zwischen dem Arbeitsangebot -genauer: dem Arbeitseinkommen- und dem Gut Freizeit zugunsten letzterem, indem sie implizit eine Verbilligung der Freizeit bewirke. Dies wird deutlich, wenn man vereinfachend annimmt, Einkommen werde nur durch Arbeit erzielt und entspreche dem heute möglichen marktmäßigen Güterkonsum. Wird nun Einkommen bzw. marktmäßiger Güterkonsum einer Steuer unterworfen, so bleibt „außermarktlicher" privater Güterkonsum, nämlich Freizeit unbesteuert. Dies entspricht einer selektiven steuerlichen Belastung des marktmäßigen Güterkonsums (vgl. Blankart 1998, 213).

Zwar kann auch eine Konsumsteuer die Verzerrung zwischen Arbeitseinkommen und Freizeit nicht verhindern -vollständig verzerrungsfrei wäre nur eine Steuerbemessungsgrundlage, die neben den Ausgaben für den marktmäßigen Güterkonsum auch die fiktiven Ausgaben für das Gut Freizeit enthält, also das Gut Freizeit besteuert; da dies aus verschiedenen Gründen nicht möglich ist, könnte als zweitbeste Lösung versucht werden, entsprechend der Corlett- und Hague-Regel[3] freizeitkomplementäre Güter stärker als andere Güter zu besteuern, um ein Ausweichen auf die Freizeit unattraktiv zu machen- doch vermag die Konsumsteuer nach Ansicht ihrer

---

[1] Wenn der Sparer, der die Volkswirtschaft bei gleichem Einkommen weniger belaste als der Konsument, aufgrund der Besteuerung ausgezahlter Zinsen höhere Steuern zahlen muß, liegt nach Ansicht der Kritiker des derzeitigen Einkommensteuersystems hierin zugleich ein elementarer Verstoß gegen den Grundsatz einer gleichmäßigen Besteuerung entsprechend dem Prinzip der Leistungsfähigkeit. Anders ausgedrückt: „Bei einer Besteuerung der Zinsen ist der Sparer immer der Dumme, obwohl er es ist, der zusammen mit dem Investor die Zukunft der Volkswirtschaft und den ökonomischen Fortschritt sichert" (Rose 1996, 157). Es stellt sich deshalb die Frage, ob es nicht sogar gerechter -und wachstumspolitisch sinnvoller- wäre, „jene höher zu belasten, die heutigen Konsum genießen, weil auch sie in der Zukunft an jener Wohlstandssteigerung partizipieren, die dadurch erwächst, daß andere heute sparen und investieren" (Rose 1991 (1), 30).

[2] Um die Bedeutung der durch die Zinsbesteuerung bewirkten Verteuerung des Zukunftskonsums zu illustrieren sei auf das folgende Beispiel Roses (1994, 425) zurückgegriffen (vgl. auch die weiteren Beispiele bei Rose 1996, 155 ff. sowie 1998 (2), 249 ff.):

Unterstellt sei ein (Brutto)Marktzins von 10 % und ein einheitlicher Steuersatz von 40 %. Bei einem heutigen Sparen für einen Alterskonsum in 40 Jahren reduziert die Zinssteuer den konsumierbaren Kapitalbestand um rd. 77,3 %. Anders ausgedrückt: 1 DM Konsum in 40 Jahren erfordert heute ein um rd. 340 % höheres Ansparvolumen als bei steuerlicher Schonung der Sparzinsen. In Zeiten der Inflation ist die Verteuerung des Sparens und der Kapitalbildung noch erheblich größer: Bei einem Nominalzins von 10 % und einer Inflationsrate von z.B. 6 % wäre der reale Marktzins (100 x 1,1/1,06 - 100 =) 3,77 %. Eine Einkommensteuer auf Zinseinkünfte in Höhe von 40 % würde den realen Nettozins auf (100 x 1,06/1,06 - 100 =) Null reduzieren.

[3] Corlett und Hague 1953.

Befürworter der Verzerrung der Konsum-Spar-Entscheidungen insoweit entgegen-zuwirken, als sie nur den tatsächlichen Güterverzehr unabhängig vom Zeitpunkt des Verbrauchs besteuert und Kapitaleinkommen steuerfrei läßt. Im Vergleich zur Einkommensteuer sind deshalb mehr Anreize zum Sparen und eine stärkere Kapitalbildung -verbunden mit einer Erhöhung der Produktivität und der Konsum-möglichkeiten in der Zunkunft- sowie eine höhere Risikobereitschaft der Investoren zu erwarten: So kann ein Investor höhere Erträge auf riskante Anlagen erzielen, ohne ausgabensteuerpflichtig zu werden, wenn er die Erträge reinvestiert. Brutto- und Nettoverzinsung stimmen überein[1].

Bei dieser Argumentation dürfen allerdings mehrere wichtige Aspekte nicht übersehen werden:

Zum einen unterstellt die Forderung nach der Freistellung der Zinseinkünfte von der Einkommensbesteuerung wegen der damit verbundenen Diskriminierung des Zu-kunftskonsums implizit, daß die laufende Ersparnis ausschließlich dem zukünftigen Konsum dient. Nutzen kann aber auch aus dem gegenwärtigen Sparen als solchem gezogen werden. Der Vermögenszuwachs kann z.B. Sicherheits-, Macht- oder Prestigewirkungen haben (vgl. Brümmerhoff 1992, 267, 358). Dann ist eine Steuerbe-freiung von Sparen und Zinsen u.U. nicht mehr vollkommen entscheidungsneutral.

Zum andern erzeugt, worauf etwa Homburg (2000 (1), 111) hinweist, die Freistellung der Sparzinsen von der Einkommensbesteuerung einen Anreiz, übrige Einkommen in Zinseinkommen umzudeuten bzw. zu transferieren und kann dadurch ihrerseits bestimmte Verzerrungen auslösen.

Und schließlich, als wichtigster Gesichtspunkt, schrumpft bei einer Steuerbefreiung von Kapitaleinkommen die Bemessungsgrundlage der für die Besteuerung zur Verfügung stehenden Einkommen, so daß bei gleichem Steueraufkommen die Steuersätze angehoben werden müssen. Betrifft dies auch die Steuersätze auf Arbeitseinkommen und unternehmerische Reingewinne, so ist mit einer -stärkeren-Verzerrung der Arbeitsangebots -u.U. auch der unternehmerischen Standort-entscheidungen- zu rechnen. Der Effizienzgewinn durch den Wegfall der Verzerrung der Sparentscheidung wird also durch einen Effizienzverlust an anderer Stelle erkauft. Welcher der beiden Teileffekte überwiegt, kann nach heutigem Wissensstand nicht eindeutig beantwortet werden.[2]

---

[1] Auf eine weitere gesellschaftspolitische Problematik der mit der traditionellen Einkommensteuer verbundenen Doppelbelastung von Zinseinkommen weisen zu Recht Reding und Müller (1999, 500) hin: Die Diskriminierung des Zukunftskonsums gegenüber dem Gegenwartskonsum durch die steuerliche Doppelbelastung von Zinseinkommen verteuert die individuelle private Altersvorsorge und könnte mit verantwortlich dafür werden, wenn das private Vorsorgesparen insgesamt zu gering ausfällt und die staatlichen Sozialsysteme künftig stärker in Anspruch genommen werden müssen, als dies bei einer entsprechend höheren Privatvorsorge nötig wäre.

[2] Allerdings greift das zuletzt genannte Argument gegen eine Steuerbefreiung von Kapitaleinkommen dann nicht mehr, wenn die dadurch induzierten Steuerausfälle nicht durch die Erhöhung der Steuersätze auf Arbeitseinkommen und unternehmerische Reingewinne kompensiert werden müßten, sondern eine volle Kompensation durch eine Abschaffung unsystematischer Steuerprivilegien zugunsten bestimmter Unternehmensbranchen, Rechtsformen oder Investitionsarten oder durch eine Erhöhung nicht verzerrender Steuern, insbesondere höhere stärkere Besteuerung von Faktoren gelänge, deren Angebotselastizität gegen Null geht.

Wird angesichts der vorgenannten Einwände gegen das traditionelle System der Einkommensbesteuerung für dessen Ersatz durch ein konsumbasiertes Steuersystem plädiert, so stellt sich die Frage nach der konkreten Bemessungsgrundlage einer solchen Steuer. Ein konsumbasiertes Steuersystem kann durch die Erhebung direkter wie auch bestimmter indirekter Steuern installiert oder gestärkt werden. Der Prototyp einer konsumorientierten indirekten Steuer ist die Mehrwertsteuer in ihrer heute in den meisten europäischen Ländern geltenden Form. Mit ihrer Hilfe ließe sich ein verstärkt konsumbasiertes Steuersystem allein schon dadurch gewinnen, daß man ihre Sätze erhöht und gleichzeitig die Tarife der *vermeintlich* weniger konsumorientierten Steuern, vor allem der derzeit geltenden persönlichen Einkommensteuer und der Körperschaftsteuer entsprechend reduziert. Dies ist aber nicht die Hauptzielrichtung, die die Verfechter einer stärkeren Konsumorientierung des Steuersystems im Auge haben. Die Mehrwertsteuer berücksichtigt nämlich als objektorientierte Steuer die persönlichen Verhältnisse des Zensiten nicht und kann nicht progressiv ausgestaltet werden. Etwas anderes gilt dagegen für die direkte persönliche Konsumausgabensteuer.

Ein Haupterkennungsmerkmal jeder Konsumsteuer ist, daß diese auf der Verwendungsseite, nicht auf der Entstehungsseite des Haushaltskontos angesiedelt ist. Im Gegensatz zur Einkommensteuer folgt deshalb die Steuerschuld zeitlich nicht der Einkommensentstehung, sondern der Einkommensverwendung. Die Konsumausgaben einer Person können entweder additiv ermittelt werden, indem sämtliche Güterkäufe der Person während einer bestimmten Periode exakt erfaßt und aufsummiert werden oder, da sich ein solches Konzept in der Praxis nicht umsetzen läßt und zur Steuerhinterziehung geradezu einlädt, im Anschluß an Kaldor (1955, 191 ff.) subtraktiv, indem man vom Einkommen des Steuerpflichtigen seine Ersparnis abzieht. Ein etwaiges Entsparen, also eine negative Ersparnis, erhöht die Bemessungsgrundlage entsprechend, weshalb man bei der subtraktiv ermittelten Bemessungsgrundlage auch von einer *sparbereinigten Einkommensteuer* spricht.

Eine solchermaßen angelegte Ausgabensteuer entspricht im wesentlichen einer Einkommensteuer, bei der das Kapitaleinkommen steuerfrei bleibt: Zwar wird auch der durch Zinseinkünfte finanzierte Konsum besteuert; aber weil die Steuer erst später, zum Zeitpunkt des Konsums, entsteht, beträgt der Barwert des hieraus gezogenen Steueraufkommens Null.

Die Wirkungsweise der Ausgabensteuer sei exemplarisch anhand des folgenden Modells verdeutlicht (in Anlehnung an Homburg 2000, 136 f.):

Sei a_i das gesamte Einkommen eines Konsumenten in der Periode i, das kein Kapitaleinkommen ist, also Arbeitseinkommen, Bodeneinkommen usw., k_{i-1} der Kapitalbestand der Vorperiode und r der Zinssatz. Die Bemessungsgrundlage der traditionellen Einkommensteuer ist dann $a_i + r \cdot k_{i-1}$, weil die Einkommensteuer nicht nur das sonstige Einkommen a_i belastet, sondern ebenso das periodische Kapitaleinkommen $r \cdot k_{i-1}$. Als auf die Periode 0 abgezinster Barwert des Steueraufkommens der traditionellen Einkommensteuer, der über einen endlichen oder unendlichen Zeithorizont berechnet sein kann, ergibt sich nach einigen einfachen Berechnungen (vgl. Homburg, aaO):

$$T_0 = \tau \cdot (\mathbf{p} \cdot \mathbf{a} + r \cdot \mathbf{p} \cdot \mathbf{k} + r \cdot k_0) \tag{1}$$

wobei τ den Steuersatz, $\mathbf{p}$ $(= p_1, \dots p_n = 1/R, \dots 1/R^n) \cdot \mathbf{a}$ $(=a_1, \dots a_n)$, mit $R=1+r$, den Kapitalwert des sonstigen Einkommens und k_0 den Anfangskapitalbestand bezeichnet. Hingegen beträgt der auf die Periode 0 abgezinste Steuerbarwert einer Ausgabensteuer in dem beschriebenen Sinn:

$$T_0 = \tau \, (\mathbf{p} \cdot \mathbf{a} + k_0) \qquad (2)$$

Ein Vergleich der Formeln (1) und (2) vermittelt den Unterschied zwischen Ausgabensteuer und Einkommensteuer: beide belasten das sonstige Einkommen in gleicher Weise. Die Ausgabensteuer belastet jedoch zusätzlich den Anfangs-kapitalbestand, während die Einkommensteuer auf gegenwärtige und künfige Kapitaleinkommen entfällt. Wenn die Kapitalbestände konstant bleiben, erbringen beide Steuern dasselbe Aufkommen[1]. In einer wachsenden Volkswirtschaft mit zunehmenden Kapitalbeständen ist die Bemessungsgrundlage der Einkommensteuer dagegen breiter, weil der Barwert der Kapitaleinkommen den Wert des Anfangska-pitalbestandes übersteigt. Eine mit demselben Satz erhobene Einkommensteuer erbringt deshalb ein höheres Steueraufkommen als eine Ausgabensteuer, oder anders ausgedrückt: beim Übergang von der traditionellen Einkommensbesteuerung zur Ausgabenbesteuerung müssen in der Regel die Steuersätze angehoben werden, wenn das Steueraufkommen unverändert bleiben soll.[2] Die damit induzierten Verzerrungen bei anderen Faktoren, insbesondere im Bereich des Arbeitsangebots könnten die durch die Steuerfreistellung der Kapitaleinkommen bewirkte Effizienzverbesserung u.U. überkompensieren.

Der Wechsel zu einer sparbereinigten Einkommensteuer würde eine relativ einschneidende Umwälzung des deutschen Steuersystems bedeuten und bei konsequenter Umsetzung zu einer Verlagerung des Steueraufkommens auf einen späteren Zeitpunkt führen, so daß eine zunächst höhere Staatsverschuldung in Kauf genommen werden müßte. Zudem wirft eine sparbereinigte Einkommensteuer zwei wesentliche Erhebungsprobleme auf:
Erstens stellt die Sparbereinigung sehr hohe Anforderungen an die lückenlose Erfassung aller Kapitalrückflüsse, die vor allem bei Auslandskonten schwierig sein dürfte[3].
Zweitens bleibt die Sparbereinigung so lange problematisch, wie sie nicht weltweit eingeführt wird. Erhebt nämlich ein Staat die traditionelle und ein anderer die

---

[1] Der Barwert der Kapitaleinkommen, also $rk_0 + rk_0 / R + rk_0 / R^2 \dots$ entspricht in diesem Fall genau dem Anfangskapitalbestand.

[2] Dies gilt erst recht, wenn man bedenkt, daß der Anfangskapitalbestand beim Übergang zur Ausgabenbesteuerung nicht ohne weiteres belastet werden darf. Denn im System der Einkommensteuer wurde dieser Kapitalbestand aus bereits versteuertem Einkommen gebildet, und wenn die damit finanzierten Konsumausgaben nun erneut der Ausgabensteuer unterworfen werden, so ergibt sich eine kaum hinnehmbare Teilenteignung der Älteren. Soll dies vermieden werden, fällt der rechte Summand in Gleichung (2) weg, und die Bemessungsgrundlage der Ausgabensteuer ist eindeutig schmaler als die der Einkommensteuer.

[3] Zum Teil wurde deshalb vorgeschlagen, nur Anlagen auf gewissen qualifizierten Konten zum Abzug von der Bemessungsgrundlage zuzulassen. Dieser Weg würde jedoch eine Marktspaltung bedeuten und wäre auch im Hinblick auf europäisches Recht riskant (vgl. Wissenschaftlicher Beirat beim Bundesfinanzministerium 1999, 77).

sparbereinigte Einkommensteuer, haben Steuerpflichtige einen extremen Anreiz zum Wohnsitzwechsel: individuell rational ist es in diesem Fall, das Einkommen im letztgenannten Staat zu verdienen und im erstgenannten auszugeben. Jeder Staat, der das sparbereinigte Einkommen besteuert, muß folglich Vorschriften über die Nachversteuerung beim Wegzug festlegen, deren Durchsetzung sehr schwer sein dürfte (vgl. Wissenschaftlicher Beirat beim Bundesfinanzministerium 1999, 77).

Um die genannten Schwierigkeiten zu vermindern und den Änderungsumfang zu verringern, wird in jüngster Zeit verstärkt der Übergang zu einer *zinsbereinigten Einkommensteuer* sowohl bei den privaten Haushalten als auch bei den Unternehmen vorgeschlagen (vgl. stellvertretend für viele Rose, Wagner und Wenger 1997 sowie Wissenschaftlicher Beirat beim Bundesfinanzministerium 1996 und 1999)[1]. Daß bei

---

[1] Im einzelnen soll die zinsbereinigte (neuerdings auch „marktorientierte" genannt) Einkommensteuer vor allem folgende Ausgestaltungsmerkmale aufweisen (vgl. etwa Greß u.a. 1998):

(1) Im Rahmen des Einkommensteuergesetzes sollen nach Abschluß aller Übergangszeiten nur noch drei Arten von Einkünften zu versteuern sein, nämlich nichtselbständige und selbständige Erwerbstätigkeiten sowie Einkünfte aus Vorsorgevermögen. Die Einkünfte aus selbständiger Tätigkeit umfassen die bisherigen Einkünfte aus Land- und Forstwirtschaft, Gewerbebetrieb, selbständiger Arbeit i.S.d. bisherigen § 18 EStG und Vermietung und Verpachtung. Sie beinhalten in der Hauptsache ökonomische Gewinne und sollen deshalb einheitlich (zinsbereinigt) ermittelt werden. Grundlage der Gewinnermittlung soll wie nach bisherigem Recht die Einnahmenüberschußrechnung (Betriebseinnahmen ./. Betriebsausgaben) sein. Nur wer -z.B. als Gewerbetreibender- bilanzierungspflichtig ist, unterliegt künftig nicht mehr dem Einkommensteuergesetz, sondern dem für Gewinne bilanzierungspflichtiger Unternehmen zu schaffenden Gewinnsteuergesetz.

(2) Vom Gesamtbetrag der Einkünfte sollen ein Freibetrag für das familienbezogene Existenzminimum und Ausgaben für einen Sonderlebensbedarf (z.B. Krankenversicherungsbeiträge) abziehbar sein. Der Einkommensteuertarif soll aus Gründen der Transparenz als Stufentarif mit höchstens drei Steuersätzen ausgestaltet werden.

(3) Bei den Einkünften aus Vermietung und Verpachtung von Immobilien sollen künftig neben den bisherigen Ausgaben zusätzlich Zinsen in Höhe der marktüblichen Investitionsrendite risikofreier Anlagen („Schutzzinsen") auf den Teil des Buchwertes der Immobilie abziehbar sein, der durch Eigenkapital finanziert ist. Eigenheime sollen steuerlich nicht erfaßt werden, d.h. hier sollen auch keine fiktiven Einkünfte zu versteuern sein. Die zur Unterstützung der Eigenheimbildung an kleinere bis mittlere Einkommensbezieher ausgezahlten Beträge (z.B. Zinssubventionen, Eigenheimzulagen u.a.) müßten natürlich nicht versteuert werden.

(4) Bei den Einkünften aus nichtselbständiger Erwerbstätigkeit sind neben den pauschalierten Werbungskosten auch Ausgaben für die Aus- und Weiterbildung abzugsfähig. Eine zusätzliche Steuer auf Erträge aus Humankapital soll nicht erhoben werden. Mit der normalen Versteuerung der in Erwerbszeiten erzielten Löhne ist auch die einmalige steuerliche Belastung der Erträge aus Humankapital garantiert. Damit soll die Humankapitalbildung der Sachkapitalbildung gleichgestellt werden.

(5) Bei der Gewinnsteuer sollen Unternehmer von Personenunternehmen einen einkommensteuerpflichtigen Unternehmerlohn als Betriebsausgaben absetzen können.

(6) Sind die Gewinneinkünfte der Einkommensteuer oder die Basis der Gewinnsteuer negativ, dürfen diese Verluste verzinst vorgetragen werden.

(7) Marktübliche Zinsen aus kapitalbildenden Lebensversicherungen, die aus versteuertem Einkommen angespart werden, sollen steuerfrei sein. Bei allen Formen des Sparens für private und gesetzliche Renten bzw. Pensionen soll langfristig die vollständige Abzugsmöglichkeit der eingezahlten Beiträge und die volle Besteuerung der im Alter erhaltenen Auszahlungen eingeführt werden. Die auf den Fortbestand der bisherigen steuerlichen Regelung vertrauenden Rentner müßten allerdings davor geschützt werden, eine Verringerung ihrer Nettorente

vollkommenen Kapitalmärkten beide Besteuerungsmethoden in ihren Belastungs-wirkungen prinzipiell äquivalent[1] sind, sofern man von bestimmten Details wie Übergangsproblemen oder Erbschaften absieht, sei anhand des folgenden Beispiels von Brügelmann und Fuest (1998, 44 f.) verdeutlicht:
Ein Haushalt verdiene 5.000 DM brutto im Jahr 1, die zur Altersvorsorge (Jahr 2) angelegt werden sollen. Der Grenzsteuersatz betrage konstant 40 Prozent, der Kapitalmarktzins 10 Prozent. Am Ende der Anlagedauer steht in beiden Fällen ein Betrag in Höhe von 3.300 DM zur Verfügung. Dieser hat zudem den gleichen Barwert wie der Betrag, der im ersten Jahr hätte konsumiert werden können. Wird der Konsum von 3.300 DM mit 10 Prozent abgezinst, so bleiben als Gegenwartswert 3.000 DM. Ohne Altersvorsorge hätte der Haushalt genau diesen Betrag im ersten Jahr für Konsumzwecke ausgeben können: 5.000 DM - 40 % (2.000 DM) = 3.000 DM. Auch die Barwerte der Steuerzahlungen sind identisch. Nur die Zahlungszeitpunkte differieren. Bei der Zinsbereinigung ist die Steuerzahlung nicht mehr exakt an den Konsumzeitpunkt gebunden. Während durch die Sparbereinigung die Besteuerung des konkreten Periodenkonsums erreicht wird, *impliziert die Zinsbereinigung eine Besteuerung des Lebenskonsums.* Ersteres entspricht dem nachgelagerten, letzteres dem vorgelagerten Korrespondenzprinzip. Die Wirkungen beider Besteuerungs-methoden sind in der folgenden Tabelle zusammengefaßt (vgl. Brügelmann und Fuest S. 45):

	Sparbereinigung		Zinsbereinigung	
	Jahr 1	Jahr 2	Jahr 1	Jahr 2
Einkommen	+5.000	+ 5.500	+ 5.000	+ 3.300
Steuer	0	- 2.200	- 2.000	0
Ersparnis	-5.000	0	- 3.000	0
Konsum	0	-3.300	0	- 3.300

Tabelle 4: Sparbereinigte vs. zinsbereinigte Einkommensteuer (Kapitalerträge eines Haushalts)

Bei der praktischen Umsetzung dürfte allerdings auch die zinsbereinigte Einkommensteuer auf erhebliche Akzeptanzprobleme hinsichtlich der ihr nachge-sagten Belastungsgerechtigkeit stoßen[2].

Wenn sich eine höhere steuerliche Leistungsfähigkeit nicht in bestimmten Konsum-zeitpunkten und auch nicht in den Ausgabenspitzen einzelner Perioden, sondern in

---

hinnehmen zu müssen, auf die sie sich durch eigene zusätzliche Sparmaßnahmen nicht vorbe-reitet haben.
[1] Bei einem progressiven Steuersystem geht diese Äquivalenz allerdings verloren.
[2] Die Grundvoraussetzung für einen Systemwechsel zur zinsbereinigten Einkommensteuer wäre nach Ansicht ihrer Befürworter das Verständnis der breiten Bevölkerung dafür, daß der Zins neben der Gewinn- bzw. Einkommenskomponente auch eine Entschädigungskomponente für den Konsumver-zicht beinhaltet. Letztere ist kein Einkommen im Sinne einer nutzenerhöhenden Kaufkraftmehrung. Sie hält nur das Nutzenniveau der Vergangenheit konstant. Will man eine Verzerrung der Marktergebnisse verhindern, so darf der Entschädigungsanteil nicht besteuert werden. Diese Zusammenhänge müssen aber der Bevölkerung erst einmal vermittelt werden.

erster Linie in einem höheren Niveau des langfristigen Durchschnittskonsums manifestieren soll (so Pollak 1990, 378), besitzt eine Ausgabensteuer gegenüber der Einkommensteuer einen höheren Gerechtigkeitsgrad. Denn bei letzterer wird der spätere Konsum tendenziell höher belastet und treten damit stärkere Schwankungen der Konsumkraft auf als bei der Ausgabensteuer.

Auch das gegen die Mehrwertsteuer als indirekte Konsumsteuer vorgetragene „klassische" Argument, diese wirke regressiv[1], greift im Falle einer zinsbereinigten Einkommensteuer nicht: durch die Ausgestaltung als direkte Steuer sind Freibeträge und progressive Tarife durchaus möglich.

Die internationalen Auswirkungen einer unilateralen Einführung einer persönlichen Konsumausgabensteuer in einem Land bzw. einer korrespondierenden Ausgabenbesteuerung des In- und Auslandes hat P.B. Musgrave (1991) vor allem im Hinblick auf ihre Besteuerungsneutralität untersucht. Die Neutralität von Steuern kann nach Musgrave gemessen werden an den Steuerwirkungen vor allem im Hinblick auf (1) die Entwicklung der Handelsströme, (2) den Ort des Konsums, (3) den Ort der Investition, (4) den Ort des Arbeitseinsatzes und (5) die Wahl des Wohnsitzes.

(1) Nach Musgraves Untersuchungen können im Hinblick auf die Handelsströme mit einer persönlichen Konsumsteuer dieselben Neutralitätseffekte erzielt werden wie mit einer Einzelhandelsteuer oder einer nach dem Bestimmungslandprinzip erhobenen Mehrwertsteuer.

(2) Hinsichtlich des Konsumortes besteht allerdings bei Berücksichtigung außenwirtschaftlicher Zusammenhänge ein bedeutsamer Unterschied zwischen objektorientierten und persönlichen Konsumsteuern. Dieser äußert sich darin, daß eine persönliche Konsumsteuer nicht ohne weiteres von Nichteinwohnern eines Landes erhoben werden kann. Für die Verbraucher aller Länder gibt es einen Anreiz, Konsumausgaben im Ausland zu tätigen, wenn auf diese Weise der Konsumbesteuerung ausgewichen werden kann. Dieser Anreiz ist bei einer persönlichen Konsumsteuer in Form einer *sparbereinigten* Einkommensteuer aber wesentlich stärker als bei einer allgemein erhobenen objektorientierten Konsumsteuer, die an dem Ort anfällt, an dem das Gut erworben wird und in dem durch grenzüberschreitenden Konsum nur Unterschiede in den Steuersätzen ausgenutzt werden können[2]. Soll eine Besteuerungsneutralität im

---

[1] Zur Fragwürdigkeit dieses Argument siehe das folgende Kapitel F IV.1.

[2] Schwierigkeiten bei der Erfassung des Auslandskonsums treten vor allem dann auf, wenn ausländische Vermögenswerte gehalten und zu einem späteren Zeitpunkt aufgelöst werden. Zwar könnten theoretisch auch bei der persönlichen Konsumsteuer in Form der sparbereinigten Einkommensteuer alle Änderungen ausländischer Vermögenswerte und der Bezug bzw. die Zahlungen ausländischer Investitionserträge auf die gleiche Weise behandelt werden wie diejenigen inländischer Herkunft. Nettozuwächse von im Ausland angelegten Ersparnissen sind demnach abzugsfähig, Nettoerträge aus ausländischen Investitonen gehen in die Bemessungsgrundlage ein. Zumindest vom Grundsatz her unterliegen dann alle im Inland oder im Ausland getätigten Konsumausgaben der Besteuerung. Allerdings treten bei der Ermittlung der Bemessungsgrundlage und der Steuererhebung erhebliche Kontrollprobleme auf, da -derzeit- inländische Vermögenswerte noch relativ einfach in ausländische umgewandelt und später im Ausland ohne allzu große Gefahr der Entdeckung für Konsumzwecke aufgelöst werden können, ebenso wie auch der Bezug ausländischer Kapitaleinkommen leicht verheimlicht werden kann.
Bei der zinsbereinigten Einkommensteuer bestehen diese Schwierigkeiten indessen nicht. Denn bei ihr ist die Steuer auf den künftigen Konsum bereits „vorausbezahlt", und der Steuerzahler gewinnt nichts,

Hinblick auf den Ort des Konsums -und damit eine personelle Gerechtigkeit zwischen den Steuerpflichtigen- verwirklicht werden, kommt es deshalb nach Musgrave entscheidend darauf an, daß eine persönliche Konsumsteuer nach dem Wohnsitzlandprinzip erhoben wird und weltweit alle Konsumausgaben erfaßt.

(3) In Bezug auf die internationalen Kapitalbewegungen und den Investitionsort ist die persönliche Konsumsteuer insoweit neutral, als sie Kapitaleinkommen nicht besteuert. Zwar gehen bei von Land zu Land unterschiedlichen Konsumsteuersätzen jeweils unterschiedliche Einkommenseffekte auf Ersparnisbildung und Investitionen in den einzelnen Ländern aus. Dies hat Auswirkungen auf die Höhe und die Verteilung des nationalen Anteils am Weltkapitalstock. Allerdings ist dies kein eigentliches Neutralitätsproblem; die internationalen Investitionsentscheidungen werden durch solche Steuersatzdifferentiale nicht verzerrt.

(4) Das eigentliche Hauptproblem bezüglich der Erhebungsneutralität einer persönlichen Konsumsteuer sieht Musgrave aber im Zusammenhang mit den Wirkungen auf die Wahl des Arbeitsplatzes. Da die persönliche Konsumausgabensteuer im wesentlichen einer Lohneinkommensteuer entspricht, könnten Steuersatzunterschiede Wanderungen des Faktors Arbeit auslösen. Besonders stark dürfte dieser Effekt bei hochbezahlten Spitzenkräften sein. Zwar könnte das Problem entschärft werden, wenn im Fall grenzüberschreitender Pendler der Wohnsitz in dem einen Land und der Arbeitsplatz in dem anderen Land gewählt wird; die im Ausland erzielten Arbeitseinkommen müßten in die Bemessungsgrundlage eingehen, und für eine im Ausland ggf. erhobene Quellensteuer wäre eine Steuergutschrift einzuräumen. Jedoch bestünde keine Möglichkeit, solche Verzerrungen zu neutralisieren, wenn nicht nur der Arbeitsplatz, sondern auch der Wohnsitz verlagert wird.

(5) Bei der Neutralität der Wahl des Wohnsitzes lassen sich die verzerrenden Wirkungen unterschiedlicher persönlicher Konsumsteuern ebenso wenig vermeiden wie bei unterschiedlichen Einkommensteuersätzen, es sei denn, der Wohnsitz wird nur vorübergehend verlagert. Eine steuerlich induzierte permanente Verlagerung kann kaum verhindert werden[1].

Zuguterletzt bleibt zu klären, welche Auswirkungen der Übergang von der traditionellen Einkommensteuer zur persönlichen Ausgabensteuer im Hinblick auf den internationalen Steuerwettbewerb hätte. Die Bewertung dürfte ambivalent ausfallen. Einerseits mindert die durch die Konsumsteuer bewirkte Steuerfreistellung der Kapitaleinkommen den Steuerwettbewerb und läßt die Standortentscheidung für den bei weitem mobilsten privaten Faktor, das Kapital, von steuerlichen Erwägungen unbeeinflußt. Private Investoren können ihr Kapital dort anlegen, wo es die höchste Rendite verspricht, steuerbedingte Verzerrungen der internationalen Kapitalstruktur bleiben ausgeschlossen. Andererseits verschärft der Übergang von der bisherigen Einkommensteuer zur persönlichen Konsumsteuer den Steuerwettbewerb wenn und

---

wenn er ausländische Ersparnisse auflöst und den Erlös im Ausland für Konsumausgaben verwendet (Musgrave, aaO).

[1] Die Nichtneutralität der persönlichen Konsumsteuer hinsichtlich der Wahl des Wohnsitzes ließe sich z.T. vermeiden, wenn man die Steuerpflicht an die Staatsbürgerschaft und nicht nur an den Wohnsitz knüpfen würde. Um in den Genuß niedriger Steuern zu kommen, müßte ein Steuerpflichtiger also den Wohnsitz und die Staatsbürgerschaft wechseln. Allerdings dürfte das ohne enge Zusammenarbeit der Steuerverwaltungen von Ein- und Auswanderungsland kaum möglich sein.

insoweit, als aus der damit verbundenen Verkürzung der Bemessungsgrundlage die Notwendigkeit resultiert, zur Erzielung eines gleichen Steueraufkommens die Steuersätze auf andere, partiell mobile, Faktoren zu erhöhen. Insbesondere eine stärkere Besteuerung der als vergleichsweise mobil einzustufenden hochqualifizierten Arbeitskräfte in den oberen Einkommensbereichen könnte wegen der weltweit besonderen Knappheit dieses Faktors für die wirtschaftliche Entwicklung eines Landes fatale Folgen haben, Folgen, die über die per se positiven Standortwirkungen einer Steuerfreistellung von Kapitaleinkünften hinausgehen und aus gesamtwirtschaflicher Sicht zu erheblichen Allokationsverzerrungen führen könnten.

D Die Aufgabenzuweisung an die Europäische Union- Anmerkungen aus polit-ökonomischer Sicht

I. Die Wesensmerkmale der Neuen Politischen Ökonomie (Public Choice-Theorie)

Die Theorie der Wirtschaftspolitik kennt zwei grundsätzlich differierende Auffassungen über das Verhalten der politischen Entscheidungsträger, aus denen sich entsprechend unterschiedliche Anforderungen an eine Finanzverfassung ergeben (können): Aus der Sicht der Wohlfahrtsökonomik erscheint der Staat als „wohlwollender Diktator", dessen ausschließliches Ziel die Maximierung der Wohlfahrt seiner Bürger ist (1), und der mehr oder weniger vollkommene Handlungsfreiheit besitzt (2). Dieses Bild ist kennzeichnend für die traditionelle, *normative* Lehre von der Wirtschaftspolitik (vgl. etwa Pigou 1932) und lag dem wohlfahrtstheoretisch-fiskalföderalistischen Ansatz des vorangegangenen Kapitels C zugrunde. Beide Annahmen sind jedoch unrealistische Idealvorstellungen, denen die als *positive* Lehre von der Wirtschaftspolitik zu bezeichnende Ökonomische Theorie der Politik (Public Choice-Theorie, Neue Politische Ökonomie) eine Analyse politischen Handelns mit den folgenden Kernaussagen entgegensetzt (vgl. Bernholz und Breyer 1994, 2):

1. Politiker verfolgen eigene, selbstsüchtige Ziele (z. B. Macht, Prestige, Geld, eigene ideologische Vorstellungen).

2. Sie können diese jedoch nicht unbegrenzt durchsetzen, da sie auf die Wähler Rücksicht nehmen müssen.

Der *wohlwollende Diktator* wird also durch den *egoistischen Demokraten* ersetzt. Dem liegt die Vorstellung zugrunde, daß die Menschen auch im politischen Raum rational und eigennützig handeln. Eigennutzstreben im politischen Prozeß unterscheidet sich aus politökonomischer Sicht nicht prinzipiell vom Nutzenmaximierungsstreben im privaten Sektor, wenngleich die institutionellen Rahmenbedingungen des Handelns differieren (Behrends 2001, 15).

Politische Entscheidungsvorgänge können als Tauschprozesse interpretiert werden: ähnlich wie auf den Märkten private Güter gehandelt werden, werden im staatlichen Bereich „politische Güter" getauscht. Als Akteure des Tauschprozesses treten in der indirekten Demokratie auf der Nachfrageseite die Bürger auf; sie offenbaren ihre Nachfrage als Wähler und als Mitglieder organisierter Interessengruppen. Auf der Anbieterseite agieren zum einen die Politiker in Parteien, Parlament und Regierung, zum andern die staatliche Bürokratie. Politische Entscheidungen sind das Ergebnis der Interaktionen aller genannten Akteure (Pitlik 1997, 151).

1. Der politische Wettbewerb um Wählerstimmen

Rationales Verhalten bei der Wahlentscheidung impliziert aus der Sicht der Politischen Ökonomie, daß die Wähler ihre Stimme dem Kandidaten bzw. der Partei geben, von deren Regierungstätigkeit sie sich den größten Nettonutzen erwarten. Umgekehrt unterstellt Rationalverhalten bei Politikern, daß deren Handeln darauf abzielt, Wahlen zu gewinnen, da ihnen die Ausübung von Regierungsmacht ermöglicht, eigennützige Ziele zu verwirklichen. In einem Staat mit Mehrheitswahlsystem brauchen Politiker nicht die Gesamtheit der Wählerstimmen auf sich zu vereinen. Sie müssen aber so viele Stimmen auf sich vereinen, daß sie die nach dem jeweiligen Wahlgesetz vorgesehene Mehrheit zur Ämterübernahme erhalten. Eigennutzstreben von Politikern impliziert andererseits, daß Politiker nicht zur Gewinnung einer ausreichenden Stimmenmehrheit benötigte, zur Verfügung stehende Ressourcen zur Realisierung persönlicher Vorteile einsetzen. Je stärker die Parteienkonkurrenz und damit der politische Wettbewerb um Wählerstimmen ist, um so eher kann allerdings angenommen werden, daß die den Politikern zur Verfügung stehenden Ressourcen im Kampf um Wählerstimmen eingesetzt werden müssen und damit nicht für eigene Zwecke verwendet werden können. Die Frage ist nun, ob der politische Wettbewerb um Wählerstimmen zu einer effizienten Bereitstellung öffentlicher Güter führt.

Nach A. Downs, dessen „Ökonomische Theorie der Demokratie" (1957) als die erste fundamentale Analyse von Wettbewerbsprozessen in einer repräsentativen Demokratie bezeichnet werden kann, ist dies der Fall. Ausgangspunkt seiner Überlegungen ist die Übertragung marktwirtschaftlicher Wettbewerbsgedanken auf den politischen Bereich. Eigennützige Politiker streben politische Macht durch Wahl an; eigennützige Wähler geben dem Kandidaten oder der Partei die Stimme, von deren Regierung sie sich den größten Nutzen versprechen. Sind die Politiker über den Wählerwillen und die Wähler über die Parteiprogramme vollständig informiert, so führt der Wettbewerb zweier Kandidaten bzw. Parteien um Wählerstimmen nach Downs zu einem stabilen Gleichgewicht und einem effizienten öffentlichen Leistungsangebot. Die politischen Programme konvergieren zur Position des *Medianwählers,* da jede Abweichung vom effizienten Programmangebot zum Verlust der Wahl führt, und es bleibt letztendlich dem Zufall überlassen, welche Partei an die Macht kommt. Wie im Modell der marktlichen Konkurrenz verhindert der Wettbewerbsdruck opportunistisches Verhalten und zwingt die Politiker zu einem Angebot politischer Güter, das den Wählerpräferenzen entspricht.

Die von Downs behauptete Effizienz der Parteienkonkurrenz ist jedoch in erster Linie das Ergebnis einer Reihe sehr restriktiver Prämissen, die den Aussagegehalt seines Modells z. T. erheblich einschränken.

a. Dies gilt z.B. für die Annahme, der Inhalt aller Parteiprogramme könne auf ein einziges gemeinsames Anliegen, das sich in einer Dimension darstellen läßt, reduziert werden und die Wähler hätten eingipflige Präferenzordnungen.

Dem steht einmal die seit langem als „Concordetsches Abstimmungsparadoxon" (vgl. dazu etwa Arnold 1992, 114 f. sowie Bernholz und Breyer 1994, 54 ff.) bekannt gewordene Tatsache gegenüber, daß bei Kollektiventscheidungen über mehr als zwei Alternativen nicht unbedingt mit transitiven gesellschaftlichen Rangordnungen zu rechnen ist. Das Abstimmungsparadoxon ergibt sich zwar nicht zwangsläufig, sondern ist die Folge mehrgipfliger Rangordnungen von Abstimmungsteilnehmern. Je größer jedoch die Zahl der Abstimmenden und je unterschiedlicher ihre Präferenzen und je größer die Zahl der zur Wahl stehenden Alternativen, um so eher wird mit seinem Auftreten zu rechnen sein.

Zum anderen entscheiden Wähler in der Realität nicht über eine einzelne, sondern gleichzeitig über ein ganzes Bündel von Sachfragen, was allein schon für sich zu Instabilitäten in den Präferenzordnungen führen kann.

b. Das gilt aber auch für die Annahme eines reinen Zwei-Parteien-Systems, in dem sich die Politiker wie Stimmenmaximierer verhalten, und die Wähler sich zwangsläufig für jenes Parteiprogramm entscheiden, das ihren Präferenzen am nächsten kommt. Besteht ein Politsystem aus mehr als zwei Parteien und faktisch die Möglichkeit von Koalitionsregierungen, so können die Wähler veranlaßt sein, aus strategischen Gründen ihre Stimme nicht der eigentlich präferierten, sondern einer anderen Partei zu geben (Bernholz und Breyer aaO, 124 ff.): da die Wahlprogramme der Parteien, die ggf. eine Koalitionsregierung bilden, nie mit dem von diesen formulierten und ausgeführten Regierungsprogramm übereinstimmen, sind die Wähler gezwungen, sich Gedanken darüber zu machen, mit welcher Wahrscheinlichkeit welche Koalitionskonstellationen zustande kommen könnten und wie das letztendlich verabschiedete Regierungsprogramm aussehen wird; für die Haushalte als rationale Nutzenmaximierer kommt es nicht darauf an, welches *Wahl*programm die Parteien vorschlagen, sondern welches *Regierungs*programm sie realisieren.

In gleicher Weise sind die Parteien in einem Mehrheitswahlsystem nicht gezwungen, sich auf die stimmenmaximalen Wahlprogramme festzulegen, denn die Bildung der „kleinsten Gewinnkoalition" (Pitlik aaO, 156) ermöglicht auch eine Regierungsbeteiligung bei geringerer Stimmenzahl.

c. Ferner erweisen sich die Downschen Prämissen einer 100 %igen Wahlbeteiligung und permanent stattfindender Wahlen als problematisch. So kann es einmal sein, daß die Konvergenz der Parteiprogramme hin zur Medianwählerposition zur Entfremdung mancher Wähler von „ihrer" Partei und schließlich zur Wahlabstinenz oder zur Gründung neuer Parteien führt (vgl. dazu Bernholz und Breyer aaO, 127 ff.). Andererseits bedeuten längere Legislaturperioden ohne Wahl eine Einschränkung der Kontrolle der regierenden Partei durch den Wähler, die der Regierung diskretionäre Handlungsspielräume eröffnen kann.

d. Vor allem aber kann die Annahme *vollständiger Information* auf seiten der Wähler wie auch der politisch Handelnden nicht aufrechterhalten werden. Ein funktionierender Wettbewerb im politischen Bereich setzt voraus, daß die Wähler über die jeweiligen Parteiprogramme, die Politiker über die Präferenzen der Wähler vollständig informiert sind. Indes kann weder von dem einen noch von dem anderen ausgegangen werden, wenn der Prozeß der Informationsgewinnung und -verarbeitung nicht kostenlos ist. Im öffentlichen Sektor sind die Informationskosten im Vergleich zum privaten Sektor relativ hoch, weil hier erstens kein dem Preismechanismus auf den Märkten entsprechendes permanentes Informationsinstrumentarium vorhanden ist und zweitens die oben beschriebene temporäre Machtstellung der Regierung während der „wahlfreien" Zeit eine unmittelbare Kontrolle durch tatsächlichen Wettbewerb verhindert. Da gleichzeitig die einzelne Wählerstimme in Anbetracht der großen Zahl von Wählern nur einen verschwindend geringen Einfluß auf den Wahlausgang hat, ist der Nutzen der Informationsgewinnung im Vorfeld der Wahlteilnahme im Vergleich zu den damit verbundenen Kosten für den Wähler oftmals sehr gering (vgl. dazu etwa Kirchgässner und Pommerehne 1993 sowie Downs selbst, 1957 Kap. 11-14).

Aber auch für die Politiker ist die Ermittlung der Wählerpräferenzen ein überaus kostspieliger Vorgang und de facto nur sehr eingeschränkt möglich. Ganz abgesehen davon stellt sich die Frage, inwieweit Wähler bei Befragungen überhaupt einen Anreiz haben, ihre tatsächlichen Präferenzen vollständig zu offenbaren. Die Unsicherheit der Politik hinsichtlich der wirklichen Präferenzen der Gesamtwahlbevölkerung, verbunden mit der kaum überschaubaren Vielschichtigkeit dieser Präferenzen, kann aber die

Herausbildung bestimmter Interessengruppen begünstigen, die den Politikern Informationen über ein vergleichsweise uniformes Präferenzbündel einer spezifischen Wählerschicht -nämlich ihrer Mitglieder- und gleichzeitig das Stimmenpotential dieser Wählerschicht anbieten. Hierüber wird im folgenden Abschnitt 2. zu sprechen sein.

2. Die Rolle von Interessengruppen und der staatlichen Bürokratie bei politischen Entscheidungen

Dem im vorangegangenen Abschnitt beschriebenen Modell von Downs lag die starke Annahme der vollständigen und kostenlosen Information der politischen Entscheidungsträger über die Präferenzen der Wähler sowie der Wähler über die Programme der Parteien zugrunde. Wird diese restriktive Annahme aufgehoben, so erkennt man, daß ein weiter Spielraum der Einflußnahme auf politische Entscheidungen durch öffentliche oder private Interessengruppen besteht. Interessengruppen im hier verstandenen Sinne sind organisierte Gruppen von Individuen, die gemeinsame Ziele verfolgen und diese durch Einflußnahme im politischen Prozeß zu verwirklichen suchen, die aber im Unterschied zu den Parteien nicht das Ziel eines Wahlgewinns oder der Regierungsübernahme verfolgen.

Aufgabe der Ökonomischen Theorie der Politik ist, zu untersuchen, wie groß die Macht ist, die mit Hilfe von Interessengruppen von verschiedenen Bevölkerungsteilen tatsächlich ausgeübt werden kann und ob der Einfluß von Interessengruppen auf politische Entscheidungen zu *Verzerrungen der gesamtwirtschaftlichen Allokationseffizienz* führt.

Im Hinblick auf den tatsächlichen Umfang der Einflußnahme einzelner Bevölkerungsgruppen über Interessenverbände auf den politischen Entscheidungsprozeß sind vor allem zwei Aspekte zu beachten:

(1) Zum einen führen gemeinsame wichtige Interessen einer Bevölkerungsgruppe keineswegs zwangsläufig zur Bildung eines Interessenverbandes und damit zur organisierten Verfolgung der Ziele dieser Gruppe.

Nach Olson (1965) ist die Bildung von Interessenverbänden um so einfacher, je kleiner die Zahl der potentiellen Verbandsmitglieder ist, je homogener die Mitgliederinteressen sind und je eher durch die Bereitstellung privater Güter als „Beiprodukte" zu Kollektivgütern selektive Anreize zum Verbandsbeitritt geschaffen werden können. Laut Olson handelt es sich bei den Vorteilen, die ein Verband durch politischen Druck bei Regierung und Parlament erzielen kann, um öffentliche Güter. Erreicht ein Verband einen Vorteil z. B. in Form einer Steuervergünstigung, eines Schutzzolls o. ä., so profitieren davon naturgemäß auch Nicht-Verbandsmitglieder. Diese brauchen jedoch weder Zeit noch Geld für eine Mitgliedschaft im Verband zu opfern. Aus diesem Grund lohnt es sich nicht, Mitglied zu werden oder zu bleiben. Angesichts dieser Zusammenhänge folgert Olson, daß große latente Bevölkerungsgruppen sich nur dann in Verbänden organisieren lassen, wenn die Verbände ihren Mitgliedern gleichzeitig mit den unteilbaren Kollektivgütern auch teilbare, private Güter anbieten, deren Preis über den Mitgliedsbeitrag bezahlt wird, oder wenn die Mitgliedschaft erzwungen werden kann (Bernholz und Breyer 1994, 167). Anders liegen die Dinge u. U. bei kleineren Personengruppen mit sehr homogenen Interessen, da hier das Verhalten des Einzelnen durchaus Einfluß auf die Erlangung des politischen oder sonstigen kollektiven Vorteils hat, weil in diesem Fall der einzelne Beitrag einen merklichen Anteil an den vom Verband benötigten Mitteln ausmacht.

(2) Aber auch wenn es zur Bildung bestimmter Interessengruppen gekommen ist, beweist das noch nicht, daß diese Verbände wirklich Einfluß auf die politische Willensbildung im Staat ausüben können. Geht man davon aus, daß in Demokratien ein Wettbewerb der Parteien um die Regierungsgewalt stattfindet, so müssen diese sich bemühen, so viele Wählerstimmen wie möglich für sich zu gewinnen. Es wird sich daher für Politiker lohnen, die Unzufriedenheit bestimmter Bevölkerungsgruppen zu entdecken und z.B. durch den Vorschlag geeigneter wirtschaftspolitischer Maßnahmen zusätzliche Stimmen zu gewinnen. Wegen des Wettbewerbs zwischen den Parteien werden also auch ohne Interessenverbände die verschiedenen Interessen soweit berücksichtigt, als durch die dazu erforderlichen Maßnahmen nicht andere Wählerkreise derart benachteiligt werden, daß mehr Stimmen verlorengehen, als bei den Begünstigten gewonnen werden (Bernholz und Breyer aaO, 168). Wenn Interessengruppen trotz dieser Tatsache eine wichtige Rolle im politischen Prozeß spielen, so müssen sie offenbar in der Lage sein, den Parteien mehr Stimmen zuzuführen oder abspenstig zu machen, als diese ihrer Ansicht nach ohne das Vorhandensein von Interessengruppen gewinnen oder verlieren würden. Was aber verschafft den Interessengruppen eine solche Machtposition? Nach Bernholz (1969) und Bernholz und Breyer (aaO, 169 ff.) sind dies vor allem:
(a) Die Ausnutzung eines Informationsvorsprungs
Wähler, Parteien und Bürokraten treffen einen Großteil ihrer politischen Entscheidungen unter Unsicherheit. Die mangelhafte Information kann sich im wesentlichen darauf beziehen, daß (1) Parteien und Regierung nicht genau wissen, wie sich bestimmte Maßnahmen auswirken werden oder wie gegebene Ziele erreicht werden, (2) die Regierung bzw. die Parteien nicht wissen, was die Wähler wollen, (3) die Wähler nicht wissen, daß die Regierung verschiedene sie betreffende Maßnahmen ergriffen hat oder welche Folgen bestimmte staatliche Aktionen für sie haben werden. Die Interessenverbände verfügen nun als Spezialisten regelmäßig auf bestimmten Gebieten über Informationen, die den Politikern und erst recht der Masse der Wähler fehlen und nur bei großem und daher oft nicht lohnendem Aufwand beschafft werden können. Diese Informationen werden die Verbände den Politikern nur für entsprechende Gegenleistungen „verkaufen", vor allem aber werden sie nur solche Informationen an die politisch Handelnden weiterleiten, die den von ihnen angestrebten Zielen nicht hinderlich werden können. Gleichzeitig sind die Verbände in der Lage, die von ihnen vertretenen Wähler und die Öffentlichkeit über staatliche Entscheidungen und ihre Auswirkungen zu informieren und auf diese Weise oftmals Wahlentscheidungen (einseitig) zu beeinflussen.
(b) Die Ausbeutung von Marktmacht
Besitzt ein Interessenverband z. B. als Monopolist, Kartell oder Oligopolist beträcht-lichen Einfluß auf einem oder mehreren Märkten, so ist er in der Lage, durch seine Aktionen neben den eigenen Mitgliedern und Nichtmitgliedern mit gleichen Interessen auch Wählerkreise zu beeinflussen, die als Abnehmer oder Lieferanten der von seinen Mitgliedern angebotenen oder nachgefragten Leistungen auftreten. Gelingt es dem

Interessenverband, die durch die Ausnutzung seiner Machtstellung auftretenden Nachteile für die Betroffenen der staatlichen Politik in die Schuhe zu schieben, so kann ein zusätzliches Wählerpotential gegen die Regierungsparteien mobilisiert werden. Ist das aber der Fall, so wird häufig schon die Androhung einer entsprechenden Mobilisierung der Marktmacht genügen, um die politisch Handelnden zum Nachgeben gegenüber den Verbandswünschen zu bewegen.

(c) Die Finanzierung von Parteien

Als direkte Einflußmöglichkeit der Interessenverbände auf den politischen Prozeß kommt die Finanzierung der Parteien durch die Verbände in Frage. Wie die jüngere Vergangenheit in der Bundesrepublik Deutschland zeigt, ist auch in einem Staat, in dem den Parteien zusätzlich zu ihren Mitgliedsbeiträgen Steuergelder zufließen, die Verlockung groß, Spenden von Interessenorganisationen zu attrahieren.

(d) Entsendung von Interessengruppenvertretern

Ist über die oben geschilderten Formen erst einmal Einfluß auf den politischen Prozeß genommen, so können die Verbände natürlich auch versuchen, diesen Einfluß zu benutzen, um Leute ihres Vertrauens in die parlamentarischen Organe zu bringen. Die Vertrauensleute werden dann, falls sie loyal bleiben, schon bei der Vorbereitung von Gesetzen und Verordnungen zugunsten der Interessengruppen wirken.

Ist der Einfluß von Interessengruppen auf den politischen Prozeß erwiesen, so muß ein solcher allerdings noch keineswegs zwingend zu Verzerrungen der gesamtwirtschaftlichen Allokationseffizienz führen. Denn es wäre ja durchaus denkbar, daß die Einflußmöglichkeiten der Interessengruppen durch den Wettbewerb miteinander teilweise oder völlig aufgehoben werden oder sich zu einem effizienten Allokationsgleichgewicht ergänzen. In diese Richtung zielt etwa der in der Tradition der Pluralismustheorie (vgl. dazu statt vieler Bentley (1967), Truman (1958) sowie vor allem Galbraith (1952) stehende Ansatz von Becker (1983). In Beckers Modell der Lobby-Aktivität sind die letztlich von den Staatsorganen beschlossenen Staatsausgaben, Steuern und staatlichen Regulierungen das Ergebnis von aufeinanderprallendem Interessengruppendruck. Versucht eine bereits existierende einflußreiche Interessengruppe, ihren Einfluß zu weit auszudehnen, so erzeugt dies automatisch Gegendruck der da-von negativ betroffenen, organisierten oder bis dato unorganisierten aber sich nunmehr organisierenden Bevölkerungsgruppen. Versucht z. B. eine Interessengruppe, durch Lobby-Arbeit die an sie fließenden Subventionen zu erhöhen, so wird dies den Widerstand der dadurch steuerlich belasteten Interessengruppe auslösen. Sie übt ihrerseits Druck aus, um die zugunsten der anderen Gruppe erforderlichen Steuerzahlungen zu vermindern. Während nach Becker mit steigendem Umverteilungsvolumen die marginale Zusatzlast und damit der Widerstand bei den Steuerzahlern steigt, lassen Ineffizienzen in der Subventionierung den marginalen Wohlfahrtsgewinn und damit den Druck der Empfänger zur Erhöhung der Begünstigungen mit steigendem Umverteilungsvolumen sinken. Ein -effizientes- Gleichgewicht stellt sich schließlich dort ein, wo für jede Gruppe die Grenzkosten des Lobbying ihrem Grenzertrag entsprechen.

Die Ansätze Beckers und der Pluralismustheorie implizieren also, daß intensiver Wettbewerb der Interessengruppen um Verteilungsvorteile effiziente staatliche Maßnahmen hervorbringe und daß ein solcher Wettbewerb tatsächlich stattfinde, weil sich in einer freiheitlichen Gesellschaft für alle politischen Anliegen

Interessenverbände organisieren könnten -und bei entsprechendem „Leidensdruck" auch tatsächlich organisierten. Die letztgenannte Annahme steht allerdings in einem deutlichen Gegensatz zur oben beschriebenen These Olsons, nach der gerade nicht alle in einer Gesellschaft potentiell vorhandenen Interessen gleich gut zu organisieren sind, und für deren Richtigkeit zumindest eine Reihe empirische Untersuchungen sprechen (vgl. Bernholz und Breyer aaO, 167 unter Verweis auf Olson 1965, Kap. III und IV sowie Buchholz 1969). Becker ignoriert die Rolle der Wähler und Politiker im politischen Willensbildungsprozeß und er vernachlässigt, daß für viele Anliegen die Grundbedingungen einer Organisation kollektiven Handelns schlichtweg fehlen. Ist damit aber eine symmetrische Organisation der Gruppeninteressen im Sinne eines Ausgleichs der „countervailing powers" (Galbraith 1952) nicht gegeben, so können einzelne Interessengruppen im politischen Entscheidungsprozeß offenbar einen größeren Einfluß ausüben als andere. Und zwar dürfte der Einfluß tendenziell um so größer sein, je größer und je homogener das Wählerstimmenpotential einer Interessengruppe ist (was häufig allerdings in einem Gegensatz zueinander stehen wird), je uninformierter die Politiker über die Wählerpräferenzen und die Wähler über die politischen Programme und deren mögliche Wirkungen sind und je leichter die Gewinner bzw. je schwerer die Verlierer staatlicher Regelungen zugunsten einzelner Interessengruppen zu identifizieren sind (vgl. z. B. Coughlin u.a. 1990, 682 ff. sowie Mc Cormick und Tollison 1981, 17). Der politische Prozeß ist aus dieser Sicht „ein Quasi-Markt, auf dem organisierte Interessen Vermögenstransfers nachfragen und nichtorganisierte Individuen Vermögenstransfers anbieten, da sie sich aufgrund der hohen Organisationskosten nicht adäquat gegen staatliche Eingriffe in ihre property rights verteidigen können." (Pitlik aaO, 167 unter Verweis auf Benson 1984 und Epstein 1988). Politiker spielen auf diesem Markt die Rolle von *Vermittlern*, die im Eigeninteresse diesen Umverteilungsprozeß fördern. Da politisches Handeln in diesem Sinne weniger zugunsten breiter Bevölkerungsschichten als vielmehr kleiner organisierter Interessengruppen stattfindet, ist das Programmangebot der Parteien auch nicht der Ausdruck eines wohlfahrtsoptimalen, sondern eines wählerstimmenmaximierenden Budgets, das die ungleichen Durchsetzungschancen der diversen Interessen im politischen Prozeß widerspiegelt.

Die Wohlfahrtsökonomie sieht in der staatlichen Verwaltung (Bürokratie) lediglich ein ausführendes Organ der politischen Entscheidungsträger. Bürokraten verfolgen danach ohne Rücksicht auf ihre persönlichen Interessen ausschließlich die ihnen vorgegebenen politischen Ziele. Diese Auffassung geht vor allem auf Max Weber (1972) zurück. Ihr liegt die Annahme zugrunde, daß von der Politik genaue Vorgaben an die Bürokraten gemacht werden und politische Kontrollorgane das Verhalten der Bürokraten effizient überwachen und wirksam sanktionieren können (Roppel 1979, 23 ff.). Sie ist jedoch von verschiedenen Seiten in Zweifel gezogen worden.
So geht etwa Niskanen (1971) davon aus, daß Bürokraten ähnlich den Managern privater Unternehmen ihren persönlichen Nutzen durch die Zuweisung eines möglichst großen Budget zu maximieren trachten. Denn das Budgetvolumen ist positiv mit den eigentlichen Nutzengrößen der (Chef)Bürokraten wie Einkommen, Ruf, Macht und Einfluß verbunden. Dabei ist die staatliche Verwaltung praktisch in der Position eines Monopolisten: Die Nachfrager staatlicher Verwaltung, d. h. die Politiker, können nicht

zwischen verschiedenen Anbietern wählen. Sie bewilligen ein Ausgabevolumen, das die gesamten Kosten der staatlichen Leistungserstellung deckt. Doch nur die Verwaltung kennt die tatsächlichen Kosten dieser Leistungserstellung, während sich die Politik auf ihr Urteil verlassen muß. Die politisch Handelnden können nur beschränkt informiert entscheiden (Prinzipal-Agent-Beziehung). Auf diese Weise wirkt die Bürokratie als Lobbyist in eigener Sache bei der Aufstellung des Haushalts mit.

Fraglich ist nun, zu welchen Ineffizienzen die beschriebene Prinzipal-Agent-Beziehung zwischen Politik und staatlicher Verwaltung führt bzw. führen kann. Hierzu sei in Anlehnung an Blankart (1998) das folgende Modell einer eigennützig handelnden staatlichen Bürokratie herangezogen (vgl. Abb. 9):

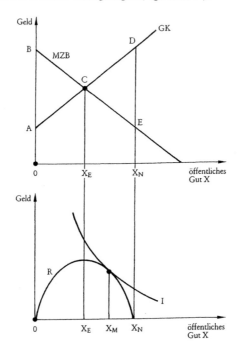

Abb. 9: Das Angebot öffentlicher Leistungen durch eine eigennützig handelnde staatliche Bürokratie
Quelle: In Anlehnung an Blankart (1998), 471

(a) Betrachtet sei zunächst die obere Hälfte der Abb. 9. Darin sei MZB die von den Politikern als Agent der Wähler geäußerte marginale Zahlungsbereitschaft für das öffentliche Gut X. GK stelle die nur der Bürokratie bekannte Grenzkostenkurve dar. Effizient wäre eigentlich die Menge X_E des öffentlichen Gutes. Diese Lösung kommt jedoch bei budgetmaximierendem Verhalten der Bürokratie nicht zustande. Vielmehr wird diese von den verschiedenen möglichen Budget-Output Kombinationen diejenige wählen, die ihr Budget maximiert. Dies ist in Abb. 9 beim Output X_N der

Fall. Die gesamten Produktionskosten entsprechen dort der Fläche $OADX_N$. Dieses Budget schöpft gerade die maximale Zahlungsbereitschaft $OBEX_N$ der Politik aus. Größere Budget-Output-Kombinationen würde sie wegen der abnehmenden Zahlungsbereitschaft und den steigenden Kosten nicht mehr akzeptieren. Letztendlich wird bei X_N die gesamte von den Wählern abgeschöpfte Konsumentenrente ABC dazu verwendet, um die extramarginale Menge zwischen X_E und X_N zu finanzieren. Diese Situation wird als Niskanen-Gleichgewicht bezeichnet: Es liegt ein Überangebot an öffentlichen Gütern im Verhältnis zu den privaten Gütern vor, die damit verbundenen Kosten fallen extern an und stellen Wohlfahrtsverluste dar (allokative Ineffizienz), aber es wird zu minimalen Kosten produziert.

(b) Ineffizienzen können aber nicht nur durch ein Überangebot an öffentlichen Gütern als solchem, sondern auch durch eine ineffiziente Produktion der öffentlichen Güter entstehen (sog. X-Ineffizienz). Sie kommt darin zum Ausdruck, daß anstelle der kostengünstigsten eine ungünstigere Technologie verwendet wird. Die Verwaltung arbeitet dann nicht auf der Produktionsmöglichkeitengrenze, sondern auf einem Punkt innerhalb dieser Grenze. Niskanens Hypothese der Budgetmaximierung berücksichtigt derartige X-Ineffizienzen nicht. Es ist jedoch nicht einzusehen, warum Bürokraten, die nach einem möglichst großen Budget streben, die über die zur effizienten Produktion der optimalen öffentlichen Gütermenge hinaus bereitstehenden Budgetanteile ausschließlich für eine größere Produktion einsetzen wollen, warum sie also auf der Mengenachse der Abb.9 nach rechts gehen und nicht -auch- auf der Kostenachse nach oben. Die den Politikern bzw. Wählern abgenommene Rente kann doch mindestens ebenso gut für betrieblich nicht unbedingt notwendige, aber dafür angenehme Ausgaben wie höhere Gehälter (durch großzügig Tarifabschlüsse oder Höherstufung der Beschäftigten), Überbesetzung von Dienstposten, großzügige Nebenleistungen o. ä. verwendet werden. Inwiefern die Bürokraten ein zu hohes Budget entweder X-ineffizient oder zu einer Überproduktion des öffentlichen Gutes einsetzen, hängt nach Migué und Bélanger (1974) vom Verlauf der Rente (fiskalisches Residuum) ab, die die Bürokratie bei alternativen Output-Niveaus realisieren kann und von ihrer Präferenz für Rente oder Budget. Dieser Zusammenhang ist in der unteren Hälfte der Abb. 9 dargestellt. Die Kurve R, die aus dem Integral der MZB-Kurve abzüglich des Integrals der GK-Kurve gebildet wird, bezeichnet dort das fiskalische Residuum, während die Kurve I für jene Indifferenzlinie der Nutzenfunktion der Bürokraten steht, die bei gegebenem Verlauf der Funktion des fiskalischen Residuums gerade noch erreichbar ist. Der Output X_M des öffentlichen Gutes kennzeichnet dann das „politisch-bürokratische Gleichgewicht" (Arnold 1992, 134 f.).

Die beschriebenen Ineffizienzen führen zur Forderung nach einer wirksamen Kontrolle der staatlichen Verwaltung durch die politischen Aufsichtsbehörden. Nach Niskanen findet eine solche jedoch gerade nicht statt, da die Verwaltung aufgrund ihres überlegenen Fachwissens in der Lage ist, in bilateralen Budgetverhandlungen mit den Politikern die Rolle monopolistischer Optionsmaximierer einzunehmen und ihre Interessen nahezu vollständig durchzusetzen, während der Part der Politik mehr oder weniger auf den einer Art passiven Sponsors reduziert ist, der der Verhandlungsmacht der Bürokratie nichts entgegenzusetzen hat (Niskanen aaO, 24 ff.). Zwar bestehen für Politiker durchaus Anreize zur Überwachung der Bürokratie aufgrund ihres Wiederwahlziels: Eine ineffiziente Produktion öffentlicher Güter führt zu höheren

Steuerbelastungen der Wähler, die sich in schlechteren Wahlchancen der Regierung niederschlägt. Ferner besteht ein Interesse der Politiker an einer Kontrolle der Bürokraten, weil dabei erzielte Überschüsse zur Verwirklichung eigener Ziele eingesetzt werden können. Doch ist aus der Sicht des gesamten Parlaments die Ausübung der Kontrollfunktion ein öffentliches Gut: Parlamentarier, die ihre vergleichsweise knappen zeitlichen und finanziellen Ressourcen zur Bürokratiekontrolle einsetzen, verbessern sowohl ihre eigenen Wiederwahlchancen als auch die Chancen derjenigen Kollegen, die keinen aktiven Beitrag zur Kontrolle leisten, so daß der einzelne Politiker durchaus rational handelt, wenn er vergleichsweise wenig in die Kontrolle der Verwaltung investiert.

Niskanens Modell einer gegenüber der Politik überlegenen Bürokratie ist jedoch seinerseits nicht ohne Widerspruch geblieben. So ist neben der bereits oben angesprochenen Kritik von Migué und Bélanger (1974), aber auch anderer (vgl. etwa Moene 1986) an der Niskanschen Nutzenfunktion der Bürokraten, die ausschließlich das Ziel der Budgetmaximierung kennt, vor allem moniert worden, die bei Niskanen unterstellte Passivität der Politik gegenüber der Bürokratie sei nur schwerlich mit dem Wettbewerb, in dem sich Politiker befinden, zu vereinbaren (vgl. etwa Breton und Wintrobe 1975). Da zu erwarten ist, daß ein politischer Herausforderer Stimmen gewinnt, wenn er die Bürokratie kontrolliert und dazu zwingt, produktionstechnisch und im Hinblick auf das öffentliche Güterangebot effizient zu arbeiten, wird er sich so lange für Kontrollen der Bürokratie einsetzen, bis die Grenzkosten in Form von Stimmenverlusten den Grenzerträgen in Form von Stimmengewinnen gleich sind.
Auch die These, daß die Bürokratie eine Quasi-Monopolstellung durch überlegenes Fachwissen einnehme, bedarf zumindest der Differenzierung. Denn zum einen werden häufig öffentlichen Gütern durchaus vergleichbare private Güter hergestellt, so daß insoweit ein Vergleich der produktionstechnischen Effizienz von öffentlichen und privaten Unternehmen -bedingt- möglich ist, zum andern kann vielfach ein Quervergleich zwischen den Verwaltungen verschiedener -ggf. miteinander konkurrierender- Gebietskörperschaften angestellt werden. Hinzu kommt, daß zumeist ein nicht unerheblicher Teil der Parlamentsmitglieder selbst der staatlichen Verwaltung entstammt und insoweit die produktionstechnischen Gegebenheiten, aber auch die Verhaltensweisen der ehemaligen Kollegen relativ gut einschätzen kann.
Ein anderer Kritikpunkt an Niskanens Ansatz betrifft die dort behauptete Antinomie zwischen Politik und staatlicher Verwaltung. So betont die Interessengruppentheorie des Staates die Asymmetrie bei stimmenmaximierenden Strategien der Politiker hinsichtlich der Festlegung von Ausgaben und Steuern. Während die Ausgaben oftmals speziellen, gut organisierten gesellschaftlichen Gruppen zufließen, sind die daraus resultierenden Belastungen üblicherweise breit gestreut. Politiker haben daher Anreize, staatliche Budgets aufzublähen. Insoweit decken sich in vielen Fällen ihre Ziele mit denen der Bürokraten. Das wird wiederum um so stärker gelten, je mehr Abgeordnete selbst eine Verwaltungslaufbahn hinter sich haben und nach ihrer Abgeordnetenzeit fortzusetzen beabsichtigen. Auch kann angenommen werden, daß Bürokraten als Wähler Programme bzw. Maßnahmen bevorzugen, die ein Wachstum der Verwaltung zur Folge haben. Die Stärke dieser Wählergruppe in Verbindung mit der regelmäßig hohen Wahlbeteiligung läßt den staatlichen Bediensteten im politischen Prozeß ein hohes Gewicht beikommen (so etwa Pitlik 1997, 175 m. w. H.).

II. Vorteile und Gefahren dezentraler Finanzpolitik aus politökonomischer Sicht: ein Überblick

In den vorangegangenen Abschnitten ist über das Beziehungsgeflecht der politischen Akteure und das Zustandekommen politisch-ökonomischer Entscheidungen in einem Staat aus Sicht der Public-Choice-Theorie, d.h. unter der Annahme auch im politischen Prozeß eigennützig handelnder Personen, gesprochen worden. Dabei blieb die Untersuchung mehr oder weniger stillschweigend auf die Beschreibung von Entscheidungsprozessen im unitaristischen Staat beschränkt. Die im Rahmen dieser Arbeit eigentlich interessierende Frage ist aber, welche Erkenntnisse und Handlungsempfehlungen aus der Public-Choice-Theorie im Hinblick auf die Effizienz der ökonomischen Entscheidungen und der Aufgabenverteilung zwischen Zentralinstanz und nachgeordneten Ebenen (Gliedstaaten) in einem föderalen Staat oder präföderalem Staatengebilde abzuleiten sind.

Zugunsten einer dezentralen Aufgabenwahrnehmung werden aus politökonomischer Sicht vor allem folgende Argumente ins Feld geführt:

(1) Die Existenz diskretionärer Handlungsspielräume als Folge von *Informationsasymmetrien* zwischen Politikern und Wählern einerseits und staatlicher Verwaltung und Politikern andererseits ist eine Hauptursache für die von der Public-Choice-Theorie behauptete Ineffizienz politischer Entscheidungen im unitaristischen Staat. Beide Bereiche werden durch den Übergang zu föderalen Strukturen beeinflußt. So dürften mit zunehmendem Dezentralisierungsgrad der Entscheidungen die Möglichkeiten, aber auch die Anreize der Wähler steigen, sich über die politischen Programme der Parteien und deren Konsequenzen für die individuelle Nutzenposition zu informieren, da bei dezentralisierter Aufgabenwahrnehmung eher die Möglichkeit interjurisdiktioneller Leistungsvergleiche besteht und der Einfluß des einzelnen Bürgers auf die Wahlentscheidung wächst. Gleichzeitig wird mit wachsendem Dezentralisierungsgrad die Abwanderungsoption an Bedeutung gewinnen. Die Möglichkeit interregionaler Vergleiche besteht aber nicht nur im Verhältnis zwischen Bürger und Regierung, sondern gleichermaßen im Verhältnis zwischen Regierung und Bürokratie. Je mehr die Regierungen subzentraler Einheiten selbst im Standortwettbewerb stehen, um so stärker werden sie die Leistungen ihrer eigenen Bürokratie mit der ihrer Nachbarregionen vergleichen und um so eher werden sie bemüht sein, ineffiziente Verhaltensweisen ihrer Bürokraten zu unterbinden.

(2) Bei Wahlen für die politischen Entscheidungsgremien stimmen die Wähler nicht über einzelne politische Probleme, für die von den Parteien unterschiedliche Lösungsansätze angeboten werden, sondern über eine Vielzahl einzelner politischer Fragen ab, die in den Wahlprogrammen der Parteien gebündelt sind. Dies bietet den Parteien die Möglichkeit, in ihren Programmangeboten auch von den Wählern nicht gewünschte Entscheidungen unterzubringen und eröffnet ihnen damit weitere *diskretionäre Spielräume*. Sind die Verantwortlichkeiten über die Vielzahl der Politikbereiche nicht auf einer staatlichen Entscheidungsebene konzentriert, sondern auf mehrere Staatsebenen verteilt, wird auf der einzelnen Ebene über weniger Sachfragen entschieden. Eine föderative Staatsstruktur mit strikter ebenenspezifischer Funktionentrennung reduziert deshalb tendenziell die Chancen der Regierungen, unterschiedliche Politiken zu Programmen zu bündeln und den Wählern unliebsame Programmpunkte im Paket aufzuzwingen (so zurecht Pitlik 1997, 185).

(3) Für eine Föderalisierung von Kompetenzen spricht aus politökonomischer Sicht ferner, daß der Erfolg von Politikern und Parteien auf zentraler Ebene auch durch die Politik auf dezentraler Ebene beeinflußt wird und umgekehrt. Damit stehen die Parteien nicht nur einmal pro Legislaturperiode, sondern praktisch *permanent zur Wahl*, was die Kontrolle der Politik durch die Wähler insgesamt verbessern würde (vgl. dazu etwa Chandler und Chandler 1987). Dem steht allerdings die Gefahr gegenüber, daß im föderativen Staat die Verantwortlichkeiten der politischen Entscheidungsträger der verschiedenen Staatsebenen verwischen, und zwar in beide Richtungen. So kann eine erfolgreiche Politik der Regierungspartei auf dezentraler Ebene durch ein Versagen der politischen Mandatsträger derselben Partei auf zentraler Ebene ebenso kaschiert werden wie umgekehrt eine erfolgreiche Regierungspolitik auf zentraler Ebene durch regionales Fehlverhalten derselben Partei zunichte gemacht werden kann. Dies gilt um so mehr, je stärker die Zuständigkeiten der einzelnen Staatsebenen bei den verschiedenen Politikbereichen überlappen.

Den beschriebenen Vorteilen einer Föderalisierung und Aufgabendezentralisierung werden in der politökonomischen Literatur allerdings auch eine Reihe von Bedenken entgegengehalten.
(1) So wird einmal argumentiert, daß die Verteilung staatlicher Aufgaben auf mehrere Staatsebenen zu erhöhten *Kosten der Entscheidungsfindung* führe, weil nunmehr Wahlen auf verschiedenen Ebenen durchzuführen seien und weil wegen der geringeren Zahl von zur Debatte stehenden politischen Projekten die Konsensbildung und der Konfliktausgleich durch logrolling erschwert werde (vgl. etwa Theiler 1977). Dem ist freilich entgegenzuhalten, daß politische logrolling-Prozesse, d.h. ein gegenseitiger Stimmentausch verschiedener Minderheitengruppen zur Erlangung einer -gemeinsamen- politischen Mehrheit, keineswegs durchgängig positiv beurteilt werden können, da sie zwar in aller Regel (nach dem sog. „Stimmentausch-Paradox" von Riker und Brams (1973) ist selbst dies nicht in jedem Fall gewährleistet) die Situation der an der Vereinbarung Beteiligten verbessern, die Situation der Außenstehenden jedoch verschlechtern, indem sie die Staatsausgaben in die Höhe treiben -man kann insoweit von negativen externen Effekten durch logrolling sprechen (vgl. dazu etwa Mueller 1987, 129 f., Bernholz und Breyer 1994, 77 ff. sowie Blankart 1998, 154).[1]
Soweit das Argument der Kostensteigerung bei der Entscheidungsfindung aber auf die Kosten für den Gang zur Wahl zielen, liegt hierin insofern kein stichhaltiges Argument gegen die föderative Aufteilung von Kompetenzen, als Wahlen auf mehreren jurisdiktionellen Ebenen jederzeit gleichzeitig abgehalten werden könnten. Die Kosten der Information über die anstehenden politischen Entscheidungen aber werden von der Anzahl der Themenkomplexe bestimmt und lassen sich kaum durch eine Verringerung der Zahl der Entscheidungsebenen senken (Teutemann 1992,186f., Pitlik 1997, 185 f.).
(2) Ferner wird argumentiert, daß die Konsequenzen einer Föderalisierung für den Einfluß der Bürokratie und spezieller Interessengruppen auf politische Entscheidungsprozesse zumindest ambivalent sind. So steigt nach Borcheding, Bush und Spann

---

[1] Was die Einordnung des logrollings als Instrument des Minderheitenschutzes angeht, so ist eine solche zumindest trügerisch, da durch logrolling zwar ursprüngliche Minderheiten ihre Ziele durchsetzen können, mit jedem Stimmentausch aber Teile der vorherigen Mehrheit zur Minderheit werden. Eine überstimmte Minderheit wird es außer bei Anwendung der Einstimmigkeitsregel auch im Falle des logrolling immer geben (so zurecht Bernholz und Breyer 1994, 77).

(1977) mit zunehmender Dezentralisierung der *Anteil der Staatsbediensteten* an der Gesamtbevölkerung, u. a. deshalb, weil bei sinkender Größe der bereitstellenden Gebietskörperschaft die Skalenerträge bei der Produktion öffentlicher Güter abnehmen. Wächst aber der relative Anteil der Staatsbediensteten an der Gesamtbevölkerung so nimmt damit auch der politische Einfluß der Bürokratie als Nachfrager hoher Staatsbudgets zu. Akzeptiert man die Thesen, daß innerhalb kleinerer Gebietskörperschaften von einer homogeneren Präferenzstruktur ausgegangen werden kann und daß bei kleineren Gruppen das sog. Trittbrettfahrerproblem weniger stärker wiegt als in großen, so dürfte eine räumliche Dezentralisierung die Entstehung *spezialisierter* Interessengruppen auf dezentraler Ebene fördern. Interessen, die auf nationaler Ebene nicht oder nur schwer organisierbar wären, könnten auf diese Weise auf dezentraler Ebene politischen Druck ausüben. Dies kann insgesamt von Nachteil, aber auch von Vorteil sein. Denn zum einen zwingt der intensivere politische Wettbewerb auf dezentraler Ebene die Politiker zu einer verstärkten Begünstigung organisierter Interessen. Auf der anderen Seite aber erzeugt die bessere Organisierbarkeit spezialisierter Interessen auf dezentraler Ebene auch eher organisierten politischen Widerspruch gegenüber staatlicher Transfertätigkeit zugunsten einzelner Gruppeninteressen. Welcher der beiden Effekte in der Realität überwiegt, kann a priori nicht beurteilt werden.

Genauso wenig kann aufgrund der bisherigen Analyse bereits ein Votum pro oder contra Dezentralisierung von Staatsaufgaben abgegeben werden kann.

Ein solches ist vielmehr, wie schon im fiskalföderalistischen Ansatz, immer nur in Bezug auf die jeweils konkret zur Diskussion stehende Einzelaufgabe möglich. Deshalb soll in den folgenden Abschnitten für die wichtigsten der im vorangegangenen Kap. C behandelten öffentlichen Aufgaben untersucht werden, welche Aussagen unter Berücksichtigung des Eigennutzstrebens von Politikern und Bürokraten einerseits und der Abwahloption der Wähler andererseits im Hinblick auf die optimale Kompetenzverteilung zwischen zentraler und dezentraler (d.h. hier: europäischer und nationaler) Ebene möglich sind.

III. Die Bereitstellung öffentlicher Güter mit supranationaler Bedeutung

In ihrem Aufsatz „The Theorie of Fiscal Federalism: What does it mean for Europe?" gehen Persson, Roland und Tabellini (1997) zwei zentralen Fragen im Hinblick auf das Verhältnis zwischen der Europäischen Union und ihren Mitgliedstaaten nach. Erstens: In welchen öffentlichen Aufgabenbereichen weicht die konkrete Kompetenzverteilung zwischen Unions- und nationaler Ebene von derjenigen ab, die nach der fiskalföderalistischen Theorie zu erwarten wäre -und in wieweit können die Abweichungen mit politökonomischen Argumenten erklärt werden? Und zweitens: In welchen Aufgabenbereichen ist aus politökonomischer Sicht eine andere Kompetenzverteilung zu fordern als aus fiskalförderalistischer Sicht?

Beschäftigt man sich zunächst mit der ersten Frage, so können nach Persson u.a. (aaO) sowohl Aufgabenfelder identifiziert werden, in denen politökonomische Gründe für eine stärkere Dezentralisierung, als auch Aufgabenfelder, in denen politökonomische Erwägungen für eine stärkere Zentralisierung auf EU-Ebene verantwortlich sind, als dies aus rein fiskalföderalistischer Sicht gerechtfertigt wäre. Typisches Beispiel für erstere ist der Bereich der Außen- und Verteidigungspolitik, ein Beispiel für letztere der Bereich der (Aus-)Bildungspolitik:

1. Außen- und Verteidigungspolitik

Die Außen- und Verteidigungspolitik ist eine der öffentlichen Aufgaben, bei denen nationale Entscheidungen mit den größten externen Effekten verbunden sind. Dennoch besteht bei den Mitgliedstaaten ein starker Widerstand gegen eine Übertragung nationaler Hoheitsrechte im Bereich der Außen- und Sicherheitspolitik auf die Europäische Union. Ein Grund dafür dürfte in dem bereits in Kap.CII.1.1. beschriebenen Anreiz zu Trittbrettfahrerverhalten auf Kosten anderer Staaten liegen. Eine andere Erklärung können divergierende politische Präferenzen sein: die Schwerpunkte einer gemeinsamen Politik könnten nationalen Zielsetzungen widersprechen. Dieser Gesichtspunkt wird verstärkt, wenn man bedenkt, daß eine Übertragung von Hoheitsrechten (und der damit verbundene Machtverlust der nationalen Regierungen) kaum auf Einzelfälle oder eine überschaubare Zahl wohldefinierter Fälle beschränkt oder mit der Kompetenzübertragung gleichsam ein Schubladenprogramm aufgestellt werden kann, in welchen Fällen und auf welche Weise von der Kompetenz Gebrauch gemacht werden darf. Eine Art Generalübertragung der Befehlsgewalt über die nationalen Truppen aber scheint den Regierungen vieler Mitgliedstaaten in der gegenwärtigen Integrationsphase (auch vor dem Hintergrund der Gefahr von aktuellen Einsätzen auf dem Balkan und in anderen Krisenregionen) wohl zu riskant.

2. Ausbildungspolitik

Die im Ausbildungswesen bestehenden erheblichen externen Effekte begründen ein starkes Argument für eine staatliche Zuständigkeit oder staatliche Subventionen zur Internalisierung der externen Effekte. Gleichzeitig sind interregionale Externalitäten offenbar nicht bedeutend genug, um innerhalb der Mitgliedstaaten die Notwendigkeit für eine Zentralisierung der Ausbildungspolitik begründen zu können. Tatsächlich ist die Bildungspolitik in den meisten föderalen Staaten dezentralisiert. Um so gewichtiger wiegt der Umstand, daß die Ausbildungspolitik im Laufe der Zeit zu einem der bedeutendsten Politikzweige der Europäischen Union geworden ist. Dies ist aus politökonomischer Sicht dann nicht erstaunlich, wenn man bedenkt, daß die meisten Programme im Bereich der Ausbildung nicht auf die direkte Vermittlung von Wissen, sondern auf die Förderung der Mobilität von Studenten und Wissenschaftlern und damit des Faktors Humankapital abzielen. Ein Ergebnis höherer Mobilität ist, daß sie den internationalen Wettbewerb zwischen den Universitäten um Studenten, Wissenschaftler und öffentliche Mittel fördert. Ein stärkerer Wettbewerb durch wachsende internationale Mobilität dürfte aber auf Dauer die Bereitschaft zu einer Reform der vielfach verkrusteten nationalen Universitätssysteme in Europa deutlich erhöhen (Persson u.a. aaO, 27) und hätte damit gesamtwirtschaftlich positive Allokationseffekte.

Auch im Hinblick auf die oben erwähnte zweite Frage, nämlich in welchen Aufgabenfeldern die politökonomische Sichtweise eine andere Kompetenzverteilung zwischen europäischer und nationaler Ebene nahelegt als die rein fiskalföderalistische, können sowohl Bereiche ermittelt werden, in denen politökonomische Argumente für eine stärkere Zentralisierung, als auch solche, in denen politökonomische Gründe eher für eine Dezentralisierung von Aufgaben sprechen. Allerdings ist hierbei insoweit besondere Vorsicht geboten, als die Ergebnisse der politökonomischen Analyse meist noch stärker von den zugrundeliegenden Prämissen geprägt und letztere häufig noch wenig verifizierbar sind als in der Wohlfahrtsökonomik.

Ein Bereich, in dem nach Persson u.a. (aaO, 28 f.) eine -stärkere- Zentralisierung von Kompetenzen aus politökonomischer Sicht gerechtfertigt wäre, ist die Wettbewerbspolitik, weitere Aufgabenfelder, in denen Kompetenzverlagerungen auf die Europäische Union zumindest zu diskutieren wären, ergeben sich nach Sinn (1994, 1997 (2) und 1997 (3)) in der nationalen Umwelt- sowie der interpersonellen Umverteilungspolitik. Ein Kernbereich, in dem politökonomische Aspekte (Stichwort: Bändigung des staatlichen Leviathans) nach Ansicht vieler Autoren eher für eine dezentrale als für eine zentrale Aufgabenwahrnehmung sprechen, ist der im folgenden Abschnitt IV. ausführlich zu behandelnde Bereich der Steuerpolitik. Ferner stellt sich die Frage, ob aus den Erkenntnissen der Politischen Ökonomie von der fiskalföderalistischen Theorie abweichende Schlußfolgerungen im Hinblick auf die Aufgabe der interregionalen Umverteilung gezogen werden können.

3. Wettbewerbspolitik

Anders als etwa bei der oben diskutierten Außen- und Sicherheitspolitik sind die Kompetenzen der Europäischen Union, insbesondere der Kommission, im Bereich der Wettbewerbspolitik vergleichsweise weit gesteckt. Dies ist aus fiskalföderalistischer Sicht auch durchaus angezeigt, soweit Wettbewerbspolitik dem Schutz der Binnenmarktfreiheiten, d.h. des öffentlichen Gutes europäischer Binnenmarkt, dient (vgl. Kap. C II.1.2.). Aus politökonomischer Sicht könnte aber u. U. eine noch weitreichendere Zuständigkeit der Europäischen Union für Wettbewerbsfragen gerechtfertigt werden, nämlich dann, wenn Wettbewerbspolitik auf europäischer Ebene in einem geringeren Maße durch gemeinwohlschädigende Lobbyinteressen beeinflußbar ist, als auf nationaler Ebene. Ob dies der Fall ist, hängt nach Persson u.a. (aaO, 28 m. w. H.) von dem Verhältnis zweier gegenläufiger Effekte ab: auf der einen Seite steht zu vermuten, daß die längere „Delegationskette" zwischen dem Prinzipal (die europäischen Bürger) und dem Agenten (die EU-Kommission) bei einer Wahrnehmung wettbewerbsregulierender Aufgaben auf europäischer Ebene anfälliger ist für eine Vereinnahmung durch Interessengruppen als die kürzere Delegationskette zu einem Agenten Nationalregierung; dies würde gegen eine Zuständigkeit der Europäischen Union für Wettbewerbsfragen sprechen. Auf der anderen Seite könnte der im Vergleich zu den nationalen Märkten wesentlich größere Markt der Europäischen Union die Vertreter bestimmter Interessen eher dazu veranlassen, sich zu organisieren, so daß auf europäischer Ebene leichter verschiedene Interessen artikuliert werden, deren Zielsetzungen und Stärke einander ausgleichen. Durch die Definition eines klar umrissenen Aufgabenbereichs für die Wettbewerbshüter und die Schaffung größtmöglicher Transparenz für ihre Arbeit und vor allem durch die Einrichtung einer von der Kommission unabhängigen EU-Wettbewerbsbehörde könnte nach Ansicht von Persson u. a. (aaO) die Gefahr für das Auftreten des ersten Effekts minimiert werden, während gleichzeitig der zweite Effekt voll zum Tragen käme, so daß aus ihrer Sicht die besseren Argumente für eine noch stärkere Zentralisierung der Wettbewerbspolitik in der Gemeinschaft sprechen.

4. Nationale Umweltpolitik

Nach Sinn (1994, 104 f.) kann die Bekämpfung nationaler Umweltverschmutzungsprobleme den Regierungen der Nationalstaaten vorbehalten bleiben, wenn die Nationalregierungen zur Kontrolle der Umweltverschmutzung eine Pigou-Steuer erheben können und erheben: wenn die Nationalregierung eine Pigou-Steuer als Ökosteuer erhebt und das Steueraufkommen an die Wahlbevölkerung verteilt, so werden diese Bürger für einen Steuersatz stimmen, bei dem sich gerade der Produktionsvorteil aus einer weiteren Einheit Verschmutzung mit dem Nachteil des daraus resultierenden Umweltschadens die Waage hält. Selbst ein Land, dessen Unternehmen sich in einem weltweiten Wettbewerb mit Unternehmen aus anderen Staaten befinden, die ein Ökodumping betreiben, sollte im nationalen Interesse an diesem Kalkül festhalten.

Anders liegen die Dinge nach Sinn (aaO) jedoch, wenn der Erhebung einer Pigou-Steuer die in Kap. B IV. beschriebenen Probleme entgegenstehen und die Länder an Stelle von Pigou-Steuern Emissionsauflagen zur Bewältigung der Umweltproblematik wählen. Emissionsauflagen unterscheiden sich von Pigou-Steuern dadurch, daß sie den Unternehmen die implizite Faktorentlohnung aus dem Umweltverbrauch belassen, was dann von Bedeutung ist, wenn ein Teil der Unternehmenseigner aus Ausländern besteht, deren Stimme bei der Festlegung der Umweltstandards keine Berücksichtigung findet: Der typische (Median-)Wähler ist ein inländischer Arbeitnehmer; dieser trägt zwar die Umweltbelastung, hat aber keinen Anspruch auf jenen Teil der Unternehmensgewinne, der auf die unentgeltliche Benutzung der Umwelt zurückzuführen ist.[1] Diese Asymmetrie kann nach Sinn (aaO) gravierende Verzerrungen im nationalen Entscheidungsprozeß verursachen: Wenn die Wähler sich die Frage stellten, wie hoch die aus ihrer Sicht optimale Umweltverschmutzung ist, würden sie abwägen zwischen dem Nutzen einer besseren Umwelt und der Veränderung ihrer Löhne, die durch die neuen relativen Faktorknappheiten zustande kommt. Diese Abwägung werde in der Regel nicht zu einer optimalen Entscheidung führen. Ist die Nachfrage nach Verschmutzungsrechten „elastisch", reduziert also eine Verschärfung der Umweltstandards das implizite Gewinneinkommen aus dem unentgeltlichen Umweltverbrauch, hätten die Wähler ein zu starkes Interesse am Schutz der Umwelt. Da sie die Nachteile der ausländischen Unternehmenseigentümer vernachlässigten, ginge der von ihnen präferierte Umweltschutz über das gesamtwirtschaftlich effiziente Maß hinaus. Eine zentral koordinierte europäische Umweltpolitik würde nicht unter diesen Verzerrungen leiden, weil ausländische Interessen in die Entscheidung einbezogen würden.

5. Nationale interpersonelle Umverteilungspolitik

Nach Sinn (1994, 26 ff., 1997 (2), 29 ff.) ist interpersonelle Umverteilung in bestimmtem Maße ein öffentliches Gut und als solches eine allokative Aufgabe: Da das zukünftige Einkommen gerade junger Menschen ungewiß ist und es häufig nicht nur vom persönlichen Können, sondern ebenso vom Zufall und der Verkettung

---

[1] Ist der Medianwähler zugleich Kapitalbesitzer, so wird er allenfalls an dem im Inland verbleibenden Teil dieser Gewinne Anteil haben. An dem ins Ausland fließenden Teil partizipiert er nicht.

günstiger oder ungünstiger Umstände abhängt, ob jemand „Karriere" macht, kann in einer Welt der Unsicherheit staatliche Umverteilung als Versicherung gegen Einkommensrisiken interpretiert werden, deren Verfügbarkeit von risikoscheuen Menschen weithin begrüßt wird. Umverteilung und Versicherung sind insofern zwei Seiten derselben Medaille und welche Seite oben liegt, hängt wesentlich davon ab, aus welcher Zeitperspektive man das Problem sieht: Was von denen, die Glück hatten, ex post als lästige Umverteilung empfunden wird, ist aus ex ante-Sicht ein angenehmer Versicherungsschutz. Staatliche Umverteilung kann daher den Nutzen der Bürger erhöhen, weil sie ihr Leben sicherer macht, und sie erhöht ihn abermals, weil sie ihren Wagemut stärkt und sie veranlaßt, riskantere, aber ertragreiche Lebenschancen zu ergreifen.[1]

Sinn zufolge führt der durch die Schaffung eines einheitlichen Binnenraumes und die damit einhergehende Zunahme der Faktormobilität steigende Wettbewerbsdruck auf die Nationalstaaten zu einer Erosion des Wohlfahrtsstaates, wenn nicht die Sozialpolitik der Nationalstaaten auf supranationaler Ebene in einem Mindestumfang koordiniert wird. Dies ist die fiskalföderalistische Sichtweise. Die Skepsis gegenüber den Wirkungen der europäischen Integration auf den Wohlfahrtsstaat steigt nach Sinn (1997 (3)) aber noch weiter, wenn man politökonomische Argumente mitberücksichtigt: Angenommen, die Bezieher hoher, aber auch die niedriger Einkommen seien, wofür eine gewisse empirische Evidenz spricht, international mobiler als die Bezieher mittlerer Einkommen. Letztere stellen aber den Medianwähler und damit jenen -fiktiven- Bürger, an dessen Vorstellungen sich die Programme und Entscheidungen der Politiker orientieren. Geht man von einem Zustand relativ autarker Nationalstaaten vor Beginn der europäischen Integration aus und vergleicht diesen mit dem Zustand fortgeschrittener Integration, so wird die ursprünglich praktizierte nationale Sozialpolitik keinen Bestand mehr haben, weil der Medianwähler einen Anreiz hat, für eine Kürzung des nationalen Redistributionsprogramms zu votieren. Er weiß, daß die Bezieher hoher Einkommen Nettozahler und die Bezieher niedriger Einkommen Nettoempfänger staatlicher Sozialleistungen sind. Wenn beide Einkommensgruppen vor-Steuer-Einkommen entsprechend dem Grenzwertprodukt der von ihnen angebotenen Faktoren beziehen, erhalten die Bezieher hoher Einkommen nach Durchführung des nationalen Redistributionsprogramms weniger und die niedriger Einkommen mehr als das, was sie produzieren. Dies treibt die Bezieher hoher Einkommen aus dem Land und lockt Bezieher niedriger Einkommen an. Durch eine Beschneidung des nationalen Umverteilungsprogramms wird dieser Trend gestoppt bzw. umgekehrt. Wenn infolge einer Kappung der Sozialleistungen Bezieher höherer Einkommen (die ein höheres Sozialprodukt erwirtschaften als sie verbrauchen) zuwandern und die Bezieher niedriger Einkommen (die einen größeren Einkommensanteil verzehren als sie pro-

---

[1] Interpersonelle Umverteilung ist noch in einer zweiten Hinsicht ein öffentliches Gut; nämlich als Voraussetzung zur Wahrung des sozialen Friedens und der Rechtssicherheit in einer Gemeinschaft. In den Staaten der Europäischen Union gibt es eine erhebliche Zahl von Menschen, die im Marktgeschehen kein einen angemessenen Lebensunterhalt sicherndes Leistungseinkommen erzielen können: Kinder, Alte, Kranke, Arbeitslose u.a. Hilft ihnen niemand, müssen diese Menschen sich über die „Spielregeln" des Marktsystems hinwegsetzen und ihr Überleben durch Diebstahl, Raub und andere Straftaten sichern. Darunter leidet das Zusammenleben der Menschen und die Funktionsfähigkeit des Marktes. Für die Bezieher höherer Einkommen könnte es deshalb in ihrem eigenen Interesse liegen, das Marktsystem zu stabilisieren, indem sie akzeptieren, daß die Einkommensverteilung durch interpersonelle Einkommenstransfers gleichmäßiger ausgestaltet wird (vgl. im einzelnen Arnold 1996, 76, 82 ff. und 2000, 102).

duzieren) abwandern, stellt sich der Medianwähler als Anbieter eines immobilen Faktors besser als zuvor: ohne daß sich sein eigener Nettobeitrag zum Staatsbudget verändert hat, ist (bei linear-homogener Produktionstechnik) sein Faktoreinkommen gestiegen. Weil die Medianwähler aller Länder vor demselben Entscheidungsproblem stehen, werden im politischen Wettbewerbsgleichgewicht nationale Umverteilungsprogramme verschwunden sein, mit der Folge eines gesamtwirtschaftlichen Wohlfahrtsverlustes im allokativen Sinn. Bei einer Übertragung von Kompetenzen im Bereich der interpersonellen Umverteilungspolitik auf die europäische Ebene könnten die teils überzogenen nationalen Sozialprogramme der europäischen Staaten gemeinschaftlich auf ein unter Anreizgesichtspunkten vertretbares Maß zurückgeschraubt werden, ohne größere Wanderungsbewegungen auszulösen oder die Gefahr eines zerstörerischen race to the bottom-Wettbewerbs der Sozialsysteme heraufzubeschwören.

Sinns politische Forderung lautet jedoch nicht, die (Einkommen)Steuersysteme, d.h. die -sätze und -bemessungsgrundlagen, der europäischen Staaten zu harmonisieren. Denn zu unterschiedlich scheint ihm die Ausgangssituation in den einzelnen europäischen Staaten im Hinblick auf den relativen Wohlstand, so daß die reichen Mitgliedstaaten bei einer Steuerharmonisierung auf der Basis mittlerer Einkommensteuersätze Budgetüberschüsse erzielen könnten, während für die ärmeren Mitgliedstaaten Budgetdefizite die Folge wären. Eine die national unterschiedlichen Interessenlagen besser berücksichtigende Lösung wäre Sinn zufolge, durch europaweite Vereinbarung bestimmte Steuerarten für redistributive Zwecke zu reservieren und diese nach dem Nationalitätsprinzip[1] zu erheben. Könnten das staatliche Umverteilungsbudget vom restlichen Staatsbudget getrennt und die dafür vorgesehenen Steuern nach dem Nationalitätsprinzip erhoben werden, so könnte ein Mitgliedsland seine Bürger auch weiterhin für redistributive Zwecke besteuern, selbst wenn sie emigrierten. Dies würde die Erosionskräfte des Wettbewerbs auf die relativ seltenen Fälle reduzieren, daß Bürger ihre Nationalität aus rein steuerlichen Gründen zu verändern suchen.

Die Übertragung nationaler Kompetenzen im Bereich der interpersonellen Redistribution auf die europäische Ebene setzt allerdings voraus, daß Sinns o.g. Prämissen, vor allem im Hinblick auf die Anreizsituation des Medianwählers, zutreffen. Von einer völlig konträren Interessenlage und Anreizsituation als von Sinn behauptet gehen dagegen Persson u.a. (1997, 29 ff.) aus. Nach Persson u.a. würde eine Zentralisierung der interpersonellen Umverteilungspolitik auf europäischer Ebene andere Mehrheiten als auf nationaler Ebene generieren und die relative Position des Medianwählers verschieben: Da auf nationaler wie auf europäischer Ebene einer relativ großen Gruppe weniger wohlhabender Bürger eine zahlenmäßig kleine Gruppe sehr reicher Bürger gegenübersteht, die das Durchschnittseinkommen deutlich anheben, aber im Hinblick auf die Ermittlung des Medianwählers kaum ins Gewicht fallen, sei das Einkommen des jeweiligen Medianwählers nicht mit dem Durchschnittseinkommen in der betreffenden Gebietskörperschaft identisch, sondern läge unter diesem. Interpersonelle Umverteilung zwischen Reich und Arm würde dann das Einkommen des Medianwählers an das Durchschnittseinkommen heranführen, also erhöhen, so daß der Medianwähler grundsätzlich für interpersonelle Redistribution stimmen würde. Allerdings sei die

---

[1] Danach ist eine natürliche Person in dem Staat steuerpflichtig, dessen Staatsangehörigkeit sie besitzt.

Differenz zwischen dem Einkommen des Medianwählers und dem Durchschnittseinkommen auf gesamteuropäischer Ebene geringer als auf nationaler Ebene, weshalb eine Verlagerung nationaler Zuständigkeiten im Bereich der interpersonellen Umverteilung auf die europäische Ebene nicht wie von Sinn behauptet zur Erhaltung, sondern zum Abbau interpersoneller Redistributionspolitik führen würde.

Welcher der beiden konträren Standpunkte in Zukunft recht behalten wird, bleibt abzuwarten. Die gegenwärtige Situation scheint eher durch eine gewisse Reduzierung der Sozialleistungen in den meisten europäischen Staaten gekennzeichnet. Ein moderater Abbau der im internationalen Vergleich sehr hohen und häufig leistungshemmenden Sozialstandards muß dabei durchaus noch nicht schlecht sein. Wenn jedoch interpersonelle Umverteilung im Zuge eines fortschreitenden race to the bottom-Wettbewerbs der nationalen Sozialsysteme ein bestimmtes Maß unterschreitet, ist ein solcher Zustand auch aus effizienztheoretischer Sicht problematisch. Die daraus folgende politische Empfehlung wäre, die weitere Entwicklung zunächst abzuwarten, um bei einem drohenden Abbau der Sozialsysteme über ein als noch tolerierbar empfundenes Maß hinaus mit der von Sinn vorgeschlagenen europaweiten Regelung zur Reservierung bestimmter Steuern für redistributive Zwecke und dem Übergang zum Nationalitätsprinzip bei diesen Steuern reagieren zu können.

6. Kohäsion und interregionale Umverteilung
Der potentielle Einfluß politischer Prozesse auf die Regionalentwicklung und die daraus zu ziehenden Konsequenzen für die Regionalpolitik sind bereits im Zusammenhang mit den raumrelevanten Aspekten der Theorie der öffentlichen Güter und der Theorie des Institutionenwettbewerbs in Kap. C II.1.4.3.1.3., also im Zusammenhang mit statischen Theorien des Konvergenzprozesses, angesprochen worden. Die dort gemachten Ausführungen mögen im Hinblick auf die statischen Theorien genügen. Denn wichtiger als das Problem, welche Auswirkungen auf den Konvergenzprozeß politische Vorgänge in einer *stationären* Wirtschaft haben, scheint die Beantwortung der Frage, welche Auswirkungen politökonomische Prozesse auf die ja tatsächlich stattfindenden *Wachstumsprozesse* und den von diesem nach aller empirischen Erfahrung abhängigen Konvergenzprozeß einer Volkswirtschaft haben. Im folgenden soll deshalb der Frage nachgegangen werden, ob und in wieweit die Aussagen der Wachstumstheorien zur Entwicklung der regionalen Disparitäten zu verändern sind, wenn letztere um die Berücksichtigung politökonomischer Prozesse erweitert werden.
Unter Zugrundelegung seiner Erkenntnisse der Logik kollektiven Handelns von Interessengruppen (vgl. Abschnitt I. 2.) hat M. Olson (1982) versucht, die Wirkungen wirtschaftlichen Handelns organisierter Gruppen in entwickelten Demokratien auf die Höhe des Wirtschaftswachstums zu analysieren. Die Irrationalität kollektiven Verhaltens, die darin besteht, daß mit zunehmender Gruppengröße der Anreiz des einzelnen Mitglieds zu einem gruppenorientierten Handeln ab- und der Anreiz zur Einnahme einer free-rider-Position zunimmt, womit letztendlich die Bereitstellung von Kollektivgütern verhindert wird, läßt sich nach Olson auch im Hinblick auf das Wirtschaftswachstum feststellen. Um den Interessen ihrer Mitglieder zu dienen, sind organisierte Gruppen bestrebt, einen möglichst großen Anteil an der gesamtwirtschaftlichen Produktion für ihre Mitglieder zu erhalten. Zur Erreichung dieses Ziels stehen ihnen

grundsätzlich zwei Möglichkeiten offen (vgl. Olson 1991, 53): Die Organisation kann den Interessen ihrer Mitglieder entweder dadurch dienen, daß sie mithilft, den Kuchen, den die Volkswirtschaft produziert, größer zu machen, so daß ihre Mitglieder selbst dann größere Stücke erhalten, wenn sie die gleichen Anteile behalten wie zuvor, oder dadurch, daß sie größere Stücke des sozialen Kuchens für ihre Mitglieder erlangt. Da jedoch wirtschaftliches Wachstum Kollektivguteigenschaften aufweist, wird eine Organisation die zweite Strategie anwenden: „Es gibt ... ein Parallele zwischen dem Individuum in einer Gruppe, das von der Bereitstellung eines Kollektivgutes Vorteile hätte, und der Organisation für kollektives Handeln in der Gesellschaft. Die Organisation, die handelt, um der Gesellschaft als Ganzes einen Nutzen zu verschaffen, stellt im wesentlichen ein öffentliches Gut für die ganze Gesellschaft bereit und ist dementsprechend in der gleichen Position wie ein Individuum, das zur Bereitstellung eines Kollektivgutes für die Gruppe beiträgt, von der sie ein Teil ist. In jedem Fall erhält der Handelnde nur einen Teil ... des Nutzens aus seinem Handeln, aber er trägt die ganzen Kosten dieses Handelns" (Olson aaO, 55). Somit wird jede Organisation eher bestrebt sein, das Sozialprodukt zu ihren Gunsten umzuverteilen, statt zu einer Vergrößerung des Sozialprodukts beizutragen. Eine der offenkundigsten Methoden, ein größeres Stück des vorhandenen Kuchens zu erlangen, besteht dabei „in der Lobbytätigkeit für eine Gesetzgebung, durch die bestimmte Preise oder Löhne erhöht oder durch die bestimmte Arten von Einkommen niedriger besteuert werden als andere Einkommen" (Olson aaO, 57). Bei den politischen Entscheidungsträgern stößt der Versuch von Interessengruppen, Einkommensvorteile zu erlangen, die nicht auf einer Steigerung der eigenen produktiven Leistung beruhen, sondern letztlich zu Lasten anderer Wirtschaftssubjekte gehen (sog. rent-seeking) dann auf offene Ohren, wenn diese sich von der Unterstützung einer Interessengruppe Vorteile in Form von Wählerstimmen, Parteispenden etc. versprechen können. Sie werden dann den Wettbewerb zugunsten der Interessengruppe regulieren. Da aber in der politischen Realität nicht nur eine einzelne, sondern eine Vielzahl verschiedener Interessengruppen existieren und nach dem gleichen Muster handeln, wird nach Olson eine Regulierungsspirale in Gang gesetzt, die die Entwicklungsrichtung in einer Volkswirtschaft negativ verändert. Nach Olson kann demzufolge ein relativ hohes gesamtwirtschaftliches Wachstum in entwickelten Demokratien nur entstehen, wenn Verteilungskämpfe und Verteilungskoalitionen verschiedener Interessengruppen nur in geringem Umfang existent sind oder wirksam bekämpft werden können.

Die von Olson aufgezeigten politökonomischen Prozesse würden, so sie in der Realität tatsächlich stattfänden, im Hinblick auf den Konvergenzprozeß bedeuten: Da, wie die Empirie zeigt (vgl. Kap. C II.1.4.2.), in der Vergangenheit der Europäischen Union jeder Aufholprozeß in der realwirtschaftlichen Entwicklung mit einem relativ starken Wirtschaftswachstum in der Union einherging, dürfte die von Olson geschilderte Einflußnahme von Interessengruppen auf die Wirtschaftspolitik, die sich ebenso wie auf nationaler auch auf europäischer Ebene zeigt (vgl. nur die Lobbyarbeit der europäischen Bauern) nicht nur das Wirtschaftswachstum, sondern auch den Konvergenzprozeß in der Gemeinschaft negativ beeinflussen. Denn wo kein Wirtschaftswachstum ist, entsteht auch kein zusätzliches Einkommen, so daß auf das vorhandene (Volks)Einkommen der reichen Mitgliedstaaten zugegriffen werden muß, um die vorhandenen Unterschiede abzubauen. Das ist politisch ungleich schwerer durchzusetzen als die Verteilung zusätzlichen Einkommens. Die aus dieser Erkenntnis abzuleitende politische Forderung wäre die nach einer wirksamen Begrenzung des Einflusses der Interessenverbände auf nationaler wie auf europäischer Ebene.[1] Ob dieser allerdings in wesentlichem Maße Erfolg beschieden sein wird, muß bezweifelt werden; denn faktisch liefe jede Beschneidung der politischen Einflußmöglichkeiten von Interessengruppen auf eine Selbstbeschneidung derjenigen hinaus, auf die Einfluß genommen werden soll -und mit Erfolg genommen wird: der Politiker und damit derjenigen, die von den Interessengruppen gewählt und auf sonstige Weise unterstützt werden.

Je nachdem, auf welcher Ebene dies besser gelingt, ergibt sich dann aus kohäsionspolitischer Sicht entweder die Forderung nach einer weiteren Zentralisierung oder einer weiteren Dezentralisierung ökonomischer Entscheidungen. Da aber keine zielsichere Prognose möglich ist, ob die Begrenzung des Einflusses organisierter Interessengruppen eher auf nationaler oder auf europäischer Ebene möglich ist (während etwa Persson u.a. (1997) vermuten, daß sich Interessengruppen auf europäischer Ebene schlechter organisieren können und in ihrer Einflußnahme auf staatliche Entscheidungsträger eher aufheben als auf nationaler Ebene, sind die meisten anderen Autoren genau der gegenteiligen Ansicht (vgl. etwa Pitlik 1997, 246 m.w.H.), berechtigen die Erkenntnisse der Politischen Ökonomie zu keiner grundlegenden Neubewertung im Hinblick auf die in Kap. C II.1.4. als zweckmäßig ermittelte Verteilung der Aufgaben der Regionalentwicklung und interregionalen Redistribution zwischen europäischer und mitgliedstaatlicher Ebene (vgl. aber noch Abschnitt V).

IV. Public Choice-Theorie und interjurisdiktioneller Standortwettbewerb
1. Der Standortwettbewerb in der Leviathan-Theorie des Staates: das Dezentralisierungspostulat von Brennan und Buchanan

Mit ihrer Arbeit „The Power to Tax" (1980) haben Brennan und Buchanan den Gegenpol zur wohlfahrtsökonomischen Theorie der Besteuerung geschaffen. Ausgangspunkt ihrer Überlegungen ist die Annahme eines durch demokratische Institutionen nicht mehr kontrollierbaren Staates (Leviathan). Während eine wohlfahrtsmaximierende Regierung Steuern nur insoweit erhebt, wie es die wohlfahrtsoptimale Bereitstellung öffentlicher Güter verlangt, z.B. bis die Samuelson-Bedingung für das optimale Angebot öffentlicher Güter erfüllt ist, schöpft eine Leviathanregierung das ganze ihr zur Verfügung stehende Besteuerungspotential aus, da ihr Ziel die Budgetmaximierung ist. Ihr stehen im unitaristischen Staat die Bürger relativ machtlos gegenüber, weil sie als Wähler mehr oder weniger bedeutungslos sind -nach Brennan und Buchanan wird der

---

[1] An Vorschlägen, wie dies geschehen könnte, mangelt es seit langem nicht. Stichworte wären u.a.: -Registrierung von Verbänden und deren Vertretern, die offiziellen Zugang zum Bundestag oder zur Bundesregierung haben (Lobbyliste) -Offenlegung der Beziehungen von Abgeordneten zu Verbänden -Transparenz des Verbändeeinflusses im Gesetzgebungsverfahren durch ausführliche Begründung der Referentenentwürfe hinsichtlich der Grundgedanken und Ziele der Entwürfe und Protokollierung der durchgeführten Anhörungsverfahren und Fachgespräche -Bildung eines Wirtschafts- und Sozialrates zur Inkorporation der Interessenverbände in den wirtschaftspolitischen Willensbildungs- und Entscheidungsprozeß -Verabschiedung eines Verbändegesetzes mit Legitimations-, Organisations-, Transparenz- und Konkurrenzvorschriften (vgl. dazu im einzelnen Behrends 2001, 232 ff. mit zahlreichen weiteren Hinweisen).

politische Prozeß durch den Wettbewerb um Wählerstimmen nicht wirksam beschränkt- und als Steuerzahler sich der wachsenden Belastung annahmegemäß nicht entziehen können. Die sich hieraus unmittelbar ergebende Kernfrage ist nun, wie die Möglichkeiten der fiskalischen Ausbeutung der Bürger durch die Regierungen bei einem föderativen Staatsaufbau verändert werden.

Hierzu sei auf die folgende Abbildung bei Pitlik (1997, 217) bzw. Martin und McKenzie (1975, 97) zurückgegriffen:

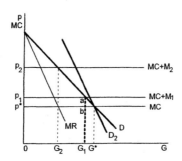

Abbildung 10: Vorteile der Dezentralisierung im Leviathan-Modell des Staates
Quelle: Pitlik 1997, 217 in Anlehnung an Martin und McKenzie 1975, 97.

Betrachtet sei die Nachfrage D eines repräsentativen Einwohners einer regionalen Gebietskörperschaft nach dem Kollektivgut G. Die marginalen Bereitstellungskosten der öffentlichen Leistungen seien mit MC bezeichnet. Bei vollkommener Konkurrenz der regionalen Gebietskörperschaften ohne Migrationskosten wird von den Regionalregierungen das Kollektivgut G in einem Umfang G* angeboten, bei dem der Steuerpreis p* gleich den Grenzkosten MC ist. Eine steueraufkommensmaximierende Leviathan-Regierung strebt die Steuerpreis-Mengen-Kombination (p_2, G_2) an, die nur unter echten Monopolbedingungen oder bei vollkommener Immobilität realisierbar ist. Bei Existenz positiver Migrationskosten M_1 müssen die Regionalregierungen nicht mit einer sofortigen Abwanderung der Steuerzahler rechnen. Somit entstehen diskretionäre Handlungsspielräume für die Regionalregierung, die die Schaffung eines fiskalischen Residuums in Höhe von $p*p_1ab$ bei der Steuerpreis-Mengen-Kombination (p_1, G_1) ermöglichen.

Durch die Verschmelzung mehrerer Regionen zu einem einzigen Staat steigen zum einen die Abwanderungskosten auf z.B. M_2, weil aufgrund der größeren räumlichen Entfernungen zwischen den regionalen Einheiten insbesondere die psychischen Mobilitätsbarrieren ansteigen, zum andern verringern sich die verfügbaren Abwanderungsalternativen, so daß die Nachfrage weniger elastisch verläuft (Kurve D_2). Je geringer die Zahl der konkurrierenden Gebietskörperschaften im Gesamtstaat ist, um so höher sind demzufolge die monopolistischen Spielräume der Regierungen.

Folgte man dem Ansatz von Brennan und Buchanan, so müßte die Konsequenz hieraus die Forderung nach einer radikalen Dezentralisierung der staatlichen Aufgabenerfüllung sein. Nach Brennan und Buchanan ist die Abwanderungsoption ein deutlich wirksamerer Schutz gegen den Leviathan als jede Form des politischen Widerspruchs im demokratischen System, da im Gegensatz zu letzterem die Abwanderung eine rein individuelle Entscheidung ist, deren Erfolg nicht von dem Verhalten anderer abhängt. Die Frage ist nun aber, inwieweit die Erkenntnisse von Brennan und Buchanan noch Bestand haben, wenn berücksichtigt wird, daß sich nicht alle Wirtschaftssubjekte und Faktoren der Besteuerung des Leviathan durch Abwanderung entziehen können.

Sind nicht alle Produktionsfaktoren mobil, so könnten die regionalen Leviathan-Regierungen versuchen, die Renten der immobilen Faktoren durch Besteuerung vollkommen abzuschöpfen, ohne überhaupt öffentliche Güter anzubieten. Möglicherweise könnte aber ein wirksamer Schutz immobiler Faktoren vor Ausbeutung bereits durch die Mobilität anderer Faktoren zu erreichen sein, wenn der interregionale Standortwettbewerb als Wettbewerb immobiler Faktoren um mobile Produktionsfaktoren angesehen werden kann. So erhöht z.B. eine Bereitstellung produktiver Vorleistungen sowohl die Grenzproduktivität des mobilen Faktors Kapital als auch die der immobilen Faktoren. Werden durch eine Ausweitung der öffentlichen Vorleistungen die Standortbedingungen in einer Gebietskörperschaft verbessert, verschiebt sich die Kurve der marginalen Kapitalproduktivität nach außen. Kapital fließt zu und die Faktoreinkommen steigen an. Von dem Anstieg der Faktorentgelte profitieren bei unveränderter Kapitalverzinsung sowohl die Eigentümer von Kapital, als auch die Eigner immobiler Faktoren. Die Besteuerungsbasis wird entsprechend vergrößert. Folglich müßte es das Ziel regionaler Regierungen sein, mobile Ressourcen im Standortwettbewerb anzulocken. Die zusätzlich entstandenen Renten der immobilen Faktoren werden nun zwar durch den staatlichen Leviathan abgeschöpft, müssen jedoch zur Finanzierung der regionalen Infrastrukturinvestitionen eingesetzt werden. Die vermeintliche Ausbeutung immobiler Faktoren ist dann Ausdruck einer Äquivalenzbesteuerung, und die Erzielung fiskalischer Überschüsse ist nicht möglich (so zurecht Pitlik aaO, 226).

Ist die Abwanderung mobiler Steuerbasen eine wirksame Möglichkeit, dem Zugriff regionaler Leviathan-Regierungen zu entgehen, so werden diese nach Wegen suchen, den Zwängen eines intensiven Standortwettbewerbs zu entgehen. Ein solcher Weg könnte zum einen der Versuch sein, die Mobilitätskosten der abwanderungswilligen Individuen zu steigern. Das könnte beispielsweise durch die Besteuerung von Verkaufserlösen bei der Veräußerung von Immobilien im Rahmen einer Wohnsitzverlagerung in andere Regionen geschehen (Martin und McKenzie 1975, 98), oder -als umgekehrter Fall- durch die Erhebung hoher Aufnahmegebühren beim Zuzug in eine Region, die weder den durch einen Zuzug verursachten Ballungskosten entsprechen, noch beim Wegzug aus der Region rückerstattet werden (vgl. Hirschman 1974, 79).

Ein anderer Weg, den Migrationsdruck für die Regionalregierungen zu mildern, ist der Versuch, die verfügbaren Substitutionsalternativen zu verringern. Dies kann vor allem durch eine Zusammenarbeit der Regionalregierungen im Wege einer Vereinheitlichung der von ihnen angebotenen Steuer-Leistungspakete geschehen. Aus dem Blickwinkel der Leviathan-Theorie birgt die internationale oder interregionale Kooperation immer die Gefahr der Kollusion der Regierungen, die ihnen erlaubt, einen Quasi-Monopolpreis durchzusetzen. Die Chancen für die Bildung eines Steuer-

Leistungskartells sind jedoch bei steigender Zahl der potentiellen Kartellmitglieder und der Möglichkeit eines free-rider-Verhaltens einzelner Mitglieder beschränkt. Andererseits können Kartelle staatlicher Anbieter offensichtlich leichter stabilisiert werden als die privater Wettbewerber, da interregionale Kooperationen im Gegensatz zu den meisten Absprachen privater Konkurrenten am Markt nicht illegal sind, neue Wettbewerber (Gebietskörperschaften) nicht ohne weiteres entstehen können, die angebotenen Steuer-Ausgabenbündel öffentlich bekannt sind und nicht durch Geheimabsprachen unterlaufen werden können, und schließlich die regionale Einnahmen- und Ausgabenpolitik für einen längeren Zeitraum, d. h. mindestens für ein Haushaltsjahr, festgelegt ist. Darüber hinaus könnte bei Zweifeln an der Einhaltung der Kartellvereinbarungen von vorneherein eine übergeordnete Sanktionsinstanz zur Durchsetzung der getroffenen Abmachungen etabliert werden. Das geeignete Mittel zur Gewährleistung regionalen Wohlverhaltens könnte dann die Gewährung oder Versagung vertikaler Finanztransferleistungen durch die installierte Sanktions(zentral)instanz sein.

Das Leviathan-Modell des Staates ist wegen seiner extremen Sichtweise des politischen Handelns vielfach kritisiert worden. Zwar wird argumentiert, das Modell ziehe seine Rechtfertigung in erster Linie aus der „intellektuellen Armut des alternativen Standardansatzes" der wohlfahrtsökonomischen Theorie der Besteuerung, der von einem strikt benevolenten Regierungsverhalten ausgehe (vgl. z. B. Blankart 1998, 226 unter Verweis auf Brennan und Buchanan 1988, 13). Das Verdienst von Brennan und Buchanan liege darin, daß sie der einseitigen wohlfahrtsökonomischen Betrachtung das Spiegelbild einer eigennutzorientierten Analyse entgegensetzten und damit die Theorie der Besteuerung mehr ins Gleichgewicht rückten. Das ändert jedoch nichts daran, daß verschiedene Annahmen des Leviathan-Modells ihrerseits der Realitätsnähe entbehren.

Dies gilt einmal für die Extremvorstellung eines allein budgetmaximierenden Verhaltens der Regierungen und ihres Versuchs, das ganze ihnen zur Verfügung stehende Besteuerungspotential abzuschöpfen.[1] Selbst wenn man den Politikern pures Eigennutzstreben unterstellt und jedes Interesse abspricht, sich für das allgemeine Wohl der Bevölkerung einzusetzen, was sicherlich für sich schon problematisch ist, kann reines Eigennutzstreben mit der Verfolgung so vieler unterschiedlicher Interessen

---

[1] Die wirtschaftspolitische Konsequenz hieraus ist, daß, um den ungezügelten Zugriff des Leviathan in Schranken zu halten, mehr oder weniger bewußt von den Regeln der optimalen Besteuerung abzuweichen ist. D. h. das Ziel der optimalen Besteuerung, nämlich die Überschußbelastung zu minimieren, ist aufzugeben, um die Besteuerungsmacht des Staates zu bändigen. Zwar wird die Minimierung der Überschußbelastung bei Brennan und Buchanan nicht als gesondertes Ziel betrachtet, weil ihr Umfang bei der gegebenen Modellkonstruktion direkt vom Steuervolumen abhängt; eine Minimierung des Steuervolumens bringt auch eine Minimierung der Überschußbelastung. Die Frage stellt sich jedoch, wenn die Entscheidungen über Steuervolumen und Steuerstruktur voneinander getrennt werden. Daß ein Festhalten an wohlfahrtsökonomischen Besteuerungsregeln im Leviathan-Modell zu Problemen führen kann, beschreibt beispielhaft Blankart (1998, 221ff.). Andererseits ist jedoch die Kapitulation vor etwaigen Auswüchsen staatlicher Begehrlichkeiten durch die schlichte Preisgabe wohlfahrtstheoretischer Regeln der optimalen Besteuerung ein allzu kurzsichtiges Handeln. Es sollte deshalb nach Wegen gesucht werden, die beiden Ziele Verminderung der Überschußbelastung und Beschränkung der Besteuerungsmacht miteinander in Einklang zu bringen.

verbunden sein, daß die Beschränkung auf das Ziel der Budgetmaximierung eine unrealistische Verkürzung politischer Verhaltensannahmen darstellt. Dies gilt aber auch für die Annahme, die Bürger seien im unitaristischen Staat der Staatsgewalt praktisch machtlos ausgeliefert, weil sie sich als Wähler nicht hinreichend organisieren könnten und der Wählerstimmenwettbewerb der Parteien nicht funktioniere und weil sie als Steuerzahler keine Möglichkeit hätten, sich dem Zugriff des Leviathan-Staates wirksam zu entziehen. Die Realität mit steigender Faktormobilität, den vielfältigen Möglichkeiten der Steuerhinterziehung und der Flucht in die Schattenwirtschaft, den Substitutionsmöglichkeiten steuerbarer durch nicht steuerbare Güter (einschließlich des Ausweichens auf das Gut Freizeit) u.a. mehr sieht auch hier anders aus.

Ersetzt man die Extremannahmen des Leviathan-Modells durch realitätsnähere, ohne andererseits den vollkommen konträren Ansatz ausschließlich benevolent handelnder Regierungen zu übernehmen, so ergibt sich ein durchaus differenziertes Bild über die Vor- und Nachteile dezentraler Aufgabenwahrnehmung in einem föderalen Staatsgebilde (bzw. einer präföderalen Staatengemeinschaft). Zwei solche, zwischen den Extremstandpunkten vermittelnden Modelle sollen in den folgenden Abschnitten vorgestellt werden.

2. Der Standortwettbewerb in demokratisch-bürokratischen Systemen
2.1. Das Modell von Edwards und Keen

Die Arbeit „Tax Competition and Leviathan" von Edwards und Keen (1996) ist, soweit ersichtlich, der inzwischen meistbeachtete modelltheoretische Versuch in der finanzwirtschaftlichen Literatur, zwischen den beiden Extrempositionen zu den Wohlfahrtswirkungen einer internationalen Steuerkoordination, der Ansicht, Steuerwettbewerb führe mehr oder weniger zwangsläufig zu ineffizienten Allokationen und verhindere gleichzeitig staatliche Verteilungspolitik, und der Gegenmeinung, der internationale bzw. interregionale Steuerwettbewerb erfülle eine wichtige ökonomische Funktion, indem er den diskretionären Spielraum von Leviathan-Regierungen einenge, in der Verfolgung eigener Interessen ein möglichst hohes Budget zu erzielen, zu vermitteln.

Der von Edwards und Keen gewählte Ansatz entspricht in seinen wesentlichen Punkten dem Steuerwettbewerbsmodell von Zodrow und Mieszkowski (1986), mit dem entscheidenden Unterschied, daß bei Edwards und Keen die Verhaltensannahme durchweg benevolent handelnder Regierungen aufgegeben und die politischen Akteure als in einem bestimmten Umfang nach Eigennutz strebend modelliert werden.

Betrachtet sei eine Modellwirtschaft mit n *kleinen, identischen Regionen.* In jeder sei ein repräsentativer Haushalt mit streng quasi-konkaver Nutzenfunktion $U(X,G)$ -wobei X ein privates Gut und G ein öffentlich bereitgestelltes Gut kennzeichne- herausgegriffen. Jeder Haushalt verfüge über eine vorgegebene Menge $\overline{K}$ des Faktors Kapital, der in der Wohnsitzregion oder in anderen Regionen eingesetzt werden kann, und sei selbst vollkommen immobil. Die Produktionsfunktion $F(K^i)$ einer repräsentativen Region weise die üblichen Eigenschaften auf, d. h. $F'>0$ und $F''<0$. Region i erhebe eine *Quellensteuer* T^i pro eingesetzter Kapitaleinheit. Bei vollkommener interregionaler Mobilität des Faktors Kapital muß im Gleichgewicht seine Nettorendite ρ nach Steuern in allen Regionen gleich sein, so daß gilt:

$$F'(K^i) - T^i = \rho \qquad (1)$$

wodurch implizit $K^i = K(\rho + T^i)$ $\qquad (2)$

mit $K' = 1/F'' < 0$ definiert ist.

Weil die Regionen annahmegemäß klein sind, nehmen die Regionalregierungen die Nettorendite ρ, obgleich diese im globalen Gleichgewicht endogen bestimmt wird, als gegeben hin.

Immobile Faktoren sind nur im Besitz Gebietsansässiger und werden nicht besteuert.

Der Preis des Gutes X sei konstant und auf 1 normiert, so daß die *Budgetrestriktion eines repräsentativen Haushalts* lautet:

$$X = F(K) - F'(K)K + \rho \cdot \overline{K} \qquad (3)$$

Sodann sei das Verhalten der politischen Akteure -worunter Edwards und Keen Politiker, Bürokraten und einflußreiche Interessengruppen subsumieren- modelliert. Diese werden weder als vollkommen benevolent noch als gänzlich eigennützig agierend beschrieben. Stattdessen möge für die politischen Akteure aller Regionen die *einheitliche Nutzenfunktion V(C,U)* gelten,[1] wobei C das aus allgemeinen Einnahmen resultierende, nur den politischen Akteuren zur Verfügung stehende Eigenbudget, kennzeichne und U den Nutzen eines repräsentativen Haushalts ihrer Region (mit $U_{gg} < 0$).

Die Steuer- und Ausgabenentscheidungen jeder Region sollen nun so getroffen werden, daß sie $V(C,U)$ unter der Nebenbedingung

$$C + G = TK \qquad (4)$$

maximieren, wobei die „Produzentenpreise" von C und G als konstant und jeweils auf 1 normiert unterstellt werden sollen.

Die hieran anschließende zentrale Frage bei Edwards und Keen ist:

Führt bei Annahme einer vollkommen mobilen Steuerbasis interregionale Steuerkoordination zu einer Wohlfahrtsverbesserung für den repräsentativen Haushalt einer Region i, wenn man berücksichtigt, daß die politischen Akteure die Möglichkeit haben, ihre Ausgabenentscheidungen bei einer kollektiven Erhöhung der Steuer T nach oben zu korrigieren?

---

[1] Ursache für die Abhängigkeit der Nutzenfunktion V der politischen Akteure vom Nutzen U der privaten Haushalte kann nach Edwards und Keen sowohl ein partiell altruistisches Verhalten der politischen Akteure als auch ein positiver Zusammenhang zwischen einem steigenden Nutzenniveau der Wahlbevölkerung und ihren eigenen Wiederwahl- und Fortkommenschancen sein.
Die Verhaltensannahme V(C,U) schließt die beiden Fälle rein benevolent handelnder, d.h. wohlfahrtsmaximierender, Regierungen und ausschließlich eigennutzmaximierender, d.h. hier: steuereinkommensmaximierender, politischer Akteure als Sonderfälle mit ein. Im erstgenannten Fall gilt: V(C,U) = U, im letztgenannten Fall V(C,U) = C. Gleichzeitig läßt die Verhaltensannahme auch jede zwischen den beiden Extrema liegende, vermittelnde Position zu. So könnte eine mögliche Annahme V(C,U) = a C + (1-a) U, mit a $\in$ (0,1) sein, eine andere vielleicht V(C,U) = p(U) A(C), in welcher der politische Akteur den Nutzen A (C) aus der Verschwendung des öffentlichen Budgets zieht und mit der Wahrscheinlichkeit p(U) wiedergewählt wird.

Zur Beantwortung dieser Frage müssen zunächst die Eigenschaften des sich bei einem interregional nicht abgestimmten Verhalten ergebenden allgemeinen Gleichgewichts untersucht werden.

Ohne interregionale Kooperation stehen die politischen Akteure der einzelnen Regionen vor dem Entscheidungsproblem, das Volumen ihres „Eigenbudgets" C und den Kapitalsteuersatz T so festzulegen, daß $V[C,U(X,G)]$ unter den Nebenbedingungen (1), (2) und (4) maximiert wird. Für die weitere Analyse empfiehlt sich nun zu unterstellen, daß der repräsentative politische Akteur sein Entscheidungsproblem in zwei Schritten löst.

Im ersten Schritt wähle der politische Akteur T und das Volumen des die Wohlfahrt der Bürger erhöhenden Budgets G so, daß C unter der Bedingung maximiert wird, daß der repräsentative Bürger ein bestimmtes Nutzenniveau U erreicht. Wird aus $U(X,G)$ die Funktion $G(X,U)$ hergeleitet, um das Bereitstellungsvolumen des öffentlichen Gutes zu bestimmen, mit dem bei gegebenem Konsum des privaten Gutes X ein bestimmtes Nutzenniveau U erreicht wird, so folgt daraus unter Berücksichtigung von (4) und (3) im ersten Schritt als Maximierungsproblem für C bei gegebenem ρ und U

$$\frac{max}{T} C(\rho,T,U) \qquad (5)$$

$$\text{mit } C(\rho,T,U) = TK(\rho+T) - G\left\{F[K(\rho+T)] - F'\left[K(\rho+T)\right]K(\rho+T) + \rho\overline{K}, U\right\} \qquad (6)$$

woraus sich als Bedingung erster Ordnung [1] $C_T(\rho,T,U) = 0$ ergibt, was in Verbindung mit (2) und der Tatsache, daß $G_U = 1/U_G$ und $G_X = -U_X/U_G$ zu

$$U_G / U_x = K / K + TK' > 1 \qquad (7)$$

führt.

(7) ist die Bedingung für eine „beschränkt-effiziente" Aufteilung des Konsums zwischen öffentlichem und privatem Gut, wenn die Politiker ausschließlich benevolent handeln. Die intuitive Begründung dafür ist: weil der politische Akteur im Normalfall von einem hohen Nutzenniveau U profitiert, wird er dafür sorgen, daß diejenigen Ressourcen, die nach seiner Wahl im privaten Sektor verbleiben sollen, effizient zwischen G und X aufgeteilt werden.

Schreibt man die Funktion des im ersten Schritt abgeleiteten Eigenbudgets der politischen Akteurs als $C(\rho,U)$, so lautet deren Optimierungsproblem der zweiten Stufe:

$$\frac{max}{U} V[C(\rho,U),U] \qquad (8)$$

Als Bedingung erster Ordnung ergibt sich:

$$V_C[C(\rho,U),U]C_U(\rho,U) + V_U[C(\rho,U),U] = 0 \qquad (9)$$

Im zweiten Schritt des ganzheitlichen Optimierungsproblems bringt der politische Akteur also seine Grenzrate der Substitution zwischen seinem Eigenbudget und dem Nutzen des repräsentativen privaten Haushalts, V_U / V_C, in Ausgleich mit dem Grenz-

---

[1] Damit die Bedingung zweiter Ordnung erfüllt ist, genügt, daß $K'' < 0$.

preis, den er für U bezahlen muß, ausgedrückt in verlorenen Einheiten seines Eigenbudgets, $-C_U$. Differenzieren unter Berücksichtigung von (6) und $G_U = 1/U_G$ ergibt:

$$-C_U = G_U = 1/U_G \tag{10}$$

Zur Interpretation des hinter $-C_U$ stehenden Politikerverhaltens sei bedacht, daß diese auf zweierlei Weise den Nutzen U der privaten Haushalte steigern können. Der erste Weg ist, das Bereitstellungsvolumen des öffentlichen Gutes G zu erhöhen. Eine Erhöhung von G um eine Einheit erfordert eine Senkung von C um $1/U_G$; dies zeigt Bedingung (10) an. Der zweite Weg ist, durch eine Steuersenkung das für den Konsum des privaten Gutes X zur Verfügung stehende Einkommen zu erhöhen; aus (2) und (3) folgt, daß ein Anstieg von U um eine Einheit eine Steuersenkung um $1/U_X K$ verlangt. Bedingung (7) stellt dann sicher, daß die Kosten für die beiden Möglichkeiten der politischen Akteure, sich das Wohlwollen der Wähler zu erkaufen, sich im Gleichgewicht ausgleichen. Das bedeutet, daß in einem symmetrischen nicht-kooperativen Gleichgewicht jede Region denselben Steuersatz T festsetzt und die Nettorendite nach Steuern ρ so ist, daß in jeder Region genau die Kapitalmenge $\overline{K}$ eingesetzt wird.

Nunmehr sei angenommen, daß, ausgehend vom beschriebenen nicht-kooperativen Gleichgewicht, sich die politischen Akteure aller Regionen auf eine *leichte Anhebung des Kapitalsteuersatzes um dT* verständigen, während sie sich gleichzeitig die Eigenständigkeit hinsichtlich ihrer Ausgabenentscheidungen bewahren. Die einzige Entscheidung, die ihnen dann im Modell noch verbleibt, ist die über das Bereitstellungsvolumen des öffentlichen Gutes G. Dies führt in Analogie zum Entscheidungsproblem der zweiten Stufe im nicht-kooperativen Gleichgewicht zu der Optimierungsaufgabe

$$\frac{\max}{U} V\big[C(\rho,T,U),U\big] \tag{11}$$

woraus sich als Bedingung erster Ordnung
$$\Omega(\rho,T,U) \equiv V_C\big[C(\rho,T,U),U\big]C_U(\rho,T,U) + V_U\big[C(\rho,T,U),U\big] = 0 \tag{12}$$

ergibt, die U als Funktion des -jetzt interregional einheitlichen- Steuersatzes T und der weltweit einheitlichen Nettokapitalrendite ρ erscheinen läßt.

Unter Berücksichtigung der Tatsache, daß eine koordinierte Erhöhung des Kapitalsteuersatzes T das Volumen des in den einzelnen Regionen gebundenen Kapitals unverändert bei $\overline{K}$ beläßt, so daß die Arbitragebedingung (1)
$d\rho = -dT$
impliziert, gelangen Edwards und Keen zu der Schlußfolgerung, daß
ausgehend von einem nicht-kooperativen Gleichgewicht eine interregional koordinierte Kapitalsteuererhöhung um einen kleinen Schritt
a.) unzweifelhaft V, den Nutzen der politischen Akteure, erhöht
b.) U, die Wohlfahrt des repräsentativen Haushalts, dann und nur dann erhöht, wenn
$$(1 - U_G/U_X) \cdot \{V_{CC} - V_{UC}(V_C/V_U)\} + V_U\{U_{GG} - U_{GX}(U_G/U_X)\} > 0 \tag{13}$$

gilt.

Schlußfolgerung a.) ist unmittelbar einsichtig: da die Steuerkoordination nicht die interregionale Kapitalallokation verändert, folgt aus (3) und (4), daß die Steuerkoordination einen lump-sum-Transfer in Höhe von $\overline{K} \cdot dT$ von den privaten Haushalten zu den Politikern bewirkt.

Was Teil b.) der Behauptung angeht, so zeigt Gleichung (13), daß die Auswirkung einer koordinierten Steuererhöhung auf den Nutzen eines repräsentativen Haushalts offenbar von zwei Effekten abhängt:

Aus (7) ($U_G / U_X > 1$ im nicht-kooperativen Gleichgewicht) folgt, daß der erste Term in (13) genau dann positiv ist, d.h. zu einer Wohlfahrtssteigerung der privaten Haushalte als Folge einer Steuerkoordination führt, falls

$$V_{CC} - V_{UC}(V_C / V_U) < 0 \tag{14}$$

Bei „normaler" Reaktion der politischen Akteure auf die Entwicklung der Wohlfahrt der privaten Haushalte ist Bedingung (14) erfüllt: wenn, wie oben ausgeführt wurde, eine Steuerkoordination einen lump-sum-Transfer von den privaten Haushalten zu den politischen Akteuren bewirkt, werden diese einen Teil des ihnen zusätzlich zur Verfügung stehenden Budgets zur Nutzensteigerung der privaten Haushalte einsetzen, um damit deren Wohlwollen zu erkaufen. Dies wird von Edwards und Keen als „Einkommenseffekt" einer Steuerkoordination bezeichnet.

Der zweite Effekt wird durch den zweiten Term in Gleichung (13) beschrieben. Bei „normalem" Verlauf der Nutzenfunktion der privaten Haushalte ist dieser negativ. Er wird von Edwards und Keen als „relativer Preiseffekt" bezeichnet und kann wie folgt interpretiert werden: Der mit einer Steuerkoordination verbundene lump-sum-Transfer von den privaten Haushalten zu den politischen Akteuren wird diese in der Regel dazu bewegen, einen Teil der zusätzlichen Steuereinnahmen zur Bereitstellung zusätzlicher öffentlicher Güter G einzusetzen, um die privaten Haushalte für den durch die Steuererhöhung erlittenen Konsumverlust hinsichtlich des privaten Gutes X zu entschädigen. Bei gesunkenem Angebot an privatem Gut und gestiegenem Angebot an öffentlichem Gut wird sich auch deren relatives Preisverhältnis verändern. Weil mit steigendem Bereitstellungsniveau des öffentlichen Gutes dessen Wert für die privaten Haushalte sinken wird, werden mit steigendem Bereitstellungsniveau des öffentlichen Gutes die Grenzkosten einer Nichtentschädigung der privaten Haushalte für die politischen Akteure sinken und ihre Neigung steigen, die privaten Haushalte für die steuerbedingten Nutzenverluste nicht zu entschädigen.

Der Gesamteinfluß der Steuerkoordination auf die Wohlfahrt der privaten Haushalte hängt somit von dem Verhältnis zwischen einem vermutlich positiven Einkommenseffekt und einem in der Regel negativen relativen Preiseffekt ab. Der Einkommenseffekt ist cet. par. um so stärker, je größer die Einkommenselastizität der Nachfrage nach U bei den politischen Akteuren und je größer die sozialen Grenzkosten öffentlicher Mittel, U_G / U_X, im nichtkooperativen Gleichgewicht sind. Der relative Preiseffekt ist cet. par. um so größer, je stärker die marginale Zahlungsbereitschaft der privaten Haushalte für das öffentliche Gut mit steigendem Bereitstellungsvolumen abnimmt.

Welcher der beiden Effekte stärker wiegt -und ob eine interregionale Steuerkoordination insgesamt zu einer Wohlfahrtssteigerung für die privaten Haushalte führt- kann damit allerdings nicht eindeutig beantwortet werden.

Die Auswirkungen einer koordinierten Steuererhöhung auf die Wohlfahrt der Bevölkerung können anschaulicher dargestellt werden, wenn nicht alle der zuvor aufgestellten Modellrestriktionen beachtet werden. Dazu sei zunächst festgestellt, daß eine interregionale Koordination der Kapitalsteuer folgende Wohlfahrtsveränderung bewirkt:

$$dU = U_X dX + U_G dG \tag{15}$$

Da das zusätzliche Aufkommen einer koordinierten Steuererhöhung zu Lasten des privaten Konsums geht ($dX = -\overline{K}dT = -dR$, wobei $R = TK$ das staatliche Gesamtbudget ist) und dieses zusätzliche Steueraufkommen von den politischen Akteuren zur Ausweitung ihres Eigenbudgets oder/und zur Erhöhung des Bereit-stellungsniveaus an öffentlichen Gütern verwendet werden kann ($dR = dC + dG$), kann Gleichung (15) umformuliert werden zu

$$dU = \{1 - (U_X / U_G) - (dC / dR)\} U_G dR \tag{16}$$

Unter Einbeziehung von Bedingung (7) ergibt sich hieraus als Schlußfolgerung: Ausgehend von einem nicht-kooperativen Gleichgewicht bewirkt eine maßvolle interregional koordinierte Kapitalsteuererhöhung eine Wohlfahrtssteigerung bei den privaten Haushalten, falls gilt:

$$-TK' / K > dC / dR \tag{17}$$

Eine interregionale Steuerkoordination ist demnach wohlfahrtssteigernd, wenn die Elastizität der Steuerbasis die (marginale) Neigung der politischen Akteure zur Verschwendung von Steuergeldern für eigene Zwecke übersteigt.
-TK' kann als Wohlfahrtsverlust einer kleinen Steuererhöhung interpretiert werden, *-TK'/(K + TK')* als Wohlfahrtsverlust je zusätzlich eingenommener Geldeinheit und damit als marginale Zusatzlast der Besteuerung (marginal excess burden of taxation *(MEB))*.
Ausgehend vom nicht-kooperativen Gleichgewicht führt eine kleine interregional koordinierte Anhebung der Steuer auf mobiles Kapital genau dann zu einem Wohlfahrtsanstieg für die privaten Haushalte, falls

$$MEB/(1 + MEB) > dC/dR \tag{18}$$

Die ökonomische Erklärung hierfür ist folgende: Aus Sicht der einzelnen, annahmegemäß kleinen Region ist Kapital eine mobile Besteuerungsgrundlage. Bei nicht-kooperativer Steuerpolitik werden infolge des Steuerwettbewerbs international mobile Faktoren wie Kapital zu gering besteuert. Dies kommt darin zum Ausdruck, daß die Grenzrate der Substitution zwischen einem öffentlichen und einem privaten Gut trotz effizienter Produktion des öffentlichen Gutes größer als Eins ist (vgl. Gleichung (7)). Die zu geringe Besteuerung erzeugt eine marginale Zusatzlast in Form einer zu geringen Bereitstellung des öffentlichen Gutes, deren Höhe von der Elastizität der mobilen Steuerbasis in Bezug auf den Steuersatz abhängt. Für die Gesamtheit aller Regionen der betrachteten Modellwirtschaft ist dagegen Kapital keine mobile Besteuerungsbasis. Deshalb können alle Regionen zusammen durch Koordination der Kapitalbesteuerung, die dann wie eine Pauschalbesteuerung wirkt, die marginale Zusatzlast vermeiden und eine pareto-überlegene Versorgung mit öffentlichen Gütern sicherstellen. Die volkswirtschaftlichen Kosten einer derart erhobenen Geldeinheit (GE) Steueraufkommen betragen deshalb genau 1 GE. Die annahmegemäß nicht nur benevolent handelnden politischen Akteure wenden nun von jeder marginalen GE

Steueraufkommen lediglich *(1-dC/dR)* GE für die Bereitstellung zusätzlicher öffentlicher Güter auf. Stellt eine rein benevolent handelnde Regierung öffentliche Güter im Umfang (*1-dC/dR*) bereit, so betragen die volkswirtschaftlichen Kosten bei Steuerwettbewerb $(1 - dC/dR) \cdot (1 + MEB)$. Solange diese Kosten höher sind als die 1 GE Steueraufkommen, die eine nicht nur benevolent handelnde Regierung den privaten Haushalten bei Steuerkoordination abnimmt, um ihnen dafür *(1-dC/dR)* mehr an öffentlichen Gütern zu geben, ist die Steuerkoordination für die privaten Haushalte vorteilhaft. Genau das besagt Gleichung (18*). Legt man als marginale Zusatzlast der Besteuerung beispielsweise einen Wert von 25 % je zusätzlicher GE Steueraufkommen zugrunde,* nach den bei Edwards und Keen (aaO, 129) zitierten empirischen Arbeiten von Browning (1987), Hausman (1981) und Fullerton (1991) eine durchaus realistische Größe*, so beträgt in Gleichung (18) MEB/(1+MEB) 0,2 so daß die Grenzneigung der politischen Akteure einer Region zum verschwenderischen Eigenkonsum bei bis zu 20% der (zusätzlichen) Steuermittel liegen kann, damit die privaten Haushalte noch eine Nutzen aus der Koordination der Besteuerung der international mobilen Steuerbasis Kapital ziehen.* [1]

Somit kann als Fazit des Modells von Edwards und Keen festgehalten werden:
Unter bestimmten Voraussetzungen erweist sich selbst bei nicht (rein) benevolent handelnden (Regional-)Regierungen ein Steuerkartell in Form einer koordinierten Anhebung der Steuersätze auf den mobilen Faktor als wohlfahrtssteigernd, weil die Erosionskräfte des Steuerwettbewerbs so stark sein können, daß selbst nicht-benevolente Regierungen sich veranlaßt sehen könnten, ineffizient niedrige Steuersätze zu wählen (vgl. hierzu auch Sinn 1997 (2), 45), oder mit anderen Worten: eine Dezentralisierung fiskalpolitischer Entscheidungskompetenzen muß im Modell von Edwards und Keen nicht zwangsläufig effizienzsteigernd, eine Zentralisierung nicht zwingend effizienzmindernd wirken.

2.2. Das Modell von Fuest

In seinem in der theoretischen Grundstruktur dem Ansatz von Edwards und Keen ähnlichen Modell des Fiskalwettbewerbs nicht-benevolenter Regierungen läßt Fuest (1997) zwei Variablen in die Zielfunktion der Regionalregierungen einfließen: zum einen das *diskretionäre Budget B der Regierung*, über das sie und ihre Bürokratie verfügen, ohne dem Bürger damit Nutzen zu bringen, zum andern die *(Wähler-) Popularität P der Regierung*, die ihrerseits von der Wohlfahrt der privaten Haushalte W und den -für die Mehrheit der Bürger ebenfalls nutzlosen- Unterstützungsleistungen S für organisierte Interessengruppen mit „gebündeltem" Wählerpotential abhängt.[2] Je

---

[1] Den bisherigen Untersuchungen lagen die vergleichsweise restriktiven Annahmen zugrunde, daß die Steuerbasen der Regionen international vollkommen mobil sind und eine internationale Steuerkoordination den Regionalregierungen jeden diskretionären Besteuerungsspielraum nimmt. Edwards und Keen zeigen aber, daß die oben abgeleiteten Ergebnisse analog gelten, wenn neben einer mobilen, der interregionalen Koordination unterliegenden, eine zumindest teilweise immobile Steuerbasis in Form einer Verbrauchsteuer auf das private Konsumgut X zur Verfügung steht, die keiner interregionalen Harmonisierung unterzogen wird.

[2] Wobei Fuest Separabilität des Einflusses von W und S im Hinblick auf P und gegenseitige Substituierbarkeit von S und W bei gegebenem Popularitätsniveau von P annimmt.

nach dem relativen Gewicht der beiden Ziele zueinander, dem Größenverhältnis der beiden Determinanten der Popularitätsfunktion und dem Ausmaß der steuerlichen Zusatzlasten im Steuerwettbewerb sind dann unterschiedliche Ergebnisse im Hinblick auf die Wohlfahrtswirkungen einer Harmonisierung bzw. Koordinierung der Besteuerung des mobilen Faktors zu erwarten.

Fuests Volkswirtschaft besteht aus *n kleinen, identischen Regionen*, die das Verhalten der konkurrierenden Regionen als gegeben unterstellen und den Einfluß ihrer eigenen Politik auf das gesamtwirtschaftliche Zinsniveau vernachlässigen. Das den Regional-regierungen zur Verfügung stehende Steuerinstrumentarium besteht aus einer Steuer auf mobiles Kapital, die nach dem *Quellenprinzip* erhoben wird, einer proportionalen Steuer auf den immobilen Faktor Arbeit und einer Steuer auf ökonomische Rein-gewinne. Da der Steuerwettbewerb die Steuer auf den mobilen Faktor Kapital gegen Null drückt, muß der Teil der Staatsausgaben, der nicht durch Steuermittel aus einer anreizneutralen Besteuerung ökonomischer Gewinne finanziert werden kann, durch eine (aufgrund von Verzerrungen in den Konsum-Freizeitentscheidungen der Haus-halte) nicht-neutrale Steuer auf die immobile Basis Arbeit aufgebracht werden. Die *steuerliche Zusatzlast* bildet das Potential für eine die Wohlfahrt der privaten Haus-halte erhöhende internationale Koordination der Fiskalpolitik, wenn die Regierungen sich benevolent verhalten: ist das Kapitalangebot zwar interregional mobil, für die gesamte Volkswirtschaft aber fix vorgegeben, läßt die (koordinierte) Einführung einer einheitlichen Kapitalsteuer t > 0 in allen Regionen die interregionale Kapitalallokation unverändert, erlaubt aber eine pareto-überlegene Bereitstellung des öffentlichen Gutes oder eine Senkung der verzerrenden Arbeitsbesteuerung.

Auch wenn die Regionalregierungen nicht ausschließlich benevolent handeln, werden in Fuests Modell die Steuern effizient im Sinne einer Minimierung der steuerlichen Zusatzlasten erhoben. Ineffizienzen im Vergleich zur Fiskalpolitik einer benevolenten Regierung schlagen sich aber im Volumen der Struktur öffentlicher Ausgaben nieder, die nicht nur für das öffentliche Gut G getätigt werden, sondern auch für die dem Bürger annahmegemäß keinen Nutzen stiftenden Verwendungen B und S. Dabei werden von Fuest zwei Fälle unterschieden: Im ersten Fall versucht die Regierung, ihre *Popularität P,* d. h. die Zahl ihrer Wählerstimmen, *zu maximieren* unter der Nebenbedingung, daß das diskretionäre Budget B ein bestimmtes Mindestmaß erreicht ($B \geq B^0$, wobei B^0 auch Null sein kann). Diese Version ähnelt dem Ansatz von Edwards und Keen (1996) und reflektiert eine Situation, in der der Wettbewerb um die Regierungsmacht die Parteien zwingt, ihre Ressourcen für die Maximierung ihrer Popularität einzusetzen, ihnen also wenig Spielraum verbleibt, andere Ziele wie diskretionäre Budgets anzustreben. Im zweiten Fall versucht die Regierung, ihr *diskretionäres Budget B* unter der Nebenbedingung, daß ihre Wählerpopularität P nicht unter den zur Machterhaltung erforderlichen Wert (P^0) fallen darf (Wieder-wahlrestriktion) *zu maximieren*. In beiden Fällen ist es für eine im Sinne der Regierung beste Ausgabenpolitik notwendig, daß im Optimum eine marginale, für öffentliche Güter bereitgestellte Geldeinheit denselben Stimmenzuwachs erbringen muß wie eine marginale Erhöhung von Subventionen an Interessengruppen. Der Unterschied zwischen beiden Fällen zeigt sich, wenn eine internationale Koordination der Steuer-politik zustande kommt: im ersten Fall erhöht sich die Wohlfahrt der Bürger, falls die Ausgaben, die die Popularitätsfunktion der Privilegierung von Interessengruppen zugesteht (S), geringer sind als das Ausmaß der Zusatzlast, die durch eine

Steuerkoordination verhindert werden kann. *Im zweiten Fall dagegen geht die Steuerkoordination eindeutig zu Lasten der Bürger,* und es gewinnen ausschließlich die Regierung, ihre Bürokratie und die organisierten Interessengruppen. Der Grund dafür ist folgender: Der aus einer koordinierten Steuererhöhung resultierende Nutzenverlust der Bürger und Steuerzahler kostet die Regierung Wählerstimmen, so daß diese kompensierende Maßnahmen ergreifen muß, um nicht abgewählt zu werden. Zwar wird sie einen Teil der zusätzlichen Steuermittel auch verwenden, um die Versorgung der Bürger mit öffentlichen Gütern zu verbessern; es wird sich jedoch für sie nicht lohnen, die Haushalte vollständig für ihren Nutzenverlust zu kompensieren, indem G entsprechend erhöht wird. Die „kostenminimale" Strategie zur Sicherung der Wiederwahl wird vielmehr darin bestehen, die Versorgung mit öffentlichen Gütern zwar leicht zu verbessern, aber auch verstärkt Wählerstimmen durch die Subventionierung von Interessengruppen zu attrahieren. Zusätzlich zur Subventionierung organisierter Interessengruppen wird die Regierung unter der getroffenen Verhaltensannahme jetzt aber auch einen Teil der zusätzlichen Steuereinnahmen dazu verwenden, ihr diskretionäres Budget B zu erhöhen, so daß nunmehr eine zweite Quelle der Ineffizienz mit einer Steuerkoordination einhergeht. Gegenüber den verschwenderischen Ausgabensteigerungen für S und B fällt die zusätzliche Mittelverwendung für öffentliche Güter G zu gering aus, um den Verlust auszugleichen, den die höhere Besteuerung infolge der internationalen Steuerkoordination dem repräsentativen Haushalt zufügt.

Fuests Fazit der vorangegangenen Analyse lautet: „Es zeigt sich also, daß es durchaus politökonomische Szenarien gibt, die derartige Skepsis gegenüber fiskalischen Harmonisierungs- und Koordinierungsplänen stützen, ohne daß auf die extreme Annahme eines unbeschränkten Leviathan zurückgegriffen werden muß, die der Analyse von Brennan und Buchanan (1980) zu Grunde liegt." Fuests Modell zeigt aber umgekehrt ebenso gut -und insoweit ähnelt das Ergebnis dem von Edwards und Keen: Es gibt durchaus Szenarien, die Optimismus gegenüber fiskalischen Harmonisierungs- und Koordinierungsplänen stützen können, selbst wenn Regierungen und Bürokraten nicht ausschließlich als wohlwollender Diktator (entsprechend dem wohlfahrts-theoretisch-fiskalföderalistischen Ansatz) auftreten. Dennoch kann nicht verhehlt werden, daß Fuests Einstellung gegenüber den Wohlfahrtswirkungen einer interjurisdiktionellen Steuerharmoniserung eine insgesamt skeptischere ist als die von Edwards und Keen. Welche von beiden Sichtweisen den Vorzug verdient, kann nicht a priori beantwortet werden.

V. Zusammenfassung und Schlußfolgerungen im Hinblick auf die effiziente Kompetenzverteilung in der Europäischen Union

Die bisherigen Ausführungen des Kapitels D, insbesondere der beiden vorangegangenen Abschnitte III. und IV., haben gezeigt, daß die Berücksichtigung politökonomischer Aspekte zu erheblichen Verschiebungen der aus fiskalföderalistisch-wohlfahrtstheoretischer Sicht als effizient erscheinenden Aufgaben- und Kompetenzverteilung in einem föderalen oder präföderalen Staatsgebilde, konkret: der Europäischen Union, führen kann. Allerdings sind die polit-ökonomischen Argumente häufig so vielschichtig bzw. in so viele Richtungen interpretierbar, daß die politökonomische Analyse noch stärker als die wohlfahrtstheoretische auf Spekulationen angewiesen ist. Die von zahlreichen Autoren vertretene Ansicht, daß die Berücksichtigung politökonomischer Aspekte im Grundsatz eine stärkere Dezentralisierung rechtfertigt als die rein fiskalföderalistische Sichtweise (vgl. stellvertretend für viele Heinemann, der schreibt (2001, 220): „Die Berücksichtigung ... politökonomischen Aspekte setzt die traditionellen Grundaussagen der Föderalismustheorie nicht außer Kraft ... Allerdings unterstreicht diese Erweiterung der Perspektive den Anfangsverdacht für eine dezentrale Zuständigkeit und stellt höhere Anforderungen an die Rechtfertigungsargumente für eine Zentralisierung") kann aufgrund der vorangegangenen Analyse nicht eindeutig bestätigt werden. Vielmehr kann nur bezogen auf jede Einzelaufgabe festgestellt werden, ob unter Abwägung aller relevanten fiskalföderalistischen und politökonomischen Gesichtspunkte die besseren Argumente eher für eine Dezentralisierung oder für eine Zentralisierung von Kompetenzen sprechen - wobei wie gesehen politökonomische Gründe durchaus auch einmal zugunsten einer stärkeren Zentralisierung sprechen können. Dies dürfte vor allem in dem von Sinn diskutierten Politikbereich der interpersonellen Umverteilung der Fall sein, in welchem sich infolge fortschreitender Marktintegration und der damit einhergehenden Zunahme der Haushaltsmobilität am oberen und unteren Ende der Einkommensskala die Rahmenbedingungen für nationales Tätigwerden entscheidend verändert haben und in dem das explizite Abstellen auf den Medianwählerwillen die Skepsis der fiskalföderalistischen Sicht gegenüber den Möglichkeiten und der Effizienz nationaler Redistributionspolitik noch verstärkt[1] -während der umgekehrte Fall, daß politökonomische Aspekte eher für eine Dezentralisierung sprechen als die ausschließliche Ausrichtung auf die fiskalföderalistische Sicht auf den volkswirtschaftlichen Wachstums- und den interregionalen Konvergenzprozeß zutrifft, wenn, wofür eine gewisse Plausibilität spricht,[2] der Anreiz und die Möglichkeiten zur Einnahme einer free-rider-Position und zur Bildung von Verteilungskoalitionen mit zunehmender Gruppengröße zunehmen, d.h. auf europäischer Ebene größer sind als auf nationaler. Hingegen sind belastbare Aussagen im Hinblick auf die besonders wichtige Frage, ob politökonomische Aspekte eher eine stärkere Zentralisierung oder Dezentralisierung von Besteuerungskompetenzen nahelegen, kaum möglich.

Faßt man die wesentlichen Erkenntnisse der ökonomischen Theorie der Politik zusammen, so können zugunsten einer Aufgabendezentralisierung vor allem die

---

[1] Die Argumentation Sinns, daß die Orientierung der politisch Handelnden am Medianwählerwillen die Erosionskräfte des Standortwettbewerbs im Hinblick auf den Sozialstaat noch verstärkt, während die Übertragung von Kompetenzen auf die Unionsebene den Spielraum für interpersonelle Redistributionspolitik erhöht, ist m. E. wesentlich überzeugender als der Gegenstandpunkt Perssons u.a. (1997, 29 ff.), das explizite Abstellen auf den Medianwählerwillen würde, da hier die Unterschiede zwischen Medianwählereinkommen und Durchschnittseinkommen geringer seien, auf europäischer Ebene zu einem Weniger an interpersoneller Umverteilung führen als auf nationaler Ebene.

[2] Zumindest was die *Möglichkeiten* eines Trittbrettfahrerverhaltens und der Bildung von Verteilungskoalitionen angeht, wird man m. E. entgegen der Meinung von Persson u.a. (1997) annehmen können, daß diese auf europäischer Ebene größer sind als auf nationaler, da die pro-Kopf-Kosten erfolgreicher Lobbytätigkeit mit zunehmender Mitgliederzahl rasch abnehmen, die Chancen, eine politische Gruppe für die eigenen Interessen zu gewinnen, mit zunehmender Mitgliederzahl hingegen steigen werden und anzunehmen ist, daß selbst sich in ihrer Wirkung teilweise aufhebende Lobbyeinflüsse insgesamt eine Regulierungsspirale in Gang setzen, die von negativem Einfluß auf den gesamtwirtschftlichen Wachstumsprozeß ist.

bessere Vergleichbarkeit der Effizienz staatlicher Steuer-Leistungs-Bündel in verschiedenen Gliedstaaten und die damit verbundene Abwanderungs- oder Abwahloption, die besseren Chancen der Förderung staatlicher Suchprozesse (im Sinne eines föderalen trial and error-Prozesses), die sich positiv auf die Innovationsfähigkeit des öffentlichen Sektors auswirkt sowie die Möglichkeit der direkteren Einflußnahme auf und wirksameren Kontrolle von politischen Entscheidungen angeführt werden, während zugunsten einer Zentralisierung die im Vergleich zur Gesamteinwohnerzahl häufig deutlich geringere Zahl von Staatsbediensteten (als Kostenfaktor und als Nachfrager hoher Staatsbudgets) sowie die meist geringeren Kosten des politischen Entscheidungsprozesses genannt werden können.

E Aufgabenzuweisung an die EU-Zentralebene- der Istzustand
I. Ausgabenwirksame Schlüsselpolitiken der Union

Nachdem in den vorangegangenen Kapiteln C und D diskutiert worden ist, welche staatlichen Aufgaben im Verhältnis zwischen der Europäischen Union und ihren Mitgliedstaaten aus effizienztheoretischer Sicht auf welcher Handlungsebene wahrgenommen werden sollten, ist im folgenden Kapitel E zu untersuchen, welche Aufgaben derzeit tatsächlich von der Europäischen Union wahrgenommen werden, um sodann im abschließenden Kapitel F konkrete Handlungsempfehlungen zur künftigen Aufgabenverteilung zwischen Union und Mitgliedstaaten unter Beachtung des Subsidiaritätsprinzips ableiten zu können. Dabei soll es in den folgenden Ausführungen nicht um eine möglichst vollständige Darstellung der Gemeinschaftspolitiken gehen, sondern in erster Linie darum, einen Grobüberblick über die wichtigsten, vor allem ausgabenwirksamen Aufgabenbereiche der Union zu geben.

Der Haushaltsplan der Europäischen Union sah für das Jahr 2000 Mittel für Verpflichtungen in Höhe von 93, 2 Mrd. Euro (-3,8 % gegenüber 1999) und Mittel für Zahlungen in Höhe von 89, 4 Mrd. Euro (+4,4 %) vor.[1] Letzteres entspricht rd. 1,11 % des erwarteten gemeinsamen BSP der Mitgliedstaaten und rd. 2,3 % der nationalen Haushaltsvolumina insgesamt (bzw. einer Belastung von rd. 240 Euro je EU-Bürger).

Von den Mitteln für Verpflichtungen entfallen gerundet (im Bereich der Zahlungsermächtigungen sind die Relationen nahezu identisch)

- 41,0 Mrd. Euro auf die Landwirtschaft, vor allem die *Gemeinsame Agrarpolitik* (43,9 % des Gesamthaushalts)
- 32,7 Mrd. Euro auf *strukturpolitische Maßnahmen*, vor allem die Struktur- sowie den Kohäsionsfonds (35,0 %)
- 6,0 Mrd. Euro auf *interne Politikbereiche*, vor allem Forschung und technologische Entwicklung, Transeuropäische Netze und Bildung (6,5 %)
- 4,8 Mrd. Euro auf *externe Politikbereiche,* vor allem Zusammenarbeit mit Drittstaaten und humanitäre Hilfe (5,2 %)
- 4,7 Mrd. Euro auf *Verwaltungsausgaben für die Organe* (5,0 %)
- 0,9 Mrd. Euro auf sog. *Reserven* (1,0 %) sowie
- 3,2 Mrd. Euro auf *Hilfen zur Vorbereitung auf den Beitritt* (3,4 %).

Rd. die Hälfte aller Mittel für Verpflichtungen entfallen auf sog. *obligatorische*, d.h. sich aus den EU-Gründungsverträgen oder den aufgrund der Verträge erlassenen Rechtsakten zwingend ergebende, Ausgaben (vor allem Ausgaben im Rahmen der Gemeinsamen Agrarpolitik und Verpflichtungen der Gemeinschaft aus internationalen Abkommen mit Drittstaaten), der Rest sind *nichtobligatorische* Ausgaben, die im

---

[1] Die Unterscheidung trägt der Tatsache Rechnung, daß die EU in bestimmten Haushaltsbereichen mehrjährige Finanzierungen eingeht. Dies ist ein Tribut an den auch für die EU geltenden Grundsatz der Haushaltstransparenz, nach dem u.a. unnötige Mittelübertragungen von einem Haushaltsjahr auf das nächste vermieden werden sollen. Verpflichtungsermächtigungen (VE) sollen die Summe der rechtlichen Verpflichtungen abdecken, die während eines Haushaltsjahres eingegangen werden, während Zahlungsermächtigungen (ZE) der Abdeckung der tatsächlichen Ausgaben im Laufe eines Haushaltsjahres dienen. Der für eine Verpflichtung eingestellte Betrag ist in der Regel höher als der tatsächlich ausgezahlte Betrag (die Differenz ergibt den Saldo der ausstehenden Verpflichtungen). Die Zahlungsermächtigungen müssen durch die Einnahmen des Haushaltsjahres gedeckt werden, eine Kreditaufnahme ist nach gegenwärtiger Rechtslage nicht vorgesehen.

Gegensatz zu den obligatorischen Ausgaben durch einen jährlichen Höchstsatz begrenzt werden (dazu zählen vor allem die Ausgaben im Rahmen struktur- und sozialpolitischer Maßnahmen, Ausgaben in den Bereichen Industrie, Energie, Forschung und Entwicklung, Binnenmarkt, Hilfs- und Stützungsmaßnahmen für Gemeinschaftsaktionen sowie der größte Teil der Verwaltungsausgaben).[1]
Die Grundzüge der EU-Finanzverfassung sind primär in den Art. 268-280 EGV geregelt. In diesen Vorschriften werden vor allem das jährliche Haushaltsverfahren und die Haushaltsgrundsätze festgelegt. Diese vertraglichen Bestimmungen werden jedoch durch abgeleitete Rechtsakte und Vereinbarungen zwischen den Haushalts-organen um wesentliche Regeln ergänzt. Im Mittelpunkt dieses außervertraglichen Regelwerks steht das Instrumentarium der „Finanziellen Vorausschau": Seit 1988 orientieren sich Kommission, Rat und Parlament im jährlichen Budgetprozeß an einem jeweils für mehrere Jahre festgelegten Finanzrahmen. Die erste Vorausschau umfaßte die Jahre 1988-1992 und wurde als „Delors-I-Paket" bezeichnet, die darauf folgende bezog sich auf die Jahre 1993-1999 („Delors-II-Paket"). Die dritte Finanzielle Vorausschau für die Jahre 2000-2006 wurde mit der Agenda 2000 im Frühjahr 1999 verabschiedet (vgl. Tabelle 5).
In der Finanziellen Vorausschau werden sowohl eine Obergrenze für die Gesamtausgaben (derzeit 1,27 % des gemeinschaftlichen Bruttoinlandsprodukts der Mitgliedstaaten) als auch die Aufteilung der Ausgaben auf die wichtigsten Ausgabenkategorien festgelegt. Im Rahmen einer interinstitutionellen Vereinbarung verpflichten sich die am Haushaltsprozeß mitwirkenden Organe zur Einhaltung der Vorgaben des Finanzrahmens.

---

[1] Die Unterscheidung zwischen obligatorischen und nichtobligatorischen Ausgaben spielt darüber hinaus eine wichtige Rolle für die Kompetenzverteilung und das Kräftegleichgewicht der EU-Organe im Zusammenhang mit dem Haushaltsverfahren. Die Aufstellung des Gesamthaushaltsplans der Europäischen Union erfolgt in einem dreistufigen Verfahren (Entwurf, Beratung, Feststellung), an dem Kommission, Rat und Parlament beteiligt sind, wie sich im einzelnen aus Art. 272 EGV ergibt.
In groben Zügen läuft das Haushaltsverfahren wie folgt ab: Die Kommission stellt jährlich einen Vorentwurf des Haushaltsplans auf, der dem Rat vorgelegt wird. Dieser akzeptiert ihn oder nimmt an ihm mit qualifizierter Mehrheit Änderungen vor und leitet ihn dem Europäischen Parlament zu. Das Parlament erörtert ihn in erster Lesung und kann ihm entweder zustimmen und ihn damit verabschieden oder bei den obligatorischen Ausgaben Änderungen vorschlagen und bei den nichtobligatorischen Ausgaben Abänderungen vornehmen. Im zweiten Fall wird der Haushaltsplan dem Rat erneut vorgelegt, der entweder die Änderungsvorschläge und Abänderungen des Parlaments mit qualifizierter Mehrheit akzeptieren und damit den Haushaltsplan verabschieden oder seinerseits Änderungen vornehmen kann. Im letztgenannten Fall geht der Haushaltsplan zur zweiten Lesung an das Parlament, das hinsichtlich der nichtobligatorischen Ausgaben dann das letzte Wort hat. Es kann über seine Abänderungen nach Anwendung des „Konzertierungsverfahrens" (Europäische Kommis-sion 1995 (2), 60) mit dem Rat und mit qualifizierter Mehrheit (drei Fünftel der abgegebenen Stimmen) erneut beschließen und so den Haushaltsplan endgültig verabschieden. Die obligatorischen Ausgabenansätze stehen in zweiter Lesung dagegen nicht mehr zur Disposition. Das Parlament hat in diesem Stadium nur noch die Möglichkeit der Globalablehnung -und kann den Rat damit zwingen, einen neuen Haushaltsentwurf vorzulegen- oder der Annahme.
Durch das beschriebene Verfahren erhält der Rat die Letztentscheidung bei den obligatorischen Ausgaben, während das Parlament -innerhalb zuvor festgesetzter Höchstgrenzen- über die nichtobliga-torischen Ausgaben in letzter Instanz entscheidet.

Mittel für Verpflichtungen	2000	2001	2002	2003	2004	2005	2006	2000 - 2006
1. Landwirtschaft	40.920	42.800	43.900	43.770	42.760	41.930	41.660	297.740
GAP-Ausgaben	36.620	38.480	39.570	39.430	38.410	37.570	37.290	267.370
Ländliche Entwicklung und flankierende Maßnahmen	4.300	4.320	4.330	4.340	4.350	4.360	4.370	30.370
2. Strukturpolitische Maßnahmen	32.045	31.455	30.865	30.285	29.595	29.595	29.170	213.010
Strukturfonds	29.430	28.840	28.250	27.670	27.080	27.080	26.660	195.010
Kohäsionsfonds	2.615	2.615	2.615	2.615	2.515	2.515	2.510	18.000
3. Interne Politikbereiche	5.930	6.040	6.150	6.260	6.370	6.480	6.600	43.830
4. Externe Politikbereiche	4.550	4.560	4.570	4.580	4.590	4.600	4.610	32.060
5. Verwaltung	4.560	4.600	4.700	4.800	4.900	5.000	5.100[7]	33.660
6. Reserven	900	900	650	400	400	400	400	4.050
7. Hilfe zur Vorbereitung auf den Beitritt	3.120	3.120	3.120	3.120	3.120	3.120	3.120	21.840
Landwirtschaft	520	520	520	520	520	520	520	3.640
Strukturpolitik	1.040	1.040	1.040	1.040	1.040	1.040	1.040	7.280
PHARE (Bewerberländer)	1.560	1.560	1.560	1.560	1.560	1.560	1.560	10.920
8. Erweiterung			6.450	9.030	11.610	14.200	16.780	58.070
Landwirtschaft			1.600	2.030	2.450	2.930	3.400	12.410
Strukturpolitik			3.750	5.830	7.920	10.000	12.080	39.580
Interne Politikbereiche			730	760	790	820	850	3.950
Verwaltung			370	410	450	450	450	2.130
Gesamtbetrag der Mittel für Verpflichtungen	92.025	93.475	100.405	102.245	103.345	105.325	107.440	704.260
Gesamtbetrag der Mittel für Zahlungen	89.600	91.110	98.360	101.590	100.800	101.600	103.840	686.900
davon: Erweiterung			4.140	6.710	8.890	11.440	14.200	45.390
Mittel für Zahlungen in % des BSP	1,13%	1,12%	1,14%	1,15%	1,11%	1,09%	1,09%	
Spielraum für unvorhergesehene Ausgaben	0,14%	0,15%	0,13%	0,12%	0,16%	0,18%	0,18%	
Eigenmittelobergrenze	1,27%	1,27%	1,27%	1,27%	1,27%	1,27%	1,27%	

Tabelle 5 Neuer Finanzrahmen für die EU-21 von 2000 bis 2006 (in Preisen von 1999 in Mio. Euro)
Quelle: Amtsblatt der EU 1999, C 172, 14 f.

Zu den wichtigsten Politikbereichen im einzelnen:

1. Die Gemeinsame Agrarpolitik (GAP)

Mit einem Anteil von deutlich über 40 % am Gemeinschaftshaushalt ist die europäische Agrarpolitik nach wie vor der bedeutendste Politikbereich der Europäischen Union. Gleichzeitig ist sie der Bereich, in dem die europäische Integration bislang am weitesten fortgeschritten und damit „Ausdruck der Bedeutung" ist, „die der EU als eigenständig gewordener politischer Ebene [mittlerweile, Anm. N.G.] zukommt" (Kohl und Bergmann 1998, 96).

Die Anfänge der Gemeinsamen Agrarpolitik reichen zurück bis ins Jahr 1957, in eine Zeit also, in der die Landwirtschaft der Mitgliedstaaten, vor allem als Folge der Zerstörungen des 2. Weltkriegs, weit davon entfernt war, die Nahrungsmittelversorgung der Bevölkerung sicherzustellen. Um diesen Mangel zu beheben wurden als inhaltliche Ziele der Gemeinsamen Agrarpolitik in den Römischen Verträgen niedergelegt (und sind bis heute erhalten geblieben, vgl. Art. 33 EGV):
- die Steigerung der Produktivität der europäischen Landwirtschaft
- die Sicherstellung der Versorgung der Bevölkerung zu angemessenen Preisen
- die Stabilisierung der Märkte für landwirtschaftliche Erzeugnisse sowie
- die Gewährleistung einer angemessenen Lebenshaltung der landwirtschaftlichen Bevölkerung.

Um diese Ziele zu erreichen, wurden nach und nach die meisten Märkte für landwirtschaftliche Erzeugnisse in sog. Marktordnungen gemeinschaftlich organisiert

247

und die Gemeinsame Agrarpolitik mit der EU-Strukturpolitik verknüpft.[1] Die EU-Marktordnungen basieren auf drei untrennbar miteinander verbundenen Grundsätzen,[2] nämlich dem der

1. Markteinheit: dieser impliziert den freien Warenverkehr mit Agrarerzeugnissen und damit die Abschaffung der Zölle zwischen den Mitgliedstaaten bei gleichzeitiger Festlegung eines gemeinsamen Zolltarifs für den Warenverkehr mit Drittländern sowie gemeinsame Preise und Wettbewerbsregeln

2. Gemeinschaftspräferenz: das ist der Grundsatz, den Absatz der EU-Agrarprodukte zu begünstigen, ihn gegen Billigeinfuhren und vor Weltmarktschwankungen zu schützen

3. finanziellen Soldidarität: alle Einnahmen der Gemeinschaft aus der Agrarpolitik fließen in eine gemeinsame Kasse, alle Ausgaben werden aus dieser Kasse bestritten.

Die Ausgaben für die Gemeinsame Agrarpolitik (Preisgarantien, Ankäufe der Interventionsstellen, Lagerung der Interventionsstellen, Absatzsubventionen und Ausfuhrerstattungen u.a.) werden aus der Abteilung „Garantie" des 1962 geschaffenen Europäischen Ausgleichs- und Garantiefonds für die Landwirtschaft bestritten (maßgebliche Rechtsgrundlagen: Art. 34 Abs. 3 EGV, VO Nr. 729/70 über die Finanzierung der Gemeinsamen Agrarpolitik vom 21. 04. 1970).[3]

---

[1] Mittlerweile sind für rd. 95 % aller landwirtschaftlichen Erzeugnisse gemeinsame Marktordnungen eingeführt, die allerdings z. T. sehr deutlich von Produkt zu Produkt variieren. Vereinfachend können folgende vier Marktordnungssysteme unterschieden werden:

a. Marktordnungen mit Außenschutz und Binnenmarktintervention: rd. 70 % aller landwirtschaftlichen Produkte, darunter Getreide, Butter, Milch und Rindfleisch, unterliegen einem System, das auf Stützpreisen beruht. Für einen Teil der Produkte hat die Gemeinschaft nationale Interventionsstellen eingerichtet, um in Zeiten eines hohen Angebots die überschüssige Produktion ankaufen, um die Marktpreise zu stabilisieren und dieselbe wieder verkaufen, wenn sich die Marktlage entspannt hat oder gar Mißernten zu verzeichnen sind. Bei anderen Produkten kann die Gemeinschaft in Zeiten eines Überangebots z. B. Beihilfen zur privaten Lagerhaltung zahlen, um einen Teil der Produktion vorläufig vom Markt zu nehmen und sie wieder auszulagern und zu verkaufen, wenn sich die Absatzmöglichkeiten verbessern. Das System der Binnenmarktstützung kann freilich nur funktionieren, wenn es durch einen Außenschutz flankiert wird, der die Gemeinschaft insbesondere vor Niedrigpreiseinfuhren aus Drittländern schützt (vgl. dazu unter b.).

b. Marktordnungen mit Außenschutz ohne Binnenmarktintervention: Bei dieser zweiten Gruppe von Erzeugnissen, die mehr als 20 % der Produktion erfaßt (darunter Eier und Geflügel, Qualitätsweine und viele Obst- und Gemüsesorten), werden besondere Eingriffe zur Stützung des Binnenmarktes für nicht erforderlich gehalten. Die Interventionen beschränken sich auf den Außenschutz: für den Import billigerer Agrarerzeugnisse aus Drittländern werden „Gleitzölle" (sog. Abschöpfungen) erhoben, die den Weltmarktpreis auf das Inlandsniveau anheben, während umgekehrt teurere Exporte aus der EU durch Zuschüsse (sog. Erstattungen) auf das Weltmarktniveau verbilligt werden.

c. Pauschalbeihilfen: Bei verschiedenen Erzeugnissen wie Raps, Baumwollsaaten und Eiweißpflanzen hat sich die Gemeinschaft im Rahmen internationaler Zoll- und Handelsabkommen verpflichtet, ihre Einfuhrzölle konstant zu halten. Um den EU-Produzenten trotz der Billigimporte aus Drittländern einen Absatzmarkt zu sichern, erhält die Verbraucherindustrie Direktbeihilfen für die Verwendung von EU-Erzeugnissen, die den Preis der EU-Ware de facto verbilligen.

d. Pauschale Erzeugerbeihilfen: den Erzeugern von Produkten wie Flachs, Saatgut und Hopfen werden entsprechend der von ihnen angebauten Fläche oder produzierten Menge bestimmte Beihilfen bezahlt.

[2] Diese sind kein geschriebenes Gemeinschaftsrecht, sondern haben sich in der Gemeinschaftspraxis der vergangenen 40 Jahre vor allem aus den Zielen des Art. 33 EGV herausgebildet. Sie werden wie die einzelnen Marktordnungen als sekundäres Gemeinschaftsrecht bezeichnet.

[3] Demgegenüber ist die zweite Abteilung des EAGFL, die Abteilung „Ausrichtung" kein Instrument der Gemeinsamen Agrarpolitik, sondern der EU-Strukturpolitik. Durch gezielte Maßnahmen will sie

Die seit den 60er Jahren betriebene GAP hatte seit den 70er Jahren zu strukturellen Überschüssen geführt, durch die die Agrarbestände gewaltig aufgebläht wurden. Die Garantieausgaben, die sich allein zwischen 1970 und 1986 praktisch versechsfacht hatten, drohten die Finanzierungskapazitäten der Gemeinschaft zu übersteigen, während der Rückgang der landwirtschaftlichen Einkommen, insbesondere in Kleinbetrieben und Betrieben der benachteiligten Regionen[1], nicht gestoppt werden konnte. Wenngleich seit 1984 eine Reihe von Maßnahmen eingeleitet wurden[2], um die Überschüsse abzubauen, hatte sich Ende der 80er Jahre eine grundlegende Reform der GAP als unumgänglich erwiesen. Sie wurde auf der Grundlage des. sog. Mac-Sharry-Plans im Juni 1992 beschlossen.

Vorrangige Ziele der Reform, die in einem Dreijahreszeitraum ab dem Wirtschaftsjahr 1993/1994 schrittweise realisiert werden sollte, waren die Verbesserung der Wettbewerbsfähigkeit der europäischen Landwirtschaft sowie die langfristige Sicherung angemessener Einkommen der Landwirte und deren gerechte Verteilung innerhalb der Gemeinschaft. Dazu sollte das bis dato geltende System relativ fester und hoher Interventionspreise, das in der Vergangenheit zu einer stetigen Überproduktion gerade bei den typischen Agrarprodukten der Nordländer der Gemeinschaft (Getreide und Ölsaaten, Rindfleisch, Milch und Butter) geführt hatte, eingedämmt und zu einem erheblichen Teil durch direkte Einkommensbeihilfen an die Landwirte ersetzt werden.[3]

Trotz ihrer positiven Bewertung durch die EU-Kommission konnte auch die Reform von 1992 letztendlich nicht den von ihr intendierten Erfolg bringen. Weder konnte mit ihr der Übergang zu einer auch von der Gemeinschaft grundsätzlich verfolgten marktwirtschaftlichen Ordnung bewerkstelligt werden -an die Stelle einer bereits zuvor weitgehend eingeschränkten Marktsteuerung durch relative Preise trat nunmehr eine solche durch Produktionsauflagen, die nicht nur einen riesigen Genehmigungs- und Kontrollapparat erforderlich machen, sondern eine gesamtwirtschaftlich effiziente Ressourcenallokation in ähnlich starker Weise verzerren, wie dies bereits durch die bisherige GAP geschehen war- noch konnten sowohl die beabsichtigte deutliche Drosselung der Agrarausgaben insgesamt als auch eine Reduzierung des Anteils der Nordländer an den Gesamtausgaben[4] erreicht werden (vgl. im einzelnen unter E III.1.).

---

vor allem die landwirtschaftliche Produktion längerfristig verbessern, die Agrarstrukturen stärken, die ländliche Entwicklung fördern und die Einkommensverteilung der landwirtschaftlichen Bevölkerung beeinflussen.

[1] Hinzu kam eine extrem ungerechte, den Zusammenhalt in der Union gefährdende, interregionale Verteilung der landwirtschaftlichen Einkommen in der Union.

[2] Dazu zählen u. a. die Einführung von Milchquoten, Stabilisierungsmechanismen (Garantiehöchstmengen) und Mitverantwortungsabgaben, strukturpolitische Maßnahmen zur Förderung von Aufforstungen, zum Schutze bestimmter umweltbeeinträchtigter Regionen, zur Förderung von Flächenstillegungen und zur Diversifizierung der Landwirtschaft.

[3] Die Reform des GAP-Preissystems wurde durch eine Reihe flankierender Maßnahmen ergänzt, die die landwirtschaftliche Tätigkeit und die Bodennutzung betreffen. Konkret handelt es sich um Maßnahmen zum Schutz der Umwelt (Beihilfen zur Förderung umweltfreundlicher Produktionsverfahren, Beihilfen zum Erhalt der natürlichen Ressourcen und zur Pflege des Naturraumes), um Aufforstungsbeihilfen (zur Deckung der Arbeitskosten, für die Pflege der Kulturen, als Ausgleich für Einkommenseinbußen und für Forstverbesserungen) und um eine Vorruhestandsregelung für Landwirte (Pensionierungsgeld, jährliche Ausgleichsprämien, Zusatzrente).

[4] Von der Reform der EU-Agrarpolitik hätten nach Ansicht der Kommission mittelfristig vor allem die ärmeren Regionen im Süden der Gemeinschaft profitieren sollen, einmal weil die Senkung der Stützpreise in erster Linie typische „Nordprodukte" der europäischen Landwirtschaft beträfe und zum

Daß die damalige Agrarpolitik gerade im Hinblick auf die geplante Osterweiterung um eine Reihe ausgesprochen agrarintensiver Volkswirtschaften keine zukunftsträchtige Option darstellt, mußte letztendlich auch die Europäische Kommission eingestehen. Deshalb wurden gemeinsam mit anderen Vorschlägen im Reformpaket der „Agenda 2000" Kommissionsentwürfe für eine weitere Reform der EU-Agrarpolitik eingebracht, die im wesentlichen auf eine Fortsetzung der mit der Agrarreform 1992 ebenfalls eingeleiteten Tendenz, von der Preispolitik zu einem System von Direktzahlungen an die Landwirte überzugehen, hinausläuft. Obgleich hierzu die Interventionspreise bei einzelnen Agrarprodukten z. T. drastisch gesenkt werden sollten, ging der Kommissionsentwurf vielen Wirtschaftspolitikern und den meisten Wirtschaftswissenschaftlern im Hinblick auf die angestrebte Hinwendung zu einem marktwirtschaftlichen Agrarsystem nicht weit genug. Die durch den Europäischen Rat in Berlin im März 1999 letztendlich beschlossene Fassung der Agenda 2000 stellt eine auf Druck der europäischen Bauernlobbies, nicht zuletzt auch des Deutschen Bauernverbandes, zustandegekommene nochmals deutlich „abgespeckte" Version des ursprünglichen Kommissions-Reformpakets dar.[1] [2]

---

andern, weil die von den Senkungen der Stützpreise nicht erfaßten Kleinerzeuger vor allem in ärmeren südlichen Mitgliedstaaten der Gemeinschaft mit ihrem hohen Anteil an landwirtschaftlichen Arbeitnehmern anzutreffen seien. Die Erwartungen der Kommission haben sich bislang nur zu einem geringen Teil erfüllt.

[1] Mit der Begründung, eine Stabilisierung der Agrarausgaben in realen Werten erreichen zu wollen und zur Umsetzung der in Maastricht 1992 beschlossenen und in die Agenda 2000 übernommenen Agrarleitlinie, die die jährliche Steigerung der Agrargarantieausgaben auf 74 % der jährlichen Steigerung des EU-Bruttosozialprodukts begrenzt, hat der Europäische Rat von Berlin vor allem folgende Maßnahmen beschlossen (vgl. Europäische Kommission 1999 (1), Rdnr. 22):
- Eine Reform des Milchsektors, die unbeschadet der Beschlüsse über spezifische zusätzliche Milchquoten ab dem Wirtschaftsjahr 2005/2006 in Kraft tritt und -bei Beibehaltung des bisherigen Quotensystems- eine deutliche Senkung der Interventionspreise und den Ausgleich der Verluste durch eine Jahreszahlung für Milchkühe vorsieht.
- Eine Senkung des Interventionspreises für Getreide in den Wirtschaftsjahren 2000/2001 und 2001/2002 in zwei gleichen Stufen in Höhe von je 7,5 % des bis dato geltenden Interventionspreises, bei Anhebung der Flächenzahlungen in zwei gleichen Stufen von 54 auf 63 Euro/t (multipliziert mit dem historischen regionalen Referenzertrag für Getreide); ein Beschluß über eine ab 2002/2003 anzuwendende letzte Verringerung des Interventionspreises soll im Lichte der Marktentwicklungen gefaßt werden.
- Interventionen im Rindfleischsektor: Der Rat hat die Kommission ersucht, den europäischen Rindfleischmarkt genau zu beobachten und erfoderlichenfalls die entsprechenden Maßnahmen zu treffen. Das Stützpreisniveau soll im Beobachtungszeitraum deutlich, nach Kommissionsvorstellungen (1997 (2), 3) um fast 30 % gesenkt werden.
Trotz der geplanten Schritte zur Begrenzung der Ausgabeneindämmung sind in der Agenda 2000 für den Zeitraum 2000-2006 die Agrargarantieausgaben (Agrarmarktausgaben einschließlich Entwicklung des ländlichen Raums und flankierende Maßnahmen) mit durchschnittlich rd. 42 Mrd. Euro jährlich veranschlagt.
[2] Einen guten Überblick über die Auswirkungen der Agenda 2000 auf die GAP geben z. B. Henze (2000) und Koester (2001).

2. Europäische Strukturpolitik

Der nach der gemeinsamen Agrarpolitik mit einem jährlichen Ausgabenvolumen von über 30 Mrd. Euro und einem Anteil von rd. einem Drittel am EU-Gesamthaushalt zweitwichtigste Ausgabenposten ist die europäische Strukturpolitik.

Den Begriff Strukturpolitik inhaltlich festzumachen fällt nicht leicht, weder auf europäischer noch auf nationaler Ebene. Strukturpolitik kommt in völlig unterschiedlichen Facetten vor und ist ein Politikbereich, der sich offenbar nur schwer von anderen als etwas Eigenständiges abgrenzen läßt, denn die meisten politischen Maßnahmen im Bereich der Industrie-, Agrar-, Forschungs-, Bildungs- oder Umweltpolitik -die Liste ließe sich beliebig fortsetzen- dürften auch -gewollte oder ungewollte- strukturpolitische Effekte haben. In Anlehnung an Kohl und Bergmann (1998, 123) kann Strukturpolitik vielleicht am ehesten als Gesamtheit aller wirtschaftspolitischen Maßnahmen verstanden werden, die der Beeinflussung der ökonomischen Strukturdaten einer Volkswirtschaft dienen. Bezogen auf die Europäische Union gilt: Wenngleich der EG-Vertrag in Art. 157 der Union die Aufgabe zuweist, gemeinsam mit den Mitgliedstaaten für die Stärkung der Wettbewerbsfähigkeit der Industrie durch Erleichterung der Anpassung gefährdeter Sektoren zu sorgen und somit auch die sektorale Komponente der Strukturpolitik betont, ist europäische Strukturpolitik in allererster Linie regionale Strukturpolitik mit dem Ziel, durch einen Abbau regionaler Ungleichgewichte in den wirtschaftlichen Lebensverhältnissen den wirtschaftlichen und sozialen Zusammenhalt in der Gemeinschaft zu fördern (vgl. Art. 158 EGV). Die Europäische Strukturpolitik ist damit derjenige Politikbereich, der explizit an den Disparitäten in der EU mit ausgabenwirksamen Maßnahmen anzusetzen versucht und der am ehesten Assoziationen an einen -in erster Linie verteilungspolitisch motivierten- europäischen Finanzausgleich nahelegt.

Die rechtlichen Grundlagen der regionalen Strukturpolitik sind im EG-Vertrag weit gestreut. Schon die Präambel des Vertrages nennt die strukturpolitischen Ziele der Gemeinschaft. In Art. 2 EGV werden die Zielvorstellungen der Gemeinschaft u. a. konkretisiert als „*eine harmonische, ausgewogene und nachhaltige Entwicklung des Wirtschaftslebens, ein hohes Beschäftigungsniveau und ein hohes Maß an sozialem Schutz, ... einen hohen Grad von Konvergenz der ... Wirtschaftsleistungen, ... die Hebung der Lebenshaltung und der Lebensqualität*" und einen auf „*Solidarität zwischen den Mitgliedstaaten*" begründeten „*wirtschaftlichen und sozialen Zusammenhalt*". Art. 3 führt als Tätigkeiten in diesem Zusammenhang explizit die „*Sozialpolitik mit einem Europäischen Sozialfonds*", die „*Förderung der Koordinierung der Beschäftigungspolitik der Mitgliedstaaten*", die „*Förderung des Auf- und Ausbaus transeuropäischer Netze*" sowie die „*Stärkung des wirtschaftlichen und sozialen Zusammenhalts*" an. Im weiteren EG-Vertrag firmiert die regionale Strukturpolitik hauptsächlich unter dem zuletzt genannten Begriff der „Stärkung des wirtschaftlichen und sozialen Zusammenhalts". Im entsprechend bezeichneten Titel XVII (Art. 158-162) des Vertrags sind die Strukturfonds und der Kohäsionsfonds erwähnt. Die Sozialpolitik und mit ihr der Europäische Sozialfonds sind hingegen gesondert im Titel XI (Art. 136-150) behandelt. Der Aufgabenbereich der Europäische Investitionsbank wird in Art. 267 behandelt. Die Aufgabe der Errichtung der „Transeuropäischen Netze" in den Bereichen Verkehrs-, Telekommunikations- und Energieinfrastruktur, deren Auf- und Ausbau nicht nur die Verwirklichung des Binnenmarktes unterstützen, sondern auch der Stärkung des wirtschaftlichen und sozialen

Zusammenhalts dienen soll, wurde mit dem Maastricht-Vertrag von 1992 neu in den EGV aufgenommen (Titel XV, Art. 154-156). Das Gemeinschaftsrecht „kennt zwar keine verbindlichen Grundsätze der Raumordnung, wie es bei strukturpolitischen Tätigkeiten zu erwarten gewesen wäre" (Kohl und Bergmann 1998, 126), jedoch verpflichtet sich die Gemeinschaft außer auf eine Gemeinsame Agrarpolitik (Art. 33 EGV) auf eine Gemeinsame Verkehrs- (Art. 70 EGV) und eine Gemeinsame Umweltpolitik (Art. 174 EGV).

Die Finanzierung der Maßnahmen der regionalen Strukturpolitik erfolgt heute in erster Linie über die sog. Strukturfonds der Gemeinschaft (Europäischer Fonds für regionale Entwicklung, Europäischer Sozialfonds, Europäischer Ausrichtungs- und Garantiefonds für die Landwirtschaft -Abteilung Ausrichtung-, Finanzinstrument zur Ausrichtung der Fischerei) und den Kohäsionsfonds, daneben -in geringem Umfang- über sonstige Strukturförderungsmittel der Gemeinschaft sowie -außerhalb des Gemeinschaftshaushalts- über Darlehen und Bürgschaften der Europäischen Investitionsbank. Die Strukturmittel des Gemeinschaftshaushalts werden im wesentlichen in dessen Teileinzelplan B 2 („Strukturmaßnahmen, Struktur- und Kohäsionsausgaben, Finanzmechanismus, sonstige landwirtschaftliche und regionale Maßnahmen, Ver-kehr und Fischerei") erfaßt (vgl. Tabelle 6).

Haushaltsplan 2000		Verpflichtungen	Zahlungen
Teileinzelplan B 2 in Mio. Euro			
B 2-1:	Strukturfonds	29.474,2	28.860,7
	-Ziel 1	20.781,0	17.378,4
	-Ziel 2	3.668,0	4.209,2
	-Ziel 3	3.505,0	2.894,8
	-Sonstige Strukturmaßnahmen (außer Ziel 1)	161,0	1.056,7
	-Gemeinschaftsinitiativen	1.198,2	2.950,8
	-Innovative Maßnahmen und Technische Hilfe	161,0	370,8
B 2-3:	Kohäsionsfonds	2659,0	2800,0
B 2-4:	Ausgaben für den Finanzmechanismus im Zusammenhang	p.m.	p.m.
	mit dem Beitritt neuer Mitgliedstaaten		
B 2-5:	Sonstige Agrarmaßnahmen	51,5	82,0
B 2-6:	Sonstige regionale Maßnahmen	p.m.	7,5
B 2-7:	Verkehr	20,5	18,7
B 2-9:	Sonstige Maßnahmen im Bereich der Fischerei und Seepolitik	44,4	34,7
Gesamt		32.249,6	31.803,6

Tabelle 6: Teileinzelplan B 2 Europäische Strukturpolitik

Die Strukturfonds werden von der Europäischen Kommission verwaltet und haben im einzelnen folgende Aufgaben:
- Europäischer Fonds für regionale Entwicklung (EFRE): Die Maßnahmen dieses 1975 geschaffenen und mit einem Finanzierungsvolumen von knapp 16 Mrd. Euro (VE Haushaltsjahr 2000) bedeutendsten Fonds sollen „durch Beteiligung an der Entwicklung und an der strukturellen Anpassung der rückständigen Gebiete und an der

Umstellung der Industriegebiete mit rückläufiger Entwicklung" zum Ausgleich der wichtigsten regionalen Ungleichgewichte in der Gemeinschaft beitragen (vgl. Art. 160 EGV).

- Europäischer Sozialfonds (ESF): Der mit einem Finanzierungsvolumen von rd. 9 Mrd. Euro (VE 2000) ausgestattete ESF hat die Verbesserung der Beschäftigungsmöglichkeiten und -damit verbunden- die Hebung der Lebenshaltung durch Förderung der geographischen und beruflichen Mobilität und Maßnahmen der beruflichen Bildung und Umschulung zum Ziel (Art. 146 EGV). Bei der Verwaltung wird die Kommission von einem Ausschuß aus Regierungsvertretern und Verbänden der Arbeitgeber- und Arbeitnehmerseite unterstützt.

- Europäischer Ausrichtungs- und Garantiefonds für die Landwirtschaft- Abteilung Ausrichtung (EAGFL-A): Dieser basiert auf der Gemeinsamen Agrarpolitik und soll die Anpassung der landwirtschaftlichen Strukturen und ländlichen Entwicklungsmaßnahmen fördern mit dem Ziel, die Produktions- und Verkaufsbedingungen landwirtschaftlicher Produkte zu verbessern. Sein Finanzierungsvolumen (VE) lag im Haushaltsjahr 2000 bei knapp 3 Mrd. Euro.

- Finanzinstrument zur Ausrichtung der Fischerei (FIAF): Dieses soll die Anpassung der wirtschaftlichen Strukturen im Sektor Fischereiindustrie fördern. Finanzierungsvolumen 2000 (VE): knapp 600 Mio. Euro.

Der 1994 geschaffene und nicht zu den Strukturfonds zählende Kohäsionsfonds dient der finanziellen Unterstützung von Investitionsprojekten in den Bereichen Umweltschutz und Verkehrsinfrastruktur von Mitgliedstaaten mit einem pro-Kopf-BSP von weniger als 90 % des EU-Durchschnitts (bislang Griechenland, Irland, Portugal und Spanien).

Das Förderverfahren der Strukturfonds, das sich von dem des Kohäsionsfonds in fast allen wichtigen Punkten unterscheidet, war bis 1999 durch folgende Merkmale gekennzeichnet:

(1) Die Konzentration der Förderung auf die folgenden sechs prioritären Ziele:
- Ziel Nr. 1: Förderung der Entwicklung und der strukturellen Anpassung der Regionen mit Entwicklungsrückstand
Dies waren Regionen, in denen das BIP je Einwohner weniger als 75 % des Gemeinschaftsdurchschnitts betrug oder die aus (Ausnahme) besonderen anderen Gründen als *besonders* förderwürdig eingestuft wurden. Zu diesen Gebieten, die oft durch eine geographische Randlage innerhalb der Gemeinschaft gekennzeichnet waren und in denen rd. 90 Mio. Menschen lebten, zählten vor allem die drei Mitgliedstaaten Griechenland, Portugal und Irland in ihrer Gesamtheit, ferner Süditalien, Nordirland, große Teile Spaniens sowie die fünf neuen Länder der Bundesrepublik einschließlich Ostberlins. Diesem wichtigsten aller Ziele sollten beispielsweise in den Jahren 1994-1999 knapp 70 % der Mittel der gemeinschaftlichen Strukturpolitik, d. h. gut 100 Mrd. Euro, zufließen.[1]

---

[1] Gefördert wurden vor allem die wirtschaftliche Entwicklung, die Modernisierung der Verkehrs- und Kommunikationsinfrastruktur, die Energie- und Wasserversorgung, ferner die Bereiche Forschung und Entwicklung, Berufsausbildung sowie Dienstleistungen für Unternehmen, um günstige Rahmenbedingungen für neue Investitionen zu schaffen.

- Ziel Nr. 2: Umstellung der Regionen, Grenzregionen oder Teilregionen, die von rückläufiger industrieller Entwicklung schwer betroffen sind
Damit wurden vor allem Regionen erfaßt, die unter dem Rückgang bestimmter Industriezweige wie der Montanindustrie, des Schiffbaus oder der Textilindustrie zu leiden hatten; Hauptförderkriterien waren (kumulativ) eine über dem EU-Durchschnitt liegende Arbeitslosenquote, ein überdurchschnittlicher Anteil an in der Industrie beschäftigten Erwerbstätigen sowie ein Rückgang der Industriebeschäftigung.[1]
- Ziel Nr. 3: Bekämpfung der Langzeitarbeitslosigkeit, Erleichterung des Berufseinstiegs für Arbeitnehmer unter 25 Jahren und Eingliederung von Personen, die vom Arbeitsmarkt ausgeschlossen sind
- Ziel Nr. 4: Förderung der Anpassung der Arbeitnehmer an den industriellen Wandel und die Entwicklung der Produktionssysteme
- Ziel Nr. 5a: Beschleunigung der Anpassung von Produktions-, Verarbeitungs- und Vertriebsstrukturen in Land- und Forstwirtschaft, Förderung der Modernisierung und Umstrukturierung von Fischerei und Aquakultur
Dadurch sollte vor allem den sich wandelnden Bedingungen für die Ausübung der landwirtschaftlichen Tätigkeit und für die Verarbeitung und Vermarktung der landwirtschaftlichen Erzeugnisse Rechnung getragen werden.[2]
- Ziel Nr. 5 b: Entwicklung der -außerhalb der Ziel Nr. 1 Regionen- gelegenen benachteiligten Gebiete
Förderungswürdig waren empfindliche ländliche Gebiete mit einem niedrigen sozioökonomischen Entwicklungsstand (gemessen anhand des BIP je Einwohner), die mehrere der folgenden Kriterien erfüllten: hoher Anteil der in der Landwirtschaft Beschäftigten an der Gesamtbeschäftigtenzahl, niedrige Einkommen in der Landwirtschaft, geringe Bevölkerungsdichte und/oder eine starke Tendenz zur Abwanderung.[3]
-Ziel Nr. 6: Förderung der nördlichen Gebiete mit einer extrem niedrigen Bevölkerungsdichte (8 oder weniger Einwohner je Quadratkilometer)
Dies betraf vor allem die aufgrund ihrer Randlage und ihres unwirtlichen Klimas benachteiligten Regionen im Norden Finnlands und Schwedens, in denen die Abwanderung besonders stark ist.

---

[1] In den Ziel Nr. 2- Regionen sollten vorrangig Arbeitsplätze geschaffen bzw. erhalten, die wirtschaftlichen Rahmenbedingungen verbessert sowie die Qualität der Umwelt gesteigert werden. Interventionsschwerpunkte der eingesetzten Strukturinstrumente waren daher die Förderung der Wirtschaftsaktivitäten, die Sanierung von Industriegelände und nicht mehr genutztem Grund und Boden, die Neukonzeption und Verbesserung des Images der Regionen sowie die Bereiche Forschung und Aus- und Fortbildung.

[2] Zum andern sollten, vor allem mit den Mitteln des im Jahre 1994 neu geschaffenen Finanzierungsinstruments für die Ausrichtung der Fischerei, die Anpassung des Fischereiaufwands und die Neuausrichtung der Fischereitätigkeit, die Erneuerung und Modernisierung der Fangflotten, der Schutz gefährdeter Meeresgebiete, die Ausrüstung der Fischereihäfen sowie die Verarbeitung und Vermarktung von Fischereiprodukten gefördert werden.

[3] Entwicklungsschwerpunkte der Ziel Nr. 5 b- Regionen, in denen über 30 Mio. Menschen lebten, waren vor allem der Ausbau der für die wirtschaftliche Entwicklung erforderlichen Basisinfrastruktur, die Diversifizierung der Wirtschaft und die Schaffung von Arbeitsplätzen in nichtlandwirtschaftlichen Sektoren, die Verbesserung der Umwelt und der sonstigen Lebensbedingungen im ländlichen Raum sowie die Entwicklung der Humanressourcen und die Aufwertung der natürlichen Ressourcen.

(2) Die Verfolgung der Grundsätze der Partnerschaft, der Zusätzlichkeit und der Kohärenz

Das Prinzip der Partnerschaft, das aus dem Subsidiaritätsprinzip folgt, implizierte die Mitwirkung aller regionalen und nationalen Beteiligten an den verschiedenen Phasen gemeinschaftlicher Strukturinterventionen (Vorbereitung, Finanzierung, Überwachung und Bewertung der einzelnen Aktionen). Die Maßnahmen der Gemeinschaft waren als Ergänzung zu den entsprechenden Aktionen der Mitgliedstaaten bzw. als Beitrag zu diesen gedacht.

Der Grundsatz der Partnerschaft wurde ergänzt durch das Prinzip der Zusätzlichkeit (Additionalität). In diesem kam zum Ausdruck, daß die Gemeinschaftsunterstützung zu den finanziellen Anstrengungen der Mitgliedstaaten und Regionen hinzutreten, diese jedoch nicht ersetzen sollte.

Der Grundsatz der Kohärenz verlangte, daß die Strukturaktionen der Gemeinschaft in enger Abstimmung und Kooperation mit der Wirtschafts- und Sozialpolitik der einzelnen Mitgliedstaaten zu erfolgen haben.

(3) Den Grundsatz der Programmplanung bei der operationalen Durchführung der Strukturmaßnahmen

Hiernach stellten zunächst die Mitgliedstaaten oder die von ihnen benannten nationalen, regionalen oder lokalen Behörden für jedes der o. g. sechs Strukturfondsziele mehrjährige Entwicklungspläne auf, in denen der vorrangige Handlungsbedarf für die nächsten 3-6 Jahre dargestellt war und die als Ausgangspunkt für gemeinsam mit der Kommission zu erarbeitende Aktionsprogramme dienten. In ihnen wurden die Förderschwerpunkte, die Finanzmittel und die Formen der Gemeinschaftsintervention festgelegt. Die gemeinsamen Aktionsprogramme wurden entweder in Form sog. *Gemeinschaftlicher Förderkonzepte (GFK)* oder als *Einheitliche Programmplanungsdokumente (PPD)* entwickelt.[1]

(4) Eine neue Dimension gemeinschaftlicher Strukturpolitik: Gemeinschaftsinitiativen und Pilotvorhaben

Über die Zusammenarbeit mit den Mitgliedstaaten hinaus konnte die Kommission auch von sich aus Maßnahmen ergreifen, um die gemeinsam mit den Mitgliedstaaten

---

[1] Gemeinschaftliche Förderkonzepte (GFK) sind wie Programmplanungsdokumente (PPD) rechtsverbindliche Vereinbarungen i.S.d. Art. 249 EGV zwischen der Kommission und dem jeweiligen Mitgliedstaat im Sinne gegenseitiger Partnerschaft. Wesentlicher Unterschied zwischen beiden ist, daß ein PPD bereits konkrete Programme enthält, während ein GFK einen längerfristigen Rahmen für sog. „Operationelle Programme" bildet, die der Mitgliedstaat der Kommission im weiteren Verlauf vorschlagen muß. Für ein GFK muß der Mitgliedstaat der Kommission einen nationalen oder regionalen Entwicklungsplan unterbreiten, der im Einvernehmen mit den regionalen Behörden des Mitgliedstaats erstellt sein muß und die wesentlichen Aktionsschwerpunkte enthält. Das GFK wird daraufhin von der Kommission und den Behörden des Mitgliedstaat ausgehandelt. Auf dieser Grundlage schließlich genehmigt die Kommission die vom Mitgliedstaat vorgeschlagenen Operationellen Programme. Ein Beispiel für diese Interventionsform ist bzw. war das „GFK Deutschland" für Ostdeutschland als Ziel Nr.1- Region, das 1994 von der Kommission genehmigt wurde und für den Zeitraum 1994-1999 Leitlinien für die Verwendung von Zuschüssen von insgesamt rd. 13,7 Mrd. Euro festlegte. Die Einführung der GFK und der PPD Anfang der 90er Jahre bedeutete eine weitgehende konzeptionelle Neuorientierung in der praktischen Durchführung der EU-Strukturpolitik weg von der Planung von Einzelvorhaben hin zu einer grundsätzlich programmatischen Gesamtplanung.

durchgeführten Aktionen in Bereichen und Sektoren zu ergänzen, die sie als vorrangig oder wesentlich für die Vollendung des Binnenmarktes hielt und die vor allem den wirtschaftlichen und sozialen Zusammenhalt stärkten. Die Union konnte aus eigener Initiative auf zweierlei Weise tätig werden, in Form sog. „Pilotvorhaben" und in Form von „Gemeinschaftsinitiativen"[1].

Das Förderverfahren der EU-Strukturpolitik wurde jedoch im Rahmen der Verabschiedung der Agenda 2000 auf dem Berliner Sondergipfel im März 1999 einer tiefgreifenden Reform unterzogen. Die Beschlüsse des Sondergipfels betreffen den Zeitraum 2000-2006 und stehen ganz im Zeichen einer Politik der Konsolidierung der öffentlichen Finanzen und der geplanten Osterweiterung der Union. So wurde erstmals festgelegt, daß der Gemeinschaftshaushalt nicht schneller wachsen soll als die nationalen Haushalte. Zugleich sollte die bis dato geltende Haushaltsobergrenze von 1,27 % des gemeinschaftlichen Bruttoinlandsprodukts auch für die Jahre 2000-2006 maßgeblich bleiben. Um den Bedarf an Zusatzmitteln für die Osterweiterung möglichst gering zu halten, wurde einmal die gesamte Ausgabenseite des Gemeinschaftshaushalts in der neuen mittelfristigen Vorausschau sukzessive umstrukturiert. Zum andern wurden die wichtigsten Ausgabenkategorien des Gemeinschaftshaushalts einer umfassenden Revision unterzogen. Für die EU-Strukturpolitik, deren erklärtes Reformziel es ist, durch eine größere Effizienz der Strukturfonds und des Kohäsionsfonds den wirtschaftlichen und sozialen Zusammenhalt in der Gemeinschaft zu fördern, bedeutet dies im einzelnen (vgl. etwa Kommission 1999(1), Rdnr. 25-58):

(1) Eine stärkere Konzentration der Strukturhilfe in den Gebieten mit dem größten Bedarf durch eine deutliche Reduzierung der Anzahl der Förderziele von bislang 6 (bzw.7) auf 3. Hierzu soll
- das bisherige Ziel 1 -Förderung der Entwicklung und der strukturellen Anpassung der Regionen mit Entwicklungsrückstand- im wesentlichen erhalten bleiben. Integriert

---

[1] Zweck der Gemeinschaftsinitiativen war es, die gemeinschaftliche Politik in den anderen Bereichen zu unterstützen, ihre regionale Anwendung zu kanalisieren und zu konzentrieren, oder zur Lösung regionenübergreifender Probleme beizutragen. Dies beinhaltete insbesondere Maßnahmen grenzüberschreitender Zusammenarbeit (INTERREG II; Finanzmittel 1994-1999 2,9 Mrd. Euro), der Innovation und ländlichen Entwicklung (LEADER II; 1,4 Mrd. Euro), der Beschäftigung und Entwicklung von Humanressourcen (1,4 Mrd. Euro), der Anpassung der Arbeitskräfte an den industriellen Wandel (ADAPT; 1,4 Mrd. Euro), der wirtschaftlichen und sozialen Umstellung von Regionen, deren Wirtschaft in erster Linie von krisenbehafteten Industriezweigen abhängig war (RECHAR, RESIDER, RETEX, KONVER), sowie der Förderung der Wettbewerbsfähigkeit kleiner und mittlerer Unternehmen (KMU; 1 Mrd. Euro). Die Programme wurden -weitestgehend- über die Strukturfonds finanziert und von den betreffenden Mitgliedstaaten und Regionen durchgeführt. Die Durchführung erfolgte zumeist in Form von Operationellen Programmen der Mitgliedstaaten, gegebenenfalls auch in Form von Globalzuschüssen. Im Zeitraum 1994-1999 standen für Gemeinschaftsinitiativen insgesamt rd. 14 Mrd. Euro bereit.
Pilotvorhaben unterstützten die Regionen und Städte der Union beim Aufbau der Infrastruktur und bei der Erörterung gemeinsamer Probleme; sie sollten dazu beitragen, neue Möglichkeiten in innovativen Bereichen zu erkunden. Dabei ging es vor allem darum, Aktionen mit Modellcharakter zu entwickeln. So wurden Pilotvorhaben etwa auf dem Gebiet der Stadtsanierung, der interregionalen Zusammenarbeit und der Schaffung grenzüberschreitender Netze durchgeführt. Für Pilotprojekte sowie innovative Maßnahmen waren 1994-1999 Mittel in Höhe von rd. 1,5 Mrd. Euro vorgesehen.

werden das mit der Norderweiterung von 1995 geschaffene Ziel 6 sowie bestimmte Teile der ehemaligen Ziel-2- und 5b- Gebiete. Die Ziel 1-Gebiete umfassen rd. 22 % der derzeitigen Gemeinschaftsbevölkerung.

- *Ziel 2 der Unterstützung der wirtschaftlichen und sozialen Umstellung von Gebieten mit strukturellen Schwierigkeiten dienen.* Hierzu gehören Gebiete, in denen die Sektoren Industrie und Dienstleistungen einen sozialökonomischen Wandel durchlaufen, sowie ländliche Gebiete mit rückläufiger Entwicklung, Problemgebiete in den Städten und von der Fischerei abhängige Krisengebiete. Die Mitgliedstaaten schlagen der Kommission ein Verzeichnis von Gebieten vor, die die objektiven Kriterien erfüllen, wobei für jeden Mitgliedstaat ein Bevölkerungsplafond gilt[1].

Maximal 18 % der Unionsbevölkerung sollen unter das neue Ziel 2 fallen, wobei die vorläufige Aufteilung auf die einzelnen Ziel 2- Gebiete wie folgt aussehen soll: 10 % für Industriegebiete, 5 % für ländliche Gebiete, 2 % für städtische Gebiete und 1 % für von der Fischerei abhängige Gebiete[2]. Es gilt eine einheitliche Förderintensität je Kopf der Bevölkerung.

- *Ziel 3 die Anpassung und Modernisierung der Bildungs-, Ausbildungs- und Beschäftigungspolitiken und -systeme unterstützen.* Ziel 3 soll außerhalb von Ziel 1 gelten. Die einzelnen Mitgliedstaaten erhalten einen Prozentsatz der für Ziel 3 insgesamt zur Verfügung stehenden Mittel entsprechend ihrem Anteil an der gesamten Zielbevölkerung der Union, der unter Verwendung von Indikatoren berechnet wird, die anhand der weiter unten aufgeführten Kriterien für dieses Ziel ausgewählt werden[3].

Insgesamt sind für strukturpolitische Maßnahmen (einschließlich Kohäsionsfonds) innerhalb der bisherigen Gemeinschaft[4] im Zeitraum 2000 - 2006   213 Mrd. Euro -Verpflichtungsermächtigungen- vorgesehen, die wie folgt auf die einzelnen Jahre aufgeschlüsselt sind:

---

[1]Dieser Bevölkerungsplafond wird von der Kommission festgelegt und berechnet sich nach der Gesamtbevölkerung der die Gemeinschaftskriterien erfüllenden Gebiete in den jeweiligen Mitgliedstaaten und dem Ausmaß der Strukturprobleme, gemessen an der Arbeitslosigkeit insgesamt und der Langzeitarbeitslosigkeit außerhalb der Ziel 1- Regionen.

[2]Um zu gewährleisten, daß jeder Mitgliedstaat einen angemessenen Beitrag zu den umfassenden Konzentrationsbemühungen leistet, soll die maximale Verringerung der Bevölkerungsabdeckung des Ziels 2 im Vergleich zu dem gegenwärtigen im Rahmen der Ziele 2 und 5b geltenden Erfassungsgrad 33 % nicht überschreiten.

[3]Nach Auffassung des Europäischen Rates sollte im Rahmen von Ziel 3 der Förderung von Beschäftigung, Bildung und Ausbildung Vorrang eingeräumt werden.

[4] Für die Osterweiterung stehen in der Finanzplanung zwei Positionen zur Verfügung: *Die Heranführungshilfe* in Höhe von 3,1 Mrd. Euro jährlich dient der Finanzierungshilfe für die EU-Beitrittskandidaten vor einem Beitritt. *Die Mittel für Erweiterung* dienen hingegen der Finanzierung der traditionellen Ausgabenkategorien (Agrarpolitik, Strukturpolitik und andere) in neuen EU-Mitgliedstaaten. Dafür sind Mittel vorgesehen, die zwischen dem -ursprünglich angedachten-hypothetischen Beitrittstermin 2002 und 2006 von 6,5 auf 16,8 Mrd. Euro steigen. Die Mittel für Ausgaben in den bisherigen Mitgliedstaaten und für Neumitglieder werden streng getrennt. So dürfen z. B. keine Mittel, die aufgrund einer Verzögerung im Erweiterungsprozeß frei werden, im bisherigen Gemeinschaftsgebiet verausgabt werden. Umgekehrt dürfen aber auch keine für die bisherige Gemeinschaft vorgesehenen Ressourcen zur Deckung unerwartet hoher Ausgaben für neue Mitgliedstaaten herangezogen werden.

2000	2001	2002	2003	2004	2005	2006
32.045	31.455	30.865	30.285	29.595	29.595	29.170

Rubrik 2 der finanziellen Vorausschau (Struturmaßnahmen) (in Mio. Euro zu Preisen von 1999)

Hiervon sind 195 Mrd. Euro für die drei traditionellen Strukturfonds - Regionalfonds, Sozialfonds und Agrarfonds[1] - vorgesehen, während 18 Mrd. Euro dem Kohäsionsfonds vorbehalten bleiben sollen.
Dabei soll der Gesamtanteil der im Rahmen der Ziele 1 und 2 förderfähigen Bevölkerung der 15er-Union sukzessive von derzeit 51% auf 35 bis 40% zurückgeführt[2] werden.
Rd. 69,7 % der Strukturfondsmittel sollen der Ziel 1- Förderung dienen, während 11,5 % der Mittel Ziel 2 und 12,3 % Ziel 3 zugewiesen werden.
Die indikative Verteilung der Strukturfondsmittel auf die Mitgliedstaaten soll unter Anwendung transparenter Verfahren bei den Zielen 1 und 2 aufgrund der folgenden -objektiven-Kriterien erfolgen:
förderfähige Bevölkerung, nationaler und regionaler Wohlstand, Ausmaß der Strukturprobleme, insbes. Höhe der Arbeitslosigkeit,
während sich die Aufteilung nach Mitgliedstaaten bei Ziel 3 hauptsächlich auf die für die Förderung in Betracht kommende Bevölkerung, die Beschäftigungslage sowie das Ausmaß von Problemen wie soziale Ausgrenzung bestimmter Gruppen, das Bildungs- und Ausbildungsniveau und die Beteiligung von Frauen am Arbeitsmarkt stützt.
Allerdings sollen die Gesamtbeträge, die ein Mitgliedstaat im Rahmen von Strukturmaßnahmen (d.h. einschließlich des Kohäsionsfonds) jährlich erhält, 4 % seines BIP nicht übersteigen.

(2) Die Reduktion der Zahl der Gemeinschaftsinitiativen auf die folgenden vier:
-INTERREG (grenzüberschreitende, transnationale und interregionale Zusammenarbeit)

---

[1] Einschließlich Übergangsunterstützung, Gemeinschaftsinitiativen und innovative Maßnahmen.
[2] Das Ziel einer stärkeren Konzentration der Strukturhilfe in den Gebieten mit dem größten Bedarf wird allerdings für eine Übergangszeit teilweise dadurch konterkariert, daß Regionen, die derzeit im Rahmen der Ziele 1, 2 und 5b förderfähig sind, künftig aber die einschlägigen Förderkriterien (z.B. ein pro-Kopf-Einkommen unter 75% des Gemeinschaftsdurchschnitts) nicht mehr erfüllen, eine sog. Übergangsunterstützung aus den Strukturmitteln erhalten. Die Gesamtmittelzuweisung für die Übergangsunterstützung soll bei rd. 11,1 Mrd. Euro liegen, allerdings soll die Unterstützung per anno niedriger ausfallen als die 1999 an die betroffenen Regionen jeweils gezahlten Strukturmittel und bis Ende 2005 ganz auslaufen (sog. phasing-out).
Außerdem soll auch für den Zeitraum 2000 -2006 versucht werden, besonderen Situationen einzelner Regionen durch eine individuelle Förderung Rechnung zu tragen. So sollen etwa mit Gemeinschaftsmitteln der Friedensprozeß in Nordirland unterstützt (vorgesehene Mittel: 500 Mio. Euro), die aus der geringen Bevölkerungsdichte resultierenden besonderen Strukturprobleme der Schottischen Highlands bekämpft (300 Mio. Euro), auf die Besonderheiten der Beschäftigungslage in den Niederlanden angemessen eingegangen (500 Mio. Euro) und der wirtschaftliche Umgestaltungsprozeß Ostberlins beschleunigt werden (100 Mio. Euro).

-EQUAL (transnationale Zusammenarbeit zur Bekämpfung von Diskriminierungen und Ungleicheiten jeglicher Art beim Zugang zum Arbeitsmarkt)

-LEADER (Entwicklung des ländlichen Raums) und

-URBAN (wirtschaftlicher und sozialer Wiederaufbau mit akuten Problemen konfrontierter Städte und Stadtgebiete)

Angesichts des zusätzlichen Nutzens, den die Gemeinschaftsinitiativen über die oben beschriebenen Kernziele hinaus zu erbringen vermögen, bestand weitgehende Einigkeit innerhalb der Union, das Instrument als solches beizubehalten. Allerdings ist mit den derzeit 13 Gemeinschaftsinitiativen, die zu etwa 400 Einzelprogrammen geführt haben, ein inzwischen beinahe unüberschaubarer „Förderdschungel" entstanden, der letztendlich mehr potentielle Antragsteller abschreckt als ermutigt. Eine Reform der Gemeinschaftsinitiativen war deshalb unerläßlich. Sie soll das Gemeinschaftsinteresse und den innovativen Charakter der Initiativen besser hervorbringen (Kommission 1997(1), 25). 5 % der Strukturfondsmittel für Verpflichtungen, also knapp 10 Mrd. Euro für den Zeitraum 2000 - 2006, sollen Gemeinschaftsinitiativen vorbehalten bleiben, hiervon mindestens 50 % der Initiative INTERREG[1].

(3) Die Vereinfachung der Verwaltung der Strukturfonds und der Mittelbewirtschaftung, indem die Dezentralisierung des Entscheidungsprozesses und die Herstellung eines Gleichgewichts zwischen Vereinfachung und Flexibilität in die Praxis umgesetzt werden und im Hinblick auf die rasche und effiziente Mittelvergabe die Zuständigkeiten der Mitgliedstaaten, ihrer Partner und der Kommission geklärt, der bürokratische Aufwand verringert und Beobachtung, Bewertung und Kontrolle verstärkt werden.[2]

(4) Die Beibehaltung des ursprünglich bis Ende 1999 befristeten Kohäsionsfonds und seine Mittel-Ausstattung mit 18 Mrd. Euro -Verpflichtungsermächtigungen- für den Zeitraum 2000 - 2006.

Für die Interventionen des Fonds gelten als einschränkende Bestimmungen (Kommission 1997(1), 25 f.), daß sie für diejenigen Mitgliedstaaten bestimmt sind, deren Pro-Kopf-Einkommen weniger als 90 % des Gemeinschaftsdurchschnitts beträgt, nur Vorhaben in den Bereichen Umwelt und transeuropäische Netze fördern und die Erstellung eines nationalen Programms mit dem Ziel, den wirtschaftlichen Konvergenzbedingungen im Sinne von Art. 104 des Unionsvertrages zu genügen, voraussetzen. Die vier bislang geförderten Mitgliedsländer Spanien, Portugal, Irland und Griechenland werden auch nach 1999 in vollem Umfang gefördert[3], wobei jedoch

---

[1] 1 % der Strukturfondsmittel sind zudem innovativen Hilfsmaßnahmen und der technischen Hilfe vorbehalten.

[2] Die Beteiligungssätze sind nach Zielen und Ländertypen gestaffelt. Für öffentliche Projekte gilt in Ziel 1-Gebieten normalerweise ein Höchstsatz von 75 % der Gesamtkosten (bzw. mindestens 50 % der zuschußfähigen öffentlichen Ausgaben), in Kohäsionsländern bei stichhaltiger Begründung 80 %, in extremer Randlage 85 %. Unter den Zielen 2 und 3 reduzieren sich die Sätze auf 50 % (25 %). Bei Unternehmensinvestitionen gelten die einschlägigen Regeln über Beihilfeintensität und Kumulierung.

[3] Obwohl Irland das Kriterium, ein pro-Kopf-Einkommen von weniger als 90 % des Gemeinschaftsdurchschnitts zu erzielen, eigentlich nicht mehr erfüllt.

im Hinblick auf das Einkommenskriterium (weniger als 90 % des Gemeinschafts-durchschnitts) im Jahr 2003 eine Überprüfung stattfinden soll.[1]

Neben den Strukturinstrumenten des Gemeinschaftshaushalts zielt auch ein erheblicher Teil der durch die Europäische Investitionsbank (EIB) vergebenen Darlehen auf eine Verbesserung der Regionalentwicklung in der Gemeinschaft.
Als mit eigener Rechtspersönlichkeit ausgestattete autonome Gemeinschaftsinstitution hat die Bank die Aufgabe, Investitionsvorhaben zu finanzieren, die zu einer ausge-wogenen Entwicklung der Gemeinschaft beitragen (vgl. Art. 267 EGV). Diese recht allgemein formulierte Aufgabenstellung erlaubt der EIB eine stetige Anpassung ihrer Tätigkeit an die Entwicklung der Gemeinschaftsprioritäten und die Bedürfnisse der Mitgliedstaaten. Dabei ist sie besonders der Stärkung des wirtschaftlichen und sozialen Zusammenhalts verpflichtet (EIB 1999, 2 ff.).
Innerhalb der Union beteiligt sich die Bank primär an der Finanzierung von Vorhaben, die zur Erreichung der folgenden Ziele beitragen:
- Entwicklung wirtschaftsschwacher Regionen
- Stärkung der internationalen Wettbewerbsfähigkeit der Industrie, insbesondere durch die Förderung von Spitzentechnologien sowie kleiner und mittlerer Unternehmen (KMU)
- Ausbau der Verkehrs- Energie- und Telekommunikationsinfrastruktur von gesamt-europäischem Interesse
- Schutz der natürlichen und städtischen Umwelt und Verbesserung des städtischen Lebensrahmens
- Vorbereitung der Beitrittsländer auf die Mitgliedschaft in der Union.
Das Kapital der Bank, das von den 15 Mitgliedstaaten nach einem festen Verteilungs-schlüssel, der auch z. T. die unterschiedliche Finanzkraft der Mitgliedstaaten berück-sichtigt (vgl. Art. 4 der EIB-Satzung), aufgebracht wird, ist mit Wirkung zum 1. 1. 1999 auf 100 Mrd. Euro erhöht worden, womit die Bank nunmehr Darlehen und Bürgschaften bis zu einem Gesamtbetrag von 250 Mrd. Euro (max. 250 % des gezeichneten Kapitals, vgl. Art. 18 Abs. 5 der Satzung) gewähren kann.
Von den im Jahre 1999 neu unterzeichneten Darlehen von insgesamt 31,8 Mrd. Euro betrafen rd. 27,8 Mrd. Euro Investitionen innerhalb der Union.[2] Hiervon kamen rd. 17 Mrd. Euro der Regionalentwicklung zugute (und hier vor allem den Bereichen Infrastruktur, Strukturverbesserungen ländlicher Gebiete, Wasser und Abwasser, Bildung und Gesundheit, Industrie und Landwirtschaft). Vorrangig finanziert wurden aber auch Investitionen im Bereich der transeuropäischen Netze außerhalb der Ziel Nr. 1-Gebiete, Vorhaben von KMU und Investitionen in den Bereichen Humankapital

---

[1] Die Länderorientierung des Fonds gestattet eine gemeinschaftliche Förderung im gesamten Hoheitsgebiet der weniger wohlhabenden Mitgliedstaaten. Dabei muß die gesamtwirtschaftliche Konditionalität gewahrt bleiben, was bedeutet, daß vom Kohäsionsfonds keine neuen Projekte und Projektphasen in einem Mitgliedstaat finanziert werden, falls der Rat auf Empfehlung der Kommission mit qualifizierter Mehrheit feststellen sollte, daß der Mitgliedstaat den Stabilitäts- und Wachstums-pakt nicht eingehalten hat.
[2] Darlehen von 2,4 Mrd. Euro dienten der Integration der Beitrittsländer in die Union, 1,6 Mrd. Euro unterstützten die Entwicklung in den Drittländern des Mittelmeerraumes, in Afrika, in der Karibik und im Pazifik (AKP-Staaten), in der Republik Südafrika sowie in Asien und Lateinamerika.

sowie Umwelt (da bestimmte Finanzierungen gleichzeitig mehreren Zielen dienen, ist bei einer Addition der Beträge verschiedener Rubriken Vorsicht geboten!).

3. Bildungs- und Sozialpolitik

In die lange Zeit heftig geführte Kontroverse, ob Sozialpolitik eine europäische Angelegenheit sei und welche Kompetenzen auf diesem Feld der Europäischen Union zustehen sollten, ist mit dem Amsterdamer Vertrag von 1997 (in Kraft getreten zum 01.05.1999) erhebliche Bewegung gekommen. Nachdem bis dahin lediglich ein sogenanntes „Sozialprotokoll" als Beiwerk zu den eigentlichen Vertragstexten existiert hatte, weil sich vor allem die britische Regierung jahr(zehnt)elang gegen eine Aufnahme sozialpolitischer Zielsetzungen und damit verbundene europäische Kompetenzen zur Wehr gesetzt hatte, wurden in Amsterdam einstimmig der Inhalt des Sozialprotokolls unter dem neuen Titel XI: „Sozialpolitik, allgemeine und berufliche Bildung und Jugend" sowie ein Kapitel „Beschäftigung" (vgl. den entsprechenden Titel VIII) in den EG-Vertrag aufgenommen. Allerdings sind gerade im Beschäftigungsbereich damit noch keine großen Kompetenzen für die Europäische Union verbunden, vielmehr ist die Union -ohne die Bereitstellung eigener Mittel- lediglich zur Koordination der mitgliedstaatlichen Beschäftigungspolitiken aufgerufen; darüber hinaus besitzt die Union keine Sanktionsmöglichkeiten bei nationalen Verstößen gegen Sozialbestimmungen.

Das Volumen der im Teileinzelplan B 3 des Gemeinschaftshaushalts („Allgemeine und berufliche Bildung, Jugend, Kultur, Audiovisueller Bereich, Information und Sonstige Sozialmaßnahmen") für sozialpolitische Maßnahmen *explizit* bereitgestellten Finanzmittel ist mit rd. 830 Mio. VE (Haushaltsjahr 2000) relativ gering (rd. 0,9 % des Gesamthaushalts). Dabei darf aber nicht übersehen werden, daß auch die gesamten Mittel des ESF sozialpolitischen Zielen zu dienen bestimmt sind.

4. Forschungs-, Technologie- und Industriepolitik

Nach Art. 3 lit. n EGV umfaßt die Tätigkeit der Europäischen Union die Förderung der Forschung und technologischen Entwicklung (FTE). Im einzelnen wird die FTE in Titel XVIII des EGV (Art. 163-173) behandelt. Nach Art. 163 EGV setzt sich die Gemeinschaft das Ziel, die wissenschaftlichen und technologischen Grundlagen der Industrie der Gemeinschaft und die Entwicklung ihrer internationalen Wettbewerbs-fähigkeit zu fördern sowie Forschungsmaßnahmen zu unterstützen. Dem liegt die Erkenntnis zugrunde, daß die Aufgaben des Art. 2 EGV, wie eine ausgewogene Entwicklung des Wirtschaftslebens und die Hebung der Lebensqualität in der Gemeinschaft, ohne die ständige technologische Weiterentwicklung der Wirtschafts-prozesse nicht zu erfüllen sind. „Förderung der wissenschaftlichen und technolo-gischen Grundlagen" bedeutet im Zusammenhang des Art. 163 EGV primär Unter-stützung der Zusammenarbeitsbestrebungen, damit die Unternehmen insbesondere die Möglichkeiten des Binnenmarktes voll nutzen können. Die europäische FTE ist damit eindeutig industrieorientiert. Im Vordergrund steht nicht die allgemeine Grund-lagenforschung, sondern die angewandte Forschung zur Steigerung der internationalen Wettbewerbsfähigkeit der Unternehmen (vgl. statt vieler Kohl und Bergmann 1998, 163).

Die Grundlage der EU-Forschungs- und Technologieförderung bilden jeweils mehrjährige Rahmenprogramme, in denen die prioritären Ziele und Aktionen der Gemeinschaft auf dem Forschungssektor global zusammengefaßt sind. Derzeit läuft das fünfte Rahmenprogramm (1998-2002), für das von der Gemeinschaft 15 Mrd. Euro veranschlagt worden sind. Schwerpunkte des Programms sind die Entwicklung des Humankapitalpotentials (Ausbildung und Mobilität von Forschern), die Erhöhung der Beteiligung von kleinen und mittleren Unternehmen als notwendige Bedingung für die strukturelle Entwicklung schwächerer Regionen sowie die Entwicklung der Informationsgesellschaft.[1]

Im Haushaltsplan 2000 sind für das Sachgebiet „Forschung und technologische Entwicklung" der Kommission (Teileinzelplan B 6) rd. 3,6 Mrd. Euro (VE) ausgewiesen.

Art. 157 EGV, der durch den Unionsvertrag vom 7. 2. 1992 in den EG-Vertrag eingefügt wurde, legt unter der Titelüberschrift „Industrie" und in Ausführung von Art. 3 lit. m EGV fest, daß die Gemeinschaft und die Mitgliedstaaten für die Gewährleistung der notwendigen Voraussetzungen für die Wettbewerbsfähigkeit der Industrie in der Gemeinschaft Sorge tragen. Zu diesem Zweck soll die Tätigkeit der Gemeinschaft
- die Anpassung der Industrie an die strukturellen Veränderungen erleichtern
- ein für die Entwicklung der Unternehmen in der Gemeinschaft, insbesondere der kleinen und mittleren Unternehmen (KMU), günstiges Umfeld schaffen
- ein für die Zusammenarbeit zwischen Unternehmen günstiges Umfeld fördern
- zu einer besseren Nutzung des industriellen Potentials in den Bereichen Innovation, Forschung und technologische Entwicklung beitragen.
Diese Ziele sind im Rahmen eines Systems „offener und wettbewerbsorientierter Märkte" (vgl. Art. 157 Abs. 1 und 2) zu verwirklichen; die industriepolitische Aufgabe berechtigt die Gemeinschaft nicht zu dirigistischen oder wettbewerbsverzerrenden Eingriffen.[2]
Der der Industriepolitik durch den Gemeinschaftshaushalt explizit zugewiesene Mittelrahmen ist mit insgesamt 2 Mio. Euro VE und knapp 89 Mio. Euro ZE für 2000 (vgl. die entsprechenden Mittelansätze unter Titel B 5-4 des Haushaltsplans) verschwindend gering. Zwar wird durch die Querschnittsklausel des Art. 157 Abs. 3 EGV die Europäische Union verpflichtet, im Rahmen ihrer anderen Politikbereiche die Belange der (in Abs. 1 bezeichneten) Industriepolitik zu berücksichtigen. Dennoch ist die Union bis heute weit davon entfernt, eine eigenständige Industriepolitik zu betreiben oder betreiben zu können.

5. Energie- und Umweltpolitik

Die ausreichende Versorgung mit sicherer und billiger Energie ist für die ökonomische Entwicklung eines zusammenhängenden Wirtschaftsraums wie der EU von

---

[1] Im Gegensatz zu anderen EU-Fördermaßnahmen kennt die Forschungsförderung keine nationalen Quoten, vielmehr müssen grundsätzlich alle geförderten Projekte grenzüberschreitend sein, d.h. Wissenschaftler aus mehr als einem Mitgliedstaat beteiligen.

[2] Vielmehr gilt auch im Rahmen des Art. 157 EGV „die generelle Orientierung für die Wirtschaftspolitik der Gemeinschaft und der Mitgliedstaaten aufgrund von Art. 4 Abs. 1, 98 EGV, wonach die Wirtschaftspolitik dem Grundsatz einer offenen Marktwirtschaft mit freiem Wettbewerb verpflichtet ist" (Breier, Art. 130 EGV a.F., Anm. 3. In: Lenz 1994).

fundamentaler strategischer Bedeutung, ihre Nutzung und Vermarktung eng an ein funktionierendes, grenzüberschreitendes Versorgungsnetz gebunden. Andererseits sind die Mitgliedstaaten der Europäischen Union nach wie vor auf keinem anderen Gebiet derart von Einfuhren aus dem Weltmarkt abhängig wie auf dem Energiesektor.

In Anbetracht dieser Umstände mag es verwundern, daß eine „gemeinschaftliche Energiepolitik" bis heute „eigentlich nicht existiert" (so etwa Bergmann und Kohl 1998, 189). Vorschriften zur Energiepolitik enthalten außerhalb des Kohle- und Nuklearbereichs lediglich Art. 3 Nr. u EGV, der bestimmt, daß die Tätigkeit der Gemeinschaft i. S. d. Art. 2 EGV nach Maßgabe des EGV auch Maßnahmen im Bereich der Energie umfaßt und damit eine allgemeine Handlungsbasis für die Gemeinschaft im Energiesektor enthält, sowie Art. 154 EGV, der zur Erreichung der Ziele des Binnenmarktes und zur Verwirklichung des wirtschaftlichen und sozialen Zusammenhalts in der Gemeinschaft den Auf- und Ausbau transeuropäischer Netze in den Bereichen Verkehrs-, Telekommunikations und *Energieinfrastruktur* vorsieht.

Auch die der Energiepolitik *explizit* zugewiesenen Gemeinschaftsmittel sind vergleichsweise gering. So machten die im Haushalt 2000 im Teileinzelplan B 4 unter den Posten B 4-1 (Energie) und B 4-2 (Euratom-Sicherheitsüberwachung) vorgesehenen Mittel zusammen gerade einmal 53,5 Mio. Euro (VE) aus, während die Europäische Gemeinschaft für Kohle und Stahl (EGKS) entsprechend einem Beschluß der Kommission von 1994 (ABl C 175/1994), durch den ein reibungsloser Übergang zu der Zeit nach Auslaufen des EGKS-Vertrages (2002) sichergestellt werden soll, seit 1998 keine neuen Darlehensverträge mehr abschließt und folglich keine neuen Anleihen mehr aufnimmt. [1]

Dabei darf aber nicht übersehen werden, daß zum einen die Europäische Union im Rahmen der Förderung des Auf- und Ausbaus der Transeuropäischen Netze auch Netze der Energieinfrastruktur finanziert (vgl. dazu im folgenden unter 6.) und daß zum andern gerade im Energiebereich die Europäische Investitionsbank in den vergangenen Jahren in erheblichem Umfang Darlehen vergeben hat (so wurden allein in den Jahren 1995-1999 rd. 14 Mrd. Euro an Darlehen zur Sicherung der Energieversorgung ausgereicht, davon 21 % zur Erschließung einheimischer Ressourcen, 27 % zur Diversifizierung der Einfuhren und 52 % für eine rationelle Energienutzung).

Seit Beginn der 70er Jahre betreibt die Gemeinschaft eine gemeinsame Umweltpolitik, zunächst ohne explizite Ermächtigung im Rahmen einer extensiven Auslegung der Art. 94, 308 EGV (n. F.), später vor allem auf der Grundlage der durch die Einheitliche Europäische Akte 1996 in den EG-Vertrag eingefügten spezifischen Umweltschutzbestimmungen der Art. 174-176 (vgl. Titel XIX des Dritten Teils: Umwelt).

Die Ziele einer gemeinsamen Umweltpolitik sind die Erhaltung und der Schutz der Umwelt und die Verbesserung ihrer Qualität, der Schutz der menschlichen Gesundheit, die umsichtige und rationale Verwendung der natürlichen Ressourcen sowie die Förderung von Maßnahmen auf internationaler Ebene zur Bewältigung regionaler oder globaler Umweltprobleme (vgl. Art. 174 Abs. 1 EGV). Dabei soll den Grundsätzen der

---

[1] Die EGKS hat die Aufgabe, „zur Ausweitung der Wirtschaft, zur Steigerung der Beschäftigung und zur Lebenshaltung in den Mitgliedstaaten beizutragen" und „in fortschreitender Entwicklung die Voraussetzungen zu schaffen, die von sich aus die rationellste Verteilung der Erzeugung auf dem höchsten Leistungsstandard sichern" (vgl. Art. 2 EGKSV).

Vorsorge und Vorbeugung, dem Ursprungsprinzip und dem Verursacherprinzip Rechnung getragen werden.

Hauptinstrument zur Umsetzung der Umweltpolitik sind mehrjährige, unmittelbar aneinander anschließende Aktionsprogramme.

Betrachtet man den unter dem Titel 3: „Umwelt" des Teileinzelplans B 4 ausgewiesenen Budgetansatz im EU-Gesamthaushalt (VE 2000: 41,7 Mio. Euro), so scheint dieser Betrag verschwindend gering gegenüber den für andere Gemeinschaftspolitiken zur Verfügung stehenden Mitteln. Dem entspricht die Regelung des Art. 175 Abs. 4 EGV, wonach die Mitgliedstaaten, unbeschadet bestimmter Maßnahmen gemeinschaftlicher Art, für die Finanzierung und Durchführung der Umweltpolitik Sorge tragen, die Mitgliedstaaten also im Bereich der Umweltpolitik die anfallenden Ausgaben primär selbst zu bezahlen haben. Dabei muß jedoch berücksichtigt werden, daß durch die mit dem Amsterdamer Vertrag neu eingefügte sog. Querschnittsklausel des Art. 6 EGV die Organe der Gemeinschaft verpflichtet werden, die Belange des Umweltschutzes bei der Festlegung und Durchführung anderer Gemeinschaftspolitiken miteinzubeziehen; dies betrifft insbesondere die Schwerpunktbereiche Verkehr, Energie und Landwirtschaft (Europäische Kommission, Gesamtbericht 1998, Ziffer 484). Zum andern, und dies ist noch wichtiger, wird jedes Jahr ein beträchtlicher Betrag aus den Strukturinstrumenten der Gemeinschaft direkt oder indirekt für umweltpolitische Anliegen aufgewendet. Dies gilt einmal für den Einsatz der drei traditionellen Strukturfonds der Union im Rahmen der -ursprünglich sechs, jetzt drei- prioritären Förderziele (eine geschädigte Umwelt ist oftmals gerade ein Kennzeichen benachteiligter Regionen, in diesen Fällen kann eine vernünftige regionale Entwicklungspolitik nur betrieben werden, wenn eine solche einher geht mit einer stringenten Umweltpolitik); dies gilt in besonderem Maße aber auch für den Kohäsionsfonds zugunsten der weniger wohlhabenden Mitgliedstaaten, zu dessen Aufgaben neben dem Ausbau der Verkehrsinfrastruktur Vorhaben auf dem Gebiet des Umweltschutzes zählen (so wird inzwischen etwa die Hälfte der Ausgaben des Kohäsionsfonds Umweltprojekten, vor allem in den Bereichen Wasserversorgung, Abwasserbehandlung, Abfallentsorgung und Bekämpfung der Bodenerosion, gewidmet). Ferner gewinnen im Bereich der gemeinschaftlichen Forschungs- und Entwicklungspolitik Ausgaben für Umweltprojekte eine immer größere Bedeutung. Und schließlich -nicht zuletzt- spielen auch im Bereich der Umweltpolitik Darlehen der Europäischen Investitionsbank eine ganz entscheidende Rolle (so lag das Gesamtvolumen der in den Jahren 1995-1999 zur Erhaltung der städtischen und natürlichen Umwelt vergebenen EIB- Darlehen bei rd. 25 Mrd. Euro).

6. Verkehrspolitik und transeuropäische Netze

Eine gemeinsame Politik auf dem Gebiet des Verkehrs gehört nach Art. 3 lit. f EGV zu den Tätigkeiten, die der Gemeinschaft zur Erfüllung ihrer Aufgaben nach Art. 2 obliegen. Die gemeinsame Verkehrspolitik (vgl. Art. 70-80 EGV) ist notwendiger Bestandteil der Verwirklichung eines Europäischen Binnenmarktes; ohne leistungsfähige Verkehrsnetze könnten zwei Grundprinzipien der Europäischen Gemeinschaft, der freie Warenverkehr und die Freizügigkeit der Bürger, nicht realisiert werden (Europäische Kommission 1993 (2), 1). Oberstes Ziel der gemein-schaftlichen Verkehrspolitik ist deshalb die Liberalisierung des Dienstleistungsmarktes in sämtlichen Verkehrsbereichen. Zur Verwirklichung dieses Ziels wurden u. a.

- im Bereich des Straßenverkehrs zum 01. 01. 1993 die Warenkontrollen an den Grenzen zwischen den Mitgliedstaaten und die Mengenbeschränkungen (Kabotagen) für Unternehmen aus der Gemeinschaft aufgehoben
- im Luftverkehr die Bestimmungen über die Nutzung und Aufteilung der Beförderungskapazitäten liberalisiert
- im Eisenbahnverkehr die Nutzung des Schienennetzes der Mitgliedstaaten für den internationalen Verkehr liberalisiert sowie Maßnahmen für eine größere Effizienz des kombinierten Verkehrs (Schiene/Straße und Schiene/See) getroffen
- im Bereich der Seeschiffahrt nationale Mengenbeschränkungen abgeschafft sowie Maßnahmen zur Aufrechterhaltung der Gemeinschaftsflotte und zur Sicherung von Arbeitsplätzen getroffen.
Für die Verkehrspolitik (ohne Verkehrsinfrastruktur) standen im Haushaltsjahr 2000 rd. 20 Mio. Euro (VE) zur Verfügung (vgl. Titel B 2-7 des Gesamthaushaltsplans). Zwar ist dieser Betrag vergleichsweise gering, doch besteht der Beitrag der gemeinsamen Verkehrspolitik zur Verwirklichung der Ziele des Art. 2 EGV weniger in der Bereitstellung bestimmter Mittel als vielmehr in der Zusammenführung und Koordinierung der Binnenverkehrssysteme der Mitgliedstaaten zu einem gemeinschaftlichen Verkehrssystem und dessen Liberalisierung.

Im Vertrag von Maastricht ist der Ausbau transeuropäischer Verkehrs-, Telekommunikations- und Energieinfrastrukturnetze zu einer vorrangigen Gemeinschaftsaufgabe erhoben worden (vgl. den neu eingefügten Titel XV, Art. 154-156 EGV). Er dient der Vollendung des Binnenmarktes gemäß Art. 14 und der Stärkung der regionalen Strukturpolitik (Art. 158 EGV) durch Verbesserung der grenzüberschreitenden Infrastruktur. Das Ziel ist die Integration der nationalen Netze zu einem gesamteuropäischen Netz, die Beseitigung von Engpässen und Lücken der nationalen Netze, die Einbeziehung der am Rande Europas gelegenen Regionen in das Verkehrsnetz und der Ausbau des europäischen Netzes nach Mittel- und Osteuropa. Die transeuropäischen Netze „verleihen dem Binnenmarkt eine zusätzliche Dimension." Sie sind erforderlich, „um die Entfernungen zwischen den Randgebieten und den zentral gelegenen Gebieten der Europäischen Union zu verkürzen" und ermöglichen damit „eine Dezentralisierung der europäischen Wirtschaft", was nach Ansicht der Europäischen Kommission insbesondere den kleinen und mittleren Unternehmen der Gemeinschaft zugute kommen wird (vgl. Europäische Kommission 1994 (3), 2).
Schwerpunkte der Politik der Union im Bereich der transeuropäischen Netze waren bzw. sind
- in der Straßenverkehrsinfrastruktur der Bau grenzüberschreitender Straßen- insbesondere Autobahnverbindungen
- auf dem Gebiet des Eisenbahnverkehrs der Bau eines Hochgeschwindigkeitsnetzes
- im Luftverkehrssektor vorrangig die Vereinheitlichung der Flugverkehrskontrollsysteme
- im Energiebereich der Ausbau und Verbund der Stromübertragung und Erdgasnetze im Hinblick auf eine größere Versorgungssicherheit und eine optimale Nutzung der Produktionskapazitäten und im
- Telekommunikationssektor die Förderung des Ausbaus von Breitbandnetzen (sog. Datenautobahnen) und elektronischer Dienste (elektronische Post, Telearbeit), die den

Unternehmen über die europäischen Netze zugänglich sind sowie eine stärkere Angleichung der nationalen Netz- und Gebührensysteme.

Dabei soll die Hauptzuständigkeit für den Auf- und Ausbau der transeuropäischen Netze weiterhin bei den Mitgliedstaaten und natürlich den Betreibern verbleiben. Die Europäische Union will jedoch eine „Katalysatorfunktion" ausüben, indem sie u. a.

- die Arbeit der Mitgliedstaaten koordiniert
- Kontakte zwischen Investoren, Nutzern, Industrieunternehmen und Forschungs-instituten fördert
- durch die Schaffung gemeinsamer Normen dazu beiträgt, daß die verschiedenen Teile der transeuropäischen Netze miteinander kompatibel sind
- Anreize für private Investoren schafft durch Pilotvorhaben, Durchführbarkeits-studien, Bürgschaften, Zinsvergünstigungen, Darlehen u. a. mehr.

Der Auf- und Ausbau der transeuropäischen Netze erfordert nach Schätzungen der Europäischen Kommission je nach angestrebtem Integrationsgrad im Zeitraum 1995-2005 Investitionsaufwendungen zwischen 500 und 700 Mrd. Euro (zu Preisen von 1994; vgl. Europäische Kommission 1997 (5), 141 ff.), doch stehen dem nach Kommissionsberechnungen Kosteneinsparungen durch Liberalisierungseffekte allein im Zeitraum bis 2005 von mehreren hundert Mrd. Euro gegenüber, so daß sich ein Großteil der Ausgaben relativ rasch amortisieren würde. Der größte Teil der Mittel müßte zwangsläufig in den Mitgliedstaaten selbst durch Privatinvestitionen (vor allem in den Bereichen Telekommunikation, Energie und Luftverkehr) oder durch öffent-liche Unternehmen aufgebracht werden. Die Europäische Union hat aber immerhin im Zeitraum 1994-1999 zum Ausbau der transeuropäischen Verkehrs-, Energie- und Tele-kommunikationsnetze rd. 20 Mrd. Euro an Haushaltsmitteln bereitgestellt (neben dem Haushaltsposten B 5-7: Transeuropäische Netze -VE z. B. 1999 rd. 580 Mio. Euro- vor allem über die Strukturfonds der Union sowie den Kohäsionsfonds), hinzu kamen Darlehen der Europäischen Investitionsbank von -je nach Definition des Begriffs „Infrastruktur"- 50-60 Mrd. Euro allein im Zeitraum 1995-1999 (allerdings liegen hier Überschneidungen mit den bereits dem Bereich „Regionalentwicklung" zugeordneten Darlehen vor).

II. Die Finanzierung der Unionsausgaben

Die Arbeit der Gemeinschaft wurde zunächst ausschließlich durch Finanzbeiträge finanziert, die gemäß Art. 200 EGV a. F. nach einem festen Aufbringungsschlüssel von den Mitgliedstaaten abgeführt wurden. Seit 1970 werden diese Beiträge durch sog. Eigenmittel der Gemeinschaft ersetzt. Allerdings ist die Bezeichnung „Eigenmittel" insofern irreführend, als die Gemeinschaft mitnichten über autonom kontrollierte Einnahmequellen etwa in Form einer Steuerkompetenz verfügt.

Die für das System der Eigenmittel im wesentlichen bis Ende 2001 maßgebliche Rechtsgrundlage ist der Eigenmittelbeschluß des Rates vom 31. 10. 1994 (ABl L 293/1994). Danach werden zur Gemeinschaftsfinanzierung (vor allem, s.u.) die folgenden Einnahmequellen herangezogen:

1. *Zölle* und
2. *Agrarabschöpfungen*

die im Rahmen der Gemeinsamen Agrar- und der Gemeinsamen Handelspolitik erhoben werden. Diese mit Beschluß vom 21. 4. 1970 eingeführten, „traditionellen" Eigenmittel haben noch am ehesten den Charakter einer autonomen Finanzierungsquelle, weil sie im Rahmen der Gemeinschaftspolitik anfallen.[1][2]
Agrarabschöpfungen werden erhoben, wenn landwirtschaftliche Erzeugnisse, die EU-Marktordnungen unterliegen, aus Drittländern importiert werden. Sie dienen insbesondere dazu, den Preisunterschied zwischen den Weltmarktpreisen und den meist höheren EU-Preisen auszugleichen, um auf diese Weise dem Prinzip der Gemeinschaftspräferenz Geltung zu verschaffen.
Zölle sind ihrem Wesen nach indirekte Steuern, die auf eingeführte Waren aus Nichtmitgliedstaaten (Drittländern) erhoben werden. Ihr Gesamtvolumen ergibt sich aus der Anwendung eines Gemeinsamen Zolltarifs auf den Zollwert der eingeführten Waren aus Drittländern.
Die relative Bedeutung der Einnahmen aus Zöllen und Agrarabschöpfungen ist in den letzten Jahren kontinuierlich zurückgegangen. So erreichten die Einnahmen aus Zöllen im Jahr 2000 nur noch einen Anteil von 13,0 %, die aus Agrarabschöpfungen und Zuckerabgaben einen Anteil von knapp 2,3 % (jeweils unter Abzug des den Mitgliedstaaten zustehenden Einbehalts von 10 % der Erhebungskosten) der Gesamteinnahmen des Gemeinschaftshaushalts. Zu diesem Bedeutungsschwund trägt bei den Agrarabschöpfungen die Absenkung der Garantiepreise und bei den Zöllen die Handelsliberalisierung im Rahmen der Welthandelsorganisation (WTO) bei.

3. *Mehrwertsteuer-Eigenmittel*
Die Mehrwertsteuer-Eigenmittel wurden 1975 eingeführt und stellen einen rechtlich abgesicherten Anteil am Umsatzsteueraufkommen der Mitgliedstaaten dar. Sie werden durch die Anwendung eines für alle Mitgliedstaaten gleichen Abrufsatzes auf die nach Gemeinschaftsvorschriften einheitlich definierte Mehrwertsteuerbemessungsgrundlage berechnet.[3]

---

[1] Zwar sind Agrarabschöpfungen Haushaltseinnahmen, die von vorne herein der Gemeinschaft zustehen und von ihr autonom festgesetzt werden. Sie sind jedoch nicht primär als fiskalische Einnahmequelle gedacht, d. h. sie werden nicht zur Erzielung möglichst hoher Einnahmen erhoben, sondern zur Durchsetzung der Ziele der Gemeinsamen Agrarpolitik, vgl. etwa Strasser 1992, 94. Nicht zu den Eigenmitteln rechnen die Abgaben, die im Bereich der Agrarmarktordnungen innerhalb der Gemeinschaft erhoben werden, wie etwa die Mitverantwortungsabgaben im Milch- und Getreidesektor. Trotz der z. T. beträchtlichen finanziellen Ergiebigkeit gelten sie als ein Teil der Interventionen zur Regulierung der Agrarmärkte und haben somit im wesentlichen wirtschaftlichen Charakter.

[2] Von den Agrarabschöpfungen im eigentlichen Sinn zu trennen sind die Produktionsabgaben auf Zucker und Isoglukose. Mit den Zuckerabgaben leisten die Unternehmen des Zuckersektors Ausgleichszahlungen, um im Rahmen der Gemeinsamen Marktordnung für Zucker die Marktstützungsausgaben zu decken (Produktionsabgaben) oder einen regelmäßigen Zuckerabsatz zu gewährleisten (Lagerkostenabgaben). Die im Jahre 1977 eingeführten Abgaben auf die Isoglukoseproduktion haben dieselbe Funktion, wenngleich die Isoglukose kein landwirtschaftliches Erzeugnis ist.

[3] Dies ist notwendig, weil die Mitgliedstaaten immer noch unterschiedliche nationale Mehrwertsteuersätze und Bemessungsgrundlagen haben, was beispielsweise die Befreiung oder die Anwendung eines ermäßigten Steuersatzes bei bestimmten Geschäftsvorgängen oder Produktgruppen angeht.

Wegen ihres (vermeintlich) regressiven Charakters -nach Berechnungen der Union führt die Finanzierung des Gemeinschaftshaushalts über das Mehrwertsteuerauf-kommen zu einer überproportionalen Belastung der weniger wohlhabenden Mitglied-staaten, die einen größeren Anteil ihres Bruttosozialprodukts für Konsumzwecke auszugeben hätten (vgl. dazu etwa Timmann 1990, 40 und im folgenden Kap. F IV.1.)- wird die MwSt-Bemessungsgrundlage eines Mitgliedstaates allerdings seit 1988 nicht mehr in vollem Umfang bei der Berechnung der abzuführenden MwSt-Eigenmittel herangezogen, sondern nur noch in Höhe von max. 55, seit 1999 50 % des Bruttoso-zialprodukts des jeweiligen Mitgliedstaats.

Der einheitliche Abrufsatz selbst liegt seit 1999 wieder bei max. 1,0 % der MwSt Bemessungsgrundlage, nachdem er bei Einführung der MwSt-Eigenmittel zwar eben-falls 1,0% betragen hatte, zwischenzeitlich aber auf bis zu 1,4 % der Bemessungs-grundlage angestiegen war (Veranschlagung der EU für das Haushaltsjahr 2000: 0,86 %; der im Laufe des Jahres 2000 tatsächlich abgerufene Satz lag mit rd. 0,90 % etwas höher).

Der Anteil der MwSt-Einnahmen an den Gesamteinnahmen des Gemeinschaftshaus-halts lag im Jahre 2000 bei rd. 38,1 %.

4. Bruttosozialprodukt (BSP)-Eigenmittel

Nachdem das Aufkommen der bis dahin bestehenden Einnahmequellen Zölle, Agrarabschöpfungen und MwSt-Einnahmen (auf der Basis der seinerzeit geltenden MwSt-Obergrenze von 1,4 % der Bemessungsgrundlage) Mitte der 80er Jahre nahezu erschöpft war, erschien eine umfassende Finanzreform unumgänglich. Der Beitritt Spaniens und Portugals im Jahre 1986 und der mit der Unterzeichnung der Einheitlichen Europäischen Akte im Februar 1986 verbundene Aufgabenzuwachs der Gemeinschaft gaben weiteren politischen Antrieb für eine solche Reform. Die schließlich im Jahre 1988 beschlossene Neuordnung der Gemeinschaftsfinanzen hatte zum Ziel, den Finanzrahmen der Gemeinschaft auf ein operables Maß zu erweitern und das Finanzierungssystem stärker am Wohlstand der Mitgliedstaaten auszurichten. Im Hinblick darauf wurde mit den sog. BSP-Eigenmitteln eine Einnahmequelle geschaffen, die einerseits eine bessere Progression des gemeinschaftlichen Finanz-systems durch Anpassung der Beiträge jedes Mitgliedstaates an sein reales Wohl-standsniveau gewährleistet und zum andern dem Postulat nach einer stabilen und mittelfristig angemessenen Haushaltsentwicklung Rechnung trägt.[1]

Art. 2 Abs. 1 lit. d des Ministerratsbeschlusses zur Finanzreform 1988 definiert BSP-Eigenmittel als diejenigen „Einnahmen, die sich ergeben aus der Anwendung eines im Rahmen des Haushaltsverfahrens unter Berücksichtigung aller sonstigen Einnahmen festzulegenden Satzes auf den Gesamtbetrag des Bruttosozialprodukts aller Mitglied-staaten, das nach gemeinschaftlichen Regeln ... festgesetzt wird." Die BSP-Eigenmittel haben die Funktion, den Gemeinschaftshaushalt, dem im Gegensatz zu den nationalen Haushalten die Kreditaufnahme versagt ist, auszugleichen. Der Ausgleich zwischen Ausgaben und Einnahmen wird durch die BSP-Eigenmittel vereinfacht gesprochen folgendermaßen erreicht: Die nach Addition der anderen Eigenmittelarten

---

[1] Erstmals mit der Finanzreform 1988 wurde auch eine alle Eigenmittel umfassende Gesamtober-grenze eingeführt, der zufolge ihr Gesamtbetrag 1,2 % des Bruttosozialprodukts der Gemeinschaft nicht überschreiten durfte.

verbleibende Finanzierungslücke wird durch die Mitgliedstaaten proportional zum Anteil des nationalen BSP am EU-BSP getragen. Im Haushaltsjahr 2000 machten die BSP-Eigenmittel rd. 42,3% der Gesamteinnahmen des Gemeinschaftshaushalts aus.

Seit 1985 wird mit der Begründung, Großbritannien trage im Verhältnis zu seinem Sozialprodukt und seinen jährlichen Rückflüssen aus dem Gemeinschaftshaushalt[1] eine zu große Last bei der Finanzierung des Gemeinschaftshaushalts, der nach den o. g. Vorschriften zunächst ermittelte Finanzierungsanteil des Landes um einen Korrekturbetrag, auch „Ausgleichsbetrag" genannt, gekürzt. Diesen finanzieren die übrigen Mitgliedstaaten über zusätzliche MwSt-Eigenmittel und insoweit als die MwSt-Kappung überschritten wird, auch über weitere BSP-Eigenmittel.[2]

Die genannten Eigenmittel werden durch eine Reihe weiterer Einnahmeposten im Gemeinschaftshaushalt ergänzt; hierzu zählen vor allem Steuern und Sozialabgaben aus den Löhnen und Gehältern der EU-Bediensteten, Geldbußen und Verzugszinsen, Einnahmen aus Verwaltungstätigkeiten, Einnahmen aus Vermögensveräußerungen, Dienstleistungsvergütungen sowie eventuelle Überschüsse aus dem Vorjahr[3]. Dabei haben -fallweise- allerdings nur letztere eine gewisse Bedeutung (im Haushaltsjahr 2000 rd. 3,2 Mrd. Euro), während die übrigen Positionen volumensmäßig insgesamt verschwindend gering sind.

Mit der Entscheidung über die Agenda 2000 im Jahre 1999 ist auch die Gemeinschaftsfinanzierung einer grundlegenden Revision unterzogen worden. Dies führte zur Verabschiedung des Ratsbeschlusses vom 29. 09. 2000 „über das System der Eigen-

---

[1] Maßgeblich für die geringen Rückflüsse aus dem Gemeinschaftshaushalt war in erster Linie die relativ geringe Agrarproduktion Großbritanniens.

[2] Dabei wird wiederum der Ausgleichsanteil Deutschlands und ab 2002 auch der Ausgleichsanteil Österreichs, Schwedens und der Niederlande wegen dessen/deren hoher Nettozahlerposition zu Lasten der anderen Länder um einen bestimmten Prozentsatz reduziert (s. u.).

[3] Art. 268 Abs. 3 EGV (vgl. auch Art. 171 Abs. 1 S. 2 EuratomV) bestimmt als Regel für den Haushaltsplan der Union: „Der Haushaltsplan ist in Einnahmen und Ausgaben auszugleichen". Der Grundsatz des Haushaltsausgleichs ist bei der Aufstellung und Feststellung des Haushaltsplans streng gewahrt. Der endgültig festgestellte Haushaltsplan ist notwendigerweise in Einnahmen und Ausgaben ausgeglichen. Bei der Ausführung des Haushaltsplans wird es dagegen in aller Regel sowohl bei den Einnahmen als auch bei den Ausgaben zu Abweichungen von den Haushaltsansätzen kommen. Abweichungen bei den Einnahmen können dabei in beiden Richtungen auftreten (wenn z. B. das tatsächliche Volumen der zollpflichtigen Einfuhren höher oder niedriger ist als das im Haushaltsplan prognostizierte), während die Ausgaben, da die bewilligten Mittelbeträge keinesfalls überschritten werden dürfen, die Haushaltsansätze allenfalls erreichen oder -was die Regel darstellt- hinter diesen zurückbleiben können. In der Praxis können somit zweierlei Situationen auftreten: die Einnahmen eines Haushaltsjahres übersteigen seine Ausgaben, was einen Nettoüberschuß zur Folge hat oder die Einnahmen bleiben hinter den Ausgaben des Haushaltsjahres zurück, so daß ein Haushaltsdefizit entsteht.
Art. 27 der EU-Haushaltsordnung bestimmt nun, daß „der Saldo des Haushaltsjahres ... -je nachdem, ob es sich um einen Überschuß oder ein Defizit handelt- auf der Einnahmenseite oder auf der Ausgabenseite im Haushaltsplan des darauffolgenden Haushaltsjahres anläßlich des Berichtigungshaushaltsplanes ... verbucht [wird]".

mittel der Europäischen Gemeinschaften" (ABl L 253/2000), dessen wesentliche Punkte sind:

- Für den Zeitraum 2000 bis 2006 wird die bislang geltende Eigenmittelobergrenze in Höhe von 1,27 % des gemeinsamen BSP der Mitgliedstaaten (für Zahlungen; 1,335 % für Verpflichtungen) für erforderlich, aber auch für ausreichend erachtet.[1]

- Um der Beitragskapazität der einzelnen Mitgliedstaaten stärker Rechnung tragen zu können und für die weniger wohlhabenden Mitgliedstaaten die nach Ansicht des Rates regressiven Elemente im derzeitigen Eigenmittelsystem zu korrigieren, wird der maximale Abrufsatz für die MwSt-Eigenmittel ab 2002 auf 0,75 und ab 2004 auf 0,50 % der MwSt-Bemessungsgrundlage reduziert.

- Die traditionellen Eigenmittel Zölle und Abschöpfungen werden beibehalten, der von den Mitgliedstaaten für Erhebungskosten einbehaltene Satz jedoch -mit Wirkung ab dem Jahr 2001- von bis dato 10 % auf 25 % erhöht.

- Angesichts der Ungewißheit über die weitere Entwicklung des relativen Wohlstandes des Vereinigten Königreichs -gerade vor dem Hintergrund der sich abzeichnenden Gewichtsverschiebung innerhalb der EU-Eigenmittel- soll der bisherige Ausgleichsmechanismus zugunsten Großbritanniens zunächst beizubehalten, jedoch nach dem ersten Beitritt überprüft werden.[2] Die Finanzierung des britischen Abschlags durch die anderen Mitgliedstaaten wird so geändert, daß der Anteil Österreichs, Deutschlands, der Niederlande und Schwedens an der Finanzierung auf 25 % ihres normalen Anteils reduziert wird. Die Anpassung der Finanzierungsanteile erfolgt durch eine Anpassung der BSP- Grundlagen.

- Sollten sich im Laufe der nächsten Jahre eklatante Haushaltsungleichgewichte ergeben (Einflußfaktoren hierfür können u. a. das Gesamtvolumen der Ausgaben, der Inhalt der Reformen der bisherigen Politik, die Zusammensetzung der Ausgaben sowie die Struktur der Eigenmittel sein), so sollen diese in erster Linie durch Einsparungen im Ausgabenbereich der Gemeinschaft beseitigt werden. Zugleich sollen Mitgliedstaaten mit einer Haushaltsbelastung, die an ihrem relativen Wohlstand gemessen exzessiv ist, gegebenenfalls in den Genuß einer Berichtigung kommen.

- Zwar wurde die Ablösung oder Ergänzung des bisherigen Einnahmesystems durch eine neue, autonome Einnahmequelle in Form einer EU-Steuer zum gegenwärtigen Zeitpunkt abgelehnt, doch wurde die Kommission gleichzeitig aufgefordert, "eine allgemeine Überprüfung des Eigenmittelsystems einschließlich der Auswirkungen der Erweiterung bis zum 1. Januar 2006 durchzuführen", deren Bestandteil „auch die

---

[1] Dieser Einschätzung liegen folgende Prämissen zugrunde:
- Die Erweiterung der Gemeinschaft um die sechs Beitrittskandidaten Polen, Ungarn, Tschechische Republik, Slowenien, Estland und Zypern zum 1.1.2002, spätestens 2003.
- Ein jährliches reales Wirtschaftswachstum in der heutigen 15er Gemeinschaft in Höhe von 2,5% und in den Beitrittsländern in Höhe von 4 %. Damit werden nach heutigen Berechnungen bis 2006 rd. 20 Mrd. Euro zusätzlich verfügbar sein.
- Die Konzentration von Strukturfondsmitteln in der heutigen Gemeinschaft: der in den förderungsberechtigten Regionen wohnende Bevölkerungsanteil soll von derzeit 51 % auf höchstens 42 % sinken. Eine Verringerung der Förderziele von 6 auf 3 soll zu dieser Konzentration beitragen.
- Reformen in der Agrarpolitik, die auf einen weiteren Ersatz von Preisstützungen durch direkte Einkommensbeihilfen und deren partielle Kofinanzierung durch die Mitgliedstaaten hinauslaufen.
[2] Allerdings wird durch technische Korrekturen sichergestellt, daß das Vereinigte Königreich keine zusätzlichen Gewinne („Windfall-Profits") aus Veränderungen des Finanzierungssystems und der Osterweiterung zieht.

Frage der Schaffung neuer autonomer Eigenmittel" sein soll (vgl. Kommission 1999 (1), 17).

III. Effizienz- und Verteilungswirkungen der Gemeinschaftspolitiken

Will man die Effizienz der EU-Finanzverfassung beurteilen, dann kann dies systemimmanent geschehen, indem die wichtigsten der derzeit bestehenden Ausgaben- und Einnahmekategorien einer wohlfahrtstheoretischen Würdigung unterzogen werden, ohne an der historisch gewachsenen Grundstruktur der Einnahmen- und Ausgabenseite des Gemeinschaftshaushalts zu rütteln; es können aber darüber hinausgehend auch die grundlegenden Konstruktionsmerkmale der gegenwärtigen Finanzverfassung auf den Prüfstand gestellt und die Frage aufgeworfen werden, welche Aufgaben die Europäische Union aus dem Blickwinkel der ökonomischen Theorie des Föderalismus, ergänzt um wesentliche Überlegungen der politökonomischen Theorie, überhaupt wahrnehmen und auf welchem Weg sie die zur Aufgabenwahrnehmung erforderlichen Mittel beschaffen sollte. Im folgenden sollen nacheinander beide Aspekte untersucht werden, um zu sehen, inwieweit erkennbare Ineffizienzen europäischer Politik die Folge einer unzureichenden internen Organisationsstruktur und damit in der Regel relativ leicht zu beheben, oder das Ergebnis einer falschen Aufgabenverteilung zwischen Gemeinschafts- und mitgliedstaatlicher Ebene sind, deren Behebung mehr oder weniger grundlegender Reformen der Gemeinschaft bedarf.

1. Systemimmanente Mängel der bestehenden EU-Ausgabenstruktur

Wenn in der Öffentlichkeit Kritik an den derzeitigen Gemeinschaftspolitiken der Europäischen Union geäußert wird, stehen zumeist zwei Bereiche im Mittelpunkt: die Gemeinsame Agrarpolitik und die Strukturpolitik. Dies gilt zum einen deshalb, weil diese beiden Politikbereiche mit zusammen über 80 % den Löwenanteil der Ausgabenseite des Gemeinschaftshaushalts ausmachen, zum andern weil beide Bereiche ganz offensichtlich stark von Lobbyinteressen beeinflußt werden und die in ihnen vorgefundenen Regelungen weniger das Ergebnis einer nachvollziehbaren, womöglich noch marktwirtschaftlich orientierten, Gesamtstrategie als vielmehr das Produkt einer Vielzahl fragwürdiger Einzelkompromisse sind. In Anbetracht der erstgenannten Tatsache, daß beide Bereiche über 80 % der Ausgaben des Gemeinschaftshaushalts ausmachen, soll die effizienzorientierte Bewertung der Gemeinschaftspolitiken im wesentlichen auf die Analyse der Gemeinsamen Agrarpolitik und der strukturpolitischen Maßnahmen beschränkt werden.

a. Der Bereich der Gemeinsamen Agrarpolitik wird seit jeher als Paradebeispiel für marktwirtschaftsfremde und Ineffizienzen erzeugende Politikbereiche innerhalb der EU angeführt.[1] Dies und die Tatsache, daß die Agrarpolitk auch heute noch mit einem Anteil von knapp 50 % an den Gesamtausgaben des EU-Haushalts eine überragende

---

[1] Vgl. statt vieler Henke und Milbrandt (2000, 123), die die Gemeinsame Agrarpolitik als Fehlallokationen erzeugende, letztlich nur *„polit-ökonomisch"* (Hervorhebung N.G.) erklärbare Form der Erhaltungssubventionierung einer Problembranche" bezeichnen.

Rolle innerhalb der Gemeinschaftspolitik spielt, scheint auf den ersten Blick paradox, bestehen doch weder Anzeichen für ein Marktversagen noch für länderübergreifende externe Effekte größeren Ausmaßes.

Das fundamentale „Problem" der europäischen Landwirtschaft ist ihr langfristig starkes Produktivitätswachstum. Da die Preiselastizität der Nachfrage nach Nahrungsmitteln relativ niedrig ist, führen Produktivitätsfortschritte rasch zu sinkenden Preisen. Im Durchschnitt fielen die Weltmarktpreise für landwirtschaftliche Produkte zwischen 1948 und 1992 jährlich um rd. 2 %. Sollen die Einkommen der Landwirte in einer interventionsfreien Marktwirtschaft für Agrarprodukte angesichts steigender Produktivitäten aufrechterhalten werden, muß die Zahl der Landwirte reduziert werden. Jedoch war bislang innerhalb der Europäischen Union wie auch in anderen Regionen die intersektorale Wanderung von Arbeitskräften aus dem Landwirtschaftsbereich in andere Sektoren zu langsam, um den Einkommensverfall der Landwirte aufhalten zu können, so daß die Einkommensdisparitäten zwischen landwirtschaftlichen und sonstigen Regionen -und damit der Druck auf die politisch Handelnden- zunehmen. Dieser Druck wird durch zwei Umstände noch verstärkt: Zum einen sind die Landwirte eine relativ homogene und zudem meist regional konzentrierte Interessengruppe, was ihnen einen überproportionalen Einfluß auf die politischen Entscheidungsprozesse verschafft (Hansen und Nielsen 1997, 98 f.). Zum andern sind Agrarerzeugnisse relativ „standardisiert" und deshalb international leicht handelbar, so daß eine -u.U. staatlich geförderte- Produktionsausweitung im Agrarbereich eines Landes rasch auf das Preisniveau der Nachbarländer durchschlagen wird. So mag es bis zu einem bestimmten Punkt verständlich erscheinen, daß auch nachdem sich die Rahmenbedingungen der europäischen Landwirtschaft umgekehrt hatten -Überkapazitäten statt Versorgungsengpässe- wesentliche Teile der Landwirtschaftspolitik in Europa einer supranationalen, nämlich der EU-, Ebene überantwortet blieben.

Das zumindest bis 1992 uneingeschränkt geltende Garantiepreissystem der EU ist jedoch der denkbar falsche Ansatz um das Ziel der langfristigen Einkommenssicherung der bislang in der Landwirtschaft Beschäftigten zu erreichen, da er offenbar weit größere Ineffizienzen erzeugt, als andere, marktkonformere Interventionen wie etwa direkte Einkommensbeihilfen. Dies läßt sich anhand der folgenden Abbildungen exemplarisch zeigen (vgl. dazu Hansen und Nielsen 1997, 100 f.):

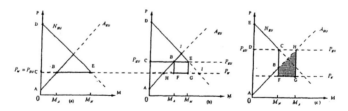

Abb.11: Preisstützungspolitiken für die europäische Landwirtschaft (vereinfachte Darstellung)
Die Symbole P, M, N und A bezeichnen den Preis, die Menge, die Nachfrage und das Angebot eines bestimmten landwirtschaftlichen Erzeugnisses; P_w und P_{EU} stehen für den Weltmarktpreis bzw. den durch die EU fixierten Garantiepreis, M_A und M_N für die -in der EU- angebotene und nachgefragte Menge und A_{EU} bzw. N_{EU} für die Ange-bots- und Nachfragekurve innerhalb der EU für das jeweilige Produkt.

Abb. 11 (a) zeigt den Unterversorgungsfall. Der Gemeinschaftspreis entspricht dem Weltmarktpreis. Ein Stützpreissystem ist nicht erforderlich. Die Union importiert die Menge (M_N - M_A). Der soziale Überschuß als Maß für die gesamtwirtschaftliche Wohlfahrt ergibt sich als Summe aus Produzentenrente (Dreieck ABC) und Konsumentenrente (Dreieck CDE). Der Fall beschreibt die Situation in Europa bei Einführung der Gemeinsamen Agrarpolitik. Der soziale Überschuß des „Freihandelsgleichgewichts" der Abb. 11 (a) ist der Maßstab für Wohlfahrtsvergleiche mit verschiedenen Stützpreissystemen.

Abb. 11 (b) beschreibt den Fall eines Systems mit Garantiepreisen, die zwar über den Weltmarktpreisen liegen, aber dennoch nicht hoch genug sind, um alle Importe aus Drittstaaten zu verhindern. Der Fall ähnelt der Situation in den 60er Jahren, als die EU ein Nettoimporteur für die meisten landwirtschaftlichen Produkte war. Das marktwirtschaftliche System wird durch Importzölle in Höhe der Differenz zwischen den Garantiepreisen und den jeweiligen Weltmarktpreisen gestört. Die gesamtwirtschaftliche Wohlfahrt ergibt sich nun als Summe aus Konsumentenrente (Dreieck (CDE), Produzentenrente (Dreieck ABC) und Importzolleinnahmen (Rechteck BEFG). Die Wohlfahrt ist im Vergleich zur Abb. 11 (a) um die Summe der beiden weißen Dreiecke BFH und EGI zurückgegangen, die als Summe aus den Zusatzaufwendungen für den teilweisen Ersatz von Importprodukten durch heimische Erzeugnisse einerseits und dem Verlust an Konsumentenrente durch die höheren Preise andererseits interpretiert werden kann. Wird das Niveau der EU-Garantiepreise bis zu jenem Punkt angehoben, bei dem sich in Abb. 11 (b) EU-Angebots- und Nachfragekurve schneiden (bei dem also Importe aus Nicht-EU-Ländern vermieden werden), so würde der gesamtwirtschaftliche Wohlfahrtsverlust im Vergleich zur Situation der Abb. 11 (a) der Fläche des Dreiecks HIJ entsprechen.

Abb. 11 (c) zeigt ein Stützpreissystem, bei dem der den heimischen Erzeugern garantierte Preis über jenem Preis liegt, bei dem sich heimische Produktion und Nachfrage gerade ausgleichen würden (Gleichgewichtspreis). Das Preissystem führt zu einer Ausweitung der heimischen Produktion, die die Nachfrage um (M_A - M_N) übersteigt. Damit das System funktionieren kann, muß die EU deshalb Interventionskäufe im Umfang dieser Überschußproduktion tätigen. Es sei vereinfachend unterstellt, daß die Überschußproduktion außerhalb der EU zu Weltmarktpreisen verkauft wird und keine Lagerkosten anfallen. Die Konsumentenrente wird durch das Dreieck CDE, die Produzentenrente durch das Vieleck ABCD beschrieben. Der Gemeinschaftshaushalt wird jedoch durch Exportkosten belastet, die der Fläche des Rechtecks CFGH entsprechen. Der soziale Nettoüberschuß ist dann die Fläche ABCE abzüglich des dunkel gezeichneten Vierecks BFGH. Im Vergleich zu dem in Abb. 11 (b) beschriebenen Fall ist also die gesamtwirtschaftliche Wohlfahrt weiter gesunken[1].

---

[1] Diese Aussage gilt uneingeschränkt allerdings nur für den Fall, daß Terms of Trade-Effekte unberücksichtigt bleiben. In der Realität spielt das Produktions- und Nachfragevolumen der EU eine derart bedeutende Rolle auf den Weltmärkten für landwirtschaftliche Produkte, daß durch die Garantiepreise der EU ihre Terms of Trade und damit ihre Wohlfahrt unmittelbar beeinflußt werden. Dies könnte in den obigen Abbildungen 11 (b) und 11 (c) graphisch durch einen niedrigeren Weltmarktpreis Pw′ ausgedrückt werden (vgl. Hansen und Nielsen aaO, 101 f.). Dies bedeutet, daß in Abb. 11 (b) das Rechteck BEFG in Richtung Abszisse wächst, was einem Wohlfahrtszuwachs entspricht.

Als Fazit bleibt festzuhalten, daß in dem dargestellten Modell die soziale Wohlfahrt um so weiter sinkt, je stärker die EU-Garantiepreise angehoben werden[1]. Umgekehrt kann zumindest ein erheblicher Teil der derzeitigen Wohlfahrtsverluste abgebaut werden, wenn das mit dem Mac Sharry-Plan in Teilbereichen eingeleitete und mit der Umsetzung der Agenda 2000 vorsichtig fortgesetzte Reformprogramm des sukzessiven Abbaus der Garantiepreise und ihrer schrittweisen Annäherung an das Weltpreisniveau mit einer erheblichen zeitlichen Straffung durchgeführt und konsequent auf alle landwirtschaftlichen Produkte ausgedehnt und der dadurch etwa erforderlich werdende Ausgleich von Einkommenseinbußen im Landwirtschaftssektor durch die Gewährung direkter Einkommensbeihilfen realisiert wird. Die Frage, ob dies zwangsläufig auf europäischer Zentralebene zu geschehen hat, steht allerdings auf einem anderen Blatt (vgl. dazu unter 2).

b. Neben der Agrarpolitik ist in der Vergangenheit vor allem die gemeinschaftliche Strukturpolitik Gegenstand verschiedenster Angriffe gewesen. Dies zum einen deshalb, weil die Mittel der Strukturpolitik nach Einschätzung ihrer Kritiker trotz ihres inzwischen recht beachtlichen Umfangs, der mit mittlerweile über 30 Mrd. Euro jährlich rd. ein Drittel der Gesamtausgaben des Gemeinschaftshaushalts ausmacht, nur vergleichsweise wenig zur Erreichung des Kohäsionsziels beigetragen haben, zum andern aber auch wegen der immer wieder registrierten und öffentlichkeitswirksam angeprangerten Verschwendungs- und Betrugsfälle, deren Volumen in der Vergangenheit nicht selten bei mehreren hundert Mio. Euro jährlich lag (vgl. die entsprechenden Jahresberichte des Europäischen Rechnungshofes). Die Kritik konzentriert sich im wesentlichen auf folgende Aspekte:
- Regionale Strukturpolitik ist sowohl dem Ausgleichs- als auch dem Wachstumsziel verpflichtet. Gerade in der jüngeren Vergangenheit ist jedoch nach allgemeiner Ansicht dem Ausgleichsziel zu einseitig der Vorrang vor dem Wachstumsziel eingeräumt worden. Nötig wäre aber, daß in den Problemregionen die Bedingungen geschaffen werden, bei denen Wachstumskräfte freigesetzt werden, d.h. (Sach)kapital zufließt, qualifizierte Arbeitskräfte zuwandern und neue Unternehmen gegründet werden. Ohne eine mittelfristig angelegte Ursachentherapie und die Entwicklung von Strategien einer Hilfe zur Selbsthilfe sind Standortschwächen kaum zu beheben, Entwicklungsrückstände nicht aufzuholen. Weil dabei regionale Problemlagen ebenso unterschiedlich sind, wie die möglichen Maßnahmen zu ihrer Abhilfe, ist zudem die Vorgabe regionalpolitischer Schwerpunkte oder allgemein verbindlicher Förderrichtlinien

---

Dieser kann im theoretischen Extremfall sogar so groß werden, daß die gesamtwirtschaftliche Wohlfahrt durch die Einführung von Importzöllen im Vergleich zu dem in Abb. 11 (a) beschriebenen Fall des freien Handels steigt (Hansen und Nielsen, aaO). Wenn jedoch, wie spätestens seit den 70er Jahren, die EU ein Nettoexporteur für die meisten landwirtschaftlichen Produkte ist, so ist der Terms of Trade-Effekt auf jeden Fall negativ: Wenn in Abb. 11 (c) der Umfang des Vierecks BFGH in Richtung Abzisse wächst, so bedeutet dies, daß die Exportausgaben des Gemeinschaftshaushalts zunehmen.

[1] Genauso problematisch wie ein System der Exportsubventionierung ist freilich der umgekehrte Fall zu beurteilen, daß die Europäische Kommission bei zeitweilig überhöhten Weltmarktpreisen im Vergleich zum heimischen Niveau der (abgesenkten) Interventionspreise Exportsteuern einführt, wie vorübergehend im Getreidesektor geschehen. Mit einer solchen Politik wird der EU-Agrarexport beschränkt, das Angebot am Weltmarkt künstlich verknappt und der weltweite Preisauftrieb bei dem betroffenen Gut unterstützt (vgl. Sachverständigenrat 1997, Tz. 429).

durch eine europäische Zentralebene problematisch. Die Entscheidungskompetenz über konkrete regionalpolitische Maßnahmen sollte entsprechend dem Subsidiaritätsprinzip in der Hauptsache bei den Ländern und ihren Regionen liegen, da andernfalls eine problemadäquate Differenzierung des Instrumenteinsatzes und seiner Dosierung bei der Bewältigung regionaler Problemlagen nicht möglich ist (Sachverständigenrat JG 1997/98, Tz. 423 ff.).

- Die bisherige Ausrichtung der Strukturfondsförderung auf 6 „Hauptziele", das unabgestimmte Nebeneinander der verschiedenen Interventionstypen sowie die unkoordinierte Überlappung der klassischen Strukturpolitik mit anderen Politikbereichen wie Forschungs- und Entwicklungspolitik, Energie- und Umweltpolitik und Wettbewerbspolitik haben mittlerweile zu einem wahren Förderdschungel und zu einer Förderung nach dem „Gießkannenprinzip" geführt (vgl. statt vieler Schoneweg 1996, 127). Die mit der Agenda 2000 beschlossene Reduzierung der Förderziele von 6 auf 3, die intendierte sukzessive Reduktion der in den förderfähigen Gebieten lebenden Bevölkerung von bis dato rd. 51 auf 35 - 40 % der EU-Gesamtbevölkerung, die schrittweise Rücknahme der Gemeinschaftsinitiativen, vorgesehene Vereinfachungen im Verwaltungsablauf und eine wirksamere Überwachung der Mittelverwendung gehen sicherlich in die richtige Richtung. Es darf aber bezweifelt werden, ob diese Schritte ausreichen, um eine effiziente Konzentration des Fördermitteleinsatzes im Sinne der Ziele der Strukturpolitik zu erreichen. In diesem Zusammenhang wäre die Frage zu stellen, ob nicht die Schwelle für die Förderungsfähigkeit von Regionen durch die EU-Strukturpolitik weiter angehoben werden müßte. So könnte entsprechend dem Vorschlag des Wissenschaftlichen Beirates beim Bundeswirtschaftsministerium (1998, Ziffer 47) und in Beachtung des Subsidiaritätsprinzips die Förderungsfähigkeit von Regionen an die doppelte Voraussetzung geknüpft werden, daß zum einen das Bruttosozialprodukt je Einwohner eines Landes, aus dem ein Antrag gestellt wird, um einen bestimmten Prozentsatz unterhalb des Durchschnitts der Gemeinschaft liegen muß und zum andern das Durchschnittseinkommen in der zu fördernden Region um einen weiteren Prozentsatz das nationale unterschreitet.

- Der Kohäsionsfonds zugunsten der weniger wohlhabenden Mitgliedstaaten sprengt die gesamte bisherige Systematik des Kohäsionstitels, denn die Definition des Art. 158 EGV wird verlassen (Walthes 1996, 77): Wurde bei der Kohäsion im übrigen auf den Entwicklungsstand der verschiedenen Regionen abgestellt, so ist beim Kohäsionsfonds das pro-Kopf-BSP der Mitgliedstaaten insgesamt maßgebend. Wenig plausibel erscheint auch, daß das obligatorische Konvergenzprogramm nur auf die Staatsfinanzen und nicht auf alle Konvergenzkriterien der Währungsunion abstellt (Walthes, aaO). Da der Fonds seine Aufgabe, wirtschaftlich schwächeren Mitgliedstaaten das Erfüllen der Konvergenzkriterien zur Europäischen Währungsunion zu erleichtern, mit Ausnahme Griechenlands erfüllt hat, ist der Kohäsionsfonds zudem obsolet geworden (so u.a. Wissenschaftlicher Beirat beim Bundeswirtschaftsministerium 1998, Ziffer 46).

- Die bisherige Förderpolitik der Union hat häufig dazu geführt, daß die Empfängerländer und -regionen die Hilfen von außen als eine feste Größe einplanen und eine Empfängermentalität entwickelt haben, die notwendige Eigenanstrengungen lähmt und das wirtschaftliche Wachstum beeinträchtigt. Der derzeitige Umfang der Eigenbeteiligung der Mitgliedstaaten und Regionen an den Kosten der strukturpolitischen Maßnahmen der Gemeinschaft ist nicht geeignet, die Selbstverantwortung der Mitgliedstaaten substantiell zu stärken. Das hat zur Folge, daß es sich für Mitgliedstaaten lohnt, auch solche Projekte durch die Gemeinschaft fördern zu lassen, deren regionaler Nutzen weit unter den Gesamtkosten des Projekts liegt. Fördermaßnahmen der gemeinschaftlichen Strukturpolitik dürfen aber nur subsidiäre Hilfen sein und müssen befristet sowie degressiv gestaltet werden (vgl. etwa Sachverständigenrat 1997/98, Tz. 426). Im Vergleich zur gegenwärtigen Praxis müssen die Selbstbeteiligungssätze der Mitgliedstaaten bzw. Regionen deutlich -der Wissenschaftliche Beirat beim Bundeswirtschaftsministerium (1998, Ziffer 39) hat einen Satz von 50 % der Gesamtkosten einer Maßnahme im Auge, während der Sachverständigenrat zur Begutachtung der gesamtwirtschaftlichen Entwicklung (aaO) die Höhe der Eigenbeteiligung nach der wirtschaftlichen Leistungsfähigkeit der einzelnen Länder differenzieren möchte- erhöht und als Bedingung der Förderung durch das Mitgliedsland überzeugend dargelegt werden, wie eine vorgesehene Maßnahme den Aufgaben der regionalen Wirtschaftspolitik dienen kann. Auch sollten die Strukturmittel in geringerem Umfang als bisher als verlorene Zuschüsse und in stärkerem Maße als rückzahlbare, zinsverbilligte Darlehen vergeben werden (Sachverständigenrat, aaO).

- Das derzeitige Erscheinungsbild der europäischer Regionalpolitik ist weniger das Ergebnis einer in sich konsistenten und auf die tatsächlichen Bedürfnisse der Regionen ausgerichteten Förderung als vielmehr auf einen tatsächlich stattfindenden „bargaining process" zurückzuführen, der eng mit der gemeischaftlichen Entscheidungsfindung zusammenhängt. Da viele politische Entscheidungen der Gemeinschaft, insbesondere solche über Erweiterungen und Vertragsänderungen, einstimmig erfolgen müssen, sind sie häufig das Resultat komplexer und zäher Verhandlungen zwischen den beteiligten Vertragsparteien (vgl. etwa Walthes 1996, 78 und Schäfers 1993, 44 f.). Nach dieser Sichtweise werden regionale Zuwendungen als Kompensationsleistungen zum Ausgleich für Nachteile gewährt, die einzelne Mitgliedstaaten durch bestimmte Entscheidungen erleiden.

Ergebnis dieses „bargaining-Prozesses" ist, daß Mitgliedstaaten oder Regionen häufig in den Genuß von Mitteln aus EU-Fördertöpfen gelangen, die nach ihrem eigentlichen Sinn und Zweck nicht für sie bestimmt wären. So mag z.B. ebenso verwundern, daß Irland, dessen pro-Kopf BIP 1970 noch bei lediglich 70, 1996 aber bereits bei 99,6 % des EU-Durchschnitts lag, 1997 mit knapp 70 Euro die bei weitem höchste pro-Kopf-Förderung aus dem Kohäsionsfonds und eine wesentlich höhere als Portugal, Spanien und Griechenland erhielt[1], deren pro-Kopf-BIP weit unter dem Irlands liegt, wie die Tatsache, daß bestimmte Regionen, die nicht unter die 75 %-BIP-Marke fallen, qua Ausnahmeregelung in die Ziel Nr.1-Förderung integriert werden können und von dieser Ausnahmeregelung zunehmend Gebrauch gemacht wird.

- Die europäische Förderpolitik war und ist nur unzureichend mit den nationalen Strukturpolitiken abgestimmt, das Förderverfahren intransparent und schwerfällig und die Förderschwerpunkte z.T. falsch gesetzt. Aufgrund der zahlreichen Subziele innerhalb der sechs prioritären „Zielbündel" drohte bislang eine Verzettelung in Einzelaktionen und eine weniger starke Konzentration auf die Förderung wachstums-induzierender gewerblicher Investitionen; ferner führten der bisherige Förder-dschungel innerhalb der EU und die mangelnde Kohärenz der Gemeinschafts-

---

[1] Dasselbe gilt für die Förderung aus den traditionellen Strukturfonds (vgl. Kohl und Bergmann 1998, 145).

förderung mit nationalen Struktur- und Entwicklungsprogrammen zu Überschnei-
dungen der Verantwortlichkeiten und zu großen Problemen bei der Realisierung und
Kontrolle (so Institut der deutschen Wirtschaft, 1994, 2).[1] Die strukturpolitischen
Reformen der Agenda 2000 haben dieses Bild nur teilweise zum Positiven verändert.

2. Reform der aktuellen EU-Ausgabenstruktur aus fiskalföderalistischer und politökonomischer Sicht

Die EU-Ebene nimmt bislang nur einige wenige Aufgaben exklusiv wahr. Beinahe
schon die Regel ist eine ständige Überschneidung von Gemeinschaftszuständigkeiten
und nationalen Zuständigkeiten auf fast allen Politikfeldern. Deshalb führt die
Wahrnehmung einer Aufgabe auf europäischer Ebene nicht zwangsläufig zu einer
äquivalenten Minderung an nationalstaatlichen Kompetenz in diesem Aufgabenbereich. Vielmehr ergibt sich ein permanentes Problem der Kompetenzverflechtung.
Dadurch „verwischen Verantwortlichkeiten, nimmt der Koordinierungsbedarf zu, wird
die parlamentarische Kontrolle erschwert und einer ineffizienten sowie ineffektiven
Mittelverwendung Vorschub geleistet." (Walthes 1996, 340). Das Subsidiaritätsprinzip
wird auf diese Weise faktisch ausgehölt. Damit das Prinzip zumindest künftig keine
Leerformel bleibt, bedarf es neben einer Überprüfung aller bisherigen Gemein-
schaftsaufgaben und gegebenenfalls einer Rückübertragung auf nachgeordnete Ebenen
auch einer steten Beurteilung und Kontrolle aller neuen EU-Aufgaben.
Nach den Empfehlungen der Theorie des Fiskalföderalismus zur Aufgabenverteilung
in einer Föderation kommt eine Zentralisierung öffentlicher Aufgaben (und ihre
Finanzierung entsprechend dem Prinzip der institutionellen Kongruenz) aus allokativer
Sicht vor allem in drei Fällen in Betracht:
Erstens, um überregionale rein öffentliche Güter bereitzustellen. Zweitens beim
Vorliegen positiver und negativer grenzüberschreitender Externalitäten. Und drittens,
wenn aufgrund von steigenden Skalenerträgen Kostenvorteile bei der zentral-
staatlichen Produktion von (öffentlichen) Gütern erzielt werden können.
Auf das Verhältnis zwischen Europäischer Union und Mitgliedstaaten und die derzeitigen Gemeinschaftspolitiken übertragen bedeutet dies (auf den präföderalen Charakter
der Union wurde bereits an anderer Stelle (vgl. Kap. C I.) hingewiesen):

Die Bereitstellung europaweit öffentlicher Güter, die im Sinne „reiner" öffentlicher
Güter durch Nichtausschließbarkeit einzelner Individuen und Nichttrivialität in der
Nutzung des öffentlichen Gutes gekennzeichnet sind, ist grundsätzlich Aufgabe der
Europäischen Union. Als solche Güter wären vor allem die nicht an den national-
staatlichen Grenzen endenden Leistungen der Verteidigungspolitik sowie der Außen-

---

[1] Ein eklatantes Beispiel für das räumliche Auseinanderklaffen zwischen Gemeinschaftsförderung und
nationaler Förderung und gleichzeitig für das oben bemängelte „Gießkannenprinzip" der Förderung
bildete die Bundesrepublik Deutschland Ende der 90er Jahre, wo mehr Menschen in den von der EU
geförderten Regionen (Ziel Nr. 1, 2 und 5b- Gebiete) als in den von der nationalen Gemeinschaftsaufgabe „Verbesserung der regionalen Wirtschaftsstruktur" erfaßten Gebieten lebten. Insgesamt lebten
rd. 39 % der Bundesbürger in Gebieten, die von den regionalen Zielen der europäischen Strukturpolitik erfaßt wurden. Hinzu kamen Förderungen im Rahmen der horizontalen Ziele 3 und 4, die das
gesamte Bundesgebiet umfaßten, sowie Gemeinschaftsinitiativen (Kohl und Bergmann 1998, 135).

und Sicherheitspolitik gegenüber Drittstaaten zu nennen. Darüber hinaus genießen die wettbewerbsrechtliche Sicherung der Binnenmarktfreiheiten und die Kompatibilisierung nationaler Verkehrs- Energie- und Kommunikationsnetze sowie Teile der Umweltpolitik und der Zusammenarbeit in den Bereichen Justiz und Inneres den Charakter europäischer öffentlicher Güter.

Den genannten Politikbereichen kommt im Verhältnis zum gesamten EU-Budget allerdings nur eine untergeordnete Rolle zu. Dagegen fallen die beiden wichtigsten Ausgabenbereiche des Gemeinschaftshaushalts, die Gemeinsame Agrarpolitik und die Strukturpolitik, kaum in die Kategorie europäischer öffentlicher Güter:

So kommen die Leistungen der GAP in erster Linie den Individuen einer bestimmten Berufsgruppe zugute, die noch dazu eine kleine Minderheit der Bevölkerung darstellt. Von einer flächendeckenden Begünstigung weiter Teile der EU-Bevölkerung kann damit nicht die Rede sein. Das Gegenteil ist vielmehr richtig: die im Vergleich zum Weltmarkt höheren Agrarpreise kommen innerhalb der Gemeinschaft einer Steuer gleich, die die Konsumenten zu tragen haben und die den Produzenten zufließt[1].

Ebenso wenig erfüllt die EU-Strukturpolitik *in ihrer aktuellen Ausgestaltung als zweckgebundene Förderung einzelner Aktivitäten in entwicklungsschwachen Regionen* den Charakter eines europäischen öffentlichen Gutes. Zwar kommt dem wirtschaftlichen und sozialen Zusammenhalt und der diesen fördernden realwirtschaftlichen Konvergenz durchaus public good-Charakter zu (vgl. Kap. C II.1.4.). Doch trägt die derzeitige EU-Strukturpolitik trotz ihres inzwischen beachtlichen Mittelaufkommens nur vergleichsweise wenig zu einer konvergenten wirtschaftlichen Entwicklung bei.[2]

Zum andern läßt sich aus der Verfolgung des Konvergenzziels noch nicht zwangsläufig eine Zuständigkeit der europäischen Zentralebene für die regionale Strukturpolitik herleiten. Unter Umständen ließe sich das regionalpolitische Anliegen ebenso gut durch ein horizontales Transfersystem zwischen den Regionen ohne Ein-

---

[1] Zwar ist die in Art. 33 EGV als Ziel der GAP genannte Sicherstellung der Versorgung der Bevölkerung ein öffentliches Gut von gesamteuropäischen Interesse. Doch kann dieses Interesse i.S.d. Art. 5 EGV (Subsidiaritätsprinzip) durch ein Tätigwerden auf mitgliedstaatlicher Ebene mindestens ebenso gut erreicht werden.

[2] Zwar belegen verschiedene jüngere Studien (vgl. vor allem Beutel (1993) und (1995), Franzmeyer (2001), sowie die in Europäische Kommission (1999 (2), 155 ff., 229) zitierten Untersuchungen, daß die Strukturmittel der Gemeinschaft das BIP-Wachstum in den Kohäsionsländern Irland, Griechenland, Spanien und Portugal insgesamt merklich erhöht haben -je nach Mitgliedstaat und Modellansatz um durchschnittlich 0,4 % bis 1,0 % pro Jahr (wohingegen die Auswirkungen auf die Beschäftigung eher gering gewesen zu sein scheinen; ein wesentlicher Grund hierfür besteht darin, daß die durch die EU-Strukturtransfers in den Kohäsionsländern ausgelösten Investitionen dort zu einer erheblichen Steigerung der Arbeitsproduktivität führten, vgl. etwa Europäische Kommission 1999 (2), 156). Doch erfaßte der Aufholprozeß in der jüngeren Vergangenheit beileibe nicht alle Regionen in den ärmeren Mitgliedsstaaten und ging zudem eindeutig zu Lasten der im Mittelfeld der Wohlstandsskala angesiedelten Regionen (vgl. Franzmeyer 2001, 297). Zudem scheint in der Vergangenheit immer wieder ein nicht unerheblicher Teil der gemeinschaftlichen Strukturmittel in Mitnahmeeffekten in den einzelnen Mitgliedsstaaten und Regionen verpufft zu sein. Darauf weist u. a. die Tatsache hin, daß in einigen Kohäsionsländern, aber nicht nur in diesen, gerade in den Jahren der stärksten Fondszuwächse oder bereits im Vorfeld angekündigter Fondsaufstockungen ein deutlicher Anstieg öffentlicher Verbrauchsausgaben zu verzeichnen war, also ganz offensichtlich nationale Mittel in einen nichtinvestiven Bereich umgelenkt wurden, weil Ersatz von europäischer Seite kam (vgl. etwa Kohl und Bergmann 1998, 153).

beziehung des EU-Budgets und der EU-Politikebene erfüllen. Nach Heinemann (2001, 223, 1998, 44 ff.) spricht vieles dafür, daß ein solcher dezentraler Ansatz dem heute praktizierten zentralistischen Ansatz überlegen wäre: „Gerade in der Regionalpolitik dürften aufgrund der großen Unterschiedlichkeit regionaler Problemursachen erhebliche regionale Präferenzunterschiede hinsichtlich der angemessenen Instrumente bestehen". Aber auch wenn aufgrund der steigenden Zahl von Verhandlungspartnern (Mitgliedstaaten) die Chancen für das Funktionieren eines rein horizontalen Finanztransfersystems auf freiwilliger Basis und ohne Einschaltung der EU-Zentralebene eher gering sind, könnte einem Vorschlag Heinemanns (1998; 2000) folgend und in strenger Befolgung des Subsidiaritätsprinzips erwogen werden, das bisherige Strukturfondssystem (einschließlich Kohäsionsfonds) durch einen so bezeichneten *„Kompensationsfonds"* zu ersetzen, über den das politisch gewollte Maß an Umverteilung abgewickelt wird, und aus dem die zu unterstützenden Länder mikroökonomisch ungebundene Transfers von den zu belastenden Staaten erhalten. Selbst wenn die Aufbringung der Kompensationsfondsmittel und ihre Verteilung der Zuständigkeit der Europäischen Kommission überantwortet würden, würde die Brüsseler Ebene zumindest völlig von der Administration der Mittelverwendung in den Empfängerstaaten befreit.[1] Die Verständigung auf die Frage, welche Staaten in welchem Ausmaß Zahler und Empfänger sein sollen, könnte nach Heinemann (aaO) im gleichen institutionellen Rahmen erfolgen, in dem bislang bereits die mehrjährige Finanzplanung der EU erfolgt. Einer einstimmigen Entscheidung im Europäischen Rat über Begünstigung, Belastung und Konditionen im Rahmen des Kompensationsfonds und über den Ausgabenrahmen der sonstigen Politiken folgte eine interinstitutionelle Vereinbarung, die diese Einigung als maßgebliche Orientierung für einen mehrjährigen Zeitraum festschriebe. Der Kompensationsfonds würde ein ungleich niedrigeres Transfervolumen als die heutigen Strukturfonds (einschließlich Kohäsionsfonds) aufweisen, weil nur noch gezielt die Staaten Zahlungen erhalten würden, die als transferbedürftig identifiziert werden. Die derzeitigen Netto-Umverteilungswirkungen, die durch die Zahlungen in das System von allen und Leistungen aus den Strukturfonds an alle Mitgliedstaaten zustande kommen, könnten im neuen System durch geringere Zahlungsvolumina reproduziert werden.[2]

---

[1] Mit der Errichtung des Kompensationsfonds nach den Vorstellungen Heinemanns erhielten die Mitgliedstaaten die volle Autonomie über ihre Regionalpolitik zurück. Es stünde den begünstigten Staaten frei, die empfangenen Mittel für bestimmte Infrastrukturprojekte in benachteiligten Regionen oder beispielsweise auch einfach zur Senkung der allgemeinen Besteuerung zu verwenden. Anstatt der „föderalismustheoretisch fragwürdigen Vorgabe über die mikroökonomische Verwendung im alten System" sollten Leistungen des Kompensationsfonds an makroökonomische und allgemeine wirtschaftspolitische Konditionen geknüpft werden. Durch diese Bedingungen könnten die Geberländer sicherstellen, daß die begünstigten Länder eine stabilitäts- und wachstumsfreundliche Fiskalpolitik betreiben. Die Bedingungen könnten z.B. auf Verschuldungskennzahlen (etwa die Vermeidung eines übermäßigen Defizits im Sinne des Art. 104 EGV) oder Investitionskennzahlen (z. B. Anteil der Investitionen am Haushaltsvolumen) oder Auflagen ordnungspolitischer Art abstellen (Heinemann 2000, 102).

[2] Gleichzeitig übte ein derartiges System bei dezentraler wirtschaftspolitischer Verantwortung durch den Standortwettbewerb Druck auf eine effiziente Mittelverwendung aus. Dies wäre ein Schritt vom derzeitigen kooperativen Föderalismus in der Ausgabenpolitik hin zu einem mehr kompetitiven Föderalismus durch Dezentralisierung (Henke und Milbrandt 2000, 119).

Nationale Agrarmarktpolitik (in Form von Stützpreisen, Pauschalbeihilfen usw.) hätte, soweit sie rechtlich möglich wäre[1], angesichts der großen Uniformität und der vergleichsweise hohen Transportfähigkeit von Agrarprodukten sicherlich erhebliche Einflüsse auf die Agrarmarktpolitik der anderen Staaten. Diese Form von Externalität ist aber kein zwingender Grund dafür, eine europäische Agrarmarktpolitik zu installieren oder zu belassen. Vielmehr könnte, wenn der Europäische Agrarmarkt im Interesse der gesamtwirtschaftlichen Effizienz liberalisiert werden soll (vgl. oben unter 1.), eine europäische Zentralbehörde ähnlich wie im Fall der Beihilfenkontrolle bei anderen Gemeinschaftspolitiken (vgl. Art. 87 ff. EGV) darüber wachen, daß die nationalen Agrarbehörden den einheimischen Agrarproduzenten keine marktbeschränkenden oder wettbewerbsverzerrenden Unterstützungen gewähren. Ähnliches gilt im Bereich der regionalen Strukturpolitik, wo bei wettbewerbsverzerrenden nationalen Beihilfen ohnehin schon Art. 87 ff. EGV Anwendung finden. Da zudem weder im Bereich der Agrarproduktion noch der „Produktion" regionaler Struktur-(insbesondere Infrastruktur-)maßnahmen Skalenerträge größeren Umfangs erkennbar sind, spricht vieles dafür, die Gemeinsame Agrarpolitik und die regionale Strukturpolitik der Europäischen Union in die Zuständigkeit der nationalen Politik zu übertragen.

3. Systemimmanente Mängel des bestehenden Einnahmesystems

Nach den wichtigsten Ausgabenkategorien soll nunmehr die Einnahmeseite des Gemeinschaftshaushalts einer näheren effizienztheoretischen Betrachtung unterzogen werden. Diese kann wiederum systemimmanent, auf der Basis der derzeit gegebenen Einnahmearten, erfolgen (vgl. die folgenden Ausführungen) oder in grundlegender Form, indem neben der inneren Ausgestaltung der einzelnen Einnahmekategorien die Grundkonzeption der gegenwärtigen Finanzverfassung einer kritischen Prüfung ihrer Effizienz unterzogen wird (vgl. Abschnitt 4).

a. Einer der grundlegenden Kritikpunkte am heutigen Eigenmittelsystem ist, daß dieses übertrieben komplex, absolut intransparent und mehrfach inkonsistent sei (vgl. etwa Schmidhuber 1993, 1 sowie Walthes, 1996, 342 ff.). Das System führe zu einem kostenmäßig erheblichen Erhebungsaufwand und verschwende damit unnötig Ressourcen, es sei für den Unions-Bürger nicht erkennbar, welche persönlichen Opfer ihm die EU-Mitgliedschaft seines Landes abverlange (was aber eine grundlegende Voraussetzung für eine Korrespondenz zwischen Zahler und Nutzer darstelle) und enthalte mit dem Briten-Rabatt, der Erstattung der Erhebungskosten für Zölle und Agrarabschöpfungen u.a. eine Reihe unsystematischer bzw. mit den jährlich wechselnden MwSt- und BSP-Abrufsätzen verschiedene unbeständige Elemente.

Darüber hinaus wird den Gemeinschaftseinnahmen vorgeworfen, integrationshemmend bzw. zusammenhaltsgefährdend zu wirken, weil sie nicht in angemessener Weise die unterschiedliche Leistungsfähigkeit der Mitgliedstaaten berücksichtigten: Während die traditionellen Einnahmearten Zölle und Agrarabschöpfungen in keinerlei Zusammenhang zum individuellen Wohlstand der Mitgliedstaaten stünden, wirke die Erhebung der MwSt-Einnahmen zu einem europaweit einheitlichen Abrufsatz sogar regressiv, indem sie ärmere Mitgliedstaaten, in denen generell eine höhere Konsum-

---

[1] Was sie im Hinblick auf Art. 32 ff. EGV indes derzeit nicht ist.

quote besteht, überproportional belaste. Diese Belastungswirkung werde durch die BSP-Einnahmen, welche die Mitgliedstaaten entsprechend ihrem Anteil am Gemeinschafts-BSP -also nur proportional und nicht etwa mit steigendem Wohlstand progressiv- zur Restfinanzierung heranziehen, nicht oder nur unzureichend kompensiert. Zwar ist die These von der mangelnden Konvergenzwirkung der Gemeinschaftseinnahmen teilweise zu relativieren, wenn, was angemessen wäre, für einen innergemeinschaftlichen Wohlstandsvergleich nicht einfach nur die absolute Höhe der nationalen Sozialprodukte herangezogen, sondern die hinter den Sozial-(bzw. Inlands-) Produkten stehende Kaufkraft verglichen würde, wie in Tabelle 7 geschehen.

Mitgliedstaaten	Anteil an den direkt zurechenbaren Eigenmitteln des Gemeinschaftshaushalts (in %)	Anteil am gemeinschaftlichen BIP (in %) bez. auf Euro / KKS[1]		pro-Kopf-Einkommen in % des Gemeinschaftsdurchschnitts (EU-15 = 100) bez. auf Euro / KKS	
Belgien	3,0	3,0	3,1	110	114
Dänemark	2,0	2,0	1,7	143	118
Deutschland	26,4	25,8	23,3	118	107
Griechenland	1,7	1,5	1,9	53	69
Spanien	7,6	6,8	8,4	59	80
Frankreich	18,3	17,1	16,2	110	104
Irland	1,1	1,0	1,0	97	102
Italien	13,8	14,2	16,0	91	102
Luxemburg	0,3	0,2	0,2	196	172
Niederlande	5,0	4,5	4,5	107	108
Österreich	2,7	2,5	2,4	118	113
Portugal	1,5	1,3	1,9	48	72
Finnland	1,5	1,5	1,3	108	98
Schweden	2,8	2,8	2,3	119	100
Großbritannien	12,3	15,9	15,8	101	100
Insgesamt	100	100	100	100	100

Tabelle 7: Anteile der EU-Mitgliedstaaten an den direkt zurechenbaren Eigenmitteln des Gemeinschaftshaushalts und dem gemeinschaftlichen Bruttoinlandsprodukt (Quellen: Gesamthaushaltsplan der Europäischen Union für das Haushaltsjahr 2000, ABl L 40/2000) sowie eigene Hochrechnungen auf der Basis von Zahlen des Statistischen Bundesamtes (vgl. Statistisches Jahrbuch für das Ausland, verschiedene Jahrgänge) und der Europäischen Kommisssion (vgl. Eurostat-Jahrbuch, verschiedene Jahrgänge).

---

[1] Um das BIP und seine Bestandteile international vergleichen zu können, müssen die in Landeswährung ausgedrückten Werte zunächst in eine einheitliche Währung umgerechnet werden. Die Umrechnung erfolgt anhand der amtlichen Wechselkurse, die jedoch aus verschiedenen Gründen nicht unbedingt die reale Kaufkraft einer Währung widerspiegeln. Aus diesem Grund hat sich innerhalb der EU eingespielt, einen speziellen, künstlichen Wechselkurs, die sog. Kaufkraftparität zu verwenden. Sie basiert auf den Preisen einer Auswahl vergleichbarer Produkte und berücksichtigt damit die reale Kaufkraft einer Währung. Die auf diese Weise ermittelten Werte werden in einer künstlichen Währung, den Kaufkraftstandards (KKS) ausgedrückt.

Immerhin zeigt Tabelle 7, daß, bezogen auf die Kaufkraftparitäten, die den Mitgliedstaaten direkt zurechenbaren Eigenmittel einen zwar relativ schwachen, aber dennoch vorhandenen Ausgleichseffekt auf die regionalen Disparitäten ausüben.

Doch reicht dies nach Ansicht vieler Kritiker des derzeitigen Einnahmesystems bei weitem noch nicht aus, um die von der Ausgabenseite des Gemeinschaftshaushalts ausgehenden, insgesamt ebenfalls nicht allzu stark ausgeprägten, Ausgleichseffekte zugunsten eines dauerhaften wirtschaftlichen und sozialen Zusammenhalt in der Gemeinschaft wirklich zu unterstützen (vgl. etwa Caesar 1996 (3), 257).[1]

---

[1] Letztlich sagt weder die separate Betrachtung der Einnahmeseite des Gemeinschaftshaushalts, noch die der Ausgabenseite etwas über die Umverteilungseffekte des Gemeinschaftshaushalts aus. Um eine einigermaßen belastbare Aussage über die unmittelbaren Effekte zu erhalten, ist es vielmehr erforderlich, die sog. Nettopositionen, d. h. die Differenz aus den Rückflüssen des Gemeinschaftshaushalts und den direkt zurechenbaren Einnahmen der BSP- und MwSt- Eigenmittel der einzelnen Mitgliedstaaten zu ermitteln. Danach war beispielsweise 1997 Deutschland mit rd. 11 Mrd. Euro (was rd. 135 Euro pro Kopf und 0,6 % des nationalen BIP entsprach), der bei weitem größte Nettozahler der Union, gefolgt von den Niederlanden, Großbritannien und Schweden mit rd. 2,3, 1,9 und 1,1 Mrd. Euro. Nettoempfänger waren vor allem die Kohäsionsländer Spanien, Griechenland, Portugal und Irland mit 5,9, 4,4, und jeweils rd. 2, 7 Mrd. Euro, was im Falle Irlands einer pro-Kopf-Begünstigung von rd. 720 Euro entsprach. Durch die Beschlüsse des Berliner Gipfels vom März 1999 werden Deutschland, die Niederlande, Österreich und Schweden ab 2001 auf der Beitragsseite leicht entlastet (so wird der Entlastungsbetrag für den Bundeshaushalt bei jährlich rd. einer halben Milliarde Euro liegen, vgl. etwa Saupe 2000, 112), doch wird sich an den genannten Größenordnungen der Nettosalden auch künftig wenig ändern.
Allerdings gibt auch die Ermittlung der Nettoposition eines Landes bezogen auf den Gemeinschaftshaushalt nur ein sehr unvollständiges bzw. verzerrtes Bild von den tatsächlichen, auch mittelbaren, Vor- und Nachteilen des betreffenden Landes aus seiner EU-Mitgliedschaft (vgl. etwa Walthes 1996, 298ff.). Denn
(1.) können die Nutzen-Kosten-Aspekte einer EU-Mitgliedschaft nicht ausschließlich an den Einnahmen-Ausgaben-Strömen im Sinne einer formalen Inzidenz gemessen werden. Vielmehr ist zu unterstellen, daß Nettozahler- oder -empfängerpositionen durch nicht-budgetäre Aktivitäten wie handelsschaffende Integrationseffekte kompensiert oder überkompensiert werden können.
(2.) verzerren angesichts der Dominanz der Agrarausgaben im Gesamthaushalt die Interventionsausgaben der Agrarleitlinie das Schema der Nettosalden der übrigen Ausgabenpositionen ganz erheblich.
(3.) nehmen bei der Nettobetrachtung Belgien und Luxemburg aufgrund der Tatsache, daß die dort ansässigen europäischen Institutionen und die dorthin gezahlten Verwaltungsausgaben der Organe in die Berechnung mit einfließen, relativ günstige, nicht den tatsächlichen Gegebenheiten entsprechende, Empfängerpositionen ein.
(4.) bleiben in den bisherigen Nettotransferberechnungen nicht nur die gesamte Anleihe- und Darlehensaktivitäten der Europäischen Investitionsbank, sondern auch der EGKS-Funktionshaushalt und andere „Verteilungsquellen" außerhalb des Gemeinschaftshaushalts unberücksichtigt. Ferner lassen sich die exakten Nettopositionen allein schon aufgrund des statistischen Materials nicht errechnen, weil der Europäische Rechnungshof nur etwa 90 % aller Budgetausgaben als Mittelrückflüsse in die einzelnen Länder ausweist. Darüber hinaus bleiben die durch die EU induzierten Folgeausgaben in den Mitgliedstaaten unberücksichtigt.
(5.) werden Ausgaben der Union, die fonds- und projektgebunden in die Mitgliedstaaten fließen, nicht vollständig in den Empfängerregionen verbleiben und dort nachfragewirksam werden. Insbesondere werden aufgrund von Branchen-, Import- und Exportverflechtungen in grenznahen Wirtschaftsräumen die EU-Impulse auch außerhalb der eigentlichen Zielregionen ihre Inzidenz finden.
(6.) macht eine reine Staatenbetrachtung wenig Sinn, wenn beispielsweise extrem bevölkerungsarme Mitgliedstaaten wie Luxemburg mit bevölkerungsreichen Staaten wie Deutschland verglichen werden.

Kritisch fällt auch die Beurteilung der Einnahmekategorien Zölle und Agrarabschöpfungen aus allokativer Sicht aus: Beide sind ihrem Wesen nach Verbrauchsteuern auf spezielle importierte Güter, die beim Grenzübertritt erhoben werden. Dadurch werden tendenziell die Strukturen von Güterproduktion und -verbrauch verändert. Zölle und Agrarabschöpfungen begünstigen zwar die heimischen Produzenten, verschlechtern aber die Position der inländischen Nachfrager, die für die eingeführten Produkte mehr zu bezahlen haben, und führen in der Regel zu einem gesamtwirtschaftlichen Wohlfahrtsverlust (vgl.auch die Erläuterungen unter 1). Sie sind deshalb unter allokationspolitischen Aspekten bedenklich, mit einer Ausnahme: wenn das Importland eine spezielle Produzentensteuer auf ein bestimmtes Gut erhebt, die auf Handel und Verbraucher vorgewälzt wird, erfordert Produktionseffizienz einen gleich hohen Importzoll auf dasselbe Gut als Folgesteuer, damit keine Wettbewerbsverzerrung zu Lasten der heimischen Produzenten auftritt (Homburg 2000 (1), 291 f.).

4. Reformbedarf der Gemeinschaftsfinanzierung aus fiskalföderalistischer und politökonomischer Sicht

Über die genannten Kritikpunkte an den derzeit bestehenden Einnahmearten hinaus wird das EU-Einnahmesystem von vielen Seiten in seiner grundsätzlichen Struktur in Frage gestellt. So wird aus fiskalföderalistisch-wohlfahrtstheoretischer Sicht vor allem vorgetragen, das faktisch herrschende System der Finanzierung durch nationale Beiträge sei nicht mit dem Prinzip der institutionellen Kongruenz vereinbar, wonach Deckungsgleichheit zwischen den Nutzern eines öffentlichen Gutes und denjenigen, die das Gut finanzieren, bestehen sollte (vgl. etwa Biehl 1988). Die Kongruenz zwischen Zahlern und Nutzern müsse sich auch in den Entscheidungen der betreffenden politischen Institutionen widerspiegeln. Dies sei aber praktisch nicht der Fall, da Rat und Parlament, die über die Mittelverwendung entscheiden, keine Entscheidung darüber träfen, wie die Kosten aufzubringen sind. Dies impliziere einen Anreiz zur ineffizienten Ausdehnung des Budgets, weil ein Abgeordneter des Europaparlaments zwar durch Ausgabenprogramme seine Wählerklientel pflegen könne, die politischen Kosten, die mit deren Finanzierung verbunden sind, jedoch nicht in sein Kalkül einbeziehe. Deshalb müsse mit der Aufgabenübertragung an die europäische Ebene auch deren Finanzierungszuständigkeit für die damit verbundenen Ausgaben begründet werden. Würde eine EU-Steuerkompetenz als autonome Finanzierungsquelle eingeführt, so würde dies mehr Transparenz über die Kosten der europäischen Aktivitäten und damit auch mehr Disziplin im Umgang mit den Finanzmitteln schaffen.[1]

---

[1] Weitere Argumente für die Schaffung eines eigenen EU-Besteuerungsrechts sind die Tatsache, daß durch ein solches der Einfluß der Mitgliedstaaten auf die Ausgabenpolitik der Union reduziert und die wirtschaftliche Unabhängigkeit der Gemeinschaft von nationalen, oft tagespolitisch motivierten, (Fehl)Entwicklungen gestärkt würde (Peffekoven 1994, 113) sowie der Umstand, daß eine fortgesetzte Übertragung vorher fixierter Beträge durch die Mitgliedstaaten, losgelöst von den Entscheidungen der Haushaltsbehörde, einem demokratischen Verfahren widerspreche und zu unnötigen Mehrausgaben führe (Europäisches Parlament 1994, Rdnr. 22). Ferner weise eine eigene Besteuerungskompetenz der Gemeinschaft einen Ausweg aus der von vielen als leidig empfundenen Nettozahler-Debatte, die die Frage nach den Vor- und Nachteilen der europäischen Integration auf einige wenige und für sich allein wenig aussagekräftige Zahlen verkürzt (s. o.) und dem Zusammenhalt in der Gemeinschaft eher

Gegen diese Sichtweise wird eine Reihe von Argumenten vorgetragen, deren wichtigste sind:[1]

(1) Zunächst werde die Forderung nach institutioneller Kongruenz durch die aktuelle Ausgabenstruktur des EU-Budgets entkräftet: der Gemeinschaftshaushalt finanziere nur am Rande europäische Güter und widme sich zum überwiegenden Teil der Umverteilung finanzieller Ressourcen zwischen den Mitgliedstaaten über die Instrumente der Agrar- und Strukturpolitik. Das Kongruenzprinzip beziehe sich aber auf die Finanzierung öffentlicher Güter der jeweiligen Politikebene und sei damit auf das EU-Budget kaum anwendbar (Folkers 1995).

Dem ist aus Sicht der vorliegenden Arbeit entgegenzuhalten, daß das derzeit bestehende Aufgaben- und Ausgabensystem des Gemeinschaftshaushalts ja gerade nicht aufrechterhalten, sondern einer tiefgreifenden Reform unterzogen werden sollte, an deren Ende die Beschränkung der Aufgaben der Union auf die Bereitstellung europäischer öffentlicher Güter (wozu auch ein bestimmtes Maß an interregionaler Umverteilung zählt) steht. Mit der Zuständigkeit für die Bereitstellung dieser Güter korrespondiert aber grundsätzlich die Zuständigkeit für die Finanzierung dieser Güter.

---

abträglich ist (vgl. hierzu die in der FAZ vom 2. 12. 1999, S. 9 zitierten Äußerungen der EU-Haushaltskommissarin Michaele Schreyer).

Dem Argument, durch eine eigene EU-Steuer könne der Einfluß der Mitgliedstaaten auf die Ausgabenpolitik der Union geschmälert und die ökonomische Autonomie der Union gestärkt werden, ist allerdings mit der Begründung widersprochen worden, daß eine gewisse Abhängigkeit der Union von den Mitgliedstaaten auch bei eigenen Einnahmen weiterhin gegeben wäre, weil die Union keine Steuerverwaltung in den einzelnen Mitgliedstaaten unterhalte und auch die eigenen Steuereinnahmen demzufolge von den nationalen Körperschaften erhoben und an die EU abgeführt werden müßten (vgl. etwa Peffekoven 1994, 114). Doch dürfte die Abhängigkeit im Falle eines eigenen Besteuerungsrechts wesentlich geringer sein als bei einem Angewiesensein auf die monatlichen Beitragsüberweisungen der Mitgliedstaaten. Die bei Erhebung einer EU-Steuer durch die Steuerverwaltungen der Mitgliedstaaten theoretisch bestehende Möglichkeit der Mitgliedstaaten, für die Union vereinnahmte Mittel zurückzuhalten, dürfte wegen der damit verbundenen Konflikte keine ernsthafte Handlungsoption darstellen.

[1] Ein weiteres wichtiges Argument gegen die Schaffung einer europäischen Steuer kann nach Caesar (1996 (1), 164 f.) aus einer analogen Anwendung des Dezentralisierungstheorems von Oates (1972) auf die Einnahmeseite der staatlichen Fisci abgeleitet werden. Die Überlegung wäre dann, ob es Gründe dafür gibt, die Steuergesetzgebungshoheit bei den Mitgliedstaaten anzusiedeln (und die EU durch Zuweisungen aus diesem Steueraufkommen zu alimentieren), um dadurch unterschiedlichen steuerlichen Präferenzen der Mitgliedstaaten Rechnung tragen zu können: Steuerliche Präferenzunterschiede könnten vor allem begründet sein in unterschiedlichen ökonomischen und sozialen Strukturen, unterschiedlichen Ansichten der Bürger über die Besteuerung, unterschiedlicher Akzeptanz und Durchsetzbarkeit einzelner Steuern sowie unterschiedlichen Präferenzen hinsichtlich der Größe des öffentlichen Sektors. Nur bei einem Verbleib der steuerlichen Gesetzgebungskompetenz bei den Mitgliedstaaten könnten aber die Informationsvorteile bei der Bestimmung steuerlicher Präferenzunterschiede genutzt werden (Caesar 1996, 164 f. m. w. H.).

Zwar ist das Argument Caesars dem Grunde nach richtig, doch dürfen dabei die Größenverhältnisse zwischen einer EU-Steuer und den nationalen Steuern nicht verkannt werden. Das jährliche EU-Haushaltsbudget darf auch nach dem neuen Eigenmittelbeschluß 1,27 % des BSP der Mitgliedstaaten nicht übersteigen und liegt derzeit bei 2-3 % des gesamten Steueraufkommens der Mitgliedstaaten. Bei einer Neuverteilung der öffentlichen Aufgaben zwischen der EU und den Nationalstaaten und dem Verzicht vor allem auf eine Gemeinsame Agrarpolitik zugunsten nationaler Zuständigkeiten wird das Volumen des Gemeinschaftshaushalts jedenfalls nicht wesentlich wachsen. Bei diesen Größenrelationen haben die Mitgliedstaaten mit Sicherheit die Möglichkeit, die individuellen steuerlichen Präferenzen ihrer Bürger bereits in ihren eigenen Steuersystemen hinreichend zu berücksichtigen.

(2) Des weiteren werden aus politökonomischer Sicht Zweifel angemeldet, daß eine EU-Steuer tatsächlich zu mehr Ausgabendisziplin führen würde, wenn man die steuerpolitischen Restriktionen der nationalen und der europäischen Ebene miteinander vergleicht. Auf der nationalen Ebene werde der Spielraum zur Erhebung von Steuern durch den Steuer- und Standortwettbewerb in Grenzen gehalten. Diese Restriktionen seien auf europäischer Ebene sehr viel geringer ausgeprägt. Einer einheitlichen EU-Steuer könne kein Bürger und kein Unternehmen durch Mobilität innerhalb des Binnenmarktes entgehen (Heinemann 2001, 231). Während ein System von Finanzzuweisungen „von unten nach oben", das jeweils horizontale Verhandlungen zwischen subzentralen Einheiten über die Finanzbeiträge erforderlich mache, Tendenzen zu einem Leviathan-Staat auf EU-Ebene entgegenwirke, werde durch eine supranationale Behörde mit eigenem Besteuerungsrecht ein starres Besteuerungskartell geschaffen, das eben diesen Tendenzen Vorschub leiste (Caesar 1996 (1), 165, Brennan und Buchanan 1988, 228 ff.).

Dazu ist anzumerken: Zum einen sollte nach den bisherigen Ausführungen der interjurisdiktionelle Steuer- und Standortwettbewerb nicht nur positiv, im Sinne der Begrenzung des staatlichen Leviathans gesehen werden. Zum andern wird man dem Leviathan auf europäischer Ebene sehr viel wirksamer begegnen können, wenn die derzeitige Verwässerung der Aufgabenverteilung zwischen nationaler und europäischer Ebene beseitigt und durch eine möglichst stringente Trennung der Zuständigkeiten unter strikter Beachtung des Subsidiaritätsprinzips ersetzt wird (womit Politikern die Möglichkeit genommen wird, die Schuld für eigenes Versagen auf die jeweils andere Ebene abzuwälzen).

(3) Schließlich wird die Frage gestellt, ob im bestehenden Beitragssystem das Kongruenzprinzip wirklich verletzt ist. Denn auch in diesem System seien es die EU-Bürger insgesamt, die über nationale Steuern, die an Brüssel abgeführt werden, für die Aktivitäten der Gemeinschaftsebene bezahlen. Geht es nur darum, diese Kostenbelastung dem Bürger transparenter zu machen, so würde es ausreichen, den entsprechenden Anteil einer nationalen Steuer als EU-Finanzierungsbeitrag zu überweisen (Caesar 1996 (1)).

Eine solche Betrachtung übersieht indes, daß durch die Entrichtung nationaler Finanzierungsbeiträge keine direkte Verbindung zwischen der europäischen Ebene und dem diese finanzierenden Bürger geschaffen werden kann. Sicher ist der Meinung Peffekovens (1994 ,113 f.) und anderer, daß aus Gründen demokratischer Legimation die Übertragung zunehmender Politikbefugnisse auf die europäische Ebene mit einer erheblichen Erweiterung der Kompetenzen der durch die Bürger unmittelbar gewählten Volksvertretung (Europäisches Parlament) innerhalb dieser Ebene einhergehen müsse, zuzustimmen; um so wichtiger ist dann aber auch, diese Volksvertretung mit gerade jenem Recht auszustatten, das neben der Gesetzgebungshoheit das entscheidende Merkmal eines jeden Parlaments ist: der Haushaltshoheit und damit dem Recht, Steuern zu erheben.

Die gegen die Anwendung des Kongruenzprinzips auf EU-Ebene vorgebrachten Argumente sind somit insgesamt nicht überzeugend. Da das Prinzip aber ein essentieller Bestandteil des Föderalismusgedankens und nicht Selbstzweck, sondern Ausdruck der Überlegung ist, daß insgesamt nur dann, wenn derjenige für eine Leistung bezahlen muß, der sie auch in Anspruch nimmt, sichergestellt werden kann, daß öffentliche Leistungen nicht am Markt vorbei angeboten werden, sollte durch die

Einführung einer europäischen Gemeinschaftssteuer versucht werden, eine möglichst weitgehende Deckungsgleichheit zwischen Entscheidern, Zahlern und Nutzern auf europäischer Ebene herzustellen.

F Implikationen aus der Wohlfahrtsökonomik und der Politischen Ökonomie für eine effiziente Aufgabenneuverteilung in der Europäischen Union

I. Renationalisierung von Gemeinschaftspolitiken? Die Gemeinsame Agrarpolitik und die regionale Strukturpolitik

Nach den Ausführungen in Kap. E III. 1. und 2. sprechen zwei Gründe gegen eine Beibehaltung der Agrarpolitik als Teil der Gemeinschaftspolitiken und für ihre Renationalisierung:

Erstens: Die bis zu Beginn der 90er Jahre praktizierte EU-Agrarpolitik mit ihrem immensen Kostenapparat hat sich als tragischer Irrläufer einer in vielen anderen Bereichen marktwirtschaftlich ausgerichteten gemeinschaftlichen Wirtschaftspolitik und wegen des damit verbundenen Imageschadens für die Europäische Union insgesamt als bislang eines der größten Hemmnisse einer weiteren Integration erwiesen. Durch den Aufbau eines weitreichenden Systems produktspezifischer Marktordnungen mit Preis- und Absatzgarantien, durch einen hohen Schutz der einheimischen Produktion vor Importkonkurrenz und durch die Gewährung großzügig bemessener Exportsubventionen sind inzwischen „chronische" Produktionsüberschüsse, beträchtliche Fehlleitungen von Ressourcen und gravierende Ausgabenbelastungen im Gemeinschaftshaushalts entstanden, ganz zu schweigen von den Realeinkommenseinbußen, die überhöhte Nahrungsmittelpreise der Bevölkerung zumuten. Der Irrweg der EU-Agrarpolitik zeigt sich jedoch nicht nur allein in ihren gesamtwirtschaftlichen Auswirkungen: auch die Landwirte selbst sind unzufrieden, weil viele in ihren Einkommenserwartungen enttäuscht worden sind; vor allem die tüchtigen und unternehmerisch Veranlagten unter ihnen sehen sich in ihren Entfaltungsmöglichkeiten durch die von der EU-Interventionspolitik bewirkten Wettbewerbsverzerrungen behindert und um Erwerbschancen gebracht (vgl. auch Sachverständigenrat Jahresgutachten 1997/98, Tz. 428).

Die im Jahre 1992 mit dem MacSharry-Plan eingeleitete Reform der gemeinschaftlichen Agrarpolitik hat konzeptionell einige Verbesserungen gebracht; aber sie war nicht durchgreifend genug und hat neue Fehlentwicklungen ausgelöst. Dasselbe hat für die im März 1999 beschlossene Agenda 2000 zu gelten: Der Abbau des Systems der Stützpreis- und Quotenregelungen ist nur halbherzig angegangen und bestimmte Produkte sind völlig ausgespart worden (vgl. Kap. E I 1. und E III. 1.).[1]

Doch erst wenn der Abstand der EU-Agrarpreise zu den Weltmarktpreisen beseitigt ist, wird die Landwirtschaft nur das produzieren, was sie unter Wettbewerbsbedingungen auf den inländischen und ausländischen Märkten auch wirklich verkaufen kann; die Subventionierung von Agrarexporten kann dann ebenso aufhören wie die Vernichtung von Produktionsüberschüssen, und der Import aus Drittländern kann liberalisiert werden, wodurch sich die internationale Arbeitsteilung zum Wohle aller beteiligten Länder vertieft. Daß den Landwirten dabei ein gewisser Einkommens-

---

[1] Einen zusammenfassenden Überblick über die Entwicklung der Gemeinsamen Agrarpolitik während der vergangenen 4 Jahrzehnte, verbunden mit einer Darstellung der künftigen Reformziele, liefern die Europäische Kommission 1998 (1), sowie Koester 2001, 311 ff.

ausgleich durch direkte Transfers gewährt wird, läßt sich mit dem Gebot des Vertrauensschutzes rechtfertigen und sollte nicht das entscheidende Problem sein[1]. Wird der vorgeschlagene Weg hin zu einem rein marktwirtschaftlich orientierten Preissystem beschritten, so bedeutet dies gleichzeitig das Ende der *gemeinschaftlichen Agrarmarktpolitik*. Die Notwendigkeit einer Mittelzuweisung an die Abteilung Garantie des EAGFL -1999 und 2000 einschließlich flankierender Maßnahmen immerhin jeweils über 40 Mrd. Euro- würde vollständig entfallen. Zwar müßte während einer Übergangsphase das Transfervolumen an die in der Landwirtschaft Beschäftigten zunächst noch erhöht werden. Doch wäre dies ein zeitlich befristetes Problem und in erster Linie eine nationale Aufgabe. Denn welchen Sinn -außer zusätzliche Kosten zu produzieren oder den Gemeinschaftsapparat aufzublähen- sollte es machen, wenn die Mitgliedstaaten Mittel an die Union überweisen, die dann postwendend durch die Union an die Landwirte der jeweiligen Mitgliedstaaten retransferiert werden? Erst dort wo die Finanzkraft einzelner -ärmerer- Mitgliedstaaten überfordert wäre, könnte überlegt werden, über die Europäische Zentralebene Mittel zur Unterstützung der landwirtschaftlichen Bevölkerung in den betreffenden Mitgliedstaaten zur Verfügung zu stellen. Ein solcher Mitteltransfer käme der Union aber immer noch wesentlich billiger als die Aufrechterhaltung des derzeitigen Stützpreis- und Quotensystems, wie das folgende Zahlenbeispiel dokumentiert: Von den EU-weit derzeit rd. 7,5 Mio. in der Landwirtschaft Beschäftigten entfallen auf die sog. Kohäsionsländer -Irland, Spanien, Portugal, Griechenland- knapp 2,6 Mio. (vgl. Europäische Kommission 1999 (3), 126). Selbst wenn jeder von diesen in den nächsten Jahren von der EU einen Betrag von durchschnittlich 5.000,-- Euro p.a. als Einkommenszuschuß erhielte -dieser Betrag entspricht nach überschlägigen Berechnungen[2] etwa 70 % der derzeitigen jährlichen Durchschnittseinkommen in

---

[1] So etwa Sachverständigenrat JG 1997/98, Tz. 429. Bedenklich ist dabei allerdings nach Ansicht des Sachverständigenrates, daß nach gängiger Praxis die Ausgleichszahlungen derzeit nicht produktionsneutral ausgestattet, sondern an die bewirtschaftete Fläche gebunden sind und grundsätzlich unbefristet gelten. Dadurch könnten sich die Produktionsanpassungen, die mit der Reform angestrebt werden, übermäßig in die Länge ziehen, neue Subventionstatbestände entstehen und sich verfestigen und ein beträchtlicher zusätzlicher Verwaltungsaufwand generiert werden. Deshalb müßten die Direktzahlungen an Landwirte aus allokationspolitischer Sicht künftig von der aktuellen Produktion und Fläche des jeweiligen Betriebes abgekoppelt, von vorne herein nur zeitlich befristet -etwa auf die Dauer von 10 Jahren- gewährt und degressiv ausgestaltet werden. Freilich kann dabei die von der Kommission in der Agenda 2000 vorgeschlagene Begrenzung der Direktzahlungen je landwirtschaftlicher Betrieb mehr Schaden anrichten als Nutzen stiften. Denn bei gleichen Obergrenzen für alle werden unterschiedlich große Betriebe im Wettbewerb um die Pacht zusätzlicher landwirtschaftlicher Nutzflächen unterschiedlich behandelt; die Betriebe, die gegenwärtig unterhalb der Obergrenze liegen, können dem Verpächter dank der zusätzlich erhaltenen Direktzahlungen einen höheren Pachtzins zahlen als die Betriebe, die bereits über die Obergrenze hinausgehende Transfers bekommen (Sachverständigenrat aaO, Tz. 433).

Als noch problematischer als die Bindung der Direktzahlungen an die bewirtschaftete Fläche ist die bisherige Praxis erzwungener Flächenstillegungen zu werten. Denn ein solches Instrument ist nicht marktkonform, leistet Allokationsverzerrungen Vorschub, begünstigt große Betriebe an relativ ertragsschwachen Standorten und wirkt bremsend auf den Strukturwandel ein (Sachverständigenrat aaO, Tz. 429).

[2] Unter Berücksichtigung des pro-Kopf BIPs zu Marktpreisen, ausgedrückt in sog. Kaufkraftstandards (KKS), dem prozentualen Anteil der in der Landwirtschaft Beschäftigten an den gesamten Erwerbstätigen des jeweiligen Mitgliedstaats und dem prozentualen Anteil der Bruttowertschöpfung des Landwirtschaftssektors an der gesamten Bruttowertschöpfung eines Landes -vgl. Europäische

Kaufkraftstandards eines in der Landwirtschaft der Kohäsionsländer Beschäftigten- so beliefe sich der dafür erforderliche Finanzbedarf auf rd. 13 Mrd. Euro jährlich- die Nettoeinsparung gegenüber den bisherigen Ausgaben für die EU-Landwirtschaft (neben Agrargarantieausgaben schlagen auch die Agrarstrukturausgaben der Abteilung Ausrichtung des EAGFL zu Buche) würde sich bereits bei diesem umfangreichen Direkttransfersystem auf eine Größenordnung von rd. 30 Mrd. Euro jährlich summieren[1].

Neben den genannten systemimmanenten Ineffizienzen der gemeinschaftlichen Agrar-Marktordnungspolitik sprechen *zweitens* fiskalföderalistische Aspekte für eine Renationalisierung der Gemeinsamen Agrarpolitik: die EU-Agrarpolitik ist gerade kein (europäisches) öffentliches Gut, insoweit als sie nicht der Allgemeinheit oder einem Großteil der EU-Bevölkerung zugute kommt, sondern lediglich einer kleinen, allerdings politisch gut organisierten Interessengruppe. Während sie diese, also die Produzenten von Agrarprodukten, begünstigt, schadet sie gleichzeitig einer weitaus größeren Gruppe, der Gruppe der Agrarkonsumenten.

Auch die Tatsache, daß nationale Agrar(markt)politik in Anbetracht der vergleichsweise großen Uniformität und Transportfähigkeit von Agrarprodukten z. T. mit erheblichen Externalitäten verbunden ist, spricht nicht entscheidend gegen ihre Renationalisierung. Denn ähnlich wie in anderen Politikbereichen könnte auch auf dem Agrarsektor eine europäische Wettbewerbsbehörde (bislang die Kommission) darüber wachen, daß die nationalen Agrarbehörden einheimischen Agrarproduzenten keine marktbeschränkenden oder wettbewerbsverzerrenden Unterstützungen gewähren.

Auch im Hinblick auf die derzeitige EU-Strukturpolitik muß über eine Renationalisierung nachgedacht werden.
Heinemann (2001, 223) führt hierzu aus: „Ebenso wenig erfüllt die Strukturpolitik die Merkmale eines europäischen öffentlichen Gutes. Sie ist als Regionalpolitik ausgestaltet und von daher gerade dadurch definiert, daß sie nicht allen EU-Bürgern, sondern einzelnen Regionen zugute kommt. Zwar kann man argumentieren, daß die Zielsetzung der regionalen Konvergenz eine gesamteuropäische Zielsetzung darstellt, etwa um die Zustimmung aller Regionen und Staaten zum Integrationsprozeß zu gewährleisten. Daraus läßt sich aber nicht ohne weiteres die notwendige Zuständigkeit der zentralen europäischen Politikebene für die Regionalpolitik ableiten. Das regionalpolitische Anliegen ließe sich alternativ ja durch ein horizontales Transfersystem

---

Kommission 1999 (3), 232, 130, 236- kann das Durchschnittseinkommen eines Erwerbstätigen in der Landwirtschaft in den jeweiligen Ländern für das Jahr 1997 näherungsweise ermittelt werden.
[1] In Richtung auf eine -stufenweise- Renationalisierung der GAP zielt letztendlich auch der Vorschlag des Wissenschaftlichen Beirates beim Bundeswirtschaftsministerium, bei agrarpolitischen Maßnahmen der Gemeinschaft eine Kostenbeteiligung in Form einer „Kofinanzierung" durch die nationalen Haushalte vorzusehen, wobei auch Kofinanzierungssätze von 100% nicht ausgeschlossen werden sollten - „ dann nämlich, wenn die mit einer Maßnahme verbundenen Ausgaben ausschließlich einzelnen Mitgliedstaaten zugute kommen". Als wichtigstes Beispiel hierfür nennt der Beirat die direkten Einkommensbeihilfen der Gemeinschaft für die Erwerbstätigen im landwirtschaftlichen Sektor (vgl. Wissenschaftlicher Beirat beim Bundesministerium für Wirtschaft und Technologie 1998, Ziffer 39).

zwischen den Regionen ohne Einbeziehung des EU-Budgets und der EU-Politikebene bei der Definition der regionalpolitischen Maßnahmen erfüllen. Für die Legitimation der Zentraliserung wäre nachzuweisen, daß eine autonome Regionalpolitik der Mitgliedstaaten flankiert durch horizontale Transfers der Zielsetzung der regionalen Konvergenz nicht gerecht würde. Vieles spricht nun aber dafür, daß dieser dezentrale Ansatz dem heute praktizierten zentralistischen Ansatz überlegen wäre."

Dazu ist anzumerken: Zunächst ist zwischen regionaler Strukturpolitik und Konvergenzpolitik im Sinne des Bemühens um einen Abbau der interregionalen Wohlfahrtsunterschiede klar zu trennen. Sodann ist Heinemann zuzugeben, daß die derzeitige EU-Konvergenz- bzw. Kohäsionspolitik in erster Linie –intraregionale- Strukturpolitik ist mit dem Ziel, die Ausgaben- und Einnahmenstruktur, die Bereitstellung öffentlicher Güter und teilweise sogar die Verwaltungs- und Organisationsstrukturen der Regionen durch die Strukturfondsförderung für von der Kommission zu billigende regionale Projekte im Sinne der Kommissionsvorstellungen zu beeinflussen -wovon sich die EU zweifellos *auch* einen Abbau der regionalen Disparitäten verspricht. Dies hat mit einem Handeln entsprechend dem fiskalföderalistischen Prinzip und dem in Art. 5 EGV normierten Subsidiaritätsprinzip aber wenig zu tun. Denn im Hinblick auf die unterschiedlichen Ursachen für die Entwicklungsrückstände armer Regionen (und die damit anzuwendenden Politikinstrumente) und regional unterschiedliche Präferenzen bei der Bereitstellung öffentlicher Güter wäre auch eine dezentrale Bekämpfung regionaler Strukturprobleme sinnvoll. Eine andere Sichtweise wäre nur insoweit gerechtfertigt, als bei einer zentralen Bereitstellung auch regional öffentlicher Güter Kostenvorteile aufgrund von Skalenerträgen oder externe Effekte auftreten würden. Soweit dies -wie in der Regel- nicht der Fall ist und soweit von den Regionen bzw. Nationalstaaten bestimmte Spielregeln im Hinblick auf die Effizienz und Sparsamkeit des Mitteleinsatzes beachtet werden, sollte deshalb die Wahl des Instrumentariums zur Bekämpfung regionaler Entwicklungsrückstände weitestgehend den Regional- und Nationalregierungen vorbehalten bleiben.

Der grundsätzliche Vorrang dezentraler Entscheidungen bei der Lösung intraregionaler Strukturprobleme bedeutet aber nicht, daß die Konvergenz- und Kohäsionspolitik keine Aufgaben der EU-Zentralebene wären. Der Abbau der Entwicklungsunterschiede zwischen den Regionen ist eine Grundvoraussetzung für den dauerhaften wirtschaftlichen und sozialen Zusammenhalt (die „Kohäsion") in Europa i. S. d. Art. 158 EGV, der seinerseits erst die Realisierung der potentiellen Wohlfahrtsgewinne des Europäischen Binnenmarktes erlaubt. Konvergenzpolitik in diesem Sinne ist angesichts der erheblichen finanziellen Restriktionen der ärmeren Mitgliedstaaten bzw. Regionen in erster Linie interjurisdiktionelle Umverteilungspolitik. Diese könnte zwar grundsätzlich auch ohne Beteiligung einer europäischen Zentralebene erfolgen, indem die zu unterstützenden Länder auf direktem Wege von den zu belastenden Staaten Ausgleichszahlungen erhielten; in Anbetracht der Tatsache, daß in ein solches Transfersystem derzeit 15 und nach der anstehenden EU-Osterweiterung vermutlich 21 Mitgliedstaaten einzubinden wären und angesichts der Vielzahl der sich daraus ergebenden Zahlungsströme (und somit erforderlichen Abstimmungen) scheint aber entgegen etwa der Ansicht Heinemanns (2001, 234 f.; 1998, 44 ff.) ein solches, rein horizontales Transfer- oder Finanzausgleichssystem selbst bei durchweg uneigennütz und im Sinne des europäischen Gesamtinteresses handelnden Nationalstaaten kaum *praktikabel* zu sein. Vielmehr ist davon auszugehen, daß es der Koordination durch die

EU-Zentralebene bedarf, um ein dauerhaft funktionierendes interregionales Umverteilungssystem zu installieren; gerade weil zu erwarten ist, daß die von der Europäischen Union vorangetriebene weitere Integration (Abbau noch bestehender Binnenmarkthindernisse, Verwirklichung der Europäischen Wirtschafts- und Währungsunion, Osterweiterung) und die EU-Gemeinschaftspolitiken nicht ohne Auswirkungen auf das Wohlstandsgefälle in der Gemeinschaft bleiben werden (auch wenn Richtung und Stärke des Einflusses nicht zuverlässig prognostizierbar sind), ist es zudem aus *Äqivalenzüberlegungen* folgerichtig, der Europäischen Union die Verantwortung für die zentrale Steuerung der Konvergenzbemühungen in der Gemeinschaft zu übertragen.

Als Fazit bleibt festzuhalten: Während die Analyse der für den Entwicklungsrückstand einer EU-Region verantwortlichen Problemursachen und die Entscheidung über die zu ihrer Bekämpfung einzusetzenden Instrumente (dies ist die Form, in der gemeinschaftliche Strukturpolitik heute im wesentlichen betrieben wird) aus fiskalföderalistischer Sicht grundsätzlich keine Angelegenheit der Europäischen Union sein können, weil diese Aufgabe in der Regel (mindestens) ebenso gut durch den betroffenen Mitgliedstaat selbst wahrgenommen werden kann, ist die Bereitstellung der für den Instrumenteinsatz erforderlichen Mittel und damit die Steuerung des interregionalen Konvergenz- und Umverteilungsprozesses zur Aufrechterhaltung des wirtschaftlichen und sozialen Zusammenhalts in der Union sehr wohl als eine in den Zuständigkeitsbereich der Europäischen Union fallende gesamteuropäische Aufgabe einzustufen. Wie diese in das übrige Aufgabenspektrum der Union einzubetten und konkret auszugestalten ist, wird in Abschnitt II. 2. zu diskutieren sein.

II. Ausgabenwirksame Gemeinschaftspolitiken und ihr Finanzbedarf

Nachdem im vorangegangenen Abschnitt diejenigen Tätigkeitsbereiche ermittelt worden sind, für deren weiteren Verbleib im Zuständigkeitsbereich der Europäischen Union weder fiskal-föderalistische noch politökonomische Gründe sprechen, geht es nunmehr darum, jene Aufgabenfelder abzustecken, auf denen aus gerade diesen Gründen die Union in Zukunft tätig werden sollte. Dabei wird den weiteren Ausführungen die Prämisse zugrunde gelegt, daß das aktuelle bzw. in der Finanziellen Vorausschau der Agenda 2000 für die Jahre 2000-2006 indikativ festgelegte Gesamtvolumen des Gemeinschaftshaushalts etwa die Obergrenze dessen darstellt, was das Gros der Mitgliedstaaten in der gegenwärtigen Integrationsphase bereit ist, in das „Projekt Europäische Union" zu investieren und deshalb momentan nicht überschritten werden sollte.

1. Die Bereitstellung öffentlicher Güter mit supranationaler Bedeutung

Zu den ureigensten Aufgaben der Europäischen Union zählt aus fiskalföderalistischer Sicht die Bereitstellung jener öffentlichen Güter, die gleichsam qua Natur der Sache supranationale sind oder deren zentrale Bereitstellung mit Kosteneinsparungen aufgrund von Skalenvorteilen verbunden wäre oder von denen grenzüberschreitende Effekte ausgehen und bei denen eine gemeinschaftliche Bereitstellung durch mehrere

Mitgliedstaaten im Wege einer kooperativen Verhandlungslösung aufgrund des Trittbrettfahrerverhaltens einzelner Mitgliedstaaten oder aus anderen Gründen keinen Erfolg verspricht. Eine Zuständigkeit der Europäischen Zentralebene ist aus dieser Sicht bei der Bereitstellung folgender Güter zu rechtfertigen:

(1) Transeuropäische Netze:
In Kap. C II. war die besondere Bedeutung transeuropäischer Verkehrs-, Energie- und Telekommunikationsnetze für die gesamteuropäische Entwicklung betont worden, die vor allem darin besteht, daß die durch funktionierende Netzwerke zu schaffende Verbindung zwischen den Regionen die unverzichtbare physische Voraussetzung für die Realisierung der durch die Größe des europäischen Binnenmarktes möglich gewordenen Skalenerträge und damit Kostenvorteile ist. Zwei Probleme erschweren derzeit aber die Nutzung dieser Vorteile: Zum einen Inkompatibilitäten der bestehenden nationalen Versorgungsnetzwerke, die zu erheblichen Reibungsverlusten im internationalen Güter-, Energie- und Informationsaustausch führen, die aber die relativ leicht vermeidbar wären, wenn durch eine gesamteuropäische Standardisierung bestimmter technischer Normen, deren Kosten für die EU-Staaten vergleichsweise überschaubar wären, die nationalen Netzwerke miteinander kompatibel gemacht würden. Zum anderen zu gering bemessene Kapazitäten der grenzüberschreitenden oder nationalen Netze, die vor allem daraus resultieren, daß Transitregionen die positiven externen Effekte ihrer Netzwerkkapazitäten nicht internalisieren oder daß die weniger wohlhabenden peripheren Regionen schlichtweg nicht die finanziellen Mittel zum Aufbau entsprechender bzw. entsprechend großer Infrastruktureinrichtungen besitzen.
Der (Aus)Bau transeuropäischer Netze und der Abbau nationaler Netzinkompatibilitäten ist ohne eine enge Zusammenarbeit der EU-Mitgliedstaaten und teilweise eine länderübergreifende Steuerung nicht möglich. Beides setzt nicht zwangsläufig die Einschaltung der europäischen Zentralebene voraus; vielmehr könnten die Mitgliedstaaten auch im Wege multinationaler Vereinbarungen freiwillig kooperieren. Das Zustandekommen und der langfristige Bestand derartiger dezentraler Vereinbarungen stößt aber bei zunehmender Zahl der in eine kooperative Lösung einzubeziehenden Verhandlungspartner aufgrund der häufig progressiv steigenden Transaktions-, Informations- und Kontrollkosten und der sich eröffnenden Möglichkeiten des Aufbaus und Ausnutzens von Machtpositionen oder der Einnahme einer free-rider-Position sehr schnell an Grenzen -genannt sei nur das bei Sinn (1994, 94) erwähnte Beispiel des 25 Jahre während vergeblichen Bemühens um eine Standardisierung des Farbfernsehens in Europa. Aus diesem Grunde wird man -unter strenger Beachtung des Subsidiaritätsprinzips- den Abbau nationaler Netzinkompatibilitäten und den Aufbau der transeuropäischen Netze als eine nicht nur in den nationalen, sondern *auch* in den Zuständigkeitsbereich der EU fallende Aufgabe ansehen müssen.
Nach Schätzungen der Europäischen Union kann durch die Schaffung transeuropäischer Netze bzw. die Kompatibilisierung bestehender nationaler Netze das gemeinschaftliche BIP dauerhaft um rd. 250 Mrd. Euro jährlich -das entspricht etwa 3 % des derzeitigen GemeinschaftsBIP von rd. 8 Billionen Euro- erhöht werden. Dem stehen einmalige Infrastrukturinvestitionen in einer Größenordnung von 400-500 Mrd. Euro gegenüber -das entspricht einem Anteil von 5-6 % am derzeitigen BIP und damit etwa dem Doppelten der bei Realisierung der Investitionen und einer vollständigen Liberali-

sierung des Transport- Energie und Telekommunikationsmarktes dauerhaft möglichen Sozialproduktsteigerung.

Geht man in einer ersten Grobschätzung davon aus, daß von diesem Betrag jeweils rd. ein Drittel auf den Ausbau der transeuropäischen Netze in den Zentrumsregionen, den Transitregionen und den peripheren Regionen entfallen und geht man weiter davon aus, daß die hochindustrialisierten Zentrumsregionen mit ihren großen Unternehmen am stärksten durch das Binnenmarktprogramm profitieren, sie aufgrund ihrer Finanzkraft in der Lage sind, ihren nationalen Part an den transeuropäischen Netzen allein zu schultern und sich bei ihren Netzanteilen die Spillover-Effekte in Grenzen halten, so bedarf es bei den Netzen dieser Regionen keiner Kofinanzierung durch die Europäische Union.

Damit verbleiben die Netze der Transit- und der peripheren Regionen mit einem Gesamtinvestitionsbedarf von rd. 300 Mrd. Euro. Unterstellt den worst case, daß eine Internalisierung externer Effekte in den Transitregionen so gut wie nie zustande kommt und weiterhin pauschal unterstellt, daß der Nutzen eines (Aus)baus grenzüberschreitender Infrastruktureinrichtungen in den Transit- und Peripherieregionen zu zwei Dritteln auf die jeweilige Region[1] und zu einem Drittel auf die übrigen Mitgliedstaaten der Gemeinschaft entfällt, so daß eine Kofinanzierung grenzüberschreitender Infrastrukturnetze in den Transit- und Peripherieregionen durch die EU mit einer Quote von jeweils einem Drittel als angemessen erscheint, so wäre ein Gesamtfinanzierungsvolumen zum Auf- bzw. Ausbau der transeuropäischen Netze in Höhe von max. 100 Mrd. Euro -ebenfalls worst case-Betrachtung- durch die Europäische Union zu bewältigen. Geht man von einem Realisierungszeitpunkt der grenzüberschreitenden Infrastrukturprojekte von 10 Jahren aus (ein wesentlich kürzerer Zeitraum wäre, wie die Erfahrungen beim Aufbau der ostdeutschen Infrastruktur nach der Wiedervereinigung zeigen, selbst bei ausreichend vorhandenen finanziellen Mitteln aus logistischen Gründen kaum zu bewältigen), so bedeutet dies einen jährlichen Finanzbedarf der Europäischen Union für den Aufgabenbereich „Transeuropäische Netze" von 10 Mrd. Euro.[2] Im übrigen wäre die Unterstützung der Regionen bzw. Mitgliedstaaten bei der Finanzierung ihres Eigenanteils an den Investitionskosten grenzüberschreitender Infrastrukturprojekte eine typische Aufgabe der Europäischen Investitionsbank und von dieser durch die Gewährung entsprechend zinsgünstiger Kredite wahrzunehmen.

(2) Forschungs- und Entwicklungspolitik

In Kap. C II.1.4.3. ist der technische Fortschritt als ein, bzw. der, entscheidende(r) Bestimmungsgrund für die Entwicklung von Regionen und das Wirtschaftswachstum identifiziert worden. Als um so problematischer erweist sich die Tatsache, daß die Europäische Union auf dem Gebiet der Forschung und technologischen Entwicklung deutlich hinter die Hauptkonkurrenten aus den USA, Japan und teilweise auch den neuen südostasiatischen Industrieländern zurückgefallen ist und weiter zurückzufallen

---

[1] Dabei ist u. a. zu berücksichtigen, daß trotz des Erfordernisses einer europaweiten Ausschreibung erfahrungsgemäß die heimische Bauindustrie den Löwenanteil der durch das Projekt ausgelösten öffentlichen Aufträge erhält.

[2] Dabei wäre darüber nachzudenken, inwieweit ein Teil dieses Bedarfs nach dem Prinzip einer nutzenäquivalenten intergenerationellen Verteilung der Finanzierungslasten durch die Aufnahme zweckbestimmter Kredite finanziert werden könnte, vgl. dazu näher Kap. F IV.3.

droht. Folgende Fakten mögen den qualitativen und quantitativen Rückstand der EU exemplarisch belegen (vgl. u. a. Europäische Kommission 1994 (1), 1994 (2), 1998 (2) und 2000 (1), 18):

-Im Jahre 1998 investierten die Staaten der Europäischen Union nur rd. 1,8 % ihres gemeinschaftlichen BIPs in die Bereiche Forschung und technologische Entwicklung, während es in den USA 2,8 % und in Japan 2,9 % waren. Im Jahre 1991 hatte dieser Anteil noch 2,0 % des BIPs in Europa, in den USA, Japan und den neuen Industrienationen Asiens allerdings 2,8, 3,0 und 2,7 % betragen.

In absoluten Zahlen ausgedrückt blieben die europäischen Forschungsausgaben im Jahre 1998 z.B. um rd. 60 Mrd. Euro hinter denen Nordamerikas zurück.

-Auf Forscher entfallen nur 0.2 % der Arbeitsplätze in der europäischen Industrie, gegenüber 0,7 % in den USA und 0,5 % in Japan.

-Die Zahl der Patentanmeldungen ist in den USA und Japan in den vergangenen 20 Jahren stärker gestiegen als in der Europäischen Union.

-Anfang der 90er Jahre entfielen nur etwa 13 % der EU-Ausfuhren auf sog. Spitzentechnologieprodukte, während der Anteil in den USA und Japan jeweils rd. doppelt so hoch lag. Und Ende der 90er Jahre hatte Europa ein Handelsbilanzdefizit in High-tech-Produkten in einer Größenordnung von 20 Mrd. Euro jährlich.

-Betrachtet man die Lage in spezifischen Teilsektoren der Wirtschaft, so fällt auf, daß die relative Produktivität in den meisten F&E-intensiven Sektoren wie Luft- und Raumfahrt, Arzneimittel, Elektrotechnik, Werkzeuge und chemische Industrie in den USA und Japan erheblich höher ist als in Europa.

Bei der Suche nach Erklärungen für den Rückstand und die Ineffizienz des europäischen Forschungs- und Entwicklungsbereichs gegenüber dem der Hauptkonkurrenten ist man in hohem Maße auf Spekulationen angewiesen. Jedoch dürften vor allem folgende Faktoren einen erheblichen Einfluß ausüben:

(1) Eine deutlich positive Korrelation zwischen dem Wohlstandsniveau und den F&E-Ausgaben von Staaten. Mit steigendem Volkseinkommen wächst auch die Möglichkeit, einen größeren prozentualen Anteil dieses Volkseinkommens in den Bereich Forschung und Entwicklung als relatives „Luxusgut" zu investieren. Während in den vom Einkommensniveau mit den USA und Japan vergleichbaren Mitgliedstaaten in Nord- und Zentraleuropa der Forschungs- und Entwicklungsanteil an den nationalen BSP ähnlich hoch ist wie in den USA und Japan, lag der F&E-Anteil am nationalen BIP in Spanien, Portugal und Griechenland Mitte der 90er Jahre nur bei jeweils 1 %.

(2) Die mangels eines europaweiten Patentschutzes nur unzureichende Internalisierung der externen Effekte privater und die mangels wirksamer und dauerhafter dezentraler Verhandlungslösungen unbefriedigende Internalisierung externer Effekte nationalstaatlicher Forschung in Europa.

(3) Das völlig unkoordinierte Nebeneinander nationaler F&E-Politik und die Mangelhaftigkeit nationaler und länderübergreifender Netzwerke, die zu z.T. erheblichen Ressourcenverschwendungen durch kostenintensive Doppelforschungen und zur Nichtnutzung von Synergieeffekten geführt haben.

(4) Die mangelnde Zielgenauigkeit und Schwerpunktsetzung (in Richtung auf die verstärkte Förderung der high-tech-Schlüsselindustrien) der staatlichen Forschungsförderung und die mangelnde Verzahnung ziviler und militärischer sowie universitärer und außeruniversitärer Forschung. So wurden rd. 45 % der 1995 in der Europäischen Union für Forschung und Entwicklung insgesamt bereitgestellten staatlichen Mittel in

die „Bereiche" allgemeine universitäre und sonstige nicht zielgerichtete zivile Forschung investiert, während in die konkreten Bereiche „Schutz der menschlichen Gesundheit" 5%, „Umwelt" und „Energie" jeweils rd. 3%, „Erforschung und Nutzung der Erde" 1,5% und „Industrielle Produktion-Technologie" knapp 10 %, und damit insgesamt nur halb so viele staatliche Mittel investiert wurden.

Vor diesem Hintergrund stellt sich die Frage, welche Möglichkeiten die Staaten der Europäischen Union haben, um ihren Rückstand auf dem Gebiet der Forschung und technologischen Entwicklung schnellstmöglich aufzuholen, und welche Rolle dabei die Union selbst, d.h. die EU-Organe, spielen kann/können. Für eine Mitverantwortlichkeit der Europäischen Union im Bereich Forschung und technologische Entwicklung werden in der einschlägigen Literatur vor allem folgende Argumente geltend gemacht (vgl. auch Kap. C II.2.2.):

(1) Die Internalisierung positiver Spillover-Effekte durch den europaweiten Schutz geistiger Eigentumsrechte und die finanzielle Beteiligung der Unionsebene an nationalen Forschungsprojekten

Ein unzureichendes Patent- und Lizenzsystem zum Schutz des geistigen Eigentums schafft die Gefahr, daß im Bereich der *privaten* Forschung zu wenig Aktivitäten entwickelt werden, da eine „Materialisierung" der Erträge einer Erfindung in der Person des Erfinders nur unzureichend gelingt. Da sich die Erkenntnisse wissenschaftlicher Arbeit in aller Regel sehr schnell über Landesgrenzen hinweg verbreiten, nützt ein umfassender nationaler Schutz geistigen Eigentums dem betroffenen Forscher in der Regel sehr wenig, um seine Forschungsergebnisse gewinnbringend vermarkten zu können. Ob angesichts der Vielzahl der zu beteiligenden EU-Staaten ein wirksamer europaweiter Schutz geistiger Eigentumsrechte durch dezentrale Kooperation gelänge, darf bezweifelt werden, so daß die Übertragung des europaweiten Schutzes geistigen Eigentums in die Zuständigkeit der Europäischen Union sinnvoll erscheint. Hierfür spricht auch noch ein weiterer Grund: da die Verbreitung technischen Wissens nicht an den Grenzen der Europäischen Union Halt macht, ist ein dauerhaftes System des weltweiten Schutzes geistigen Eigentums anzustreben. Die Vereinbarung eines länderübergreifenden Systems des geistigen Eigentumsschutzes dürfte aber mit Nationen wie den USA und Japan eher möglich sein, wenn die Verhandlungen darüber nicht durch eine Vielzahl einzelner EU-Staaten geführt werden, sondern diesen Staaten in Verhandlungen die „geballte Wirtschaftsmacht" der Europäischen Union gegenübertritt.

Grenzüberschreitende soziale Erträge *nationalstaatlicher* Forschung sind am ehesten im Bereich der Grundlagenforschung zu erwarten. Da ihre Ergebnisse in der Regel nicht patentierbar sind und der kommerzielle Nutzen, wenn überhaupt, oft erst nach vielen Jahren eintritt, besteht die Gefahr, daß privatwirtschaftlich zu wenig in die Grundlagenforschung investiert wird. Deshalb ist im Bereich der Grundlagenforschung ein staatliches Engagement häufig unvermeidlich. Weil aber gerade im Bereich der Grundlagenforschung nicht nur die Rückflüsse lange auf sich warten lassen, sondern Forschungsergebnisse regional breit streuen, besteht die zusätzliche Gefahr, daß auch im einzelstaatlichen Bereich zu wenig in Grundlagenforschung investiert wird, wenn es nicht gelingt, die externen Effekte durch eine kostenmäßige Beteiligung gebietsfremder Nutznießer zumindest teilweise zu internalisieren.

Zwar könnte eine Internalisierung externer Effekte staatlicher Forschung grundsätzlich auch durch dezentrale Kooperationen zwischen den beteiligten Staaten erfolgen. Wegen der im Forschungs- und Entwicklungssektor schweren Meßbarkeit der externen Effekte und ihrer mangelnden regionalen Begrenzbarkeit dürfte aber gerade hier eine wirksame und dauerhafte Kooperationslösung besonders schwer zu installieren sein.

Da Grundlagenforschung schwerpunktmäßig von einigen reichen, höherentwickelten Mitgliedstaaten betrieben wird, ihre Ergebnisse zumeist aber auch unmittelbar ärmeren Mitgliedstaaten zugute kommen, die häufig wirtschaftlich nicht in der Lage sind, sich an einer „Internalisierungslösung" entsprechend ihrem Nutzen angemessen finanziell zu beteiligen, kann zudem selbst bei grundsätzlich gegebener Bereitschaft zur dezentralen Koordination eine Beteiligung der Europäischen Union an der Finanzierung der Internalisierungskosten sinnvoll sein.

(2) Vermeidung von Ressourcenverschwendung und Ausnutzung von Synergieeffekten durch Koordination öffentlich finanzierter und Förderung der Kooperation bei privater Forschung

Mit dem von seiten der EU-Organe häufig gebrachten Schlagwort der „Vermeidung kostenintensiver Doppelforschungen" darf nicht gemeint sein, daß die konkurrierende Arbeit verschiedener Forschergruppen am selben Problem (Parallelforschung) von vorne herein ausgeschaltet werden soll; denn in der Regel werden verschiedene Forschergruppen auch verschiedene Lösungsansätze für ein Problem entwickeln, wobei nicht a priori geklärt werden kann, welcher der bessere ist. Gerade wenn Forscher ähnliche Lösungswege verfolgen und wissen, daß auch andere daran arbeiten, wird es oft zu schnelleren und besseren Ergebnissen kommen als bei einer „Kartellierung" der Forschung (so zurecht Starbatty und Vetterlein 1998, 717).

Forschungskoordinierung und -konzertierung im Sinne einer supranationalen Abstimmung der Arbeitspläne öffentlicher Forschungseinrichtungen kann aber durchaus ein sinnvolles Instrument zur Effizienzsteigerung innerhalb des F&E-Bereichs in der Europäischen Union sein. Dabei muß es nicht notwendigerweise zu einer starken Verflechtung und zu gemeinsamen Projekten kommen; genauso wichtig ist die arbeitsteilige Koordinierung der Forschung und der Austausch der Ergebnisse: Wenn die Europäische Union mit der Koordinierung öffentlich finanzierter Forschung „die Transparenz in der Forschung erhöht, den Austausch von Ergebnissen und die gegenseitige Nutzung von speziellen Einrichtungen verbessert sowie bei arbeitsteiligen Kooperationen Wettbewerb weiterhin zuläßt, sind positive Effekte im Innovationsprozeß zu erwarten: Erhöhte Transparenz und besserer Zugang zu entsprechenden Einrichtungen werden den Wettbewerb zwischen den Forschern, die auf denselben Gebieten arbeiten, sogar verstärken und die Effizienz steigern. Auch ließen sich auf diese Weise die pluralistischen Denkansätze aus den unterschiedlichen Kulturen in der Gemeinschaft am besten nutzen" (vgl. Starbatty und Vetterlein aaO, 716 f.).

Forschungskoordinierung und -kooperation kann aber auch im Bereich der privaten Forschung sinnvoll sein. Kernargument für eine Förderung der supranationalen Kooperation zwischen Wissenschaft und Wirtschaft ist die Schaffung einer „kritischen

Masse": Da Forschungsvorhaben, die eine bestimmte Komplexität aufweisen, sehr kostspielig und zeitaufwendig sind, werden sie, obwohl durchaus erfolgversprechend, häufig unterlassen, weil einzelne Forschungseinrichtungen oder Unternehmen ohne Partner nicht in der Lage sind, sie durchzuführen. Eine auf das Vorantreiben von supranationalen Kooperationen und anderen Zusammenschlußformen zielende Politik der Europäischen Union kann eine „kritische Masse" für riskante und kostenintensive Forschungsprojekte erzeugen und über economies of scale die Wettbewerbsfähigkeit gegenüber außereuropäischen Großkonzernen erhöhen (Starbatty und Vetterlein aaO, 717 f.).[1]

Den Forderungen nach einer Ausweitung der EU-Kompetenzen auf dem Gebiet der Forschung und Entwicklung werden allerdings verschiedene Argumente entgegengehalten (vgl. etwa Klodt u. a. 1992, Teutemann 1992, Thomas 1997):
-So wird zum einen vorgetragen, daß angesichts der national z.T. sehr unterschiedlichen Präferenzen hinsichtlich der als förderwürdig angesehenen Branchen und Projekte die zentrale Förderung von Forschungs- und Entwicklungsprojekten durch die Europäische Gemeinschaft mit hohen Präferenzermittlungskosten verbunden sei. Dem ist aber entgegenzuhalten, daß es gerade nicht Aufgabe der Forschungs- und Entwicklungspolitik der Europäischen Union sein kann, aus den verschiedenen nationalen Forschungsschwerpunkten eine Art „main stream" der von der Union als besonders förderungswürdig eingeschätzten Forschungsbereiche herauszufiltern und diesen auf die EU-Ebene zu ziehen. Vielmehr geht es darum, die in den Mitgliedstaaten entwickelten Forschungsaktivitäten zu koordinieren, durch die Schaffung entsprechender Netzwerke die Transparenz zu erhöhen und die Möglichkeiten der Zusammenarbeit zu verbessern sowie durch eine finanzielle Beteiligung an nationalen Forschungsprojekten externe Effekte zu internalisieren.

---

[1] Das zuletzt angesprochene Argument der „kritischen Masse" der Forschungs- und Entwicklungsaufwendungen spielt noch in einem ganz anderen Zusammenhang eine wichtige Rolle, und zwar hinsichtlich der wirtschaftlichen Entwicklung rückständiger Regionen:
Die Bedeutung technischen Wissens für das Wirtschaftswachstum von Regionen und Staaten ist bereits an mehreren Stellen hinlänglich hervorgehoben worden. Nun ist zwar wegen der besonderen Mobilität und Adaptierbarkeit technischen Wissens nicht erforderlich, daß auch ein kleines oder vergleichsweise armes Land in demselben Maße Forschung und Entwicklung betreibt, wie ein großes und hochtechnologisiertes Land. Ganz offensichtlich muß aber im Hinblick auf die Aufwendungen bei der Umsetzung und Anwendung der Forschungsergebnisse zunächst eine bestimmte „kritische Masse" an -mitunter sehr kostspieliger- Forschungsinfrastruktur vorhanden sein, damit die Einführung einer neuen Technologie überhaupt einen Sinn ergibt und wirtschaftlich genutzt werden kann. Der zum Erreichen der kritischen Masse erforderliche Finanzbedarf kann aber von wirtschaftsschwachen Ländern oftmals nicht alleine aufgebracht werden, so daß in diesen Fällen eine unterstützende Finanzierung durch die EU angebracht wäre.
Allerdings dient die Bereitstellung von EU-Mitteln zum Ausbau der Forschungsinfrastruktur in wirtschaftsschwachen Regionen oder Mitgliedstaaten dem Abbau von Entwicklungsrückständen und damit dem Abbau regionaler Disparitäten. Der Abbau der regionalen Disparitäten in der Gemeinschaft ist aber bereits an anderer Stelle dieser Arbeit (vgl. Kap. C II.1.4.) als Aufgabe identifiziert worden, für die ein Einsatz von -nicht zweckgebundenen (vgl. dazu im folgenden Kap. F II.2.)- EU-Mitteln gerechtfertigt wäre. Der Bereitstellung zusätzlicher Mittel aus dem EU-Forschungsbudget zugunsten der entwicklungsschwachen Regionen oder Mitgliedstaaten der Gemeinschaft bedarf es deshalb nicht.

-Des weiteren wird auf die Gefahr zentralen Politikversagens hingewiesen, die darin bestehe, daß die Europäische Union die Forschungsförderung nicht zu Erfüllung der unter (1) und (2) genannten Aufgaben einsetze, sondern zur Betreibung einer marktferner Industriepolitik und zur Subventionierung einzelner Großunternehmen oder Industrien mißbrauche. Dem steht allerdings die etwa von Starbatty und Vetterlein (aaO, 720) geäußerte Ansicht entgegen, daß „gezielter Lobbyismus auf Gemeinschaftsebene zur Durchsetzung partikularer Interessen ungleich schwieriger" sei „als auf nationaler Ebene". Denn auf nationaler Ebene könne der Einfluß einzelner Großunternehmen oder Industrien relativ stark sein; über Interessenverbände ließen sich gezielte Anliegen bei den Administrationen mit entsprechendem Nachdruck vorbringen. Nicht so bei der EU-Kommission: zwar sei auch diese gegenüber Anliegen von Privaten und Verbänden offen, sie sehe sich aber einer Vielzahl unterschiedlichster Interessengruppen aus allen Mitgliedstaaten gegenüber, die jeweils für sich genommen keinen ernstzunehmenden Einfluß auf die Kommission ausüben könnten. Welche von beiden Ansichten die richtige ist, kann nicht mit Sicherheit beantwortet werden; jedenfalls scheint die zuletzt genannte Argumentation Starbattys und Vetterleins nicht von vorne herein unplausibler als die Behauptung eines zentralen Politikversagens.

-Schließlich wird die Auffassung vertreten, die Gemeinschaftsförderung von Forschungsprojekten und die Koordination öffentlicher und privater nationaler Forschungsaktivitäten durch die EU führten in erheblichem Maße zu Mitnahmeeffekten: Bei einzelwirtschaftlich rationalem Verhalten müsse man annehmen, daß (Kooperations)Projekte, die sinnvoll sind und sich ökonomisch rechnen, auch ohne Gemeinschaftsförderung zustande kommen; und (supranationale) Forschungsprojekte, die nur zustande kommen, weil die Union einen Mitfinanzierungsanteil trägt oder die Kooperationskosten übernimmt, seien gesamtwirtschaftlich ineffizient. Dies ist die eine Sichtweise, und sie wird in manchen Fällen durchaus plausibel sein. Doch werden umgekehrt in vielen Fällen Forschungsprojekte tatsächlich erst durch von der EU bereitgestellte Mitfinanzierungsanteile und die von der Union initiierten Kooperationsprogramme zustande kommen. Hier die Spreu vom Weizen zu trennen und Mitnahmeeffekte zu vermeiden, ist gerade auch Aufgabe der Europäischen Union.

Hält man die gegen eine Übertragung der unter (1) und (2) genannten Aufgaben auf die EU geäußerten Bedenken für nicht durchschlagend, so stellt sich die Frage nach dem Volumen eines der Union zur Erfüllung ihrer Aufgaben einzuräumenden Forschungsbudgets. Geht man davon aus, daß die Kosten der supranationalen Koordination öffentlich finanzierter und privatwirtschaftlicher Forschung sowie die Kosten der Schaffung eines einheitlichen europäischen Patent- und Lizenzsystems gegenüber den Kosten der Internalisierung externer Effekte nationalstaatlicher Forschung deutlich hintanstehen, so müßte in erster Linie ein Maßstab für die Berechnung dieser Internalisierungskosten gefunden werden. Dies dürfte bei derzeitigem Kenntnisstand über das Volumen und die Streuung der externen Effekte und der Streuung von Forschungs- und Entwicklungsaktivitäten in der Gemeinschaft kaum möglich sein. Man muß deshalb auf Hilfsgrößen zurückgreifen, in der Hoffnung, daß die diesen zugrundeliegenden Annahmen nicht völlig unrealistisch sind.

Unterstellt man, daß bei F&E-Gesamtaufwendungen in den EU-Mitgliedstaaten von rd. 150 Mrd. Euro jährlich der Anteil der Grundlagenforschung bei vielleicht 20 %

liegt, daß sich die externen Effekte nationaler Forschungspolitik im wesentlichen auf die Grundlagenforschung konzentrieren und daß ein durchschnittlicher EU-Finanzierungsanteil von einem Drittel zur Internalisierung der externen Effekte angemessen wäre, so müßte das EU-Budget für Forschung und Entwicklung mit rd. 10 Mrd. Euro jährlich veranschlagt werden. Das ist mehr als doppelt so viel wie die im aktuellen EU-Haushaltsplan unter dem Posten „Forschung und technologische Entwicklung" (Teileinzelplan B 6) explizit ausgewiesenen Mittel, scheint aber vertretbar angesichts der besonderen Bedeutung, die der technische Fortschritt für die wirtschaftliche Entwicklung der Regionen spielt.

(3) Europaweiter Umweltschutz

In Kap. C II.2.1. sind als Rechtfertigungsgründe für eine -partielle- Zuständigkeit der Europäischen Union im Umweltbereich aus allokativer Sicht genannt worden:
- Das häufige Scheitern oder Hervorbringen ineffizienter Ergebnisse bei dezentralen Verhandlungen der betroffenen Mitgliedstaaten zur Internalisierung externer Effekte
- Das Ziel, die Funktionsfähigkeit des Europäischen Binnenmarktes zu sichern, die gefährdet sein kann durch
-- miteinander nicht kompatible Umweltschutzbestimmungen, die unmittelbaren Einfluß auf die Faktormobilität sowie den Waren- und Dienstleistungsverkehr haben
-- protektionistische Umweltschutzbestimmungen oder -maßnahmen einzelner Mitgliedstaaten
-- einen ruinösen Konkurrenzwettlauf in der Lockerung nationaler Umweltschutzbestimmungen, um Unternehmen anzulocken oder am Standort zu halten
- Das Ziel einer leichteren Abstimmung und Koordination mit anderen Politikbereichen, in denen Umweltschutzbelange eine Rolle spielen
- Das Ziel einer wirksamen Vertretung der Belange der EU-Mitgliedstaaten in Umweltfragen von übereuropäischem Interesse (z.B. in internationalen Klimafragen)
Deshalb ist
(a) im Bereich der Internalisierung externer Effekte eine Zuständigkeit der Europäischen Union zur Formulierung allgemeiner Regeln im Sinne eines Ordnungsrahmens für dezentrale Kooperationen der Mitgliedstaaten zu begründen sowie der EU die Kompetenz einzuräumen, selbst eine verbindliche Regelung zur Internalisierung externer Effekte zu treffen, wenn die Verhandlungen zwischen den betroffenen Mitgliedstaaten zu keinem (effizienten) Ergebnis geführt haben und ein solches auch nicht erwarten lassen; über die letztgenannte Frage sollte der Rat oder das Europäische Parlament nach Anhörung der betroffenen Mitgliedstaaten mit einfacher Mehrheit entscheiden können. Finanzielle Verpflichtungen sind für die Europäische Union damit noch nicht unmittelbar verbunden. Sieht das Ergebnis einer effizienten Internalisierung aber die Errichtung aufwendiger Umweltschutzanlagen oder sonstige kostenintensive Umweltschutzmaßnahmen in einem Land vor und können einzelne Mitgliedstaaten angesichts ihres Wohlstandsniveaus den bei einer effizienten Internalisierung auf sie entfallenden Kostenanteil nicht alleine tragen[1], so sollte die EU die Möglichkeit einer Kofinanzierung des auf den betreffenden Mitgliedstaat entfallenden Kostenanteils zu einem bestimmten Beteiligungssatz (z.B. max. ein Drittel des Kostenanteils) besitzen.

---

[1] Weil entweder der Mitgliedstaat, der auf seinem Gebiet eine Umweltschutzmaßnahme durchzuführen hat oder der Mitgliedstaat, der sich an der Umweltschutzmaßnahme eines anderen Staates kostenmäßig zu beteiligen hat, entsprechend arm ist.

Die dadurch ausgelöste finanzielle Belastung der EU dürfte bei weitem nicht dieselben Dimension erreichen wie bei der Internalisierung externer Effekte im Bereich transeuropäischer Netzwerke oder im Forschungs- und Entwicklungssektor: Liegen die Umweltschutzausgaben des Staates und des produzierenden Gewerbes (ohne Baugewerbe) in der Bundesrepublik Deutschland derzeit bei rd. 20 Mrd. Euro jährlich[1] und wird das Volumen der deutschen pro Kopf-Ausgaben im Bereich des Umweltschutzes als Zielgröße auch für die übrigen EU-Mitgliedstaaten angesehen, so müßten in den derzeitigen Kohäsionsländern Spanien, Portugal, Griechenland und Irland zusammen rd. 16 Mrd. Euro jährlich in den Umweltschutz investiert werden. Falls max. die Hälfte der von den Kohäsionsländern in Angriff zu nehmenden Umweltprojekte die Beseitigung grenzüberschreitender Emissionen beträfen und sich die Union bei jedem dieser Projekte in Höhe eines Drittels der Kosten beteiligen würde, entspräche dies einem Gesamtaufwand von 2-3 Mrd. Euro jährlich.[2]

(b) der EU die Kompetenz einzuräumen, im Bereich der nationalen Umweltschutzbestimmungen europaweit verbindliche Mindeststandards festzulegen, gleichzeitig aber auch die Kompetenz, über die Mindeststandards hinausgehende nationale Regelungen daraufhin zu überprüfen, ob diese (überwiegend) durch das Umweltschutzziel oder durch protektionistische Intentionen motiviert ist

(c) der Union die Befugnis zur Koordinierung der nationalen Umweltschutzbelange mit Politikbereichen, in denen die Union eine -konkurrierende- Zuständigkeit besitzt, zuzubilligen; dies betrifft in erster Linie den Bereich der transeuropäischen Verkehrs- und Energienetze

(d) der EU das Mandat zur Vertretung der Mitgliedstaaten gegenüber Drittstaaten bei internationalen bzw. globalen Umweltproblemen zu übertragen

Allerdings ist die Ausübung der unter (b) bis (d) genannten Kompetenzen mit verhältnismäßig geringen Kosten verbunden, so daß hierdurch das unter (a) veranschlagte Ausgabenvolumen nur unmaßgeblich erhöht wird und der Gesamtfinanzbedarf der Union im Umweltbereich 3 Mrd. Euro jährlich nicht überschreiten sollte.

(4) Europäische Außen- und Verteidigungspolitik sowie innere Sicherheit und
(5) Europäische Wettbewerbspolitik

In Kap. C II.1.1. sind die Außen- und Verteidigungspolitik sowie die innere Sicherheit einschließlich der Zusammenarbeit in der Justiz in Fragen von supranationalem Interesse als Aufgabenbereiche der Europäischen Union benannt worden.

Gleiches ist in Kap. C II.1.2. für die Europäische Wettbewerbspolitik zur Sicherung der Binnenmarktfreiheiten geschehen (vgl. Kap. C II.1.2.).

Die Wahrnehmung aller drei Aufgabenbereiche führt naturgemäß zu entsprechenden Kosten (z. B. für den Auf- und Ausbau des notwendigen Behördenapparats). Doch dürften diese im Vergleich zu den erforderlichen Ausgaben für die unter (1)-(3) und im folgenden unter 2. und 3. benannten Aufgaben kaum zu Buche schlagen, weshalb an dieser Stelle auf eine nähere Ermittlung dieser Ausgaben verzichtet werden soll.

---

[1] Vgl. etwa Institut der deutschen Wirtschaft: Deutschland in Zahlen, Ausgabe 2001, Tabelle 8.6.
[2] Unabhängig von einer Kofinanzierung nationaler Umweltschutzmaßnahmen mit grenzüberschreitender Wirkung durch die Europäische Union sollte den Mitgliedstaaten auch weiterhin die Möglichkeit der Aufnahme (zinsverbilligter) Darlehen der Europäischen Investitionsbank zur Finanzierung von Umweltschutzprojekten eingeräumt werden.

2. Interregionale Umverteilung als öffentliches Gut

Im obigen Abschnitt 1 ist die Frage einer Renationalisierung der Kohäsionspolitik und der Strukturpolitik der Europäischen Union erörtert worden. Dabei wurde festgestellt, daß anders als die EU-Strukturpolitik in ihrer derzeitigen Ausgestaltungsform als quasi intraregionale Strukturpolitik die Bestimmung des politisch gewollten (bzw. für den weiteren Zusammenhalt der Union erforderlichen) Umverteilungsvolumens und die Lenkung des Umverteilungsprozesses sehr wohl Aufgaben der Europäischen Union darstellen. Wenn dem so ist, so ist es aus den in Kap. E III.4. genannten Kongruenz-, Äquivalenz- und Transparenzgründen nur folgerichtig, die Umverteilungsaufgabe der Union auch über eine autonome, die Bürger in den Mitgliedstaaten unmittelbar belastende Gemeinschaftssteuer und nicht etwa über Beiträge der -ausgleichs-pflichtigen- Mitgliedstaaten nach Art des bisherigen Systems zu finanzieren (vgl. dazu noch im Einzelnen Abschnitt IV). Dabei sollte aus Effizienzgründen (um die Erhebungs- und Umverteilungsvolumina und den damit verbundenen Verwaltungs-aufwand nicht unnötig aufzublähen) die zum Zwecke der interjurisdiktionellen Umver-teilung erhobene EU-Steuer von vorne herein nur von den Bürgern jener Mitglied-staaten erhoben werden, die Geberländer eines „Umverteilungs-Finanzausgleichs" sind.[1]

Soll die Steuerung des interregionalen Konvergenz- und Umverteilungsprozesses in Europa durch die Europäische Union wahrgenommen werden, so wäre es zudem nur konsequent, die Umverteilungspolitik über jenes Budget abzuwickeln, über das auch alle übrigen Gemeinschaftspolitiken abgewickelt werden: über den Gemeinschafts-haushalt -und nicht etwa über eine Art Schattenhaushalt in Form eines separaten Ausgleichsfonds.

Was die Verwendungsseite des Umverteilungsbudgets angeht, so sollte entsprechend der bisherigen Fördersystematik die Bezugsgröße der Mittelzuteilung der im pro-Kopf-Einkommen gemessene Entwicklungsrückstand einer -z. B. NUTS-2[2]- Region sein.

Allerdings sollten entgegen der bisherigen Fördersystematik, aber einem entsprechen-dem Vorschlag des Wissenschaftlichen Beirats beim Bundeswirtschaftsministerium (1998, Tz. 47) folgend, nur die Regionen solcher Länder empfangsberechtigt sein, die aufgrund ihres Wohlstandes -wiederum gemessen in pro-Kopf-BIP- nicht selbst in der Lage sind, ihre Regionen durch intranationale Finanztransfers angemessen zu unter-stützen. Die Hürde für Redistributionszahlungen der EU an rückständige Regionen wäre also eine zweifache: zum einen müßten die Regionen selbst einen -erheblichen-Entwicklungsrückstand gegenüber dem Gemeinschaftsdurchschnitt aufweisen; zum andern müßte der Mitgliedstaat, in dessen Hoheitsgebiet die Region liegt, aufgrund seines eigenen Entwicklungsrückstandes außerstande sein, die Region durch intra-

---

[1] Es brächte keine Vorteile, sondern würde im Gegenteil nur Kosten verursachen, wenn zunächst (die Bürger) aller (aller) Mitgliedstaaten zur Finanzierung des EU-Umverteilungsbudgets herangezogen würden, um sodann dieses Budget auf eine bestimmte Zahl von Empfängerländern aufzuteilen.

[2] Dabei müßte aber intensiv darüber nachgedacht werden, ob die bisherige NUTS-Kategorisierung der EU-Regionen in sich logisch ist und beibehalten werden kann. Zur grundlegenden Kritik an der derzeitigen Einteilung vgl. etwa Kohl und Bergmann 1998, 86 ff.

nationale Zahlungen näher an das durchschnittliche Entwicklungsniveau der Gemeinschaft heranzuführen. Der Grund für diese doppelte Hürde ist folgender: Es kann nicht effizient sein -und ist mit dem in Art. 5 EGV normierten Subsidiaritätsprinzip schlichtweg unvereinbar- wenn ein vergleichsweise wohlhabender Mitgliedstaat mit einem allerdings deutlichen intranationalen Wohlstandsgefälle wie etwa die Bundesrepublik Deutschland nach der Wiedervereinigung aufgrund seines relativen Wohlstandes erhebliche Beiträge zur Finanzierung des Gemeinschaftshaushalts leistet, gleichzeitig aber (unter Verursachung eines enormen Verwaltungsaufwandes) einen Teil dieser Mittel zur Unterstützung seiner rückständigen Regionen wieder zurück bekommt. Dadurch wird der Gemeinschaftshaushalt unnötig aufgebläht, ohne daß hiermit -außer ggf. der Brüsseler Bürokratie- irgend jemandem gedient wäre.[1] Die Voraussetzungen für Zahlungen aus dem EU-Umverteilungsbudget an entwicklungsschwache Regionen könnten dann so aussehen, daß entsprechend der bisherigen Ziel Nr. 1-Förderung das pro-Kopf-BIP der Region selbst (gemessen in Kaufkraftstandards) 75 % des Gemeinschaftsdurchschnitts nicht überschreiten darf, während gleichzeitig das pro-Kopf-BIP (in KKS) des Mitgliedstaats, in dem die Region liegt, entsprechend einer Voraussetzung für die derzeitigen Kohäsionsfondszahlungen weniger als 90 % des Gemeinschaftsdurchschnitts betragen muß. Auf diese Weise würde sich die Alimentierung aus dem EU-Umverteilungsbudget auf den größten Teil der drei Mitgliedstaaten Spanien, Portugal und Griechenland reduzieren (während beispielsweise die derzeitigen Ziel Nr. 1-Regionen Süditaliens, Ostdeutschlands und der französischen Überseedepartments wegen des relativen Reichtums der entsprechenden Mitgliedstaaten leer ausgingen).
Wie die Erfahrungen der letzten Jahre bzw. Jahrzehnte gezeigt haben, ist aufgrund unzureichender Verwaltungsstrukturen, beschränkter personeller (Humanressourcen) und sachlicher Kapazitäten in der Wirtschaft, unzureichender Infrastruktur u. a. das Absorptionspotential der rückständigen Regionen beschränkt. Der Europäische Rat in Berlin ist deshalb bei der Verabschiedung der Agenda 2000 übereingekommen, die Gesamtbeträge, die ein Mitgliedstaat jährlich im Rahmen der Strukturmaßnahmen erhalten soll, auf maximal 4 % seines BIP zu begrenzen (Europäische Kommission 1999 (1), Tz. 46). Eine solche Begrenzung erscheint sinnvoll und sollte auf die hier vorgeschlagenen Umverteilungszahlungen entsprechend angewendet werden. Würde diese Höchstgrenze der Umverteilungsmittel ausgeschöpft, so könnten bei einem derzeitigen Gesamt-BIP von etwas mehr als 800 Mrd. Euro (im Jahre 2000; Zahlenangaben aus IdW 2001, Tab. 12.2.) die drei Mitgliedstaaten Spanien, Portugal und Griechenland insgesamt rd. 33 Mrd. Euro aus dem EU-Umverteilungsbudget beanspruchen. Dies würde etwa dem derzeitigen Volumen der regionalen Strukturmaßnahmen in der Union insgesamt (Strukturfonds einschließlich Kohäsionsfonds) entsprechen.[2]

---

[1] Zum Vergleich: Die Bundesrepublik Deutschland soll nach der indikativen Aufteilung der 1999 in Berlin verabschiedeten Agenda 2000 im Zeitraum von 2000-2006 rd. 20 Mrd. Euro im Rahmen der Ziel Nr. 1-Förderung (Regionen mit Entwicklungsrückstand) erhalten, während sie im selben Zeitraum in einer Größenordnung von 170 Mrd. Euro zur Finanzierung des Gemeinschaftshaushalts beitragen soll.

[2] Zum Vergleich: Bei einer Osterweiterung der Union um die derzeit sechs aussichtsreichsten Beitrittskandidaten (Polen, Tschechien, Ungarn, Slowenien, Estland und Zypern) würde eine ähnliche 4%-Umverteilungsregelung wegen der geringen nationalen Bruttoinlandsprodukte den Gemeinschaftshaushalt jährlich -nur- mit rd. 6 Mrd. Euro zusätzlich belasten.

Im Hinblick auf den Verwendungszweck der Umverteilungsmittel sollte sich, da angesichts der unterschiedlichen Problemursachen für regionale Entwicklungsrückstände auch unterschiedliche Instrumente zu ihrer Bekämpfung erforderlich sind (die wiederum die Mitgliedstaaten und Regionen besser kennen als die EU-Ebene), die Europäische Union mit Vorgaben über den konkreten mikroökonomischen Mitteleinsatz zurückhalten und sich darauf beschränken, von den Regierungen der mittelempfangenden Mitgliedstaaten als ihren Ansprechpartnern die Erfüllung bestimmter makroökonomischer und allgemeiner wirtschaftspolitischer Konditionen im Sinne einer stabilitäts- und wachstumsfreundlichen Finanzpolitik (wie die Vermeidung eines übermäßigen Defizits in der Definition des Art. 104 EGV, die Erfüllung bestimmter Investitionskennzahlen oder Deregulierungsmaßnahmen auf den nationalen Faktor- und Gütermärkten u.ä.) abzuverlangen (so auch Heinemann 1988, 2001).

3. Die Steuerung von Arbeitskräftewanderungen

In Kap. C III. 3. ist die Effizienz dezentraler Finanzpolitik bei hoher Arbeitsmobilität untersucht worden. Ziel der Analyse war die Beantwortung der Frage, ob dezentrale Finanzpolitik bei hoher Arbeits(kräfte)mobilität von selbst zu einer gesamtwirtschaftlich effizienten Faktorallokation führt oder ob es dazu des Eingreifens einer übergeordneten Ebene bedarf, d. h.: ist dezentrale Finanzpolitik in der Lage, im Sinne gesamtwirtschaftlicher Allokationseffizienz unerwünschte Arbeitskräftewanderungen von einer Region in eine andere zu unterbinden oder erwünschte Arbeitskräftewanderungen zu initiieren? *Ein* Ergebnis der Analyse war gewesen, daß dezentrale Finanzpolitik ohne interregionale Transferleistungen in aller Regel zumindest dann zu keiner effizienten Verteilung der Bevölkerung im Raum führt, wenn die Regionen nicht identisch sind; hierüber besteht in der einschlägigen finanzwissenschaftlichen Literatur weitgehend Einigkeit. Heftig umstritten ist aber die Frage, ob die Regionen entsprechende Finanztransfers auf der Basis freiwilliger Kooperationen bzw. gleichsam automatisch leisten oder ob es hierfür eines Tätigwerdens der Zentralebene bedarf.
(1) Der von Myers (1990) dargestellte Automatismus ist das Ergebnis der dem Myerschen Modell zugrundeliegenden, äußerst restriktiven Prämissen und bereits in Kap. C III.3.3. verworfen worden.
(2) Bei realistischer Betrachtungsweise wird man aber auch sagen müssen, daß mit steigender Zahl der Regionen einer Gesamtwirtschaft die Realisierung interregionaler Transfers auf freiwilliger Basis sehr schnell unwahrscheinlich wird: einer einzelnen Region i, die einen Transfer an eine andere Region j leistet, um dort das Nutzenniveau zu erhöhen und Wanderungen von i nach j zu initiieren oder Wanderungen von j nach i zu vermeiden, kommt der entsprechende Vorteil nämlich nicht allein zugute, da nach j auch Einwohner anderer Regionen wandern werden. Versuchen deshalb die Regionen, in deren Interesse es liegt, das Nutzenniveau in anderen Regionen zu erhöhen, die Verteilung der durch die Transfers bewirkten Lasten durch Verhandlungen zu regeln, so kann/wird bei einer größeren Regionenzahl das Problem des free-rider-Verhaltens von Regionen auftauchen. In solchen Fällen ist die Einschaltung einer übergeordneten Ebene erforderlich, die die notwendigen Transfers zwischen den Regionen einer Volkswirtschaft organisiert und durchführt (Arnold 1992, 298). Im Hinblick auf die

EU bedeutet dies, daß in der Union ein System wanderungsbeeinflussender inter-regionaler Transferleistungen im Sinne eines europäischen Finanzausgleichs durch die EU-Zentralebene zu installieren und zu überwachen ist, falls die Mobilität der Haushalte in der Union im Zuge fortschreitender Integration ein solches Ausmaß erreicht hat oder künftig erreichen wird, daß Haushaltswanderungen einen bedeuten-den Einfluß auf die gesamtwirtschaftliche Allokationseffizienz ausüben. Dabei wird der interregionale Ausgleich in der Realität zweckmäßigerweise dadurch stattfinden, daß die ausgleichspflichtigen Regionen ihre nach einer bestimmten Regel zu ermittelnden Ausgleichsleistungen nicht selbst an die ausgleichsberechtigten Regionen weiterleiten -wodurch in Anbetracht der Zahl der beteiligten Regionen bzw. Mitgliedstaaten vermutlich ein recht kompliziertes Beziehungsgeflecht entstehen würde- sondern dieselben in eine Art zentralen Ausgleichsfonds *innerhalb des Gemeinschaftshaushalts* einbringen und den ausgleichsberechtigten Regionen von dort die ihnen zugedachten Mittel durch die Zentralebene bei Erfüllung bestimmter Voraussetzungen überwiesen werden. Im folgenden Kapitel soll nun erörtert werden, wie in der Praxis ein solcher Transfer ganz konkret durchgeführt werden kann.

Die Kernaussage der empirischen Untersuchungen zum tatsächlichen Stand der Arbeitsmobilität innerhalb der Europäischen Union in Kap. C III.3.4. war gewesen, daß die durchschnittliche Arbeitsmobilität innerhalb der Europäischen Union momen-tan noch vergleichsweise niedrig ist, jedoch mit steigendem Integrationsgrad in Zukunft deutlich zunehmen wird. Dies wird erst recht im Falle der geplanten EU-Osterweiterung zu gelten haben, auch wenn die Union derzeit versucht, durch entsprechende Übergangsregelungen die Arbeitnehmer aus den Beitrittsländern erst einmal für einige Jahre von den westeuropäischen Arbeitsmärkten fernzuhalten (vgl. dazu Kap. A I.).
Vor diesem Hintergrund wird man die aktuelle Situation in der Union so einzuschätzen haben, daß ein Wanderungsgleichgewicht i. S. d. Punktes A* in der Abbildung 7 des Kapitels C III.3.2.1. noch nicht erreicht ist und daß die reichen, d.h. mit immobilen Faktoren reich ausgestatteten Mitgliedstaaten (Regionen) aus effizienztheoretischer Sicht versuchen müssen, durch Transferleistungen an die ärmeren Mitgliedstaaten (Regionen) die Realisierung des Punktes A*, d. h. die Zuwanderung aus den (faktor)-armen Mitgliedstaaten zu verhindern (um stattdessen z. B. Punkt A** zu realisieren). Es dürfte derzeit also eher darum gehen, durch die Leistung interjurisdiktioneller Transfers ineffiziente Bevölkerungswanderungen innerhalb der Union zu verhindern, und weniger darum, effizienzverbessernde Wanderungen (z. B. von Punkt A* nach Punkt A**, wenn A* erst einmal realisiert ist) zu initiieren.
Nach welchen Regeln aber ist das Volumen dieser Transfers zu ermitteln? Eine erste Grundlage dafür könnten die Überlegungen des Modells aus Kapitel C III 3.2.1. bilden. Im einfachen Modell dieses Kapitels ist als Formel für Transferleistungen zur Initiierung effizienzsichernder oder Verhinderung effizienzschädlicher Bevölkerungs-wanderungen der Ausdruck

$$S_{ij} = \frac{N_i N_j}{N_i + N_j} \left[\left(\frac{(1-\alpha)y_j}{N_j} - \frac{(1-\alpha)y_i}{N_i} \right) + \left(\frac{R_i}{N_i} - \frac{R_j}{N_j} \right) \right] \tag{9}$$

bzw. für $\alpha = 0$ und bei entsprechender Umstellung

$$S_{ij} = \frac{N_i N_j}{N_i + N_j} \left[\left(\frac{R_i}{N_i} - \frac{R_j}{N_j} \right) + \left(\frac{y_j}{N_j} - \frac{y_i}{N_i} \right) \right] \qquad (9a)$$

abgeleitet worden, wobei S_{ij} Richtung und Umfang des zu leistenden effizienz-sichernden Transfers zwischen zwei Regionen i und j, y_i und y_j das Volumen der bereitgestellten öffentlichen (Konsum)Güter, R_i und R_j das Bodeneinkommen in der jeweiligen Region und N_i und N_j die Bevölkerungszahl der beiden Regionen bezeichnen.

Nach Gleichung (9) ist ein Transfer von Region i nach Region j zu leisten, um damit durch Fehlverhaltensanreize ausgelöste, die Effizienz der gesamtwirtschaftlichen Faktorallokation beeinträchtigende, Arbeitskräftewanderungen aus Region j nach Region i zu verhindern,[1] oder Wanderungen von i nach j zu initiieren (letzerer Fall wurde aber als für die Situation in der EU nicht kennzeichnend abgetan). Derartige Anreize können im Modell von Boadway und Flatters (1982, 621 f.) auf zwei Ursachen beruhen:

Zum einen auf dem unterschiedlichen relativen Reichtum beider Regionen, der in der unterschiedlichen Grundausstattung mit dem immobilen Faktor Boden bzw. verschiedenen Landrenteneinkommen (R_i / N_i und R_j / N_j) zum Ausdruck kommt. Weil letztere ohne Gegenleistung des zuwandernden Haushalts (in Form von Arbeitseinsatz), allein aufgrund der Wohnsitznahme in einer Region gewährt werden, verzerren sie die Wanderungsentscheidungen der Arbeitnehmerhaushalte insoweit, als diese nicht, wie dies effizient wäre, nur durch den Lohnsatz als Knappheitsindikator für den Faktor Arbeit, sondern auch durch (Brutto)Einkommen aus anderen Quellen beeinflußt werden.[2]

Zum andern auf einer unterschiedlichen Steuerbelastung in beiden Regionen (von Boadway und Flatters als *fiskalische Externalität* bezeichnet), die in dem zweiten Klammerausdruck von Gleichung (9a) ihren Niederschlag findet: y_i / N_i und y_j / N_j stellen den pro-Kopf-Konsum (besser gesagt: das pro-Kopf-Bereitstellungsniveau) des öffentlichen Konsumgutes dar. Das öffentliche Konsumgut y wird aber annahmege-mäß (vgl. Kap. C III.3.2.1.) in beiden Regionen finanziert durch eine (nach dem Wohnsitzprinzip erhobene) Kopfsteuer und eine (nach dem Quellenprinzip erhobene) Landrentensteuer. Ist das pro-Kopf-Steueraufkommen in Region j größer als in Region i, so haben im Modell des Abschnitts C III.3.2.1. die Arbeitnehmer der Region j einen Anreiz, in Region i zu wandern und ist cet.par. ein Transfer von i nach j zu leisten, um diesen Anreiz auszugleichen.

Wie beide Wanderungsanreize zusammenwirken, kann am besten erkannt werden, wenn Gleichung (9a) umgeformt wird zu:

---

[1] Dabei geht es nicht darum, Arbeitskräftewanderungen generell zu verhindern, sondern allein um die Vermeidung solcher Wanderungen, die nicht durch den Arbeitslohn (als Knappheitsindikator für den Faktor Arbeit) bestimmt werden.

[2] Damit bestimmt nicht das *Grenz*einkommen in Gestalt des Lohnsatzes die Wohnsitzwahl der Arbeit-nehmerhaushalte, sondern das *Durchschnitts*einkommen, in das neben den Arbeitslohn auch die Landrente einfließt (Boadway und Flatters 1982, 621).

$$\frac{S_{ij}}{N_j} = \frac{N_i}{N}\left(\frac{R_i - y_i}{N_i} - \frac{R_j - y_j}{N_j}\right) \qquad (9b) \qquad \text{bzw.} \qquad \frac{S_{ij}}{N_j} = \frac{N_i}{N}\left(\frac{y_j - R_j}{N_j} - \frac{y_i - R_i}{N_i}\right) \qquad (9c)$$

wobei S_{ij}/N_j nunmehr als der den Bewohnern der Region j pro Kopf zufließende Transfer zu interpretieren ist.

Nach Gleichung (9b) wäre dann ein -wanderungshemmender- Finanztransfer von Region i nach Region j zu leisten, wenn bzw. soweit das den Arbeitnehmerhaushalten ohne Gegenleistung, allein aufgrund der Wohnsitzwahl, zufließende pro-Kopf-Einkommen (im Modell die Landrenten) abzüglich der die Haushalte belastenden pro-Kopf-Abgaben (im Modell Kopfsteuer und Landrentensteuer) in Region i größer ist als in Region j.

Hinter Gleichung (9b) steht letztlich die Überlegung, durch interregionale Transfers die nicht unmittelbar auf regional unterschiedliche Arbeitslöhne -als Knappheitsindikator für den Faktor Arbeit- zurückzuführenden, die gesamtwirtschaftliche Faktorallokation verzerrenden, Wanderungsbewegungen der Arbeitnehmerhaushalte zu unterbinden. Diese Einflußfaktoren sind bei Boadway und Flatters der relative Reichtum sowie die öffentliche Abgabenlast einer Region, zwei Faktoren, die vermutlich auch in der Realität neben dem Arbeitslohn den größten Einfluß auf die Wanderungen privater Haushalte haben dürften.

Im Modell von Boadway und Flatters wird das Sozialprodukt nur durch den Einsatz der beiden Faktoren Arbeit und Boden erzielt. Der relative Reichtum einer Region wird dann ausschließlich durch das Residualeinkommen aus dem Faktor Boden bestimmt. In der Realität wird aber der relative Reichtum einer Region und damit ihre Attraktivität für potentielle Zuwanderer nicht nur durch die in ihr erzielbaren Bodeneinkommen, sondern -neben dem Arbeitslohn- durch alle „Faktoren" bestimmt, die dem potentiellen Zuwanderer ohne unmittelbare Gegenleistung (in Form von Arbeitseinsatz) zur Verfügung stehen. Eine andere Modellannahme ist, daß der staatliche Part sich in der Bereitstellung öffentlicher Konsumgüter erschöpft und daß zu deren Finanzierung eine Kopfsteuer (die in dem hier verwendeten Modell einer Lohnsteuer entspricht) und eine Landrentensteuer erhoben werden. Weitere Abgaben werden nicht erhoben und öffentliche Infrastrukturgüter werden ebenso wenig bereitgestellt wie interpersonelle Transferleistungen.

Eine Erweiterung der Formel (9b) um die genannten Aspekte würde ihre Transparenz und praktische Handhabbarkeit sehr schnell zerstören. Will man die in (9b) zum Ausdruck kommenden Intention, die nicht durch die relative Knappheit des Faktors Arbeit bestimmten Einflußfaktoren auf das Wanderungsverhalten der Arbeitnehmerhaushalte auszuschalten, in eine dieser Überlegung Rechnung tragende, gleichzeitig aber möglichst transparente und konsensfähige Transferformel kleiden, so könnte überlegt werden, eine solche Formel zum einen an dem heute in der Europäischen Union gebräuchlichsten Indikator für den (relativen) Reichtum eines Landes, dem pro-Kopf-Inlandsprodukt (gemessen in Kaufkraftstandards (KKS)), zum andern an der sog. Abgabenquote (bestehend aus Steuern und Sozialabgaben in % des BIP) anzulehnen.[1]

---

[1] Zwar fließen in den Wohlstandsmaßstab des regionalen pro-Kopf-BIP auch die Arbeitseinkommen als wichtige Bestimmungsgröße ein. Dies ist jedoch insoweit unbeachtlich, als zumindest modelltheoretisch, d. h. bei vollkommener Arbeitskräftemobilität, die Arbeitseinkommen in allen Regionen

Die Transferformel zur Steuerung von Arbeitskräftewanderungen zwischen zwei Regionen oder Mitgliedstaaten der Europäischen Union könnte dann lauten:

$$\frac{S_{ij}}{N_j} = \frac{N_i}{N}\left[\frac{BIP_i(KKS)\cdot(1-A_i)}{N_i} - \frac{BIP_j(KKS)\cdot(1-A_j)}{N_j}\right] \tag{1}$$

bzw. bei einer Vielzahl von Regionen:

$$\frac{S_i}{(N-N_i)} = \frac{N_i}{N}\left[\frac{BIP_i(KKS)\cdot(1-A_i)}{N_i} - \frac{\sum_{j=1}^{m}BIP_j(KKS)\cdot(1-A_j)}{(N-N_i)}\right] \quad i,j = 1,...,m \text{ und } i \neq j \tag{1a}$$

wobei $S_i/(N-N_i)$ den Transferbetrag bezeichnet, der von Region i an die Europäische Union zu überweisen ist (für $S_i/(N-N_i) \succ 0$), bzw. den die Empfängerregion (für $S_i/(N-N_i) \prec 0$) von der Union erhält, A_i, A_j für die Abgabenquote in der Region i bzw. j und N für die Gesamtbevölkerungszahl in der Europäischen Union steht. Eine solche Formel läßt im Hinblick auf die tatsächliche Richtung und das Volumen des Transfers „sinnvolle" Ergebnisse erwarten[1], wie man aus folgender Beispiels-

---

grundsätzlich gleich sein müßten bzw. dort wo sie dies nicht sind, die Differenzen Ausdruck einer unterschiedlichen Ausstattung der Region mit anderen Faktoren und damit letztlich das Ergebnis des unterschiedlichen Reichtums von Regionen sind.

[1] Hingegen ist die Transferformel des in Kap. C III.3.2.2. vorgestellten Modells von Richter und Wellisch (1993) nicht geeignet, in der Praxis als Grundlage für einen die Wanderungen der Arbeitnehmerhaushalte steuernden, interregionalen Finanzausgleich zu fungieren -was sowohl an den Modellprämissen als auch der daraus folgenden Zielstellung der Ausgleichsleistungen liegt: (1) Anders als im Modell von Boadway und Flatters (1982) sind bei Richter und Wellisch (aaO) nicht alle Haushalte der Gesamtwirtschaft mobil, sondern es wird zwischen zwei Gruppen von Haushalten, den mobilen und den vollkommen immobilen, unterschieden. Annahmegemäß können bei Richter und Wellisch aber nur immobile Haushalte -in ihrer Wohnsitzregion oder anderen Regionen- Landeigentum erwerben und Bodenrenten beziehen. (2) Zielsetzung der Regionalregierungen ist ausschließlich die Nutzenmaximierung der in ihrem Hoheitsgebiet ansässigen immobilen Haushalte -während sie die Wohlfahrt der mobilen Haushalte in ihren finanzpolitischen Entscheidungen ebenso wenig beachten wie von ihrer Politik ausgehende, in andere Regionen hineinstrahlende Effekte. (3) Der Nutzen der immobilen Haushalte wird durch das Bereitstellungsniveau der privaten und öffentlichen Konsumgüter bestimmt. Fließt Einkommen aus den immobilen Faktoren auch Gebietsfremden zu, so werden die Regionalregierungen versuchen, dieses so weit wie möglich, im Idealfall konfiskatorisch, zu besteuern, um über einen Steuerexport ein möglichst großes Volumen an von den immobilen Haushalten der Region nutzbaren privaten und öffentlichen Gütern bereitstellen zu können. Ist eine konfiskatorische Besteuerung Gebietsfremder nicht möglich, so werden die Regionen mobile Haushalte und Unternehmen aus gesamtwirtschaftlicher Sicht zu hoch besteuern, regionale Infrastruktur in gesamtwirtschaftlich zu geringem Maße bereitstellen und dadurch mobile Haushalte und Unternehmen aus der Region verdrängen, weil sie die diesen zufließenden Vorteile niedriger Steuern und einer guten Infrastruktur in ihrem Entscheidungskalkül nicht internalisieren. (4) Die Installation eines interregionalen Finanzausgleichs dient dann dazu, diese aus Sicht der einzelnen Region zwar rationalen, aus gesamtwirtschaftlicher Sicht aber gleichwohl effizienzschädlichen Verhaltensanreize von Regionalregierungen durch interregionale kompensatorische Transferleistungen im Sinne gesamtwirtschaftlicher Effizienz zu korrigieren -während es im Modell von Boadway und Flatters darum geht, durch interregionale Transferleistungen Fehlverhaltensanreize *Privater* -nämlich die nicht durch Lohnniveauunterschiede bestimmten Wanderungsanreize von Arbeitnehmerhaushalten- zu egalisieren. Mit anderen Worten: Da anders als im Ausgangsmodell von Boadway und Flatters bei Richter und Wellisch das Eigentum am immobilen Faktor Boden unabhängig von der Wohnsitzwahl ist, gehen

rechnung mit realen Zahlen für die beiden EU-Mitgliedsländer Deutschland und Portugal ersehen kann:
Das pro-Kopf-Bruttoinlandsprodukt in Kaufkraftstandards lag im Jahre 1998 in Deutschland bei rd. 22200 Euro, in Portugal bei rd. 15200 Euro (vgl. Statistisches Bundesamt: Statistisches Jahrbuch für das Ausland 2001, Tab. 17.4.). Gleichzeitig betrug die Abgabenquote in der Bundesrepublik im Jahre 1998 42,4 % des BIP, in Portugal 38,0 %. (Statistisches Bundesamt aaO, Tab. 14.6.). Die Einwohnerzahl Deutschlands lag bei 82,0, die Portugals bei 10,0 Mio. Das ergäbe nach obiger Formel für den Ausgleich zwischen Deutschland und Portugal, wenn die Gesamtwirtschaft nur aus diesen beiden Staaten bestünde:

$$S_{DP} / N_P = 82[22200 \cdot (1 - 0{,}424) - 15200 \cdot (1 - 0{,}38)]/92 \approx 3000 \text{ Euro in KKS pro Einwoh-}$$

ner Portugals, bzw. 30 Mrd. Euro insgesamt. Verteilt auf z. B. 10 Jahre würden daraus jährliche Transferzahlungen zur Abwehr effizienzschädlicher Arbeitskräftewanderungen aus Portugal nach Deutschland in Höhe von rd. 3 Mrd. Euro resultieren.

Zu klären bleibt, auf welcher staatlichen Ebene Ausgleichspflicht und -berechtigung der Leistung wanderungssteuernder Finanztransfers festgemacht werden und in welchem Verhältnis wanderungssteuernde Finanztransfers zu den im vorangegangenen Abschnitt besprochenen Transferleistungen zur Sicherung des wirtschaftlichen und sozialen Zusammenhalts stehen sollten.
Da das Wohlstandsniveau und die aktuelle wirtschaftliche Entwicklung in verschiedenen größeren Mitgliedstaaten der Union wie Italien, Spanien, Großbritannien oder auch Deutschland mitunter sehr unterschiedlich sind -man denke nur an die Wohlstandsunterschiede zwischen Norditalien und dem Mezzogiorno- erscheint ein Abstellen auf die nationalstaatliche Ebene als zu grobes Muster zur Feststellung der Ausgleichspflicht oder -berechtigung für wanderungssteuernde Transferleistungen und die Ebene der NUTS 2-Regionen trotz aller derzeit bestehenden Abgrenzungsprobleme wesentlich besser geeignet, als Referenzebene zur Ermittlung vor allem interjurisdiktioneller Wohlstandsunterschiede -als Ursache für Arbeitskräftewanderungen- zu dienen. Das bedeutet allerdings nicht, daß die Ausgleichstransfers grundsätzlich auf Ebene der Regionen abgewickelt werden sollten; denn Ansprechpartner der Europäischen Union waren bislang ausschließlich die Mitgliedstaaten -und dies sollten sie bis auf weiteres auch bleiben. Vielmehr sollten die nach der obigen Formel (1a) ermittelten Transfervolumina der NUTS-2 Regionen eines Mitgliedslandes zusammengezählt und auf der Basis dieser Berechnungen positive Nettosalden durch die EU von den insgesamt ausgleichspflichtigen Mitgliedstaaten eingezogen und an die nach Formel (1a) insgesamt ausgleichsberechtigten Mitgliedstaaten ausgeschüttet werden.
Die Empfängerregionen interregionaler Transferleistungen zur Förderung des wirtschaftlichen und sozialen Zusammenhalts werden in den meisten Fällen mit denen eines die Arbeitskräftewanderungen steuernden Finanztransfers übereinstimmen. Da beide Transferleistungen ein anderes Ziel verfolgen, sollten sie grundsätzlich

---

vom relativen Reichtum (oder der Abgabenquote) einer Region -entgegen der Realität- keine Fehlverhaltensanreize auf die Wanderungsreaktionen der mobilen Haushalte aus und spielen interregionale Transferleistungen, die diesen relativen Reichtum beeinflussen und wohlstandsbedingte Arbeitskräftewanderungen zwischen den Regionen verhindern sollen, nicht die geringste Rolle.

nebeneinander gewährt werden. Allerdings gilt die im vorangegangenen Abschnitt 2. getroffene Aussage weiterhin, daß angesichts der begrenzten Aufnahmefähigkeiten der nationalen und regionalen Volkswirtschaften der Gesamtbetrag der den Empfänger-Mitgliedstaaten zufließenden Transfermittel auf jährlich max. 4 % des nationalen BIPs beschränkt werden sollte.

III. Ergänzender Handlungsbedarf für die Europäische Union: Europaweite Kooperation auf dem Gebiet der Kapitalbesteuerung und Übergang zum Usprungslandprinzip der Umsatzbesteuerung

1. Kooperation auf dem Gebiet der Kapitalbesteuerung

In Kap. C III.2.2. sind die möglichen Wirkungen eines ungebremsten interregionalen Wettbewerbs um den mobilen Faktor Kapital bei Erhebung einer Quellensteuer auf den Faktor erörtert worden. Dabei hatte sich gezeigt, daß
-in einem Modell mit kleinen Jurisdiktionen, die den sich am Weltkapitalmarkt bildenden Zinssatz als gegeben hin(zu)nehmen (haben)
---in allen Jurisdiktionen eine Unterversorgung mit dem lokal öffentlichen Konsumgut auftritt
---im Regelfall nicht identischer Jurisdiktionen die internationale Kapitalakkumulation nicht effizient ist
-in einem Modell zweier großer Jurisdiktionen von unterschiedlicher Größe
zumindest die internationale Kapitalakkumulation ineffizient bleibt
falls die Regierungen zur Erfüllung der jurisdiktionellen Budgetrestriktion auch auf die Besteuerung des Faktors Kapital zurückgreifen müssen.

In Kap. C III.2.3. ist sodann die Frage, ob überhaupt die in den theoretischen Modellen zum Steuerwettbewerb unterstellte Grundsituation, nämlich das Vorliegen eines spürbaren Wettbewerbsdrucks im Bereich der Kapitalbesteuerung, gegeben ist, als zumindest für die Zukunft bevorstehend bejaht worden.

Wie an verschiedenen Stellen der vorliegenden Arbeit (vgl. vor allem Kap. B IV., C III.2., dort insbes. 2.4, sowie D IV.) betont wurde, wäre aber andererseits die völlige Ausschaltung des interjurisdiktionellen Steuerwettbewerbs, soweit sie überhaupt möglich wäre, weder aus fiskalföderalistischer noch aus politökonomischer Sicht wünschenswert. Denn einmal steht zu vermuten, daß die Ausschaltung eines Instrumentariums im internationalen Standortwettbewerb um die Ansiedlung mobiler Faktoren, nämlich der Steuersätze, den Wettbewerb auf anderen Gebieten, z.B. im Infrastrukturbereich, intensivieren würde mit aus gesamtwirtschaftlicher Sicht u.U. noch größeren Effizienzverlusten. Ferner wird damit bewußt auf die Möglichkeit, den Systemwettbewerb als Entdeckungsverfahren für das Hervorbringen einer möglichst effizienten staatlichen Verwaltung und Aufgabenwahrnehmung zu nutzen, in einem wichtigen Teilbereich verzichtet. Darüber hinaus würde mit der vollständigen Harmonisierung aller Steuern die Möglichkeit entfallen, regional unterschiedlichen Präferenzen der Bevölkerung im Hinblick auf Umfang und Art des staatlichen Leistungsangebots durch das Angebot regional unterschiedlicher Steuer-Leistungs-Pakete Rechnung zu tragen; und selbst wenn es keine -gravierenden- interregionalen Präferenzunterschiede gäbe, so würden die erheblichen regionalen Wohlstandsunterschiede regional unterschiedliche staatliche Leistungsbündel erfordern.[1] Schließlich würde durch die Ausschaltung des interjurisdiktionellen Wettbewerbs im Bereich der Staatseinnahmenseite der Möglichkeit des Aufbaus diskretionärer Handlungsspielräume und des Mißbrauchs politischer Macht im Sinne der Leviathanthese Vorschub geleistet.

Vor diesem Hintergrund geht es unter dem Gesichtspunkt der gesamtwirtschaftlichen Effizienz offenbar darum, die Gefahren des interregionalen race-to-the-bottom-Wettbewerbs um die Besteuerung mobiler Bemessungsgrundlagen -insbes. unternehmerischer Direktinvestitionen- zu begrenzen, ohne gleichzeitig die dem interjurisdiktionellen Systemwettbewerb zugeschriebenen Vorteile insgesamt zu eliminieren. Welche der drei in Kap. C III.2.4. beschriebenen Methoden zur Eindämmung des Steuerwettbewerbs -(Mindest)Steuersatzharmonisierung unter dem Quellenlandprinzip, Übergang zum reinen Wohnsitzlandprinzip oder Einführung einer Cash-flow- oder zinsbereinigten Unternehmenssteuer- dabei den Vorzug verdient, soll im folgenden erörtert werden.

Die Herausgeber des EUmagazins schreiben in ihrer Ausgabe vom Mai 2001 auf S. 5 unter der Überschrift: „EU-Steuerharmonisierung- Mindestsätze für Unternehmenssteuern": „Trotz aller gegenteiligen Beteuerungen: Nach dem Malmö-Treffen der EU-Finanzminister mit ihren osteuropäischen Kollegen der Beitrittsländer zeichnet sich ab, daß die EU noch vor der Erweiterung Mindestsätze für die von den Unternehmen zu zahlende Körperschaftsteuer festlegen wird. ... In Malmö merkten die EU-Finanzminister, welche steuerlichen Einbußen sie nach der Erweiterung zu erwarten haben, wenn sie nicht vorher handeln. Estland kennt keine direkte Körperschaftsteuer für Unternehmen, zieht damit Investoren an und läßt sich dafür vom europäischen Steuerzahlerbund feiern. Ungarn erhebt eine Körperschaftsteuer von nur 18 Prozent, Polen gewährt eine vollständige oder halbe Steuerfreistellung in unterentwickelten Zonen. Aus dem Innern der Gemeinschaft könnte dann auch niemand mehr gegen einen vor Irland in Aussicht genommenen Satz von nur 12,5 Prozent vorgehen. Weder Bundesfinanzminister Eichel noch die Mehrzahl der EU-Finanzminister sind jedoch bereit, ein solches Dumping bei der Körperschaftsteuer hinzunehmen. Derzeit gelten 25 Prozent als der akzeptable, wenn auch nirgends offiziell festgelegte normale Mindestsatz bei einer Staffelung der Sätze bis 35 Prozent. Mit weniger glauben die EU-Schatzmeister nicht auskommen zu können."

Vor dem Hintergrund einschlägiger Erfahrungen aus der Vergangenheit mag bezweifelt werden, ob die von den Autoren getroffenen Prognosen hinsichtlich der Konsensfähigkeit einer europäischen (Mindest)Steuersatzharmonisierung tatsächlich berechtigt sind. Doch selbst wenn die Vorhersagen eintreten sollten, dürfte ein solcher Konsens im Hinblick auf die Begrenzung des *internationalen* Kapitalsteuerwettbewerbs nicht allzu viel bewirken. Denn letztlich kann ein System der Quellensteuerharmonisierung den Kapitalsteuerwettbewerb nur dann erfolgreich entschärfen, wenn neben den Staaten der Europäischen Union auch alle wichtigen

---

[1] Allerdings könnten regional unterschiedliche Steuer-Leistungs-Pakete dann angeboten werden, wenn die Regionen zwar die Steuern auf den mobilen Faktor Kapital harmonisieren, die übrigen Steuern, insbesondere die Besteuerung der immobilen Faktoren, aber unharmonisiert lassen.

außereuropäischen Industrienationen einer entsprechenden Kooperation beitreten würden. Andernfalls liefen die Staaten der Europäischen Union Gefahr, mit ihren vergleichsweise hohen Steuersätzen vor allem unternehmerische Direktinvestitionen in sog. Drittländer wie die USA, Japan, Kanada usw. zu verdrängen. Die Aussicht, daß in absehbarer Zukunft auch diese Staaten einer Vereinbarung zur Quellensteuerharmonisierung im Bereich der Kapitalbesteuerung, die nicht nur eine Festlegung von (Mindest)Steuersätzen, sondern auch der Bemessungsgrundlagen und Erhebungsverfahren beinhalten müßte, beitreten werden, scheint aber aus heutiger Sicht nahezu ausgeschlossen.

Demgegenüber verspricht auch schon der „einseitige", durch die EU-Mitgliedstaaten allein realisierte, Übergang zum reinen Wohnsitzprinzip der Kapitalbesteuerung eine deutliche Reduzierung des internationalen Steuerwettbewerbsdrucks. Der Grund dafür liegt darin, daß Inländer dem Zugriff auf ihr Welteinkommen nicht durch Auslandsinvestitionen entweichen können, sondern nur durch Wegzug. Der Wohnsitzwechsel in ein Niedrigsteuergebiet bedeutet jedoch nicht nur eine Steuerersparnis, sondern ist auch mit dem Verlust der Teilhabe an den Leistungen des Hochsteuerlandes verbunden, von kulturellen, sozialen und persönlichen Bindungen einmal abgesehen. Dies gilt in besonderem Maße für Privatpersonen, dürfte aber auch, vor allem im Bereich kleinerer Unternehmen und Personengesellschaften, für den Unternehmenssektor zu gelten haben.

Ein weiterer gravierender Nachteil harmonisierter Kapitalsteuersätze ist in dem Verlust der nationalen Steuerautonomie und damit zusammenhängend der Ausschaltung des systemwettbewerblichen Entdeckungsverfahrens in einem wichtigen Bereich der staatlichen Finanzpolitik zu sehen. So schreibt der Wissenschaftliche Beirat beim Bundesministerium der Finanzen in seinem Gutachten zur „Reform der internationalen Kapitaleinkommensbesteuerung" (1999, 94 f.):

„Damit (d.h. mit der Harmonisierung der Kapitaleinkommensteuern, Anm. N. G.) fällt der Systemwettbewerb in einem wichtigen Bereich weg. Handelt es sich bei der Vereinbarung um einen völkerrechtlichen Vertrag, verbleibt den Teilnehmerstaaten nur bei der Besteuerung immobiler Faktoren noch nationaler Gestaltungsspielraum. Der übrige Bereich der Steuergesetzgebung wird einer Einflußnahme seitens der Bürger und auch der Wirtschaft weitgehend entzogen; die Vereinbarung bedeutet insoweit auch einen Demokratieverlust.

Sollte das System funktionieren, läßt sich die Gefahr eines Überdrehens der Steuerschraube auf supranationaler Ebene nicht von der Hand weisen.... Unabhängig hiervon hat eine internationale Vereinbarung den wesentlichen Nachteil der Erstarrung wichtiger Teile der Steuerpolitik. Unterstellt man nämlich, daß Änderungen z.B. der Steuersätze oder der Bemessungsgrundlagen nur einstimmig oder mit qualifizierter Mehrheit erfolgen können, bedarf jede Reform eines breiten internationalen Konsenses. Insbesondere Einigungen über gemeinsame Steuersenkungen sind unter diesen Umständen schwer vorstellbar."

Auch hier ist das Wohnsitzprinzip dem Quellenprinzip deutlich überlegen: Es beläßt den nationalen Behörden die Entscheidungskompetenz in allen wichtigen Bereichen der nationalen Finanzpolitik und die Möglichkeit der Optimierung ihrer nationalen Steuer-Leistungs-Pakete im Hinblick auf die Präferenzen ihrer Bürger und die national spezifischen Faktorausstattungen.

Gerade weil dies so ist, d.h. weil den nationalen Autoritäten alle finanzpolitischen Entscheidungsparameter verbleiben, dürfte zudem das Zustandekommen eines politischen Konsenses hinsichtlich eines gemeinsamen Übergangs der EU-Staaten zum Wohnsitzprinzip der Kapitalbesteuerung mindestens ebenso wahrscheinlich sein wie die Vereinbarung einheitlicher (Mindest)Steuersätze.

Vor diesem Hintergrund erscheint der Übergang zum reinen Wohnsitzprinzip der Kapitalbesteuerung als aus heutiger Sicht gegenüber der Quellensteuerharmonisierung vorzugswürdige Methode zur Begrenzung des internationalen Steuerwettbewerbs.

Anders als die Wahl zwischen Quellen- und Wohnsitzlandprinzip ist die Entscheidung über die Einführung einer Cash-flow- oder zinsbereinigten Unternehmenssteuer nicht zwangsläufig eine Entscheidung *zwischen* dieser und dem Wohnsitzprinzip der Kapitalbesteuerung. Denn wie in Kap. C III.2.4. festgestellt wurde, ist eine Cash-flow-ebenso wie eine zinsbereinigte Unternehmenssteuer sowohl mit dem Quellen- als auch mit dem Wohnsitzlandprinzip vereinbar. Würde eine von beiden Steuern eingeführt, sollte sie wegen der beschriebenen Vorteilhaftigkeit des Wohnsitz- gegenüber dem Quellenlandprinzip allerdings mit ersterem kombiniert werden.

Cash-flow-Steuer und zinsbereingte Steuer können sowohl auf multi- als auch auf unilateraler Ebene eingeführt werden.

Gegen die Einführung beider Steuern spricht aber einmal, daß diese auf eine schmalere Bemessungsgrundlage zugreifen und damit bei gegebenem Steueraufkommen alle übrigen Einkommen, vor allem Arbeitseinkommen, in aller Regel aber auch unternehmerische Reingewinne bzw. die die „marktübliche" Verzinsung des einge-setzten Kapitals übersteigenden Gewinnanteile, mit einem dementsprechend höheren Steuersatz belegt werden müssen und daß a priori nicht zweifelsfrei gesagt werden kann, ob die dadurch ausgelösten (bzw. verstärkten) Verzerrungen größer oder kleiner sind als der aus der Verschmälerung der Bemessungsgrundlage -per se- resultierende Verzerrungsabbau.

Gewichtige Probleme dürften sich darüber hinaus auch hinsichtlich der politischen Akzeptanz beider Steuern ergeben. Zwar beruht gerade die Zinsbereinigung auf der Absicht einer überperiodischen Gleichbehandlung von Steuerpflichtigen und kann als technisch probates Mittel zur Umsetzung der Idee, daß der Barwert der Steuer-zahlungen, die ein Pflichtiger während seines gesamten Lebens zahlt, allein vom Barwert seines Lebenseinkommens abhängen soll, aufgefaßt werden. „Ob diese subtile Gerechtigkeitsvorstellung der Allgemeinheit vermittelbar ist und ob sie das angemessene Konzept für eine Welt mit Kapitalmarktunvollkommenheiten, Umwäl-zungen und häufigen Steuerreformen bildet", muß aber bezweifelt werden (vgl. Wis-senschaftlicher Beirat beim Bundesministerium der Finanzen 1999, 100), zumal dann, wenn damit mehr oder weniger zwangsläufig eine steuerliche Umverteilung zu Lasten der politökonomisch bedeutsamen Gruppe der Arbeitseinkommensbezieher verbunden ist.

Deshalb sollten die Möglichkeiten der kurzfristigen Einführung einer Cash-flow- oder zinsbereinigten Unternehmenssteuer vor allem auf gesamteuropäischer Ebene im Moment eher kritisch beurteilt und stattdessen die Kooperationsbemühungen der EU-Mitgliedstaaten darauf konzentriert werden, zur Begrenzung des internationalen Steuerwettbewerbs den europaweiten Übergang zum Wohnsitzprinzip der Kapitalbe-steuerung auch schon unter den derzeit geltenden Steuersystemen zu forcieren.

2. Übergang zum Ursprungslandprinzip der Umsatzbesteuerung

In Kap. C III.4. ist die Frage der effizienten Belastung des Güterhandels mit einer allgemeinen Umsatzsteuer in Form der Mehrwertsteuer vom Konsumtyp erörtert worden. Dabei hatte sich gezeigt, daß im Modellrahmen des Abschnitts 4.3.1.

(1) die Besteuerung des innergemeinschaftlichen Handels sowohl nach dem reinen Ursprungslandprinzip als auch nach dem reinen Bestimmungslandprinzip dem derzeit geltenden Übergangssystem (als Mischform aus Ursprungs- und Bestimmungslandprinzip), aber auch dem von der EU-Kommission für die Zukunft favorisierten sog. Binnenmarktprinzip (=Gemeinschaftsprinzip; =Gemeinsamer-Markt-Prinzip; vgl. zu diesem ausführlich Homburg 2000 (1), 304 ff.) unter Effizienzgesichtspunkten eindeutig überlegen ist;

(2) mit der Entwicklung des Gemeinsamen Marktes zu einem Binnenmarkt ohne innergemeinschaftliche Grenzkontrollen zum 01. 01. 1993 die Grundlage für eine *generelle* Anwendung des Bestimmungslandprinzips auch im innergemeinschaftlichen Handel entfallen ist (denn das Bestimmungslandprinzip erfordert einen Grenzausgleich, der das Gut von der Steuer des Ursprungslandes befreit und mit der Steuer des Bestimmungslandes belastet, was ohne eine Registrierung des Gutes an der Grenze nicht möglich ist), weshalb der Übergang zum reinen Ursprungslandprinzip der Besteuerung die für den innergemeinschaftlichen Handel vorzugswürdige Alternative ist;

(3) unter den verschiedenen denkbaren Ausgestaltungsformen des Ursrpungslandprinzips das von Krause-Junk (1992) entwickelte System des fiktiven Vorsteuerabzugs bei importierten und des tatsächlichen Vorsteuerabzugs bei inländischen Zwischengütern den Vorzug verdient; und daß das bei dieser Ausgestaltungsform zunächst auftretende Problem, daß Unternehmer aus EU-Hochsteuerländern den fiktiven Vorsteuerabzug durch einen Zwischenexport über das Drittlandgebiet umgehen könnten, durch den Übergang zu einem asymmetrisch eingeschränkten Ursprunglandprinzip (entsprechend dem Vorschlag von Lockwood, de Meza und Myles (1994)) ausgeschaltet werden kann;

Mit einem Übergang von der Besteuerung nach dem Bestimmungslandprinzip zur Besteuerung nach dem reinen Ursprungslandprinzip geht tendenziell eine Verschärfung des Steuerwettbewerbs und eine Zunahme des Anpassungsdrucks auf die Steuersätze einher: Stimmen bei Geltung des reinen Bestimmungslandprinzips die Nettopreise der Güter international überein, während die Bruttopreise nach Maßgabe der nationalen Steuersätze voneinander abweichen, so führt der Übergang zum Ursprungslandprinzip mit fiktivem Vorsteuerabzug bei zunächst unveränderten Güterpreisen dazu, daß Konsumenten und Unternehmen aus Hochsteuerländern die von ihnen benötigten Endgüter und Zwischenprodukte verstärkt im niedriger besteuernden Ausland beziehen werden. Arbitragevorgänge werden dann im Laufe der Zeit dazu führen, daß sich die Bruttopreise der End- bzw. Zwischengüter international angleichen. In einem Regime starrer Wechselkurse wie der EWWU ist dies allerdings nicht über eine Abwertung der Währung des Hochsteuerlandes möglich, sondern nur über eine Anpassung zahlreicher Einzelpreise und der Löhne im Hochsteuerland und -soweit dies aufgrund bestehender Rigiditäten nicht möglich ist- der Gütersteuersätze des Hochsteuerlandes nach unten.

Daraus könnte die Forderung nach einer weiteren Harmonisierung der Mehrwertsteuer im Sinne einer harmonisierten Erhöhung des Mindest-Mehrwertsteuersatzes in der Europäischen Union resultieren.

Für eine solche Forderung könnte auch die Tatsache sprechen, daß im Modellrahmen zweier großer, strategisch handelnder, nichtkooperierender Volkswirtschaften des Kap. C III. 4.3.2. die Anwendung des reinen Ursprungslandprinzips zur Herausbildung aus gesamtwirtschaftlicher Sicht zu niedriger Steuersätze der Staaten im nichtkooperativen Gleichgewicht führt, weil die Staaten die von einer Steuersatzerhöhung im eigenen Land ausgehenden positiven Effekte für das jeweils andere Land in ihrem Entscheidungskalkül nicht berücksichtigen.

Einer solchen Forderung ist jedoch mit Vorsicht zu begegnen:
-Im Modellrahmen des Kap. C III.4.3.2. führt die Erhöhung der Steuersätze der Gütersteuer zu einem trade off zwischen privatem und öffentlichen Konsum. Es kann dem Modell aber nicht entnommen werden, bis zu welchem Bereitstellungsvolumen des öffentlichen Konsumgutes ein solcher trade off aus gesamtwirtschaftlicher Sicht noch wohlfahrtssteigernd wirken würde.
-Auch wenn beim Übergang vom geltenden EU-Mehrwertsteuerregime zum Ursprungslandprinzip bestehende Rigiditäten bei den Güterpreisen und Löhnen verhindern werden, daß ein solcher Übergang vollkommen ohne realwirtschaftliche Konsequenzen und ohne Anpassungsdruck auf die Gütersteuersätze in Hochsteuerstaaten vonstatten geht, ist zu erwarten, daß in einem erheblichen Maße Preis- und Lohnanpassungen stattfinden werden, die den Wettbewerbsdruck auf die Steuersätze abmindern. Dabei ist zu beachten, daß die Mehrwertsteuersätze der wichtigsten EU-Mitgliedstaaten innerhalb einer Spanne von 4 % (16% in Deutschland und Spanien, 17,5 % in Großbritannien und den Niederlanden, 20 % in Italien, Frankreich und Österreich) bei einem MwSt-Mindestsatz in der EU von derzeit 15 %) liegen und damit so dicht beisammen, daß sich zwischen diesen Staaten der Anpassungsdruck auf die Steuersätze von vorne herein in Grenzen halten wird.
-Mit der Besteuerung von Abhollieferungen von Nichtunternehmern in anderen EU-Staaten nach dem Ursprungslandprinzip war/ist auch schon nach bisheriger Regelung dem internationalen Gütersteuerwettbewerb ein breites Eingangstor geöffnet worden, so daß es fraglich erscheint, ob die Erweiterung des Ursprungslandprinzips auf Versendungskäufe und auf Lieferungen zwischen Unternehmen diesen Steuerwettbewerb noch einmal so entscheidend erhöht, daß damit eine Erhöhung des EU-Mindest-MwStSatzes verbunden werden müßte, zumal wenn man die mit steigender Entfernung häufig überproportional steigenden Transaktionskosten (insb. Transportkosten) in Rechnung stellt.
-Ganz abgesehen von der Frage, inwieweit der Wettbewerbsdruck bei einem Wechsel des Besteuerungsprinzips tatsächlich zunehmen würde, sprächen selbst bei zunehmendem Wettbewerbsdruck einige gute Gründe gegen eine (weitere) Harmonisierung der Mehrwertsteuersätze in der EU (vgl. Kap. C III.4.3.2.). Denn neben der Tatsache, daß ein steigender Wettbewerbsdruck auch eine Effizienzsteigerung der staatlichen Steuersysteme erwirken kann, könnte eine weitere Erhöhung des MwSt-Mindestsatzes zu gegengerichteten Anpassungsreaktionen bei solchen direkten Steuern führen, deren Bemessungsgrundlage sich mit denen der MwSt teilweise überlappt (wie vor allem den Steuern auf Arbeitseinkommen) und würde ferner die Entscheidungsfreiheit der

Nationalstaaten hinsichtlich der von ihnen präferierten Gestaltung ihrer Steuersysteme (Policy-Mix der einzelnen Steuerarten) weiter einschränken.

Allerdings könnte der Übergang vom derzeit geltenden EU-Mehrwertsteuerysystem zum reinen Ursprungslandprinzip der Besteuerung in der hier vorgeschlagenen Form mit deutlichen Verschiebungen in der Verteilung des MwSt-Aufkommens zwischen den EU-Staaten verbunden sein, und zwar aus zwei Gründen:
Zum einen dürften die mit dem Übergang einhergehenden Veränderungen in den Güter- und Faktorpreisrelationen zwischen den einzelnen Sektoren und zwischen den Staaten der Union nicht ohne Auswirkungen auf Richtung und Höhe des innergemein- schaftlichen Güterhandels und die Verteilung des Steueraufkommens bleiben.
Zum andern könnte aber auch die Anwendung des eingeschränkten Ursprungs- landprinzips der Union insgesamt im Verhältnis zu Drittstaaten beträchtliche Ver- schiebungen der Handelsströme zwischen der EU und dem Drittlandsgebiet in den einzelnen Wirtschaftssektoren bewirken und diese wiederum sehr unterschiedliche Auswirkungen auf den Außenbeitrag der einzelnen EU-Mitgliedstaaten haben.
Die Frage ist deshalb, inwieweit der Übergang zum Ursprungslandprinzip der Güterbesteuerung aus Gründen der politischen Realisierbarkeit mit zwischenstaat- lichen Transferzahlungen zum Ausgleich der Verschiebungen in den Mehrwertsteuer- aufkommen zwischen den Staaten verbunden werden muß bzw. inwieweit die Europäische Union, falls sich die Mitgliedstaaten nicht auf ein freiwilliges horizontales Transfersystem einigen könnten, als übergeordnete Instanz die not- wendigen Transfers zu organisieren und durchzuführen hätte. Die Frage kann mangels entsprechender Zahlen an dieser Stelle nicht beantwortet werden, doch ist der generelle Ansatz derselbe wie bei der Entscheidung zwischen dem Quellen- und dem Wohnsitzprinzip der Kapitalbesteuerung (vgl. Kap. C III. 2.4.2.): der Übergang zu einem als gesamtwirtschaftlich effizient(er) identifizierten Steuersystem darf nicht an der mangelnden politischen Konsensfähigkeit als Folge zwischenstaatlicher Aufkom- mensverschiebungen scheitern.

IV. Die Finanzierung der Gemeinschaftsaufgaben

1. Für eine autonome Gemeinschaftssteuer: EU-Mehrwertsteuerzuschlag und EU-Bodensteuer als autonome Finanzierungsquellen der Gemeinschaft?

In den vorangegangenen Abschnitten dieses Kapitels ist als Gesamtausgabenbedarf zur Finanzierung der der Europäischen Union aktuell zu übertragenden Aufgaben ein Volumen von rd. 55, max. 60 Mrd. Euro jährlich (davon rd. 33 Mrd. Euro für die Bereiche interregionale Umverteilung und Steuerung von Arbeitskräftewanderungen in den weniger wohlhabenden Staaten im Sinne eines effizienzorientierten euro- päischen Finanzausgleichs, jeweils rd. 10 Mrd. Euro für den Auf- und Ausbau der transeuropäischen Netze und der Forschungs- und Entwicklungsförderung und rd. 3 Mrd. Euro für den Umweltbereich) ermittelt worden. Hinzu käme ein vorübergehender Finanzbedarf zur wirtschaftlichen Abfederung einer Renationalisierung der Gemein- samen Agrarpolitik, der mit 13 Mrd. Euro jährlich beziffert wurde. Damit läge das künftige Gemeinschaftsbudget deutlich unter dem derzeitigen Hauhaltsvolumen von rd. 92,5 Mrd. Euro (im Haushaltsplan 2001 veranschlagte Zahlungsermächtigungen).

In Kap. E. III.4. ist das derzeitige Einnahmesystem des EU-Haushalts in seiner Form als faktisches Beitragssystem der Mitgliedstaaten kritisiert und aus Kongruenz- und Äquivalenzgründen die Notwendigkeit der Finanzierung der Gemeinschaftsaufgaben durch ein System eigener Einnahmen betont worden.

Als "echte" eigene Einnahmen der Gemeinschaft fungieren bislang die Agrarabschöpfungen und Zölle. Deren Erhebung ist aber mit erheblichen Nachteilen behaftet (s. Kap. E.III.3.), die eine schrittweise Abschaffung dieser Einnahmequellen nahelegen. Jedenfalls aber ist aufgrund entsprechender internationaler Handelsabkommen das Aufkommen beider Einnahmequellen seit Jahren rückläufig und wird es auch in Zukunft bleiben, so daß sie im Rahmen einer dauerhaften Neugestaltung der Gemeinschaftsfinanzierung von vorne herein außer Ansatz bleiben sollten.

Eine echte Eigeneinnahme der Gemeinschaft könnten künftig auch die Gewinne der Europäischen Zentralbank (EZB) im Rahmen der Europäischen Währungsunion, die sog. Seigniorage, darstellen. Die EZB hat das ausschließliche Recht, die Ausgabe von Münzen und Noten als gesetzlichen Zahlungsmitteln innerhalb der Eurozone entweder selbst vorzunehmen oder den Mitgliedstaaten zu genehmigen (vgl. Art. 106 EGV). Die Differenz zwischen den Herstellungskosten der Münzen oder Noten und ihrem Nennwert wird als Geldschöpfungsgewinn oder Seigniorage bezeichnet. Der Gewinn der EZB wird derzeit an die nationalen Zentralbanken entsprechend ihren eingezahlten Anteilen am Kapital der EZB verteilt (Art. 32 f. EZB-Satzung). Um als zusätzliche Einnahme für den Gemeinschafts-haushalt zu dienen, müßte dieser Gewinn in Zukunft bei der EU verbleiben. Für den Gemeinschaftshaushalt könnte er durchaus ergiebig sein: Sofern die EZB ihr Ziel der relativen Preisniveaustabilität mit einer Inflationsrate bis zu 2 % erreicht und von einem Bargeldanteil am BIP von rd. 10 % ausgegangen wird, könnten die Einnahmen aus den EZB-Gewinnen bis zu 0,2 % des gemeinschaftlichen BIPs, also rd. 15 Mrd. Euro, ausmachen (vgl. Europäische Kommission 1998 (3), Anhang 2, 23 f.).

Allerdings stellt sich bei der Seigniorage das äquivalenztheoretische Problem, daß mit den Mitteln dieser Einnahmequelle keine Ausgaben in jenen Ländern finanziert werden sollten, die der Europäischen Währungsunion bislang nicht beigetreten sind und demzufolge nicht zum Überschuß der EZB beitragen (Henke 1997, 49). Zudem dürfte mit der Einführung neuer Transaktionstechnologien sukzessive die Bargeldhaltung sinken und sich die Seigniorage ferner als relativ stark konjunkturabhängig erweisen. Damit verringert sich die Bemessungsgrundlage und macht die Seigniorage als Einnahmequelle insgesamt instabil und unzuverlässig (vgl. Milbrandt 2001, 94). Insgesamt ist die Seigniorage somit nur bedingt geeignet, als -ergänzendes- Instrument zur Finanzierung des Gemeinschafts-haushalts zu dienen.[1]

Zur (Gesamt-)Finanzierung des Gemeinschaftsbedarfs durch eigene Einnahmen muß deshalb auf die Erhebung einer europäischen Gemeinschaftssteuer zurückgegriffen werden.

Auf der Suche nach einer geeigneten Gemeinschaftssteuer sind sowohl in der einschlägigen

---

[1] Ein weiterer Nachteil der Seigniorage läge darin, daß diese für den Steuerzahler nicht sicht- und spürbar ist (vgl. zu diesem Anforderungskriterium an eine autonome EU-Einnahmequelle noch im folgenden).

wirtschaftswissenschaftlichen Literatur[1] als auch von Seiten europäischer Politiker[2] umfangreiche Anforderungsprofile aufgestellt worden, denen eine solche Steuer genügen sollte. Ohne im einzelnen auf diese Arbeiten einzugehen, soll im folgenden ein Katalog jener Kriterien entwickelt werden, hinsichtlich deren Erforderlichkeit weitgehend Einigkeit besteht:

(1) Transparenz, Akzeptanz und Kontrollierbarkeit: Die Steuer muß zunächst für den Steuerpflichtigen (Bürger, Unternehmen) sichtbar und fühlbar sein. Dies stellt eine Grundvoraussetzung für die institutionelle Kongruenz zwischen Entscheider, Zahler und Nutzer dar. Das Erfordernis der Transparenz beinhaltet, daß der Anwendungsbereich der Abgabe breit angelegt sein muß, um eine möglichst große Anzahl von Steuerpflichtigen zu erfassen (deshalb sollten nicht nur Unternehmen, sondern auch Einzelpersonen abgabepflichtig sein), und der Steuersatz einen gewissen Wirkungsgrad aufweist. Darüber hinaus muß -politökonomische Betrachtung- die Steuer in der Öffentlichkeit und den führenden wirtschaftspolitischen Kreisen konsensfähig und in der Praxis durchsetzungsfähig[3] sein und durch den Steuerzahler (d. h. in erster Linie durch Europäisches Parlament und nationale Parlamente) hinreichend kontrolliert werden können.

(2) Gerechte Lastenverteilung: Die Steuer sollte "eine gerechte Verteilung der Finanzierungslast nach Maßgabe der Beitragskapazität der Mitgliedstaaten ermöglichen" (Kommission 1995 (2), 86). Die Bemessungsgrundlage sollte deshalb nicht regressiv, sondern nach Möglichkeit eher progressiv zur BSP-Leistungsfähigkeit verlaufen (weil damit die Notwendigkeit entfiele, auf der Ausgabenseite des Haushalts gleichzeitig Allokations- und Verteilungsmerkmale zu verwirklichen (vgl. etwa Padoa-Schioppa 1988, 103) und die Steuer bereits bei Erhebung für umverteilende Zwecke genutzt werden könnte.

(3) Harmonisierte Bemessungsgrundlage: Die Erhebung muß auf einer einheitlichen, europaweit harmonisierten Bemessungsgrundlage erfolgen. Andernfalls würde für die einzelnen Mitgliedstaaten geradezu ein Anreiz geschaffen, die eigene Belastung (bzw. Belastung der Bürger) über Steuerbefreiungen, Freibeträge u. ä. zu minimieren. Erst die Harmonisierung würde gewährleisten, daß die Abgabe weder Wettbewerbsverzerrungen verursacht, noch das Funktionieren des Binnenmarktes beeinträchtigt.

(4) Effizienz: Die Steuer sollte relativ einfach und kostengünstig zu erheben und zu verwalten sein (Minimierung der Ressourcenkosten). Darüber hinaus sollten die mit jeder Steuer zwangsläufig verbundenen Zusatzlasten (excess burden) minimiert werden.

(5) Fiskalische Ergiebigkeit: Die Ertragskraft der neuen Gemeinschaftssteuer sollte langfristig die Finanzierung der Ausgaben der EU sicherstellen und eine gewisse Stabilität aufweisen.

Dieser Anforderungskatalog ist bereits so komplex, daß eine simultane Berücksichtigung aller Kriterien kaum möglich ist. Deshalb wird die Wahl der neuen Gemeinschaftssteuer letztendlich davon abhängen, welche Kriterien bei einer Gesamtabwägung der Vor- und Nachteile einzelner Steuerarten am unverzichtbarsten erscheinen.

---

[1] Vgl. statt vieler etwa Henke (1981), 50 f., (1988) und (1997), Neumann (1999), Caesar (1990), Walthes (1996), 344 ff. sowie Kraff (1997) 518 ff.

[2] Vgl. etwa Europäische Kommission 1995 (2), Europäisches Parlament (1994), WWU-Sachverständigengruppe (1993,=WWU-Bericht) sowie Padoa-Schioppa (1998).

[3] Durchsetzungsfähigkeit meint hier, daß die Gemeinschaftssteuer in allen Mitgliedstaaten ohne Ausnahmeregelung für alle Steuersubjekte gelten muß, die den steuerpflichtigen Tatbestand erfüllen, was eine entsprechende Steuermoral sowohl bei den Bürgern als auch den nationalen Regierungen voraussetzt.

Bei der Suche nach einer geeigneten Steuerart als EU-Finanzierungsquelle kann zunächst zwischen indirekten Steuern wie der Mehrwertsteuer oder spezifischen Verbrauchsteuern (insbesondere Energiesteuern) und direkten Steuern, die bei Individuen (z. B. Einkommensteuer), Unternehmen (z.b. Körperschaftssteuer) oder Mitgliedstaaten (Sozialproduktsteuer) erhoben werden, differenziert werden.

(1) Der Vorteil einer direkten Steuer liegt nach Ansicht ihrer Befürworter vor allem in ihrer fiskalischen Ergiebigkeit (die Bemessungsgrundlage steige in etwa gleichem Maße wie das Sozialprodukt), ihrer vermeintlichen Beitragsgerechtigkeit (so orientieren sich insbesondere die nationalen Einkommensteuern an den persönlichen Verhältnissen des Zensiten) und ihrem unmittelbaren Verbund zum steuerpflichtigen Haushalt bzw. Unternehmen (vgl. etwa Walthes 1996, 350 f. und WWU-Sachverständigengruppe 1993, 6). Auch wird bisweilen die (vermeintlich) enge Verbindung zu den Hauptaufgaben der Union ins Feld geführt: "Solange die EU primär für die Sicherung der vier Grundfreiheiten verantwortlich zeichnet, kämen vorrangig Steuern in Frage, die in direkter Beziehung zu den -auf der Basis der Grundfreiheiten erwirtschafteten- Einkommen und Vermögen der Bürger stünden; naheliegend wäre insoweit eine eigene EU-Einkommensteuer oder EU-Vermögensteuer, da deren Bemessungsgrundlage streng mit dem Erfolg der EU-Tätigkeit zusammenhinge" (Caesar 1996 (1), 165 f. unter Verweis auf Brennan und Buchanan 1988, 221 f). Allerdings dürfte die derzeit noch bestehende Heterogenität der nationalen Einkommen- und Körperschaftssteuersysteme die Union in diesem Bereich vor nahezu unüberwindbare Harmonisierungsprobleme stellen (die sich zudem nicht nur auf den Einkommensteuerbereich beschränkten, sondern aufgrund bestehender Substitutionsbeziehungen zwischen Einkommensteuer und Sozialabgaben die Notwendigkeit paralleler Harmonisierungsschritte auch im Sozialbereich nach sich zögen). Zwar haben Biehl und Winter (1990, 86 f.) den Vorschlag eines EU-Zuschlags auf die nationale Einkommensteuer vorgelegt, durch den Harmonisierungsprobleme weitgehend ausgeschaltet werden könnten[1]. Doch handelt es sich dabei zum einen faktisch nicht um eine EU-Steuer, "sondern um nationale Finanzbeiträge ..., die lediglich nach Maßgabe der Inzidenz der ... nationalen Einkommensteuersysteme auf die Bürger der betreffenden Länder "umgelegt" würden" (Caesar 1990, 95)[2]. Zum andern dürfte der Vorschlag aus politökonomischer Sicht kaum

---

[1] Der Vorschlag sieht ein zweistufiges Verfahren der Erhebung einer progressiv ausgestalteten europäischen Einkommen-Zuschlagsteuer vor:
-In einer ersten Stufe wird wie bei Finanzbeiträgen festgelegt, welcher Betrag insgesamt von einem Mitgliedstaat zur EU aufgebracht werden soll, wobei die nationalen Belastungen progressiv sein sollen.
-In der zweiten Stufe wird dieser Betrag umgerechnet in einen nationalen Zuschlagsteuersatz, der die individuelle Steuerzahllast des einzelnen Bürger ergibt.
Dabei solle die Entscheidung über die erste Stufe von den zuständigen EU-Organen getroffen werden, während die Entscheidung über die Höhe des nationalen Zuschlagsatzes entweder den EU-Organen übertragen werden könne ("wenn man den Anforderungen des Korrespondenzprinzips voll Rechnung tragen will") oder den nationalen Parlamenten überlassen bleiben könnte und der EU nur eine Rahmenkompetenz zugeteilt zu werden bräuchte.
[2] Den Charakter von nationalen Finanzierungbeiträgen hätte auch die von Henke (1988, 1997) vorgeschlagene Sozialproduktsteuer. Nach Henkes Vorschlag sollte die Union ihren Finanzbedarf durch die Erhebung von Finanzierungsbeiträgen bei den Mitgliedstaaten, deren Höhe entweder proportional zur Höhe der nationalen BSP ist oder mit steigendem BSP progressiv wächst, decken. Eine solche Finanzierungsquelle hätte nach seiner Ansicht folgende Vorteile:
- Einfachheit der Erhebung

Realisierungschancen besitzen, da, wie Schmidhuber (1993, 10) zurecht feststellt, die Mitgliedstaaten nach wie vor ihre "direkten Steuern eifersüchtig als rein nationale Domäne" hüten, nachdem der nationale Handlungsspielraum bereits im Bereich der indirekten Steuern durch Harmonisierungen erheblich eingeschränkt worden ist.[1]

(2) Bei den indirekten Steuern wird vor allem die Heranziehung der MwSt als autonome Finanzierungsquelle diskutiert. Dies hat mehrere Gründe.

So erfüllt nach Ansicht von Langes (1993, 7) die MwSt "die Forderungen nach hohem Verbreitungsgrad, Einfachheit, Transparenz und einer Verbindung zwischen Steuerzahler und Adressat." Sie gilt als politisch gut steuerbar, da sie allen Mitgliedstaaten bekannt und dem Steuerzahler vertraut ist (vgl. Europäisches Parlament 1994, Rdnr. 20 der Begründung zum Entschließungsantrag).

Darüber hinaus weist sie eine hohe fiskalische Ergiebigkeit (so führt bereits eine geringe Erhöhung des MwSt-Satzes aufgrund der umfassenden Bemessungsgrundlage zu einer deutlichen Erhöhung der Einnahmen) und aufgrund ihrer geringeren Konjunkturreagibilität eine größere Aufkommensstetigkeit als die Einkommen- und die Körperschaftsteuer auf.

In besonderem Maße zugunsten der MwSt spricht auch ihr relativ hoher Harmonisierungsgrad. Zwar wurden bislang nur die Bemessungsgrundlagen harmonisiert, hingegen nicht die Steuersätze. Doch ist letzteres auch nicht erforderlich, um in allen Mitgliedstaaten einen EU-Zuschlag auf die nationale Mehrwertsteuer zu erheben.

Als weiterer Vorteil könnte sich das vergleichsweise gute Erscheinungsbild der MwSt in der Öffentlichkeit im Hinblick auf die ihr zugeschriebenen Allokationswirkungen erweisen. Weil die innerhalb der EU herrschende MwSt vom Konsumtyp Kapitaleinkommen implizit steuerfrei stellt und ihre Belastungswirkungen von tatsächlich Betroffenen (in der Hauptsache Arbeitnehmer) häufig nicht in derselben Deutlichkeit erkannt werden wie etwa bei der Einkommensteuer, gilt die MwSt als weniger anreizfeindlich und leistungsschädlich als z. B. die Einkommensteuer oder die Körperschaftsteuer.[2]

-Berücksichtigung des Subsidaritätsprinzips, da es den Mitgliedstaaten überlassen bliebe, wie die innerstaatliche Erhebung der Deckungsmittel erfolgt
-bessere Erfassung der nationalen Leistungsfähigkeit und bei Einbau eines progressiven Elements Möglichkeit der regionalen Umverteilung
-kein Harmonisierungsbedarf, da die Berechnung des Sozialprodukts bereits harmonisiert sei
-ausreichende fiskalische Ergiebigkeit durch höhere Aufkommenselastizität (und Satzautonomie)
-geringere Beeinträchtigung der nationalen Föderalismusstruktur und Steuerpolitik
Als Einwände gegen eine solche Finanzierungsalternative könnten neben der Tatsache, daß sie in Wirklichkeit keine autonome Gemeinschaftsteuer darstellt, vorgebracht werden (vgl. Walthes 1996, 352 f.):
-Die Einnahme erfüllt nicht die Forderung, daß die EU-Steuerlast unmittelbar durch die Individuen bzw. Unternehmen aufzubringen ist. Folglich fehlt eine direkte Steuergläubiger-Steuerschuldner-Beziehung.
-Nachdem die interne Lastenverteilung den Mitgliedstaaten überlassen bleibt, kann es dazu kommen, daß arme Individuen im reichen Staat reiche Individuen im armen Staat alimentieren.

[1] So sind die erheblichen Unterschiede in der Einkommensbesteuerung zwischen den Mitgliedstaaten nicht zuletzt Ausdruck stark differenzierter allokations- und distributionspolitischer Zielsetzungen und unterschiedlicher Wertvorstellungen in sozialen, Bildungs- Umwelt- und anderen Fragen.

[2] Diese Eigenschaften scheint auch der Sachverständigenrat zur Begutachtung der gesamtwirtschftlichen Entwicklung der MwSt zuzuschreiben, wenn er ausführt (Jahresgutachten 1995/96, Tz. 317): "Im Sinne einer angebotsorientierten Steuerpolitik sollte auch die Steuerstruktur geändert werden. Die steuerliche Belastung der Einkommensentstehung müßte gemindert und die der konsumtiven Einkommensverwendung erhöht werden. Nur auf diesem Weg können Leistungsanreize und Investitionsbereitschaft gestärkt werden. ... Es sollte daher geprüft werden, ob die aus beschäftigungs- und wachstumspolitischen Gründen gebotene

Schließlich steht die MwSt in einem ähnlich engen Zusammenhang zu den wesentlichen Zielen und Tätigkeitsfeldern der Gemeinschaft wie die Einkommensteuer: wenn die wirtschaftliche Integration durch Etablierung des europäischen Binnenmarktes mit seinen vier Grundfreiheiten zu den Hauptaufgaben der Europäischen Union zählt, so kann der wirtschaftliche Erfolg des Binnenmarktprogramms am ehesten am Gesamtvolumen des in ihm stattfindenden Waren- und Dienstleistungsverkehrs und der damit verbundenen "Umsätze" gemessen werden. Genau dies ist aber der Ansatzpunkt für eine Steuerpflicht nach den nationalen MwSt- (genauer: Umsatzsteuer-)Gesetzen.

Als ein gravierender Nachteil der MwSt wird aber deren interpersonelle und interregionale Regressionswirkung angesehen. Zwar weist z. B. Homburg (2000 (1), 154 f.) nach, daß die interpersonelle Regressionswirkung eine Frage des Beobachtungszeitraums ist und verschwindet, wenn man diesen auf die Lebenszeit eines Individuums (und seiner Erben) erstreckt. Auf kurz- und mittelfristige Sicht jedoch kann diese Regressionswirkung (die darin besteht, daß die Konsumquote für gewöhnlich mit wachsendem Einkommen sinkt und damit die MwSt-Schuld eines Großverdieners einen kleineren Prozentsatz seines Einkommens ausmacht als die eines schlecht Verdienenden) nicht geleugnet werden; sie kann aber durch "MwSt-immanente" Maßnahmen gemildert (bestes Beispiel hierfür sind die in praktisch allen EU-Ländern geltenden "gespaltenen" MwSt-Sätze, nach denen bestimmte lebensnotwendige, kulturell wichtige u.a. unverzichtbare Güter mit einem verminderten MwSt-Satz belegt werden) oder durch eine Kombination mit anderen, progressiv wirkenden Steuern (vor allem der Einkommensteuer) kompensiert werden. Was die interregionale Regressionswirkung betrifft, die darin bestehe, daß die Nichteinbeziehung von Investitionsgütern vergleichsweise wirtschaftsstarke Mitgliedstaaten im Verhältnis zu ihrem BSP relativ schwächer belaste als ärmere Mitgliedstaaten, so kann, wenn diese wirklich als durchschlagend empfunden wird[1], darüber nachgedacht werden, entweder in den verschiedenen Mitgliedstaaten unterschiedlich hohe Zuschlagsätze zu erheben oder die MwSt-Einnahmen mit einer weiteren, im Verhältnis zur Einkommens- oder Vermögenshöhe progressiv ausgestaltbaren Einnahmequelle zu kombinieren. In Betracht käme im Hinblick auf den bei allen anderen direkten Steuern kurzfristig kaum zu bewältigenden Harmonisierungsbedarf vor allem eine Kombination mit der von Henke vorgeschlagenen Sozialproduktsteuer (diese hat aber den gravierenden Nachteil, daß es sich bei ihr de facto um keine Steuer, sondern um Finanzbeiträge der Mitgliedstaaten handelt, s.o.) oder mit einer Steuer auf bestimmte Vermögenswerte wie z.B. einer Boden-(wert)steuer (vgl. dazu unter (4)). Darüber hinaus könnten die Regressionswirkungen einer EU-MwSt durch eine entsprechende Gestaltung der Ausgabenseite des Gemeinschaftshaushalts -insbesondere des Ausgabenpostens „interregionale Umverteilung"- abgebaut oder egalisiert werden.

Als weitere Nachteile der MwSt werden ihre relative Kompliziertheit, die entsprechend hohe Anforderungen an die Steuerverwaltungen stelle, sowie -teilweise damit zusammenhängend- die gerade bei der MwSt national stark unterschiedlichen Hinterziehungsquoten genannt (vgl. etwa Caesar 1990, 89). Doch könnte einmal durch den konsequenten Übergang zum reinen Ursprungslandprinzip sowohl im innergemeinschftlichen als auch im Handel mit Drittländern die Steuererhebung bereits erheblich vereinfacht und effektiver

---

steuerliche Entlastung der Investitionen nicht durch eine stärkere Belastung des Konsums aufkommensneutral erreicht werden kann. Ein Weg dazu wäre die Anhebung der Mehrwertsteuer bei entsprechender Senkung der Einkommensteuer und der Körperschaftsteuer."

[1] So z. B. von Biehl und Winter (1990, 85), Caesar (1990, 88) und Kraff (1997, 523).

gestaltet werden, was vermutlich auch erhebliche Auswirkungen auf die Steuerhinterziehungsmöglichkeiten hätte; zum andern sollte man sich gerade aus deutscher Sicht vor der Arroganz hüten, die nationale Steuermoral vor die der anderen Mitgliedstaaten zu stellen.[1]

Schließlich wird gegen die MwSt eingewandt, daß ihre langfristige Wachstumsreagibilität unter eins liege, weil mit steigendem Sozialprodukt von einer tendenziell sinkenden privaten Konsumquote ausgegangen werden muß, so daß immer wieder Anhebungen der Steuersätze notwendig würden (Caesar aaO, m. w. H.). Eine solche Argumentation ist zwar dem Grunde nach richtig, doch kann sie, wie die jüngsten Wachstumsraten der Volkswirtschaften der Union nur allzu schmerzlich zeigen, allenfalls in sehr langfristiger Betrachtung eine gewisse Rolle spielen.[2]

Insgesamt erscheinen die gegen die MwSt als potentielle Einnahmequelle einer autonomen Gemeinschaftsfinanzierung vorgetragenen Bedenken als nicht schwerwiegend genug, um die Vorteile gegenüber den unter (1) benannten direkten Steuern aufwiegen zu können.

(3) Neben der MwSt werden häufig auch verschiedene Verbrauchsteuern aus dem Umweltbereich als mögliche Finanzierungsquelle der Gemeinschaft genannt. Hierzu zählen z.B. eine EU-Mineralölsteuer oder eine CO_2-Abgabe (vgl. etwa Peffekoven 1994, 116 f.). Beide hätten als objektbezogene Sonderverbrauchsteuern den Vorteil einer leichten Harmonisierbarkeit, wobei bei Einführung einer EU-Minaralölsteuer als Zuschlag auf die nationalen Mineralölsteuern der Union zugute käme, daß sie bereits mit der Errichtung des Binnenmarktes zum 1.1.1993 eine Teilharmonisierung dieser Steuer durch Einführung europaweit geltender Mindeststeuersätze und die Schaffung einheitlicher Steuerstrukturen bei grenzüberschreitenden Lieferungen (Stichworte: Bestimmungslandprinzip und Steuerlager[3]) vorgenommen hat.

---

[1] So schreibt etwa der Steuerexperte des Deutschen Industrie- und Handelstages, Alfons Kühn, (vgl. EU-Magazin 5/1997, 10) bezogen auf die Effektivität der Steuerdurchsetzung unter dem derzeit in der Union geltenden MwSt-"Mischsystem": "Die Finanzverwaltungen stellen fest, und zwar nicht nur in Deutschland (aber eben auch dort, Anm. N.G.),... daß die Umsatzsteuereinnahmen rückläufig sind, obwohl die Warenlieferungen expandieren" und zieht daraus die Schlußfolgerung: "Es gibt Sickerverluste bei der Umsatzbesteuerung, weil Waren exportiert werden, die beim Import nicht besteuert werden."

[2] Nach Berechnungen von Rürup (1976) blieb das Wachstum der Mehrwertsteuereinnahmen zwischen 1950 und 1973 zudem nur um rd. 3 % hinter dem des Sozialprodukts zurück. Man könnte auch umgekehrt die durch verschiedene andere Steuern (allen voran die Einkommensteuer) verursachte Wachstumsüberreagibilität (so wuchs die Lohnsteuer im o. g. Zeitraum um rd. 78 %, die Kapitalertragsteuer um rd. 70 % schneller als das Sozialprodukt) und die dadurch verursachte "kalte Progression" (Reding und Müller 1999, 104) als wirtschaftlich problematisch, da anreizfeindlich, ansehen.

[3] Anders als bei der Umsatzsteuer ist bei einigen wichtigen Sonderverbrauchsteuern, die von der EU teilharmonisiert wurden -Mineralölsteuer, Tabaksteuer, Steuer auf alkoholische Getränke und Zwischenerzeugnisse- das Bestimmungslandprinzip endgültig festgeschrieben worden. Damit gäbe es, wenn sich nach Auslaufen der Übergangsregelung das Ursprungslandprinzip bei der Umsatzbesteuerung durchsetzte, im Binnenmarkt zwei verschiedene Verfahren der Besteuerung innergemeinschaftlicher Umsätze. Dabei ist allerdings zu beachten, daß die sonderverbrauchsbesteuerten Produkte ohnehin besonderen Besteuerungsvorschriften unterliegen, die eine ordungsgemäße Versteuerung dieser Waren im Verbrauchsfall sicherstellen sollen. Hierbei spielen sog. Steuerlager eine wichtige Rolle: in ihnen können die erzeugten oder eingeführten Güter aufbewahrt werden, ohne daß die mit der Erzeugung oder Einfuhr entstandene Steuerschuld bereits beglichen werden muß. Diese wird erst dann fällig, wenn das Gut dem Steuerlager des Herstellers oder des Händlers/Importeurs für den Verbrauch entnommen wird. Für den innergemeinschaftlichen Handelsverkehr wird das Bestimmungslandprinzip über einen obligatorischen innereuropäischen Steuerlagerverbund sichergestellt. Sonderverbrauchsteuerpflichtige Waren, die für den heimischen Verbrauch

Auch stünden -integrationspolitisches Kriterium- energie- bzw. schadstoffverbrauchorientierte Steuern in engem Bezug zu einem wichtigen (und zunehmend wichtiger werdenden) Politikbereich der Gemeinschaft, der gemeinsamen Umweltpolitik.

Ferner besäßen sowohl eine EU-Mineralölsteuer als auch eine CO_2-Abgabe durchaus eine gewisse Ergiebigkeit, die zumindest im Grundsatz eine ergänzende Heranziehung neben anderen Gemeinschaftssteuern erlauben würde. Zum Vergleich: das Aufkommen der Mineralölsteuer in der Bundesrepublik Deutschland lag 1999 bei rd. 75 Mrd. DM (vgl. Sachverständigenrat Jahresgutachten 2000/01, Tabelle 34) -bei einer Steuer von deutlich über 1 DM pro Liter Normalbenzin. Ein EU-Zuschlag von 10 Pfg. pro Liter brächte bei unverändertem Verbrauch allein in Deutschland Mehreinnahmen von 5-6 Mrd. DM; und nach Berechnungen der Europäischen Kommission (1993 (1), 97 ff.) könnte bei einer CO_2-Abgabe von 10 Dollar pro Barrel beim derzeitigen Stand des Kohlenstoffausstoßes ein Steueraufkommen von bis zu 1,1 % des Bruttoinlandsprodukts erzielt werden).

Doch weisen am Energie- bzw. Schadstoffverbrauch orientierte Steuern zwei gravierende Nachteile auf, die ihre Eignung als gemeinschaftliche Einnahmequelle, vor allem in Kombination mit einer EU-Mehrwertsteuer, erheblich einschränken:

So sind zum einen solche Steuern zu schwach mit dem wirtschaftlichen Wohlstand von Individuen oder Nationen korreliert, als daß sie für eine progressive Besteuerung geeignet wären. Zwar haben stark industrialisierte Länder einen tendenziell höheren Energieverbrauch als schwach industrialisierte Länder, doch weicht der Anteil der einzelner Energiearten am nationalen Verbrauch zwischen den Mitgliedstaaten erheblich voneinander ab; zudem würde eine direkt bei den Bürgern erhobene EU-Mineralölsteuer gerade die Bewohner wirtschaftsschwacher, peripherer Gebiete mit meist unzureichender Infrastruktur an öffentlichen Verkehrsmitteln relativ stark belasten. Was aber den Bereich der Schadstoffemissionen angeht, so ist dieser aufgrund mangelnder finanzieller Ressourcen und veralterter Technologien in den rückständigen Regionen im Verhältnis zur Wirtschaftsleistung in der Regel höher als in den wirtschaftsstarken, hochindustrialisierten Mitgliedstaaten.[1]

Zum andern ergäbe sich sowohl bei einer Mineralölsteuer als auch bei einer CO_2-Abgabe ein Konflikt zwischen fiskalischem und nichtfiskalischem Ziel, der jeder Umweltsteuer immanent ist: je eher das nichtfiskalische Ziel der Verbesserung der Umwelt erreicht wird, um so geringer sind die Steuereinnahmen. Damit müßte, auch wenn die Umweltsteuer nur als ergänzendes Instrument neben eine andere EU-Einnahmequelle tritt, der EU-Ökosteuersatz tendenziell immer stärker erhöht werden, was nicht zuletzt die internationalen Wettbewerbsfähigkeit energieintensiver europäischer Unternehmen beeinträchtigen würde (ähnlich Reding und Müller 1999, 504).

---

importiert werden, müssen demnach zunächst aus einem ausländischen in ein inländisches Steuerlager verbracht werden. Mit der Entnahme aus diesem Lager zwecks Zuführung zum inländischen Verbrauch wird die geltende nationale Steuer fällig. Zwar ist dieses System administrativ überschaubar, da es an die jeweilige nationale Praxis anknüpft und lediglich voraussetzt, daß die innergemeinschaftliche Verbringung von Gütern von einem Steuerlager in ein anderes ebenso zu kontrollieren ist, wie dies innerhalb der einzelnen Mitgliedstaaten der Fall ist. Doch ist aus Sicht der Ziele, die mit der Schaffung des Binnenmarktes verbunden wurden, das Verfahren als durchaus kritisch zu sehen. Denn eben sind damit die Steuergrenzen letztlich aufrechterhalten worden. Zum andern ist der grenzüberschreitende Handelsverkehr im Wege des obligatorischen Steuerlagerverbundes stark kanalisiert, zumal an die Errichtung und Betreibung eines Steuerlagers erhebliche Anforderungen gestellt werden und dies mit hohen Kosten verbunden ist (vgl. DIW 1998, 145 f. m. w. H.).

[1] Vgl. z. B. die entsprechenden Tabellen der Europäischen Kommission in: Europa in Zahlen 1999, 38ff.

(4) Schließlich könnte über die Heranziehung einer Boden(wert)steuer auf den in Europa belegenen Grundbesitz als zumindest ergänzende EU-Finanzierungsquelle nachgedacht werden.

Die Erhebung einer Steuer auf den immobilen Faktor Boden scheint für den Fiskus aus allokationspolitischer Sicht verlockend, weil von der Erhebung einer solchen Steuer keine oder im Vergleich zu anderen Steuerarten allenfalls geringe Verzerrungen ausgehen[1] und sie nicht wie andere den Erosionskräften des internationalen Steuerwettbewerbs ausgesetzt

---

[1] Die traditionalle Ansicht, daß eine Steuer auf den immobilen Faktor völlig verzerrungsfrei sei, scheint allerdings im Widerspruch zu den Erkenntnissen von Arnold und Fuest (1999) zu stehen, die im Rahmen eines Zwei-Staaten-Zwei-Faktoren-Modells mit unterschiedlich großen Jurisdiktionen nachweisen, daß eine allokationsneutrale Finanzierung öffentlicher Zwischenprodukte auch durch die Erhebung einer singulären Steuer auf den immobilen unelastisch angebotenen Faktor nicht möglich ist. Die Ergebnisse von Arnold und Fuest stehen damit im Gegensatz vor allem zu der Auffassung von Zodrow und Mieszkowski (1986, 1989), die aufgezeigt hatten, daß die Bereitstellung öffentlicher Konsumgüter und Vorleistungen effizient erfolgt, wenn diese durch eine Steuer auf immobile Faktoren finanziert wird. Die beiden entscheidenden Unterschiede im Modell von Arnold und Fuest, die zu diesem abweichenden Ergebnis führen, sind die Aufgabe der Annahme eines vom Verhalten der einzelnen Jurisdiktionen unabhängigen Kapitalmarktzinses und der Prämisse kleiner, *identischer* Gebietskörperschaften -was u.a. zur Folge hat, daß in dem zugehörigen Cournot-Nash-Gleichgewicht keine grenzüberschreitenden Kapitalbewegungen stattfinden. Da bei steigenden Skalenerträgen der Branchenproduktionsfunktionen die Grenzproduktivität des Kapitals in der großen Region größer ist als in der kleinen, werden im Modell von Arnold und Fuest Kapitalwanderungen von der kleineren in die größere Region induziert, die ein gesamtwirtschaftlich größeres Sozialprodukt ermöglichen als bei gleicher Kapitalintensität in beiden Regionen. Wird das in die Produktion eingehende öffentliche Zwischenprodukt -ausschließlich- durch eine Steuer auf den immobilen Faktor (im Modell: Arbeit) finanziert, wird jedoch in dem sich nach der Kapitalwanderung einstellenden Cournot-Nash-Gleichgewicht dieses Sozialprodukt nicht erreicht, weil die Bereitstellung des öffentlichen Zwischenproduktes in den Regionen nicht optimal ist: die große Region wird gesamtwirtschaftlich zu wenig, die kleine Region zu viel von dem öffentlichen Zwischenprodukt anbieten. Der Grund dafür liegt darin, daß die nur auf das Wohl der eigenen Bevölkerung bedachten Regionalregierungen den von der großen Region ausgehenden positiven externen Effekt, der darin besteht, daß Kapitaleinkommen, das in der großen Region verdient wird, in die kleine Region abfließt und dort Nutzen stiftet, in ihren Entscheidungskalkülen nicht berücksichtigen. Die Steuer auf den immobilen Faktor kann die durch den externen Effekt ausgelösten Verzerrungen in der Produktionsstruktur der Regionen -ein jeweils falsches Faktoreinsatzverhältnis zwischen öffentlichem und mobilem privatem Faktor- nicht beseitigen, weil sie die Entscheidungen der Regionalregierungen nicht zu beeinflussen, den positiven externen Effekt nicht zu internalisieren vermag. Anders ausgedrückt: Eine allokationsneutrale Finanzierung der Bereitstellung öffentlicher Zwischenprodukte durch die Besteuerung des immobilen Faktors ist in einer Modellwirtschaft mit unterschiedlich großen Regionen, deren Verhalten den Zinssatz der Gesamtökonomie beeinflussen kann, nicht möglich. Doch resultiert die mangelnde Allokationsneutralität nicht aus der Tatsache, daß die zur Finanzierung eingesetzte Bodensteuer entscheidungsverzerrend wirken würde, sondern das Gegenteil ist der Fall: wegen ihrer grundsätzlichen Entscheidungsneutralität vermag die Steuer auf den immobilen Faktor die aus anderen Ursachen resultierende Verzerrung nicht zu beseitigen. Anders die Wirkung der Steuer auf den mobilen Faktor Kapital: steht -neben einer Steuer auf den immobilen Faktor- das Instrumentarium einer Kapitalsteuererhebung zur Verfügung, so internalisiert die große Region durch die Erhebung einer solchen Steuer den positiven externen Effekt eines an die Kapitalexporteure der kleinen Region fließenden zusätzlichen Einkommens - während die kleine Region den Kapitaleinsatz subventioniert (zur Begründung vgl. Arnold und Fuest 1999, 13 ff.). Die Folge ist, daß dann zwar das öffentliche Zwischenprodukt in beiden Regionen in einer effizienten Weise bereitgestellt wird, daß durch die regional unterschiedlichen Steuersätze jedoch die Kapitaleinsatzentscheidungen der privaten Wirtschaftssubjekte verzerrt werden. Es bleibt also auch unter Berücksichtigung der Ergebnisse des Modells von Arnold und Fuest dabei: Eine Steuer auf den immobilen, angebotsunelastischen Faktor wirkt nicht entscheidungsverzerrend und erzeugt deshalb auch keine vermeidbaren Zusatzlasten.

ist: das Angebot des Faktors Boden ist (im Idealfall) völlig unelastisch, weil der Boden "einfach da" ist und sich "infolge der Besteuerung nicht davonzustehlen vermag." Deshalb liegt die Inzidenz der Bodensteuer allein beim Grundeigentümer und wirkt wie eine diesem auferlegte Pauschalsteuer.[1]

Um so erstaunlicher ist, daß der Faktor Boden als solcher in Deutschland und den übrigen Mitgliedstaaten der Europäischen Union bislang nur in relativ geringem Maße besteuert wird: So beträgt das derzeitige Aufkommen der bundesdeutschen Grundsteuer[2] -deren Besteuerungsobjekt nicht nur der reine Bodenwert, sondern grob gesprochen auch der Wert der darauf befindlichen Gebäude ist- nur etwa 17 Mrd. DM jährlich[3], während sich der Gesamtwert der privaten Landflächen in einer Größenordnung von rd. 2,5 Billionen DM und der Wert des privaten Immobilienbestandes insgesamt in einer Größenordnung von rd. 7,5 Billionen DM bewegt[4]. Dabei liegen die potentiellen Vorzüge einer als Wertsteuer ausgestalteten Bodensteuer auf der Hand: dies sind neben dem allokativen Aspekt und der fiskalischen Ergiebigkeit vor allem die hohe Transparenz und die Möglichkeit einer vergleichsweise einfachen Ausgestaltung der Steuer bei gleichzeitig relativ niedrigen Erhebungskosten und geringen Hinterziehungsmöglichkeiten.

Ferner wäre die Bemessungsgrundlage einer EU-Bodensteuer vergleichsweise einfach zu harmonisieren: Der Wert des Grund und Bodens, z. B. gemessen als mit einem bestimmten Zinssatz diskontierter Barwert der Reinerträge, ist eine relativ einfache Größe, selbst wenn die aufstehenden Gebäude miteinbezogen werden. Die Grundstückswerte in den einzelnen Kommunen der EU-Mitgliedstaaten sind weitestgehend bekannt (oder relativ einfach zu ermitteln) und in den meisten Mitgliedstaaten bereits in der einen oder anderen Form Gegenstand einer entsprechender Besteuerung. Die in einem einheitlichen Verfahren zu erhebende EU-Bodensteuer könnte damit relativ einfach und mit vertretbarem Verwaltungsaufwand auf die entsprechenden nationalen (oder kommunalen) Steuern "aufgesattelt" und als EU-Anteil gesondert ausgewiesen werden.

Die Bodensteuer stünde zudem in einem nicht unerheblichen Zusammenhang zu wichtigen Gemeinschaftspolitiken der Union, insbesondere der physischen Verwirklichung des Bin-

---

[1]Vgl. etwa Homburg 2000 (1), 117 ff. Die Ansicht, der Eigentümer könne der Bodensteuer durch einen Verkauf ausweichen, ist, wie Homburg aaO zeigt, demgegenüber ein klassischer Fehlschluß: Durch die Einführung oder Erhöhung einer Bodensteuer verringert sich der vom Eigentümer erzielbare Verkaufspreis um den Barwert der Steuerzahlungen: die Steuer wird kapitalisiert und vom Eigentümer getragen, weil die Nachfrager sie bei der Berechnung ihres Kaufpreisangebots berücksichtigen.

[2] Diese steht den Kommunen zu.

[3]Zwar unterliegen die Einnahmen aus Grundbesitz im Rahmen der Besteuerung der Einkünfte aus Vermietung und Verpachtung (VuV) der bundes-deutschen Einkommensteuer. Aufgrund vielfältiger Abschreibungsmöglichkeiten trägt diese Einkommensart faktisch seit je her jedoch kaum zum bundesdeutschen Steueraufkommen bei bzw. war aufgrund der exorbitanten Abschreibungsmöglichkeiten auf Ost-Immobilien in den Jahren nach der deutschen Wiedervereinigung ihr Aufkommen sogar negativ. So standen nach den Berechnungen von Müller und Bork (1998, 221 f.) noch 1996 positiven Einkünften aus Vermietung und Verpachtung von 34 Mrd. DM abschreibungsbedingte negative Einkünfte aus VuV von sage und schreibe 83 Mrd. DM gegenüber, so daß sich ein negativer Gesamtsaldo der „Einkünfte" aus Vermietung und Verpachtung von 49 Mrd. DM ergab.

[4]Eigene Hochrechnungen aufgrund der Zahlen bei Sinn und Sinn (1992, 233), die den Gesamtwert der privaten Landflächen in der alten Bundesrepublik Ende der 80er Jahre mit rd. 2050 Mrd. DM taxierten sowie aufgrund von Angaben des Bundesbauministeriums auf Anfrage.

nenmarktes durch die Errichtung transeuropäischer Netze sowie der Kohäsionspolitik, die darauf abzielt, Entwicklungsunterschiede zwischen den Regionen zu beseitigen und die Wettbewerbsfähigkeit der rückständigen Regionen zu verbessern: wichtigster Indikator für die Fähigkeit einer Region, mobile Faktoren zu attrahieren, ist der Preis ihrer immobilen Faktoren.

Im übrigen weist die Erhebung einer EU-Bodensteuer gerade im Hinblick auf die in dieser Arbeit der Gemeinschaftsebene zugewiesenen Aufgaben einer effizienzorientierten Umverteilung und der Steuerung von Arbeitskräftewanderungen einen eindeutigen Vorteil auf: Werden, um das Ausgleichssystem möglichst einfach zu gestalten, die für die Gemeinschaftsaufgaben „interregionale Umverteilung" und „Steuerung der Faktor-(=Arbeitskräfte)Wanderungen" benötigten Finanzmittel nur in den Geberländern erhoben und sollen diese nicht in Form von Finanzbeiträgen der Geberländer, sondern aus Gründen der institutionellen Kongruenz durch die Erhebung einer EU-Steuer vereinnahmt werden, so muß hierfür eine Steuerbasis gewählt werden, die nicht einfach durch eine Transferierung in andere Staaten dem Zugriff der Union entzogen werden kann. Das Idealbild einer solchen Steuerbasis ist der völlig immobile Faktor Boden.

Die Einführung einer EU-Bodensteuer hätte bei Erhebung der Steuer zu einem gleichen Satz in der gesamten Union deutliche interregionale Progressionseffekte, die die der EU-MwSt nachgesagte Regressionswirkung aufheben oder sogar überkompensieren könnten. Würde die Bodensteuer ausschließlich zur Finanzierung der in den beiden vorangegangenen Abschnitten der EU zugewiesenen Aufgaben einer interregionalen Umverteilung zur Sicherung des wirtschaftlichen und sozialen Zusammenhalts und einer Steuerung der interregionalen Bevölkerungswanderungen verwendet und demzufolge nur in den ausgleichspflichtigen Regionen bzw. Mitgliedstaaten erhoben werden, so wäre dieser Progressionseffekt erst recht gegeben.

Schließlich dürften die politischen Widerstände gegen die Einführung einer EU-Bodensteuer jedenfalls nicht größer sein, als bei vielen anderen Steuern. Gerade weil auf die Bodensteuer bislang nur spärlich zugegriffen wurde, würde die Europäische Union mit einem solchen Instrument den meisten nationalen Fisci nicht und den Kommunen nur sehr eingeschränkt in die Quere kommen.

Natürlich widerspräche die Erhebung einer Bodensteuer auf zentraleuropäischer Ebene fiskalföderalistischen Grundprinzipien, wonach in einer Föderation Steuern auf mobile Faktoren wegen der mit ihnen verbundenen Ausweichreaktionen von der oberen Ebene, Steuern auf immobile Faktoren hingegen von der unteren Ebene der öffentlichen Gewalt erhoben werden sollten (vgl. etwa Reding und Müller 1999, 504). Wenn ein Besteuerungsobjekt jedoch auf unterer Ebene nur relativ gering belastet wird, kann es der oberen Ebene nicht verwehrt sein, zum Zwecke der Einnahmenerzielung auf dasselbe Objekt zurückzugreifen, zumal wenn damit keine oder kaum verzerrende Wirkungen verbunden sind. Dies muß jedenfalls so lange gelten, bis andere, interregional progressiv ausgestaltbare Steuern einen Harmonisierungsgrad erreicht haben, der eine Einführung als Gemeinschaftssteuer erlauben würde.

Gegen die Erhebung einer EU-Bodensteuer könnte allerdings eingewendet werden, diese würde nur einseitig bestimmte Vermögensgegenstände belasten und damit gegen den oben aufgestellten Grundsatz verstoßen, wonach der Anwendungsbereich einer Gemeinschaftsabgabe aus Akzeptanzgründen breit angelegt sein und eine möglichst große Anzahl von Steuerpflichtigen erfassen müsse. Zwar ist ein solcher Einwand im Grundsatz richtig, jedoch nicht durchschlagend: Gerade die Diskussion um die Abschaffung der bundesdeutschen Vermögensteuer vor einigen Jahren hat gezeigt, daß eine vollständige und in sich konsistente steuerliche Erfassung des Gesamtvermögens natürlicher oder juristischer Personen kaum möglich ist. So beschränkte sich die Erfassung des Vermögens im wesentlichen auf die Solleinkünfte aus Kapitalvermögen, Grundvermögen und Unternehmertätigkeit, während andere Vermögensgegenstände wie beispielsweise der Faktor Humankapital vollständig ausgeklammert blieben.[1][2]

Freilich könnte auch daran gedacht werden, neben dem Grundvermögen wenigstens einzelne andere Vermögenswerte einer EU-Steuer zu unterziehen. In Betracht kämen im Hinblick auf die steuerliche Ergiebigkeit vor allem unternehmerische Betriebsvermögen sowie Kapitalvermögen. Gegen eine Heranziehung dieser Vermögenswerte spricht neben den auch hierbei auftretenden Harmonisierungsproblemen aber im Falle von Betriebsvermögen, daß dessen sachgerechte Erfassung und Bewertung nur mit enormen Verwaltungsaufwand (und unter Inkaufnahme erheblicher Ungenauigkeiten) möglich wäre und bei Kapitalvermögen, daß dessen Erfassung im Grundsatz dieselben Ausweichreaktionen wie die Besteuerung von Kapitaleinkommen auslösen würde.

Gegen eine EU-Bodensteuer könnte aber das Argument sprechen, daß diese, soweit sie auch auf vermietetes oder verpachtetes Grundvermögen erhoben wird, zu einer steuerlichen Doppelbelastung desselben Objekts (mit Einkommensteuer und Grundsteuer) führt. Dazu ist aber einmal zu sagen, daß eine solche Doppelbelastung grundsätzlich rechtlich unbedenklich und nicht neu ist (auch im geltenden deutschen Steuerrecht wird fremdgenutztes Grundeigentum durch die Einkommensteuer auf Einkünfte aus Vermietung und Verpachtung und die kommunale Grundsteuer doppelt belastet), zum andern, daß die nationalen Steuergesetzgeber es jederzeit in der Hand hätten, eine solche Doppelbelastung zu beseitigen.

Insgesamt scheint deshalb eine europäische Bodensteuer geeignet, zumindest für einen gewissen Zeitraum als gemeinschaftliches Finanzierungsinstrument neben eine EU-Mehrwertsteuer zu treten. Sie wäre vergleichsweise einfach zu harmonisieren und würde den vermeintlichen Regressionswirkungen der Mehrwertsteuer ein interregionales Progressionsmoment entgegensetzen, ohne gleichzeitig gravierende Nachteile aufzuweisen. Die Bodensteuer könnte, soweit dies aus fiskalföderalistischen Gründen angezeigt er-

---

[1] Zur grundlegenden Kritik hieran vgl. etwa Homburg 2000 (1), 147 f.

[2] Zudem kollidierte die auf die persönlichen Verhältnisse des Zensiten abstellende Vermögensteuer in wesentlichen Punkten (Solleinkommen vs. Isteinkommen, unterschiedliche Begriffsdefinitionen u. a.) mit Grundprinzipien der ebenfalls auf die persönlichen Verhältnisse abstellenden und hinsichtlich ihrer Inzidenz der Vermögensteuer weitgehend äquivalenten Einkommensteuer, ein Problem, das auch von einer EU-Vermögensteuer nicht ohne weiteres zu bewältigen wäre. Vor allem aber sprechen gegen die Erhebung einer allgemeinen, personengebundenen Vermögensteuer auf europäischer Ebene die mit der Erhebung einer solchen Steuer in ähnlicher Weise wie bei der Einkommen- oder Körperschaftsteuer verbundenen Harmonisierungsprobleme.

scheint, durch eine andere, interregional progressive, Steuer ersetzt werden, sobald diese einen Harmonisierungsgrad erreicht hat, der eine Einführung als Gemeinschaftssteuer erlauben würde.

2. Zur technischen Ausgestaltung einer europäischen Gemeinschaftssteuer

Ist über die Frage einer autonomen Gemeinschaftssteuer im Sinne eines Zuschlages auf die nationalen Bemessungsgrundlagen der Mehrwertsteuer dem Grunde nach entschieden, so wirft deren Ausgestaltung eine Reihe konkreter Einzelprobleme auf, deren wichtigste sind:

(1) Regionale Steuersatzdifferenzierung und Sonderbehandlung einzelner Mitgliedstaaten: Das künftige EU-Finanzierungssystem sollte so einfach und transparent wie möglich gestaltet werden, um die erforderliche Korrespondenz zwischen Zahler und Nutzer der Gemeinschaftsaufgaben herzustellen und die Identifikation der Bürger mit der Gemeinschaft zu stärken. Mit diesem Ziel korrespondiert die Forderung nach einer Abschaffung komplizierter Sonderregelungen zugunsten einzelner Mitgliedstaaten, wie insbesondere des überaus komplizierten und inzwischen obsolet gewordenen[1] Briten-Rabatts. Sollte in begründeten Ausnahmefällen der sog. Nettosaldo eines Mitgliedstaates unangemessen hoch sein, was bei einer Neuverteilung der Aufgaben in der Gemeinschaft eigentlich nicht der Fall sein dürfte, so sollte eine Entlastung möglichst über einmalige, als solche ausgewiesene Ausgleichszahlungen an diesen Mitgliedstaat erfolgen.

Jedoch könnte die Forderung nach regional differenzierten Steuersätzen zum Abbau einer interregionalen Regressionswirkung der MwSt erhoben werden. Zwar würde eine solche Differenzierung gerade bei konsequenter Umsetzung des Ursprungslandprinzips zu Ausweichreaktionen und Umgehungsgeschäften führen; doch sollte andererseits die Größenordnung dieser Umgehungsgeschäfte vor dem Hintergrund der in Rede stehenden Differenzierung auch nicht überschätzt werden (zum Vergleich: bei einem durchschnittlichen EU-Mehrwertsteuersatz von 1-2 % (vgl. unten (2)) käme allenfalls eine Steuersatzdifferenzierung von deutlich unter 1 % in Betracht; die tatsächlichen Mehrwertsteuersatzunterschiede zwischen den Mitgliedsstaaten der EU liegen aber derzeit bei mehreren Prozentpunkten), so daß vor diesem Hintergrund eine räumliche Differenzierung von Mehrwertsteuersätzen durchaus zu rechtfertigen wäre. Allerdings hätten räumlich differenzierte EU-Mehrwertsteuersätze den unerwünschten verteilungspolitischen Nebeneffekt, daß sie auch reiche Bürger armer und damit steuerlich bevorzugter Regionen begünstigen, während umgekehrt auch arme Bürger der reichen Regionen den höheren Steuersatz bezahlen müssen.

Freilich bedürfte es der räumlichen MwStsatz-Differenzierung überhaupt nicht, wenn neben der Mehrwertsteuer eine mit steigendem nationalen Wohlstand progressiv wachsende Einnahmequelle wie eine EU-Bodensteuer herangezogen würde.

---

[1] Vgl. etwa Wissenschaftlicher Beirat beim Bundesministerium für Wirtschaft und Technologie 1998, 5: "Inzwischen ist der Grund für Großbritanniens Rabatt, relativ geringe Rückflüsse aus den agrarpolitischen Programmen der Gemeinschaft, der Sache nach entfallen. Denn der Anteil Großbritanniens an den Rückflüssen aus agrarpolitischen Maßnahmen lag 1997 nur um rd. 2 Prozentpunkte unter seinen Anteilen ohne Korrektur (10,8 im Vergleich zu 12,9 %)." Wenn, wie in dieser Arbeit vorgeschlagen, die Gemeinsame Agrarpolitik renationalisiert würde, träte das Problem der starken Nettozahlerposition aufgrund geringer Agrarrückflüsse ohnehin nicht auf.

(2) MwSt-Steuersatzhöhe und Steuersatzdifferenzierungen für unterschiedliche Produkte
Nach Berechnungen der Union zum Aufkommen der Mehrwertsteuer-Eigenmittel der Gemeinschaft hätte ein einheitlicher Abrufsatz von 0,86 % an der begrenzten MwSt-Bemessungsgrundlage der 15 Mitgliedstaaten im Jahre 2000 MwSt-Einnahmen von rd. 32,5 Mrd. Euro erbringen sollen (vgl. Europäisches Parlament, Gesamthaushaltsplan 2000, ABl L 40 vom 14. 02. 2000, S. 20); dies würde hochgerechnet auf einen Abrufsatz von 1 % der nicht begrenzten MwSt-Bemessungsgrundlage Einnahmen in Höhe von rd. 40 Mrd. Euro bedeuten, was knapp der Hälfte der für 2000 veranschlagten Zahlungsermächtigungen von rd. 87, 7 Mrd. Euro entspricht und mehr als die Hälfte des nach der hier vorgeschlagenen Reform der Gemeinschaftsaufgaben künftig erforderlichen Budgets (vgl. oben Abschnitt II.) abdecken würde. Das heißt, daß bei einem einheitlichen EU-MwSt-Satz von etwa 2 % die Gesamtfinanzierung des Gemeinschaftshaushalts gesichert werden könnte.
Um die der MwSt nachgesagte personelle Regressionswirkung zu mildern, schlägt das Europäische Parlament, das sich für eine EU-MwSt als autonome Eigeneinnahme der Gemeinschaft stark macht, einen zweigeteilten MwSt-Satz von 1,5 % auf Produkte eines noch festzulegenden Warenkorbs an Basiskomponenten einer durchschnittlichen Lebenshaltung und 3 % auf alle anderen Produkte vor.[1] Bei einer solchen Steuersatzdifferenzierung sind zwei Aspekte zu beachten: Zum einen wird die Differenzierung in gewissem Umfang zu Substitutionskäufen und damit Verzerrungen des bisherigen Preisverhältnisses nahe verwandter Produkte führen. Zum andern wäre mit der Forderung, das künftige EU-Finanzierungssystem so transparent und einfach wie möglich zu gestalten (vgl. oben 1.), kaum zu vereinbaren, wenn innerhalb der Europäischen Union ein Sammelsurium räumlich und sachlich differenzierter MwSt-Zuschläge bestehen würde. Ein sachlich zweigeteilter MwSt-Zuschlag auf Produkte des Grundbedarfs und andere Produkte, wie vom Europaparlament vorgeschlagen, scheint vertretbar, aber auch die Grenze der möglichen Differenzierung zu sein.
(3) Erfassung der EU-Mehrwertsteuerschuld
Der offene Beleg des Anteils der Gemeinschaft an der Mehrwertsteuer in Form geteilter Mehrwertsteuerausweise auf Rechnungen könnte wohl am ehesten Fehleinschätzungen der Bürger über die Kosten der Union revidieren helfen und damit die Identifikation mit der Union steigern.[2]
Soll neben einer EU-Mehrwertsteuer eine europäische Bodensteuer als ergänzendes Finanzierungsinstrument erhoben werden, so wären im Hinblick auf deren technische Ausgestaltung folgende Fragen zu klären:
(1) Besteuerungsobjekt und Bemessungsgrundlage einer EU-Bodensteuer
(a) Mengen- oder Wertsteuer?
Da bei einer als Mengensteuer (Bemessungsgrundlage: Quadratmeter Grund und Boden) ausgestalteten Bodensteuer der Steuerbetrag so gewählt werden muß, daß er unter dem Ertrag des billigsten Bodens[3] liegt und damit nur ein vergleichsweise bescheidenes

[1] Europäisches Parlament 1994, Rdnr. 26 der Begründung zum Entschließungsantrag.
[2] Vgl. auch Europäisches Parlament 1994, Rdnr. 11 des Entschließungsantrages, das an anderer Stelle (Rdnr. 22 der Begründung zum Entschließungsantrag) ausführt: "Ein Anteil an einer weitgehend harmonisierten Mehrwertsteuer, erhoben anhand der Steuererklärungen und als solche wie auf jeder individuellen Rechnung klar als EU-Steuer ausgewiesen, wäre die derzeit überzeugendste Form einer Eigeneinnahme. Jeder EU-Bürger würde -wie derzeit auf einzelstaatlicher Ebene- mit seinem Beitrag konfrontiert und dieser würde für ihn damit durchschaubar und im Wortsinn berechenbar."
[3] Andernfalls könnte der Bodenwert im Einzelfall negativ werden und ein privater Bodenmarkt würde ausgeschlossen, vgl. etwa Homburg 2000 (1), 118f.

Aufkommen zu erzielen ist, muß die Bemessungsgrundlage auf den (Verkehrs-)Wert des Bodens abstellen.

(b) Wert- oder Wertzuwachssteuer?

In seinem "Gutachten über Probleme und Lösungsmöglichkeiten einer Bodenwertzuwachsbesteuerung" hat der Wissenschaftliche Beirat beim Bundesfinanzministerium (1976) die Möglichkeiten der Einführung einer Wertzuwachssteuer auf Grundbesitz als kommunale Einnahmequelle diskutiert. Nach Schätzungen von Homburg (1997 (2), 110) liegt der gesamte Wertzuwachs bundesdeutscher Immobilien bei jährlich 200-300 Mrd. DM. Nach der im vorangegangenen Abschnitt angestellten Überschlagsrechnung dürfte der Gesamtwert der Bodenflächen in Deutschland derzeit bei rd. 2,5 Billionen DM und der Wert sämtlicher Immobilien bei rd. 7,5 Billionen DM liegen. Legt man diese Zahlen zugrunde und unterstellt annäherungsweise, daß etwa ein Drittel des jährlichen Wertzuwachses des Immobilienbestandes auf den reinen Bodenwert entfällt, so müßte eine Bodenwertzuwachssteuer etwa den 25-fachen Satz einer entsprechenden Bodenwertsteuer aufweisen, um dasselbe Aufkommen zu erzielen. Ein solcher Satz dürfte politisch ungleich schwerer zu "verkaufen" sein als ein um ein Vielfaches niedrigerer Satz der Bodenwertsteuer.

(c) Reiner Bodenwert oder Gesamtwert einer Immobilie?

Fraglich ist, ob im Rahmen einer Bodenwertsteuer nur der reine Bodenwert oder auch der Wert der darauf befindlichen Gebäude in die Bemessungsgrundlage der Steuer einfließen sollte. Die Beantwortung der Frage hängt nicht zuletzt von der Inzidenz einer Gebäudesteuer und den von ihr ausgehenden Verzerrungswirkungen ab. Ist der "Faktor" Gebäude ähnlich immobil und sein Angebot ähnlich unelastisch wie der des Faktors Boden, so spricht vieles dafür, den Gebäudewert in die Bemessungsgrundlage einer Bodensteuer einzubeziehen; ist dies nicht der Fall, so können beide Objekte -Boden und Gebäude- kaum ein und derselben Steuer unterzogen werden. Für die Beurteilung der Angebotselastizität bei Gebäuden ist letztendlich der Zeithorizont entscheidend: Eine unerwartet eingeführte oder erhöhte Gebäudesteuer wird kurzfristig fast ausschließlich von den Eigentümern getragen und nicht auf die Nachfrager überwälzt, weil das Angebot des Gebäudebestandes kurzfristig relativ unelastisch ist und durch Neubauinvestitionen oder unterlassene Bauinvestitionen jährlich nur um wenige Prozentpunkte (Homburg 2000 (1), 120 spricht von maximal 1-2 %) verändert werden kann und die Eigentümer deshalb der Steuer kaum ausweichen können. Mit zunehmendem Zeithorizont (20-30 Jahre) ändert sich allerdings das Bild: die "Mobilität" (durch Erweiterungs- oder Ersatzinvestitionen an anderen Standorten) und die Angebotselastizität des Gebäudebestandes nehmen zu und in der langen Frist wird die Inzidenz der Gebäudesteuer immer stärker zu den Nachfragern übergehen. Bei kurz- bis mittelfristigem Planungshorizont könnte es damit nicht zuletzt wegen der wesentlich breiteren Bemessungsgrundlage durchaus Sinn machen, auch die Ge-bäudewerte im Rahmen einer allgemeinen "Boden"-, besser Immobiliensteuer zu erfassen. Gegebenenfalls könnte auch daran gedacht werden, der mit wachsendem Zeithorizont sich unterschiedlich entwickelnden Mobilität und Angebotselastizität der beiden Faktoren Boden und "Gebäude" von vorne herein durch differenzierte Steuersätze (ein höherer Satz auf den reinen Bodenwert sowie ein niedrigerer Satz auf den Gebäudebestand) Rechnung zu tragen.

(d) Soll- oder Istertrag?

Der Verkehrswert einer Immobilie ergibt sich -vereinfacht ausgedrückt- als der mit einem bestimmten Diskontierungsfaktor abgezinste Barwert aller künftigen (Rein)Erträge. Dabei ist nicht entscheidend, ob diese tatsächlich erzielt werden, sondern ob diese bei einem Angebot der Immobilie am Markt zum Kauf, zur Miete oder zur Pacht aller Voraussicht nach erzielt werden könnten. Dies spricht für eine Heranziehung der Soll- und nicht der Isterträge einer Immobilie. Gegen eine Heranziehung nur der Isterträge sprechen aber vor allem auch allokationspolitische Überlegungen: der Anreiz, eine Immobilie ihrer rentabelsten Nutzung zuzuführen, kann u. U. entfallen, wenn diese Nutzung steuerpflichtig ist, eine andere (insbes. die Eigennutzung) hingegen nicht.[1]

(e) Objekt- oder Subjektsteuer?

Die Heranziehung der Soll- anstelle der Isterträge einer Immobilie und damit das Abrücken von dem etwa im Rahmen der traditionellen Einkommensteuer geltenden Realisationsprinzip legt eine Ausgestaltung der Boden- (genauer: Immobilien-)Steuer als Objektsteuer ebenso nahe wie die Tatsache, daß jedes Abstellen auf die subjektiven Verhältnisse des Steuerpflichtigen im Rahmen einer europäischen Sondersteuer auf Immobilienwerte einen Teil genau jener Harmonisierungsprobleme wieder zutage fördern würde, deretwegen der Vorschlag einer Heranziehung der Einkommensteuer als Gemeinschaftssteuer abgelehnt wurde.

(f) Abzugsfähigkeit von Bewirtschaftungs- und Finanzierungskosten?

Dem Charakter einer von subjektiven Merkmalen unabhängigen objektorientierten Sondersteuer auf den Wert aller künftig -potentiell- erzielbaren Reinerträge aus der bestmöglichen Nutzung der Immobilie entspricht es, daß die für die Anschaffung oder Erhaltung der Immobilie aufgewendeten Mittel bzw. daraus resultierenden finanziellen Belastungen (insbesondere Fremdkapitalzinsen) nicht steuermindernd in Abzug gebracht werden dürfen. Dies gilt um so mehr, als bei einer Abzugsfähigkeit der Belastungen aus Grundstücksfinanzierungen steuerbedingte Allokationsverzerrungen zwischen verschiedenen Finanzierungsformen provoziert würden.[2]

Hingegen sind von vorne herein -negativer- Bestandteil des auf einem Grundstück erzielbaren Reinertrags die den Bruttoeinnahmen gegenüberstehenden Bewirtschaftungskosten: beide stehen in einem untrennbar miteinander verknüpften Zusammenhang.

(2) Bewertungsverfahren

Um den mit der Erhebung einer Bodensteuer verbundenen Verwaltungsaufwand in Grenzen zu halten, sollte die Bewertung der Immobilien soweit wie möglich anhand pauschalisierter Verfahren erfolgen. In Deutschland käme dafür neben der Heranziehung der Bodenrichtwertkarten der größeren Kommunen und verschiedener Vergleichsverfahren der Gutachterausschüsse für den Bodenwert vor allem die Berücksichtigung der Brandversicherungswerte im Hinblick auf aufstehende Gebäude in Frage.[3] Ähnliche Möglichkeiten bestünden in anderen Staaten; die Mitgliedstaaten müßten sich nur auf einen einigermaßen einheitlichen und überprüfbaren Ermittlungsmodus einigen.

(3) Erhebungsform und Steuersatz

---

[1] In eine ähnliche Richtung zielt die Argumentation des Wissenschaftlichen Beirats beim Bundesfinanzministerium in seinem Gutachten zur Bodenwertzuwachsbesteuerung (aaO, 118 f), wonach eine Besteuerung nichtrealisierter Bodenwertzuwächse nicht nur verteilungspolitisch, sondern auch bodenpolitisch wünschenswert sei, weil hierdurch der bei einer Beschränkung des Steuerzugriffs auf realisierte Gewinne auftretende Sperreffekt vermieden werde. Dieser bestehe darin, daß eine Verschiebung der Steuerpflicht auf den Realisationszeitpunkt einen Anreiz zu einem zeitweiligen oder gar völligen Verzicht auf Realisierung schaffe, also zur Angebotszurückhaltung anrege und damit eine tendenziell preissteigernde Wirkung habe.

[2] Wegen ihrer Ausgestaltung als von subjektiven Verhältnissen unabhängigen Objektsteuer sind auch bei der bundesdeutschen Grundsteuer die mit dem Grundstück im Zusammenhang stehenden Finanzierungskosten nicht abzugsfähig.

[3] Dies ist im übrigen bei der Ermittlung der deutschen Erbschaftsteuer gängige Praxis.

Mangels entsprechender eigener Organisation müßte sich die Union bei der Erhebung einer EU-Boden- (bzw. Immobilien-)Steuer der Steuerverwaltungen ihrer Mitgliedstaaten bedienen. Geht man bei einem Immobilienwert in Deutschland von rd. 7,5 Billionen DM als erste Grobschätzung davon aus, daß das Immobilienvermögen pro Kopf der Bevölkerung im Durchschnitt der übrigen EU-Mitgliedstaaten 75 % des deutschen Wertes erreicht (ein Wert, der angesichts der vergleichsweise hohen Immobilienpreise in Großbritannien, Frankreich, Dänemark und den Benelux-Staaten nicht zu hoch gegriffen sein dürfte), so würde sich der Wert des Immobilienvermögens in der EU in einer Größenordnung von knapp 30 Billionen DM, also rd. 15 Billionen Euro bewegen. Ein Steuersatz von 0,2 % auf diesen Wert (das entspricht bei einem Verkehrswert einer Immobilie von 500000 DM jährlich 1000 DM) würde ein Steueraufkommen von rd. 30 Mrd. Euro p.a., also fast die Hälfte des künftig kalkulierten Gemeinschaftsetats betragen.

3. Verschuldungskompetenz der Europäischen Union?

Im Zusammenhang mit der Forderung nach einer Reform des derzeitigen EU-Einnahmesystems wird immer wieder darüber nachgedacht, inwieweit der europäischen Ebene die Möglichkeit der Finanzierung einzelner Aufgaben durch Kreditaufnahme offenstehen sollte.

Derzeit fehlt der EU-Ebene im Gegensatz zur nationalen Ebene die Befugnis, Einnahmen und Ausgaben des Gemeinschaftshaushalts durch Kreditaufnahme zum Ausgleich zu bringen.[1] Die Frage ist jedoch, mit welchen Argumenten der zentralen Politikebene ein fiskalischer Freiheitsgrad verweigert werden kann, der den unteren Politikebenen zur Verfügung steht (Heinemann 2001, 232), zumal dann, wenn gleichzeitig für die Schaffung eines eigenen Besteuerungsrechts dieser Ebene plädiert wird.

Zugunsten einer EU-Verschuldungskompetenz werden im wesentlichen zwei Gründe genannt, die auch in der nationalen Rechtfertigung der Staatsverschuldung immer wieder angeführt werden: Zum einen, daß die Staatsverschuldung zur Finanzierung von Infrastruktureinrichtungen ein legitimes Instrument der intertemporalen Lastenverschiebung sei (vgl. etwa Henke und Milbrandt 2000, 129, dort allerdings sehr kritisch zur Schaffung einer EU-Verschuldungskompetenz bei derzeitigem Integrationsstand) und zum andern, daß die Kreditfinanzierung eine hilfreiche stabilitätspolitische Aufgabe übernehmen könne (vgl. etwa bereits Mac Dougall-Bericht 1977, 19). Gegen beide Finanzierungsmotive werden jedoch verschiedene Argumente vorgetragen:

So wird, soweit man eine EU-Stabilisierungsaufgabe überhaupt dem Grunde nach bejaht und darüber hinaus stabilisierende Konjunkturprogramme zur Überwindung temporärer Schocks in einer Währungsunion als angemessen betrachtet[2], gegen den *stabilitätspolitischen* Einsatz der Defizitfinanzierung eingewendet, daß sich im Kontext der Schaffung der Europäischen Währungsunion eine zunehmend negative Sichtweise gegenüber der öffentlichen Verschuldung auf nationaler Ebene ergeben habe, die ihren Ausdruck nicht zuletzt in den Konvergenzkriterien des Stabilitäts- und Wachstumspakts

---

[1] Zwar gibt es eine umfangreiche Anleihe- und Darlehensaktivität der verschiedenen Gemeinschaftsinstitutionen (vgl. etwa Folkers 1998, 601 ff.). Doch sind diese Operationen inhaltlich und quantitativ begrenzt, eine Verschuldung zum Haushaltsausgleich ist nicht zulässig.

[2] Beide Fragen können im Rahmen des Untersuchungsgegenstandes dieser Arbeit hier nicht abschließend beantwortet werden.

gefunden habe. Die Beseitigung von Verschuldensrestriktionen auf europäischer Ebene widerspräche aber gerade der -wohlbegründeten- Tendenz, die Restritkionen auf nationaler Ebene zu verschärfen. Die Gefahr wäre nicht auszuschließen, daß der Konsolidierungsdruck des Stabilitäts- und Wachstumspakts durch eine Verlagerung von Schulden nach Europa umgangen würde (Heinemann 2001, 233). Hinzu kommt das folgende politökonomische Argument, das zwar auf jeder Ebene gegen eine staatliche Verschuldungskompetenz spricht, dem aber gerade auf der Ebene der Zentralinstanz eine besondere Bedeutung zukommt: Wähler hätten entgegen den Implikationen des Ricardianischen Äquivalenz-theorems oftmals eine Präferenz dafür, öffentliche Ausgaben durch Schulden und nicht durch Steuern zu finanzieren. Dies könne etwa dann der Fall sein, wenn sie der Fiskal-illusion unterliegen und die staatliche Budgetrestriktion nicht durchschauen; dies könne aber auch bei vollständig rationalen Erwartungen gelten, wenn aus der Perspektive eines Wählers mit begrenzter Lebensdauer durch öffentliche Defizite die Steuerlast auf nach-folgende Steuerzahler-Generationen verschoben wird. Die politischen Akteure würden diese Präferenzen nur allzu gerne aufgreifen, bietet ihnen doch die Möglichkeit der öffent-lichen Verschuldung die Chance, Wahlgeschenke an bestimmte Wählergruppen zu ver-teilen, ohne gleichzeitig andere Wählergruppen in einer für diese erkennbaren Form be-schneiden zu müssen. Dies gelte auf nationaler Ebene genauso wie auf europäischer Ebene. Doch dürfte zum einen auf der nationalen Ebene der Disziplinierungsdruck seitens des Kapitalmarktes größer sein als auf der europäischen Ebene: für nationale Verschuldung steht jeweils der einzelne Mitgliedstaat ein (in Art. 103 EG-Vertrag, der sog. no-bailout-Klausel, ist der gegenseitige Haftungsausschluß zwischen Zentralebene und Mit-gliedstaaten und den Mitgliedstaaten untereinander explizit festgelegt); die Kreditkon-ditionen werden dann von Land zu Land variieren und ein hoch verschuldetes Land wird einen höheren Zins als ein niedrig verschuldetes Land zu zahlen haben, worin sich eine Risikoprämie für ein höheres Ausfallrisiko niederschlägt; diese Marktdisziplin begrenzt aus Perspektive eines hoch verschuldeten Staates die Möglichkeiten weiterer Kreditaufnahme; bei einer Kreditaufnahme der Europäischen Union würde eine solche Marktdisziplin allein schon aufgrund der Größe und damit Verhandlungsmacht des Kreditnehmers allenfalls sehr eingeschränkt zur Wirkung gelangen (Heinemann 2001, 233 f.). Zum andern fehle aufgrund der spezifischen Willensbildungsprozesse bei Gemeinschaftsentscheidungen und speziell bei EU-Haushaltsentscheidungen noch stärker als bei nationalen Entscheidungen ein wirksamer Sanktionsmechanismus, der die verantwortlichen politischen Akteure auf Ge-meinschaftsebene zwingen könnte, wechselnde oder abweichende Präferenzen der EU-Bürger im Hinblick auf den als optimal empfundenen Verschuldungsgrad hinreichend zu berücksichtigen (Caesar 1996 (1), 163, 1996 (2), 138).
Die vorgetragenen Argumente sind schwerwiegend und kaum zu entkräften. Auf der anderen Seite bestehen bislang keinerlei Erfahrungen oder zuverlässige Prognosen, wie sich der Beitritt zur Europäischen Währungsunion für einzelne Länder auswirken wird. Jedenfalls werden mit diesem Beitritt die teilnehmenden Staaten ihr monetäres und faktisch einen erheblichen Teils ihres fiskalpolitischen Instrumentariums zur Bewältigung regionaler Konjunkturschocks zugunsten einer zentraleuropäischen Konjunktursteuerung aufgeben. Wenn aber durch die Schaffung eines einheitlichen Wirtschafts- und Währungsraums die Einflußmöglichkeiten der europäischen Ebene auf die konjunkturelle Stabilität in „Euroland" zu Lasten der Steuerungsmöglichkeiten nationaler Stabilitätspolitik erheblich zunehmen werden, könnte trotz der o.g. Bedenken überlegt werden, für bestimmte, gesetzlich eng zu definierende, Fälle schwerwiegender temporärer Konjunkturschocks der

Europäischen Union die Möglichkeit zeitlich begrenzter Kreditaufnahmen zur Finanzierung staatlicher Konjunkturprogramme einzuräumen. Da die Wirkungen der Europäischen Wirtschafts- und Währungsunion nicht Untersuchungsgegenstand der vorliegenden Arbeit sein sollen, kann diese Frage hier jedoch nicht abschließend beantwortet werden.

Gegen eine Finanzierung von *EU-Infrastrukturmaßnahmen* über eine Kreditaufnahme der Gemeinschaft wird vorgetragen, eine solche sei im Rahmen des bestehenden Finanzierungssystems nicht nötig (und auch nicht opportun), weil eine Schuldenfinanzierung von gemeinschaftlichen Infrastrukturausgaben auch in indirekter Weise möglich sei: die Mitgliedstaaten könnten die von ihnen abzuführenden Eigenmittel ja auch über den Kapitalmarkt finanzieren, soweit mithilfe dieser Mittel gemeinschaftliche Infrastrukturprojekte realisiert werden sollen (Heinemann, 2001, 233). Inwieweit eine solche Argumentation im Rahmen des bestehenden EU-Beitragssystems schlüssig ist, mag an dieser Stelle offen bleiben; sie vermag jedenfalls nicht zu überzeugen, wenn im Rahmen einer Reform des Einnahmesystems aus Gründen der institutionellen Kongruenz für die Einführung einer eigenen Gemeinschaftssteuer plädiert wird. Denn ebenso wie eine solche Steuer Ausdruck der angestrebten Übereinstimmung von Entscheidern, Zahlern und Nutzern hinsichtlich eines bereitgestellten europäischen Gutes ist (institutionelle Kongruenz) und ihre Höhe in einem angemessenen Verhältnis zum Wert der damit finanzierten öffentlichen Leistung stehen muß (fiskalische Äquivalenz), wäre durch den instrumentellen Einsatz der öffentlichen Verschuldung zur Finanzierung von Infrastrukturleistungen eine möglichst weitgehende Identität von Nutzern und Zahlern dieser Leistungen im Sinne einer intertemporal gerechten Lastenverteilung entsprechend dem Musgraveschen[1] pay-as-you-use-Prinzip und ein insgesamt angemessenes Verhältnis zwischen Kosten und Nutzen der öffentlichen Leistungen herzustellen. Soweit öffentliche Investitionsprojekte mit europaweiter Nutzenstiftung dem Aufgaben- und Entscheidungsbereich der EU zugewiesen sind oder zuzuweisen wären, bedeutet dies, daß auch eine Kreditfinanzierung dieser Projekte zur Verwirklichung der „intergenerational equity" (Musgrave aaO, King 1984, 277 ff.) dem Entscheidungs- und Handlungsbereich der EU zuzuweisen wäre. Deshalb ist der Union ein Verschuldungsrecht zur Finanzierung europäischer Infrastrukturprojekte entsprechend einer gesetzlich noch näher zu regelnden „intertemporalen Lastenverteilungsquote" zuzugestehen.

Wird für eine autonome EU-Finanzierung durch eine Gemeinschaftssteuer plädiert, so kommt die Einräumung einer EU-Verschuldungskompetenz aus einem weiteren Grund in Frage (bzw. erweist sich als notwendig): dem -zeitlich zu befristenden- Ausgleich unvorhersehbarer Deckungslücken im Gemeinschaftshaushalt. Denn die Konsequenz der Finanzierung der Gemeinschaftsaufgaben über eine autonome EU-Steuer wäre ja, daß die Union entsprechend ihrem Ausgabenbedarf die Sätze und Bemessungsgrundlagen der von ihr erhobenen Steuern im voraus, spätestens zu Beginn eines Haushaltsjahres (Grundsatz der Vorherigkeit) festlegen müßte. Eine solche Festlegung ist naturgemäß mit Unsicherheiten verbunden. Fallen die tatsächlichen Einnahmen höher aus als die veranschlagten, so ist die Situation vergleichsweise unproblematisch, da die entstehenden Überschüsse Eigenmittel der Union bleiben und als solche in spätere Haushaltsjahre übertragbar sein müssen. Bleiben jedoch die tatsächlichen Einnahmen hinter den kalkulierten zurück, so kann, soll mit der EU-Einnahmeautonomie Ernst gemacht werden, das entstehende Defizit nicht

---

[1] Erstmals in Musgrave, R. A. (1959), 558 ff., 562 ff.

einfach durch die Begründung einer entsprechenden Nachschußpflicht der Mitgliedstaaten ausgeglichen werden. Konsequenterweise müßten entsprechende Haushaltsdefizite in die alleinige Verantwortung der Union fallen, was auch bedeutet, daß zumindest bei unvorhersehbaren Fehlbeträgen die Möglichkeit des kurzfristigen Ausgleichs durch eigene Kreditaufnahmen des EU-Haushalts bestehen muß. Allerdings darf eine solche Kreditfinanzierung nicht ein haushaltspolitisches Strukturelement, sondern muß an enge Bedingungen geknüpft werden und die „zeitlich befristete Ausnahme bei unvorhergesehenen Ausgaben und im Falle rapider Einnahmeausfälle bleiben" (Europäisches Parlament 1994, Rdnr. 25 der Begründung zum Entschließungsantrag).

G Schlußbemerkungen und Ausblick

Im Rahmen dieser Arbeit ist die effiziente Verteilung öffentlicher Aufgaben zwischen europäischer und nationalstaatlicher Ebene im präföderalen Verfassungsgebilde Europäische Union erörtert und dabei eine Reihe weitreichender Reformvorschläge entwickelt worden. Dazu zählen insbesondere der Vorschlag
- einer Renationalisierung der Gemeinsamen Agrarpolitik
- einer Ablösung der regionalen Strukturpolitik in ihrer derzeitigen Form durch ein von der EU gesteuertes System interregionaler, nicht zweckgebundener, Transferleistungen von den vergleichsweise reichen zu den weniger wohlhabenden Mitgliedstaaten der Union zur Förderung einer konvergenten Wirtschaftsentwicklung als Voraussetzung für den wirtschaftlichen und sozialen Zusammenhalt in der Gemeinschaft
- der Implementierung eines europäischen Finanzausgleichssystems durch die Europäische Union zur Steuerung von Arbeitskräftewanderungen im Sinne eines effizienten Migrationsgleichgewichts
sowie die Empfehlung
- einer europaweiten, durch die Union koordinierten, Kooperation auf dem Gebiet der Kapitalbesteuerung, insbesondere der Besteuerung unternehmerischer Direktinvestitionen, durch den europaweiten Übergang zum reinen Wohnsitzprinzip der Kapitalbesteuerung
- der Schaffung eines autonomen Eigenmittelsystems zur Finanzierung der der Union übertragenen/zu übertragenden Aufgaben nach den Grundsätzen der institutionellen Kongruenz und der fiskalischen Äquivalenz mit einem EU-Zuschlag auf die nationalen Mehrwertsteuern als Haupteinnahmequelle und einer EU-Bodensteuer als ergänzender Finanzierungsquelle für zwischenstaatliche Finanzausgleichsleistungen
- der Einräumung einer EU-Verschuldungskompetenz zur Finanzierung unvorhersehbarer Einnahmeausfälle und zur Finanzierung grenzüberschreitender transeuropäischer Infrastrukturmaßnahmen nach dem Prinzip der intergenerationellen Lastenentwicklung.

Eine Realisierung dieser Reformvorschläge würde umfassende politisch-institutionelle Neuerungen bedingen, die letztendlich zu tiefgreifenden Veränderungen der derzeitigen Europäischen Union führen würden. Es fragt sich, inwieweit die Regierungen und Bürger der Mitgliedstaaten zum gegenwärtigen Zeitpunkt bereit sind, diesen Reformprozeß in Richtung einer fortschreitenden Integration, an deren Ende zwangsläufig die vollwertige wirtschaftliche und politische Union stünde, mitzugehen. Die Erfahrungen der jüngeren Vergangenheit im Zusammenhang mit der Realisierung der Europäischen Wirtschafts- und Währungsunion zeigen, daß die Europabegeisterung der EU-Bürger und -Politiker offenbar begrenzt, vor allem aber zwischen den Mitgliedstaaten sehr unterschiedlich ist: Während ein Kernbestand von Staaten im Zentrum der Gemeinschaft, dem vor allem Deutschland, Frankreich und die Benelux-Staaten angehören, trotz aller Bedenken und politischer Widerstände entschlossen scheint, den weiteren Integrationsprozeß voranzutreiben, sind es besonders die Skandinavier und Großbritannien, die einem weiteren Zusammenwachsen der europäischen Staaten (im Sinne einer Vertiefung der Beziehungen der bisherigen Mitgliedstaaten) derzeit kritisch bis ablehnend gegenüberstehen.

Vor diesem Hintergrund könnte das wahrscheinlichste Szenario für den weiteren Integrationsprozeß zwischen den Staaten der bisherigen 15-er Gemeinschaft die Entwicklung zu einem „Europa der verschiedenen Geschwindigkeiten" (=Europa der offenen Partnerschaften, Europa der flexiblen Integration) sein (vgl. zum Gesamtkomplex statt vieler Dewatripont u.a. (1996), Scharrer (1984) sowie Giering (1997)[1]. Gemeint ist damit, daß die Europäische Union in absehbarer Zeit quasi eine doppelte Struktur von Kompetenzen erhalten könnte: eine gemeinsame Basis von Regeln und Kompetenzen für alle Mitgliedstaaten und ein System funktional abgegrenzter offener Partnerschaften. Dabei werden als gemeinsame Basis, die die Mindestvoraussetzung für eine Mitgliedschaft in der Europäischen Union darstellt, jene Bereiche vereinbart, über deren gemeinsame Organisation ein Konsens aller Mitglieder besteht (z.B. der Europäische Binnenmarkt und alles was wirtschaftlich und politisch zu seiner Sicherung erforderlich ist), während offene Partnerschaften freiwillige Kooperationsabkommen für weitere Politikbereiche oder für deren Vertiefung sind und zusätzliche Spielregeln enthalten, die ausschließlich von den Partnern zu definieren und einzuhalten sind.[2]

Ein System der offenen Partnerschaften kann für beide Gruppen von Mitgliedstaaten, die der speziellen Partnerschaft beitretenden und die ihr fernbleibenden, von Vorteil sein: Es erlaubt Staaten mit ähnlich gelagerten politischen Präferenzen und einer vergleichbaren wirtschaftlichen Entwicklung i.S.d. Theorie zur optimalen Abgrenzung von Integrationsräumen (vgl. Kap. B V.), Erfahrungen mit einer neuen Stufe der Integration zu sammeln, ohne Staaten, die zum Zeitpunkt der Gründung der Partner-

---

[1] Eng verwandt mit dem Konzept unterschiedlicher Geschwindigkeiten ist ein "Europa der konzentrischen Kreise". Hierbei handelt es sich um ein Konzept, in dem ein hochintegrierter Kern von verschiedenen Kreisen abgestufter Integrationsdichte umgeben wird. Es gibt keine vertragliche Verpflichtung für die Teilnehmer, bestimmte Integrationsziele in bestimmter Zeit zu erreichen. Das Konzept „Europa à la carte" bezieht sich auf die Möglichkeiten von EU-Mitgliedern, in unterschiedlichem Ausmaß an unterschiedlichen Integrationsfeldern beteiligt zu sein. Das Integrationskonzept „der Teilmitgliedschaften" erlaubt der Teilnahme an nur einzelnen Politikfeldern, ohne daß sich die Länder einem breiten übergeordneten Integrationskonzept unterwerfen (Beispiele sind hier die Teilnahme an einer gemeinsamen Verteidigungs- und Außenpolitik, Asylpolitik, Anti-Terrorpolitik usw.). Das Modell eines „Europa der überlappenden Integrationsräume" (Casella/Frey 1992) als umfassendstes der genannten Integrationskonzepte schließlich versucht, auf der Basis der ökonomischen Theorie der Clubs (Buchanan 1965) Integrationsfelder als Clubs aufzufassen, in denen sich einzelne Mitglieder engagieren, wenn es für sie und den Club, dem sie beitreten, lohnend ist. Nichtmitglieder werden von der Bereitstellung der Clubgüter ausgeschlossen, haben aber die Möglichkeit, bei Erfüllung bestimmter Bedingungen den jeweiligen Clubs beizutreten. Die Integrationsräume können sich funktional überlappen. Ein Europa der überlappenden Jurisdiktionen beinhaltet zudem, daß es nach den Grundprinzipien des fiskalischen Föderalismus (Casella/Frey 1992) organisiert wird, in dem das Subsidiaritätsprinzip den zentralen Kern bildet (vgl. dazu näher Schäfer, 2001, 266 f.)

[2] Vgl. etwa Theurl und Meyer (2001), 74 f. Solche zusätzlichen Spielregeln sind z.B.: Regeln für die Organisation und Verwaltung, für Ein- und Austritt sowie für Spillovers zwischen einzelnen Integrationsbereichen mit unterschiedlichen Mitgliederbesetzungen. Als bereits existentes Beispiel für ein Europa der verschiedenen Geschwindigkeiten kann die Beitrittswilligkeit oder die Beitrittsfähigkeit (nach den Konvergenzkriterien des Maastricht-Vertrages) der EU-Länder zur Europäischen Wirtschafts- und Währungsunion aufgefaßt werden.

schaft noch nicht willens oder unter dem Aspekt der vergleichbaren wirtschaftlichen Entwicklung noch nicht in der Lage sind, der Partnerschaft beizutreten, Verpflichtungen aufzuerlegen. Ist die offene Partnerschaft erfolgreich, wird sie auf kurz oder lang andere Staaten zum Beitritt locken, ist sie es nicht, fällt eine Auflösung der Partnerschaft tendenziell um so leichter, je weniger Mitglieder ihr angehören.

Der Grundstein für ein Europa der verschiedenen Geschwindigkeiten wurde faktisch mit der Aufnahme des Instruments der so bezeichneten „verstärkten Zusammenarbeit" durch den Vertrag von Amsterdam (Oktober 1997) in das Regelwerk der Europäischen Gemeinschaften (vgl. Art. 40, 43-45 EUV, 11 EGV) und dessen Erweiterung durch den Vertrag von Nizza (Dezember 2000; der Vertrag bedarf zu seinem Inkrafttreten noch der Ratifizierung durch die nationalen Parlamente, die sich nach allgemeiner Einschätzung in die 2. Jahreshälfte 2002 hineinziehen dürfte) gelegt: Danach kann eine Gruppe von mindestens 8 Mitgliedstaaten vom Europäischen Rat ermächtigt werden, auf bestimmten Gebieten in der im EUV und im EGV für die Gemeinschaftspolitiken vorgesehenen Form zusammenzuarbeiten, sofern die Zusammenarbeit u.a. keine in die ausschließliche Zuständigkeit der Union fallenden Bereiche betrifft, den Besitzstand der Gemeinschaft und die bestehenden Gemeinschaftsverträge beachtet, den Binnenmarkt und den wirtschaftlichen und sozialen Zusammenhalt und den Handel zwischen den Mitgliedstaaten nicht beeinträchtigt bzw. behindert, die Wettbewerbsbedingungen nicht verzerrt und -ultima ratio Charakter- die mit der Zusammenarbeit angestrebten Ziele mit den einschlägigen Bestimmungen der Verträge nicht in einem vertretbaren Zeitraum verwirklicht werden können.

Ob mit dem Instrument der verstärkten Zusammenarbeit bereits ein grundlegender Strategiewechsel in Richtung flexible Integration in Gang gesetzt wurde, kann derzeit noch nicht abgeschätzt werden. Einerseits wurde von der Möglichkeit der verstärkten Zusammenarbeit bislang noch kein Gebrauch gemacht. Auch dürfte in vielen Fällen schon die bloße Existenz der Maßnahme als Drohmittel ausreichen, um in Verhandlungen Kompromisse zu erzielen, die letztendlich eine vollintegrative institutionelle Entwicklung ermöglichen. Auf der anderen Seite ist davon auszugehen, daß ein Instrument, mit dem den teilweise sehr unterschiedlichen nationalen Präferenzen im Hinblick auf die weitere, vor allem politische, Integration Rechnung getragen werden kann, früher oder später auch zum Einsatz gelangt, wenn es existiert; dies gilt um so mehr, als mit der anstehenden Osterweiterung der Europäischen Union die Heterogenität in den politischen Präferenzen und wirtschaftlichen Rahmenbedingungen der EU-Mitgliedstaaten weiter zunehmen wird.

Was wiederum die Möglichkeit verschiedener Integrationsgeschwindigkeiten für verschiedene Staatengruppen im Hinblick auf den europäischen Integrationsprozeß insgesamt bedeutet, ob damit die weitere Vertiefung des Integrationsprozesses erschwert oder umgekehrt erst vorangetrieben wird, und ob dadurch ein Zusammenwachsen der Staaten der Europäischen Union zu einer vollwertigen politischen Union wahrscheinlich wird oder eher in die Ferne rückt, kann nur die Zukunft zeigen. Allerdings lehrt der Blick in die Vergangenheit, daß die Eigendynamik des begonnenen Integrationsprozesses bei aller latenten Europaverdrossenheit in den Mitgliedstaaten nicht unterschätzt werden sollte. Um so mehr gilt es aber, frühzeitig die Weichen in

Richtung auf eine effiziente Verteilung öffentlicher Aufgaben und eine effiziente Wahrnehmung öffentlicher Aufgaben durch die Europäische Union zu stellen.

Literaturverzeichnis

AGHION, P. und HOWITT, P. (1992) A Model of Growth through Creative Destruction. Econometrica 60, 323-351.

AMT FÜR AMTLICHE VERÖFFENTLICHUNGEN DER EUROPÄISCHEN GEMEINSCHAFTEN (1995) Regionaldaten (Regio). Datenbank aus International Statistical Yearbook.

ANDEL, N. (1992) Finanzwissenschaft. 3 Aufl. Tübingen.

ARNOLD, L. (1997) Wachstumstheorie. München.

ARNOLD, V. (1980) Steigende Skalenerträge bei der Bereitstellung öffentlicher Zwischenprodukte. Finanzarchiv, N.F., Bd. 38, 256-273.

ders. (1984) Umweltschutz als international öffentliches Gut: Komparative Kosten, Vorteile und Verhandlungsgewinne, Zeitschrift für Wirtschafts- und Sozialwissenschaften, Vol. 104, 111-129.

ders. (1992) Theorie der Kollektivgüter. München.

ders. (1993) Stärkung der Eigenverantwortlichkeit der Länder und Finanzierung der deutschen Einheit: Co-Referat. Staatswissenschaften und Staatspraxis 4 (1): 78-84.

ders. (1996) Einkommensumverteilung – ein Weg zur Stabilisierung marktwirtschaftlicher Systeme. In: Nutzinger, H.G. (Hrsg.): Wirtschaftsethische Perspektiven III, 75-93.

ders. (1997 (1)) Steuerwettbewerb und die Möglichkeit der Überversorgung mit lokal öffentlichen Konsumgütern, Hagener Diskussionspapiere. (=Zeitschrift für Wirtschafts- und Sozialwissenschaften 118, 521-536).

ders. (1997 (2)) Steuerwettbewerb zwischen Gebietskörperschaften - ist eine allokationsneutrale Finanzierung der Bereitstellung öffentlicher Zwischenprodukte möglich? Hagener Diskussionsbeitrag Nr. 250.

ders. (2000) Steuergerechtigkeit und Steuerwettbewerb um Direktinvestitionen. In: Gaertner, W. (Hrsg.): Wirtschaftsethische Perspektiven V: Methodische Ansätze, Probleme der Steuer- und Verteilungsgerechtigkeit, Ordnungsfragen. Schriften des Vereins für Socialpolitik. Gesellschaft für Wirtschafts- und Sozialwissenschaften. N. F. Bd. 228. Berlin, 93-113.

ders. (2001) Asymmetric Competition and Co-ordination in International Capital Income Taxation. Hagener Diskussionsbeiträge. = Finanzarchiv N.F. 58, 430-448.

ders. und FUEST, C.(1999) Steuerwettbewerb zwischen Gebietskörperschaften - ist eine allokationsneutrale Finanzierung öffentlicher Zwischenprodukte möglich? = Fiscal Competition and the Efficiency of Public Input Provision with Asymmetric Jurisdictions. Finanzarchiv N.F. 56, 165-173.

ARROW,K. J. (1962) Economic Welfare and the Allocation of Ressources for Inventions. In: Nelson, R. R. (Hrsg.): The Rate and Direction of Inventive Activity. Princeton.

ders. (1963) Social Choice and Individual Values. 2. Aufl. New Haven.

ARROW, K.J. und KURZ, M. (1972) Public Interest, the Rate of Return, and Optimal Fiscal Policy. 3.Aufl. Baltimore, London.

ASCHAUER, D.A. (1989 (1)) Is Public Expenditure Productive? Journal of Monetary Economics, Vol. 23, 177-200.

ders. (1989 (2)) Does Public Capital Crowd Out Private Capital? Journal of Monetary Economics, Vol. 24, 171-188.

BALASSA, B. (1962) The Theory of Economic Integration. London.

BALOFF, N. (1971) Extension of the Learning Curve- Some Empirical Results. Operational Research Quarterly 22, 329-340.

BARRO, R. J. (1990) Government Spending in an Simple Model of Endogenous Growth. Journal of Political Economy 98, 103-125.

ders. (1991) Economic Growth in a Cross Section of Countries. Quarterly Journal of Economics 106 (2), 407-443.

ders. und SALA-I-Martin, X. (1991) Convergence across States and Regions. Brookings Pa-pers on Economic Activity 4, 107-182.

dies. (1992 (1)) Convergence. Journal of Political Economy 100, 223-251.

dies. (1992 (2)) Public Finance in Models of Economic Growth. Review of Economic Studies 59, 645-661.

dies. (1995) Economic Growth. New York.

BAUM, H.(1995) Europäische Integration durch Ausbau der Vekehrsnetze? In Karl, H. und Henrichmeyer, W. (Hrsg.): Regionalentwicklung im Prozeß der Europäischen Integration. Bonner Schriften zur Integration Europas 4. Bonn.

BAUMOL, W.J. (1972) On Taxation on the Control of Externalities, American Economic Review 62, 307-322.

BECKER, G. S. (1983) A Theory of Competition among Pressure Groups for Political Influence. Quarterly Journal of Economics, Vol. 98, No. 3, 371-400.

BEHRENDS, S. (2001) Neue Politische Ökonomie: Systematische Darstellung und kritische Beurteilung ihrer Entwicklungslinien. München.

BENSON, B.L. (1984) Rent Seeking from a Property Rights Perspektive. Southern Economic Journal 51, 388-400.

BENTLEY, A. F. (1967) The Process of Government. Chicago.

BENTOLILA, S. und DOLADO, J. (1991) Mismatch and Internal Migration in Spain 1962-1986. In: Padoa-Schioppa (Hrsg.): Mismatch and Labour Mobility. Cambridge.

BERG, H. und SCHMIDT, F. (1998) Industriepolitik, in: Klemmer, P. (Hrsg.): Handbuch Europäische Wirtschaftspolitik, 849-943.

BERGSTROM, T.C. und GOODMAN, R.P. (1973) Private Demand for Public Goods. American Economic Review, 63, 280-296

BERNHOLZ; P. (1969) Einige Bemerkungen zur Theorie des Einflusses der Verbände auf die politische Willensbildung in der Demokratie. Kyklos 22, 276-288.

ders. und BREYER, F. (1994) Grundlagen der Politischen Ökonomie, Bd. 2: Ökonomische Theorie der Politik.

BERNDT, E.R. und HANSSON, B. (1992) Measuring the Contribution of Public Infrastructure Capital in Sweden. Scandinavian Journal of Economics. Vol. 94, Supplement, 151-168.

BEUTEL, J. (1993): The Economic Impact of Community Support Frameworks for the Objective-1-Regions 1989-1993, Brüssel.

ders. (1995): The Economic Impact of Community Support Frameworks for the Objektive -1- Regions 1994-1999, Brüssel.

BEWLEY, T.F. (1981): A Critique of Tibout`s Theory of Local Expenditures. In: Econometrica 49, 713-740.

BIEBER, R. (1985) Die Erschließung neuer Finanzierungsmittel. In: Magiera, S.(Hrsg.): Entwicklungsperspektiven der Europäischen Gemeinschaft, 37-61. Berlin

BIEHL, D. (1994) Zur ökonomischen Theorie des Föderalismus: Grundelemente und ihre Anwendung auf die EU-Finanzunion. In: Schneider, H. und Wessels, W. (Hrsg.): Föderale Union- Europas Zukunft. München, 99-122.

ders. (1998) Die Reform der EG-Finanzverfassung aus der Sicht einer ökonomischen Theorie des Föderalismus. In: Streit, M.E. (Hrsg.): Wirtschaftspolitik zwischen ökonomischer und politischer Rationalität. Festschrift für Herbert Giersch. Wiesbaden, 63-83.

ders. und Winter, H. (1990) Die EG-Finanzierung aus föderalistischer Perspektive. In: Dies: Europa finanzieren - ein föderalistisches Modell. Gütersloh 1990, 21-131.

BLANCHARD, O. und KATZ, L. (1992) Regional Evolutions. Brookings Paperson Economic Activity 1, 1-92.

BLANKART, Ch. B. (1998) Öffentliche Finanzen in der Demokratie. 3.Aufl. München.

BOADWAY, R. (1982) On the Method of Taxation and the Provision of Local Public Goods: Comment. American Economic Review 72 (4), 846-851.

BOADWAY, R. und BRUCE, N. (1984): A General Proposition on the Design of a Neutral Business Tax, Journal of Public Economics 24, 231-239.

BOADWAY, R. und FLATTERS, F.R. (1982) Efficiency and Equalization Payments in a Federal System of Government: A Synthesis and Extension of Recent Results. Canadian Journal of Economics 15 (4): 613-633.

BOADWAY, R., PESTIEAU, P. und WILDASIN, D. (1989) Tax-Transfer Policies and the Voluntary Provision of Public Goods. Journal of Public Economics 39 (2), 157-176

BORCHEDING, T.E. und DEACON, R.T. (1972) The Demand for the Services of Non-federal Governments. American Economic Review, 62, 891-901.

BORCHEDING; T. E., BUSH, W. C. und SPANN, R. M. (1977) The Effects of Public Spending on the Divisibility of Public Outputs in Consumption, Bureaucratic Power, and the Size of Tax-Sharing Group. In: Borcheding, T. E. (Hrsg.): Budgets and Bureaucrats: The Sources of Government Growth. Durham, 127-156.

BRADFORD, D.F. und HILDEBRANDT, G.C. (1977) Observable Public Good Preferences. Journal of Public Economies, Vol. 8, 111 ff.

BRAUNERHJELM, P., FAINI, R., NORMAN, V. RUANE, F. und SEABRIGHT, P. (2000) Integration and the Regions of Europe: How the Right Policies Can Prevent Polarization. Centre for Economic Policy Research. London.

BRENNAN; G: und BUCHANAN, J. M. (1980) The Power to Tax: Analytical Foundations of a Fiscal Constitution. Cambridge. Deutsch: Besteuerung und Staatsgewalt. Analytische Grundlagen einer Finanzverfassung. Hamburg, 1988.

BRETON, A. und WINTROBE, R. (1986) The Bureaucracy of Murder Revisited. Journal of Political Economy 94, 905-926.

BRÖCKER, J. (1994) Die Lehren der neuen Wachstumstheorie für die Raumentwicklung und die Regionalpolitik. In: Blien, U., Herrmann, H. und Koller, M. (Hrsg.): Regionalentwicklung und regionale Arbeitsmarktpolitik, Konzepte zur Lösung regionaler Arbeitsmarktprobleme? Beiträge zur Arbeitsmarkt- und Berufsforschung, Nr. 184. Nürnberg.

ders. (1998) Konvergenz in Europa und die Europäische Währungsunion. In: Fischer, B. und Straubhaar, T. (Hrsg.): Ökonomische Konvergenz in Theorie und Praxis. Baden-Baden, 105- 135.

BROWNING; E. K. (1987) On the Marginal Welfare Cost of Taxation. American Economic Review 77, 11-23.

BRUECKNER, J.K. (1981) Congested Public Goods: The Case of Fire Protection. Journal of Public Economics, 15, 45-58.

ders. (1983) Property Value Maximization and Public Sector Efficiency, Journal of Urban Economics 14, 1-16.

BRÜGELMANN, R. und FUEST, W. (1998) Die große Steuerreform. Plädoyer für einen erneuten Anlauf. Beiträge zur Wirtschafts- und Sozialpolitik. Institut der deutschen Wirtschaft. Köln.

BRÜMMERHOFF, D. (1992) Finanzwissenschaft. 6. Auflage. München.

BUCHANAN, J. M. (1965) The Economic Theory of Clubs. Economica 37, 1-14.

ders.(1968) The Demand and Supply of Public Goods, Chicago.

ders. und GOETZ, C. (1972) Efficiency Limits of Fiscal Mobility: An Assessment of the Tiebout Model. Journal of Public Economics 1, 25-43.

BUCHHOLZ, E. (1969) Die Wirtschftsverbände in der Wirtschaftsgesellschaft. Tübingen.

BUCOVETSKY, S. (1991) Asymmetric Tax Competition. Journal of Urban Economics, Vol. 30, 167-181.

BUCOVETSKY, S. und WILSON, J.D. (1991): Tax Competition with two Tax Instruments. Regional Science and Urban Economics 21, 333-350.

BUNDESMINISTERIUM DER FINANZEN: Finanzbericht, verschiedene Jahrgänge, Bonn.

BUNDESMINISTERIUM FÜR WIRTSCHAFT UND TECHNOLOGIE: Jahreswirtschaftsberichte der Bundesregierung, verschiedene Jahrgänge, Bonn.

BURBRIDGE, J. und MYERS, G. (1994) Population Mobility and Capital Tax Competition. Regional Science and Urban Economics 24, 441-459.

CAESAR, R. (1990) Neue Steuern für die Europäische Gemeinschaft? - Kriterien und Vorschläge. In: Biehl, D. und Pfennig, G. (Hrsg.): Zur Reform der EG-Finanzverfassung: Beiträge zur wissenschaftlichen und politischen Debatte. Institut für Europäische Politik (IEP). Bonn, 57-105.

ders. (1996 (1)) Zur Reform des Einnahmensystems der Europäischen Union. In: Zolnhöfer, W. (Hrsg.) Europa auf dem Weg zur Politischen Union? Probleme und Perspektiven der europäischen Integration vor Maastricht II. Berlin, 145-173.

ders. (1996 (2)) Finanzpolitische Implikationen der Währungsunion. In: Caesar, R. und Ohr, R.: Maastricht und Maastricht II: Vision oder Abenteuer?, 133-146. Baden-Baden, 133-146.

ders. (1996 (3)) Das Finanzsystem der EG- Mängel der Europäischen Finanzverfassung. In: Caesar, R. und Ohr, R. (Hrsg.): Maastricht und Maastricht II: Vision oder Abenteuer. Baden-Baden, 251-262.

ders. (1997): Haushalt II: Zur deutschen Nettozahlerposition. EUmagazin 9/97, 23-26.

CASELLA, A. und FREY, B. (1992) Federalism and Clubs. Towards an Economic Theory of Overlapping Political Jurisdictions. European Economic Review 36, 639-646.

CECCHINI, P. (1988). Europa `92: Der Vorteil des Binnenmarktes. Baden-Baden.

CENTRE FOR ECONOMIC POLICY RESEARCH (1993): Making Sense of Subsidiarity: How Much Centralization for Europe? London.

CHANDLER, W. M. und CHANDLER, M. A. (1987) Federalism and Political Parties. European Journal of Political Economy 3, 87-110.

CHRISTALLER; W. (1933) Die zentralen Orte in Süddeutschland. Eine ökonomisch-geographische Untersuchung über die Gesetzmäßigkeit der Verbreitung und Entwicklung der Siedlungen mit städtischen Funktionen. Jena.

CLARKE, E. H. (1971) Multipart Pricing of Public Goods. In: Public Choice 11, 17-33.

ders. (1980) Demand Revalation and the Provision of Public Goods. Cambridge.

CLUSE, R. (1999) Ausländische Direktinvestitionen in den Transformationsstaaten Mittel- und Osteuropas: Ansätze zur Verbesserung der Standortqualität. Freiburg.

COASE, R.H. (1960)   The Problem of Social Costs. Journal of Law and Economics, Vol. 3, 1-44.

DE CROMBRUGGE, A. und TULKENS, H.   (1990) On Pareto Improving Tax Changes under Fiscal Competition. Journal of Public Economics 41, 335-350.

CONRAD, K. und SEITZ, H. (1992) The Public Capital Hypothesis: The Case of Germany. Recherches Economiques de Louvain. Vol. 58, 309-328.

dies. (1994) The Economic Benefits of Public Infrastructure. Applied Economics, Vol. 26, 303-311.

CORLETT, W.J. und HAGUE, D.C. (1953)   Complementarity and the Excess Burden of Taxation, in: Review of Economic Studies, Vol. 21, 21-30.

CORNES,R. und SANDLER, T. (1986) The Theory of Externalities, Public Goods, and Club Goods. Cambridge u.a.

COSTA, J. DA SILVA, ELLSON, R. und MARTIN, R.C. (1987) Public Capital, Regional Output and Development: Some Empirical Evidence. Journal of Regional Science, Vol. 27, 419-437.

COUGHLIN, P., MUELLER, D. C. und MURRELL, P. (1990) Electoral Politics, Interest Groups, and the Size Government: Economic Inquiry 28, 682-705.

DECRESSIN, J. (1994) Internal Migration in West Germany and Implications for East-West Salary Convergence. Weltwirtschaftliche Archive Nr. 130 (2), 231-257.

DE PATER, J.A. und MYERS, G. M. (1994) Strategic Capital Tax Competition: A Pecunary Externality and a Corrective Device. Journal of Urban Economics 36, 66-78.

DEUTSCHE BUNDESBANK   Monatsberichte, verschiedene Ausgaben. Frankfurt/Main.

DEUTSCHES INSTITUT FÜR WIRTSCHAFTSFORSCHUNG (1994)   Wechselwirkungen zwischen Infrastrukturausstattung, strukturellem Wandel und Wirtschaftswachstum. Bearbeitet von S. Bach, M. Gornig, F. Stille und U. Voigt. Beiträge zur Strukturforschung, Heft 175. Berlin.

dass. (1998) Wirkung und Wirksamkeit der EU-Binnenmarktmaßnahmen. Evaluierung des Studienprogramms der Europäischen Kommission. Beiträge zur Strukturforschung, Heft 175. Berlin.

DEWATRIPONT, M., GIAVAZZI, F., V. HAGEN, J., HARDEN, I., PERSSON, T., ROLAND, G., ROSENTHAL, H., SAPIR, A., TABELLINI, G. (1996) Flexible Integration: Towards a More Effective and Democratic Europe. MEI6, CEPR, London.

DLUHOSCH, B. (1993) Strategische Fiskalpolitik in offenen Volkswirtschaften. Köln.

DÖRING, T. (1994)   Die Beurteilung der EG-Regionalpolitik unter Subsidiaritätsaspekten. Konjunkturpolitik 40 (1), 1-226.

DOOLEY, M., FRANKEL, J. und MATHIESON, D. J. (1987)   International Capital Mobility, What Do the Saving-Investment tell us? IMF Staff Papers 34, 503-530.

DOWNS, A. (1957) An Economic Theory of Democracy. New York.

EBERTS, R.W. (1986) Estimating the Contribution of Urban Public Infrastructure to Regional Economic Growth. Federal Reserve Bank of Cleveland, Working Paper No. 8610, Cleveland.

ders. (1990)   Public Infrastructure and Regional Economic Development. Economic Review, Federal Bank of Cleveland, Vol. 26, Quarter 1.

EDWARDS, J. und KEEN, M. (1996)   Tax Competition and Leviathan. European Economic Review 40, 113-134.

EGGERT, W. (2000) International Repercussions of Direct Taxes. Finanzarchiv N.F. 57, 1-16.

EL-AGRAA, A. (Hrsg.) (1990) The Economics of European Community, 3. Aufl. London.

EPSTEIN, R. A. (1988) Taxation, Regulation, and Confiscation. In: Gwartney, J. D. und Wagner, R. E. (Hrsg.): Public Choice and Constitutional Economics. Greenwich, 181-205.

346

EUROPÄISCHE INVESTITIONSBANK Verschiedene Jahresberichte. Luxemburg.

EUROPÄISCHE KOMMISSION (1977) Bericht der Sachverständigengruppe zur Untersuchung der Rolle der öffentlichen Finanzen bei der Europäischen Integration, In: Reihe Wirtschaft und Finanzen Nr. A 13 sowie Nr. B 13. Brüssel (sog. Mac Dougall-Bericht).

dies. (1989) Leitfaden zur Reform der Strukturfonds der Gemeinschaft. Luxemburg.

dies. (1990) Ein Markt, eine Währung. Potentielle Nutzen und Kosten der Errichtung einer Wirtschafts- und Währungsunion -eine Bewertung. Europäische Wirtschaft Nr. 44. Luxemburg.

dies (1992) Von der Einheitlichen Akte zu der Zeit nach Maastricht: Ausreichende Mittel für unsere ehrgeizigen Ziele. Bulletin der Europäischen Gemeinschaften, Beilage 1/92.

dies. (1993 (1)) Europäische Wirtschaft Nr. 53: Stabiles Geld- solide Finanzen. Die öffentlichen Finanzen der Gemeinschaft im Hinblick auf die WWU (sog. WWU-Bericht). Luxemburg.

dies. (1993 (2)) Europäische Verkehrspolitik in den neunziger Jahren. Brüssel, Luxemburg.

dies. (1994, (1)) Wachstum, Wettbewerbsfähigkeit, Beschäftigung. Herausforderungen der Gegenwart und Wege ins 21. Jahrhundert. Weißbuch. Brüssel, Luxemburg.

dies. (1994 (2)) Eine Politik der industriellen Wettbewerbsfähigkeit.

dies. (1994 (3)) Transeuropäische Netze. Brüssel, Luxemburg.

dies. (1994 (4)) Fünfter Periodischer Bericht über die sozio-ökonomische Lage und Entwicklung der Regionen der Europäischen Union. Luxemburg.

dies. (1995 (1)) Ein europäischer Finanzraum. Liberalisierung des Kapitalverkehrs und monetäre Integration. Die Verwirklichung der Wirtschafts- und Währungsunion. Von Dominique Servais. Dritte Auflage.

dies. (1995 (2)) Die Finanzverfassung der Europäischen Union. Merkmale, Regeln, Funktionsweise. Luxemburg.

dies. (1996 (1)) Erster Bericht über den wirtschaftlichen und sozialen Zusammenhalt. Luxemburg. Im Text als „Kohäsionsbericht" zitiert.

dies. (1996 (2)) Steuern in der Europäischen Union SEK (96) 487 endg. Brüssel (20.03. 1996).

dies. (1997 (1)) Agenda 2000. Eine stärkere und erweiterte Union. Bulletin der Europäischen Union, Beilage 5/97. Brüssel.

dies. (1997 (2)) Agenda 2000. Eine stärkere und erweiterte Union. Informationsprogramm für die Bürger Europas. Brüssel.

dies. (1997 (3)) Statistisches Jahrbuch 1996. Regionen.

dies. (1997 (4)) Koordinierung der Steuerpolitik in der Europäischen Kommission. Maßnahmenpaket zur Bekämpfung des schädlichen Steuerwettbewerbs, Mitteilung der Kommission an den Rat, KOM (97) 495 endg., Brüssel (01.10.1997. Addendum KOM (97) 497 endg./2, Brüssel, 10.10.1997).

dies. (1997 (5)) Der Binnenmarkt und das Europa von morgen. Vorgelegt von Mario Monti (sog. Monti-Bericht). Amt für amtliche Veröffentlichungen der Europäischen Gemeinschaften. Luxemburg.

dies. (GENERALDIREKTION LANDWIRTSCHAFT) (1998 (1)) Reform der GAP: Eine Politik für die Zukunft. KOM (98) 158 endg. Brüssel.

dies. (GENERALDIREKTION WIRTSCHAFT UND FINANZEN) (1998 (2)) Europäische Wirtschaft. Beiheft A. Wirtschaftsanalysen Nr. 7- Juli 1998.

dies. (1998 (3)) Die Finanzierung der Europäischen Union. Bericht der Kommission über das Funktionieren des Eigenmittelsystems vom 07. Oktober 1998. Brüssel.

dies. (VERTRETUNG IN DER BUNDESREPUBLIK DEUTSCHLAND) (1999 (1)) Europäischer Rat. Sondertagung am 24. Und 25. März in Berlin. Schlußfolgerungen des Vorsitzes (Vorläufige Fassung). Bonn.

dies. (1999 (2)) Sechster Periodischer Bericht über die sozio-ökonomische Lage und Entwicklung der Regionen der Europäischen Union Luxemburg.

dies. (1999 (3)) Eurostat. Jahrbuch. Europa im Blick der Statistik. Daten aus den Jahren 1987 -1997. Luxemburg.

dies. (GENERALDIREKTION WIRTSCHAFT UND FINANZEN) (1999 (4)) Europäische Wirtschaft. Beiheft A: Wirtschaftsanalysen. Nr. 1/1999. Luxemburg.

dies. (1999 (5)) Info Regio: Sechster Periodischer Bericht über die Regionen. Zusammenfassung der Hauptergebnisse. Mitteilungsblatt vom 04. 02. 99. DE.

dies. (1999 (6)) Sechster Periodischer Bericht über die sozio-ökonomische Lage und Entwicklung der Regionen der Europäischen Union. Luxemburg.

dies. (2000 (1)) FTE info 25. Magazin für Europäische Forschung. Februar 2000.

dies. (2000 (2)) FTE info 26. Magazin für Europäische Forschung. Mai 2000.

dies. Europa in Zahlen. Verschiedene Ausgaben.

dies. Gesamtbericht über die Tätigkeit der Europäischen Union, verschiedene Jahrgänge.

EUROPÄISCHES PARLAMENT (1994)   Sitzungsdokumente des Haushaltsausschusses, 8. April 1994: Bericht über ein neues Eigenmittelsystem für die Europäische Union. Berichterstatter: Horst Langes. PE 208. 292/endg.

EUROPÄISCHER RECHNUNGSHOF   Verschiedene Jahresberichte, insb. Jahresbericht zum Haushaltsjahr 1997, ABl 98/C 349/01 vom 17.11.1998

EVANS, P. und KARRAS, G. (1994)   Are Government Activities Productive? Evidence from a Panel of U.S. States. The Review of Economics and Statistics, Vol. LXXVI, 1-11.

EWERS, H.-J. und V. STACKELBERG, F. (1998) Verkehrspolitik. In: Klemmer, P. (Hrsg.): Handbuch Europäische Wirtschaftspolitik. München , 1151-1192.

FELDSTEIN, M. und HORIOKA, C. (1980)   Domestic Savings and International Capital Flows. The Economic Journal 90, 314-329.

FELDSTEIN, M. und IMMAN, R.P. (Hrsg.) (1977)   The economics of Public Services. London.

FLATTERS, F., HENDERSON, V. und MIESZKOWSKI, P. (1974) Public Goods, Efficiency, and Regional Fiscal Equalization. Journal of Public Economics 3, 99-112.

FOLKERS, C. (1995) Welches Finanzausgleichssystem braucht Europa? In: Karl, H. (Hrsg): Regionalentwicklung im Prozeß der Europäischen Integration. Bonn, 87-106.

ders. (1998) Finanz- und Haushaltspolitik. In: Klemmer, P. (Hrsg.): Handbuch Europäische Wirtschaftspolitik. München.

FORD, R. und PORET, P. (1991) Infrastructure and Private-Sector Performance. OECD Economic Studies No. 17, 63-89.

FRANZMEYER, F. (2001) Europäische Regionalpolitik: Zwischen Solidarität und Effizienz. In: Ohr, R. und Theurl, T. (Hrsg.): Kompendium Europäische Wirtschaftspolitik, 271-307. München.

ders. und SEIDEL, B. (1976) Überstaatlicher Finanzausgleich und europäische Integration. Quantitative und institutionelle Aspekte eines Systems regionaler

Transferleistungen. Europäische Studien des Instituts für Europäische Politik Band 8. Bonn.

FRENCH, K. und POTERBA, J. M. (1991) Investor Diversification and International Equity Markets. NBER Working Paper NO. 3609.

FREY, R. L. (1977) Zwischen Föderalismus und Zentralismus. Frankfurt a. M.

FRITSCH, M., WEIN, T. und EWERS, H.-J. (2001) Marktversagen und Wirtschaftspolitik. 4. Aufl., München.

FUEST, C. (1995 (1)) Interjurisdictional Competition and Public Expenditure: Is Tax Coordination Counterproductive? Finanzarchiv N.F. 52, 478-496.

ders. (1995 (2)) Eine Fiskalverfassung für die Europäische Union. Köln.

ders. (1997) Internationale Koordination der Fiskalpolitik: Wohlfahrtsökonomische versus politökonomische Sicht. Jahrbuch für Wirtschaftswissenschaften, Bd. 48, 174-192.

FUEST, W. und HUBER, B. (1999) Steuern als Standortfaktor im internationalen Wettbe-werb. Beiträge zur Wirtschafts- und Sozialpolitik Nr. 252. Köln.

FUJITA, M. und THISSE, J. F. (1996) Economics of Agglomeration. Journal of Japanese and International Economics 10, 339-378.

FULLERTON, D. (1991) Reconciling recent Estimates of the Marginal Welfare Cost of Taxation. American Economic Review 81, 302-308.

GAHLEN, B., HESSE,H. und RAMSER, H. J. (Hrsg.) (1991) Wachstumstheorie und Wachstumspolitik. Ein neuer Anlauf. Tübingen.

GALBRAITH, J. K. (1952) American Capitalism: The Concept of Countervailing Power. Boston.

GARDNER, E.H. (1992) Taxes on Capital Income, in: Kopits, G. (Hrsg.): Tax Harmonization in the European Communitiy. Policy Issues and Analysis. International Monetary Fund. Occasional Paper 94, Washington D.C., 52-71.

GENSER, B. (1996) A Generalized Equivalence Property of Mixed International VAT Regimes. Scandinavian Journal of Economics 98, 253-262.

ders. (1999) Ist der Verlust der Besteuerungsautonomie der Preis für die europäische Integration? In: Probleme der Besteuerung. Schriften des Vereins für Socialpolitik, Gesellschaft für Wirtschafts- und Sozialwissenschaften, N. F., Berlin, 9-33.

ders. und HAUFLER, A. (1996) On the Optimal Tax Policy Mix when Consumers and Firms are Imperfectly Mobile. Finanzarchiv, N. F., Bd. 53, 411-433.

dies. (1998) Tax Policy and Location Decisions of Firms. In: Jäger, K. und Koch, K.-J. (Hrsg.): Trade, Growth and Economic Policy in Open Economies, Berlin u. a., 269-280.

GIERING, C. (1997) Europa zwischen Zweckverband und Superstaat. Bonn.

GIERSCH, H. (1963) Das ökonomische Grundproblem der Regionalpolitik. Jahrbuch für Sozialwissenschaft 14, 386-400.

GLAESNER, A. (1990) Der Grundsatz des wirtschaftlichen und sozialen Zusammenhalts im Recht der Europäischen Wirtschaftsgemeinschaft. Eine Untersuchung seiner Verbindlichkeit und seiner Bezüge zum deutschen Staats- und Verwaltungsrecht. Baden-Baden. (zitiert als ZEW 1998).

GLISMANN, H. H., HORN, E.-J., NEHRING, S. und VAUBEL, R. (1987) Weltwirtschaftslehre. Bd. 2: Entwicklungs- und Beschäftigungspolitik. Köln u. a.

GORDON, R.H. (1982) An Optimal Taxation Approach to Fiscal Federalism. NBER Working Papers 1004. Cambridge, Mass.

ders. und BOVENBERG, L. A. (1996) Why is Capital so Immobile Internationally? Possible Explanations and Implications for Capital Income Taxation. American Economic Review 86, 1057-1075.

GRAMLICH, E.M. (1994) Infrastructure Investment: A Review Essay. Journal of Economic Literature, Vol. XXXII, 1176-1196.

GREß, M., ROSE, M. und WISWESSER, R. (1998) Marktorientierte Einkommensteuer. München

GROSSE HÜTTMANN, M. (1996) Das Subsidiaritätsprinzip in der EU- eine Dokumentation mit einer Einführung zum Bedeutungsgehalt und zur Rezeption dieses Prinzips. Tübingen.

GROSSEKETTLER, H. (1985) Ökonomische Analyse der Interkommunalen Kooperation. Arbeitspapiere des Instituts für Genossenschaftswesen der Westfälischen Wilhelms-Universität 5. Münster

ders. (1999) Öffentliche Finanzen. In: Vahlens Kompendium der Wirtschaftstheorie und Wirtschaftspoltik, Bd. 1, 7. Aufl., München, 519-675.

GROSSMAN, G.M. und HELPMAN, E. (1989) Product Development and International Trade. Journal of Political Economy 97, 1261-1282.

dies. (1991) Innovation and Growth in a Global Economy. Cambridge.

GROVES, T. (1973) Incentive in Teams. In: Econometrica 41, 617 ff.

GRUSKE, K.-D. und WALTHES, F. (1994) Europäischer Finanzausgleich zwischen EU-Mitgliedstaaten: Determinanten und finanzielle Dimensionen. Raumforschung und Raumordnung 52 (6), 373-382.

HAIG, R.M. (1921) The Concept of Income: Economic and Legal Aspects. In: The Federal Income Tax. New York, 1 ff.

HAMM, R. und WIENERT, H. (1990) Strukturelle Anpassung altindustrieller Regionen im internationalen Vergleich. Schriftenreihe des Rheinisch-Westfälischen Instituts für Wirtschaftsforschung. Berlin.

HANSEN, J. D. und NIELSEN, U.-M. (1997) An Economic Analysis of the EU. 2. Aufl., Berkshire.

HARHOFF, D., JACOBS, O.H., RAMB, F., SCHMIDT, F. und SPENGEL, C. (1998) Unternehmenssteuerreform, Innovationsförderung und Zukunftsinvestitionen. Baden-Baden (=Zentrum für Europäische Wirtschaftsforschung Mannheim, ZEW).

HARTWICK, J.M. (1980) The Henry George Rule, Optimal Population and Interregional Equity. Canadian Journal of Economics 13 (4), 695-700.

HARTWIG, K.H. (1992) Umweltökonomie. Vahlens Kompendium der Wirtschatstheorie und Wirtschaftspolitik. 5. Auflage, Bd. 2. München, 123-162.

HAUFLER, A. (1999) Prospects of Coordination of Corporate Taxation and the Taxation of Interest Income in the EU. Fiscal Studies 20, 133-153.

HAUSMAN, J. A. (1981) Labor Supply. In: Aaron, H. J. und Pechman, J. A. (Hrsg.): How Taxes affect Economic Behaviour. Washington D. C.

HAYEK, F.A. v. (1968) Der Wettbewerb als Entdeckungsverfahren. Kieler Vorträge N.F. Nr. 56.

HECKSCHER, E. (1919) Effects of Foreign Trade on the Distribution of Income. Economisk Tidskrift.

HEINEMANN, F. (1998) EU-Finanzreform1999- Eine Synopse der politischen und wissenschaftlichen Diskussion und eine Reformkonzeption. Gütersloh.

ders.. (1999) Der Kompensationsfonds: Eine neue Finanzverfassung für die EU der 21+. In: Wirtschaftsdienst, 79. Jg., 293-299.

ders. (2000) Die Reformperspektive der EU-Finanzverfassung nach den Beschlüssen zur Agenda 2000. In: Caesar, R. und Scharrer, H.-E. (Hrsg.): Die Zukunft Europas im Lichte der Agenda 2000, 91-106.

ders.. (2001) Europäische Finanzverfassung. Zwischen Umverteilung und Effizienz. In: Ohr, R. und Theurl, T. (Hrsg.): Kompendium Europäische Wirtschaftspolitik, 205- 239.

HELPMAN, E. und KRUGMAN, P.R. (1985) Increasing Returns, Imperfect Competition, and International Trade. Cambride, Mass.

HENDERSON, J.V. (1994) Community Choice of Revenue Instruments. Regional Science and Urban Economics, Vol. 24, 159-183

HENKE, K.-D. (1981) Die Finanzierung der Europäischen Gemeinschaften. Zur integrationsfördernden Fortentwicklung des europäischen Einnahmensystems. In: Pohmer, D. (Hrsg): Probleme des Finanzausgleichs III. Schriften des Vereins für Sozialpolitik, NF Bd. 96/III Berlin, 1 ff.

ders. (1988) Sozialproduktsteuer. Wirtschaftswissenschaftliches Studium 17, 140-142.

ders. (1997) Die Finanzierung der EU. Wirtschaftsdienst, 77. Jg., 45-49.

ders. und Milbrandt, B. (2000) Die künftige finanzielle Lastverteilung in der EU. In: Caesar, R. und Scharrer, H.-E. (Hrsg.): Die Zukunft Europas im Lichte der Agenda 2000. Baden-Baden, 119-136.

HENZE, A. (2000) Die Reform der Gemeinsamen Agrarpolitik. In: Caesar, R. und Scharrer, H.-E. (Hrsg.): Die Zukunft Europas im Lichte der Agenda 2000, 171-190. Baden-Baden, 171-190.

HIRSCH, S. (1967) Location of Industry and International Competitiveness. Oxford.

HIRSCHMAN, A. O. (1958) The Strategy of Economic Development. New Haven/Conn.

ders. (1970/1974) Exit, Voice, and Loyality. Cambridge 1970. Deutsche Übersetzung: Abwanderung und Widerspruch. Tübingen 1974.

HOELLER, P., LOUPPE, M.-O. und VERGRIETE, P. (1996) Fiscal Relations within the European Union. OECD-Economic Department Working Papers Nr. 163. Paris.

HOHAUS, B. (1996) Steuerwettbewerb in Europa. Frankfurt a. M.

HOLOCOMBE, R. und SOBEL, R. (1995) Empirical Evidence on the Publicness of State Legislative Activities. Public Choice, 83, 47-58.

HOLTZ-EAKIN, D. (1994) Public-Sector Capital and the Productivity Puzzle. The Review of Economics and Statistics, Vol. LXXVI, No. 1, 12-21.

HOMBURG, S. (1993) Eine Theorie des Länderfinanzausgleichs: Finanzausgleich und Produktionseffizienz. Finanzarchiv N.F. 50 (4), 458-486.

ders. (1994) Anreizwirkungen des deutschen Finanzausgleichs. Finanzarchiv N.F. 51 (3), 312-330.

ders. (1997 (1)) Ursachen und Wirkungen eines zwischenstaatlichen Finanzausgleichs. Schriften des Vereins für Socialpolitik. N.F. 253, 61-96.

ders. (1997 (2)) Soll die klassische Einkommensteuer wiederbelebt werden? In: Rose, M. (Hrsg.): Standpunkte zur aktuellen Steuerreform. Vorträge des Zweiten Heidelberger Steuerkongresses 1997.

ders. (1999) Competition and Co-ordination in International Capital Income Taxation. Finanzarchiv N.F. 56, 1-16.

ders. (2000 (1)) Allgemeine Steuerlehre. 2. Aufl., München.

ders. (2000 (2)) Perspektiven der internationalen Unternehmensbesteuerung. In: Andel, N. (Hrsg.): Probleme der Besteuerung III. Schriften des Vereins für Socialpolitik, Gesellschaft für Wirtschafts- und Sozialwissenschaften N. F., Bd. 259, 9-61.

HOYT, W. (1991 (1)) Competitive Jurisdictions, Congestion, and the Henry George Theorem. Regional Science and Urban Economics, Vol. 21, 351-370.

ders. (1991 (2)) Property Taxation, Nash Equilibrium, and Market Power. Journal of Urban Economics, Vol. 30, 123-131.

ders. (1993) Tax Competition, Nash Equilibria, and Residential Mobility. Journal of Urban Economics, Vol. 34, 358-379.

HULTEN, C.R. und SCHWAB, R.M. (1991) Public Capital Formation and the Growth of Regional Manufacturing Industries. National Tax Journal, Vol. 44, 121-134.

IFO-INSTITUT FÜR WIRTSCHAFTSFORSCHUNG (1996) Umfang und Bemessungsgründe einfließender und ausfließender Direktinvestitionen ausgewählter Industrieländer- Entwicklungen und Perspektiven. Gutachten im Auftrag des Bundesministeriums für Wirtschaft. Verfasser: Köddermann, R. und Wilhelm, M. München.

INSTITUT DER DEUTSCHEN WIRTSCHAFT (Hrsg.) (1994) EU-Strukturfonds: Gefahr der Verzettelung in Einzelheiten, idW-Heft Nr. 38, 22.09.94., 2ff.

dass. Deutschland in Zahlen, verschiedene Jahrgänge.

JACOBS, O.H., (1995) Internationale Unternehmensbesteuerung. Handbuch zur Besteuerung deutscher Unternehmen mit Auslandsbeziehungen. 3. Auflage. München.

JACOBS, O.H. und SPENGEL, C. (1996) Aspekte einer Reform der Unternehmensbesteuerung in Europa. In: Siebert, H. (Hrsg.): Steuerpolitik und Standortqualität: Expertisen zum Standort Deutschland, 99-144.

JOCHIMSEN, R. (1966) Theorie der Infrastruktur. Grundlagen der marktwirtschaftlichen Entwicklung. Tübingen.

KAISER, M. (1992) Konsumorientierte Neuordnung der Unternehmensbesteuerung. Heidelberg.

KAIZUKA, K. (1965) Public Goods and Decentralisation of Production. Review of Economics and Statistics, Vol. 47, 118-120.

KALDOR, N. (1955) An Expenditure Tax. London.

KANBUR, R. und Keen, M. (1993) Jeux sans frontieres: Tax Competition and Tax Coordination when Countries differ in Size. American Economic Review 83, 877-892.

KANTZENBACH, E. (1967) Die Funktionsfähigkeit des Wettbewerbs. 2. Aufl., Tübingen.

KARL, H. (1998) Umweltpolitik. In: Klemmer, P. (Hrsg.): Handbuch Europäische Wirtschaftspolitik, 1001-1149. München.

KAY, J.A. und KING, M.A. (1978) The British Tax System Oxford.

KING, D. (1984) Fiscal Tiers: The Economics of Multi-Level Government. London.

KIRCHGÄSSNER, G. und POMMEREHNE, W. W. (1993) Low Cost Decisions as a Challenge to Public Choice. In: Public Choice 77, 107-115.

KLODT,H., STEHN, H.J., LAASER, C.-F., MAURER, R., NEU, A.D., SOLTWEDEL, R. (1992) Die Strukturpolitik der EG. Kieler Studien 249. Tübingen.

KNIEPS, G. (1996) Wettbewerb in Netzen. Reformpotentiale in den Sektoren Eisenbahn und Luftverkehr. Vorträge und Aufsätze des Walter Eucken Instituts, Bd. 148, Tübingen.

ders. (1998) Telekommunikationspolitik. In: Klemmer, P, (Hrsg.): Handbuch Europäische Wirtschaftspolitik. München, 1193-1228.

KÖDDERMANN, R. und WILHELM, M. (1996) Umfang und Bestimmungsgründe einfließender und ausfließender Direktinvestitionen: Entwicklungen und Perspektiven. ifo Institut für Wirtschaftsforschung. München

KOENIG, C. und PECHSTEIN, M. (1995) Die Europäische Union. Der Vertrag von Maastricht. Tübingen.

KOESTER, U. (2001) Europäische Agrarpolitik. In: Ohr, R. und Theurl, T. (Hrsg.): Kompendium Europäische Wirtschaftspolitik, 309-362. München, 309-362.

KOHL, E. und BERGMANN, J. (1998) Europäischer Finanzausgleich? Gewinner und Verlierer der EU-Politiken. Köln.

KONDRATIEFF, N.D. (1926) Die langen Wellen der Konjunktur. Archiv für Sozialwissenschaft und Sozialpolitik 56, 573-609.

KOPITS, G. (Hrsg.) (1992) Tax harmonization in the European Community. Policy Issues and Analysis. International Monetary Fund. Occasional Paper 94, Washington D. C.

KOSING, G.E. (1978) Die steuerliche Erfassung von Bodenwertsteigerungen als ein Ansatzpunkt für eine Reform der Bodenbesteuerung. Bad Honnef.

KRAFF, M. (1997) Der Finanzausgleich in der Europäischen Union. Theorie, Praxis und Perspektiven. Freiburg.

KRAUSE-JUNK, G. (1990) Ein Plädoyer für das Ursprungslandprinzip. In: Bea, F.X. und Kitterer,W. (Hrsg.): Finanzwissenschaft im Dienste der Wirtschaftspolitik. Tübingen, 253-265.

ders. (1992): Die europäische Mehrwertsteuer und das Ursprungslandprinzip. Finanzarchiv N.F. 50, 141-153.

KRELOVE (1992) Efficient Tax Exporting. Canadian Journal of Economics 25, 145-155.

ders. (1993) The Persistence and Inefficiency of Property Tax Finance of Local Public Expenditures. Journal of Public Economics 51, 415-435.

KRIEGER-BODEN, C. (1995) Neue Argumente für Regionalpolitik? Zur Fundierung der Regionalpolitik in älteren und neueren regionalökonomischen Theorien. Die Weltwirtschaft (2) 193-215.

dies. (1999) Nationale und regionale Spezialisierungsmuster im Europäischen Integrationsprozeß. Die Weltwirtschaft 2, 234-254.

KRUGMAN, P.R. (1979) Increasing Returns, Monopolistic Competition and International Trade. Journal of International Economics 9, 469-479.

KRUGMAN, P. R. (1991) Geography and Trade. Leuven.

ders. (1998) What's New about th New Economic Geography? Oxford Review of Economic Policy 14 (2), 7-17.

ders. und VENABLES, A. J. (1995) Globalization and the Inequality of Nations. Quarterly Journal of Economics 110, 857-880.

LANG, P. und STANGE, A. (1994) Integrationstheorie: Eine kritische Übersicht. Jahrbuch für Sozialwissenschaft 45, 141-170.

LANGES, H. (1993) Ein neues Eigenmittelsystem für die Europäische Union. Arbeitsdokument, Haushaltsausschuß des Europäischen Parlaments. Straßburg.

LASUÈN, J. R. (1973) Urbanisation and Development. The Temporal Interaction between Geographical and Sectoral Clusters. Urban Studies 10, 163-188.

LENK, T. und SCHNEIDER, F. (1999) Zurück zum Trennsystem als Königsweg zu mehr Föderalismus in Zeiten des „Aufbau Ost"? Jahrbuch für Nationalökonomie und Statistik, Bd. 219/3+4, 409-437.

LENZ, C.O. (1994) EG-Vertrag. Kommentar zu dem Vertrag zur Gründung der Europäischen Gemeinschaften. Köln.

LEUTNER, B. (1977) Wirtschafts- und finanzpolitische Probleme einer Bodenwertzuwachsbesteuerung. Göttingen.

LITTMANN,K. (1994) Der Einfluß der Steuern auf die Qualität des Wirtschaftsstandorts Deutschland. Bonn.

LOCKWOOD, B. (1993) Commodity Tax Competition under Destination and Origin Principle. Journal of Public Economics 52, 141-162.

ders., DE MEZA, D. und MYLES, G. (1994) The Equivalence between the Destination and Non-reciprocal Restricted Origin Tax Regimes. Scandinavian Journal of Economics 96, 311-328.

LÖSCH, A. (1939) Die räumliche Ordnung der Wirtschaft. Jena.

LUCAS, R.E. Jr. (1988) On the Mechanics of Economic Development. Journal of Monetary Economics, Vol. 22, 3-42.

357

LYNDE, C. und RICHMOND, J. (1992) The Role of Public Capital in Production. The Review of Economics and Statistics, Vol. LXXIV, 37-44.

MAC DOUGALL-BERICHT (1977) Siehe Europäische Kommission (1977).

MAEDE, J.E. (1978) The Structure and Reform of Direct Taxation, Report of a Committee chaired by Professor J.E. Maede, Institute of Fiscal Studies. London.

MAENNIG, W. und WAGNER, H. (1994) Internationaler Politikwettbewerb versus Koordinierung. Wirtschaftsdienst 74 (10), 515-521.

MAGIERA, S. (1994) Föderalismus und Subsidiarität als Rechtsprinzipien der Europäischen Union. In: Schneider, H. und Wessels, W. (Hrsg): Föderale Union- Europas Zukunft? Analysen, Kontroversen, Perspektiven, 71-98.

MAIER, G. und TÖDTLING, F. (1996) Regional- und Stadtökonomik 2: Regionalentwicklung und Regionalpolitik. Wien u.a.

MANSFIELD, E. (1991) Academic Research and Industrial Innovation. Research Policy 20, 1-12.

MANSOORIAN, A. und MYERS, G.M. (1993) Attachment to Home and Efficient Purchases of Population in a Fiscal Externality Economy. Journal of Public Economics 52, 117-132.

MARTIN, R. (1988) Regional Policy in the European Union. Brüssel.

MARTIN, D. T. und MC KENZIE, R. B. (1975) Bureaucratic Profits, Migration Costs, and the Consolidation of Local Government. Public Choice 23, 95-100.

MC CORMICK, R. E. und TOLLISON, R. D. (1981) Politicians, Legislation, and the Economy. An Inquiry to the Interest Group Theory of Government. Boston.

MC LURE, C.E. Jr. und ZODROW, G.R. (1991) Administrative Vorteile des individuellen Steuervorauszahlungsansatzes gegenüber einer direkten Konsumbesteuerung. In Rose, M. (Hrsg.): Konsumbasierte Neuordnung des Steuersystems. Heidelberg, 117-146.

MESSAL, R. (1991) Das Eigenmittelsystem der Europäischen Gemeinschaft. Baden-Baden.

MIGUÉ, J.-L. und BÉLANGER, G. (1974) Toward a General Theory of Managerial Discretion. Public Choice, Vol. 17, 27-43.

MIKUS, W. (1994) Wirtschaftsgeographie der Entwicklungsländer. Stuttgart.

MILBRANDT, B. (2001) Die Finanzierung der Europäischen Union. Baden-Baden.

MINTZ, J. und TULKENS, H. (1986) Commodity Tax Competition between Member States of a Federation: Equilibrum and Efficiency. Journal of Public Economics 29, 133-172.

dies. (1990) Strategic Use of Tax Rates and Credits in a Model of International Corporate Income Tax Competition. CORE Discussion Paper No. 9073.

MOENE, K. O. (1986) Types of Bureaucratic Interaction. Journal of Public Economics 29, 333-345.

MÖSCHEL, W. (1993) Eine Verfassungskonzeption für die Europäische Union. In: Gröner, H. und Schüller, A. (Hrsg.): Die europäische Integration als ordnungspolitische Aufgabe, Stuttgart u.a. 21-39.

ders. (1995) Subsidiarität im Zwielicht. Wirtschaftswissenschaftliches Studium 24, 232-236.

MONTI, M. (1997) Der Binnenmarkt und das Europa von morgen: ein Bericht der Europäischen Kommission/vorgelegt von Mario Monti. Köln.

MORRISON, C.J. und SCHWARTZ, A.E. (1992) State Infrastructure and Productive Performance. NBER Working Paper No. 3981.

MUELLER, D. C. (1987) The Voting Paradox. In: Rowley, C. K. (Hrsg.): Democracy and Public Choice. Oxford, 77-99.

MÜLLER, K. und BORK, C. (1998) Verteilung und Fiskus: Die Auswirkungen der Einkom-mensbesteuerung auf die Einkommensverteilung. In: Gahlen, B., Hesse, H. und Ramser, H. J. (Hrsg.): Verteilungsprobleme der Gegenwart. Tübingen.

MUNNELL, A.H. (1990 (1)) Why has Productivity Growth Declined? Productivity and Public Investment. New England Economic Review, January / February 1990, 3-22.

dies. with the assistance of COOK, L.M. (1990 (2)): How Does Public Infrastructure Affect Regional Economic Performance? In: Munnell, A.H. (Ed.): Is there a Shortfall in Public Capital Investment? Federal Reserve Bank of Boston, 69-103.

dies. (1991) Is there a Shortfall in Public Capital Investment? An Overview. New England Economic Review, May / June 1991, 23-25.

dies. (1992) Policy Watch: Infrastructure Investment and Economic Growth. Journal of Economic Perspectives, Vol. 6, 189-198.

dies. (1993) An Assessment of Trends in and Economic Impacts of Infrastructure Investment, in: OECD (Ed.): Infrastructure Policy for the 1990s, Paris, 21-54.

MURDOCH, J.C. und SANDLER, T. (1982) A Theoretical and Empirical Analysis of NATO. Journal of Conflict Resolution 26, 237-263.

dies. (1984) Complementary, Free Riding, and the Military Expenditure of NATO Allies. Journal of Public Economics 25, 83-101.

MUSGRAVE, P. B. und MUSGRAVE, R. A. (1990) Fiscal Coordination and Competition in an International Setting. In: Mc Lure, C. E. (Hrsg.): Influence of Tax Differentials on International Competivness. Boston, 61-85.

MUSGRAVE, P.B. (1991) Internationale Koordinationsprobleme beim Ersatz einer Einkommens- durch eine Konsumbesteuerung. In: Rose, M. (Hrsg.): Konsumorientierte Neuordnung des Steuersystems. Heidelberg: 535-568.

MUSGRAVE, R.A. (1959) The Theory of Public Finance. New York u.a.

ders. (1971) Economics of Fiscal Federalism. Nebraska Journal of Economics and Business 10, 3-13.

ders. (1983) Who Should Tax, Where and What? In: Mc Lure, C. H. (Hrsg.): Tax Assignment in Federal Countries. Canberra, 2-19.

ders., Musgrave, P.B. und Kullmer, L. (1994) Die öffentlichen Finanzen in Theorie und Praxis. Bd. 1. 6. Aufl. Tübingen.

MYERS, G.M. (1990) Optimality, Free Mobility, and the Regional Authority in a Federation. Journal of Public Economics 43, 107-121.

MYRDAL, G. (1957) Economic Theory and Underdeveloped Regions. London.

ders. (1974) Ökonomische Theorie und unterentwickelte Regionen. Frankfurt a.M.

NADIRI, M.I. und MAMUNEAS, T.P. (1994) The Effects of Public Infrastructure and R&D Capital on the Cost Structure and Performance of U.S. Manufacturing Industries. The Review of Economics and Statistics, Vol. LXXVI, 22-37.

NEUMANN, M. (1999) Reform der Finanzierung der Europäischen Gemeinschaft. Wirtschaftsdienst 79. Jg., 71-75.

NEVEN, D. und GOUVETTE, C. (1995) Regional Convergence in the European Community. Journal of Common Market Studies 33 (1), 47-66.

NISKANEN, W. A. (1971) Bureaucracy and Representative Government. Chicago.

NOHLEN, D. F. und NUSCHELER, F. (1992) Was heißt Entwicklung? In: Dies. (Hrsg.): Handbuch der dritten Welt: Grundprobleme, Theorien, Strategien. Bonn, 55-75.

NOWOTNY, E. (1997) Zur regionalen Dimension der Finanzverfassung der EU - gegenwärtiger Stand und Perspektiven. Schriften des Vereins für Socialpolitik. N.F., Bd. 253, 97-145.

OATES, W. E. (1972) Fiscal Federalism. New York.

ders. (1977) An Economist`s Perspective on Fiscal Federalism, in: Oates, W.E. (Hrsg.): The Political Economy of Fiscal Federalism, Lexington, 3-20.

ders. (1977) (Hrsg.) The Political Economy of Fiscal Federalism, Lexington, 3-20.

ders. (1988) On the Measurement of Congestion in the Provision of Local Public Goods. Journal of Economics, 24, 85-94.

ders. (1995) Estimating the Demand for Public Goods: The Collective Choice and Contingent Valuation Approaches. University of Maryland, Discussion Paper, March 1995.

ders. und SCHWAB, R.M. (1988) Economic Competition among Jurisdictions: Efficiency Enhancing or Distortion Inducing? Journal of Public Economics 35 (3), 333-354.

dies. (1991) The Allocative and Distributive Implications of Local Fiscal Competition, in: Kenyon, D.A. and Kincaid, J. (Eds.): Competition among States and Local Govern-ments. Washington D.C., 127-145.

OECD (1992) Model Tax Convention on Income and Capital. Commentary on the Articles of the Model Convention. Paris.

dies. (1995) International Direct Investment Statistic Yearbook 1995. Paris.

dies. (1996) Main Economic Indicators, Bd. 12/96. Paris.

OHLIN, B. (1931) Die Beziehungen zwischen internationalem Handel und internationalen Bewegungen von Kapital und Arbeit. Zeitschrift für Nationalökonomie 2, 161-199.

OHR, R. (1993) Integration in einem nicht-optimalen Währungsraum. Hamburger Jahrbuch 38, 29-47.

dies. und GRUBER, T. (2001) Zur Theorie regionaler Integration. In: Ohr, R. und Theurl, T. (Hrsg.): Kompendium Europäische Wirtschaftspolitik. 1-39.

dies. und SCHMIDT, A. (2001) Europäische Geld- und Währungspolitik: Konsequenzen der Gemeinsamen Währung. In: Ohr, R. und Theurl, T. (Hrsg.): Kompendium Europäische Wirtschaftspolitik. München, 417-466.

OLSON, M. (1965) The Logic of Collective Action: Public Goods and the Theory of Groups. Cambridge.

ders. (1969) The Principle of „Fiscal Equivalence": The Division of Responsabilities Among Different Levels of Government. American Economic Review, Vol. 59, 479-487.

ders. (1982) The Rise and Decline of Nations: Economic Growth, Stagflation and Social Rigidies. New Haven, London. Deutsche Übersetzung: Aufstieg und Fall von Nationen: Ökonomisches Wachstum, Stagflation und soziale Starrheit. 2. Aufl. Tübingen, 1991.

OLSON, M. und ZECKHAUSER, R. (1966) An Economic Theory of Alliances. Review of Economics and Statistics 48, 266-279.

dies. (1967) Collective Goods, Comparative Advantage, and Alliance Effects. In: Mc Kean, R. N. (Hrsg.): Issues in Defense Economics, 25-48. New York, London.

OTTAVIANO, G.I.P. und PUGA, D. (1997) Agglomeration in the Global Economy: A Survey of the „New Economic Geography". Discussion Paper 1699. Centre for Economic Policy Research (CEPR). London.

PADOAN, P. C. (1997) Regional Agreements as Clubs: The European Case. In: Mansfield, E. und Milner, H. (Hrsg.): The Political Economy of Regionalism.

PADOA-SCHIOPPA, T. (1988) Effizienz, Stabilität und Verteilungsgerechtigkeit. Wiesbaden.

PARETO, V. (1906) Manuale d´ economia politica. Mailand.

PEFFEKOVEN (1992) Öffentliche Finanzen. In: Vahlens Kompendium der Wirtschaftstheorie und Wirtschaftspolitik, Bd. 1, 5. Aufl. München, 479-560.

ders. (1994) Die Finanzen der Europäischen Union. Mannheim.

PELKMANS, J. (1997) European Integration: Methods and Economic Analysis. Harlow.

PERROUX, F. (1950) Economic Spaces: Theory and Application. Quarterly Journal of Economics 64, 90-97.

ders. (1955) Notes sur la notion de „pôle de croissance", Économie appliquée, Jg. 7, 307-320.

ders. (1961) L' Èconomie du siècle. Presses universitaire de France. Paris.

PERSSON, T., ROLAND, G. und TABELLINI, G. (1997) The Theory of Fiscal Federalism: What Does It Mean for Europe? In: Siebert, H. (Hrsg.): Quo Vadis Europe?, 23-41.

PFÄHLER, W. (1984) Effizienz staatlicher Tätigkeit- was ist das? Finanzarchiv N. F. 42, 86-106.

ders., HOFMANN, U. und LEHMANN-GRUBE, U. (1995) Infrastruktur und Wirtschaftsentwicklung: Kritische Bestandsaufnahme, Erweiterungen und Fallstudien. In: Oberhauser, A. (Hrsg.): Finanzierungsprobleme der Deutschen Einheit III. Ausbau der Infrastruktur und kommunaler Finanzausgleich. Schriften des Vereins für Socialpolitik, N.F., Bd. 229. Berlin, 71-188.

PFINGSTEN, A. (1993) Auswirkungen des Länderfinanzausgleichs auf den Subventionswettbewerb um Industrieansiedlungen. Homo Oeconomicus X (1): 113-128.

PFLUGMANN-HOHLSTEIN, B. (1993): Das Subsidiaritätsprinzip in der EG. In: Wagner A. (Hrsg.): Dezentrale Entscheidungsfindung bei externen Effekten: Innovation, Integration und internationaler Handel. Tübinger Volkswirtschaftliche Schriften 5. Tübingen.

PIGOU, A.C. (1932) The Economics of Welfare. 4. Aufl., New York.

PISSARIDES, C. und WADSWORTH, J. (1989) Unemployment and the Interregional Mobility of Labour. Economic Journal 99, 739-755.

PITLIK, H. (1997) Politische Ökonomie des Föderalismus. Frankfurt a.M.

POLLAK, H. (1990) Anmerkungen zur Gerechtigkeit der Konsumausgabensteuer. In: Bea, F.X. und Kitterer, W. (Hrsg.): Finanzwissenschaft im Dienste der Wirtschaftspolitik: Dieter Pohmer zum 65. Geburtstag, 69 - 85. Tübingen.

dies. (1991) Gestaltungs- und Folgeprobleme progressiver Ausgabensteuertarife. In: Rose (Hrsg.): Konsumorientierte Neuordnung des Steuersystems. Heidelberg, 373-397.

POMMEREHNE (1977) Quantitative Aspects of Fiscal Federalism: A Study of Six Countries. In: Wallace, E.O. (Hrsg.): The Political Economy of Fiscal Feralism. Lexington, Toronto, 275-355.

PRUD'HOMME, R. (1993) Assessing the Role of Infrastructure in France by Means of Regionally Estimated Production Functions. Observatoire de l'Economic et des Institutions Locales. Paris.

RAM, R. und RAMSEY, D.D. (1989) Government Capital and Private Output in the United States. Additional Evidence. Economic Letters, Vol. 30, 223-226.

RATNER, J.B. (1983) Government Capital and the Production Function for U.S. Private Output. Economic Letters, Vol. 13, 213-217.

REDING, K. und MÜLLER,W. (1999) Einführung in die allgemeine Steuerlehre. München.

REITER, M. und WEICHENRIEDER, W. (1997) Are Public Goods Public? Critical Survey of the Demand Estimates for Local Public Services. Finanzarchiv 54 N.F.(3), 374-408.

RICARDO, D. (1817) On the Principles of Political Economy and Taxation. London.

RICHARDSON, H.W. (1980) Polarization Reversal in Developing Countries. Papers of Regional Science Association 45, 67-85.

RICHTER, W.F. (1992) Kommunale Unternehmensbesteuerung. Grundsätzliche Anmerkungen zur Verwirklichung eines effizienten Systems. Zeitschrift für Wirtschafts- und Sozialwissenschaften, Bd. 112, 567-586.

ders. (1994) The Efficient Allocation of Local Public Factors in Tiebout's Tradition. In: Regional Science and Urban Economics 24, 323-340.

ders. (1997) An Efficiency Analysis of Consumption and Production Taxation with an Application to Value-Added Taxation. University of Dortmund, mimeo.

RICHTER, W.F. und WELLISCH, D. (1993) Allokative Theorie eines interregionalen Finanzausgleichs bei unvollständiger Landrentenabsorption. Finanzarchiv 50 N.F. (4): 433-457.

dies. (1996) The Provision of Local Public Goods and Factors in the Presence of Firm and Household Mobility. Journal of Public Economics 60, 73-93.

RICHTER, W.F., SEITZ, H. und WIEGARD, W. (1996) Steuern und unternehmensbezogene Staatsausgaben als Standortfaktoren. In: Siebert, H. (Hrsg.): Standortqualität und Steuerpolitik: Expertisen zum Standort Deutschland. Tübingen: 13-47.

RIDINGER, R. (1996) Die Reform der Strukturfonds - eine Bilanz. In: Gick, W. (Hrsg.): Die zukünftige Ausgestaltung der Regionalpolitik in der EU. München, 133-148.

RIKER, W. H. und BRAMS, S. J. (1973) The Paradox of Vote Trading. American Political Science Review 67, 1235-1247.

ROBSON, P. (1990) The Economics of International Integration. 3. Aufl., London.

ROMER, P.M. (1986) Increasing Returns and Long-run Growth. Journal of Political Economy, Vol. 94, 1002-1037.

ders. (1990) Endogenous Technological Change. Journal of Political Economy, vol. 98, 71-102.

ROPPEL, U. (1979) Ökonomische Theorie der Bürokratie. Freiburg.

ROSE, M. (Ed.) (1990) Heidelberg Congress on Taxing Consumption. Heidelberg.

ders. (1991 (1)) Plädoyer für ein konsumbasiertes Steuersystem. In: ders. (Hrsg.): Konsumorientierte Neuordnung des Steuersystems. Heidelberg: 7-34.

ders. (1991,(2)) Cash-flow-Gewerbesteuer versus zinsbereinigte Gewerbeertragssteuer. In: ders. (Hrsg.): Konsumorientierte Neuordnung des Steuersystems. Heidelberg, 205-216.

ders. (1994) Ein einfaches Steuersystem für Deutschland. Wirtschaftsdienst 74 (August/ September): 423-432.

ders. (1996) Reform der öffentlichen Finanzen zur Stärkung der Standortqualität. In: Siebert, H. (Hrsg.): Steuerpolitik und Standortqualität. Tübingen, 145-191.

ders. (1998 (1)) Zur praktischen Ausgestaltung einer konsumorientierten Einkommensbesteuerung. In: Oberhauser, A. (Hrsg.): Probleme der Be-steuerung I. Berlin, 99 ff.

ders. (1998 (2)) Konsumorientierung des Steuersystems- theoretische Konzepte im Lichte empirischer Erfahrungen. In: Krause-Junk, G. (Hrsg.): Steuersysteme der Zukunft. Jahrestagung des Vereins für Socialpolitik. Gesellschaft für Wirtschafts- und Sozialwissenschaften in Kassel 1996, 247-278.

ROSE, M., WAGNER, F.W. und WENGER, E. (1997) Aktion faires Steuersystem, Vorschläge zu einer konsumorientierten Reform der Einkommens- und Gewinnbesteuerung. Heidelberg.

ROSE-ACKERMAN, S. (1980) Risk-Taking and Reelection: Does Federalism Promote Innovation? Journal of Legal Studies 9, 593-616.

ROSENSTOCK, A.H: (1988) Der internationale Zinszusammenhang, Frankfurt a.M.

RUBINFELD, D.L. (1987) The Economics of the local Public Sector. In: Auerbach, A.J.und Feldstein, M. (Hrsg.): Handbook of Public Economics, Vol II, Amsterdam u.a., 571-645.

RUDING KOMMISSION (1992) Report of the Ruding Committee: Conclusions and Recommendations of the Committee of Independent Experts on Company Taxation. Abgedruckt in European Taxation 32, 105-122.

RÜRÜP, B. (1976) WISU-Studienblatt, Jg. 5, Heft 8.

SACHVERSTÄNDIGENRAT ZUR BEGUTACHTUNG DER GESAMTWIRT-SCHAFTLICHEN ENTWICKLUNG Jahresgutachten, verschiedene Jahrgänge. Stuttgart.

SAMUELSON, P. A. und NORDHAUS, W. D. (1998) Volkswirtschaftslehre. Wien.

SANDMO, A. (1972) Optimality Rules for the Provision of Collective Factors of Production. Journal of Public Economics, Vol. 1, 149-157.

SANDLER, T. (1977) Impurity of Defense: An Application to the Economics of Alliances. Kyklos 30, 443-460.

ders. und FORBES, J.F. (1980) Burden Sharing, Strategy and the Design of the NATO Economic Inquiry 18, 425-444.

SAUPE, G. (2000) Beitragssysteme und Ausgabenpolitik: Die künftige Lastenteilung in der EU. In: Caesar, R. und Scharrer, H.-E. (Hrsg.): Die Zukunft Europas im Lichte der Agenda 2000. Baden-Baden, 107-117.

SCHÄFER, W. (2001) Wirtschaftspolitische Herausforderungen der EU-Oster-weiterung. In: Ohr, R. und Theurl, T. (Hrsg.): Kompendium Europäische Wirtschaftspolitik. München, 241-270.

SCHÄFERS, M. (1993) Die Kohäsionspolitik der Europäischen Gemeinschaft. Integrationspolitische Einordnung, Darstellung und Erfolgskontrolle. Baden-Baden.

SCHÄTZL, L. (Hrsg.) (1993) Wirtschaftsgeographie der Europäischen Gemeinschaft, Paderborn.

SCHÄTZL, L. (1998) Wirtschaftsgeographie 1. Theorie. 7. Aufl. Paderborn.

SCHANZ,G. (1896) Der Einkommensbegriff und die Einkommensteuergesetze. Finanzarchiv 13. Jg., 1-87.

SCHARRER, H.-E. (1984) Abgestufte Integration. Eine Einführung. In: Grabitz, E. (Hrsg.): Abgestufte Integration - eine Alternative zum herkömmlichen Inte-grationskonzept? Kehl und Straßburg.

SCHLICHT, E. (1984) Plädoyer für eine Konsumsteuer. Wirtschaftsdienst 1984/VII, 323-328.

SCHMIDT, A. (2001) Europäische Wettbewerbspolitik. In: Ohr, R. und Theurl T. (Hrsg.): Kompendium Europäische Wirtschaftspolitik. München, 363-416.

SCHMIDHUBER, P. (1993) Braucht die Gemeinschaft ein neues Eigenmittelsystem? Diskussionsbeitrag, Anhörung des Haushaltsausschusses und des Haushaltskontrollausschusses des Europäischen Parlaments am 21. und 22. September 1993. Brüssel, 1-13.

SCHNEIDER, D. (1989) Reform der Unternehmensbesteuerung aus betreibswirtschaftlicher Sicht, Steuer und Wirtschaft, 328-339.

SCHONEWEG, E. (1996) Die zukünftige Gestaltung der EU-Strukturpolitik. In: Gick, W. (Hrsg.): Die zukünftige Ausgestaltung der Regionalpolitik in der EU. München: 121-131

SCHREIBER, U. (1994) Unternehmensbesteuerung im Europäischen Binnenmarkt. Steuer und Wirtschaft 71, 238-254.

SCHUMPETER, J.A. (1939) Business Cycles, 2 Bde. New York u.a.

SCHWAGER, R. (1999) Auf dem Wege zum Hochsteuerland Europa? In: EUmagazin 10/ 1999, 38-39.

SEIDEL, B. (1992) Die Einbindung der Bundesrepublik Deutschland in die Europäische Gemeinschaft als Problem des Finanzausgleichs. Frankfurt a.M. 1992.

SEITZ, H. (1994 (1)) Public Capital and Demand for Private Inputs. Journal of Public Economics, Vol. 54, 287-307.

ders. (1994 (2)) Infrastruktur und interkommunaler Wettbewerb: Eine theoretische und empirische Untersuchung. Universität Mannheim.

ders. (1995 (1)) Infrastruktur als Wettbewerbsinstrument zwischen Städten: Theoretische Überlegungen und empirische Ergebnisse für westdeutsche Städte. Ifo-Studien 41, 211-243.

ders. (1995 (2)) Public Infrastructure Capital, Employment and Private Capital Formation. In: OECD: The OECD Job Study: Investment, Productivity and Employment. Paris.

ders. und LICHT, G. (1995) The Impact of Public Infrastructure Capital on Regional Manufacturing Production Cost. Regional Studies 29, 231-240.

SEN, A. K. (1979) The Impossibility of a Paretian Liberal. In: Journal of Political Economy 78, 152 ff.

SHAH, A. (1992) Dynamics of Public Infrastructure, Industrial Productivity and Profitability. The Review of Economics and Statistics, Vol. LXXIV, 28-36.

SIEBERT, H. (1992) Standortwettbewerb- nicht Industriepolitik. Die Weltwirtschaft 409-424.

ders. (Hrsg.) (1996) Steuerpolitik und Standortqualität: Expertisen zum Standort Deutschland. Tübingen.

ders. (1997) Weltwirtschaft. Stuttgart.

ders. und KOOP, M. J. (1990) Institutional Competition. A Concept for Europe? Aussenwirtschaft 445, 439-462.

SINN, G. und Sinn, H.-W.(1992) Kaltstart. Volkswirtsschaftliche Aspekte der deutschen Vereinigung. 2. Aufl., Tübingen

SINN, H. W. (1981) Die Grenzen des Versicherungsstaates: theoretische Bemerkungen zum Thema Einkommensumverteilung, Versicherung und Wohlfahrt. In: Göppl, H. und Henn, R. (Hrsg.): Geld, Banken und Versicherungen. Königstein, 907-928.

ders. (1984) Neue Wege der Unternehmensbesteuerung. Wirtschaftsdienst 1984/VII, 328-334.

ders. (1985 (1)) Redistributive Taxation, Risk-taking and Welfare. Univ. München, Diskussionspapier 85-13.

ders. (1985 (2)) Kapitaleinkommensbesteuerung. Tübingen.

ders. (1990) Tax Harmonisation and Tax Competition in Europe. European Economic Review Vol. 34, 489-504.

ders. (1994) How Much Europe? Subsidiarity, Centralization and Fiscal Competition. Scottish Journal of Public Economy 41 (1), 85-107. = Wieviel Brüssel braucht Europa? Subsidiarität, Zentralisierung und Fiskalwettbewerb im Lichte der ökonomischen Theorie. Münchener Wirtschaftswissenschaftliche Beiträge.

ders. (1995) Implikationen der vier Grundfreiheiten für eine nationale Fiskalpolitik. Wirtschaftsdienst 75 (5): 240-249.

ders. (1996) Das Prinzip der Diapositivs. Einige Bemerkungen zu Charles B. Blankart. Wirtschaftsdienst 1996/II, 92-94.

ders. (1997 (1)) Deutschland im Steuerwettbewerb. Jahrbücher für Nationalökonomie und Statistik 216 (6), 672-692.

ders. (1997 (2)) Das Selektionsprinzip und der Systemwettbewerb. Schriften des Vereins für Socialpolitik, N.F. Bd. 253, 9-60.

ders. (1997 (3)) Comment on Torsten Persson, Gèrard Roland, and Guido Tabellini „The Theory of Fiscal Federalism: What Does it Mean for Europe?" In: Siebert, H. (Hrsg.): Quo Vadis Europe, 42-46, Tübingen.

SOLOW, R.M. (1956) A Contribution to the Theory of Economic Growth. Quarterly Journal of Economics 70, 65-94.

STARBATTY, J. und VETTERLEIN, U. (1998) Forschungs- und Technologiepolitik. In: Klemmer, P. (Hrsg.): Handbuch Europäische Wirtschaftspolitik, S. 665-733.

STARRETT, D.A. (1980) On the Method of Taxation and the Provision of Local Public Goods. American Economic Review 70 (3), 380-392.

STATISTISCHES BUNDESAMT Statistisches Jahrbuch für das Inland, Statistisches Jahrbuch für das Ausland, verschiedene Jahrgänge. Wiesbaden.

STIGLITZ, J.E. (1977) The Theory of Local Public Goods. In: Feldstein, M. und Imman, R. P. (Hrsg.): The Economics of Public Services. London, 274-333.

ders. (1983) The Theory of Local Public Goods Twenty-five Years after Tiebout: A Perspective. In: Zodrow, G.R. (Hrsg.): Local Provision of Public Services: The Tiebout Model after Twenty-five Years. Paris u.a., 17-53.

STRASSER, D. (1991) Die Finanzen Europas. Brüssel, Luxemburg.

STRAUBHAAR, T. (1997) Osterweiterung der Europäischen Union und Migration aus Ost- nach Westeuropa. In: Perspektiven der Osterweiterung und Reformbedarf der Europäischen Union.

SWAN, T. W. (1956) Economic Growth and Capital Accumulation. In: Economic Record 32, 334-361.

SWOBODA, P. (1991) Cash-flow-Steuer und Finanzierungsneutralität. In: Rose, M.(Hrsg.): Konsumorientierte Neuordnung des Stuersystems. Heidelberg: 473-493.

TANZI, V. (1995) Taxation in an Integrated World. Washington.

TATOM, J. A. (1991) Public Capital and Private Sector Performance. Federal Reserve Bank of St. Louis Review, Vol. 73, 3-15.

ders. (1993) Is an Infrastructure Crisis Lowering the Nation`s Productivity? Federal Reserve Bank of St. Louis Review Vol. 75, 3-22.

TEUTEMANN, M. (1992) Rationale Kompetenzverteilung im Rahmen der europäischen Integration: ein Beitrag zur finanzwirtschaftlichen Ordnungspolitik. Berlin.

THEILER, J. (1977) Föderalismus- Voraussetzung oder Ergebnis rationaler Politik? Zur ökonomisch optimalen Struktur kollektiver Entscheidungsverfahren. Bern.

THEURL, T. und MEYER, E. (2001) Institutionelle Grundlagen der Europäischen Union. In: Ohr, R. und Theurl, T. (Hrsg.): Kompendium Europäische Wirtschaftspolitik. München, 41-203.

THOMAS, I. P. (1997) Ein Finanzausgleich für die Europäische Union? Eine allokationstheoretische und fiskalföderalistische Analyse. Tübingen.

THÜNEN, J. H. v. (1826) Der isolierte Staat in Beziehung auf Landwirtschaft und Nationalökonomie. 1. Teil. Berlin.

TICHY, G. (1991 (1)) The Product-Cycle Revisited: Some Extensions and Clarifications. In: Zeitschrift für Wirtschafts- und Sozialwissenschaften. 111, 27-54.

ders. (1991 (2)) Wachstumstheorie und moderne Makroökonomik: (K)ein neuer Anlauf. In: Gahlen, B., Hesse, H. und Ramser, H.J. (Hrsg.). Wachstumstheorie und Wachstumspolitik. Ein neuer Anlauf, Tübingen, 91-109.

TIDEMAN, T. N. (1977) Introduction. In: Public Choice 29, 1-13.

ders. und TULLOCK, G. (1976) A New and Superior Process for Making Social Choices. Journal of Political Economy 84, 1145-1159.

TIEBOUT, C. (1956) A Pure Theory of Local Expenditures. Journal of Political Economy, Vol. 64, 416-424.

TIMMANN, H.-J. (1990) Die jüngste Finanzreform (1988) und ihre Umsetzung. In: Biehl, D. und Pfennig, G. (Hrsg.): Zur Reform der EG- Finanzverfassung: Beiträge zur wissenschaftlichen und politischen Debatte. Institut für Europäischen Politik (IEP). Bonn, 25-55.

TRUMAN, D. B. (1958) The Government Process: Political Interest and Public Opinion. New York.

TULLOCK, G. (1967) The Welfare Costs of Tariffs, Monopolies, and the Theft. In: Western Economic Journal, 224-232.

UNITED NATIONS (1992) Human Development Report. New York u. a.

VAUBEL, R. (1992) Die politische Ökonomie der wirtschaftspolitischen Zentralisierung in der Europäischen Gemeinschaft. Jahrbuch für Neue Politische Ökonomie, 11. Bd., 30-65.

ders. (1993) Perpektiven der Europäischen Integration: Die politische Ökonomie der Vertiefung und Erweiterung. In: Siebert, H. (Hrsg): Die zweifache Integration: Deutschland und Europa. Tübingen, 3-31.

VENABLES, A.J. (1985) International Trade, Trade and Industrial Policy, and Imperfect Competition: A Survey. Discussion Paper, 74. Centre of Economic Policy Research (CEPR), London.

VERNON, R. (1979) The Product Cycle Hypothesis in a New International Enviroment. Oxford Bulletin of Economics and Statistics 41, 255-267.

ders. (1996) Equilibrum Locations of vertically linked Industries. International Economic Review 37, 341-359.

WAGNER, F.W. und SCHWINGER, R. (1991) Der Einfluß einer Cash-flow-Steuer auf Finanzierung und Rechnungslegung. In: Rose, M. (Hrsg.): Konsumorientierte Neuordnung des Steuersystems. Heidelberg, 495-521.

WAGNER, F. W. und WENGER, E. (1996) Theoretische Konzeption und legislative Transformation eines marktwirtschaftlichen Steuersystems in der Republik Kroatien. In: Sadowski, D. Czap, H. und Wächter, H. (Hrsg.): Regulierung und Unternehmenspolitik. Wiesbaden, 399-415.

WAGNER, H. (1997) Wachstum und Entwicklung. Theorie der Entwicklungspolitik. 2. Aufl. München.

ders. (1998 (1)) Europäische Wirtschaftspolitik. Perspektiven einer Europäischen Wirtschafts- und Währungsunion. 2. Aufl. Berlin u.a.

ders. (1998 (2)) Stabilitätspolitik. Theoretische Grundlagen und institutionelle Alternativen. 5. Aufl. München.

WAGNER, H.-G. (1994) Wirtschaftsgeographie. Braunschweig.

WALTHES, F. (1996) Europäischer Finanzausgleich. Berlin 1996.

WALSER, N. (1972) Economics of Scale and Municipal Police Services: The Illinois Experience. Review of Economics and Statistics 54, 431-438.

WALSH, C. (1993) Fiscal Federalism: An Overview of Issues and a Discussion of their Relevance to the European Community. In: European Commission (Hrsg.): The Economics of Community Public Finance. European Economy Reports and Studies 5/1993. Luxemburg.

WEBER, A. (1909) Über den Standort der Industrien. Erster Teil: Reine Theorie des Standorts. Tübingen.

WEBER, M. (1972) Wirtschaft und Gesellschaft. 5., revidierte Auflage, besorgt von J. Wickelmann, Tübingen.

WEIDENFELD, W. (Hrsg.) (1995) Europa ´96. Reformprogramm für die Europäische Union. Strategien und Optionen für Europa. 3. Auflage. Gütersloh.

WELLISCH, D. (1992 (1)) Dezentrale Umweltpolitik. Mobilität von Kapital, Haushalten und Firmen und grenzüberschreitende Schäden. Zeitschrift für Umweltpolitik und Umweltrecht 15, 433-458.

ders. (1992 (2)) Decentralized Income Redistribution in an Federal Economy. In: Wagner, A. (Hrsg.): Entscheidungsfindung bei externen Effekten.Tübingen, 143-157.

ders. (1994) Interregional Spillovers in the Presence of Perfect and Imperfect Household Mobility. Journal of Public Economics 55, 167-184.

ders. (1995) Dezentrale Finanzpolitik bei hoher Mobilität. Tübingen.

ders. (2000) Finanzwissenschaft I: Rechtfertigung und Staatstätigkeit. München.

WENGER, E.(1983) Gleichmäßigkeit der Besteuerung von Arbeits- und Vermögenseinkünften. In: Finanzarchiv N.F. Bd. 41, 207-210.

ders. (1997) Traditionelle versus zinsbereinigte Einkommens- und Gewinnbesteuerung: Vom Sammelsurium zum System. In: Rose, M. (Hrsg.): Standpunkte zur aktuellen Steuerreform. Vorträge des zweiten Heidelberger Steuerkongresses 1997. Heidelberg, 115-140.

WILDASIN, D.E. (1986) Urban Public Finance. Fundamentals of Pure and Applied Economics. Chur.

ders. (1987) Theoretical Analysis of Local Public Economics. In: Mills, E.S. (Hrsg.): Handbook of Regional and Urban Economics, Vol. II, Amsterdam, 1131-1178.

ders. (1988) Nash Equilibra in Models of Fiscal Competition. Journal of Public Economics 35, 229-240.

ders. (1989) Interjurisdictional Capital Mobility: Fiscal Extemality and a Corrective Subsidy. Journal of Urban Economics, Vol. 25, 193-212.

ders. (1991 (1)) Income Redistribution in a Common Labor Market. American Economic Review 81, 757-774.

ders. (1991 (2)) Some Rudimentary „Duopolity" Theory. Regional Science and Urban Economics, Vol. 21, 393-421.

WILLE, E. (1993) Die Bedeutung der öffentlichen Infrastruktur für die wirtschaftliche Entwicklung- Notwendigkeiten in den neuen Bundesländern. In: Eichhorn (Hrsg.): Finanzierung und Organisation der Infrastruktur in den neuen Bundesländern. Baden-Baden.

WILSON, J.D. (1986) A Theory of Interregional Differences in Factor Endowments. Regional Science and Urban Economics, Vol. 21, 423-451.

ders. (1987) Trade, Capital Mobility, and Tax Competition. Journal of Politcal Economy 95, 835-856.

ders. (1991) Tax Competition with Interregional Differences in Factor Endowments. Regional Science and Urban Economics 21, 423-451.

WISSENSCHAFTLICHER BEIRAT BEIM BUNDESMINISTERIUM DER FINANZEN (1976) Gutachten über Probleme und Lösungsmöglichkeiten einer Bodenwertzuwachsbesteuerung. Heft 22. Bonn.

ders. (1992) Gutachten zum Länderfinanzausgleich in der Bundesrepublik Deutschland. Bonn.

ders. (1996) Zur Reform des Einkommensteuertarifs. Stellungnahme des Wissenschaftlichen Beirats beim Bundesministerium der Finanzen Nr. 60. Bonn.

ders. (1999) Reform der internationalen Kapitalbesteuerung. Bonn.

WISSENSCHAFTLICHER BEIRAT BEIM BUNDESMINISTERIUM FÜR WIRTSCHAFT UND TECHNOLOGIE (1986) Stellungnahme zum Weißbuch der EG-Kommission über den Binnenmarkt. Gutachten vom 21./22. Februar 1986. In: ders.: Gutachten vom Dezember 1984 bis Dezember 1986, Göttingen, 1333-1358.

ders. (1998) Neuordnung des Finanzierungssystems der Europäischen Gemeinschaft. Gutachten vom 18./19. Dezember 1998. Göttingen.

WWU-BERICHT (1993) vgl. Europäische Kommission (1993 (1)).

WUST, H. (1981) Föderalismus. Grundlage für Effizienz in der Staatswissenschaft. Göttingen.

YOUNG, A. (1991) Intervention and Bounded Learning by Doing. Journal of Political Economy, Vol. 101, 443-472.

ZENTRUM FÜR EUROPÄISCHE WIRTSCHAFTSFORSCHUNG (ZEW) (1998) vgl. bei Harhoff u.a. (1998)

ZODROW, G.R. und MIESZKOWSKI, P. (1986) Pigou, Tiebout, Property Taxation, and the Underprovision of Local Public Goods. Journal of Urban Economics 19 (3), 356-370.

dies. (1989) Taxation and the Tiebout Model: The Differential Effects of Head Taxes, Taxes on Lands, and Property Taxes. Journal of Economic Literature 27, 1096-1146.

Abbildungsverzeichnis

Tabellenverzeichnis

Abkürzungsverzeichnis

ABl	Amtsblatt der EG
AO	Abgabenordnung vom 16.03.1976 (BGBl I, 613, ber. 1977 I, 269), zuletzt geändert durch Gesetz vom 20.12.2000 (BGBl I, 1850)
ASAP	Amsterdamer Sonderaktionsprogramm
BIP	Bruttoinlandsprodukt
BSP	Bruttosozialprodukt
EAG	Europäische Atomgemeinschaft (auch Euratom)
EAGV	Vertrag zur Gründung der Europäischen Atomgemeinschaft vom 25.03.1957
EAGFL	Europäischer Ausrichtungs- und Garantiefonds für die Landwirtschaft
EEA	Einheitliche Europäische Akte vom 28.02.1986, in Kraft getreten am 01.07.1987
EG	Europäische Gemeinschaft(en)
EGKS	Europäische Gemeinschaft für Kohle und Stahl (auch Montanunion)
EGKSV	Vertrag zur Gründung der Europäischen Gemeinschaft für Kohle und Stahl vom 18.04.1951
EGV	Vertrag zur Gründung der Europäischen Gemeinschaft vom 25.03.1957 in der konsolidierten Fassung des Vertrages von Amsterdam vom 02.10.1997
ECU	European Currency Unit
EFRE	Europäischer Fonds für regionale Entwicklung
EIB	Europäische Investitionsbank
EIF	Europäischer Investitionsfonds
EPPD	Einheitliches Programmplanungsdokument
ESF	Europäischer Sozialfonds
EStG	Einkommensteuergesetz vom 16.04.1997 in der Fassung der Bekanntmachung vom 16.04.1997 (BGBl I, 821), zuletzt geändert durch Gesetz zur Regelung der Bemessungsgrundlage für Zuschlagsteuern vom 21.12.2000 (BGBl I, 1978)
EU	Europäische Union
Euratom	Europäische Atomgemeinschaft (auch EAG)
EUV	Vertrag über die Europäische Union unterzeichnet zu Maastricht am 07.02.1992 in der Fassung des Vertrages von Amsterdam vom 02.10.1997
EWG	Europäische Wirtschaftsgemeinschaft
EWS	Europäisches Währungssystem
EWWU	Europäische Wirtschafts- und Währungsunion

EZB	Europäische Zentralbank
FIAF	Finanzinstrument für die Ausrichtung der Fischerei
FTE	Forschung und technologische Entwicklung (bzw. FuE = Forschung und Entwicklung)
FusionsV	Fusionsvertrag vom 8.4.1965, zuletzt geändert durch den Unionsvertrag vom 7.2.1992, zur Verschmelzung der Exekutivorgane vom EWG, EGKS und EAG
GAP	Gemeinsame Agrarpolitik
GATT	General Agreement on Tariffs and Trade
GFK	Gemeinschaftliches Förderkonzept
GG	Grundgesetz vom 23.05.1949 in der Fassung vom 19.12.2000
KKS	Kaufkraftstandard
KMU	Kleine und mittlere Unternehmen
KStG	Körperschaftsteuergesetz 1999 in der Fassung der Bekanntmachung vom 22.04.1999 (BGBl I, 817), zuletzt geändert durch Gesetz zur Änderung des Investitionszulagengesetzes 1999 vom 20.12. 2000 (BGBl I, 1850)
MwSt	Mehrwertsteuer
NATO	North Atlantic Treaty Organization
NUTS	Nomenclature des Unitès Territoriales Statistiques
OECD	Organisation for Economic Cooperation and Development
OP	Operationelles Programm
StSenkG	Gesetz zur Reform der Unternehmensbesteuerung und der Senkung des Einkommensteuertarifs („Steuersenkungsgesetz") vom 23.10.2000 (BGBl I, 1433), fortentwickelt durch Gesetz zur Ergänzung des Steuersenkungsgesetzes (StSenkErgG) vom 19.12.2000 (BGBl I, 1812)
UstG	Umsatzsteuergesetz 1999 in der Fassung der Bekanntmachung vom 09.06.1999 (BGBl I, 1270), zuletzt geändert durch Steuer-Euro-Glättungsgesetz vom 19.12.2000 (BGBl I, 1790)
VA	Vertrag von Amsterdam zur Änderung des Vertrags über die Europäische Union, der Verträge zur Gründung der Europäischen Gemeinschaften sowie einiger damit zusammenhängender Rechtsakte, unterzeichnet in Amsterdam am 02.10.1997
VE	Verpflichtungsermächtigung
VO	Verordnung
WTO	World Trade Organisation
WWU	Wirtschafts- und Währungsunion
ZE	Zahlungsermächtigung